Helmtrud Wieland

Das Spektrum des Yoga

Helmtrud Wieland

Das Spektrum des Yoga

Seine weltanschaulichen Grundlagen und Entwicklungen

Verlag Hinder + Deelmann
Gladenbach

ISBN: 3-87348-150-2

Satz: r.a.i.
Druck: Difo-Druck, Bamberg
Printed in Germany

Inhalt

Vorwort

Noch zu Beginn unseres Jahrhunderts wußte man hier wenig über Indien und den Yoga, selbst noch vor vierzig Jahren wurden indische Lehren nur in den Fachkreisen der Indologen diskutiert; heute aber gibt es Yoga-Kurse in fast jeder Stadt. Wer solche Kurse besucht, lernt jedoch nur ein Teilgebiet des Yoga kennen: die Methode des Ausgleichs und der Entspannung. Manche finden durch Meditation den Weg in die innere Stille.

Nur wenige aber wissen, daß es sehr unterschiedliche Methoden gibt, und kaum einer kennt das allen Yoga-Methoden gemeinsame Ziel: *die Entwicklung zum bewußteren Menschsein.*

Der Weg dahin wird in geistigen Lehren aufgezeigt, deren Ursprung Jahrtausende alt ist, gerühmt als die Weisheitslehren des alten Indien.

Da weder technischer Fortschritt noch Wohlstand dem Gemüt dauerhafte Befriedigung verschaffen können, weil beides sehr schnell verloren gehen kann, sucht so mancher nach einem Sinn des Lebens, der über die eigene Lebensspanne hinausreicht. Dann hält er Ausschau nach Informationen, doch die verstreuten Hinweise vermitteln kein Gesamtbild. Denn die Sekundär-Literatur vermischt Indisches mit Abendländischem, die Primär-Literatur aber setzt Fachkenntnisse voraus und befaßt sich zudem zu speziell mit Teilgebieten.

Daher erscheint es sinnvoll, den Interessenten die indischen Lehren in ihrer Gesamtheit – und allgemeinverständlich – vorzustellen. Buddhismus und Vedānta (Hinduismus) mit stark voneinander abweichenden Auffassungen werden hier in einem Band vereint, um die große Spannweite indischen Denkens ahnen zu lassen. Eine ausführliche Gliederung des Inhalts (am Schluß des Buches) wird die Übersicht erleichtern.

So unterschiedlich manche Lehren auch anmuten, es gibt doch ein Gemeinsames, das ist *die Beschäftigung mit dem entwicklungsfähigen Bewußtsein.* Dieses untersuchte man in Indien so eingehend wie unsere Forscher frühe Kulturen. Aus dem Rückblick zu den Anfängen schließt der *Yogi* auf künftige Möglichkeiten. Darum wird sich auch diese Abhandlung mit beiden Richtungen beschäftigen.

Die Vorarbeiten zu diesem Buch beruhen auf einem jahrzehntelangen Studium der indischen Philosophie nebst Yoga-Praxis. Um meiner Aufgabe gerecht zu werden, habe ich die mir erreichbare Literatur, so unterschiedlich sie sein mag, verarbeitet und einbezogen. Das Literaturverzeichnis am Schluß des Buches mag daher auch allgemein als Quellenhinweis verstanden werden. – Allen meinen Lehrern sei an dieser Stelle gedankt.

Roßtal bei Nürnberg, am 10. Januar 1991

Zur Verwendung von Fachbegriffen

Die Gelehrtensprache Indiens ist *Sanskrit.* Wie der westliche Gelehrte lateinische Begriffe verwendet, setzt der indische Gelehrte (Paṇḍit) Sanskrit-Begriffe.
Sanskrit ist eine sehr alte Sprache mit indogermanischen Sprachwurzeln, wie z.B. auch das Persische, Griechische, die mit dem Lateinischen verwandten Sprachen und auch das Alt-Deutsche.
Übersetzungen der Sanskrit-Begriffe sind immer wieder neu versucht worden, ohne restlos zu befriedigen; in manchen Fällen trugen sie zu Mißverständnissen bei, die nun schwer auszumerzen sind. Da indisches Denken – gerade in grundlegenden Vorstellungen – vom gewöhnten abendländischen Denken abweicht, erscheint es sinnvoll, viele indische Fachbegriffe in der Ursprache zu belassen, zumal mit dem deutschen Ersatzwort ein Bedeutungsgehalt verbunden ist, der abendländische Vorstellungen wachruft.
Was die äußere Form betrifft, sind alle Fachbegriffe durch *Kursivdruck* hervorgehoben, damit sie beim Nachschlagen leicht aufzufinden sind. Das wird oft notwendig sein, da sich im Laufe der Jahrhunderte immer wieder die Bedeutung änderte. Durch ein beigefügtes deutsches Wort wird zwar weitgehend eine Erinnerungsstütze gegeben, doch kann mitten im Text die längere Umschreibung nicht wiederholt werden. Daher sollte man sich einige Sanskrit-Begriffe einprägen, besonders die, die im Abendland der Sache nach gar nicht existieren.
Bei der *Schreibweise* handelt es sich um eine *Transkription der 50 Lautzeichen des Sanskrit* (Devanāgarī), die als Übersicht beigefügt sind. Während die Schreibweise in älteren Büchern vom Übersetzer seiner Landessprache angepaßt wurde, wird im folgenden die internationale Schreibweise verwendet, die etwa seit 1950 gilt.
Für Personen- und Städtenamen ist heute noch vielfach die englische Schreibweise üblich, was bei der *Aussprache* zu berücksichtigen ist (der Dichter *Thākur* wird englisch „Tagore" geschrieben; die Stadt *Pūna*, englisch Poona, die Stadt *Lahūr,* englisch Lahore...).
Weitere Aussprache-Hinweise:
Bei aspirierten Konsonanten soll man das *h* hören, nämlich Art-ha (Ding, Sache) oder ard-ha (halb, Hälfte), ḥ ist ein Rachenlaut wie jīvaḥ (ch) (Seele) oder jiḥva (Zunge).
ṛ ist ein halbes r mit nachklingendem i (also mit breitem Mund gesprochen wie in *Ṛṣi* (Rishi = Seher, Weiser).
ṭ wie in Marta (mit Zungenschlag zum Gaumen)
ḍ wie in Mandel (mit Zungenschlag zum Gaumen)
ṣ wie in Schule (wie englisch: *she*)

s wie deutsches ß; es gibt kein summendes s wie in Sonne
c, cc, cch = tsch wie in Cakra (Tschakra = Rad)
j wie Jāti (Dzchaati = Geburt) jh wie Jhāna (Dzch-h-aana = Meditation)
jñ wie in Jñāna (Dzsch-ñ-aana = Erkennen) ñ wie Beñjamin
y wie in Yoga oder Jahr; v wie in englisch *very*

Unterschiedliche Längenzeichen und Endlaute in den Fachbüchern sind Ausdruck für die jeweils verwendete grammatikalische Form. Im folgenden Text ist durchweg die *Stammform* angegeben. Frühere Autoren bevorzugten die Nominativform. Indische Autoren verwenden gegebenenfalls auch die Pluralform.

Die Nāgarī-Reihe der Schriftzeichen des Sanskrit

(Saṃskṛtam: saṃ-skṛta = zugerüstet, korrekt gebildet)

a) Vokale am Wortanfang

Einfache

अ a   आ ā   इ i   ई ī   उ u

ऊ ū   ऋ ṛ   ॠ ṝ   ऌ ḷ   ॡ ḹ

Diphtonge

ए e   ऐ ai   ओ o   औ au

ॐ OṂ (exoterisch)   ॐ AUṂ (esoterisch)

b) Konsonanten mit inhärentem a:

1. Gutturale

क ka ख kha ग ga घ gha ङ ṅa

2. Palatale

च ca छ cha ज ja झ jha ञ ña (nj)

3. Cerebrale

ट ṭa ठ ṭha ड ḍa ढ ḍha ण ṇa

4. Dentale

त ta थ tha द da ध dha न na

5. Labiale

प pa फ pha ब ba भ bha म ma

6. Halbvokale

य ya र ra ल la व va

7. Zischlaute

श śa ष ṣa स sa (ß)

8. Hauchlaute

ह ha ः ḥ

9. Sonderzeichen

ँ Anunāsika

ं Anusvāra (z.B. ṃ)

Zur Anordnung der Texte

Die Besprechung der indischen Lehren kann aus verschiedenen Gründen nicht ausschließlich gemäß der zeitlichen Entwicklung erfolgen; denn die Urtexte wurden beispielsweise gar nicht datiert, so daß man auf Schätzungen angewiesen ist. Außerdem beanspruchten im Altertum mehrere geistige Richtungen gleichzeitig die Aufmerksamkeit der Zeitgenossen: Vedānta, Sāṃkhya, Buddhismus und Jainismus.
Der Jainismus wird hier nur kurz gestreift, da er (vielleicht zufolge seiner asketischen Einstellung) nicht über Indien hinausgelangte. Die Grundgedanken der anderen Systeme aber flossen mehr und mehr zusammen zu der Geistesrichtung, die der Abendländer Hinduismus nennt.
In der folgenden Arbeit jedoch sollen die verschiedenen Systeme in ihrer ursprünglichen Form und unter klassisch-indischen Bezeichnungen dargestellt werden. Für den Anfang wurden die beiden klassischen Systeme ausgewählt, die die *Fachbegriffe* festlegten: *Buddhismus und Sāṃkhya-Philosophie*; sie beschäftigen sich eingehend mit dem Bewußtsein.
Obwohl Sāṃkhya-Ideen schon bekannt waren, als der Buddha auftrat, wurden der *Buddha-Dharma* (die Lehre des Buddha) und die sich daraus entwickelnden *Buddhistischen Schulen* vorangestellt, weil *Urtexte und Fachbegriffe in der Pāli-Sprache* überliefert sind.
Alle anderen Systeme aber, die dem Vedānta zugeordnet werden, sind in Sanskrit überliefert, weshalb *von nun an die Fachbegriffe in Sanskrit* gegeben werden.
Der *Veda* macht mit frühzeitlichen Auffassungen (um 1200 v. Chr.) bekannt, die *Upaniṣaden* (ab 600 v. Chr.) mit frühen philosophischen Überlegungen und den Anfängen des Yoga. Nach den vorangestellten klassischen Systemen bedeutet dies eine *Rückblende* in eine altertümliche Kultur. Aus dem Veda entwickelte sich der *Vedānta,* er baut auf der religiösen Tradition der Upaniṣaden auf.
Der um 800 n. Chr. bedeutsame *Advaita-Vedānta des Śankara* berücksichtigt die Bewußtseinslehren des Buddhismus, wird aber 600-800 Jahre später umgewandelt in den gemäßigten oder *Visiṣṭh-Advaita,* also dem zu dieser Zeit schon verbreiteten hinduistischen Denken angepaßt.
Hinduismus bezeichnet man besser als *Späten Vedānta*. Die abstrakten Vorstellungen des Frühen Vedānta wurden hier verbildlicht und konnten auf diese Weise dem Gemüt der kulturell so unterschiedlichen gesamtindischen Völkerschaften nähergebracht werden. Noch heute gilt nebeneinander bildliches und abstraktes Denken.
Ab 1000 n. Chr. drangen in alle indischen Lehren Vorstellungen ein, die als *Tantra* bezeichnet werden und zum Teil außerindisches Gedankengut ver-

arbeiten. Die volkstümlichen Verbildlichungen wurden nun durch geometrische Abbildungen (Yantra) ergänzt. Tantrische Vorstellungen und Begriffe übernahm auch der wenig später aufkommende *Haṭha-Yoga.* Indem er Körperübungen und Atemtechniken dazunahm, traten die geistigen Ziele immer mehr zurück und auf den Körper bezogene Aspekte in den Vordergrund.
Der *Pūrṇa-Yoga* oder *Integrale Yoga* unseres Jahrhunderts läßt alle Vedānta-Formen gelten, bedient sich häufig der Sāṃkhya-Begriffe, zum Teil mit neuer Interpretation. Die Urheber des Buddhismus und Jainismus stammten aus dem Kriegeradel; die Lehrer des Vedānta waren Brahmanen (Priesterkaste); die Sāṃkhya-Lehrer waren Paṇḍits (Gelehrte).

Einleitung

1. Grundlagen indischen Denkens

Indien stellt sich uns dar als ein Land der Kontraste: Hier die reichen Rājas, da die bettelnden Asketen. Hier die Naturschönheit, dort die Naturgewalt. Hier die Freiheit des Denkens, dort einengende Kastenregeln. Hier philosophische Abstraktion, dort alte magische Riten.
Seit dem Altertum ist Nachdenken die liebste Beschäftigung der indoarischen Oberschicht gewesen. Man dachte nach über Leben und Tod und hatte darüber so seine „Ansichten“. Denn was für uns philosophische oder religiöse Lehre ist, galt einfach als *Darśana,* als Ansicht. Immer gab es mehrere Ansichten nebeneinander, weil eine allein nicht imstande ist, die Gesamtheit der Aspekte vollständig zum Ausdruck zu bringen.
Es wurden – und es werden noch heute – verschiedene Weltbilder angeboten als Versuche, die Welt und des Menschen Platz in ihr zu erklären. Eine der Erklärungen wird zunächst annehmbarer erscheinen als eine andere. Niemand muß sich für immer festlegen, denn mit weiterer Entwicklung wird die Verständnisfähigkeit wachsen.
Entsprechendes gilt für den Yoga, der die Praktik ist, seiner Überzeugung entsprechend leben zu lernen. Auch hier wird die Wandlung ohne besonderes Aufsehen stattfinden, und daraufhin wird es nötig sein, neue Schwerpunkte zu setzen. Da Fortschritt im Yoga erst nach und nach zu erwarten ist, sagt man von einem Anfänger, daß er bereit ist, den Yoga-Weg zu beschreiten.
Eine flüchtige Beschäftigung mit indischem Denken erweckt leicht den Eindruck, daß sich alles nur um die *Wiedergeburts- und Karma-Lehre* dreht. Doch solche Vorstellungen waren den Indoariern bei ihrer Ankunft im Gangesland gar nicht bekannt, sie wurden vielleicht erst von den Ureinwohnern übernommen. Sie bilden aber bis heute einen Grundbestandteil indischen Denkens, der als typisch angesehen wird, obwohl auch andere östliche Völker von einer Vergeltung der Taten (Karma) und von sich wiederholenden Lebensläufen überzeugt sind.
Da die Wiedergeburtslehre volkstümlich als „Seelenwanderung“ bezeichnet wird, ist es an der Zeit, über den Begriff „Seele“ etwas auszusagen. Im Zusammenhang mit Seelenwanderung mußte eine Seele angenommen werden, die langlebiger war als der stoffliche Leib. Man nannte sie „hauchartig“, denn sie wurde sterbend ausgehaucht. Aber während der Lebensspanne war sie das eigentliche Leben im Leibe. Soweit stimmen alte indische und abendländische Vorstellungen überein.

Später jedoch wurde der Begriff „Seele" in Indien differenziert, nämlich zur Zeit der Systembildungen. (Ansätze dazu lassen sich schon lange davor belegen.)

Jetzt heißt es: Die Seele, die wandert, ist eine *Feinstoff-Seele.* Da Feinstoffe langlebiger sind als grobe Stoffe, muß der grobe Leib öfter erneuert werden. Diese Feinstoff-Seele bleibt dann immer das leitende Prinzip des psychosomatischen Menschen. Die heutige Redewendung von psychosomatischen Leiden bezieht sich lediglich auf das wechselnd in Lust und Leid befangene Gemüt, nicht auf die Feinstoff-Seele; denn diese ist lichthaft und leidet nicht.

Über der Feinstoff-Seele wird eine *Geist-Seele* angenommen. Alle Weltreligionen reden von ihr, doch sie rechnen sie meist dem Irdischen zu, während sie der indische Yogi in der Transzendenz ansiedelt. Das bedeutet aber, daß sie jenseits der Seelenwanderung steht. Trotzdem gilt sie als der geistige Kern des Menschen, als sein höchstes „Selbst", dessen sich der Yoga-Schüler immer bewußter werden soll. Dieses Ziel wird heute oft als „Selbst-Verwirklichung" bezeichnet, ist aber nicht mit gleichnamigen Bestrebungen gleichzusetzen, die in unserer Zeit als Entfaltung individueller Fähigkeiten verstanden werden. Allerdings kann es sich als günstig erweisen, wenn solche Bestrebungen dem Yoga-Weg vorangegangen sind.

Das Leben setzt der Selbst-Verwirklichung des Yogin Hindernisse entgegen, und diese werden auf karmatische Ursachen zurückgeführt. Das *indische Karma-Gesetz* besagt ganz allgemein, daß jede Handlung eine weitere Handlung herausfordert und somit eine unabsehbare Folge von Wirkungen in Gang setzt, sowohl gute wie böse. Ursache und Wirkung erfolgten innerhalb einer Welt von Raum und Zeit, daher müssen Wirkungen immer im Irdischen erfolgen und können nicht in ein Jenseits verlegt werden, das raum- und zeitlos ist. Wiedergeburten in die irdische Welt sind daher eine Notwendigkeit. Im Hinduismus des indischen Mittelalters wurde das Karma-Gesetz zu einer unpersönlichen kosmischen Gerichtsbarkeit erhoben, das blindlings zuschlägt, um den Kontenausgleich herzustellen. Von einer solchen Auffassung distanzieren sich heutige Yoga-Lehrer. Aurobindo, der die alten Lehren als letzter philosophisch interpretiert hat, will Wiedergeburten nicht als Strafe aufgefaßt wissen sondern als Möglichkeit des Lernens innerhalb der Lebensschule.

Yoga-Weise legten großen Wert auf das Verständnis der Gesamtsituation. Daher wurden immer neue Weltbilder erstellt, deren geniale Konzeption bewunderungswürdig ist. Während in älterer Zeit die Welt als real und von vornherein als gegeben angesehen wurde, ward sie in späterer Zeit (Sāṃkhya, Buddhismus, Advaita) immer mehr zu einem Phänomen des Bewußtseins, für dessen Verständnis Gleichnisse herangezogen wurden. Allgemein besteht die Tendenz, das Geistige gegenüber dem Stofflichen als das

Primäre anzusehen. Dieses Geistige wirkt im Stofflichen als Bewußtsein. Durch Yoga-Methoden gelingt es dem Bewußtsein, immer stärker hervorzutreten.

2. Yoga-Methoden

Jahrhunderte wurde der Yoga als geheimer Schatz gehütet; Yogis waren schwer zu bewegen, Schüler aufzunehmen. Wurde endlich einer vom Lehrer akzeptiert, wurde er mit Geduld in die traditionellen geistigen Lehren eingeführt. Man ließ ihm Zeit, das Erlernte mit der eigenen Erfahrung in Einklang zu bringen. Mit problematischen Vorstellungen wurde er nur schrittweise bekanntgemacht. In einer systematischen Zusammenfassung – wie im Falle des vorliegenden Buches – wird der Leser allerdings gleich mit Höhepunkten geistiger Lehren konfrontiert, für die er vielleicht erst nach Jahren Verständnis erlangen wird. Im Gegensatz dazu wird er – will er Schüler des Yoga werden – mit der Yoga-Praktik ganz unten anfangen müssen. Bis zur Selbst-Erfahrung als Endziel gibt es dann mehrere Zwischenziele, die sich auf das Abbauen der Reizüberflutung richten.
Als Hauptziel aber soll durch Yoga mehr erreicht werden als Entspannungsfähigkeit und Gedankenstille. Es sollen Veränderungen der menschlichen Situation herbeigeführt werden. Der *Buddha-Weg* (Buddha-Mārga) und der aus ihm abgeleitete *Rāja-Yoga* waren diesbezüglich radikal; denn sie wollten methodisch die Wiedergeburten verhindern. Ein solches Endziel ist in einigen Yoga-Schulen beibehalten worden, in anderen Schulen trat dieser Wunsch im Laufe der Jahrhunderte zurück. Seine Verwirklichung erforderte ja auch übermenschliche Konzentrationsfähigkeit und Disziplin, weswegen man nach einfacheren Methoden suchte, die nicht unbedingt das Zurückziehen in die Einsamkeit erforderten.
Eine Methode, die in jeden Yoga einbezogen wird, ist die Meditation: der *Dhyāna-Yoga.* Meditation als Gedankenberuhigung regelt das Leben von innen her; äußerlich kommt dazu die Anpassung an die natürlichen Gegebenheiten der Umwelt. Zu den ältesten Methoden gehört außerdem der *Kriyā-Yoga,* von den Brahmanen erdachte religiöse Rituale, die seelische Läuterung bewirken sollen. Der *Jñāna-Yoga* der Gelehrtenkreise betont das Verständnis der Gesamtsituation, hier befreit diesbezügliches Wissen von psychischem Druck. Uneigennütziges Handeln soll im *Karma-Yoga* der Kriegerkaste die Ursachen ausschalten, die nachteilige karmatische Folgen nach sich ziehen, wie zum Beispiel eine niedrige Geburt oder schwere Schicksalsschläge. Diesen Karma-Yoga verbindet man heute oft mit dem *Bhakti-Yoga,* der religiös motiviert ist. Der Bhakta verehrt seinen persönli-

chen Gott als einen großen Liebenden, dem er sich anzunähern versucht, indem er seine menschlichen Gefühle allumfassend werden läßt. Er dehnt sie aus von seinem kleinen Umkreis auf die Gruppe der Gleichgesinnten (als Brüder und Schwestern) und daraufhin auf alle Lebewesen einschließlich der Tiere. Gott ist für den Bhakta der höchste *Guru* und der Lehrer sein Stellvertreter.

Auf einen persönlichen Gott, aber auch auf die Nutzung kosmischer Vitalkräfte ist der *Kuṇḍalinī-Yoga* ausgerichtet, der die Weltanschauung des Tantra vertritt. Durch die hier geübten Praktiken würde der Ausübende gern übermenschliche Fähigkeiten erlangen. Der *Ha-ṭha-Yoga* war einst die Methode der Kriegerkaste, die körperliche Leistungsfähigkeit zu steigern. Im Mittelalter wurde er von Tantrikern abgewandelt und diente seitdem der Regulation innerer Vorgänge, wie Regulierung des vegetativen Nervensystems, der Drüsensekretion, des Blutkreislaufs und – ganz allgemein – der Hebung der Lebenskraft. Unsere Zeit hat diese Methode, die auch Atemtechniken einbezieht, in gemäßigter Form übernommen.

Die Aufzählung folgte ungefähr der Reihenfolge der Entstehung, somit ist der *Pūrṇa-Yoga* des Aurobindo die letzte Yoga-Methode. Sie wird auch *Integraler Yoga* genannt, weil alle Methoden eingeschlossen sind. Man beginnt mit der Methode, zu der man spontane Sympathien empfindet,und nimmt nach und nach die anderen dazu. Auf diesem Wege erhebt man sich zunächst von der leib-seelischen in die intellektuelle Ebene. Dort wird man erste Einsichten gewinnen, die jedoch noch von Zweifeln und Leiden begleitet sein werden. Darum wird als letzter Schritt empfohlen, sich auf die spirituelle Ebene zu erheben, weil sie von den Weisen als einzig leidfreie Ebene erkannt wurde.

Demnach ist der Yoga heute ein *Schulungsweg zunehmender Bewußtheit* geworden, der von Empfindungen geistiger Freiheit und seelischer Ganzheit begleitet ist.

Jede Yoga-Methode setzt sich aus 2 Teilen zusammen: *Einführung des Anfängers* und *Praktik des Fortgeschrittenen.*

1. Teil: Der Anfänger wird in das ganzheitliche Denken eingeführt. Er soll Verständnis erwerben für die Weltsicht des Lehrers. Daneben erhält er Anweisungen, wie er sein Denken läutern kann. Da es darüber hinaus zur Läuterung des gesamten psychophysischen Menschen kommen soll, ist es notwendig, regelmäßig Konzentration und Meditation zu üben. So wird man die Stille kennenlernen.

2. Teil: Der Fortgeschrittene beschreitet nun voll Vertrauen den Yoga-Weg, den die Weisen vor ihm seit Jahrtausenden gegangen sind. Er hält sich weiter an die Empfehlungen seines Lehrers, macht aber außerdem eigene Beobachtungen, sowohl in der Welt wie auch in sich drin. Inzwischen ist er voll konzentrationsfähig und in der Lage, sich in immer höhere geistige

Bereiche zu erheben. Sein Bewußtsein dehnt sich aus, er macht eigene Erfahrungen, erlebt die Erleuchtung und wird schließlich ein Weiser.
Man nimmt an, daß auch dieser Zustand noch übersteigbar ist.

3. Geschichtlicher Überblick

Im alten Indien sah man im Ablauf der Geschichte nur das wechselnde Spiel kosmischer Kräfte, dem alle Lebewesen ausgeliefert sind. Geschichtsdaten wurden daher nicht festgehalten, weshalb sie heute nachträglich konstruiert werden müssen. Hilfsmittel dafür sind Aufzeichnungen fremder Reisender, Erwähnungen bei den Nachbarvölkern und die sich wandelnden Sprachformen. Erschwerend dabei erweist sich die indische Gewohnheit, beim Abschreiben erneuerungsbedürftiger Palmblatt-Texte Kürzungen vorzunehmen oder Auffassungen einer späteren Zeit hinzuzufügen.
Aus den genannten Gründen war es immer schwer, sich ein Bild von den Beweggründen zu machen, die Indiens geistige Entwicklung geformt haben. Im Jahre 1959 geäußerte Gedankengänge von Hermann Goetz (Univ. Prof. in Baroda) wirken jedoch überzeugend. Er führt uns 5 Phasen indischer Kultur vor Augen, die hier stark gekürzt charakterisiert werden sollen:

1. Phase – die Induskultur (3000 - 1400 v. Chr.)
Was man von der Induskultur weiß, beruht auf Ausgrabungen. Man entdeckte bei Mohenjodharo und Harappa eine bedeutende Stadtkultur. Den Funden nach unterhielt die herrschende Klasse, die dort wohnte, Beziehungen zu Sumer und Mesopotamien. Die abseits liegenden Arbeitersiedlungen allerdings deuten auf ein Leben auf steinzeitlicher Stufe.
Um 1400 v. Chr. begann dann die Invasion der arischen Hirtenkrieger, die die Städte-Burgen der Induskultur zerstörten. Nach und nach besetzten diese Hirtenkrieger die gesamte Ganges-Ebene als Weideland für ihre Herden. Diese Ebene ist etwa 3000 km lang und 200-300 km breit. Aus ihrer uns unbekannten Heimat brachten die Eindringlinge u.a. den *Veda* mit, ein Kulturdokument, das Aufschluß gibt über Lebensweise, Wertvorstellungen und religiöse Bräuche der Frühzeit. Es ist in einer eignen Sprache überliefert, die man vedisch nennt und den indo-germanischen Sprachen zurechnet; aus ihr entwickelte sich das klassische *Sanskrit,* in dem alle späteren indischen Lehrwerke verfaßt sind.

2. Phase – indoarische Kultur (1200 v. - 300 n. Chr.)
Die Hirtenkrieger, die als Halbnomaden gekommen waren, wurden nach und nach zu Gutsbesitzern, die kleine Fürstentümer errichteten. Obwohl sie pausenlos von Nachbarvölkern aller Rassen angegriffen wurden, erwies sich

die Zeitspanne von 1200 v. - 300 n. Chr. als kulturell und geistig überaus fruchtbar. Die in der Zeit des *Veda* verehrten Naturgötter traten in den Hintergrund, sie wurden überlagert durch verfeinerte abstrakte Vorstellungen, die als der *Frühe Vedānta* einen geistigen Höhepunkt bildeten. Diskussionen darüber fanden statt zwischen *Brahmanen* und Kriegeradel. Für beide Gruppen waren Wissen und Selbstdisziplin die höchsten Werte. Dann kam es zu einem (sinnlosen) Bruderkrieg innerhalb des arischen Kriegeradels *(Kṣatriya),* etwa 500 v. Chr. hatte man sich gegenseitig ausgerottet. Die adligen Geschlechter der Grenzländer – die Rāja – nahmen ihren Platz ein. Aus ihren Reihen traten der *Buddha* und der *Jina* hervor, religiöse und soziale Reformer mit eigenen geistigen Anschauungen. Ihnen ist es zu verdanken, daß breitere Bevölkerungsschichten auf ein höheres Kulturniveau gehoben wurden. Zeitweilig übernahm der Mittelstand die geistige Führung und veranlaßte viele kulturelle Einrichtungen. Erwähnenswert sind in dieser Hinsicht die sogenannten „Felsenedikte" des buddhistischen Fürsten *Aśoka,* der die Bevölkerung mehrsprachig zu gegenseitiger Rücksicht ermahnte, die auch auf die Tiere ausgedehnt wurde, was zu einer Befürwortung des Vegetarismus führte. Dabei darf nicht übersehen werden, daß die abgeschlossen lebenden Bergvölker bei ihrem primitiven Leben und den alten Fruchtbarkeitsriten blieben, die mit Opferungen lebender Wesen verbunden waren.
Die buddhistische Kultur war eine Hochkultur und auch eine Blütezeit der schönen Künste. Sie wurde repräsentiert durch die Universität *Nālandā* (Nordindien), die zeitweise von 10.000 Studenten besucht wurde. Der buddhistische Geist wirkte bis nach Ceylon im Süden und nordwärts über Nepal, Tibet nach China. Dann aber schloß sich eine Zeit der Wirren an. Das *Panjāb*-Gebiet im Norden wurde nach 17 Raubzügen von den Türken erobert. Dazu kamen die Einfälle der Hunnen *(Hiung-nu)* und die der Mongolen unter *Tschingis-Khan.* Während dieser Zeit des Ausplünderns und Aushungerns großer Gebiete wurde die buddhistische Kultur gründlich zerstört, so daß an einen neuen Aufschwung lange nicht zu denken war. Diese politischen Wirren hielten etwa sechshundert Jahre an, von 400-1000. In dieser Zeit der Hungersnöte und des allgemeinen Elends begannen die primitiven Kulte wieder zu dominieren, denen die Flüchtlinge der Grenzgebiete noch anhingen.

3. Phase – die Hindukultur (770 - 1326)

Lange Zeit blieb es unverständlich, wie es zu der krassen Umformung indischen Denkens gekommen war. Der Anlaß dürfte in den schwierigen Lebensverhältnissen der eben angedeuteten lang anhaltenden Wirren zu suchen sein. Ständig sah man sich zur Verteidigung der Grenzen genötigt. Der geschwächte Kriegerstand benötigte Nachschub aus allen Bevölkerungsschichten. Es waren Flüchtlinge und Einwanderer aus den verschiedensten Ländern mit unterschiedlichen religiösen Auffassungen. Annäherungen waren unbedingt notwendig. Für die Führungskräfte war es wichtig, sich auch Geltung zu verschaffen; daher gaben sie sich als Nachfahren der arischen Volkshelden aus. Da diese ihre Herkunft von den Göttern abgeleitet hatten, legten auch die jetzigen Kriegshelden Wert auf göttliche Verwandtschaft. Den brahmanischen Dichtern kam es zu, durch Einschübe in die vedischen Göttermythen entsprechende Beziehungen herzustellen. Auch die einheimischen und fremden Götter mußten verschwägert werden. Zum obersten Götterfürsten wurde *Viṣṇu* ernannt, der auch wie ein Fürst verehrt wurde. Von den Besiegten und Unterdrückten wurde zunächst *Śiva* verehrt, später zum Allgott erhoben und zuletzt zum Schirmherrn der *Yogis,* die sich bewußt von allem Herkömmlichen absetzten.

4. Phase – Kultur des Islam (Verbreitung 1200 - 1800)
Der Religion des Islam gehörten sowohl die mongolischen Türken an wie auch die Perser. Aufsehen erregten zunächst die Sultane aus dem Geschlecht der *Tughluq,* nicht nur durch ihre Plünderungen sondern auch wegen ihrer mißglückten Weltherrschaftsgelüste. Ihnen folgte 1398 *Timur - i-leng* (Tamerlan). Die Repräsentationsbauten wurden von da an im *indo-islamischen Stil* errichtet. *Das Mogul-Großreich wurde aber erst im 16. Jahrhundert maßgeblich.* Seine Herrscher führten den Titel *Shāh,* der berühmteste war *Akbar,* der als der „gute Kaiser" in die Geschichte einging. Er verkörperte die ideale Herrschergestalt, war vielseitig begabt, religiös tolerant und philosophisch interessiert. Die Verbreitung des *Islam* ging nicht von ihm aus sondern von den eingewanderten mohammedanischen Geistlichen. Mit dem neuen Glauben wurde auch die verfeinerte persische Kultur aufgenommen.
Die persische Mystik *(Sufismus)* befruchtete die hinduistische *Bhakti*-Bewegung. Das hatte zur Folge, daß die altindische Vorstellung vom unpersönlichen Weltgesetz *(Dharma),* das immer auf Ausgleich bedacht ist, in den Hintergrund trat. Statt dessen setzte sich der Glaube an einen göttlichen Weltregenten durch, dem sich der Mensch in Freud und Leid zu unterwerfen hat. Auch die *Yogis* teilten sich in zwei Lager: Die *Viṣṇu*-Anhänger *(Vaiṣṇava)* bevorzugten passives Verhalten; sie ertrugen ihre Lebensbedingungen als Ergebnis vergangener Auswirkungen. Die *Śiva*-Anhänger *(Śaiva)* blieben der Tradition des *Vedānta* treu, indem sie aktiv an der Zielverwirklichung des Yoga mitarbeiteten.

5. Phase – Verbreitung europäischer Kultur (1803 - 1947)
Die ersten Europäer, die nach Indien kamen, waren 1498 die Portugiesen, sie gründeten Handelsniederlassungen. Das taten ab 1600 auch die Holländer, Franzosen und Engländer. Die Engländer aber beschränkten sich nicht

auf den Handel und begannen mit Nachdruck eine Anglisierung und Christianisierung, was zum Aufstand von 1857-58 führte. Da dieser niedergeschlagen wurde, blieb Indien bis 1947 unter englischer Verwaltung, bis es durch den Einfluß *Gandhis* die Unabhängigkeit wiedererlangte. Inzwischen war das indische Leben dem europäischen immer ähnlicher geworden. Es kam über längere Zeit zu Gegenbewegungen, auch zu Versuchen, indische und europäische Glaubensformen einander anzugleichen.

Vielseitige Reformen sind derzeit im Gange, bei denen soziale Einrichtungen den Vorrang haben. Unabhängig davon halten Einzelne die Yoga-Tradition verschiedener Richtungen aufrecht. Während der Yoga früher als Geheimwissen gehütet wurde, trägt man ihn jetzt bereitwillig ins Abendland. Allgemein gesprochen ist er eine Methode, die auf ein geistiges Ziel ausgerichtet ist, dem man sich von verschiedenen Seiten her annähern kann, den momentanen Bedürfnissen entsprechend.

Erster Teil

Buddhismus

A. Der Buddha als Urheber des Buddhismus

I. Die Überlieferung

1. Buddhistische Texte

a) Die Sprachform

Buddhistische Texte gibt es in der Sanskrit-Sprache, der Māgadhī-Mundart (der Heimatsprache des Buddha) und in Pāli.
Pāli ist eine vergessene Sprache, Theorien über ihre Herkunft sind nicht beweisbar. Da es unzählige indische Dialekte gibt, liegt die Vermutung nahe, Pāli sei als Kunstsprache einzustufen, ähnlich dem Esperanto. Die Texte waren dann vielen Sprachgruppen zugänglich, das würde erklären, daß die meisten buddhistischen Texte zunächst in Pāli verfaßt wurden.
Die bedeutendsten sind enthalten in den drei Sammlungen *Tripiṭaka,* „Dreikorb", da die Palmblatt-Schriften in Körben aufbewahrt wurden; sie werden aufgezählt unter B: „Buddhistische Schulen", da sie nicht vom Buddha sondern von seinen Schülern aufgezeichnet wurden. Es sollen noch viele Körbe existieren, die noch in keine abendländische Sprache übersetzt worden sind.
Tripiṭaka und mancher andere Text wurde nachträglich in *Sanskrit* übertragen, eine Aufgabe der Mönche an den buddhistischen Kloster-Universitäten. Denn Sanskrit war Gelehrtensprache.
Es wird heute noch an indischen Hochschulen gelehrt, etwa wie hier Latein. Die *Paṇḍit* (Gelehrten) verfaßten ihre Abhandlungen noch im Mittelalter in Sanskrit, ebenso bediente sich die höfische Dichtung dieser Sprache.
Im folgenden werden Namen und Fachbegriffe mitunter in *Sanskrit* und *Pāli* geschrieben, z.B. Siddhārta / Siddhattha, Gautama / Gotama, Dharma / Dhamma, Darśana / Desana. Mitunter besteht kein Unterschied in der Schreibweise, z.B. Arya, der Edle.

b) Lehrer-Persönlichkeiten

Als Urheber indischer Lehren gelten Weise der Vorzeit, deren Namen mit Ehrfurcht genannt werden, die uns aber als Menschen unbekannt bleiben. *Buddha* jedoch tritt auch als Mensch und Lehrer hervor, ebenso der ihn ständig begleitende Jünger *Ānanda.* Hinweise finden sich in der hier gekürzt

wiedergegebenen Lebensgeschichte des Buddha, der sich selbst „Wegvollender" nannte: Tathāgata.
Wie er selbst erwähnt, entdeckte er einen alten Weg, den vor ihm schon 24 andere Buddhas gegangen waren. In früheren Weltperioden sollen es 21 gewesen sein, für diesen Weltzyklus werden drei genannt: Kukusandha, Konāgamana und immer wieder *Kāśyapa.*

2. Der Buddha – Lebensbericht und Legende

Als der Jüngling *Siddhārtha,* der später zum *Buddha* wurde – dem zu voller Bewußtheit „Erwachten", in die Fremde auszog, folgte er einer indischen Tradition. Doch er begnügte sich nicht damit, sondern ergänzte sie sinnvoll durch eigene Lebenserfahrungen.
Um allen Bedrückten den von ihm wiederentdeckten Weg aus dem Leiden zu verkünden, zog er mit seinen engsten Schülern wandernd über Land. Unterwegs erzählte er von seiner Jugend in einem reichen Hause und wie er trotz des Wohllebens zu dem Entschluß gekommen war, nach einem tieferen Lebensinhalt zu suchen.
Was die Schüler darüber aufgezeichnet haben, klingt einfach und sachlich; es könnte fast in unserer Zeit geschrieben sein. Die Motivation für das Abwenden vom bürgerlichen Leben ähnelt durchaus derjenigen, die auch heute wieder junge Menschen auf die Suche gehen läßt.
Der in dem Text *„Vinaya Piṭaka"* festgehaltene Lebensbericht ist umfangreich, wurde nach und nach ausgeschmückt. Deshalb werden hier als Beispiel nur charakteristische Stellen wiedergegeben.
Daneben sind zahlreiche Legenden-Sammlungen überliefert worden, die eine Mischung verschiedener Auffassungen enthalten. Hier scheinen sich Gedankengänge aus späteren Jahrhunderten mit dem weit verbreiteten asiatischen Mythenschatz verbunden zu haben.
Buddhas schlichte Lehre war inzwischen symbolträchtig geworden, als sie die Mahāyāna-Form angenommen hatte.
Während Buddha selbst nur schildert, wie er als Suchender seinen Weg fand, erzählt die Legende, daß ein höheres Wesen Gestalt annahm, um den Irdischen ein Beispiel zu geben, wie ein von Weisheit gelenktes Leben vollzogen werden müßte.
Diese in 12 Stationen unterteilte Lebenslegende wird in Ausschnitten am Ende des Abschnitts über „Mahāyāna-Buddhismus" erzählt.

a) Namensregister von Buddhas Familie

Siddhārtha = bürgerlicher Rufname
Gautama = Beiname oder Einweihungsname, denn es gab einen vedischen Weisen dieses Namens. Von den Mönchen wurde Buddha mit Herr Gotama angeredet.
Śākya = Geschlechtsname einer Fürstenfamilie Nordindiens. Bezeichnungen für Buddha sind z.B. *Śākya-Siṃha* (Löwe der Śākya) oder *Śākya-Muni* (Śākya-Mönch).
Śuddhodana = Name des Vaters, des Śākya-Fürsten
Māyā = Name der Mutter, die bei seiner Geburt starb
Mahā-Prajāpatī-Gautami = Schwester der Mutter, Pflegemutter
Rahula = Name des Sohnes von Buddha
Yāsodhara, Bhaddakaccā, Gopa = drei mögliche Namen von Buddhas Frau
Devadatta = Name eines rivalisierenden Vetters
Māgadhā = das Land, in dem die Śākya residierten, liegt an der nepalesischen Grenze, gewährt Ausblick zum Himālaya
Aśoka = Fürst, der den Buddhismus verbreitete
Mahendra / Mahinda = ein Sohn des Aśoka, der Ceylon (Sri Lanka) bekehrte

b) Die Lebensgeschichte des Buddha (560-478 v. Chr.)

(erzählt nach „Vinaya Piṭaka“ in: *Oldenberg*, „Buddha“, gekürzt)
Vermutlich zählen seine Ahnen – die Śākya-Fürsten – zu den reichen Rājputen-Familien aus dem nördlichen Indien. Der Śākya-Stolz galt als sprichwörtlich, da sie von der geistlichen Würde der Brahmanen keine Notiz nahmen, obwohl ihnen diese Priester-Familien kastenmäßig übergeordnet waren.
Über die luxuriöse Lebensweise der Rājputen geben die künstlerisch wertvollen Miniaturen Zeugnis, die zwar erst 200-300 Jahre alt sind, die uns aber Paläste und Gärten zeigen, wie sie der Buddha später selbst seinen Jüngern schilderte. Denn zum standesgemäßen Komfort jedes männlichen Fürsten gehörte es, drei Paläste zu besitzen: einen für den Sommer, einen für den Winter und einen für die Regenzeit. Da flossen unerschöpfliche Wassermassen die Bergzüge des Himālaya hinab, daß man das Haus nicht verlassen konnte. Da ließen sich die Fürsten von Tänzerinnen und Musikantinnen unterhalten.
Die Śākya residierten in Māgadhā an der nepalesischen Grenze. In solch einsamen Gebirgsgegenden ändert sich nicht viel. Heute wie in alter Zeit bildete der Reisbau die Hauptkultur des Landes. Zur Erntezeit dehnen sich daher weite gelbe Flächen zwischen den Hochwäldern und Salbäumen aus. Dazwischen liegen die Dörfer, halbverdeckt von dem dunkelgrünen Laub

der Mangopflanzungen; die Dorfteiche sind von duftenden Tamarinden umgeben.
Das Kind Siddhārtha wird also in romantischer Umgebung aufgewachsen sein, in schattigen Gärten, hinter denen sich die majestätischen Schneeberge erheben, deren Anblick so nachdenklich macht. In seinen Gleichnissen erwähnt der Buddha Lotosteiche, die schwimmenden Blumenteichen gleichen, nachts verbreiten sie liebliche Düfte.
Über diese Zeit erzählte er später angeblich selbst:
„Mit solchem Reichtum war ich begabt, ihr Mönche,
ich salbte mich nur mit Benares-Sandel
und kleidete mich nur in Benares-Seide.
Tag und Nacht wurde ein Sonnenschirm über mich gehalten.
In solch übergroßer Herrlichkeit lebte ich;
und trotzdem erwachte in mir der Gedanke,
daß nichts davon bleiben wird.
Krankheit, Alter und Tod werden alles vernichten."
„Da ging *der Asket Gotama* – jung an Jahren (er war damals 29 Jahre alt) –
in der ersten Frische des Lebens
von der Heimat in die Heimatlosigkeit.
Ob seine Eltern es auch nicht wollten,
ob sie gleich Tränen vergossen,
er hat sich Haare und Bart scheren lassen,
gelbe Gewänder angetan – und ist fortgegangen."

Wie viele andere in dieser geistig bewegten Zeit war er nun unterwegs, um die „höchste Stätte edler Ruhe" zu finden.
Während er im Lande Māgadhā umherzog, suchte er nacheinander auch zwei Yoga-Lehrer auf. Beide boten ihm an dazubleiben, um die anderen Schüler zu unterweisen, denn er hatte rasche Fortschritte gemacht.
Er erfuhr bei dem einen der Lehrer die „Raum-Unendlichkeit" und bei dem anderen die „Licht-Unendlichkeit", Zustände, die heute noch bekannt sind als Phasen, die zu tieferer Meditation führen.
Gotama war nicht zufrieden mit dem Erreichten, er suchte nach Höherem.
Aber noch glaubte er – wie alle damals –, daß das Ziel nur durch Askese zu erreichen sei.
Als er in die Gegend von Uruvela kam, ruhte er aus.
„Da dachte ich bei mir: dies ist ein lieblicher Fleck Erde, ein schöner Wald! Klar fließt der Fluß, mit schönen Badeplätzen an seinen Ufern. Ringsum liegen Dörfer, dahin man gehen kann, um Speise zu holen.
Hier ist gut sein für einen Edlen, der nach dem Heile strebt."

Sieben Jahre lang soll der angehende Buddha in diesen Wäldern in strenger Selbstkasteiung gelebt haben.

„Einer Waldgazelle gleich bin ich dort umhergeirrt,
den Umgang mit Menschen meidend.
Oft saß ich da mit aufeinandergepreßten Zähnen
und an den Gaumen gehefteter Zunge.
Durch den Willen wollte ich das Gemüt
niederzwingen, niederquälen.
Schweiß überrieselte mich.
Gestählt wurde so die Konzentrationskraft,
auch gewann ich Einsichten;
aber mein Körper war nicht ruhig geworden,
und ich hatte Schmerzempfindungen in allen Gliedern."
„Da mich diese Askese nicht weiterbrachte, übte ich eine andere Methode:
die atemlose ‚Selbst-Verlierung' (das meint Abstand gewinnen vom eigenwilligen Ich).

Während ich den Atem anhielt, hörte ich mein Blut rauschen;
überlaut vernahm ich, wie es an meine Schläfen pochte.
Da ich meinen Körper immer noch unangenehm spürte,
hielt ich mir außerdem noch die Ohren zu.
Da empfand ich heftige Strömungen auf der Schädeldecke;
es war wie ein Hämmern mit scharfen Dolchspitzen.
Trotzdem übte ich weiter und erlebte einen Zustand,
als ob mir jemand mit einem Messer den Bauch aufschlitzte.
Als ich immer noch weitermachte, war es mir,
als würde ich in eine Grube voll glühender Kohlen geworfen.

Da begann ich Stimmen zu hören. Die einen sagten:
er wird gewiß sterben, wenn er so weiter macht;
andere sagten: er wird den Zustand der Heiligkeit erlangen.

Da das Körperempfinden immer noch rege war,
begann ich zu fasten und wurde sehr mager.
Vor Schwäche fiel ich vornüber.
Durch Reiben der Haut versuchte ich mich zu beleben.
Schon begann sich meine Hautfarbe krankhaft zu verändern,
und die Härchen fielen mir aus den Poren."

Fünf andere Asketen, die ihm nacheiferten, beobachteten
seine Bemühungen mit Bewunderung.
Nun aber begann er, wieder ein wenig zu essen,
da glaubten sie, er hätte aufgegeben, und entfernten sich.
Siddhārtha Gotama hatte die Askese nur deshalb beendet,
weil sie ihm nutzlos erschien.
Er hatte sich an seine Kindheit erinnert,

wie er in einem Rosen-Apfelbaum im Garten seines Vaters saß,
den Blick den Schneebergen zugewendet.
Von sinnend-seliger Heiterkeit war sein Gemüt erfüllt.
„Damals muß ich wohl die Weihe des ersten Schauens errungen haben – und dieses wird von jetzt an mein Weg sein."
Er saß weiter Tag für Tag und Nacht für Nacht
am Ufer des Flusses Neranjāra
und zwar unter einem Feigenbaum wie die Ziegenhirten.

Und dort kam sie: die Nacht der Erleuchtung.
„Der Śākya-Muni setzte sich nieder zur Meditation.
Er distanzierte sich innerlich von unreinen Erinnerungen,
und so war die *erste Phase der Versenkung* von *Frieden und Freude* erfüllt.
Die zweite Phase war frei von Überlegung und Erwägung,
das Gemüt war beruhigt und still.
In der dritten Phase erlangte er Gleichmut
gegenüber den *Lust- und Unlustgefühlen.*
In der vierten Phase erlangte er Gleichmut
gegenüber dem *bisherigen Leben.*

Dann richtete er mit großer Aufmerksamkeit seinen Geist auf die Erinnerung an frühere Existenzen.
Hunderte und Hundertausende Existenzen wurden ihm bewußt und viele Weltzeitalter der Zerstörung und Erneuerung. Dieses Wissen erlangte er innerhalb der *ersten Nachtwache.*
Während der *zweiten Nachtwache* erhielt er Kenntnis über das Abscheiden und Wiederkommen der Wesen.
In der *dritten Nachtwache* wurde ihm die Entstehung des Leidens bewußt, und er fand den Weg zur Aufhebung des Leidens.
Da wußte er, daß er die Befreiung erlangt hatte."
Der Zustand der Versenkung soll 7 Tage oder 7 Wochen gedauert haben.
Die gefundene Erkenntnis schien ihm schwer verständlich zu sein „für Weltleute"; Buddha zögerte, ob er sie öffentlich mitteilen sollte. Doch dann dachte er an die Wesen, deren Gemütsart für Weisheitslehren aufgeschlossen ist; für sie wäre seine Erkenntnis ein Trost.
Und so trat er – im Alter von 36 Jahren – den Weg des Lehrens an.
Wo sollte er anfangen?
Er dachte an seine Yoga-Lehrer, doch sie waren schon gestorben. Da suchte er nach den fünf Mönchen, die seine Asketenzeit mit ihm verbracht hatten; er fand sie in der *Nähe von Benares.* Dort hielt er – im Gazellenhain Isipatana – seine erste berühmte Predigt, in der er den von ihm entdeckten *„mittleren Weg"* hervorhob. In einer Zeit, da Askese in Selbstquälerei extremer Varianten bestand, mag seine Idee von *gemäßigter Disziplin* aufsehenerregend

aber auch Hoffnung erweckend gewirkt haben. Denn überall, wo er seinen *„edlen achtgliedrigen Pfad“* darlegte, fand er begeisterte Anhänger.
Die Versammlungen fanden während der schönen Jahreszeit in öffentlichen Parkanlagen statt. Da wartete die Menge, bis er „seine Löwenstimme“ erhob. Er scheint also ein gewaltiger Redner gewesen zu sein.
Die Reaktion darauf ist immer ähnlich: „Wunderbar“ sagen die Zuhörer, „es ist erstaunlich, wie wenn man etwas Verbogenes zurechtbiegt, etwas Zugedecktes aufdeckt, einem Verirrten den Weg weist oder im Finstern ein Licht anzündet. Darum nehme ich meine Zuflucht zum Heiligen, zu seiner Lehre und zu seiner Gemeinde.“ (Buddhaya, Dharmaya, Saṃghaya)
Bei einer Einzelbelehrung begann Buddha mit einem Gespräch über allgemeine Gegenstände. Sobald der Gesprächspartner in die richtige Seelenverfassung gekommen war, wurde ihm der Kern der Lehre eröffnet. Und dann – „ging dem Belehrten auf der Stelle das reine fleckenlose Geistesauge auf, so daß er erkannte, wie alles, was dem Gesetz der ursächlichen Entstehung unterliegt, auch dem Gesetz der Auflösung unterworfen ist“.
Daß Buddha nicht nur seine gebildeten Standesgenossen beeindruckte – unter seinen Verwandten waren es auch Frau und Sohn, die seine Schüler wurden –, mag daran liegen, daß er in seine Lehrreden Legenden, Märchen, Gedichtsstrophen und Gleichnisse einflocht, die das Gesagte veranschaulichten.
Wurden ihm intellektuelle Fragen gestellt, so verstand er es, den Frager davon wegzuführen, hin zu höherer Erkenntnis, die die gestellte Frage gegenstandslos machte. Wenn in der Frage bereits ein Fehler enthalten war, so mußte die Frage neu gestellt werden. Doch gewissen metaphysischen Fragen gegenüber, die zu seiner Zeit überall diskutiert wurden, hüllte er sich in Schweigen. Dann wurde er ablehnend und unverbindlich und zog sich in sein innerstes Wesen zurück.
Er war der Ansicht, daß nicht logisches Denken und brillante Formulierungen die Widersprüche des Lebens lösen können sondern nur ein vom Denken unabhängiges Bewußtsein; *das* war zu erstreben, und dahin wies er den Weg. Bewußt leben zu lernen, hielt er für wichtig. Später nannte man die Methode Yoga.

44 Jahre lang hat Buddha öffentlich gewirkt. Der zwanzig Jahre jüngere *Ānanda* war *sein Lieblingsschüler,* dem es zukam, die äußeren Lebensverhältnisse der Gruppe zu regeln: den Empfang von Besuchern, Einladungen bei wohlhabenden Gastgebern. Ānanda verstand es immer da zu sein, ohne zu stören.
Zwei andere Jünger, die wesentlich älter waren als Buddha, hatten die beste Auffassung und Wiedergabefähigkeit für die Lehre; es waren Śāriputra / Sāriputta und Maudgalyāyana / Mogallāna. Anuruddha war intuitiv begabt.

Devadatta – ein Vetter Buddhas – war vom Ehrgeiz besessen; er hätte gern schon zu Lebzeiten seines Lehrers die Führung der Gemeinde übernommen. Um sich durchzusetzen, wandte er derbe Mittel an. Man erzählte sich, daß er einmal sogar einen wilden Elefanten auf den Erhabenen hetzte, der ihn mit Güte beruhigte.
Buddha näherte sich seinem 80. Lebensjahr. Noch immer besuchte er Einsiedeleien oder Gruppen von Mönchen und erkundigte sich, ob sie in Frieden und Freundschaft miteinander lebten. Er fragte auch, wie sie mit ihren geistigen Übungen zurechtkämen, die individuell abgestimmt wurden, und gab Ratschläge.
Als im Jahre 480 v. Chr. die Regenzeit begann, zog er sich in das Dorf Beluva zurück, nahe bei Vesālī. Dort überfiel ihn eine schmerzhafte Krankheit und Todesahnung. Doch noch hielt er sein Leben fest, damit er nicht ohne Abschied von seinen Jüngern ginge. Er fragte Ānanda, was man noch von ihm erwarte. Ānanda bat ihn um letzte Richtlinien. Buddhas Ratschlag war: *„Seid eure eigene Leuchte, eure eigene Zuflucht, sucht keine andere Zuflucht! Laßt die Wahrheit eure Leuchte sein!“*
Anschließend bereitete er Ānanda darauf vor, daß er in drei Monaten ins Nirvāṇa eingehen würde.
Die ganze letzte Zeit litt der Buddha an Eingeweideschmerzen. Sie steigerten sich, nachdem er bei einem Goldschmied ein Mahl eingenommen hatte. Es wird vermutet, daß eine Lebensmittelvergiftung den letzten Anstoß zu seinem Ableben gab.
Immer wieder wurde in der Nachwelt die Frage diskutiert, ob ein Buddha oder ein anderer Befreiter Körperschmerzen empfindet. Das ceylonesische Werk *Milinda-Pañha II,2* antwortet darauf in dem Zwiegespräch, das der Mönch Nāgasena mit dem Griechenkönig Milinda* führt: *„Körperliches Schmerzgefühl mag er wohl noch empfinden, geistiges Schmerzgefühl aber nicht mehr.“*

* Damit dürfte Menandros (etwa 100 v. Chr.) gemeint sein.

II. Der Buddha-Dharma – Die Lehre des Buddha

1. Die Einsichten der „drei Nachtwachen"*

Buddhas Lebenslehre ist nicht aus intellektueller Überlegung gewonnen; sie besteht aus Formulierungen intuitiver Wahrnehmung während eines besonderen Versenkungszustandes, der sich gradmäßig steigerte während der „Ersten bis dritten Nachtwache", die er meditierend verbrachte.
Die überlieferten Formeln deuten den Inhalt des Erlebens nur stichwortartig an; erst durch persönliche Unterweisung konnte das Verständnis vertieft werden. Doch der Wahrheitsgehalt der Lehren kann immer nur durch eigenes Erleben überprüft werden, durch die Erfahrung des gleichen Bewußtseinszustandes.
Das Ergebnis der *„Ersten Nachtwache"* war die Einsicht, daß nicht nur das Naturgeschehen zyklisch verläuft; daß vielmehr in allen Lebensbereichen zyklische Wiederholungen stattfinden.
Wenn es von der *„Zweiten Nachtwache"* heißt, daß sie Kenntnis brachte über das „Abscheiden und Wiederkehren der Wesen", so besteht diese Kenntnis nicht nur im „Sterben und Geborenwerden". Sie ist inhaltsreicher: Sie umfaßt das Werden und Vergehen aller Naturerscheinungen und aller Bewußtseins-Bereiche.
Erst in der *„Dritten Nachtwache"* entdeckte Buddha die „Ursache des Leidens" und den „Weg zur Aufhebung des Leidens". Und erst diese Tatsache machte ihn zum Buddha.

2. Zum Begriff Dharma

a) Sprachliche Abgrenzung

Da „Dharma" von „dhar" = tragen abgeleitet ist, geht es um „tragende Prinzipien", um Grundlagen. Daher ist *Buddha-Dharma* = Buddhas Grundlagen-Lehre. Das *Dharma-Darśana* ist die Darlegung der Lehre.
Buddhas Lehrtätigkeit wird umschrieben mit der Redewendung: „Er setzte das Rad der Lehre in Bewegung". *Dharma-Cakra* = Rad der Lehre. Daher hält Buddha auf Abbildungen oft ein „Rad" in der Hand. Dieses Emblem kommt nur einem Weltlehrer zu als Entsprechung zu der diskusartigen Wurfscheibe der sagenhaften Weltherrscher oder *Cakravartin.*

* Eine Nachtwache umfaßt drei Stunden.

b) Buddhas Verständnis von Dharma / Dhamma

Dharma kann auch „Gesetz" oder „Gesetzlichkeit" bedeuten und bezieht sich dann auf die nach kosmischer Gesetzlichkeit erfolgende pausenlose Veränderung aller Daseinserscheinungen.
Buddha kam es darauf an, seinen Zeitgenossen verständlich zu machen, daß die scheinbar so stabilen Dinge nicht so fest sind, wie sie den menschlichen Augen erscheinen.
Für Buddhas meditative Wahrnehmung war die Welt ein dynamisches Spiel von Kräften, in dem alles nur Augenblicksdauer hat, nicht nur die Gefühle und die Gedanken sondern auch die Dinge. Das Leben stellte sich ihm dar als ständiges Werden, als immer neues Umgestalten.

3. Buddha-Darśana – Darlegung von Buddhas Ansichten

a) Die menschliche Persönlichkeit

Wer ist der Mensch? Ist er Leib – Seele – Geist – oder alles miteinander? Zu allen Zeiten sind solche Fragen gestellt worden.
Vom *Ātman,* einem „geistigen Selbst" als Lenker des Leibes schwärmten die arischen Hirten-Krieger, die in der Ganges-Ebene lebten. Das intellektuelle Sāṃkhya-System, das sich zu Buddhas Zeiten zu entwickeln begann, nennt das Geistige im Menschen *Puruṣa,* „wahrer Mensch". Dem Seelischen oder Geistigen wurde Unzerstörbarkeit zugeschrieben; es scheint einer dem Menschen einwohnenden Sehnsucht zu entsprechen und war damals bereits eine liebgewordene Vorstellung, an der viele bis heute festhalten.
Eine solche Auffassung stellte *Buddha* mit seinem Dharma-Begriff* in Frage. Seiner persönlichen Erfahrung nach gibt es nichts von bleibender Dauer; was dem Menschen dauerhaft erscheint, ist nur verhältnismäßig langlebiger. Dürfte es für Buddhas Zeitgenossen schon beängstigend gewesen sein, daß die Umwelt an Realität einbüßte, so mögen sie es geradezu als vernichtend empfunden haben, wenn nun auch noch die Einheit ihrer Persönlichkeit angezweifelt wurde. Denn Buddha erklärte:
„Was der Mensch als *Pudgala / Puggala,* als ‚Person' empfindet, ist nur eine Anhäufung stetig zusammenwirkender Faktoren, die durch den Bewußtseinsstrom zusammengehalten werden und dadurch eine Einheit vortäuschen." Da es eine große Anzahl von Faktoren ist, teilt er sie in fünf Gruppen (Skandha) ein.

* Der Kommentar zu Buddhas Lehren ist im Sinne von Lama Govinda gegeben, der den Buddhismus lebenslang praktizierte (vgl. „Die psychologische Haltung der frühbuddhistischen Philosophie").

b) Fünf Skandha / Khanda als Persönlichkeits-Komponente

Erste Gruppe: Rūpa-Skandha, betrifft die „Gestalt". Man versteht darunter den aus vier Grundstoffen *(Bhūta)* gebildeten Leib des Menschen, manchmal auch „Nāma-Rūpa" genannt, wenn die Leib-Seele-Einheit betont wird.
Zweite Gruppe: Vedanā-Skandha, „Gefühlsleben". Der Mensch reagiert auf äußere und innere Eindrücke mit Lust- oder Unlustgefühlen oder Indifferenz.
Dritte Gruppe: Samjñā, „Wahrnehmung". Dies bezieht sich auf die Sinnes-Empfindungen Sehen, Hören, Riechen, Schmecken, Tasten und die dadurch wahrgenommenen Objekte, genannt die „Sinnendinge". Die 6. Wahrnehmung ist der zusammenfassende geistige Eindruck (Manas).
Vierte Gruppe: Saṃskāra, „Gestaltungskraft", auch „verborgener Wille zum Leben". Der Wunsch nach Aneignung der „Sinnendinge" bleibt über den Tod hinaus wirksam und ist Ursache für die Bildung eines neuen Leibes.
Fünfte Gruppe: Vijñāna, „Bewußtsein". Die Unterscheidungsfähigkeit erlaubt dem Menschen, die vielen „Sinnendinge" getrennt in sein „Bewußtsein" einzuordnen. Doch der unablässig fließende Bewußtseinsstrom bindet sie zusammen zu einer Erlebnisfolge mit *„Ich-*Bewußtsein". Daher empfindet sich der Mensch als *Pudgala,* als Person, doch sie gleicht nur einer „Wasserblase", denn sie ist ohne echte Substanz.

c) Die An-Ātman-/Anatta-Lehre – Lehre ohne Selbst

Der von Buddha gewiesene Pfad ist ein seelisch-geistiger Entwicklungsweg, über den er aussagt, daß er sinnlos wäre, würde man den Menschen nur als Körper auffassen. Trotzdem kam der Buddhismus in Verruf, eine Religion ohne Seele zu sein. Da Buddhas Erfahrungen durchweg seelischer Natur waren, kann es sich nur um ein begriffliches Mißverständnis handeln (laut Lama Govinda).
Die Lehre von der Kurzlebigkeit der *Dharma* erlaubt den Schluß, daß man hinter konventionellen Worten wie „Ich" – „Selbst" – Ātman – Puruṣa – keine Ewigkeitswerte vermuten sollte. Gäbe es im Menschen etwas, das sich nie verändert, wäre Entwicklung nicht möglich. Entwicklung ist aber Veränderung zum Besseren hin. Müßte man seine Aufstiegsmöglichkeit verneinen, wäre die Situation des Menschen trostlos.
Man darf annehmen, daß sich Buddha nur gegen die überspitzten Behauptungen gewisser *Sāṃkhya-Lehrer* wandte, die den *Puruṣa* als eine unveränderliche geistige Wesenheit ansahen. Da nur eigene geistige Erfahrungen irrtümliche Behauptungen widerlegen konnten, ließ sich Buddha prinzipiell nicht in philosophische Diskussionen ein.

d) Der Bewußtseins-Strom – Citta-Santāna

Anstelle des Selbst oder des Seelen-Begriffes führte Buddha den Begriff „Bewußtseins-Strom" ein – *Citta-Santāna* – einen Begriff, der noch nicht mit irreführenden Gedanken-Assoziationen belastet war. Was er verkündete, war eine hoffnungsvolle Lehre von einem sich ständig weiterentwickelnden Bewußtseins-Strom. Da jede neue Entwicklungsphase eine neue Sicht mit sich bringt, darf sie nicht verstellt werden durch konventionelle Begriffe und Auffassungen. Es ist erstaunlich, daß diese mit freudigen Erwartungen verbundene Lehre lange Zeit als pessimistisch eingestuft wurde.

e) Das Wieder-Dasein – Puna-Bhava

Die neue Vorstellung vom ewig fließenden Bewußtseinsstrom verlangte eine neue Formulierung der Wiedergeburtslehre und aller damit zusammenhängenden Probleme. Bisher hatte man angenommen, daß sich die „geistige Einheit", die als Wesenskern betrachtet wurde, mit Hüllen (*Kośa*) von verschiedener Dichte umgibt. Während des physischen Sterbeprozesses werden diese Hüllen wieder abgelegt; dann kehrt die geistige Einheit wieder zurück ins kosmische Geist-Zentrum. Wird die Idee von einer geistigen Einheit oder einem „Selbst" ausgeschaltet, kann man dann weiterhin von einer Wiederverkörperung sprechen? Buddhas Jünger machten sich Gedanken darüber.
Wohin bewegten sich die beim Sterbeakt freiwerdenden Energien? Wenn sie auf einen anderen Erlebnisträger überwechseln, sollte man dann das Neugeborene für dasselbe oder ein anderes Wesen halten? *Buddha antwortete: „Weder – noch!"* Für Buddha war es gar nicht wesentlich, wie die Beziehung vom vorherigen zum jetzigen Wesen ist, sondern *weshalb* es eine Abhängigkeit gibt und ob es möglich ist, sie zu unterbrechen?
Aber in der Folgezeit bis heute machte man sich Gedanken über diese Beziehungen. Gleichnisse aus der brahmanischen Zeit machten die Wiederverkörperung anschaulich durch den Vergleich mit einer Perlenkette; hier stellt der Faden, der die Perlen durchzieht, die Beziehung her.
Nimmt man im Buddhismus einen immer fließenden Bewußtseins-Strom an, dann gleichen die einzelnen Existenzen einer Eisenkette, deren Glieder funktionell ineinander hängen, ohne miteinander eins zu sein.
Der Indologe Schumann macht auf eine sprachliche Feinheit aufmerksam, die noch beachtet werden sollte: Das Bewußtsein geht nicht in ein in Entwicklung befindliches „Wesen" über (dann wäre es eine „Seele", die überwechselt); richtig formuliert muß es heißen: „Der Bewußtseins-Strom eines Verstorbenen geht in einen Mutterschoß ein und wirkt dort wie ein Katalysator, der einen chemischen Prozeß ermöglicht. Er setzt das Werden

des Embryo in Gang, ist nachher aber in dem Produkt dieses Prozesses nicht mehr nachweisbar."

Lama Govinda meint, es herrsche nicht Identität zwischen dem Vorherigen und dem Jetzigen sondern eine gewisse Abhängigkeit (Konditionalität). Das Ergebnis ist: Die dem Bewußtsein anhaftenden Erfahrungen schaffen im jetzigen Wesen gewisse Dispositionen, die Neigungen hervorbringen, die dem vorherigen Wesen ähnlich sind.

Ein Buddhist unserer Zeit – Rodney Collin – versucht, eine biologische Erklärung zu geben: „Bei der Befruchtung kann durch ein Mikroskop beobachtet werden, wie sich die Chromosomenfäden im Ei verschlingen und wieder entwirren – tänzerisch anziehen und abstoßen – vermutlich solange, bis die zueinanderfinden, die die stärksten Merkmale enthalten. Der neue Mensch wird diese Merkmale als typische Charaktereigenschaften an sich tragen...." „... und wo waren die Merkmale solange gespeichert? In den Genen."

Damit wäre die körperliche Vererbung erklärt, wie aber werden die geistigen und seelischen Merkmale übernommen? Collin: „Sterben bedeutet: Auflösung der irdischen Elemente. Vermutlich wird dabei eine Wellenbewegung ausgelöst, ähnlich Rundfunkwellen. Die Welle trägt die psychischen Eigenschaften zu einem neuen Empfänger, d.h. zu einem befruchteten Ei, von dessen ganz individuellem Kraftfeld die Anziehung kommt."

f) Ergründung der Gestaltungskräfte des Lebens

Die den Indern schon lange vertraute Lehre vom *Saṃsāra,* dem „Lebens-Kreislauf", erfuhr durch den Buddha eine verstandesmäßige Begründung: Das endlos Kreisende ist der „Bewußtseins-Strom" *Citta-Santāna.* Ihn sah Buddha als Urheber der stofflichen Körper an, als er ausrief: „Hauserbauer – ich habe dich erkannt!" Denn der Körper wurde als „Haus" des Bewußtseins angesehen, und das Baumaterial war das gleiche Bewußtsein, nur in größerer Verdichtung.

Bereits als der Wanderasket *Siddhārta* Gautama hatte er sich immer wieder die Frage nach der „Entstehung der Daseinsphänomene" vorgelegt und war nach siebenjähriger Meditation zu diesem Ergebnis gekommen, daß alles Gegenwärtige von etwas Vorangegangenem abhängig sein müsse. Um den Schülern das Nachvollziehen seiner Überlegungen zu erleichtern, nannte er ihnen zwölf Stichworte, die sich dem Gedächtnis gut einprägten; denn der Unterricht fand damals noch mündlich statt. Diese Stichworte sind in den Pāli-Texten überliefert worden als der *Pratītya-Samutpāda / Paṭicca-Samuppāda, die „Formel vom abhängigen Entstehen".*

In der folgenden Aufstellung werden die 12 Stichworte durch erläuternde Zusätze aus heutiger Sicht wiedergegeben. Die ersten beiden Stichworte setzen nämlich voraus, daß Buddhas diesbezügliche Lehre bereits bekannt ist. Sie stellen eine Behauptung auf, die erst durch die 10 weiteren Stichworte nach und nach verständlich wird. Sie sind also zunächst nur zur Kenntnis zu nehmen.

1. Stichwort: Avidyā – „Unwissenheit“ (Avijjā)

Der Mensch ist unwissend, weil er Ursprung und Sinn seines Daseins nicht kennt. Als Ursache der Wiedergeburt nannte Buddha das „Mobilisieren von Gestaltungskräften“, daher:

2. Stichwort: Saṃskāra – „Gestaltungskraft“ (Samkhāra)

Die Saṃskāra werden in alten Texten den „Samenkernen“ verglichen, die vom Lebensdrang veranlaßt werden, Stengel zu treiben. Heute bezeichnet man sie als „Erinnerungsknoten“ im Bewußtseins-Strom, die sich wieder auswirken wollen. Ihre Gesamtsumme gilt als das *Karman.* Die Sprachwurzel *Kar-* bezeichnet alle Arten von Tätigkeiten, auch solche gedanklicher Art. Es kann damit jeder Bewegungs-Impuls gemeint sein, und er kann körperlich, gedanklich und gemütsmäßig weiterwirken. Der Mensch unterliegt dem gleichen Bewegungsdrang wie die Erdkugel, auf der er lebt. Er steht unter Denkzwang und Tätigkeitsdrang. Da jeder Gedanke und jede Tat Folgen hat, sah man darin eine Art Gesetzmäßigkeit. Als nun mit der Übertretung der brahmanischen Kastengesetze Drohungen verbunden wurden, dürfte es im volkstümlichen Sprachgebrauch zur Formulierung eines „Karma-Gesetzes“ gekommen sein, das nun einem kosmischen Verhängnis ähnlich sah und scheinbar wie eine „Zeitbombe“ wirkte. (Der ceylonesische Buddhist, der Thera Nyāṇaṭiloka, betont, daß *Karma* im Buddhismus nicht mit „Schicksal“ gleichzusetzen sei, es gibt heilsame und unheilsame „Willensregungen“, die zur Auswirkung kommen.)

Die nächsten 8 Stichworte nennen die Faktoren, die den psychophysischen Organismus bilden. Darunter befinden sich die bereits bekannten *„5 Skandha“,* nur in anderer Reihenfolge und zum Teil mit anderen Begriffen. Vorangestellt wird:

3. Stichwort: Vijñāna – „Bewußtsein“ (Vinnāna)

Die Gestaltungskräfte (2) veranlassen den Bewußtseins-Strom, Einzel-Formen und Einzel-Wesen hervorzubringen, die sich für ein isoliertes „Ich“ halten (Sk. 5). Sie werden mit Begriffen oder Namen belegt, die sie unterscheidbar machen, daher:

4. Stichwort: Nāma-Rūpa – „Name-Form“, „beseelte Form“

ein Standard-Begriff für die „Leib-Seele-Einheit“ lebender Wesen. (Entsprechung zu „Rūpa-Skandha“/ Sk. 1).

5. Stichwort: Ṣadāyatana – „6 Sinne“ (Salāyakana)

macht die Aussage, daß jeder Organismus „Sinnesorgane“ entwickelt. Als „6. Sinn“ gilt in buddhistischen Texten das *Manas,* das die Sinneswahrnehmungen zusammenbindende Denken. („6 Sinne" meint 6 Grundlagen – āyatana – der Bewußtwerdung) (Sk. 3).

6. Stichwort: Sparṣa – „Berührung", „Empfindung" (Phassa)
weist darauf hin, daß die Sinnesorgane *„Sinnesempfindung"* auslösen, wenn sie die Dinge „berühren", mit ihnen in Kontakt kommen. (Skandha 3 „Samjñā", „Wahrnehmung", faßt die Sinnesorgane und deren Empfindungen unter einen Begriff zusammen)

7. Stichwort: Vedanā – „Gefühlsmäßige Reaktion"
erinnert daran, daß Sinnes-Empfindungen gefühlsmäßige Reaktionen der Zu- oder Abneigung oder der Gleichgültigkeit auslösen (Sk. 2).

8. Stichwort: Tṛṣṇā – „Durst", „Begehren" (Tanhā)
sagt aus, daß der Mensch die Dinge wünscht, die er wahrgenommen hat; es ist der Selbsterhaltungs-Trieb, der den „Durst" auslöst. Von Übel ist, daß sich der Mensch damit nicht zufrieden gibt. Er will mehr als er benötigt.

9. Stichwort: Upādāna – „Anhaften", „Anhangen," „Hörigkeit"
bezieht sich auf jede Art von Übertreibung, die, näher betrachtet, sinnlos ist. Zu glauben, man könnte nicht glücklich sein, ohne bestimmten Besitz und bestimmte Menschen, ohne vertraute Gebräuche. Es gilt auch, liebgewordene Ansichten aufzugeben, wenn sie sich durch höhere Einsicht als überholt erweisen, dazu gehört das Aufgeben der Vorstellung, eine unabhängige Ich-Persönlichkeit zu sein. Wer am „Ich" hängt, wünscht die Dauer, eine Fortsetzung des Ich-Bewußtseins, das wieder Besitz sammeln darf. Wer die „Ich-Vorstellung" nicht aufgeben kann, setzt daher neues Werden in Gang.

10. Stichwort : Bhava – „Werdeprozeß", „Empfängnis"
Mit den Stichworten 3-10 wurde detailliert gezeigt, wie „Entstehen in Abhängigkeit" erfolgt. In 2 weiteren Stichworten wird an den sich wiederholenden Lebens-Kreislauf erinnert, der physiologisch betrachtet in Stichwort 11 + 12 besteht, nämlich in Geborenwerden, Jāti (11.), Altern, auch Leiden und Sterben (12.).

11. Stichwort: Jāti – „Geburt", „Wiedergeburt"
Der Körper tritt mit der Geburt in Erscheinung. Da er eine Verbindung von Stoffen ist, die dem Verfall unterliegen, folgt zwangsläufig jeder Geburt als

12. Stichwort: Jarāmaraṇa – „Altern und Sterben"
Nach Buddhas Worten hat man die Formel dann richtig verstanden, wenn sie vorwärts und rückwärts gelesen einen Sinn ergibt. Rückwärts gelesen: Dem Tod geht die Geburt voran, der Geburt der Werdeprozeß. Das Anhaften ist die Folge von übertriebenem Lebenshunger. Der Mensch begehrt die Dinge, zu denen er Zuneigung empfindet. Die Gefühle der Zu- oder Abneigung sind ein Ergebnis der Sinnes-Empfindung, diese setzt Sinnesorgane voraus. Sie gehören der Leib-Seele-Einheit an, diese wird gelenkt durch das Ich-Bewußtsein.

Ich-Bewußtsein trennt den allgemeinen Bewußtseins-Strom scheinbar in Teile mit einem gesonderten Eigenleben. Das ist *Avidyā,* die „Unwissenheit", von der alle Lebewesen betroffen sind, die sie beschränkt und unglücklich macht. Damit hat die anfängliche Behauptung ihre Erklärung gefunden (1 + 2).
Die im Bewußtsein weiterwirkenden „Willensregungen" oder „Erinnerungsknoten" (Saṃskāra) kommen nicht zur Ruhe, sie haben den Drang, die ins Rollen gebrachte Bewegung fortzusetzen, als ob eine Tat durch eine andere vergolten werden müßte. Daran schuld ist die „Unwissenheit" oder die „Verblendung" (*Moha*), die annimmt, man könnte den Bewußtseins-Strom in Stücke schneiden. Er ist ein Ganzes, der nur vorübergehend in verschiedene Gefäße gegossen wird. Diese halten sich für ein selbständiges Ich, das voller „Raffgier" ist *(Lobha* oder *Rāga* oder *Tṛṣṇā*, spätere Bezeichnung dafür: *abhiniveśa*).
Daraufhin wird in den anderen verblendeten Wesen „Haß"/Dveṣa hervorgerufen. Ein „Täter" *(Karta)* setzt sein „Handeln" *(Karman*)* gegen den anderen „Täter" in einem sinnlosen Sich-Bekriegen. Das *Karman* ist gelöscht, sobald ein „Ich" erkannt hat, daß die Trennung eine Täuschung ist. Es gibt nur einen Bewußtseins-Strom. Für diejenigen, die es nicht glauben, gelten *Moha, Lobha* und *Dveṣa* als die „3 Wurzelursachen", *Hetu,* die sie an den Lebens-Kreislauf binden.

4. Arya-Satyā / Arya-sacca – „Vier edle Wahrheiten"

Alle Lehren Buddhas, die hier als Lehrsätze oder Formeln wiedergegeben wurden, beruhen auf Erkenntnissen einer einzigen Nacht, die seitdem die „Nacht der Erleuchtung" genannt wird, da sie den Waldeinsiedler Siddhārtha zum Buddha machte. Sein Bewußtsein gelangte nacheinander in Bereiche, in denen ihm ein umfassendes wortloses Wissen zuteil wurde, das er nachträglich in Worte faßte.
Die bekannteste dieser Formulierungen ist die von den „Vier edlen Wahrheiten", in denen dargelegt wird, daß Leben Leiden heißt, daß es aber eine Möglichkeit gibt, sich vom Leiden zu befreien, indem man daraufhin den „Edlen Weg" beschreitet.

* Es soll noch einmal hervorgehoben werden daß die Sprachwurzel *kar-* in allen Worten steckt (manchmal nur als kṛ-), die mit Bewegung und Handeln zu tun haben wie auch in Gedankenregungen und Willensregungen. In diesem Zusammenhang also: in Saṃs-*kāra, Kar*-man und *Kar*-ta.

a) Die Erläuterung der „Vier Wahrheiten“

Erste Wahrheit
Als erste Wahrheit gilt die Feststellung, daß alles Dasein unbefriedigend ist, weil es der Vergänglichkeit und damit dem *Leid/Dukkha* unterworfen ist.
Aus den Erläuterungen geht hervor, daß dreierlei Leid unterschieden wird. Alle Wesen empfinden körperlichen Schmerz; *das körperliche Leiden* ist naturbedingt, es gehört zur Vergänglichkeit der Organismen, zu ihrer Anfälligkeit.
Doch *der Mensch* leidet außerdem noch *gemütsmäßig – mental,* wenn er irgendwie enttäuscht wird, wenn sich seine Lebenserwartungen nicht erfüllen. Unermüdlich belehrte Buddha seine Anhänger, daß solche psychomentalen Leiden von einer falschen Einstellung herrühren, von mangelnder Unterscheidungsfähigkeit zwischen den realen Gegebenheiten und den persönlichen Illusionen. Daraus ergibt sich der Lebens-Konflikt, und dieser muß zuerst beseitigt werden durch Einsicht in den tatsächlichen Sachverhalt.
Von einer *dritten Art des Leidens* wird der philosophisch veranlagte Mensch befallen. Er leidet *wesenhaft, essentiell,* an den Bedingungen des Daseins schlechthin, weil Leben sich von anderem Leben nährt und weil es keinen Ausweg gibt aus diesem Naturgesetz.
Jede Belehrung begann Buddha mit folgenden Worten:
„Geburt, Altern, Krankheit und Tod bringen Leiden.
Mit Unliebem vereint sein, von Lieben getrennt sein, nicht zu erhalten, was man wünscht, ist leidvoll.
Die Veränderlichkeit der Materie ist leidvoll…
Krankheit, Alter und Tod machen alles zunichte, woran der Mensch Freude empfindet.“
Buddhas Lehrerfolg bei Menschen aller Gesellschaftsschichten kann aus der deutschen Übersetzung des Textes kaum nachempfunden werden. Erst der Stabreim der Pāli-Worte macht die suggestive Wirkung verständlich. Daher sollte man das folgende Zitat (nach Govinda) versuchsweise mehrfach vor sich hinsprechen:
„Jāti pi dukkha – jarā pi dukkha –
vyadhi pi dukkha – maranam pi dukkha.
appiyehi sampayogo dukkho
piyehi vippayogo dukkho
yam picchaṃ na labhati taṃ pi dukkhaṃ
saṃkhittena pañc' upādānak-khandā pi dukkhā…“

Zweite Wahrheit
Die zweite Wahrheit befaßt sich mit der Entstehung des Leidens. Der für tiefere Zusammenhänge „blinde“ Mensch ahnt nicht, daß seine „Begehr-

lichkeit“ die Wurzel all seiner Leiden ist. Er ist immer unbefriedigt, weil sein „Durst“ unstillbar ist und er darunter psychisch leidet.

Dritte Wahrheit
Die dritte Wahrheit sagt aus, daß diese psychischen Leiden schwinden werden, je mehr das Grundübel – die „Begehrlichkeit“ – abgebaut werden kann. Für diesen Gedankenschluß wollte Buddha bei seinen Mitmenschen Einsicht erwecken. Wer überzeugt worden ist, daß alles Übel aus eingefahrenen Verhaltensweisen abgeleitet werden kann, sollte vernünftig genug sein, von nun an sein Verhalten zu ändern. Wird das psychische Leiden durch Einsicht gemindert, kann das durch den Verfall bedingte körperliche Leiden leichter ertragen werden.

Vierte Wahrheit
Die vierte Wahrheit verkündet das Mittel, wie das gesamte Leiden – auch das existentielle Leiden – beseitigt werden kann. Indem man sein bisheriges Leben vollkommen ändert, in Buddhas „Fußstapfen“ tritt und den Weg so geht, wie er ihn gegangen ist – *tathāgata.*
Dieser Weg trägt die Bezeichnung: „Der edle achtgliedrige Pfad“.

b) Die Beendigung des existentiellen Leidens

Buddhas Schlußfolgerung aus seiner Erkenntnis ist eindeutig: Wer nicht leiden will, darf nicht wünschen, in einem Körper zu wirken. Als das Abendland mit dieser Lehre konfrontiert wurde, lehnte es sie als zu pessimistisch ab. Handelt es sich wirklich um ein Ausweichen aus den Lebensschwierigkeiten? Dem steht entgegen, daß die ersten, die dem Buddha nachfolgten, seine gutsituierten Standesgenossen waren, die im Luxus aufgewachsen waren und freiwillig die Entbehrung wählten.
Wäre der Wunsch nach Beendigung des Lebens-Kreislaufes aus den unteren Kasten gekommen, die durch die Kastengesetze stark eingeengt wurden, könnte man eine derartige Sehnsucht leichter verstehen. Es müssen demnach andere Erwägungen gewesen sein, die sie hervorriefen, vermutlich solche, die mit philosophischen Gedankengängen zu tun hatten.
Kāpila, der Begründer der *Sāṃkhya*-Philosophie, hatte bereits seine *Pariṇāma-Lehre* konzipiert, die verkündete, daß Stoff nur vergröberter Geist sei. Mußte die Vergröberung nicht als eine Beeinträchtigung angesehen werden? Vielleicht war sie sinnlos und man konnte sie verhindern.
Vielleicht war der Einschluß des Bewußtseins in einen Körper überflüssig oder gar eine Art Strafe. In altertümlichen Volksepen wurden Vermutungen ausgesprochen, daß die menschlichen Körper eine Fehlkonstruktion seien, in die die geistigen Wesenheiten nur mit Abscheu einzögen.

Yogis, Siddhas und ähnliche Asketen übten sich im Austreten des Bewußtseins aus dem Körper und schwärmten anschließend davon, wie leicht und frei und beweglich sie sich dann fühlten. Der Körper schien eine überflüssige Last zu sein, die den Geist in jeder Hinsicht einengte. Das Abwenden vom Körper und das Hinwenden zum befreiten Bewußtsein scheint damals eine weltweite Zeitströmung gewesen zu sein. Es hing vermutlich damit zusammen, daß die alten körperbetonten Mutterkulte nach und nach von den geistbetonten Vaterkulten abgelöst wurden.

In Nordindien mehrten sich die Waldeinsiedler, die sich in Meditation übten, in der Hoffnung, geistige Erfahrungen zu machen. Der Körper war dabei eine Last, denn er mußte gepflegt und erhalten werden.

Wer in sehr hohe Bewußtseinsstufen gelangte, dem schien von dieser Warte aus die Stoffwelt wie eine Traumwelt ohne Bedeutung. Wozu sollte man in sie zurückkehren, wenn man in den strahlenden Geistwelten ungetrübtes Glück erfuhr?

Für Buddha schien nur das Bedeutung zu haben, daß der Bewußtseins-Strom insgesamt ohne Ende war, daß er ständig schöpferisch tätig war. Da er Stoffwelten erzeugte, Feinstoffwelten und formlose Welten, stand einem nicht die Wahl frei, in welcher man leben wollte?

Buddha verneinte nicht das Leben, das für ihn in Bewußtsein bestand, er hielt den Körper für überflüssig. Als reines Bewußtsein zu existieren, das hieß für ihn aus Leid Freude zu machen, aus *Dukkha: Sukha.* Und damit schien er ein Bedürfnis seiner Zeit erkannt zu haben, denn seine Idee setzte sich durch.

Fünfhundert Jahre lang erhielt sich seine Lehre verhältnismäßig rein, dann wurde sie vermischt. Zuerst setzte man die Götter wieder ein, die Buddha als psychische Projektionen bezeichnet hatte; auch ihn selbst hob man hoch hinauf und fing an, ihn im Bild zu verehren und um Beistand zu bitten beim Vollbringen des Weges. Denn weiterhin blieb es letztes und höchstes Ziel, einmal den Lebenskreislauf zu beenden, wenn auch nicht in diesem Leben, so in einem der nächsten. Auch für die späteren Yoga-Systeme verschiedener Prägungen blieb dieses Ziel bestehen, mehr oder weniger vordergründig. Erst die Tantra-Systeme wiesen auch auf andere Möglichkeiten hin.

III. Der Buddha-Weg – Arya Mārga

1. Der Yoga und der „Mittlere Weg" des Buddha

Schon lange vor dem Buddha gab es in Indien Gruppen oder Einzelne, die sich in Selbst-Disziplin übten. Wenn man dabei an die aufsehenerregenden „Säulenheiligen" denkt, war in dieser Richtung eher Übertreibung als Untertreibung zu beobachten. Yoga war damals gleichzusetzen mit Askese. Auch Buddha hatte sich in der Zeit, als er als Waldeinsiedler lebte, der strengsten Askese unterworfen, doch er hatte sie abgebrochen, weil sie ergebnislos blieb. Erst mit der darauffolgenden gemäßigten Methode hatte er die Buddhaschaft erreicht und seinen Schülern einen „mittleren Weg" empfohlen. Diesen gemäßigten nannte er den „edlen Weg".

2. Der „Edle achtgliedrige Pfad" – Arya-Mārga / Arya-Magga

Als es sich im Lande Māgadhā herumsprach, daß einer der Waldeinsiedler die Buddhaschaft erreicht hatte, wünschten viele, es ihm gleichzutun. Buddha war genötigt, einen Verhaltensplan aufzustellen.
Den Sympathisanten, Upāsaka, wurde empfohlen, sich zuerst gründlich mit der neuen Lehre vertraut zu machen und sich nebenher in „Sittlichkeit" zu üben, die im Unterschied zu den Kastenregeln nicht in Riten sondern in Rücksicht-nahme bestand.
Die Richtlinien des „Edlen achtgliedrigen Pfades" galten für den engeren Schülerkreis, für die „Edle Schar", *Arya Saṃgha / Arya Sangha.*
Die empfohlenen Verhaltensweisen werden oft als stereotype Formel wiedergegeben und mit ähnlichen bereits bekannten Geboten gleichgesetzt, die auf die „rechte" Lebensweise aufmerksam machen. Die diesbezüglichen acht Pāli-Begriffe werden hier zunächst mit den geläufigen Stichworten wiedergegeben und erst anschließend genauer interpretiert:
Sammā-Diṭṭhi = rechter Glaube – Vertrauen in die Lehre
Sammā-Sankappa = rechte Gesinnung – rechtes Entschließen
Sammā-Vācā = rechtes Wort – rechte Rede
Sammā-Kammanta = rechtes Handeln – rechte Tat
Sammā-Ājīva = rechtes Leben – rechte Lebensweise
Sammā-Vāyāma = rechtes Streben – rechte Bemühung
Sammā-Sati = rechtes Gedenken – rechte Aufmerksamkeit
Sammā-Samādhi = rechtes Sich-Versenken – Konzentration

a) Die drei Grundlagen der Vervollkommnung

Die acht Glieder des „Edlen Pfades“ sind dreifach gruppiert und sehen eine gleichmäßige Entwicklung des Schülers vor, die sich auf alle Lebensbereiche erstreckt. Nebeneinander geübt, wird Gemütsberuhigung erreicht und immer tieferes Verständnis für die Notwendigkeit der Durchführung.
Pañña umfaßt das „Erkenntnisse sammeln“,
Sīla bezieht sich auf die ethische Verhaltensweise,
Samādhi meint „Sammlung“, „Vereinung der Kräfte“.
Nach diesen drei Gesichtspunkten ist der „Edle Pfad“ zusammengestellt. Anschließend werden die acht Glieder erläutert, jedoch nicht in ermüdenden Einzelheiten, die sich in den historischen Texten angesammelt haben, sondern zusammenfassend charakterisiert nach heutigem Verständnis in Anlehnung an Lama Govinda und Nyāṇaṭiloka.

Paññā – Glied 1-2
Paññā entspricht dem Sanskrit-Wort *Prajñā* – „Weisheit“. Man gelangt auf dreierlei Art zu Weisheit: Durch Lernen in Form von gedanklichem Verarbeiten des übermittelten Wissens. Des weiteren durch eigenes tiefes Nachdenken, dessen Höhepunkt der „Hellblick“ ist, die Intuition.
Glied 1: Saṃyag – *dṛṣṭi* – sagt aus, daß man sich eine „vollkommene Ansicht“ verschafft haben sollte über den Buddha-Weg und sein Ziel, ehe man sich verpflichtet, ihn praktisch zu beschreiten. Der entsprechende Pāli-Begriff *Samma-Ditthi* drückt auch „tiefe Einsicht“ aus und meint ein echtes Verständnis der Situation, in der man sich vor dem Entschluß befindet. Denn nur dann ist die folgende Bedingung erfüllt:
Glied 2: Saṃyak – Saṃkalpa – die „aufrichtige Gesinnung“ und die damit verbundene „bewußte Absicht“, den Weg zu beschreiten. Einen solchen Schüler nennt man den „In-den-Strom-Eingetretenen“.

Sīla – Glied 3-5
Im Unterschied zu *Paṇṇatti* – einem äußeren Befolgen von Vorschriften – versteht man unter *Sīla* eine aus edler Gesinnung sich ergebende „Sittlichkeit“. Zwar zählen die historischen Texte viele Einzelheiten auf, die eher wie Vorschriften und Verbote anmuten, dann darf man annehmen, daß es sich um die Regeln für Sympathisanten oder neu Hinzutretende handelt.
Glied 3: Saṃyag-Vāk wird gewöhnlich mit „rechte Rede“ übersetzt und bezieht sich unter anderem auf das Vermeiden von übler Nachrede oder zorniger Rede, meint aber allgemein *kontrollierte Redeweise;* leeres Geschwätz, gedankenlose Redensarten vermeiden. Wer nichts Wissenswertes zu sagen hat, soll lieber schweigen.
Glied 4: Saṃyak-karmāṇṭa bedeutet „verantwortungsvoll Handeln“. Zunächst sind die landesüblich geltenden Sittengesetze zu beachten, denn ein

Buddha-Schüler soll in der Öffentlichkeit nicht unangenehm auffallen. Wer zu tieferem Verständnis gelangt ist, soll sein „eigenes Wesensgesetz" ergründen und mit ihm im Einklang leben. Darüber hinaus soll er die kosmischen Gesetze erforschen und ihnen nicht entgegenwirken. „Vollkommenes Handeln" gilt als erstrebenswert, doch soll sich der Schüler bewußt sein, daß es die unerreichte Endstufe darstellt, die nur ein Buddha erlangt.
Glied 5: Saṃyag-Ājīva bedeutet „besonnene Lebensführung" unter den Gesichtspunkten von „Reinheit", „Gerechtigkeit und Nützlichkeit", jedoch ohne „Stock und Schwert". Buddha erwartete von seinen nahestehenden Jüngern, daß sie Vertrauenswürdigkeit und Zuverläßigkeit ausstrahlen sollten, er sprach sie als die „Edlen" und „Wohlgebildeten" an, die Vorbild sein sollten. Vor allem sollten sie den Müßiggang und Hochmut der Reichen aufgeben, aus deren Kreisen sie kamen. Statt dessen empfahl er ihnen, die Gesetze des Lebens zu erforschen, die auf wechselweisem Geben und Nehmen beruhen. Bei der freien Entfaltung der Persönlichkeit ist jeder gleichberechtigt, unabhängig von seiner Herkunft.

Samādhi – Glied 6-8
Der Begriff *Samādhi* war zu Buddhas Zeiten nicht schon gleichbedeutend mit „Erleuchtung" sondern mit „Sammlung" oder *Konzentration.* (Wörtlich: „Festzusammengefügtsein". Der Parallel-Begriff ist: „Citt 'ekaggatā" das ist „Einspitzigkeit des Geistes".) Da die hier verlangte Konzentrationsfähigkeit kein Naturgeschenk ist, muß sie durch Konzentrations-Schulung erarbeitet werden. Glied 6-8 enthält die abgestufte Methode für Anfänger, Fortgeschrittene und Meisterschüler.
Glied 6: Saṃyag-Vyāyāma bedeutet „bewußte Anstrengung", von Erkenntnis geleitete Bemühung. Hier geht es in erster Linie um Konzentrationsübungen, die weiter unten unter 3. „Beschreiten des Pfades" ausführlich wiedergegeben werden, für Anfänger und Fortgeschrittene.
Glied 7: Saṃyak-Smṛti, „rechte Achtsamkeit" oder „Aufmerksamkeit", ist bekannter unter dem Begriff *Satipaṭṭhāna* und bezieht sich auf *„Selbstkontrolle".* Überwacht werden: Körperempfindungen, Gemütsstimmungen, Triebimpulse und Gedankenimpulse (ausführlich unter 3.b, S. 47).
Glied 8: Saṃyak-Samādhi meint nun die „Vollkommene Konzentration". Sie gilt als erreicht, wenn man bei den objektbezogenen Übungen für 10-20 Minuten nicht ablenkbar bleibt. Dann ist man genügend vorbereitet, um mit objektlosen Übungen zu beginnen, mit Jhāna, der Meditations-Methode. Sie wird unter 3.c) mit Buddhas Worten geschildert.
Das Ergebnis von Saṃyak-Samādhi ist dann die *„gesammelte Persönlichkeit",* die sich ihres Verhaltens bewußt ist. Sie darf nun langsam an das Ziel des Weges denken: an die von Buddha verheißene Befreiung vom Lebens-Kreislauf.

b) Die Befreiung vom Lebens-Kreislauf / Saṃsāra

Wer den „Edlen Pfad“ über Jahre oder Jahrzehnte hindurch befolgt hat, hat eine innere Wandlung durchgemacht. Vor Beginn der Disziplinierung war er ein Zerstreuter, vielleicht ein Zersplitterter, der sich von vielseitigen Interessen angezogen fühlte. Das hat sein Gemüt beunruhigt. Es war notwendig, sich für eine Richtung zu entscheiden und diese zielstrebig zu verfolgen, ohne dabei Gewalt anzuwenden. Der Entschluß, bei der eingeschlagenen Richtung zu bleiben, war die erste Voraussetzung für die Gemütsberuhigung.
Durch die Befolgung von *Sīla* hat der Buddha-Schüler seine Probleme im Umgang mit anderen Menschen beschwichtigt. Das Beschäftigen mit Wissen und Weisheit – *Pañña* – hat seinen Wissensdurst gestillt. Und die Konzentrations-Schulung – *Samādhi* – hat ihn zu einem bewußten Menschen gemacht, der seine Stärken und Schwächen kennt.
In ihm ist kein Zwang mehr, über all dieses nachzugrübeln. Nun kann er still sein – einfach schauen – seinen Geisteszustand betrachten, ohne mit ihm zu kämpfen, ohne sich von ihm entführen zu lassen – er ist vorbereitet auf Nirvāṇa.

Das Nirvāṇa / Nibbāna
Nirvāṇa heißt „ohne Wehen“, ohne Gemütsbewegung. Das von Trieben und Neigungen bewegte Gemüt wird entsprechend indischer Tradition einer „Flamme“ verglichen. Die Flamme wird erlöschen, wenn man ihr kein Brennmaterial mehr zuführt. Das Gemüt wird beruhigt sein, wenn es sich nicht mit Sinnesreizen identifiziert.
Buddhas Jünger meinten, der Nirvāṇa-Zustand müsse die höchste Wonne sein, doch Buddha korrigierte sie: „Wo keine Wonne mehr wahrgenommen wird, das ist die wahre Wonne.“ Dann erst ist alles Menschliche ausgemerzt, das seit der Urzeit am Wirken ist.

Bodhi – die Erkenntnis / Erleuchtung
Ein Jünger, der sein Gemüt beruhigt hatte, wurde fähig, die objektlose Meditation durchzuführen: *Jhāna.* Dazu zog er sich in die Einsamkeit zurück, und man nannte ihn *Arhant* – einen Verehrungswürdigen. Er lebte in der Hoffnung, *Bodhi* zu erlangen, was wörtlich „Erwachen“ heißt; denn die im buddhistischen Sinne „unwissenden“ Menschen gelten als Träumende. Wenn sich ihr Bewußtsein in einen Zustand erhebt, der über dem normalen Tagesbewußtsein liegt, erscheint ihnen dies wie ein Traumzustand, aus dem sie nun erwacht sind. Da die meisten Menschen ihr Tagesbewußtsein für das einzig echte Bewußtsein halten, erscheint ihnen das Wort „Erwachen“ unverständlich; daher ersetzt man es durch „Höhere Erkenntnis“ oder durch

den christlichen Begriff „Erleuchtung“, weil damit Licht-Erlebnisse verbunden sein können, die auch von christlichen Mystikern erwähnt werden. Das Erwachen von Buddhas acht Jüngern wird als *Sāvaka-Bodhi* bezeichnet und das des Buddha selbst als *Sammā-Sambodhi,* was ausdrückt, daß nur er vollkommen erwacht ist.

Vimukti / Vimutti – Befreiung
Der Begriff „Vimukti“ ist der endgültigen Befreiung vom *Saṃsāra* (Lebens - Kreislauf) vorbehalten. Die ältesten Texte unterscheiden drei Arten von „Vimukti“:
Ceto-Vimutti ist die Fähigkeit, sich während der Meditation von jeglichem Denken und Vorstellen zu befreien – Entleerung des Bewußtseins.
Pañña-Vimutti ist ein plötzliches Schauen und Begreifen der Wesenszusammenhänge.
Ubhatobhāga-Vimutti bedeutet „beiderseits befreit“, in jeder Hinsicht befreit.*
Dem gehen andere Arten von Freiwerden voran, zum Beispiel das Unabhängigwerden von den Lebensumständen, wie schwierig sie auch sein mögen. Das nennt man *Viveka,* „Abgeschiedenheit“. Für das Loslösen des Ich – als Voraussetzung für den Aufstieg in die Jhāna-Stufen – ist *Vimokṣa,* „Loslösung“, der kennzeichnende Begriff.
Eine Voraussetzung für die „beiderseitige Befreiung“ ist das Schwinden der *Āsava*. Das ist ein altertümliches Wort, das übersetzt werden kann mit „Strömung“, „Belebung“, „Anregung“.
Was mag da ausströmen und zwanghafte Vorstellungen erzeugen? Sind es die auflebenden Saṃskāra, die nach alter Gewohnheit Willensimpulse aussenden? Und weshalb ist es so schwer, von ihnen loszukommen, daß es nur der Buddha und zwei seiner Jünger geschafft haben sollen? So nachhaltig können doch nur die unterbewußten Kollektivvorstellungen wirken. Vielleicht ist dies der passende moderne Begriff. Selten erreicht ein Mensch während eines einzigen Lebens die „beiderseitige Befreiung“; alle anderen Schüler müssen wenigstens noch einmal oder dreimal oder siebenmal wiederkommen. Der „Nichtwiederkehrer“ ist der *Anāgāmi.*

* Nur der Jünger Śāripūtra soll die beiderseitige Befreiung erlangt haben.

3. Das Beschreiten des „Edlen achtgliedrigen Pfades“

a) Wissen und Ethik

Persönliche Entwicklung ist ohne ethisches Verhalten und Erweiterung des Wissens nicht denkbar. Die diesbezüglichen Erwartungen aller Hoch-Religionen unterscheiden sich kaum voneinander und wurden daher nur kurz markiert (Glied 1-5). Da von einem Buddha-Schüler außerdem Konzentrationsschulung verlangt wird – was außergewöhnlich ist – bedarf der als *Samādhi* bezeichnete Teil des Weges (Glied 6-8) näherer Ausführungen.

b) Vervollkommnung durch Konzentrations-Praktik

Die Vorbereitung der Konzentration
Empfehlungen für alle Anfänger: Sich an einen ruhigen Ort begeben, eine Zeit wählen, zu der man voraussichtlich nicht gestört wird, eine Zeit, zu der man nicht schläfrig ist. Dann nimmt man eine Sitzhaltung ein, die es erlaubt, die Wirbelsäule vollkommen steil zu halten; das ist weitgehend von der Sitz-Unterlage abhängig, die dem Körperbau angepaßt sein soll.
Zum Eingewöhnen wählt der Schüler irgendein Objekt, das ihm sympathisch ist – ein Bild oder einen Gegenstand. Er soll ihn in genau passende Entfernung stellen: nicht so weit weg, daß man undeutlich sieht, nicht so nahe heran, daß etwaige Mängel störend auffallen, und so daß man den Hals nicht drehen muß. Nun soll man für 5-10 Minuten das Auge auf dem Gegenstand ruhen lassen.
Immer wenn das Auge müde wird, die Augen für eine Weile schließen und versuchen, innerlich zu sehen. Etwa 100-1000 mal wechseln, bis man eines Tages das Objekt bei geschlossenen Augen ebenso deutlich sehen kann wie vorher bei geöffneten Augen. Das wird nur ganz kurz möglich sein und nicht sofort nach dem Augenschluß. Zunächst erscheint in der Komplementärfarbe ein „Nachbild“ – *Nimitta.* Wer ausdauernd weiterübt, kann das Objekt später innerlich in den Originalfarben sehen, zuerst wechselnd zwischen unklar und scharf.
Hat man darin eine gewisse Fertigkeit erlangt, übt man nicht mehr am gewohnten Ort, man soll nicht abhängig bleiben von der Umgebung. Dann übt man mit offenen Augen, indem man an eine leere Wand schaut, bis durch die eigene Imaginationskraft das Bild an die Wand projiziert wird. Von diesem Bild sagt man, daß es „rein“ erscheint; das bedeutet „rein von zufällig anhaftenden Mängeln des Originals“; denn alles Zeitbedingte ist nun zurückgewichen ins Unwesentliche.

Konzentration auf die Kasina *

Die sogenannten *Kasina* waren zu Buddhas Zeiten „Scheiben in der Größe eines Tellers“. Sie wurden aus Lehm hergestellt und dann mit „reinen Farben“ (nicht mit Mischfarben) bemalt, nämlich in gelb, weiß, blau (oder grün) und in rot. Aufgabe war es, jede Farbscheibe solange anzuschauen, bis die Farben bei jeder Gelegenheit deutlich erinnert werden konnten. Sobald diese Aufgabe bewältigt ist, wird sie ergänzt durch das Zuordnen der Farben zu den Stoff- und Bewußtseinsbereichen (später darüber ausführlich). Demnach handelt es sich insgesamt um 12 Kasina-Übungen.

Übungen der „Geistes-Entfaltung“ – Bhāvanā-kammanṭha

Erste Gruppe: Sie betrifft das Erlangen der Gemütsruhe. Man lernt, sich in die „buddhistischen Tugenden“ einzustimmen, indem man sich vorstellt, sie jetzt in diesem Moment verwirklicht zu haben. Wem es schwer fällt, der darf sich einer Brücke bedienen und sich diese Tugenden am Buddha selbst oder dem geistigen Lehrer oder der Gesamtheit der Buddhistischen Gemeinde vorstellen. Diese Tugenden bezeichnet man in Pāli als *Brahmavihāra,* „erhabene Verweilungszustände“, oder als *Appamañña,* „Unermeßliche Zustände“, weil sie ins Unermeßliche ausgedehnt werden sollen.
Es sind 4: *Maitri* = „Güte“; *Karuṇā* = „Mitgefühl“; *Muditā* = „Mitfreude“ und *Upekṣā* = „Gleichmut“.
Zweite Gruppe: Sie betrifft Konzentration auf ein Einziges, Ekāgna. Gegenstand ist der *Buddha-Dharma,* die buddhistische Lehre.
Aufgabe des Schülers ist es, sich bei jeder Sitzung einen Lehrsatz zu vergegenwärtigen, um sich einzustimmen.
Die Erinnerung an jeweils eine von Buddhas Lehren gilt als Denkanregung, *Vitarka*; damit wird die anfängliche Trägheit beseitigt.
Ist man von der Aussage des Lehrsatzes nicht ganz überzeugt, muß man sich unbedingt von jeder Art Zweifel befreien, indem man die Aussage nach allen Richtungen hin prüft. Dieses Stadium ist *Vicāra,* das „Erwägen“.
Folgt daraufhin eine Intuition, ist man befriedigt; der freudige Impuls darüber ist *Pīti,* und die endgültige Befriedigung ist *Sukha.*
Bleibt sie nun für längere Zeit erhalten, ist die erwünschte Konzentration erreicht, *Ekāgrāta* – „Einspitzigkeit“.
Die anfängliche Flut der Gedanken ebbt ab, indem man systematisch vorgeht. Man erreicht gar nichts, wenn man den Gedanken ein Hin- und Herhüpfen erlaubt. Folgt man aber einem einzigen Gedankengang, so läßt er sich irgendwann nicht mehr weiterführen, man bleibt beim Endergebnis als letztem einzigen Gedanken, schließlich verliert sich auch dieser, und

* Die Farben der Kasina-Übungen beziehen sich auf die Daseinselemente, die im Buddhismus *dhātu* heißen, aber im Sāṃkhya Sthūla-Bhūta oder Mahā-Bhūta (siehe dort).

dann ist die Gedankenstille erreicht, und das ist dann die Meditation oder Kontemplation.
Der Fortgeschrittene muß nicht immer mit der „Denkanregung“ beginnen. Er kann versuchen, gleich die *Gedankenstille* anzustreben, indem er seinen Gemütszustand beobachtet, indem er auf die Klärung seines Gemütes wartet, ohne über Störungen unwillig zu werden; dann klingen sie eine nach der anderen ab. Diese Art der Selbstkontrolle wird besonders in Ceylon bevorzugt und nun näher erläutert.

Die Selbstkontrolle
Als „Selbstkontrolle“ wird hier die Methode bezeichnet, die in Pāli *Satipaṭṭhāna* oder „Sammasati“ genannt wird, was wörtlich „Vollkommene Achtsamkeit“ heißt. Bei der folgenden Zusammenfassung eines in Ceylon verwendeten Übungsplanes wurden die Anweisungen des *Thera Nyāṇaponika* zugrundegelegt („Geistestraining durch Achtsamkeit“).
Erstens: Betrachtung des Körpers
Hierzu gehört: Achtsamkeit oder Kontrolle der eigenen ruhigen Atmung.
Kontrolle der eigenen Körperbewegungen im Gehen, Stehen, Sitzen und Liegen.
Vergegenwärtigen der eigenen Körperteile als vergänglich.
Vergegenwärtigen der Grundbestandteile, die den Leib bilden.
Die Beobachtung richtet sich zuerst auf den Schüler selbst, dann auf Mitschüler oder Bekannte; dann auf beide im Vergleich. Es sollen Beziehungen und Abhängigkeiten aufgedeckt werden. Es soll nicht bewertet werden – besser oder schlechter.
Zweitens: Das Beobachten von Empfindungswellen (Vedanā)
Der Schüler soll sich im Moment der Übung darüber klar werden, ob er mehr von gröberen oder feineren Empfindungen beeindruckt oder abgelenkt wird. Wie gelingt es, Gefühlsüberschwang unter Kontrolle zu halten? Wenn man über längere Zeit das Entstehen und Vergehen von Empfindungen und Gefühlen registriert, ohne sie zu bewerten und ohne sich von ihnen gefangennehmen zu lassen. Man soll lernen, sie rechtzeitig abzufangen, ehe sie sich zu Wünschen, Leidenschaften oder Zornausbrüchen entwickelt haben. Das gelingt, wenn man die Empfindungswellen unbeteiligt beobachtet, ohne sie auf sich selbst zu beziehen.
Zu Beginn der Schülerschaft kann ein Vergleich mit Menschen der Umwelt nützlich sein, um festzustellen, inwieweit der Schüler das Verhalten anderer nachahmt.
Drittens: Die Zustandskontrolle
Gegenstand der Prüfung ist jetzt die Gesamt-Verfassung des Schülers. Er soll sich fragen: Bin ich verkrampft oder zerfließe ich in Gefühlen? Beide

Gegensätze sind ungünstig für den Fortschritt. Die entspannte, ich-freie Verfassung, begleitet von geistiger Wachheit, wäre das ideale Mittel.
Viertens: Betrachtung des Denkinhaltes
Der Schüler soll nur denken, was mit der Buddha-Lehre übereinstimmt. Seine Gedanken soll er so formulieren, daß zwischen Gedanke und Rede kein Widerspruch zu finden ist. Wer die gesamte Selbstkontrolle regelmäßig durchführt, wird bei seiner Meditation nicht mehr durch störende Impulse belästigt werden. Er wird zur *„Geistesklarheit"* gelangen, eine Bezeichnung, die man wohl als größere Bewußtheit deuten darf. Höhepunkt des Nachdenkens ist die Zweckmäßigkeit des eigenen Handelns unter gegebenen Umständen. Jedem Entschluß soll eine Zeitspanne der Geistesruhe vorangehen.

c) Vervollkommnung durch Meditations-Praktik

Die Konzentrations-Praktik beschreibt, wie der Anfänger durch stetige Übung zu einem fortgeschrittenen Buddha-Schüler wird. Daraufhin wird er langsam fähig, die schweigende Meditation zu üben: *Dhyāna* oder *Jhāna*; dieser Pāli-Begriff ist in diesem Zusammenhang geläufiger.
Buddha schilderte seine eigene Technik etwa wie folgt:

Die *1. Jhāna-Stufe* besteht in der Bemühung, zur Ruhe zu kommen. „Man sitzt in der Natur und lauscht dem Rauschen eines Flusses. Man sagt sich, daß die Gedankenketten diesem Fließen gleichen. Der Fluß hat eine Quelle, und die Gedanken haben einen Ursprung; diesen Ursprung sucht man. Dann ist kein Rauschen mehr, und damit ist die Gemütsruhe erreicht. – Wird man zwischendurch abgelenkt, darf man nicht vergessen, daß man die Quelle suchen wollte und nun diese Suche wieder fortsetzen muß.

Die *2. Jhāna-Stufe* ist gekennzeichnet durch ein körperliches Durchtränktsein mit Wohlgefühl; dies entspricht dem Zustand tiefer Entspannung. Nach Buddhas Worten „gleicht der Meditierende nun einem Teich, der keinen Zufluß von außen hat, sondern von innen her mit kühlem Wasser gespeist wird".

Die *3. Jhāna-Stufe* beschreibt Buddha als „ein inneres seliges Empfinden, das nichts gemein hat mit den bisher empfundenen weltlichen Freuden".*
In der *4. Jhāna-Stufe* ist der Meditierende dem Weltlichen ganz entrückt; er ist weit weg von allem Gegenständlichen und Persönlichen. Buddha sagt: „Die Geistesläuterung sei jetzt so vollständig wie bei einem Menschen, der

* Zwischen der 3. und 4. Jhāna-Stufe wird manchmal ein Zustand dazwischen angegeben: *nirodha samāpatti,* beide Begriffe werden später auch im Yoga-Sūtra verwendet.

von Kopf bis Fuß weiß gekleidet ist.“ In diesem Zustand strahlt der Meditierende seine liebevolle Gesinnung in die ganze Welt aus. Solche Strahlen enthalten jedoch keine Wärme wie die irdische Liebe, die wechselnd zu- und abnimmt. Es ist eine gleichbleibende Atmosphäre, die der Meditierende um sich verbreitet. Sie rührt einfach daher, daß die eigene Person – das Ich – zurückgetreten ist.
Heute wird nur dieser Zustand (Jhāna 4) als tiefe Meditation oder Kontemplation bezeichnet, während Jhāna 1-3 noch der Tief-Entspannung zugeordnet wird.

Der stufenartige Aufbau der Bewußtseins-Bereiche zu Buddhas Zeit
(nach Lama Govinda)

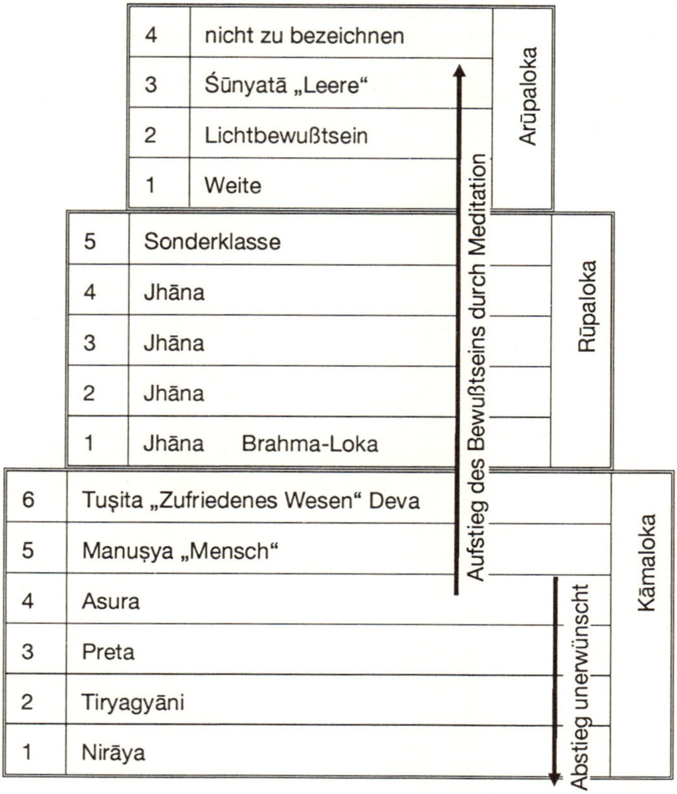

Einigen Meditierenden gelingt es daraufhin, in weitere Bewußtseinsbereiche aufzusteigen, die zu *Arūpa-loka*, der Formlosigkeit, gehören.

Die Graphik auf S. 51 diene als Orientierungshilfe:
Arūpa 1 wird der Tradition gemäß „Raum-Unendlichkeit" genannt, in der Graphik markiert durch das Stichwort *Weite,* denn es tritt die Empfindung von Weite ein.
Arūpa 2 „Licht-Unendlichkeit" wird in der Graphik ersetzt durch *Lichtbewußtsein.*
Arūpa 3 Śūnyatā heißt Leere oder Leerheit; gemeint ist nicht etwa die trostlose Empfindung innerer Leere. Dieser Bereich gilt als „leer aller Formen" und Begriffe, als frei von Begrenzungen, als offen.
*Arūpa 4 i*st ein noch höherer Bewußtseinszustand, über den sich nichts aussagen läßt. Buddha nannte ihn „Weder-Noch", das bezieht sich wieder auf „Form und Begriff"; man kann den Zustand *nicht bezeichnen.*
Die 6 Bereiche des Kāmaloka gelten als vollzogen, die 4 Jhāna-Stufen vermindern den Denkzwang, die 4 Arūpa-Stufen deuten auf geistige Evolution.
Einige wenige Weise späterer Zeit haben sie bereits überstiegen, erwähnt Aurobindo (vgl. Fünfter Teil).

IV. Der stufenartige Aufbau der Bewußtseins-Bereiche

Die Bewußtseins-Bereiche der Inder entsprechen ihrem jeweiligen Weltbild, und die Weltbilder sind nicht physikalisch aufzufassen, sondern entsprechen eher dem, was man sich von Epoche zu Epoche vorstellen konnte.
Zunächst unterschied man nur ein Diesseits und ein Jenseits: *Kāma-Loka,* den „Ort der Begierden“ – sechsteilig, und *Brahma-Loka,* den „Bereich des Brahmā“, Schöpfergott.
Der Mensch wird der 5. Stufe von Kāma-Loka zugeordnet. Unter ihm sind 4 Bereiche, die er im Laufe der Evolution (hier als biologische Entwicklung zu verstehen) durchlaufen hat und überwunden haben sollte. Doch wirken sie teilweise in ihm weiter als unterbewußte Triebe:
Asura steht für ungebändigten Machttrieb.
Preta steht für das Gefühl von Ohnmacht und Neid.
Tiryagyāni steht für tierisches Verhalten.
Nirāya für Untermenschliches, für Bewußtseinsverlust.
Über dem Menschen stehen verschiedene Götter-Klassen, die *Deva* sind die „Strahlenden“, zu denen sich der Mensch in guten Stunden erheben kann.
Es wird angenommen, daß das entkörperte Bewußtsein in einem der 6 Kāma-Lokas vorübergehend Aufenthalt nimmt; das wäre als eine Wiedergeburt in einer anderen Welt zu verstehen. Für Weiter-Entwicklung ist jedoch nur die Menschenwelt geeignet.
Zu Buddhas Zeiten hatte sich menschliches Empfinden so verfeinert, daß es 4 weitere Stufen erfassen konnte, die zusammengefaßt werden unter dem Begriff *Rūpa-Loka,* „Bereich feiner Formen“. Sie erscheinen dem Meditierenden als Formen und Wesen aus strahlender Substanz und in leuchtenden Farben. Sie werden dem psycho-mentalen Bereich des Menschen zugeordnet, der die Tendenz hat, sich schöpferisch zu betätigen. Hier sieht der Mensch das, was er im Inneren denkt und glaubt, alles was er sich vorstellen kann. Buddha sah hier überirdische Wesen von verschiedener Beschaffenheit. Erst als er erkannte, daß es sich um psychische Projektionen handelt, fühlte er sich „befreit“. Von ihrem *zwanghaften Einfluß,* für den der Pāli-Begriff *Āsava* steht, hatte er sich zu befreien, um ein Buddha zu werden. Er erwähnte später, daß es nicht allen seinen Jüngern gelungen war. Es ist möglich, daß es sich bei dem Begriff Āsava, dessen tiefere Bedeutung verlorengegangen ist, um alle die zwanghaften Einflüsse handelt, die von früher Kindheit an ihre Wirkung ausüben durch Worte mit besonderem Bedeutungsgehalt.

Da Rūpa-Loka nur durch Meditation erfaßbar war, nannte man seine einzelnen Stufen *Jhāna*; sie wurden schon geschildert als Tiefenerlebnisse. Von der 5. Stufe heißt es, daß sie nur in besonderen Epochen erfahrbar ist.

Arūpa-Loka war um 500 v. Chr. der höchste Bewußtseins-Bereich. Hier gibt es keinerlei Form-Wahrnehmungen. Die *Weite* oder *Raum-Unendlichkeit* wird oft als *indigoblau* bezeichnet, die *Licht-Unendlichkeit als weiß,* in der Darstellung farblos. Buddha stellte in Aussicht, daß es möglich sein müßte, Bewußtsein kontinuierlich auszuweiten, höher aufzusteigen.

B. Buddhistische Schulen – Schulen der Meditation

V. Das Hīnayāna (Südlicher Buddhismus)

1. Die Überlieferung

a) Drei Konzile

Nach alter indischer Tradition hat *Buddha* seine Lehren nur mündlich weitergegeben. Als er starb, befürchteten seine persönlichen Schüler, die Lehre könnte verfälscht werden. Daher wurde noch im Jahre seines Todes ein Treffen arrangiert, um die Lehren aufzuzeichnen, solange sie noch frisch in der Erinnerung lebten.
Dieses erste Treffen nennt man das *1. Konzil*; es stand unter Leitung des gelehrten *Kāśyapa. Ānanda,* der sich täglich in Buddhas Nähe aufhielt, rezitierte sieben Monate lang aus seinem Gedächtnis alle Belehrungen und Übungsanweisungen. Die übrigen Anwesenden bestätigten oder korrigierten seine Formulierungen. So bemühte man sich, Buddhas Lehren vor dem Vergessen oder vor der Entstellung zu bewahren.
Die Schüler, die sich hundert Jahre später trafen (390 v. Chr.) – zu dem sogenannten *2. Konzil,* rezitierten acht Monate lang die Texte, denn es waren mehr geworden. Schon jetzt konnte man sich in gewissen Punkten nicht mehr einigen. So kam es zur ersten Aufspaltung, die im Laufe der Zeit immer weitere Aufspaltungen nach sich zog. Was Buddha geahnt hatte, war eingetroffen: Die ursprüngliche Lehre wurde nicht mehr vollständig verstanden. Heute weiß man, daß es das Schicksal aller Lehren ist, dem jeweiligen Verständnis und Bedürfnis angepaßt zu werden.
Ein *3. Konzil* (260 v. Chr.) unter dem buddhistischen Kaiser *Aśoka,* der den Buddhismus als höchste Lehre ansah und in Wort und Tat verbreitete (z.B. in Syrien, Ägypten, Makedonien) dauerte neun Monate. Die Teilnehmer vertraten bereits so unterschiedliche Ansichten, über die sie sich nicht einigen konnten, daß es zu einer Spaltung in etwa 30 Sekten kam, von denen sich nur wenige bis heute erhalten haben.

b) Pāli-Text-Sammlungen

Tripiṭaka, „Dreikorb", ist die Bezeichnung für die frühbuddhistischen Texte, die in der *Pāli*-Sprache aufgezeichnet sind. Ihren merkwürdigen Namen

haben sie von der damals üblichen Aufbewahrungsart der Palmblatt-Texte in Körben.
Der 1. Korb, Vinaya Piṭaka, enthält die „Anweisungen über Lebensregeln".
Der 2. Korb, Sutta Piṭaka, „Sūtra-Korb", enthält die Lehrreden (Sūtra/Sutta) Buddhas oder von Interpreten, aufgegliedert in 5 Sammlungen, *Nikāya.*
Der 3. Korb, Abhidhamma Piṭaka, enthält Buddhas „Bewußtseins-Phänomenologie". Govinda betont, daß in diesen erst spät übersetzten Texten das allerfeinste Ideengewebe zu finden sei (philosophische und psychologische Überlegungen, die er nur mit seinen engsten Vertrauten erörterte).
Es gibt zwei Sekundär-Werke,die beide um 250 v. Chr. entstanden sein dürften: 1. Die Ceylon-Chronik. Sie enthält ein Zwiegespräch, das König Tissa von Ceylon mit Mahinda, einem Sohn oder Bruder des Kaisers Aśoka führte und auf das hin der Buddhismus in Ceylon aufgenommen wurde. 2. Das Milinda-Pañha, ein Zwiegespräch, das der griechische König Menander (hier Milinda genannt) mit dem Mönch Nāgasena über Seele und Wiedergeburt führte.
Außerdem sind zu den Hauptwerken *Kommentare* verfaßt worden, die bedeutendsten von *Buddhaghośa* (um 500 n. Chr.).

2. Die Schulen des Hīnayāna-Buddhismus

Hīnayāna heißt „Kleines Fahrzeug". Diese abwertende Bezeichnung soll zum Ausdruck bringen, daß mit dieser strengen Methode nur wenige ans „andere Ufer" gelangen werden, nämlich zur Befreiung. Die richtige Bezeichnung für die ältesten Mönchs-Gruppen ist *Thera,* „Alte", (ein Pāli-Wort). Die Sanskrit-Bezeichnung ist *Sthavīra,* doch der Pāli-Begriff ist geläufiger, besonders auf Ceylon. Andere Thera-Gruppen gibt es in Burma, Laos, Kambodscha, Java und in Thailand.
Die Thera lehnen das Diskutieren ab – nach dem Vorbild Buddhas. Sie wollen ganz in Buddhas „Fuß-Stapfen* treten", nur den von ihm vorgezeichneten Weg gehen. Vier Schulen blieben von Bedeutung (a-d).

a) Der Sarvāstivāda

Diese Schule konnte sich im Norden Indiens lange behaupten, besonders in Mathurā, Gandharā und Kaśmir. Die Anhänger schreiben der Welt ein „reales Dasein" zu, wovon sich der Name der Schule ableitet. Denn *Sarva asti* heißt „alles ist". Doch etwas „Ewiges" oder „Dauerhaftes" anzunehmen,

* Diese werden daher oft abgebildet.

sehen sie als abwegige Vorstellung an; es steht ja in Widerspruch zu den kurzlebigen Dharma.

b) Der Pudgalavāda

Diese Schule lehrt, daß das Zusammenwirken der *5 Skandha* ein Ganzes ergäbe, nämlich die „Person", *Pudgala/Puggala*. Sie garantiert den Bewußtseins-Kreislauf von einem Leben zum nächsten.

c) Die Schule der Sautrantika

Wer sich nur auf die *Sūtra* beruft – auf Buddhas Lehrreden –, ist ein *Sautrantika*. Diese Schule hält den „Abhidhamma", die philosophischen und psychologischen Abhandlungen, nicht für maßgeblich, sie nimmt jedoch an, daß der Bewußtseins-Strom die einzelnen Bewußtseins-Momente zusammenbindet zu einem dauerhaften *Citta* oder *Vijñāna/Viññāna*.

d) Die Schule der Mahāsāṅghika

Die „große Schar", *Mahā-Sāṅghika*, trennte sich beim 2. Konzil von den *Thera*, den „Alten".
Während die „Alten" strikt bei ihren Ordensregeln bleiben wollten, hielt es die „große Schar" für richtiger, ihrem Gewissen entsprechend zu entscheiden. Auch in Bezug auf das *Nirvāṇa* vertraten sie unterschiedliche Auffassungen. Für die „Alten" war es ein „Verlöschen individueller Neigungen", für die „große Schar" war es der Bewußtseinszustand der „Leere".
Auch über die Bedeutung des „Heiligen", des *Arhant*, konnte man sich nicht einigen. Für die „Alten" war es ein Mensch, der der Welt entsagt hatte, für die „große Schar" ein höheres Wesen, das man verehren und um Hilfe bitten konnte.
Die Mahāsāṅghika wirkten lange Zeit in Buddhas Heimat Māgadhā und in Amarāvatī.

3. Der Kult

Wer die Befreiung erlangt hat, gilt im Buddhismus als erloschen, die Bestandteile seiner Persönlichkeit haben sich aufgelöst; ein Wesen, das die Körperlichkeit überdauert, gibt es nicht. Daher gedenkt man des Buddha zwar mit Ehrerbietung, widmet ihm jedoch keinen persönlichen Kult. Zu seinem Gedenken wurde ihm wie anderen Fürsten ein Ehrenmal errichtet, ein *Stūpa* oder *Dāgoba.* Man umschreitet ihn, die rechte Körperseite dem Bauwerk zugewendet. Einige enthalten viele Nischen, in die an besonderen Gedenktagen Lämpchen gestellt werden, die an das Ziel der „Erleuchtung“ erinnern.

Im Laufe der Zeiten wurde der Stūpa von einem Grabmal zu einem Denkmal symbolischer Formen umgewandelt. Sie erinnern den Eingeweihten an die Entwicklungsstadien des Buddha-Weges. Erst lange Zeit nach Buddhas Tod wurden Buddha-Statuen aufgestellt, vorher galt die Verehrung stellvertretend einem Löwen oder dem Rad der Lehre.

VI. Das Mahāyāna (Nördlicher Buddhismus)

1. Erweiterung der Bewußtseinslehre durch neue Schulen

Während man dem „Kleinen Fahrzeug“ 40 Millionen Anhänger zuschreibt, soll das „Große Fahrzeug“, *Mahāyāna,* 200 Millionen Anhänger umfassen. Da diese nördlichen Ländern angehören wie Nepal, Tibet, Sikkim, Bhūtan, Vietnam, Korea, China und Japan, spricht man auch vom „Nördlichen Buddhismus“. Obwohl nach außen hin viele volkstümliche Bräuche wieder aufgenommen wurden, wurden die Gelehrten nicht gehindert, ihre gedanklichen Spekulationen weiterzuführen. So bildeten sich ab 200 n. Chr. neue Schulen.

a) Der Śūnyatāvāda oder das Mādhyamika (100-200 n. Chr.)

Schon im frühen Buddhismus galten die Dinge als „leer“, *śūnya,* ohne Eigenwesen, weil sie irgendwann auseinanderfallen und nichts von ihnen übrig bleibt. Auch die Welt hat kein Eigenwesen, ist vergänglich und daher „leer“ an Gehalt. Eine solche Lehre ist der *Śūnyatāvāda,* die „Lehre von der Leerheit“. (Hier gilt die Welt als eine „Spiegelung“ im Bewußtsein der Lebewesen.)
Die zweite Bezeichnung „Mittlere Lehre“, *Mādhyamika,* bezieht sich auf einen „mittleren Standpunkt“ in Bezug auf die Realität der Welt. Sie wird nicht für ganz illusorisch gehalten, das ist sie nur für den „Befreiten“, der eine andere Sicht hat, dem es erscheint, als wäre er aus einem Traum erwacht, der im Lichte der Wirklichkeit verblaßt.
Für den Mönch *Fa-Tzang* (neue Schreibweise: Fa-hsiang), der als Maler Mu-Ch'i hieß, ist die Welt eine „Spiegelung“ im Bewußtsein der denkenden Wesen. Sein „Spiegel-Gleichnis“ vergleicht die Welt mit einem Fischernetz: „Jeder Knoten umschließt einen Edelstein: das Bewußtsein. In jedem Edelstein wird die Gesamtheit der übrigen reflektiert. Jeder Edelstein spiegelt sich auch selbst in allen anderen Edelsteinen.“
Der Bedeutungswandel des Begriffes Śūnyatā bahnte sich in China an. Dort lehrte *Nāgārjuna* von der indischen Universität Nālandā. Er nennt Śūnyatā den „geistigen Urgrund“ oder wörtlicher die „tiefste Tiefe des uranfänglichen Bewußtseins“, in dem noch kein Bild und keine Vorstellungen sind. Die Anhänger seiner Lehre versenken sich während der Meditation schrittweise in diese „substanzlose Leerheit“.

Śūnyatāvāda gelangte etwa im 5. Jahrhundert nach China als *San-lun* und etwa im 7./8. Jahrhundert nach Japan als *Sanron.* In Tibet bevorzugt man die Bezeichnung Mādhyamika für dieselbe Lehre.
Der Anfänger wird mit der Überlieferung bekanntgemacht, die als „relative Wahrheit" gilt. Der Fortgeschrittene erwartet, eines Tages die „höchste Wahrheit" zu erfahren. Das ist nicht auf intellektuellem Wege möglich sondern nur durch ein Erlebnis, das durch vertiefende Meditation über Jahre hinweg angebahnt wurde. Diese Methode heißt *Zengō.* Seit dem 7. Jahrhundert bevorzugen die strengen Zen-Schulen *Tongō,* die „plötzliche Erleuchtung", die meist in Zusammenhang mit einem Schockerlebnis auftritt.

b) Der Yogācāra oder Vijñānavāda

Der *Vijñānavāda* wurde etwa 300-400 n. Chr. von den Brüdern *Asaṅga* und *Vasubandhu* formuliert, die brahmanischer Herkunft waren. Sie bemühten sich um neue Definitionen des Begriffes „Bewußtsein".
Mano-Vijñāna, „Denk-Bewußtsein", bezieht sich auf das Einzelbewußtsein jedes Wesens, doch seine Grundlage ist *Ālaya-Vijñāna,* das „Speicher-Bewußtsein". „Ihrer Qualität nach sind sie eins, in den Funktionen unterscheiden sie sich" , so liest man im „Lankāvatāra-Sūtra", das alle nördlichen Schulen zur Richtschnur nehmen.
Das *Ālaya-Vijñāna* (ein Mahāyāna-Begriff) wird mit einem Ozean verglichen; *Mano-Vijñāna* mit den sich auf ihm bildenden Wellen. Die Wellen entsprechen den Gemütsbewegungen, die mancherlei Bedürfnisse auslösen und die ursprüngliche Ruhe stören. Ohne die Wellenbildung würde der glatte Wasserspiegel das Licht des Himmels widerspiegeln. Entsprechend würde das Einzel-Bewußtsein, wenn es vollkommen unbewegt bliebe, die Weisheit des „Speicher-Bewußtseins" reflektieren.
Zwischen dem individuellen und dem „Speicher-Bewußtsein" vermittelt *Manas,* das „Denken", oder *Citta,* die „Denksubstanz". Zwischen dem kleinen und dem großen Bezugssystem vermittelt ein individuelles Bezugszentrum, das „Ich", *Asmimāna.* Wird das Denken der Welt zugewandt, sieht das „Ich" seine Augenblicks-Situation. Wird die Aufmerksamkeit der inneren Wahrnehmung zugewandt, entdeckt das individuelle Bewußtsein seine Identität mit dem Gesamt-Bewußtsein.
Mit dieser Lehre vom „Bewußtsein", *Vijñānavāda,* wurde die in Indien weit verbreitete Yoga-Praktik verbunden. Sie heißt hier *Yogācāra,* „Wandel im Yoga". Gegenüber den Methoden, die in asketischer Weise alles Menschliche unterdrücken, das „Ich" ganz auslöschen wollten, betont „Yogācāra" den *„Weg der Ganzwerdung".* Hier wird die Persönlichkeits-Entwicklung angestrebt auf der breiten Basis der Verfeinerung aller individuellen Anlagen.

Die geschichtliche Entwicklung läßt sich in einer *Übersicht* (etwas vereinfacht) etwa wie folgt darstellen:

ca 524-480 v. Chr. Ur-Buddhismus – Buddha lehrt selbst
um 400 v. Chr. Spaltung in mehrere Schulen: Theravāda - Hīnayāna
ab 100 n. Chr. Aufkommen des Mahāyāna-Buddhismus
ab 700 n. Chr. Aufkommen des Vajrayāna (Tibet-Tantra) und des Hindu-Tantra, das überwiegend der Vedānta–Tradition angehört
ab 1300 n. Chr. ist der Buddhismus in Indien erloschen, die späte Form des Vedānta, außerhalb Indiens Hinduismus genannt, hat sich durchgesetzt
ab 300 n. Chr. *Verbreitung des Buddhismus in Nachbargebieten. Vermischung mit einheimischen Lehren.* Meist fand anfänglich der Sarvastivāda Aufnahme, der dann zugunsten des Śūnyatāvāda (oder einer anderen Mahāyāna-Form) wieder aufgegeben wurde.

Nur in *Burma* und *Ceylon* ist man bis heute einer reinen Theravāda-Form (Lehre der Alten) treu geblieben. Die Anhänger der alten Lehre sind Mönche, *Bhikṣu,* und Nonnen, *Bhikṣuni.* Außerdem gibt es die große Zahl der Laienanhänger, *Upāsaka.* Die dreiteilige Kleidung der Mönche wird als *Trichivāra* bezeichnet. In Ceylon bevorzugt man gelben Stoff, in Tibet roten, in Japan schwarz, in China blau und braun.

2. Die Darstellung des Buddha-Weges in der Legende

a) Der Buddha-Weg als Reifeweg

Die heute noch verbreiteten Legenden-Sammlungen (Lalita Vistara, Majjhima Nikāya, Cullavagga, Mahāvagga und Nidānakaṭha) gelten nicht nur als Literatur, sie werden in neuerer Zeit auch kulturgeschichtlich und psychologisch gedeutet, ähnlich wie die Mythen der Völker.

Das erstgenannte „Lalita Vistara" verarbeitet einen Legendenstoff aus ältester Zeit, während das vorliegende dichterische Werk erst den letzten Jahrhunderten entstammt und daher eine spätbuddhistische Auffassung (Mahāyāna) vertritt. Der Dichter sieht den Weg zur Buddhaschaft unter gewissen Gesichtspunkten, die in Abwandlung schon immer gültig waren für den Entwicklungsweg des heldischen Menschen.

Die traditionellen zwölf Stationen des mythischen Heldenweges, die zum Sonnenumlauf in Beziehung stehen, überträgt Erich Neumann („*Ursprungsgeschichte des Bewußtseins*") für unsere Zeit auf die psychologischen Entwicklungsphasen jedes Menschen, der die Reife anstrebt. Auch der

Buddha-Weg ist ein Reifeweg. Jedem Menschen, der sich den schwierigen Bedingungen unterwirft, steht der Weg offen.
Die Vorstufe zur Buddhaschaft ist der Stand des Bodhisattva. Dieser Reifegrad umfaßt: vielseitige Lebenserfahrung, umfassende Erkenntnis und bewunderungswürdiges All-Erbarmen: Die Bodhisattvas verzichten nämlich auf ihre selige Ruhe, um der leidenden Menschheit als Lehrer und Helfer zu dienen.
Jeder Bodhisattva, der der Buddhaschaft entgegen geht, durchläuft gewisse Entwicklungsphasen, wie sie gradmäßig abgestuft auch jeder bedeutende Mensch durchzumachen hat.
Bis zur „Heirat", die psychologisch gesehen die „harmonische Verbindung von männlichen und weiblichen Seelenanteilen" bedeutet, bleibt es unentschieden, ob der solcherweise integrierte Mensch den Weg zur Weltherrschaft einschlagen wird oder den Weg zum Welt-Erlöser. Da er die Entscheidungsfreiheit besitzt, ist er immer wieder Anfechtungen unterworfen.
Wird er ein Buddha, dann will er nicht andere sondern sich selbst beherrschen. Die Welt unterwirft er sich dann nicht mittels Waffen sondern mit dem Geist.
Die Legenden aus „Lalita Vistara" kleiden all diese Vorgänge in märchenhafte Bilder ein. Die kennzeichnenden Ereignisse, die den Erdenweg eines Bodhisattva begleiten, der sich anschickt, ein Buddha zu werden, sollen nun kurz erwähnt werden:

b) Wunderbare Begleiterscheinungen des Buddha-Weges

Aus dem Bereich seliger Geister (Tuṣita-Himmel, siehe Übersicht S. 51) geht ein Lichtstrahl hinunter zur Erde, dessen Helligkeit das Licht von Sonne und Mond um vieles übertrifft.
Dann erbebt die Erde, ohne daß ein natürlicher Anlaß gegeben wäre. Die Geschöpfe horchen auf, ohne Furcht zu empfinden. Die Menschen werden sanftmütig und einander zugetan; denn sie empfinden den Einfluß der kosmischen Strahlung als Lösung ihrer psychischen Spannungen.
Noch fünfmal ereignet sich das Erdbeben mit den erwähnten Begleiterscheinungen: bei der Geburt, beim großen „Erwachen" (Erleuchtung), zu Beginn der Lehrtätigkeit, beim Abziehen der den Leib belebenden Seelenkräfte und beim Abstreifen der stofflichen Substrate. Kurz davor erstrahlt der Körper des Buddha „glänzend weiß wie Schnee", wie einmal schon in der Nacht der Erleuchtung.
Erleuchten meint bewußt werden, und dies setzt höchste Erkenntnis voraus. Der Bewußtgewordene ist der „Erwachte", der „Buddha"; denn als „schlafend" gelten die unbewußt lebenden Menschen, die sich in der Dämmerung der Unwissenheit befinden, die mit Leiden gleichzusetzen ist.

c) Übersicht über die 12 Stationen des Helden- und Buddha-Weges

1. Göttliches Elternpaar	Herabstieg des Geistwesens aus göttlichen Bereichen
2. Irdisches Elternpaar	Der Bewußtseinsstrom geht in den irdischen Mutterleib ein
3. Geburt mit Vorzeichen Aussetzung	Geburt auf ungewöhnliche Weise
4. Jugend mit Kraftbeweisen	Jugend mit bedeutsamen Ereignissen
5. Befreiung der Prinzessin und Heirat	Brautschau und Heirat
6. Auszug zu neuen Taten	Auszug in die Fremde
7. Verteidigung des Reiches	Zeit der Askese
8. Suchen nach dem verborgenen Schatz	Suchen nach inneren Werten; Eintritt in den „Bodhikreis"
9. Versuchung - Verführung durch „Frau Welte"	Versuchung, ein Weltherrscher statt Welt-Erlöser zu werden
10. Bestehen der Prüfungsaufgaben; Hebung des Schatzes	Das Erwachen zur Buddhaschaft, sammā-sambodhi, mit Erlöschen aller Begierden: Nirvāṇa
11. Verwaltung des Reiches	Verkündigung der Lehre Verkündigung neuer Normen
12. Erhebung zu den Sternen oder zu den Göttern	Der Bewußtseinsstrom verläßt den irdischen Leib im Zustand der Meditation (Eingehen ins Para-Nirvāṇa)

d) Der 12-Stationen-Weg in der Legende (kurzgefaßte Auswahl nach Hermann Beckh)

1. Herabstieg des Geistwesens (Mahāyāna-Auffassung)
Der Tuṣita-Himmel ist der Bereich seliger Geister. Hier ist der Aufenthaltsort der Bodhisattvas, die aus freiem Willen den Erdenweg antreten, um das Los der Erdenmenschen zu erleichtern.
Kosmische Klänge erinnern daran, daß der rechte Zeitpunkt gekommen ist für den, der nun an der Reihe ist, die Buddhaschaft anzutreten.
Familie und Geburtsort müssen sorgfältig ausgewählt werden; die Mutter des sich verkörpernden Bodhisattva soll *Māyā* sein, eine jugendliche Śākya-Fürstin – Vater der Fürst Śuddhodana von Kapilavastu, Hauptstadt von Māgadhā.

2. Eingehen in den Mutterleib
Als Lichtstrahl bahnt sich der Bewußtseinsstrom den Weg in den Mutterleib. Diese „geistige Empfängnis" wird von Māyā geträumt. Während sie auf

einem Blumenlager ruht, spürt sie, daß ein junger, weißer Elefant mit sechs Stoßzähnen in ihre Seite eindringt, was sie mit Seligkeit erfüllt, der irdischen Schwere entrückt und in seelische Erlebnissphären erhebt.
Zur selben Zeit hört der *Fürst Śuddhodana* innere Stimmen, die ihm das wunderbare Ereignis mitteilen. Er schickt nach Traumdeutern, und sie verkünden ihm die Geburt eines Sohnes, der zur Weltherrschaft berufen sei; entsagt er dem Weltreich, wird er ein welterbarmender Buddha werden. Ein solches Kind nimmt bereits im Mutterleibe die Meditationshaltung ein; geschützt ist es von einem Gehäuse aus strahlendem Beryll. Die hohen Wesen der Indra- und Brahma-Welten ernähren es mit himmlischer Speise.

3. Geburt auf ungewöhnliche Weise
Um die erste Frühlingszeit findet die Geburt statt. Als die junge Fürstin durch den Garten geht und sich dehnt, um nach einem blühenden Zweig zu greifen, öffnet sich ihre rechte Seite – ganz ohne Schmerz –, und das Buddhakind tritt heraus.
Unsichtbare höchste Wesen nehmen es in Empfang, baden es und kleiden es in himmlische Seide. Himmlische Musik ertönt, und unermeßlicher Lichtglanz erfüllt die Welt. Dann macht das Neugeborene „Sieben Schritte“ und gibt damit zu erkennen, daß es alle Dimensionen der Welt erfassen wird. Zugleich mit ihm wird seine zukünftige Gemahlin geboren, denn sie ist als sein weiblicher Seelenteil zu verstehen; außerdem das Roß Kaṇṭhaka – als physischer Träger der Vitalität aufzufassen.
Māyā aber, die Mutter, wird sieben Tage nach der Geburt in den Himmel der 33 Deva erhoben; *ihre Schwester – Mahā-Prajāpatī-Gautamī* – übernimmt die Pflege des Kindes. Aus dem Himālaya kommt der *Seher Asita* herbei, entdeckt die 32 Zeichen eines großen Wesens an dem Kinde und verkündet, daß es ein Buddha werden wird, dazu geboren, zahllose Wesen aus dem Kreislauf der Wiedergeburten zu befreien.

4. Jugend mit bedeutsamen Ereignissen
Auch die Jugend des jungen Śākya-Fürsten wird als außergewöhnlich geschildert. Neben vielen Besonderheiten werden seine geistigen Fähigkeiten während des Unterrichts hervorgehoben. Als er schreiben lernte, überraschte er – beispielsweise – seine Lehrer damit, daß er mehr Schriftarten lesen konnte, als seinen Lehrern bekannt waren.
Im Kreise der anderen Fürstensöhne beteiligt er sich an Ritterspielen. Der kräftiger gewachsene Vetter Devadatta, der immer sein Rivale bleiben wird, ist sein dunkler Gegenpart, gegen den er sich ständig durchzusetzen hat. Doch sooft er sich dem Treiben der Altersgenossen entziehen kann, geht er in den Garten, um sich nach innen zu wenden. Manch einer bemerkt dann, daß er Licht um sich verbreitet, wohin er auch geht.

Sehr jung noch, bittet ihn sein Vater, eine Frau zu wählen. Alle Mädchen von Kapilavastu werden auf einen bestimmten Tag zur Brautschau bestellt. Sie schreiten nacheinander an dem Thron des Prinzen vorbei und erhalten von ihm ein Blumenkörbchen. Nur eine wagt es, ihn dabei anzublicken, und um diese läßt der Vater für seinen Sohn werben. Ein alter Brauch der Śākya verlangt einen „Wettkampf um die Braut". Fünfhundert Prinzen kommen zu den Ritterspielen. Zu aller Überraschung siegt Siddhārtha. Obwohl zart von Gestalt, bereitet ihm auch die letzte Probe keine Schwierigkeiten:
Den Bogen des Ahnherrn zu spannen, das hatte schon lange keiner mehr fertiggebracht, der künftige Buddha schafft es mit einem einzigen Finger. Das wird sofort verständlich, wenn man weiß, daß „Bogenschießen" Konzentrationsfähigkeit meint.

5. Die Heirat

Dem Sieger wird dann die Braut zugeführt. In ihrem Gefolge kommen 84000 Frauen, die ihn mit Musik und Tanz und anderen schönen Künsten erfreuen sollen. Das ist eine Anspielung auf die schöpferischen Fähigkeiten, die der erlangt, der durch „Heirat" die weiblichen Seelenteile in sich integriert.
Nun lebt der junge Śākya-Fürst eine Zeitlang in irdischem Glück, in der Fülle irdischer Güter. Alles Traurige will sein Vater von ihm fernhalten, denn er wünscht sich einen würdigen Nachfolger und nicht einen Wald-Einsiedler, wie die Seher es angekündigt haben.
Doch was nützen äußere Maßnahmen, wenn eine starke Persönlichkeit zur Gestaltung drängt! Die große Schicksalswende wird herbeigeführt nach *vier bedeutungsvollen Ausfahrten:*
Bei der ersten Ausfahrt erblickt der Prinz einen Greis mit vielen Altersbeschwerden; man erklärt ihm, daß jeder Mensch in ähnlicher Weise alternd dahinsiecht und stirbt.
Während der zweiten Ausfahrt begegnet er einem unheilbar Kranken und bei der dritten Ausfahrt einem Leichenzug.
All das stimmt den Prinzen nachdenklich, so daß er keine Freude mehr an den fürstlichen Lustbarkeiten empfinden kann. Als er später eine vierte Ausfahrt unternimmt, wird er beeindruckt von einem Mönch, der würdig einherschreitet, ohne auf den Lärm der Straßen zu achten. Eine solche Haltung erscheint nachahmenswert. Heimgekehrt begibt er sich in den Garten, um nachzudenken.

6. Auszug in die Fremde

In der Nacht läßt der junge Fürst das Roß Kaṇṭhaka satteln. Unsichtbare Wesen öffnen ihm die Stadttore. Er reitet und reitet, bis der Morgen graut. Dann schert er sich Haare und Bart, legt die fürstlichen Kleider ab und sendet dies alles als Zeichen seines Entschlusses zurück in den Palast, um allein weiterzuwandern. Mit leiser Wehmut denkt er an sein eben geborenes

Söhnchen. Rahula, „Fessel", nannte er es, als er Abschied nahm. Kann ihn eine solche Fessel an das bürgerliche Leben binden? Nein – denn es ist eine innere Notwendigkeit, die ihn bestimmt, die äußere Welt der Konventionen zu verlassen, um in die innere Welt einzukehren, die von anderen Gesetzen regiert wird.

7. Zeit der Askese

Zunächst begibt sich der Suchende zu dem Yoga-Lehrer Ārāda Kālūpa, dann zu einem Rūdraka in Rājagṛha, die beide einen großen Schülerkreis hatten. Von ihnen erhält er Unterweisung in der Meditation. Rasch lernt er es, sich in höhere Sphären zu erheben. Beide Lehrer machen ihm das Anerbieten, beim Unterrichten der Schüler zu helfen.
Doch der *Śākya-Muni* – der Mönch aus dem Śākya-Geschlecht – erkennt, daß diese Männer nur äußerlich Asketen sind, während in ihrem Inneren noch das Feuer der Begierden brennt. Darum wandert er weiter – und fünf Schüler des Rūdraka gehen mit ihm.
Unterwegs denkt er darüber nach, wie die alten Eindrücke wohl ausgemerzt werden können. Eines ist sicher: Das Feuer der Erkenntnis wird nicht auflodern, solange in den eigenen Tiefen unbefriedigte Wünsche dahinschwelen wie ein Holzstoß, der mit feuchtem Holz geschichtet wurde. Solche Gedanken bewegen die jungen Asketen, während sie von Gāyā nach Uruvelā wandern. Hier beschließen sie zu bleiben. Sechs harte Jahre lang steigern sie ihre Askese, bis der Śākya-Mönch an die Grenze von Leben und Tod gelangt. Immer wieder tritt Māra, der Versucher, an ihn heran, um ihn zur Aufgabe zu bewegen.
Endlich erkennt der Abgemagerte, dem bereits die Sinne zu schwinden beginnen, daß Askese nicht die rechte Methode ist. Er erinnert sich an die glückliche Stimmung seiner Kindheit, wie er im väterlichen Garten mühelos in Gleichmut verharren konnte. So beschließt er, einen gewaltlosen Weg einzuschlagen.
Zuerst gibt er das Fasten auf. Mädchen aus der Umgebung bringen ihm Reis und Gemüse. Sujātā – eine von ihnen – erfährt im Traum, was sie zubereiten soll: ein Milch-Konzentrat. Denn „Milch" meint „geistige Nahrung". Da beginnt der Körper des meditierenden Bodhisattva zu leuchten; vielfarbige Strahlen umgeben ihn wie einen Kranz.

8. Suchen nach inneren Werten – Eintritt in den Bodhi-Kreis

Asketen sitzen – wie die Ziegenhirten – unter einem Feigenbaum, um sich vor der Sonnenhitze zu schützen. Der Baum, unter den sich der Bodhisattva setzte, wird durch seine Zielsetzung zum *„Bodhibaum"*, dem Baum erleuchtender Erkenntnis. Der Bereich darum herum ist der Bodhi-Kreis, ein Platz, der durch jahrelange Meditation zu einem erhabenen Platz geworden ist. Er ist imprägniert mit guten Gedanken, die Legende nennt sie „Edelsteine“. Hier ist gut sitzen.

9. Versuchung, ein Weltherrscher statt ein Welt-Erlöser zu werden
Fest ist der Entschluß des Meditierenden, hier zu sitzen, bis die Buddhaschaft erlangt ist. Doch Māra (der Böse, das personifizierte Übel, das den Menschen immer wieder zum Tode hinführt) will verhindern, daß Buddha seine Methode, Wiedergeburt und Wiedertod zu vermeiden, weitergibt. Er zieht mit seinem Heer heran. Noch einmal muß die notwendige Beharrlichkeit unter Beweis gestellt werden. Māra bietet alle Künste der Versuchung auf: er bietet das Weltreich und die Töchter der Welt. Dagegen strahlt der Bodhisattva seine übermenschliche Liebe aus, das geeignete Mittel, Māras Heer zu entwaffnen. Auf einmal geht dem Nicht-Beirrbaren „das fleckenlose Auge der Wahrheit auf“, ihm wird bewußt, daß Māra und sein Heer nichts anderes sind als ein Blendwerk des eigenen Geistes.

10. Das Erwachen zur Buddhaschaft
Jetzt ist der Weg frei in die höchsten Ebenen des Bewußtseins. Es geht auf den Endsieg zu. Jede Phase der geistigen Erhebung bringt eine besondere Erkenntnis mit sich. Und mit einem Male weiß der Bodhisattva, daß er zum Buddha geworden ist; daß er niemals mehr ein „knöchernes Haus“ bauen wird, weil er den „Hauserbauer“ erkannt hat. In Ewigkeit wird er als freies Bewußtsein weiterwirken, niemehr eingeengt durch stoffliche Hüllen.
Da kamen aus allen Daseinsbereichen die strahlenden Wesen, um Blumen zu streuen. Allen Wesen wird die Befreiung dieses Einen zum Heile gereichen, denn in alle Bereiche ergießt sich das Licht der großen Erleuchtung. Sieben Tage lang bleibt der Buddha auf seinem Sitz, wie ein König nach seiner Krönung. Sein Bewußtsein ist erfüllt von der Gewißheit der Buddhaschaft.
Sieben weitere Tage durchstreift sein Bewußtsein die Weltenräume; eine Woche lang betrachtet er den Bodhibaum; eine weitere Woche lang weitet er sich aus vom östlichen bis zum westlichen Meer. Noch einmal zeigt sich Māra und fordert zum „Eingehen ins Para-Nirvāṇa“ auf – zum Gang ins Außerirdische. Das ist eine große Versuchung, einfach so alles hinter sich zu lassen; darüber wird der Buddha noch meditieren.
In der fünften Woche weilt er in der Tiefe der Erde bei *Mucilinda,* dem Schlangenkönig. Dann zieht ein heftiges Unwetter heran. Mucilinda breitet seine Kobrahäute aus und schützt den „Erwachten“ vor Nässe und Wind. Die sechste Woche verbringt er unter einem Nyagrodhabaum, und in der siebenten Woche meditiert er wieder unter dem Bodhibaum. Zwei Kaufleute, die vorbeiziehen, bieten ihm als erstes Mahl eine Honigspeise.

11. Verkündigung der Lehre

Nun muß sich der Buddha entscheiden, ob er die Lehre verkünden will. Wird nicht alle Mühe vergeblich sein? Wer wird ihn verstehen? Wer wird ihm folgen wollen? Prüfend schaut er mit dem „Buddha-Auge“ über die Welt und sieht der Wesen dreierlei: solche, die unbelehrbar sind, weil sie starr im falschen Verständnis verharren; solche, die ohne Hilfe auf den Pfad der Erkenntnis gelangen; und solche, die ihn nur finden werden, wenn die geistige Lehre klar vor ihnen ausgebreitet wird. Ihnen zuliebe entschließt sich der Buddha, im irdischen Körper zu verbleiben und die Lehrtätigkeit zu beginnen. Seine erste Ansprache hält er im Gazellenhain zu Benares. Viele versteht er zu überzeugen. Im Laufe von vier Jahrzehnten schart er eine immer größer werdende Anhängerschaft um sich. Darüber berichtet nicht mehr die Legende sondern die Überlieferung der Augenzeugen und Mönche.

12. Eingehen ins Para-Nirvāṇa

Mit achtzig Jahren glaubt Buddha, seine Aufgabe erfüllt zu haben, und macht sich bereit, in die Ewigkeit des Para-Nirvāṇa einzugehen. „Weiß wie Schnee wurde sein Leib, als sein Bewußtsein aus dem Körper auszog – die Erde erbebte.“

Der Sitte gemäß fand die Bestattung des Buddha mit den Ehrenbezeugungen eines Weltherrschers (cakravartin) statt: sechs Tage lang Festlichkeiten - dann Verbrennung auf dem Scheiterhaufen. Die Gebeine wurden als Reliquien aufbewahrt und unter acht vornehme Geschlechter verteilt, die zu seinen Anhängern gehörten. Sie bauten dafür die runden steinernen Stūpa, die das Bild der indischen Landschaft prägten.

VII. Das Tibet-Tantra (oder Vajrayāna)

1. Die geschichtliche Überlieferung

Etwa im 7. Jahrhundert gelangte der *Mahāyāna*-Buddhismus nach *Tibet* und überdeckte dort langsam die einheimische *Bön-Religion*, einen Geisterkult, der sich unterschwellig bis in unser Jahrhundert hinein erhalten hat in der Tradition der Maskentänze. Tibet war einstmals die größte militärische Macht Zentralasiens. Der regierende König hatte eine Prinzessin von Nepal zur Gemahlin und bewarb sich außerdem um eine Tochter des Kaisers von China, die er auch bekam. Beide Prinzessinnen waren buddhistisch erzogen, und durch ihren Einfluß wurde *Lhasa* ein buddhistisches Kulturzentrum. Das rief die Bön-Priester auf den Plan.
Zur Stärkung der buddhistischen Position wurde der Gelehrte *Śāntarakṣita* von der Universität *Nālandā* (Nord-Indien) nach Tibet gebeten. Da er sich den gegnerischen Einflüssen nicht gewachsen zeigte, kehrte er zurück (nach dreizehnjährigem Wirken im 8. Jh.) und sandte an seiner statt *Padmasambhava*, eine kraftvolle Persönlichkeit, die nicht nur mit den Lehren des Buddhismus vertraut war sondern auch im Umgang mit kosmischen Kräften; das verschaffte ihm Achtung. Er war so klug, die Bön-Religion nicht als heidnischen Aberglauben abzulehnen, vielmehr reihte er ihre Götter als Gefolgsleute Buddhas ein, als Beschützer der Lehre, als *Dharmapāla*. Damit hatte er gewonnen und konnte das erste Kloster gründen, als *Gömpa*, den „versteckten Ort". Nun begann eine umfangreiche Übersetzungsarbeit der Sanskrit-Literatur ins Tibetische.

a) Die Tradition des Lamaismus

Die buddhistischen Priester wurden zur Bildungsschicht im Lande; sie waren Gelehrte und Künstler, und daher nannte man sie *Lama,* „Obere". Sie lehrten den Buddhismus nach dem Tantra-Text *Vajrayāna*, der volkstümlich das „Diamant-Fahrzeug" genannt wird, zur Unterscheidung vom „Kleinen und Großen Fahrzeug". Bekannter ist die Lehre jedoch unter der Bezeichnung *Lamaismus,* benannt nach den *Lamas*, die sie verbreiten.
Das Oberhaupt aller Klöster ist der *Dalai Lama*. Der berühmte „5. Dalai Lama" ließ eine 170 m hohe Felsenburg errichten – den *Potala* – den „rettenden Hafen", in dem die bedeutendsten Kunstschätze Tibets gesammelt wurden. Auf diesen „5. Dalai Lama" geht es zurück, daß jeweils der Abt des Klosters *Lhünpo* der *Pantchen Lama* wird, der Stellvertreter des ersten. Er gilt als eine Verkörperung des Buddha Amitābha (tib. Opame), während

der Dalai Lama als Verkörperung des Bodhisattva *Avalokiteśvara* (tib. Tschenresi) angesehen wird, einer Personifikation des Allerbarmens.
Der berühmte *Padmasambhava*, der heute noch verehrt wird, gründete im 7. Jahrhundert den „Rotmützen-Orden", *Nyingmapa*. Im 14. Jahrhundert wurde eine Reform notwendig, die sich gegen Nachlässigkeit in den Ordensregeln richtete. Der neue Orden nannte sich daher „Tugendsame", *dGe-lugs-pa*; sie setzten „Gelbmützen" auf. Reformierer war *Tsong-khapa,* der „Mann aus dem Zwiebellande".
Innerhalb beider Orden entstanden eine ganze Reihe von Schulen oder Sekten, die in manchen Punkten abweichende Auffassungen vertreten, ohne sich zu befehden. Doch sie alle haben nichts mit der vorbuddhistischen Bön-Religion zu tun; diese hat im Gegenteil Lehren aus dem Buddhismus aufnehmen müssen, um neben ihm weiter bestehen zu können, vornehmlich in den Grenzgebieten.

b) Die Vertreibung der Lamas

Immer wieder in der Geschichte wurde die buddhistische Lehre verfolgt und ihre Anhänger vertrieben; auch politisch gesehen war China immer wieder die bedrohende Macht, gegen die sich Tibet zu verbarrikadieren suchte, weshalb es jahrhundertelang schwer war, Tibet zu bereisen.
Erst 1904 gelang es britischen Soldaten, sich Zugang nach *Lhasa* zu verschaffen, und für die einheimischen Krieger war es eine unliebsame Überraschung, daß die angeblich „kugelabweisenden Amulette" unwirksam blieben.
In den Fünfzigerjahren unseres Jahrhunderts kam die Bedrohung erneut von China. *Mao* gab zunächst vor, Tibet mit friedlichen Absichten zu unterwandern. Beide *Lamas* und der benachbarte *Nehru* glaubten den Versprechungen.
Doch 1959 kam es wegen Übertretungen zum Volksaufstand in *Lhasa*. Da der *Pantchen Lama X.* nach China verschleppt wurde, entschloß sich der *Dalai Lama Tenzin Gyatso* mit Verwandten zur Flucht. Nach vierzehntägiger Wanderung über die Berge kamen sie in Indien an und ließen sich in dem Bergdorf *Dharmasala* nieder. 1962 gab es schon 70.000 Flüchtlinge; heute sind 105.000 im Exil, verteilt auf Indien, Sikkim, Bhūtan, Nepal; einige sind in Amerika und 50 in Deutschland. 1969 kam es zu extremen Ausschreitungen chinesischer Eindringlinge. Die Adelsfamilien und viele Mönche wurden gefoltert und getötet, der Rest vertrieben, die Mehrzahl der Klöster zerstört, darunter die berühmte Klosterstadt *Ganden*, die in 5000 m Höhe liegt. Nur drei Klöster blieben verschont: der Potala, Dschokhang und Taschi Lhünpo.

Nach *Maos* Tod – nach zwanzigjähriger Unterdrückung – gab es endlich Erleichterungen für die Bevölkerung, und seit 1979 dürfen die Exil-Tibeter wieder ihre Heimat besuchen.
Tenzin Gyatso, der vertriebene Dalai Lama (1989 erhielt er den Friedensnobelpreis), ist seitdem Gast in allen Erdteilen und bemüht sich um weltweites Verständnis. Er hält es für möglich, daß es zur Bildung eines Buddho–Marxismus kommt, da die Vertreter beider Lehren für eine gleichmäßige Verteilung des Reichtums und der Bildungsmöglichkeiten eintreten.

2. Das Vajrayāna als Grundlage des Tantra

Die Tantras sind eine Textgattung mit besonderer Weltanschauung, die das Miteinander-Verwobensein aller Lebensvorgänge betont.
Die Tantra-Texte sind zahlreich und entstammen den verschiedensten Jahrhunderten. Doch die Grundlage für alle ist der Text *Vajrayāna*. Auf ihn berufen sich die Lehrer des *Tibet-Tantra* wie auch die des *Hindu-Tantra*, das im Zusammenhang mit dem *Vedānta* behandelt wird. Nach neuester Forschung (von Benoytosh Bhattacharya, Oriental Institute Baroda) ist das buddhistische Tibet-Tantra das ursprünglichere. Entartungserscheinungen in Bengalen betreffen nur einige Schulen des Hindu-Tantra, auf keinen Fall die Lehren der tibetischen Lamas, die so subtil sind, daß sie in diesem knappen Rahmen nur angedeutet werden können. Eingehend erläutert wurden sie von Lama *Govinda* in „Grundlagen tibetischer Mystik".
Der folgende kurze Abriß ist lediglich eine Einführung, die die weitverbreiteten Mißverständnisse abbauen helfen soll. Besondere Unterschiede zum Hindu-Tantra betreffen den Māyā-Begriff, die Bedeutung des Weiblichen, wie auch die praktische Durchführung des geistigen Entwicklungsweges.

a) Die Bewußtseins-Lehre (Śūnyatāvāda/Mādhyamika)

Der genannte *Vajrayāna-Text* vertritt die „Bewußtseinslehre" eines berühmten Philosophen des 2. Jahrhunderts: *Nāgārjuna.*
Obwohl dieses „Tibet-Tantra" und das (im Vierten Teil dargestellte) „Hindu-Tantra" auf dem gleichen Quellentext fußen, weist bereits die Ausgangsposition erhebliche Unterschiede auf. Denn dort nimmt man an, daß die Erscheinung der Welt auf Energie-Entfaltung beruht, bei deren Erschöpfung das Weltende zu erwarten ist. Hier aber glaubt man, daß Werden und Vergehen sich pausenlos ablösen.
Geist und Stoff gelten hier nicht als Gegensätze, sondern als immer gleichzeitig existent und gleichwertig. *Śūnyatā* – die „Leere" (nämlich der unsicht-

bare formlose Geist) – und *Rūpa* – die „Form“ (nämlich die Welt der stofflichen und feinstofflichen Formen) – sind nur verschiedenartige Erscheinungsweisen des einen ursprünglichen Bewußtseins. Der Mensch kann Bewußtsein gestaltet und ungestaltet erfahren. Ihm erscheint es, als ob es zweierlei Bewußtsein gäbe: *Ālaya-Vijñāna,* „Universal-Bewußtsein“ (wörtlich Speicherbewußtsein), und *Mano-Vijñāna* (wörtlich Denk-Bewußtsein) oder individuelles Bewußtsein. Durch *Manas,* „Denken“, wird die Verbindung aufrechterhalten.

b) Die Bestrebungen

Das *Vajrayāna* ist nicht nur ein Text, es ist gleichzeitig ein Weg – der „Diamant-Weg“ – nämlich die besondere Form eines Buddha-Weges oder eines Yoga–Weges. Es werden nur andere Mittel eingesetzt.

Diese Mittel stehen in enger Beziehung zu Überlegungen, die sich aus der Bewußtseins-Lehre ergeben. Maßgeblich ist das Verhältnis des individuellen zum universellen Bewußtsein. Da ein „Erleuchteter“ das universelle Bewußtsein als „strahlendes Licht“ erfahren hat, empfindet er das individuelle Bewußtsein dem gegenüber wie einen „Spiegel“, der die Strahlung reflektiert (siehe auch Zweiter Teil). Dieser muß gewissermaßen geputzt werden, um immer besser zu reflektieren. Die Reinigung erfolgt durch Verzicht: *Manas* – das „Denken“ – darf sich nicht so eingehend mit der Formwelt befassen, denn das hinterläßt auf dem Spiegel Farbflecke. Da sich *Manas* während der Meditation dem universellen Bewußtsein zuwendet, ist zu erwarten, daß das individuelle Bewußtsein eines Tages das strahlende Licht reflektieren wird.

Dafür gilt folgende Redewendung: *Manas* verwandelt sich in *Maṇi* (oder Cintāmaṇi) den „Bewußtseins-Edelstein“.

Selten gelingt es einem Menschen, die Umkehr spontan zu vollziehen, selbst wenn verstandesmäßig die Bereitschaft gegeben ist. Gewohnheiten, die tief im Unterbewußten verankert sind, stellen das Hindernis dar; sie haben sich so verhärtet, daß ein Herauslösen nur nach und nach möglich ist. Die älteste Voreingenommenheit ist nach buddhistischer Auffassung das „Ich“, die Vorstellung, eine einheitliche Persönlichkeit zu sein. Was als „Ich“ gedeutet wird, ist jedoch nur die ununterbrochene Erinnerung an eine Folge von Sinneseindrücken.

Diese liebgewordenen Sinneseindrücke soll *Manas* loslassen, dann ist die Umkehr vollzogen, und das „Ich“ tritt in den Hintergrund. Daß ein Mensch dazu fähig ist, wird von Buddha als das größte aller Wunder angesehen. Er nennt es sogar das einzig nennenswerte Wunder, neben dem der Erwerb von besonderen Fähigkeiten (*Siddhi* genannt) als Kinderei abgetan wird. Dies wird durch das Leben bedeutender tibetischer Weiser bestätigt. Manche von ihnen strebten zuerst nach Wunderkräften, um sich Geltung zu verschaffen (zum Beispiel Milarepa). Sobald sie die Verbindung mit dem Gesamt-Bewußtsein erreicht hatten, sahen sie die Nutzlosigkeit ihrer anstrengenden Bemühungen ein.

c) Die Symbolik des Vajra

Ein geistig Strebender, der den „Bewußtseins-Edelstein" in sich entwickelt hat, wird für würdig erachtet, ein *Vajradhāra* zu werden, ein „Träger des Vajra".
Der *Vajra* war einst das Machtsymbol des Götterkönigs *Indra*; im Buddhismus wurde er zu einem Symbol geistiger Macht.

Vajra

Ein *Vajra* ist ein Würdenzeichen aus Bronze, eine Art Zepter. Aus einer Metallkugel, die ein Kraftkonzentrat darstellt, entspringen beidseitig 5 Metallrippen, die auf fünferlei Kraftrichtungen hinweisen. Die eine Seite steht für Kräfte der stofflichen, die andere für solche der geistigen Welt; die Kugel in der Mitte ist ihr gemeinsamer Ursprung. Wie die Abbildung zeigt, schließen sich die 5 Rippen und enden in einer kleinen Kugel. Es bedeutet, daß der Träger die Einheit seiner Persönlichkeit hergestellt hat; der Körper und seine psycho-mentalen Funktionen dienen ihm als vollkommene Instrumente. Bei einem ungeschulten Menschen streben diese Kräfte auseinander; ihr gezielter Einsatz ist nur mit Hilfe der Konzentrationsschulung möglich. Daraufhin beginnt die geistige Entwicklung, auf die eine eingravierte Spirale in der mittleren Kugel hinweist.

d) Das Ziel der Ganzwerdung

Wer zur Ganzheit gelangen will, soll einsehen lernen, daß die stoffliche und die geistige Welt nur scheinbar gegensätzlich sind. In Wahrheit durchdringen sie sich gegenseitig und sind immer gleichzeitig existent. Es sind die gleichen Kräfte, die sowohl das Stoffliche wie auch das Geistige dirigieren. Doch der Mensch läßt sich von den unterschiedlichen Erscheinungsweisen irreführen.
Ganzheit wird erreicht durch das Bewußtwerden der Kräfte, durch das Ordnen und Steuern der Kräfte. Die Arbeit betrifft die eigene Person. Die

eigenen Irrtümer müssen als solche erkannt werden. Denn aus falschen Vorstellungen und den sich ergebenden Fehlschlüssen entstehen die Widersprüche des Lebens, die in die Irre führen.
Das Richtigstellen führt in die eigene Mitte; dort zentrieren sich die zur Verfügung stehenden Kräfte. Das Gefühl der Zerrissenheit verliert sich und wird ersetzt durch die Sicherheit, dem eigenen Wesen gemäß zu leben.

e) Māyā als dynamisches Prinzip

Im Mahāyāna-Buddhismus dient der Begriff *Māyā* nicht der Abwertung der Welt, wie in manchen Vedānta-Lehren. Im Tibet-Tantra oder Vajrayāna – einer besonderen Form des Mahāyāna-Buddhismus – gilt Māyā als ein dynamisches Prinzip, das unaufhörlich Gestaltung bewirkt, die der Veränderung unterworfen ist. Die Dinge erscheinen abgegrenzt und meßbar und sind es nicht. Die gesamte Welt erscheint statisch und ist es nicht. Die falsche Vorstellung, die sich der Mensch von der Welt macht, ist *Māyā*, und diese soll überwunden werden, um einer richtigen Ansicht zu weichen.
Doch daraus sollte man nicht schließen, daß die Welt insgesamt bloßer Schein wäre; sie ist wirklich für Wesen von der gleichen Beschaffenheit. Sie ist unwirklich oder von geringerer Wirklichkeit für einen Buddha, der sie vom Standpunkt einer höheren Wirklichkeit betrachtet, die der Allgemeinheit verborgen bleibt. Daher ist es Aufgabe des Buddha-Schülers, die verschleiernde Kraft der Māyā zu durchschauen und andererseits ihre Gestaltungskraft für sich zu nützen, die sich im Menschen als schöpferische Befähigung auswirkt. Sie wird planmäßig eingesetzt bei den Übungen der Konzentration und Meditation, wenn der Meditierende imaginativ *Maṇḍala* zu erzeugen hat, deren Bedeutung nun erläutert wird.

3. Die Maṇḍala-Symbolik

a) Das Maṇḍala als bildliche Meditationshilfe

Unter östlicher Meditation versteht man meist die totale Gedankenstille, weil sie im klassischen *Yogasūtra* (Zweiter Teil, B) als der *Yoga* schlechthin bezeichnet wird. Für die Mehrheit der Menschen ist es jedoch unmöglich, sie spontan herzustellen; sie benötigen Brücken wie beispielsweise das Mantra oder Maṇḍala.
Durch ein *Mantra* stimmt man sich klangmäßig ein (siehe auch Vierter Teil, A.I.3); denn es handelt sich um die Rezitation einer Silbe oder Formel, die das Gemüt in ausgeglichene Stimmung versetzt. *Yantra* – das Fixieren des

Blickes auf ein Bild – ist eine ergänzende Hilfe, die verhindert, daß die Gedanken zu profanen Dingen abschweifen.
Für die bildliche Meditation dürfte es aber noch andere Beweggründe geben. Man hatte bereits erkannt, daß die seelische Welt eine Bilderwelt ist, die nicht nur in den Träumen ihr Nachspiel hat sondern sogar in den Nachtod-Erlebnissen, die im „Totenbuch" geschildert werden. Die Bilder so mancher vergangenen Kultur prägten sich den Tiefenschichten des Gemütes ein.
Sie sollen ersetzt werden durch ein einziges Bild: das des vollkommenen Menschen, wie er in einem *Buddha* in Erscheinung tritt. Da man im Mahāyāna-Buddhismus jedem Wesen die *Buddha-Natur* potentiell zuspricht, kommt es lediglich darauf an, sie durch ein entsprechendes Leben zu entfalten: durch Wegnehmen des Verdeckenden. Das entspricht der Arbeit eines Bildschnitzers, der von dem Baumstamm soviel wegarbeitet, bis sich die Gestalt zeigt, die er seit Beginn der Arbeit im Geiste sah.
Maṇḍala heißt einfach „Kreis" oder „Ring". Kreistänze oder das Malen kreisförmig angeordneter Bildkompositionen können – nach Erfahrung einiger Psychologen – das Ordnen und Zentrieren in der Psyche Jugendlicher anzeigen. Das trifft zunächst auch für das *Tibet-Maṇḍala* zu; doch die Zielsetzung geht weit darüber hinaus, sie bahnt eine generelle *Wandlung* an. Daher sind mehrere Formen des Maṇḍala zu unterscheiden, von denen hier nur zwei erwähnt werden können.

Die erste Form ist das *Schaubild* in den Tempeln, die ein *Abbild des geistigen Kosmos* sind, in den der Betrachter vordringen soll (Gesamt-Abbildung unter: 5. Wandlungsvorgang, S. 86).
Ein kleines *Quadrat* darunter erinnert den Betrachter daran, daß er der Stoffwelt angehört und in sie zurückkehren muß nach dem Ausflug in die unendlich erscheinenden geistigen Dimensionen.
Im Quadrat, dem Feld des Stofflichen, weist das Symbol von Schlange, Drache oder dem Vogel Garuḍa darauf hin, daß man zur *Wandlung* bereit sein muß, wenn man in der geistigen Welt Erkenntnisse sammeln will.
Das Schaubild drückt durch seine Symbolik der seidenen Fahne, auf die es gemalt ist, einen „Stempel" auf, was in der Bezeichnung *Thaṅka* zum Ausdruck kommt. Die tibetische Schreibweise thang'ka meint (Bild-)Rolle.

Die zweite Form ist *die geistige Schöpfung eines Maṇḍala* während der Meditation; es soll mittels der Imaginationskraft täglich neu hervorgebracht werden nach dem Grundmuster des Schaubildes. Dabei ist zu beachten, daß der Anfänger durch Beschäftigen mit der Vervollkommnung seiner Buddha-Natur erst die aufbauenden Kräfte in sich fördern sollte, ehe er sich mit den gleichzeitig wirkenden zersetzenden Kräften auseinandersetzt. Daher erzeugt er mit der ganzen Kraft seiner Seele ideale Buddha-Gestalten.

Da Meditation *Dhyāna* heißt, hat sich der Begriff *Dhyāni-Buddhas* dafür eingebürgert, obwohl die klassische Bezeichnung *Tathāgata* ist.
Anschließend wird die Symbolik dieser Gestalten und ihrer Gesten detailliert erklärt, und daraufhin erst wird von der Praktik und Gesamtwirkung die Rede sein.

b) Das Maṇḍala der Fünf Dhyāni-Buddhas

Wie die beigefügte Abbildung andeutet, befinden sich in einem von Flammenzungen gebildeten Ring fünf kleinere Kreise. Man hat sie als Farbfelder vorzustellen in den traditionellen Farben der Elemente;
Wasser (weiß) unten;
Feuer (rot) oben;
Erde (gelb) links;
Luft (grün) rechts.
In der Mitte (indigo)
Ākāśa als Raumprinzip.
Jedes Feld wird von einem Dhyāni-Buddha im Lotossitz eingenommen; jeder trägt eine Krone aus Lotosblumen und sitzt auf einem *„Mond-Lotos-Thron“* mit nach oben zeigenden Blütenblättern (nächste Abbildung).

Ein Halbmond symbolisiert in der gesamten östlichen Bildsprache *„ansaugende Kraft“*. Es ist eine Anspielung auf die Einstellung des Meditierenden, dessen Herzzentrum sich aufnahmebereit öffnen soll, um für feinere Wahrnehmungen empfänglich zu werden. Daher bevorzugt die Bildsprache eine liegende Mondsichel, die einer Schale gleicht, von der man erwartet, daß sie mit geistigen Gaben gefüllt wird und mit Mondkräften oder Herzkräften, die im Verborgenen ihre Wirkung entfalten. Der Anfänger läßt ausschließlich die Herzkräfte auf sich wirken, um zunächst sein Gemüt zu besänftigen. Dabei darf er nicht vergessen, daß er ohne die ergänzenden aktiven Kräfte keinen bleibenden Fortschritt erzielen kann; doch muß er erst lernen, diese in der gewünschten Richtung einzusetzen. Das wird durch ein anderes Maṇḍala angedeutet.

Lotos-Thron in Halbmondform

Symbolik für ansaugende Kraft

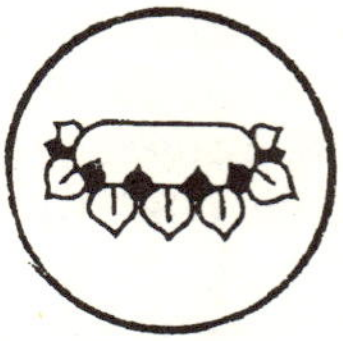

Lotos-Thron in Sonnengestalt

Symbolik für ausstrahlende Kraft

c) Das Maṇḍala der Fünf Heruka

Die Deutung des die aktiven Kräfte verbildlichenden Maṇḍala ist vielschichtig. In Gegenüberstellung zu den Dhyāni-Buddhas repräsentieren sie das widersprüchliche Kopfdenken, den analytischen Verstand, der die Dinge zerlegen muß, um sie beschreiben zu können.

Sie werden auf einem „*Sonnen-Lotos-Thron*" dargestellt, mit nach unten hängenden Blütenblättern, die dem Irdischen zugewandt sind, das vergänglich ist, weshalb die Heruka *Schädelkronen* tragen.

Das den Gehirnzentren zugeordnete Kopfdenken wird den ausstrahlenden Sonnenkräften verglichen, die in der Symbolik oft mit scharfen Pfeilspitzen versehen verbildlicht werden, ja sogar mit scharfen Lanzen. Die Lanze oder das zweischneidige Schwert sind daher Symbole der verstandesmäßigen Erkenntnis, die neben der Meditation gepflegt werden soll, um gefühlsmäßige Täuschungen zu vermeiden.

Das bisher Gesagte gilt für das Schaubild. Zeigt sich das Maṇḍala der 5 Heruka jedoch als Nachtod-Erscheinung, dann bedeutet es, daß zurückbleibende egoistische Neigungen Gestalt annehmen wie in den Träumen. Sie bedrohen und verfolgen den Entkörperten, bis er sie als seine eigenen psychischen Produkte erkennt; erst dann weichen sie zurück.

Weil sie bedrohlich erscheinen, heißen sie *Heruka*, das ist „Furchtbare"; man nennt sie auch *Krodha*, „Zornige", oder *Bhairava*, die „Schrecklichen". Auf den Abbildungen vollführen sie daher wilde Gesten mit Stangen und Spießen. Meist werden sie mit drei Köpfen und mehreren Armen und Beinen dargestellt. Die Farbfelder sind in gleicher Weise wie im ersten Maṇḍala den Elementen zugeordnet, nur sind es hier stumpfere Farbtöne.

Auch die Heruka entsprechen Kräften des Menschen, abgestuft nach seinem Reifegrad. Den Anfänger weisen sie hin auf allgemein menschliche Schwächen; dem fortgeschrittenen Schüler halten sie vor Augen, daß noch immer nicht alle unbewußten Neigungen ausgemerzt sind, die das Ziel verstellen. Sie verkörpern daher auch den *gewaltigen Kraftaufwand* der letzten Phasen. Dieser richtet sich unter anderem gegen vitale Bedürfnisse aus der Frühzeit menschlicher Entwicklung. Wer zu früh gegen sie ankämpft, wird erfahrungsgemäß unterliegen. Nur in einem bestimmten Stadium der Entwicklung wird daher ein Schüler von seinem Lehrer ermutigt, sich den Heruka-Kräften zu stellen. Eine solche Auseinandersetzung hat eine Europäerin mitangesehen. Die Beobachtung von Alexandra David-Neel, die viele Jahre in Tibet lebte und den Lama-Titel erwarb, läßt darauf schließen, daß es sich um einen Kampf im Inneren des Schülers handelte, den er aber als von außen kommend erlebte und tatkräftig niederkämpfte.
In einigen Gegenden Tibets wurden den Heruka eigene Tempel errichtet, an denen das Volk mit frommer Scheu vorbeigeht; man fürchtet ihre Macht. Und doch hält jeder dieser *Heruka* eine hauchzarte weibliche Gestalt im Arm: die *Prajñā*, eine Verkörperung der *Weisheit*. Denn jedes Überwinden von Schwierigkeiten zieht eine *Erkenntnis* nach sich. Die Konfrontation mit dem Bösen gehört zur *Bewußtwerdung*, doch man soll sich ihr nicht vorzeitig stellen. Zuerst müssen durch Meditation und entsprechendes Leben die buddhistischen Tugenden entwickelt worden sein.

d) Das Maṇḍala der Fünf Vidyādhara als Tänzer

Die bisher geschilderten Dhyāni-Buddhas und Heruka repräsentieren die Herz-Weisheit (Intuition) und das Kopf-Denken (Verstandeswissen), die nicht gegeneinander sondern miteinander wirken sollten. Die mit Herz und Kopf in Verbindung stehenden geistigen Zentren (*Cakra*, ausführlich siehe Vierter Teil, A) werden durch entsprechendes Leben und ergänzende Techniken angeregt.
Das führt auch zur Entwicklung des zwischen ihnen liegenden Kehlzentrums, so daß der Buddha-Schüler fähig wird, sein inneres Wissen auch zu formulieren, es in Sprache auszudrücken, in Hymnen oder Mantraklängen. Dazu drängt es ihn, denn er befindet sich in einem euphorischen Zustand, der durch „Tanz“ verbildlicht wird.
Den männlichen Tänzer nennt man *Vidyādhara,* „Wissenshalter“; gemeint ist ein besonderes Wissen, nämlich das Verständnis für symbolische Ausdrucksformen. Das *Mantra* ist eine Ausdrucksform klanglicher Art und besteht im Rezitieren gewisser Silben oder Formeln. Ein *Yantra* gibt inneres Wissen bildlich wieder, oft nur als geometrische Figur oder Linie. Mantra sowie Yantra sind nur zum Teil erklärbar, weil sie nicht die Vernunft anspre-

chen sondern die verborgenen Tiefenschichten. Daher kann die damit verbundene Praktik manchmal nur kurzfristige Wirkungen zeitigen, in einigen Fällen aber sehr langfristige.
Die Partnerin des Tänzers ist die *Dākinī*; sie entspricht am ehesten einer inspirierenden griechischen Genie. Doch darüber hinaus wirkt sie als Führerin durch die unbekannten seelischen und geistigen Welten, in die sich der Meditierende versetzt fühlt. Dann erteilt sie sogar Anweisungen für das zum Ziele führende Verhalten. Manche Menschen erleben sie visionär, andere nur als Traumgestalt. Dies gilt als Anzeichen, daß die „Erleuchtung" bevorsteht. Gleichzeitig geben die physischen und vitalen Triebe ihre Ansprüche auf. Das äußere Leben läuft dann wie unmerklich ab, während sich das innere Leben immer deutlicher abzeichnet.
Erst auf dieser Entwicklungsstufe bahnt sich tieferes Verständnis für die Geschlossenheit der geistigen Lehren an, was aus den Namen der Tänzer herausgelesen werden kann. Der Tänzer im unteren weißen Feld kennt das *Citta* und seine psycho-mentalen Funktionen, der im oberen roten Feld die belebende Wirkung der *Mantra*. Der gelbe Tänzer im linken Feld weiß um die Wirkungsweise der *Guṇa**, der grüne im rechten Feld kennt das *Karman*; und der in der Mitte weiß um die *Trikāya*** und die Gesetze geistiger Gestaltung.

e) Die Symbolik des Weiblichen

Nicht nur die Tänzer und Heruka haben ihren weiblichen Aspekt, in jeder Beziehung erfolgt ein Hinweis auf notwendige Ergänzung. Die Gleichnisse stammen aus dem täglichen Leben, in dem es offensichtlich ist, daß sich Mann und Frau ergänzen.
Wird ein Paar in Vereinigung gezeigt – *yuganaddha* – dann bezieht es sich auf die Einung der Gegensätze. Der Liebesakt (tibetisch *yab-yum*) meint die mythologische „Heirat"; die Integration der gegenpoligen Persönlichkeitsanteile. Zu Beginn der Maṇḍala-Meditation ist sie noch nicht vollzogen, daher werden die Dhyāni-Buddhas zunächst ohne weibliche Ergänzungen vorgestellt.
Die psychische Heirat ist ein fortgeschrittenes Entwicklungsstadium. Doch sollte man die „weibliche Gestalt" nicht als eine Gattin Buddhas auffassen, sondern als sein von Liebe und Weisheit erfülltes Wesen. Daher heißt sie die *Prajñā*, die „Weisheit" oder metaphysische „Erkenntnis" (tibetisch *Khadoma*). Jede außergewöhnliche Erfahrung, sei sie auf dem Wege über die Freude oder über das Leid gewonnen, sollte eine neue Einsicht vermitteln, sie kann verbildlicht werden als *Prajñā*; und sie wird „nackt" dargestellt, das

* Guna-Lehre ausführlich siehe Sāṃkhya und Rāja-Yoga, Zweiter Teil, B.
** Zur Trikāya-Lehre siehe Seite 89.

meint „unverhüllt". Die verhüllende Māyā hat sie freigegeben. Jede Hülle, die fällt, bedeutet einen Schritt näher zur Bewußtwerdung, zur Ganzwerdung.
Andere – zum Teil gräßliche – weibliche Gestalten auf den tibetischen Schaubildern verbildlichen verschiedenartige Triebe, die langsam sublimiert werden sollen. Oft werden die Gestalten mit abgeschlagenen Körperteilen dargestellt, es bedeutet: Ausschalten ihrer Wirkungen.
Im tibetischen Volkskult wird die Muttergöttin *Tārā* verehrt, die „Heilbringerin", die ursprünglich mit buddhistischer Symbolik nichts zu tun hatte, jedoch in die Reihe der „Weisheits-Gestalten" aufgenommen wurde als die Partnerin des *Karma-Vidyādhara* (des Tänzers im grünen Feld rechts). Die Tārā gilt aber im Volk als eine Art Madonna, der man Wünsche vortragen kann.
Eine *Śakti* kennt das Tibet-Tantra nicht; diese Personifizierung dynamischer Kraft gehört allein dem Hindu-Tantra an.

f) Bodhisattvas

Auf den großen Schaubildern, die manchmal auf Seide, manchmal direkt an die Wand gemalt sind, werden die zwischen den runden Farbfeldern entstehenden Zwischenfelder mit weiteren Figuren ausgefüllt: mit 4 x 2 Bodhisattvas und ihrer Prajñā.
Ein *Bodhisattva*/Bodhisatta ist dem Wort nach ein durch „Erwachen zur Erkenntnis" (bodhi) gelangtes Wesen (satta), das die Voraussetzungen hat, ein *Buddha* zu werden. In den Texten der *Thera* wird der Buddha kurz vor seiner Zielerreichung ein Bodhisatta genannt.
Im *Mahāyāna* wird der Begriff in den verschiedenen Schulen anders – jedoch nicht einheitlich – verwendet. Für den Volksglauben und die Legende ist ein Bodhisattva ein Vorbild und auch ein Helfer, den man anrufen kann. Nach dem *Vajrayāna*, das allen Schulen des *Tantra* zugrundeliegt, ist ein Bodhisattva eine personifizierte psychische Kraft, die durch anhaltende Meditation erworben wird. Unter diesen Kräften werden acht hervorgehoben, die vorzugsweise in den tibetischen *Maṇḍala* verbildlicht werden, es sind

Die acht Mahā-Bodhisattvas
Bei jeder Meditation wird die äußere auf innere Wahrnehmung umgestellt. Jede innere Wahrnehmung, die einen gewissen Grad der Vervollkommnung erreicht hat, kann als „Mahā-Bodhisattva" bezeichnet werden. Man kann daraus schließen, daß diesen Fähigkeiten eine große Bedeutung beigemessen wird.
Kṣitigarbha verkörpert vollkommenes inneres *Sehen*,
Maitreya verkörpert vollkommenes inneres *Hören,*

Samantabhadra das vollkommene innere *Riechen,*
Ākāśagarbha das vollkommene innere *Geschmacksvermögen*,
Avalokiteśvara das vollkommene innere *Tasten* und Intuition.
Manjuśrī verkörpert vollkommenes inneres *Denken*,
Nīvaraṇa-Viṣkambhin das Speicher-Bewußtsein, und
Vajrapāni die ungeheure Energie, die für den letzten Schritt zur Buddhaschaft aufgebracht werden muß. Er wird auf Tempelfahnen in wilder furchteinflößender Erregung dargestellt. Die außergewöhnliche Anstrengung wird wiedergegeben als ein außergewöhnliches Bild.
Zwei der Genannten spielen im Volksglauben eine besondere Rolle. *Maitreya* soll sich in absehbarer Zeit als neuer Weltlehrer wiederverkörpern, denn viele ersehnen einen geistigen Führer. Für sie ist ein Bodhisattva das personifizierte *Mitleid*; man glaubt an ihn als an einen Heiland, der auf das wohlverdiente *Nirvāṇa* verzichtete, um sich immer wieder als Helfer verkörpern zu können, bis alle den Nirvāṇa-Zustand erreicht haben.
Doch der beliebteste Bodhisattva ist *Avalokiteśvara*, der „gütig herabschauende Herr". Er wird mit 11 Köpfen und 8 Armen dargestellt. Seine Anhänger erzählen darüber eine Legende.
„Als der ‚gütige Herr' darüber nachdachte, wie der Menschheit zu helfen sei, sprang sein Kopf in Stücke – aus jedem Stück wurde wieder ein ganzer Kopf. Seitdem sinnt er mit 11 Köpfen, hört die Hilferufe mit 11 Paar Ohren, die deshalb sehr groß sind; er ist tätig mit 8 Armen, ja einige Abbildungen zeigen ihn mit 100 Armen, die seine Gestalt wie Sonnenstrahlen umrahmen. Er verkörpert die ‚tätige Nächstenliebe', *Maitrī*, die ihn gleichmütig macht gegenüber dem eigenen Wohl und Wehe."

4. Die praktische Durchführung der Maṇḍala-Meditation

Lama Govinda, der die Praktik der Maṇḍala-Meditation in Tibet lernte, nennt sie: *Schöpferische Meditation*; denn sie verlangt Vorstellungskraft. Wer sie von Natur nicht sein Eigen nennt, soll lernen, sie zu entwickeln.
Die tibetische Methode kombiniert Buddhas Vorschläge für Anfänger und Fortgeschrittene. Man hat sich also zuerst die farbigen Felder vorzustellen, die als Kasina-Übungen bekannt sind. Dann rezitiert man eine Symbol-Silbe (Mantra), die die psychischen Kräfte aktiviert. Daraufhin hat man sich in jedem Feld einen der schon beschriebenen Dhyāni-Buddhas vorzustellen. Jeder verkörpert eine Fähigkeit, die vervollkommnet werden kann und auf diese Weise einer minderwertigen Veranlagung entgegenwirkt. Jeder Buddha verkörpert sowohl die Ausgangsposition wie auch das Endziel und

alle Phasen dazwischen. Als Endergebnis soll eine gleichmäßige Entwicklung stattgefunden haben.

a) Meditation als schöpferischer Akt – Beginn im Zentrum des Maṇḍala

Der Meditierende soll sich in der Mitte ein indigoblaues rundes Feld vorstellen. Es entspricht der „Unendlichkeit des Raumes", *Ākāśa*, wie auch der des Bewußtseins, hier *Dharmadhātu* genannt.
Dann rezitiert man die Silbe Oṃ und soll sie auch innerlich sehen als Schriftzeichen. Sie ruft den ersten der *Dhyāni-Buddhas*.
Man nennt ihn *Vairocana*, den „Strahlenden", deshalb wird er weiß dargestellt. Er ist ein Sinnbild des kosmischen Bewußtseins, mit dem der Meditierende nach und nach Kontakt aufnehmen will.
Seine *Prajñā* ist die farblose *Ākāśadhātīśvarī*, ein Sinnbild für *Śūnyatā*, die große „Leere", aus der die Formen pausenlos hervortreten.

b) Die Gestaltung des östlichen Feldes (unten)

Das untere Feld soll weiß vorgestellt werden, es bezieht sich auf das Element Wasser, *Apas/Apo,* in seiner reinsten Form und auf den blanken Wasserspiegel, der fähig ist, Formen zu reflektieren.
Nun rezitiert man die Silbe *Hūṃ* und soll sie auch innerlich sehen als Schriftzeichen. Sie ruft den zweiten der Dhyāni-Buddhas.
Es ist der indigoblaue *Akṣobhia*; er heißt der „Unerschütterliche" und macht die „Erdberührungsgeste". Die Hand, die die Erde berührt, drückt das Einverständnis aus, daß man bereit ist, die gegebenen Lebensbedingungen unerschütterlich zu ertragen, was mit der Bemühung um die äußere Lebensbewältigung beginnt. So verhält man sich am „Lebensmorgen", weshalb man dies Feld das „östliche" nennt.
Die Beziehung zum Mittelfeld ist hier noch so eng, daß diese beiden Felder bisweilen zu bestimmten Zwecken ausgetauscht werden können.
Die *Prajñā* heißt hier *Locanā*, die „Sehende", ein Hinweis, daß der Buddha-Schüler nach und nach zu innerer Wahrnehmung fähig werden wird; er kann dann miterleben, wie sich die kosmische Gestaltung vollzieht.

c) Die Gestaltung des südlichen Feldes (links)

Nun folgt die Vorstellung eines gelben Feldes, das dem Element Erde (*Paṭhavī*) zugeordnet ist; man nennt es den Süden, weil es dem Lebens-Mittag entspricht. Dann rezitiert man die Silbe *Trāṃ* und soll sie auch innerlich sehen als Schriftzeichen; sie ruft den dritten der Dhyāni-Buddhas.

Zur Maṇḍala-Meditation

Es ist der gelbe *Ratna-Sambhava*; er weist auf eine „Kostbarkeit" (Ratna) hin, die sich immer mehr vertiefende Bewußtheit. In den Pāli-Texten werden drei Kostbarkeiten genannt, es sind: Buddha, Dharma und Saṅgha, der Buddha, seine Lehre und seine Gemeinde. In Tibet meint man den *Lama*, der die Initiation vornimmt, den *Yidam* (tib.), von dem der Initiierte Schutz erwartet, und die *Dākinī*, die von innen her seinen Weg lenkt.
Ratnasambhava hält seine Hand geöffnet in der „Geste des Gebens". Im Anfang geht es um die materielle Freigebigkeit, die beiträgt, das verhärtete Ich aufzulockern; als höchste Gabe gilt jedoch in ganz Indien die Übermittlung von Weisheit, weil sie zu innerer Freiheit führt.
Der Selbsterhaltungstrieb zwingt das Individuum zu nehmen – und aus Angst, zu kurz zu kommen, übertreibt es. Die buddhistischen Tugenden – Güte, Mitgefühl, Mitfreude und Gleichmut – lehren nicht nur Selbstbeschränkung. Sie tragen dazu bei, die individuellen Begrenzungen zu lockern.
Die *Prajñā Māmaki* (Meinheit) weist hin auf das allumfassende Bewußtsein der „Mutter Erde", für die „Geben und Nehmen" ein gleichzeitig ablaufender Prozeß ist. Wer sich dessen im Laufe seiner Entwicklung bewußt wird, für den sind die Unterschiede zwischen „mein" und „dein" aufgehoben, er weiß: alles Leben ist *ein* Leben. Es gibt dann kein eigenes und kein fremdes Schicksal; es gibt nur das allen lebenden Wesen (einschließlich der Tiere) gemeinsame Schicksal.
Doch das Empfinden der Gleichheit oder Solidarität ist eine „Weisheit". Man erlernt sie nicht durch blindes Befolgen von Vorschriften, man hat auch auf die Folgen seines Handelns zu achten. Geben meint nicht, sich von raffgierigen Wesen ausnützen zu lassen, das wäre Dummheit. Materielle wie geistige Güter sollen weise eingeteilt und verteilt werden.

d) Die Gestaltung des westlichen Feldes (oben)

Der Westen repräsentiert den Lebensabend, den leuchtenden Sonnenuntergang, und daher stellt man sich jetzt ein rotes Feld vor, dem Element Feuer (*Tejo*) zugeordnet.
Dann rezitiert man die Silbe *Hrīḥ* und stellt sich auch das zugehörige Schriftzeichen vor, das den kupferroten Dhyāni-Buddha ruft.
Er heißt *Amitābha,* „unermeßlicher Lichtglanz"; diesen erfährt der Meditierende in den höchsten *Jhāna*-Stufen; daher sitzt Amitābha im Meditationssitz, die rechte Hand liegt auf der linken in seinem Schoß.
Die Art der Wahrnehmung ist hier die sogenannte „Klarschau", eine direkte Erfahrung, die nicht der Vermittlung der Sinnesorgane oder des Verstandes bedarf. Nur im Zustand tiefer Versunkenheit, der „einheitlich" ist, nicht „von wechselnder Farbe" wie die Sinneserfahrungen, ist eine solche Klarschau möglich. Daher nennt man die *Prajñā* hier eine „Weißgekleidete", *Pāṇḍara-*

vāsinī. Sie blickt durch die äußeren Lebenserscheinungen bis auf den „Grund des Lebensprinzips", genannt *Amitāyus.*

e) Die Gestaltung des nördlichen Feldes (rechts)

Das rechts angeordnete Feld ist blaugrün vorzustellen, es gilt als der Norden und entspricht geistigen Kräften, die sich in der Verborgenheit oder der „Nacht" entwickeln. Das Grün gleicht der mondbeschienenen Natur.
Die Rezitation der Silbe *Āḥ* ruft den türkisfarbenen Buddha *Amoghasiddhi*, den „Zielverwirklicher". Man schreibt ihm alle im Buddhismus wertgehaltenen Vollkommenheiten zu; somit ist er als eine archetypische Idealgestalt anzusehen.
Ihm ist der mythische Vogel *Garuḍa* zugeordnet, der sich durch *Wandlung* von der Erde in die freie Geisteswelt emporgeschwungen hat, die dem Element Luft (*Vāyo*) zugeordnet ist.
Die erhobene rechte Hand des Amoghasiddhi ist achtunggebietend und furchtabweisend zugleich. Nur ein Mensch seiner Entwicklungsstufe ist fähig, einsichtig wie auch furchtlos zu handeln. Das vollkommene Handeln (*Karman*), das keine unangenehmen karmatischen Folgen nach sich zieht, gehört also der höchsten Stufe der Vervollkommnung an, die von keinem Lebenden erreicht wird, er sei denn ein Buddha. Daher gehört seine Gestalt nicht zu den Nachtod-Erlebnissen, die im „Totenbuch" erwähnt werden.
Seine vollendete „Weisheit" wird durch die *Prajñā Tārā* ausgedrückt, die „Heilbringerin", die „ans andere Ufer" führt, ins *Nirvāṇa*, den Zustand weisen vollkommenen Gleichmuts.

f) Die Rückkehr zur Mitte und ihre Symbolik

Der Meditationsweg endet wieder im Mittelfeld mit dem Ergebnis, daß nach jahrelanger Versenkung in das eigene Wesen die eigene Mitte gefunden worden ist. *Maṇi,* das geistige Juwel der Bewußtheit, erstrahlt. Die Hände des strahlenden *Vairocana* umschließen eine unsichtbare Kugel, die aus zwei Hälften gefügt ist; der Weise hat für sich die irdische und die geistige Welt vereint, er hat die Erkenntnis- und die Gefühlskräfte harmonisiert. Die in der Welt wirkenden polaren Kräfte werden von ihm nicht mehr als schmerzvolle Gegensätze empfunden. Die *Dharmadhātu-Weisheit*, die alles zusammenfaßt, ist voll entfaltet. Sie bezieht sich auf den *Dharma*, das Grundgesetz, von dem man glaubt, daß es den Weltenlauf regelt. Der Dharma ist auch die „Grundlagenlehre", die vom Weltlehrer zeitgemäß verkündet wird, damit die suchenden Menschen eine Ausrichtung haben.

5. Der Thaṅka als Abbild des Wandlungsvorganges

(Gekürzt nach Fischle: *„Der Weg zur Mitte“*) Der Buddha-Schüler, der sich ständig die Symbolik des Maṇḍala vor Augen hält, wird auf sanfte Weise davon beeinflußt und vollzieht seine Wandlung in allen menschlichen Bereichen, nämlich körperlich, seelisch und geistig. Er will es, er ist ein Suchender.

Zur geistigen Stätte – *Maṇi* – gelangt der Suchende durch „drei Ringe“ und einen „Wall“.

Als erstes hat er den großen *Flammenring* der vital-emotionalen Leidenschaften zu durchschreiten. Die Flammen züngeln auf *vierfarbigen Bändern*, die um den Ring des Lebens geschlungen sind. Sie sind ein Hinweis auf die vier stofflichen Bereiche*, die Sinnesreize auslösen und ihn an die Welt binden.

Härte mit sich selbst ist erforderlich, um sich aus dieser Einfluß-Sphäre zu befreien. Die Selbstbeherrschung schafft die nötige Distanz, die durch den *Diamantring* verbildlicht ist. Um den eigenen Wesenskern herauszuschälen, muß auf alles Unwesentliche zugunsten des Wesentlichen verzichtet werden.

Ein *Lotosblumenring* zeigt dann das Stadium der Verfeinerung an. Grobe Genüsse werden durch feinere abgelöst. Unausgeglichenheit und Erdenschwere muß der hinter sich lassen, der die „geistige Stadt“ betreten will. Die Lotosblume ist dafür ein Gleichnis, denn sie erhebt ihre edlen Blüten über die dunklen Wasser der Triebwelt. Obwohl ihre Wurzeln im Sumpf stecken, entfaltet sie ihre Schönheit mit Hilfe des Lichtes.

Daraufhin gelangt der Suchende an eine *Mauer*, die aus *vierfarbigen Linien* gebildet ist; er hat sich wiederum mit dem Stoff-Prinzip auseinanderzusetzen, aber auf höherer Ebene. Jetzt geht es um die Differenzierung von Empfindungen, Gefühlen der Zu- und Abneigung, des verstandesmäßigen Denkens und unmittelbarer Intuitionen. Alles Psychomentale gehört zum Feinstofflichen. Wer weiterschreiten will, muß die Persönlichkeitsanteile aus den Feinstoffbereichen integriert haben, dann öffnen sich die Eingänge zum Zentrum.

Wer sich aller seiner Möglichkeiten weise bedient, dem öffnen sich die *vier Tore*, die nach den vier Himmelsrichtungen ausgerichtet sind. Wer durch sie hindurchgeht, hat Zeit und Raum durchschritten. Er befindet sich jetzt in einem Hofraum, der aus *vier Dreiecken* gebildet ist (wieder in den vier Farben). Die Dreiecks-Spitzen sind zur *Mitte* gerichtet und sagen aus, daß *das Mittlere zwischen den Gegensätzen* gefunden werden muß. Jenseits der

* Stoff- und Feinstoffbereiche, siehe „Sāṃkhya“, Zweiter Teil.

Graphische Gesamt-Darstellung eines Thaṅka
Der seelisch-geistige Kosmos

Abbildung zur Erläuterung des Wandlungsvorganges

Westen

Süden

Norden

Osten

Erdsymbol (Quadrat)
hier mit Schlange

Gegensätze ist alles gleichwertig, hier ist das „Juwel“ *Cintāmaṇi*, das geistige Zentrum, die Bewußtheit.
Abgebildet wird im Zentrum entweder ein zur Rosette geschliffener Diamant, er bezieht sich auf das durch Erfahrung bereicherte Bewußtsein. Andere Darstellungen zeigen den tausendblättrigen Lotos*, Hinweis auf die voll eingesetzten Hirnzellen. Wer zu seinem geistigen Wesenszentrum vordringen will, muß das Allzumenschliche abgeschliffen haben. Erst durch den Schliff beginnt ein Edelstein zu glänzen. Die Schulung der Konzentration entspricht dem Abschleifen. Dadurch wird *Manas*, das „Denken“, zu *Maṇi*, zu höchster Bewußtheit.

6. Die Ganzwerdung

Der „ganze“ oder weise Mensch ist der bewußt gewordene Mensch. Ihm ist es gelungen, die Kräfte seines grobstofflichen Körpers (*Deha*) zu koordinieren. Dabei kamen neue Kräfte in ihm zum Vorschein. Diese zentrierten sich zu einem *Svabhāvika-Kāya*, einem seelischen Wesenszentrum.
Hier ist zu beachten, daß die Begriffe „Deha“ und „Kāya“ nicht einfach austauschbare Begriffe für „Körper“ sind. Ein *Deha* ist in diesem Zusammenhang immer etwas Grobstoffliches, ein *Kāya* dagegen ist völlig unirdisch.
Die Gestalten der beschriebenen *Maṇḍala* beispielsweise sind unirdisch, seelische Produkte, die sich der Meditierende „zur Freude“ (sambhoga) erschafft. Daher sagt man, sie erscheinen ihm im *Sambhoga-Kāya*.
Durch das jahrzehntelange psychische Erzeugen der Sambhoga-Kāya (gleichbedeutend mit den Dhyāni-Buddhas des Maṇḍala) wird der *Sahāja-Kāya* erschaffen, wörtlich das „Zusammengefügte Gebilde“, nämlich ein vollkommenes oder ganzes Wesen, das die Essenz der vier anderen enthält, alle die Weisheiten und Fähigkeiten, die sie verkörpern. Der Buddha-Schüler empfindet das als eine „Glückliche Vereinigung“, *Samantabhādra,* oder als eine „Wesensform der großen Freude“, *Mahāsukha-Kāya*, ebenfalls Begriffe für die Ganzheit. Die verschiedenen Schulen bevorzugen den einen oder anderen Begriff.
Nennt man ihn *Vajra-Sattva*, bedeutet es „Diamantene Wesenheit“, in der das allumfassende Bewußtsein leuchtet wie ein Diamant. Eine solche Wesenheit ist würdig des *Vajra* und wird dann zum *Vajradhāra*, zum „Träger des Vajra“.

* Siehe Hindu-Tantra, „Cakra-Lehre“.

Es gibt einen weiteren Begriff für das Erlangen der Ganzheit: *Ādi-Buddha* – „Buddha des Bewußtseins-Urgrundes“. Lama Govinda weist darauf hin, daß der Begriff „Ādi“, „Anfang“, zu Mißverständnissen Anlaß gab, zum Beispiel bei Detlef Lauf. Einen Ādi-Buddha als Weltschöpfer zu verstehen, wäre mit der Grundlagenlehre Buddhas nicht vereinbar, die Werden und Vergehen als einen Vorgang ansieht, der sich in jedem Augenblick vollzieht (Dharma), und nicht als einen einmaligen Akt.
Der Buddha-Schüler kann diesen Vorgang miterleben im Zustand der sogenannten „Kosmischen Schau“. Da nimmt er die verschiedenen Formen des Seins in ihrer wechselnden Gestalt wahr – wie Wogen im Bewußtseinsmeer. In einem anderen Zustand wird das reine weiße Bewußtseinslicht wahrgenommen. Es handelt sich nur um zweierlei Erfahrungsweisen; gegenwärtig ist immer beides zugleich.

7. Trikāya – Drei-Gestalten-Lehre

In der Graphik, die die Maṇḍala-Meditation veranschaulicht (S. 83), befinden sich über den fünf Dhyāni-Buddhas drei weitere Buddha-Gestalten, die die dreifache Seins-Form des Buddha-Wesens verbildlichen: *Trikāya*.
Eine solche Vorstellung geht auf *Buddhaghośa* zurück, der in seiner Schrift „Viśuddhimagga“ mit schwärmerischen Worten schildert, daß sich das Buddha-Wesen auf verschiedene Weise kundgeben kann. Diese Worte wurden von Mönchen der *Yogācāra*-Schule aufgegriffen und auf den Thaṅka verbildlicht.
Die leicht erhöhte mittlere Gestalt trägt die Bezeichnung *Dharma-Kāya,* „Dharma-Gestalt“. Sie ist substanzlos vorzustellen und ohne Eigenschaften. Der Mönch malt daher einen unbekleideten Körper (es bedeutet ohne Eigenschaften) und er malt ihn dunkelblau wie den Leeren Raum, den er sich wie den Körper substanzlos vorstellt.
Diese Seins-Form des Buddha-Wesens erinnert den Meditierenden daran, daß er in diesen Bereich der Formlosigkeit aufsteigen kann.
Der *Sambhoga-Kāya* – links von der mittleren Gestalt – ist aus Lichtsubstanz vorzustellen wie die fünf Dhyāni-Buddhas. Da der Meditierende die Lichtgestalten imaginativ „zu seiner Freude“ erzeugt, stattet er sie mit fürstlichem oder gar himmlischem Schmuck aus und mit einer Krone aus Lotosblumen.
Der *Nirmāṇa-Kāya* – rechts von der mittleren Gestalt – wird in irdischer Kleidung abgebildet, er soll also stofflich vorgestellt werden. Die Mehrzahl der Mahāyāna-Schulen nehmen an, daß sich „nirmaṇa“, die Umwandlung, auf die durch entsprechende Lebensweise erreichbare Umwandlung des groben in einen feinen Leib beziehe.

Die volkstümliche Version lehnt sich an hinduistische Vorstellungen an, wonach sich der Buddha auf Wunsch einen „Verwandlungsleib" aus dem Dharma-Kāya erschaffen könne, um bei Bedarf auf Erden in irdischer Gestalt wirken zu können, wie es die Buddha-Legende erzählt.

8. Maṇḍala-Meditation und Tempel-Rundgang (nach Lama Govinda)

Ein *Maṇḍala* gleicht dem Grundriß eines Tempels oder eines den Tempelbauten vorangegangenen Heiligtums. Das früheste dieser Art war der *Caitya*, Buddhas Grabmal, das seine Reliquien enthielt. Später wurden ähnliche Bauwerke als Gedenkstätten errichtet (ohne Reliquien zu beherbergen). Man nannte sie *Stūpa*, in Ceylon *Dāgoba* und in Tibet *Chörten*. Ihre Bauweise änderte sich mehrmals im Laufe der Jahrhunderte, indem man sich bemühte, durch die Form der einzelnen Bauteile buddhistische Grundgedanken symbolisch auszudrücken.
Bei den Frühformen der Ehrenmale befand sich im Zentrum ein turmartiges Gebäude mit Stufen, die an die stufenartige Entwicklung des Buddha-Schülers erinnern sollten. Manchmal hatte der Mittelteil auch die Gestalt des „kosmischen Berges" *Meru*, der im Zentrum der Welt vorgestellt wird und der nach der tantrischen Überlieferung der Wirbelsäule gleichzusetzen ist. Die beigefügte Skizze zeigt ein Bauwerk, das sowohl als Berg wie auch als Turm aufgefaßt werden kann, umgeben von einem überdachten Hof, in dem der zeremonielle Rundgang vorgenommen wird, wobei die rechte Schulter dem Zentrum zuzuwenden ist.

Frühform des Stūpa

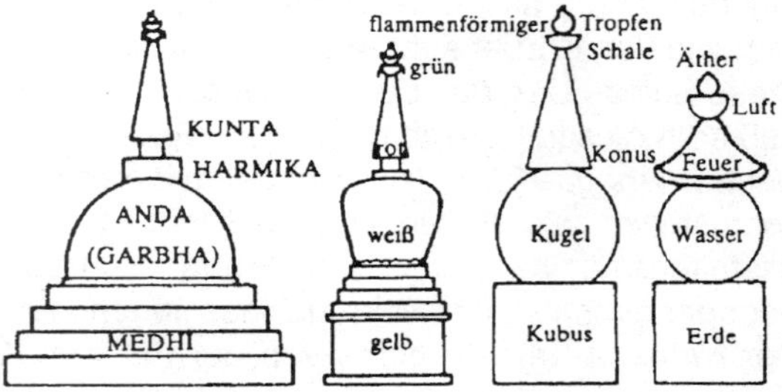

Spätformen der Stūpa (nach L. Govinda)

Die späteren Tempel sind nach der gleichen Grundidee angelegt, nur erheblich vergrößert. Noch immer steht das Heiligtum genau unter dem turmartigen Mittelbau; und jeder Tempel hat einen, meist sogar mehrere Höfe, die durch Mauern voneinander getrennt sind. Diese Mauern finden sich als der *„vierfache Wall"* im *Maṇḍala* wieder.
Die folgende Abbildung zeigt einen Grundriß für einen *Stūpa* (oder einen kleinen Tempel). Der runde Fleck in der Mitte ist der Turm, der umwandelt wird.

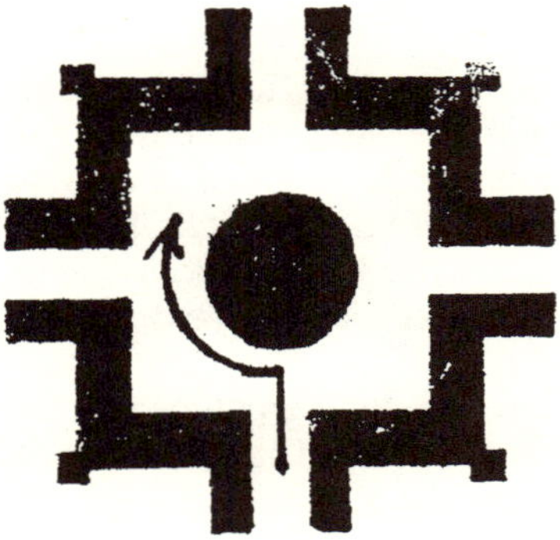

Stūpa-Grundriß

Maṇḍala-Mitte

Im *Maṇḍala* werden die Außenmauern des Rundgangs durch „vier Striche" wiedergegeben, das ist der „vierfache Wall", dem symbolische Bedeutung zukommt. (Hinweis auf die vier Möglichkeiten psychomentaler Veranlagung.)
Wie der Mittelbau des *Stūpa* mit der Spitze zum Zentrum des Kosmos weist, so die Mitte des *Maṇḍala* zum Zentrum des menschlichen Wesens, zu *Maṇi*, dem strahlenden Diamanten, dem „Bewußtseinslicht". (Abb. rechts)
Doch diese Mitte ist schwer zu finden. Man nähert sich auf dem „Edlen achtgliedrigen Pfad" mit vielen kleinen Schritten, zuerst zögernd aus der Ferne kommend in großen Runden, die sich zur Mitte hin verringern und in den Wesenskern einmünden (schwarzer Punkt). Der Weg beginnt unten – im Osten – nämlich am Lebensmorgen.
Der Pilger rezitiert bei seinen Umrundungen die Formel:
Oṃ Maṇi Padme Huṃ,
was etwa bedeutet, daß das „lotosartige Herzzentrum" (Padma) einen „kostbaren Edelstein" (Maṇi) enthält, der entdeckt werden kann. Er wird während des Buddha-Weges von den verdunkelnden Schlacken befreit und gibt dann das strahlende Bewußtseinslicht frei. In dieser Hoffnung stellt man viele kleine Butterlämpchen in den Tempeln auf. Und der Maṇḍala-Maler

gestaltet das Zentrum so, daß es zwar insgesamt einem geschliffenen Diamanten gleicht, doch er gibt den einzelnen Facetten die Form eines Blütenblattes des Lotos.

9. Ein Quellentext: Bardo thö dol (Bardo Thödol)

a) Hinweise zum „Tibetischen Totenbuch"

In den letzten Jahren sind mehrfach Bücher unter dem Titel „Tibetisches Totenbuch" veröffentlicht worden. In jedem wird der Versuch unternommen, aus den zahlreichen traditionellen Texten über dieses Thema das Wesentliche auszuwählen; denn in den Sammlungen sind volkstümliche Bräuche mit buddhistischem Gedankengut vermischt. Urheber der buddhistischen Teile ist *Padmasambhava*; doch bei den heute vorliegenden Texten dürfte es sich um spätere Überarbeitungen handeln.

Der unter b) wiedergegebene Quellentext wird als das Kernstück angesehen; hier stimmen die Abschriften weitgehend überein. Dieser Ausschnitt trägt den Titel „Bardo-thös-grol". Die deutsche Aussprache ist *Bardo thö dol,* und das heißt: „Hören, was aus dem Zwischenzustand befreit".

Der Zwischenzustand (Bardo), der hier gemeint ist, ist der Zustand vom Todesmoment bis zur Wiedergeburt. Denn nach der buddhistischen Lehre hat der Bewußtseins-Strom kein Ende. Das Bewußtsein wechselt nur die Erlebnis-Ebene.

An sich gibt es für den kreisenden Bewußtseins-Strom nur „Zwischenzustände", auch im irdischen Leben; denn Wachstum ist unaufhörlicher Wandel. Das Bewußtsein befindet sich ständig *zwischen* Vergangenem und Künftigem – die Gegenwart läßt sich nicht anhalten. Allerdings versucht der Buddha-Schüler, die Gegenwart als die Zeitlosigkeit zu erleben durch die Übung der Meditation, die hier wache Aufmerksamkeit bedeutet. Und darum ist das sogenannte „Totenbuch" nur für den eine Hilfe, der während seiner Lebenszeit meditiert hat. Nur er ist überzeugt davon, daß der Bewußtseins-Strom ständig zwischen den zwei Polen hin- und herpendelt, zwischen Geist und Stoff, die als Zustandsveränderungen gelten.

Die folgende Abbildung (links) verdeutlicht, daß zwischen Geburt und Tod eine zunehmende Vergeistigung stattfindet (der Tod ist der Höhepunkt der Vergeistigung – ein Samādhi). Im Jenseits findet eine zunehmende Verstofflichung statt bis hin zur Wiedergeburt (die der Höhepunkt der Verstofflichung ist).

Die Abbildung (rechts) verdeutlicht die *Mahāyāna*-Auffassung, daß der Mensch andere Erlebnis-Ebenen mittels anderer „Körper" (kāya) erfährt. Er

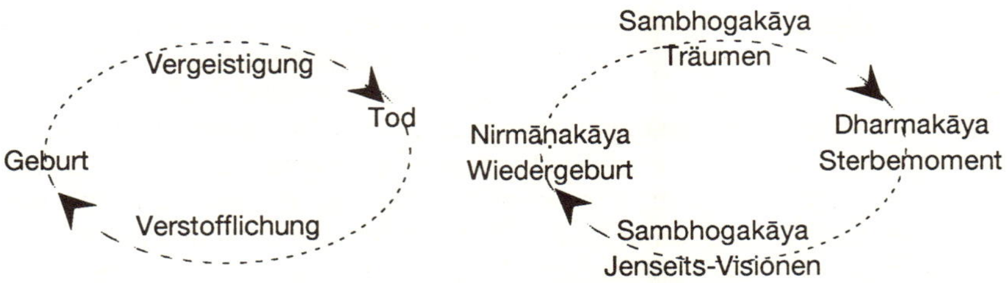

Das Kreisen des Bewußtseins-Stromes zwischen den Polen Geburt, Tod und Widergeburt

erlebt die Traumwelten im *Sambhogakāya*, dem Sterbemoment, oder ein Samādhi im *Dharmakāya.* Die Jenseits-Visionen, die das „Totenbuch" schildert, erlebt er wieder im *Sambhogakāya,* und schließlich wählt er einen *Nirmāṇakāya* als letztes Ergebnis der Arbeit an sich selbst.

„*Bardo thö dol*" hat die Form einer Ansprache. Der Priester erinnert den sterbenden Mönch oder einen Laien-Schüler, zu dem er gerufen wurde, an die Belehrungen, die ihm früher zuteil wurden. Dann wird er sich von etwaigen körperlichen Leiden besser distanzieren können. Aber das ist nicht alles. Der Buddhist glaubt, daß der Sterbemoment eine günstige Gelegenheit ist, sich von allen weltlichen Bindungen zu lösen. Wer wachsam die Schwelle überschreitet, kann sich von der Tatsache überzeugen, daß das auf Erden wirkende Ich nur eine Komponente von psycho-mentalen Faktoren war, die sich nun voneinander trennen und uneingeschränkt vom Körper tätig werden. Es werden also weiter Sinneswahrnehmungen gemacht, weil die Sinne dem Feinstoff-Leib angehören, dem *Samboghakāya*, in dem das Bewußtsein weiterwirkt. Hier wird – ähnlich wie im Traum – eine Feinstoffwelt erlebt, und durch die im Feinstoff wirkenden Bildekräfte wird jeder Gedanke sofort Gestalt. Erinnerungen laufen bildhaft ab, zusammengedrängt wie mit einem Zeitraffer. Der rasche Wechsel von Höhen und Tiefen wirkt in dieser Konzentration erschütternd, schockierend. Daher bittet der Priester den Sterbenden (noch ehe seine Sinne schwinden), sich im gegebenen Augenblick an seine Worte zu erinnern, daß es sich nicht um ein realistisches Geschehen handele. Vielmehr handelt es sich um die im Feinstoff-Leib enthaltenen Restenergien, die weiterhin psycho-mentale Eindrücke erzeugen, bis sie aufgebraucht sind.

Hat der Sterbende zu Lebzeiten die *Maṇḍala*-Imagination geübt, dann wird sein psycho-mentaler Apparat auch jetzt *Buddhas* und *Heruka* erzeugen, denn er produziert das, was ihm geläufig ist, er wiederholt. Es wird hilfreich sein, die vertrauten Gestalten zu erblicken, und doch auch überraschend, weil die hier erscheinenden Maṇḍalas groß sein werden wie die Berge.

Erkennt das durch das Jenseits wandernde Bewußtsein die Maṇḍala-Visionen als eigene Projektionen, so ist es vom Lebens-Kreislauf befreit. Auch der Sterbe-Moment – das Erlebnis des „klaren Urlichtes" im *Dharmakāya* – war eine Gelegenheit für die große Befreiung, doch nur sehr bewußte Wesen werden imstande sein, diesen Zustand wach zu erleben; die Mehrheit wird bewußtlos und „erwacht" erst wieder, wenn das blassere zweite Licht erscheint oder die blau leuchtende Gedankensphäre oder die Visionen.
Wer alle Gelegenheiten zur Befreiung verpaßt hat, wird nun nacheinander die sechs Erfahrungs-Bereiche des *Cakrabhava* wahrnehmen (siehe folgende Abbildung), und er wird sich zu dem Bereich hingezogen fühlen, der seiner persönlichen Eigenart am meisten entspricht. Dort kann er bleiben und Erfahrungen sammeln, bis die dem Feinstoffleib anhaftenden karmatischen Wirkkräfte erneut zum Ausleben drängen. Das wird als unerträglicher Durst empfunden; doch den Durst stillen bedeutet Wiedergeburt. Plötzlich fühlt sich das bewußte Wesen in die Gegenwart eines Totenrichters versetzt, der ihm den „Spiegel" vergangener Taten vorhält. Es ist das unabhängige reine Bewußtsein – der *Dharmakāya* – der über die Art der bevorstehenden Wiedergeburt entscheidet. Denn auch der Totenrichter war nur eine Projektion dieses Bewußtseins.

b) Das Cakra-Bhava – „Lebensrad"

Das *Cakra-Bhava* – wörtlich das „Rad des Werdens" – fand man erstmalig an den Wänden der buddhistischen Höhlen-Tempel in *Ajanta*. Die Entdecker hielten es zunächst für ein Tierkreis-Bild.
Erst als sich die Tempel Tibets, die viele derartige Fresken enthalten, für die Fremden öffneten, erfuhr man von der wahren Bedeutung dieser Bild-Symbolik, die zunächst befremdend wirken kann. Denn das „Rad" wird von einem Ungeheuer zwischen den Zähnen gehalten. Es ist die „allesfressende Zeit", deren „Klauen" keiner entrinnt, der nicht die Befreiung erlangt hat.
Neben dem „Löwen", der auf Buddhas Herkunft, ein „Löwengeschlecht", hinweist, ist das *Rad* das ursprünglichste Symbol des Buddhismus. Bis ins Mittelalter hinein findet man in den Texten Anspielungen auf „Wasserräder", Vorrichtungen zum Bewässern der Reisfelder. Man meinte, daß jeder Mensch einem Schöpfeimer gleicht. Er lebt solange, bis der Vorrat an Lebenswasser verbraucht ist, dann muß er wieder in den Strom eintauchen, der als Tod oder Jenseits empfunden wird.
Dort wählt das an einen Feinstoffleib gebundene Bewußtsein einen Aufenthaltsort, der wie ein Leben in einer anderen Welt empfunden wird. Es erträumt sich eine Welt mit Betätigungsmöglichkeiten nach vorhandenen Neigungen. Nach den Worten des „Totenbuchs" werden die Jenseitswelten

Das Cakra-Bhava oder Bhava-Cakra

„Tibetisches Lebensrad“
(Umrißzeichnung eines Tempelfreskos von Sankar Gompa, Leh, aus Govinda, Tibetische Mystik, S. 287)

sinnlich wahrgenommen, weil die Rezeptoren für Sinnesempfindungen im Feinstoffleib angelegt sind.

Sechs Āyatāna-„Erfahrungsbereiche" (sechs Mittelfelder)
Das *Cakra-Bhava* führt uns sechs *Āyatāna* vor Augen, „Bereiche", die in Mythen und Legenden geschildert werden. Die nachfolgende Graphik gibt diese Felder vereinfacht wieder, um sie mit Nummern versehen zu können. Die Grundmerkmale dieser Felder wurden kurz zusammengefaßt, halten sich aber an die Überlieferung:
Feld I (*weiß*) zeigt die Welt der *Deva*, der „himmlischen Lichtwesen". Dieser Höhe himmlischer Freude steht gegenüber:
Feld II (*grau*) die Tiefe höllischer Qual, die „Unterwelt", *Nīrāya*, wörtlich der „Abstieg", im Sinne von „Entartung" zu verstehen.
Feld III (*blau*) zeigt die Welt der Menschen – *Manuṣya*. Ihrer ruhelosen Aktivität und geistigen Regsamkeit steht gegenüber in
Feld IV (*gelb*) die „Welt der *Preta*", das machtlose Verlangen unverkörperter Wesen, die man auch Gespenster nennt.
Feld V (schmutziges *rot*) zeigt die Welt der *Asura*, „Wesen mit titanischem Machtbewußtsein"; und ihnen steht
Feld VI (*grün*) gegenüber: *Tiryagyāni*, die „Welt der Tiere", die ständig in Furcht leben müssen, überwältigt zu werden.

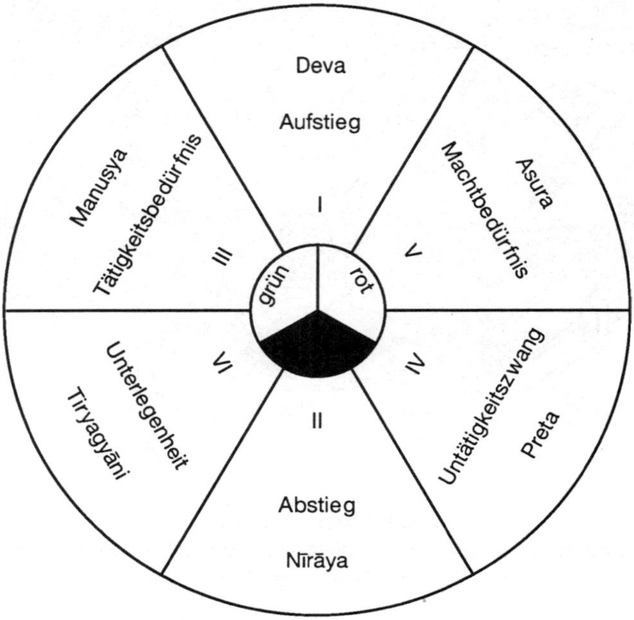

Diese sechs Felder, die hier im Kreis angeordnet sind, entsprechen den sechs Bereichen – *Āyatāna* – des *Kāmaloka* (Graphik „Bewußtseinsbereiche" S. 51).
Die Bezeichnung der sechs Felder ist altertümlich und läßt auf eine Übernahme aus dem frühzeitlichen Volksglauben schließen. Die Bedeutung hat sich gewandelt, die stichwortartigen Bezeichnungen sind geblieben.
Nach Auffassung des heute lebenden Chögyam Trungpa-Rinpoche hat man sich unter den sechs Bereichen des Kāmaloka, die sich im *Bhavacakra* wiederfinden, nicht nur traum-ähnliche Welten vorzustellen, sondern auch psychische Zustände. Sie können sich bemerkbar machen als unterbewußte Triebe (von der Art der Felder IV, V, VI) oder als Höhenflug zu den „Göttern" (Feld I) oder als eine Entartung im Sinne von Abstumpfung oder Überreizung (Feld II) oder als der Weg der Gewohnheit, den die meisten Menschen gehen (Feld III).
Alle diese Zustände gelten als vorübergehend; der Mensch wird aufgefordert, sie zu überwinden. Dafür bediente man sich in den Klöstern einer weiteren Verbildlichung:
In den sechs *Āyatāna* treten sechs *Śākyamuni* auf (siehe Gesamtübersicht); das sind stehende Buddha-Gestalten im Mönchsgewand. Sie kommen als Warner und Wegweiser.
In jedem Bereich versucht einer von ihnen mit entsprechenden Hinweisen, auf sich aufmerksam zu machen. Jeder verkörpert eine Mahnung, sich aus Illusionen zu lösen und zum vollen Bewußtsein zu erwachen, ein Buddha zu werden – ein Erwachter.
Diese schon zu Buddhas Zeit bekannten sechs *Āyatāna*/Loka wurden während der Mahāyāna-Epoche erweitert auf neun bis zehn. Sie setzen sich zusammen aus den irdischen Schichten I-VIII, aus der *Vorstufe 0* und der alle Grenzen sprengenden *Stufe X*, genannt *Śūnyatā*, die Leere. Diese ist nach oben offen, also erweiterungsfähig, weil der den Buddha-Weg vollziehende Mensch fähig ist, mit seinem Bewußtsein immer mehr zu erfassen. Schon die vier Arūpa-Stufen des Buddha deuteten solches an, besonders durch Stufe 4, die als nicht mit Worten erfaßbar bezeichnet wird. Noch deutlicher ist die geistige Aufstiegsmöglichkeit in der hier vorliegenden Graphik gegeben, die als das tibetische Weltbild bezeichnet wird und an die von *Sri Aurobindo* herausgestellten Bewußtseins-Ebenen erinnert, der sie vielleicht aus dem Tibetischen ins Vedānta-System übertragen hat.
Hier, in der Mahāyāna-Aufstellung, lassen sich außerdem noch Beziehungen zur Āyurveda-Lehre erkennen, gemeint sind die *Dreier-Schichten*: Vāyu, Pitta, Kapha; tibetisch: Chi, Schara, Badgan. (Vgl. Korvin-Krasinsky, „Tibetische Medizinphilosophie", 1953, S. 225. Dort wird auf mehrere Dreier-Wirbel hingewiesen, die in alten Kulturen nachweisbar sind.)

Das tibetische Weltbild – eine geistige Evolution

In den alten Lehren war die VIII. Stufe das Ende, das damals Vollkommene. Die oft zu beobachtende Acht-Teilung tibetischer Maṇḍalas weist darauf hin. Sie ist abgeleitet von den damaligen achtspeichigen Rädern – galt das Rad doch als Symbol des frühen Buddhismus.
Buddhas 3. Arūpa-Stufe, die nicht mit Worten zu benennende, wurde im Übergang zum Mahāyāna durch den Begriff „Leerheit" oder Śūnyatā ersetzt. Damit sind alle Möglichkeiten des Sich-nach-oben-Öffnens angezeigt. Denn Śūnyatā (Leere) meint das nach oben Offene, die Aufstiegsmöglichkeit des Bewußtseins in die Ebenen IX, X usw.

VIII	Erkenntnis-Stufe Anziehungskraft	geistig	Chi Schara Badgan	Gehörs-Sinn Sprech-Sinn Liebesfähigkeit als Folge von Verständnis
VII	Mentale Stufe	Chi	Chi Schara Badgan	Gesichts-Sinn intellektuelle Schau der Dinge
VI	Menschen-Stufe	geistig	Chi Schara Badgan	Geschmackssinn
V	animalisch-sensitive Stufe	Schara	Chi Schara Badgan	Geruchs-Sinn Sensitivität
IV	Geschlechts-Stufe	Leben	Chi Schara Badgan	Geschlechts-Sinn
III	Pflanzen-Stufe	organ.	Chi Schara Badgan	osmotischer Hautsinn vegetative Unterscheidung Verdauungs-Sinn
II	anorganische Materie 3 Aggregate	stofflich	Chi Schara Badgan	Tastsinn
I	thermische Strahlen-Stufe noch nicht leuchtend Sonne – Wärmequelle Wärme ohne Licht	Badgan	Chi Schara Badgan	Temperatursinn Struktursinn
0	Raum + Zeit als Idee Vorzeit – mythologisches Weltenei	vorstoffl.	Chi Schara Badgan	Fötal-Zustand

linke Seite kosmischer Aspekt
(von unten nach oben zu lesen)

rechte Seite individueller Aspekt

Zusammengestellt nach Angaben in „Tibetische Medizinphilosophie" (Zürich 1953) von P. Cyrill v. Korvin-Krasinski.

12 Lebensstationen (12 Außenfelder)
Das Lebensrad *Cakrabhava* erinnert den Betrachter außerdem an den gesamten „Lebenskreislauf" unter den Gesichtspunkten des *„Pratītya-Samutpāda"* (vgl. „Lehre des Buddha"). Die 12 Lehrsätze werden hier durch 12 Bilder wiedergegeben, die sich auf 12 Lebensstationen beziehen. Sie dienen der ständigen Erinnerung und Mahnung. Es sind Belehrungen, die von allen Volks- und Sprachgruppen verstanden werden können (vgl. Abb. S.95).

Das 1. Bild zeigt oben in der Mitte ein am Stock gehendes *blindes Weib*, das die existentielle „Unwissenheit", *Avidyā,* verbildlicht. Es geht nun rechtsläufig weiter:
Das 2. Bild zeigt einen *Töpfer* bei der Arbeit. Seine gestaltende Tätigkeit steht für die karmischen „Gestaltungskräfte", die *Saṃskāra*.
Das 3. Bild zeigt einen *Affen*, er wird in Indien allgemein mit den sprunghaften Gedanken verglichen und sein wichtigtuerisches Gehabe mit dem Ich-Bewußtsein *Vijñāna.*
Das 4. Bild zeigt *zwei Menschen in einem Boot*, ein Hinweis auf die „Leib-Seele-Einheit", *Nāma-Rūpa*, dieser entwickelt aus sich heraus „Wahrnehmungsorgane".
Bild 5 zeigt ein *Haus mit sechs Fenstern*, sie beziehen sich auf „Wahrnehmung mittels sechs Sinnen", *Sadāyatana* (der Mensch schaut mit Hilfe der fünf Sinne wie durch Fenster in die Welt, und als sechster Sinn gilt die verstandesmäßige Deutung).
Bild 6 zeigt ein *Liebespaar*, das sich berührt. „Berührung", *Sparśa,* bezieht sich auf die Kontaktnahme der Sinne mit den Dingen.
Bild 7 zeigt einen knieenden Menschen mit Schmerzempfindungen, weil sich ein *Pfeil ins Auge* bohrt. Denn eine Folge der Kontaktnahme mit der Welt ist das Auslösen von Lust- oder Unlustgefühlen, *Vedanā.*
Bild 8 zeigt einen *Trinker*, der nach dem Becher greift. Denn der Mensch hat ständig „Durst", *Tṛṣṇa,* nach Dingen, er ist begehrlich.
Bild 9 zeigt das *Früchtesammeln*. Das Ich sammelt die Dinge in seinen Besitz ein wie die Früchte in den Korb. Es wird „abhängig" von diesem „Besitz", *Upādāna.*
Bild 10 zeigt den Geschlechtsakt. Die vorgenannte Abhängigkeit wird zur Gewohnheit, dazu gehört auch das Liebesleben, das „Empfängnis" zur Folge hat, neues „Werden", *Bhava*.
Bild 11 zeigt dann folgerichtig die *Geburt, Jāti*, im Bild eine „entbindende Frau".
Bild 12 zeigt manchmal einen Mann am Stock, das „Altern", oder einen „Leichnam", denn *Jarā-maraṇa* heißt „Altern und Sterben".

Drei Hetu – Ursachen des Leidens (dreiteiliges Zentrum)
Im kleinen zentralen Kreis des *Cakra-Bhava* sind drei Tiere abgebildet, die sich in den Schwanz beißen. Es bedeutet, daß die Eigenschaften, die sie vertreten, eng miteinander verbunden sind. Sie sind ein Hinweis auf die *Hetu*, die drei „Wurzelursachen" der Wiedergeburten.
Der *„rote Hahn"* steht für *Rāga* oder *Lobha*, das sind die Kennworte für „Leidenschaft" oder „Gier".
Sie rufen in den Mitmenschen „Leid" und „Haß" hervor, angezeigt durch eine *„grüne Schlange"* und das Wort *Dveṣa*.
Solche Eigenschaften ergeben sich aus *Moha*, der „Verblendung" im Sinne des „Ich-Dünkels", der wiederum durch den Lebenstrieb ausgelöst wird, durch einen *„schwarzen Eber"* verbildlicht.
Das vollständige Lebensrad ist eine Mahnung an den Betrachter. Wenn er nicht von der „Verblendung" loskommt, sich für ein isoliertes Ich zu halten, das auch unabhängig vom Gesamt-Bewußtsein existieren könnte, dann wird er immer wieder den Lebenskreislauf vollziehen, wie er in den äußeren zwölf Feldern dargestellt ist. Dann macht er Lebenserfahrungen von gegensätzlicher Art, wie sie in den „sechs *Āyatāna*" (den Mittelfeldern) angedeutet sind.
Es gibt allerdings die Möglichkeit der Befreiung vom Lebenstrieb durch Bewußtwerdung bis in die tiefsten Wesensschichten. Die Bindung an den Körper erschwert die vollständige Erkenntnis, das „Erwachen"; deshalb stellt der Moment der Loslösung vom Körper eine große Chance dar, den Absprung vom „Rad" zu vollziehen. Daher ist das mindest mannshohe Schaubild eines *Cakra-Bhava* geistiger Mittelpunkt bei einer Leichenfeier in tibetischen Klöstern. Die Verlesung des Textes *„Bardo thö dol"* wirkt dabei unterstützend.

Die Ansprache des Priesters an den Sterbenden
aus dem „Tibetanischen Totenbuch" (gekürzt nach A. David-Neel):

Bardo thödol
Hören – was aus dem Zustand zwischen Leben und Tod befreit
Hast du die Unterweisungen eines weisen *Guru* empfangen, der eingeweiht ist in das Geheimnis des Bardo?
Wenn du sie empfangen hast, dann rufe sie dir ins Gedächtnis und *laß dich nicht von anderen Gedanken zerstreuen*.

Behalte unter jeder Bedingung deinen klaren Geist!
Wenn du leidest, so versinke nicht in die Empfindung deines Leidens!
Empfindest du eine erholsame Erstarrung deines Geistes, so versinke nicht darin!

Fühlst du dich eindringen in ein stilles Dunkel, in ein friedliches Vergessen, so versinke nicht darin – *bleibe wachsam*!

Die Bewußtseinszustände, die als der Mensch mit deinem Namen bekannt waren, sind im Begriff, sich aufzulösen.
Halte sie zusammen durch die Kraft des Ich-Gedankens. Die Bewußtseinszustände trennen sich nun von deinem Körper und gehen in den Bardo ein.
Rufe deine Energie auf, damit du sie bei klarer Erkenntnis die Schwelle überschreiten siehst!
Die Klarheit, die aus dem farblosen und leeren Licht ausstrahlt, das dich umgibt, wird dir weit schneller als der Blitz erscheinen und dich umhüllen.
Möge dich nichts so entsetzen, daß du zurückweichst und das Bewußtsein verlierst.
Versenke dich in dieses Licht!
Verwirf jeden Glauben an deine trügerische Persönlichkeit!
Löse dein Nicht-Sein im *Sein* auf und sei frei!
Du wirst wie aus einem Schlaf erwachen.
Wisse, daß du dann den Körper verlassen hast, den du beseeltest!
Blicke auf ihn: er liegt bewegungslos dort.
Empfinde kein Bedauern!
Empfinde keine Bindung an deinen verlassenen Körper. Verweile auch nicht bei denen, die deine Verwandten und Freunde waren. Setze dir nicht in den Kopf, mit ihnen zu reden.
Deine Stimme ist klanglos, sie können dich nicht hören.
Halte dich nicht auf, die Räume zu durcheilen, die Gegenstände zu betrachten, die dir gehörten. Du hast nicht mehr die Macht, sie zu bewegen und fortzutragen.
Du hast sie verlassen. Sie haben dich verlassen.
Suche nicht, die Bande zu ihnen zu erneuern.
Löse dich ab!
Wisse, daß du einen Traum aus nicht beständigen Formen gestaltet hast.
Da du die Befreiung nicht in dem Augenblick ergreifen konntest, in dem das *Licht der Wirklichkeit* dich umhüllte, wirst du fortfahren, angenehme oder leidvolle Träume zu träumen. Währenddessen wird dir die Möglichkeit geboten, *die Erkenntnis zu erlangen.*
Sei wachsam und auf der Hut!
Verstehe nun:
Jeder Bewußtseinszustand, den du entwickelt hast und der *deine Persönlichkeit* ausmachte – dank deiner psychischen Organe –, deren Stoff sich nun auflöst, wird eine bestimmte Tätigkeit suchen, bis die Energie erschöpft ist, die durch vergangene Handlungen aktiviert und aufgespeichert wurde.

Aus dieser vergangenen Tätigkeit deines materiellen und mentalen Körpers steigen die *Visionen* auf, die dich nun umgeben.
Da durch deine *Augen* Bewußtsein von Formen und Farben entstanden ist, siehst du *Formen und Farben.*
Da durch deine *Ohren* Bewußtsein von Tönen entstanden ist, *hörst du Klänge*.
Da durch deine *Nase* Bewußtsein von Geruch entstanden ist, glaubst du *zu riechen*.
Da durch deine *Zunge* Bewußtsein von Geschmack entstanden ist, empfindest du *Geschmack*.
Da durch deine *Haut* Bewußtsein von Tastempfinden entstanden ist, hast du *Wahrnehmungen der Berührung*.
Da dein *Geist* aus diesen Bewußtseinszuständen Gedanken gezogen hat, kommen dir *Gedanken*.
Wisse, daß es sich immer nur um Trugbilder handelt.
Kein Gegenstand, der sich dir darbietet, ist Wirklichkeit.
Es sind Ergebnisse der Tätigkeiten deiner vergangenen Bewußtseinszustände.
Fürchte dich nicht, hänge ihnen nicht an!
Betrachte sie mit Gleichgültigkeit - ohne Abneigung und auch ohne Begierde.
Wenn du in Gedanken und Taten Barmherzigkeit und Geduld geübt hast, wenn du dich um das Gute bemüht hast, wenn Ruhe des Geistes in deinem vergangenen Leben herrschte, wenn du im Augenblick des Todes Erbarmen zeigtest – und sich deine Wünsche zu den Buddhas und Bodhisattvas erhoben – in Sehnsucht, sich ihnen zu nahen und ihre segensreichen Handlungen zu unterstützen,
dann werden dir diese Buddhas und Bodhisattvas in strahlendem Glanz – inmitten einer klaren blauen, unendlichen, leuchtenden Atmosphäre *erscheinen*. Vielleicht werden sie dich in ihrer Zartheit, Fremdheit und durchdringenden Macht erschrecken, weil du trotz tugendhafter Handlungen und Gedanken nicht genügend mit der Substanz solcher Wesen verbunden bist.

Erschrick nicht – wende dich nicht um – suche nicht zu fliehen!
Betrachte mit Ruhe die Vision, die sich dir bietet.
Beruhige dich – gib keiner Begierde nach, *vertraue dem, der dich erleuchtet.*
Durch ihn kann dir in diesem Augenblick Befreiung werden.
Doch auch Gedanken des Hasses und des Neides hast du in dir genährt; mit Bosheit und bösem Willen hast du den Menschen Schmerz zugefügt. Du hast dich tierischen Wünschen und dem Begehren nach Luxus überlassen. Von der Erkenntnis hast du dich abgewendet, bist in Erstarrung und Unwissenheit gefallen.

Bewußtseinskräfte dieser Art umgeben dich nun in der grauenvollen Gestalt, die du selbst ihnen leihst.
Dein Schrecken ist ohne Grenzen.
Die „Hüter der Schwelle" stehen vor dir in Tiergestalten, die unbekannt sind in der Welt, die du verlassen hast.
Von vielfarbigem Licht umgeben stehen sie drohend vor dir auf und verwehren dir den Weg. Sonderbare furchterregende Töne erklingen. Schreie erheben sich, Stimmen gellen:
Schlage – Töte! So hörst du sie rufen.
Denn deine Taten ließen dich taub sein gegen die befreienden Wahrheiten, die dir zugerufen wurden.
Überlasse dich nicht dem Schrecken, der sich deiner bemächtigt. Widerstehe der Verwirrung, die deinen Geist trübt.
Nichts, was du siehst, hat Wirklichkeit.
Du betrachtest nur den Inhalt deines Geistes, der voll widersprechender Gedanken ist.
Die furchterregenden Gestalten sind der gegensätzliche Aspekt zu den segensreichen Gestalten der Buddhas und Bodhisattvas, die du zuvor betrachtet hast.
Sie entspringen deinem eigenen Geist, in dem ihre beiden Aspekte zusammen bestehen. In dir sind Weisheiten und Gifte. Das Leuchtende und das Trübe, das dir wechselnd entgegenstrahlt, geht in Wirklichkeit von dir selbst aus.
Was du siehst, ist ein Reflex deines Gedankeninhalts, zurückgestrahlt durch den „Spiegel der Leere".
Wenn dieses Verstehen in dir aufsteigt und einen fürchterlichen Schock hervorruft, wirst du fühlen, wie *der ätherische Körper*, den du noch trägst, *sich auflöst*, und *du wirst frei sein.*
Dennoch können die Fähigkeiten, die du durch diesen subtilen Körper genießt, deine Täuschung verdichten.
Es genügt der Wunsch, an irgendeinem Ort zu sein – sei es das äußerste Ende der Welt – *es geschieht im Augenblick*. Benutze diese Macht nicht, um in Orten umherzuirren, an denen du gelebt hast, und unter Menschen zu sein, zu denen dich der *Durst deiner vergangenen Empfindungen* hindrängt.
Wenn du nicht den Sinn der *Lehren* begreifen kannst, die du empfingst, wenn du sie bis jetzt nicht für deine Befreiung einsetzen konntest, wenn daher der Wunsch nach individueller Gestalt dich noch immer besitzt, wirst du nicht den abgrundtiefen Rachen des *Weltkreislaufs* schließen, *in dem die verschiedenen Mutterschöße bereit sind, dich anzuziehen.*
Da du den Glanz der strahlenden Klarheit nicht ertragen kannst, schlägst du einen Weg ein, dessen trübes Licht dir freundlich und ausruhend er-

scheint, Deine Bewegungen entstehen aus der verbliebenen Bindung an das Gefüge, das dein Ich gebildet hat und sich nun auflöst.
Unter den vielfarbenen Strahlen des Lichtes, das die Sarabande der heulenden und drohenden Gottheiten umgibt, ist *ein schmaler weißer Strahl, wie ein Weg, der sich ins Unendliche fortsetzt*.
Er führt zu der *Sphäre der Götter*.
Wenn du vermagst, schlage ihn ein.
Hast du jedoch den Wunsch nach individueller Existenz für immer verworfen, so wäre es besser, du würdest ihn meiden. Auch die glücklichen Aufenthalte sind unwirklich und vergänglich, vergleichbar den Blasen an der Oberfläche des Meeres.
Eine Woge der Empfindung folgt auf die andere, hervorgerufen durch die Tätigkeit der sich widersprechenden Energien. Wenn deine Neigungen zum Guten dich mit aller Kraft vorwärts trieben, wirst du dem Weg der fahlen Mattheit folgen und *eine Zeit lang die Ruhe genießen, zu der er führt.*
Hast du dagegen Gefühle des Neides, des heftigen Ehrgeizes genährt – waren deine letzten Gedanken von streitsüchtigen Einflüssen geprägt –, wirst du versucht sein, den aus einem *grünlichen Lichtstrahl* gebildeten Weg zu beschreiten.
Widerstehe deinem Impuls!
Dieser Weg führt in eine Welt ewiger qualvoller Unruhe.
Wende dich ab, wenn du vermagst!
Da ist noch ein *Lichtstrahl von mattgoldener Farbe*, der sich in unendlichen Fernen verliert. Es ist der Weg, der in die Welt der *Menschen* zurückführt, zu jenen, die du eben verlassen hast. Was der Mensch in dieser Welt erfährt, sind seltene Freuden, gefolgt von Schmerz. Krankheit trifft ihn, Verlust von Menschen und Dingen. Dann folgen die Schwäche des Alters und endlich die Schrecken des Todes, die ihn in den Bardo werfen, dieses Vorzimmer neuer Wiedergeburten.
Rufe die Erinnerung an die Wechselfälle deiner Daseinsformen zurück; verwirf den Wunsch, von neuem die Träume der Menschenwelt zu erfahren.
Löse dich!
Versetze dich in den *„leeren Zustand“ der Nicht-Anziehung und Nicht-Abstoßung*. Mache deinen Geist vollkommen unbeweglich. Wenn dieser dann einem Teich gleicht, dessen Wasser ohne geringste Wellenbewegung ist, so daß er einem blankgeputzten *Spiegel* ähnelt, *dann kann sich die Wirklichkeit darin spiegeln* - die *eine* geistige Realität.
Wenn aber die Neigung zu geistiger Trägheit und Gleichgültigkeit – von deinen Wünschen genährt – dich zu einem *bläulich-grauen Lichtstrahl* zieht, *widerstehe* und wende dich ab, wenn du kannst! Er führt zu der Welt der Tiere, die nicht fähig sind, die befreiende Erkenntnis zu erlangen.
Widerstehe – widerstehe! Mach noch einmal einen Versuch!

Zieht dich *der dunkelrote Strahl* an?
Er führt zu schrecklich gestalteten Wesen, die unaufhörlich durch Bedürfnisse gequält werden, denen die geeigneten Organe zu ihrer Befriedigung fehlen. Erwecke schnell die Erinnerung an die geistige Lehre, *denke an deinen weisen Guru!* Solche Gedanken mildern die Auswirkung deiner vergangenen Handlungen und vermögen es, dir den furchtbaren roten Pfad zu versperren.
Erblicke nicht weit von diesem einen *dunklen rauchfarbenen Pfad*. Es ist ein Aufenthalt der Schmerzen in *Höllen*, wo das Leben lange währt und selten die Möglichkeit eines Todes auftritt, der zu einer besseren Wiedergeburt führt. Erinnere dich an die Unwirklichkeit der Visionen, die dir erscheinen. Beherrsche die Regungen deines Geistes. *Bilde Gedanken der Barmherzigkeit* gegen alle Wesen. Überlasse dich nicht der Furcht!
Aus dir selbst gehen die verschiedenen Wegstrahlen hervor, die du siehst.
Verjage die Gefühle der Anziehung und Abstoßung. *Bleibe gleichgültig und ruhig!*
Versuche zu hören:
Der subtile Körper, den du auf deinem Weg mitführst, ist durchtränkt von deinen vergangenen Begierden und von einem brennenden *Durst nach Empfindungen*, denen deine Erinnerung weiterhin nachjagt. *Der Wunsch nach Wiedergeburt ist eine unerträgliche Qual. Du empfindest diesen Wunsch wie einen quälenden Durst,* während du erschöpft eine Wüste von brennendem Sand durchquerst. Der Zusammenhang ist dir unbewußt.
Du suchst Schutz unter einer Brücke, doch Riesenwesen verwehren es dir – und ein Orkan erfaßt dich und treibt dich fort.
Dann siehst du den Weg entlang *Tempel und Paläste aus Gold und Silber, gebadet in eine sanfte weiße Klarheit.*
Tritt in sie ein, wenn du kannst!
Hier ist die Schwelle in die Welt von *Devas*, in der man auf wundersame Weise wiedergeboren wird, *inmitten einer Lotosblüte*, die sich entfaltet.
Zwingen dich deine vergangenen Handlungen weiterzugehen, wirst du in einen *lieblichen grünen Hain* treten. An den Bäumen hängen einladend Früchte, die du pflücken willst, um deinen Durst zu stillen.
Hüte dich – weiche zurück!
Wiedergeburt in der unruhigen Welt kriegerischer Geister wäre dein Los.
Du wirst auch *weite Strecken vertrockneter Büsche und Nadelhölzer* durchwandern. Halte dich zurück. Es sind die Mutterschöße elender ausgehungerter Wesen. Du wirst *Grotten und Höhlen* sehen. Einige werden lieblich ausschauen, als wollten sie dir *Schutz und Ausruhen* gewähren. Andere werden voller Staub und Dunkel sein. Die ersten führen in die Tierwelt, die zweiten unter Wesen, die in höllischen Welten gequält wurden. *Hüte dich,* hier einzugehen! Du wirst einen *Teich oder Fluß* sehen mit fruchtbaren und

sonnigen Feldern an ihren Ufern. Du möchtest dich an dem grünen Ufer niedersetzen und deinen Durst mit dem kristallklaren Wasser stillen. Diese bezaubernde Landschaft ist *der Schoß*, durch den man in die *Welt der Menschen* eingeht. *Halte nicht an!*

Doch die Erinnerung an fleischliche Empfindungen ist wie *Stacheln im Körper der subtilen Materie*, den du noch trägst.

Vor dir – und um dich herum – paaren sich Tiere und Menschen. Du beneidest sie. Versuche nicht, dich unter sie zu mischen, irgendeines Stelle einzunehmen. Du würdest ohnmächtig bei der Empfindung und von einem Wesen auf der Erde empfangen.

Hast du dich abgewendet, dann bist du am Ende deines langen Traumes vom Bardo angekommen: Nun stehst du vor dem Herrn des Todes.

Du wirst vergeblich versuchen, zu lügen und zu verbergen, was du Schlechtes getan hast. In dem widerstrahlenden *Spiegel*, den der höchste Richter in Händen hält, *erscheinen die Formen aller mentalen und physischen Handlungen*. Höre dennoch zu:

Alles was du erblickst, sind Traumbilder, von dir geschaffen, von dir projiziert, doch von dir nicht als deine Schöpfungen erkannt.

Der Spiegel ist die Erinnerung an die Kette deiner vergangenen Taten.

Du selbst wirst – nach deinen eigenen Begriffen und Meinungen – dein Urteil sprechen und dir diese oder jene Wiedergeburt zuteilen.

Kein schrecklicher Gott treibt dich.

Du gehst von allein.

Verstehe dies – und sei frei!

VIII. Der Zen-Buddhismus (Ostasien)

1. Indischer Buddhismus und chinesischer Universismus

Der Buddhismus gelangte über *Kanton* nach *China.* Als erster Überbringer gilt der indische Mönch *Kūmara-Jīva* (386 n. Chr.). Von größerer Bedeutung war die Ankunft des indischen Gelehrten *Bodhidharma* (420-528 n. Chr.); denn er ist der Gründer der sogenannten Zen-Schulen, die in China *Ch'an-Schulen* heißen. Die andere Schreibweise läßt sich aus der Ableitung des Pāliwortes *Jhāna* für „Meditation" erklären, das im Chinesischen Ch'an wird und im Japanischen *Zen,* welches die heute bekanntere Schreibweise ist. Staatsreligion wurde der Buddhismus in China niemals; er wurde zeitweise gefördert und zeitweise – wie um 845 – ganz extrem verfolgt. Soweit er aufgenommen wurde, war es die Form des *Mahāyāna,* die hier eine örtliche Abwandlung erfuhr, indem sie sich mit bestehendem Gedankengut verband. Als um 1410 eine konfuzianische „Schule der Intuition" gegründet wurde, die Ch'an-Gedanken in sich aufnahm, verlor der Buddhismus für China seine Anziehungskraft; der Neo-Konfuzianismus setzte sich durch und behielt seine Geltung bis zur Gründung der Volksrepublik im Jahre 1949.

a) Das alte China

Nach den Ergebnissen der letzten Ausgrabungen im Jahre 1976 hat es schon vor 1,7 Millionen Jahren Menschen in China gegeben, „Hominiden" mit aufrechtem Gang. Auf diese Ureinwohner könnten kleine Volksstämme – wie die Montse und Miao-tse – zurückgehen. Doch allgemein gelten die Chinesen als eine eigene Rasse, die sich im Laufe der Geschichte mit den *Mandschu* und *Mongolen* vermischte, seit 1276 Kublai Khan die Macht ergriff.

Das „Land der Mitte", *Tschung-kwo* – ein „Land mit Kultur", das sich von lauter Barbaren umgeben fühlte, wird von Europäern *China* genannt und erforscht von den *Sinologen (gr.). Serer (lat.),* „Seidenleute", wurden die Chinesen von den Kaufleuten des Altertums genannt, weil sie ein Monopol auf die Seidenherstellung besaßen. Die alte „Seidenstrasse" (ab 627 als Handelsweg benutzt), die durch schwieriges Gelände führte, ist heute noch interessant für die Altertumsforscher. Der beschwerliche Weg machte lange Ruhepausen notwendig, ehe die Karawanen die Rückreise antreten konnten. Während dieser Zeit wurden die Fremden mit den Gebräuchen und der Weltanschauung der Einheimischen bekannt.

b) Der chinesische Universismus

Der Begriff „Chinesischer Universismus“ ist von einem holländischen Sinologen eingeführt worden und bezieht sich auf die gemeinsame geistige Grundlage aller chinesischen Anschauungen über Weltbild, Ethik, Staatswesen und Wissenschaften.
Denn im Zentrum chinesischer Anschauungen stand von jeher das *Universum.* Für die Aufrechterhaltung seiner Ordnung hatte ein Universalherrscher zu sorgen: *Wang* oder später *T'ien-tse* (der Himmelssohn).
Bis 1912 erhielt sich ein Staatskult, in dem die Herrscher sowohl sakrale wie auch politische Funktionen ausübten.
Zwei der Anschauungen, die auch in der übrigen Welt bekannt wurden, waren der Konfuzianismus und der Taoismus.

Der Konfuzianismus
Der realistisch eingestellte „Meister Kung“, *Kung-fu-tse* (tsu) – latinisiert Konfuzius – lebte von 551-479 v. Chr. und beschäftigte sich mit Altertumsforschung. Aufgrund dieser Studien kam er zu der Auffassung, daß von größter Wichtigkeit für Staat und Gesellschaft eine sittliche Lebensführung sei, die sich in den Rahmen der kosmischen Weltordnung einfügt. Er glaubte, daß es schwerwiegende Folgen nach sich ziehen könnte, wenn die Wechselbeziehung, die er zwischen Mensch und Kosmos entdeckt zu haben glaubte, gestört würde. Um Störungen vorzubeugen, stellte er ein strenges Reglement auf, das auch für die Oberschicht galt. Sogar vom Kaiser verlangte er, ausschließlich für den Staat zu leben und Vergnügungen hintanzustellen.

Der Taoismus
Bis etwa zur Zeitenwende dominierte in China der *philosophische Taoismus,* der von einem *religiösen Taoismus* abgelöst wurde, um dann im 7. Jahrhundert Staatsreligion zu werden. Zur Vermischung mit Konfuzianismus und Zen-Buddhismus kam es aber erst im 12. Jahrhundert.
Die ältere philosophische Form geht auf *Lao-tzu* (tse) zurück, den sogenannten „Alten Meister“, der vor Kung-fu-tzu gelebt haben müßte, da man ihn den „Alten“ nennt. Man schreibt ihm einen berühmten Text zu, das *„Tao-te-king“,* das „Buch vom Weltgesetz und seinem Wirken“. Es ist eine Sammlung von Aphorismen, vielleicht nur eine Sammlung alter Weisheiten; denn alles, was sonst von Lao-tzu gesagt wird, erscheint legendär.
Zum Beispiel soll er als alter Mann *nach Westen* geritten und *zu einer Grenze* gekommen sein. Dort bat ihn ein Zöllner, seine Lebensweisheiten aufzuschreiben, das Tao-te-king. Hierbei aber dürfte es sich um Symbolsprache handeln (nicht um Legende). Man erinnere sich an die tibetischen Maṇḍala, die ja als Mandara in China übernommen worden sind. Ihre Bildsprache sagt

aus, daß der Reifeweg am Lebensmorgen *im Osten beginnt.* Der Lebensabend und die Vollkommenheit wird mit dem *Westen des Maṇḍala* in Verbindung gebracht. Es ist das Lebensstadium durch Meditation erlangter Weisheit. Hier kann man an eine *Grenze* gelangen, die vom gewöhnlichen zum zeitlosen Bewußtsein führt.

Ein Text aus dem 4. Jahrhundert von *Chuang-tzu* fordert nicht, wie der vorherige, als Einsiedler zu leben. Man soll nur darauf achten, im Einklang mit der Natur zu bleiben, im Gleichgewicht des *Wu-Wei,* das ein Handeln ist ohne bestimmte Absicht und ohne Kraftaufwand, ein Handeln lediglich aus zeitbedingter Notwendigkeit.

Um 100 v. Chr. traten die taoistischen Ideale dann in den Hintergrund, denn der Kaiser Wu-ti versprach sich mehr Wirkung von einem streng geregelten Gesellschaftsleben, wie es von Kung-fu-tzu hervorgehoben worden war.

Erst im 7. Jahrhundert erfuhr auch der Taoismus – *Tao-chia* – wieder einen Aufschwung. In Gestalt des religiösen Taoismus – *Tao-chiao* – erlangte er große Verbreitung, was er vermutlich seiner Symbolik verdankte, die Vergleiche mit anderen Kosmogonien zuließ. Fünf Schulen sind einbezogen; eine Schule der Meditation und andere, die das Körperliche betonen. Diese arbeiten mit Atemübungen, Körperübungen und Sextechniken. Die älteste dürfte die alchimistische Schule sein, der ein Text aus dem Jahre 140 n. Chr. zugrundeliegt. Hier suchte man nach einem Elixier für körperliche Unsterblichkeit, einem Ziel, mit dem sich die Menschheit zu allen Zeiten beschäftigt hat bis auf den heutigen Tag.

Nach 400 Jahren vergeblichen Bemühens erfolgte eine Wende nach innen. Als einen Weg der Verinnerlichung überbrachte damals Bodhidharma den Buddhismus, der oberflächlich betrachtet als eine Variante des Taoismus angesehen wurde. Denn hier wie dort war Selbsterziehung das Mittel zum Erlangen eines edleren Lebens.

Die Begriffe Tao und T'ien

Tao ist ein urtümliches Wort, das in der gesamten chinesischen Kultur verwendet wird mit unterschiedlicher Bedeutung. Zunächst nur ein Begriff für „Weg" oder *Lehre,* wird es seit Lao-tzu zum metaphysischen Begriff. Von nun an will man damit das Ursprüngliche andeuten, den mütterlichen Schoß oder abstrakt formuliert: das anfängliche *Sein,* das *Leben* schlechthin, seinen *Sinn,* und den *Weg* der Erfahrung, den der Mensch zurücklegen muß, um die Zusammenhänge zu begreifen. Beschreibungen sprechen vom Unsichtbaren, Unhörbaren, Unergründlichen, von der Form des Formlosen. Alles Bezeichnungen, die man in Indien dem Brahman gibt oder dem Dharma oder im Mahāyāna-Buddhismus der Śūnyatā, die eine Leere bezeichnet, aus der die Fülle quillt.

T'ien bedeutet „Himmel“, auch „Höchstes Wesen“ und “Weltordnung“. Sein Symbol ist die *Pi-Scheibe,*ein Ring mit einem Loch in der Mitte, oft ein Kultgegenstand aus Bronze. Als *T'ien-tse,* „Himmelssohn“, bezeichnet man den Kaiser, dem es zukommt, zwischen Himmel und Erde zu vermitteln. Die Begriffe Tao und T'ien werden oft als Synonyme verwendet, weshalb man annehmen darf, daß zwischen philosophischem und religiösem Taoismus keine strenge Trennung bestand.

Yin-Yang-Chia

Eine philosophische Schule, die etwa seit 300 v. Chr. bestand, nannte sich nach ihren Symbolen Yin-Yang-Chia.

Der *Himmel* wird hier in Beziehung gesetzt zu dem Symbolzeichen *Yang*; er gilt als unsichtbar aber zeugungsfähig. Die *Erde* entspricht dem Zeichen *Yin,* sie ist sichtbar und gestaltungsfähig, Formen schaffend. Das vereinte Wirken von Himmel und Erde kommt im Tai-Chi-Zeichen zum Ausdruck und deutet auf Entstehung des Universums. Der nächste Schritt ist die Entstehung der „Fünf Elemente“; doch das ist eine spätere Ergänzung um 200-100 v. Chr.

I-Ching (I-Ging), das „Buch der Wandlungen“, befaßt sich mit den Ausführungen.

Der Begriff Tai-Chi

Das *Tai-Chi* ist ein Ideogramm (vgl. Abb. S. 111). Seine unbekannte Herkunft geht auf das sagenhafte Altertum zurück. Die in ihm zum Ausdruck gebrachte Ideologie nimmt ihren Ausgang von dem bereits erwähnten Begriff *Tao,* dem Urgrund des Seins, das als leerer Kreis vorgestellt wird, denn dieses *Tao* ist das Neutrale zwischen Licht und Schatten, zwischen Ruhe und Bewegung. Eine *Wellenlinie* teilt den leeren Kreis auf. Die dadurch entstehenden Fischblasen wurden im Altertum rot und blau eingefärbt. Die *Yang*-Hälfte entspricht dem roten Sonnenlicht, die *Yin*-Hälfte dem blauen Schatten. Da sie nicht als krasse Gegensätze gedeutet werden sollen, bekommt jede Hälfte einen Punkt in der Gegenfarbe.

Yin und *Yang* sind das urzeitliche Muster für Polarität. Dieses Muster ist ein Hinweis auf das stetige Wirken kosmischer Kräfte, die hin- und herpendelnd auf Ausgleich bedacht sind.

Der taoistische Weise hält es für sinnlos, diesen Kräften entgegenzuarbeiten. Er versucht vielmehr, mit ihnen mitzuschwingen. Da das Auf und Ab im Leben eines Menschen auch von diesen Kräften verursacht wird, hält er es für weise, sich der Wellenbewegung anzupassen. Beim Wechsel der Kräfte, der allgemein als störender Eingriff empfunden wird, nützt er den einsetzenden Impuls für eine schöpferische Tätigkeit. Das Abwarten auf den Krafteinsatz im richtigen Augenblick ist *Wu-Wei,* eine Lebenshaltung, die weder schlaff ist noch ehrgeizig sondern flexibel.

Um sich auf den bevorstehenden Wechsel innerlich einstellen zu können, suchte man bereits vorher die kosmischen Einflüsse zu ergründen. Ein unbekannter Tao-Meister zeichnete vor mindest 5000 Jahren drei Ringe um das Tai-Chi-Zeichen und unterteilte sie in achtfach verschiedener Weise (siehe Abbildung), in sogenannte „Trigramme“ oder *Pakua.*

Erläuterung der Pakua

Die 8 *Pakua* (Trigramme) sind nach dem Prinzip der Polarität aufgebaut. Es stehen sich gegenüber:
Himmel und Erde – *Kien* + *Kun* (1 + 2)
Energie und Beharrlichkeit – *Djen* + *Gen* (3 + 4)
Wasser und Feuer – *Kan* + *Li* (5 + 6)
Heiteres und Sanftes (Wind) – *Dui* + *Sun* (7 + 8)

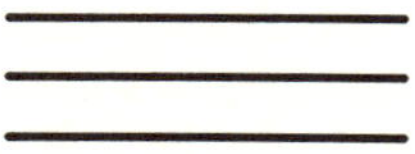

Kien, „Himmel“ (auch Sommer, Süden, das Runde)
als Bild: der am Himmel fliegende Drache.

Er meint den schöpferischen Menschen. Dieser steht vor zwei Möglichkeiten in Bezug auf seine Lebensgestaltung. Will er im äußeren Leben maßgebend werden, oder will er sich lieber zurückziehen, um in der Stille seine Persönlichkeit auszubilden (wie Buddha).

Er kann also wählen zwischen dem Weg des „Helden“ und dem des „Heiligen”. Seine Entscheidung sollte nicht von anderen beeinflußt werden; sie sollte erfolgen durch das Erspüren des eigenen innersten Wesensgesetzes. *Gegenbild ist der hochmütige Drache.* Er warnt den Menschen vor Selbstüberschätzung. Wer nämlich bei seinem Aufstieg glaubt, er könnte auf Mitarbeiter verzichten und die Fühlung mit den Mitmenschen außer acht lassen, wird eines Tages stürzen, denn er überschätzt seine eigene Kraft.

Kun, „Erde“ (auch Winter, Norden, das Flache)
als Bild: die Stute.

Sie symbolisiert den empfänglich aufnahmebereiten Menschen. Das Weiblich-Mütterliche wird durch die-

ses Bild dem Männlich-Väterlichen (Himmelsprinzip) gegenübergestellt. Himmel und Erde sind nicht Gegensätze, sie ergänzen sich.
Dem *Geist* steht gegenüber die *Natur*; das *Zeitgesetz* wird ergänzt durch das *Raumgesetz.*
Das Wirken des Menschen sollte so selbstverständlich erfolgen wie das der Natur. Er sollte in der Stille reifen und abwarten. In die Öffentlichkeit treten sollte er nur dann, wenn es die zeitliche Situation erfordert. Ein Mensch von der Mentalität der „Erde“ sollte sich nicht vordrängen. Wenn er die ihm gemäße Zurückhaltung aufgibt und sich an die vorderste Stelle drängt, dann werden ihm die von Natur Starken zu schaffen machen, und zufolge des natürlichen Gesetzes wird er unterliegen, da der Schatten *(Yin)* dem Licht *(Yang)* weichen muß.

☳

Djen, „Energie“ (das Erregende, Erschütternde)
Energie kann sich *in 3 Bereichen* auswirken:
Im Bereich der Natur – am Himmel – als „Donner“ (Djen), im Schicksal der Menschheit und als Erschütterung des Herzens. Zu allen Zeiten hat sich der Mensch vor den Auswirkungen der Energie in den drei Bereichen gefürchtet.
Lernt er nach und nach, dabei gefaßt zu bleiben, wird ihm eine ausgeglichene Gemütsverfassung zuteil, die für führende Positionen geeignet macht. Je öfter sich jemand vom Schrecken erholen muß, desto gefestigter tritt er den erregenden Situationen gegenüber. Man muß in Kauf nehmen, daß Besitz und Ansehen geschwächt werden; beides kann man wiedergewinnen, sobald sich die Verhältnisse beruhigen. Wer allzu lange von Schicksalsschlägen hin- und hergeworfen wird, verliert leicht die Klarheit des Blicks und sollte dann abwartend stillehalten, ohne sich zum Handeln herausfordern zu lassen. Auf unzufriedene Weggenossen darf man dabei keine Rücksicht nehmen; wichtig ist nur, daß man sich von der allgemeinen Erregung nicht anstecken läßt und besonnen bleibt.

☶

Gen, „Berg“ (verbildlicht die Beharrlichkeit)
Ein Mensch, der Gemütsruhe erlangen will, soll sich verhalten „wie ein Berg“; so verhält er sich auch beim Sitzen in Meditation; um über ihn hinwegziehende Wolken kümmert er sich nicht. Dem Berg vergleichbar ist der menschliche Rücken, in dem sich die Nervenstränge befinden, die für Bewegung zuständig sind. Hält man den Rücken gerade, wird das Ich beruhigt; dann kann man um sich blicken und wird die Vorgänge verstehen. Denkt man nach, so soll man sich auf die derzeitige Lebenslage beschränken; denn was darüber hinausgeht, macht nur das Herz wund.

Ruhe und Bewegung sollen aufeinander abgestimmt werden nach den Erfordernissen der Zeit. Erzwungene Ruhe ist ungesund. Ruhe sollte aus innerer Haltung erwachsen, dann verlieren sich von selbst egoistische Triebe. Bis dahin sollte man sich vor unvorsichtigen Reden hüten. Machtlos ist man gegenüber starken Persönlichkeiten. Selbst wenn man erkennt, daß sie eine falsche Richtung einschlagen, kann man ihre Bewegung nicht aufhalten.

Kan, „Wasser" (auch Herbst, Westen, Abgründiges)

Wasser ermöglicht auf Erden das *Leben.* Es ist immer in Bewegung. Im Menschen ist es sein innerstes Wesen, seine seelische Schwingung, die Kontrolle durch Vernunft benötigt. Wasser erreicht sein Ziel durch ununterbrochenes Fließen; Belehrungen sollten in entsprechender Weise erfolgen, sie müssen nach und nach einsickern.

Wasser befruchtet nicht nur, es unterhöhlt auch, und dann bedeutet es Gefahr. Schmutziges Wasser bezieht sich auf das Abgründige in der Wesenstiefe. Wer sich solcher Gefahr zu oft aussetzt, übersieht leicht die Gefährlichkeit, versäumt, sich zu schützen oder zu distanzieren, und verstrickt sich unmerklich ins Böse.

Bei äußerer akuter Gefahr soll man Ruhe bewahren, die Lage prüfen, ehe man einen Schritt vorwärts oder rückwärts tut, mit dem neue Gefahren verbunden sind.

Wer zu hoch hinaus will, begibt sich stets in Gefahr. Nicht jede Zeit ist geeignet, große Werke zu vollbringen. Manchmal ist es sinnvoll, die Linie des geringsten Widerstandes einzuhalten, und man muß noch froh sein, wenn dies gelingt.

Li, „Flamme", Feuer (Frühling, Osten, Anhaften)

Das Zeichen entspricht der *„Sonne"* und der *„Klarheit"*, denn beim Lichte der Sonne kann man weit sehen. Klarheit sollte sich der Mensch über den Lebensablauf verschaffen. Er ist vergleichbar den Tageszeiten. Der *Sonnenaufgang* entspricht dem Lebensmorgen; da beginnt das ganze Getriebe des Lebens und setzt den jungen Menschen zahlreichen Eindrücken aus, die ihn leicht verwirren können. Bleibt er sich der Grundstrukturen bewußt, dann wird er am *Lebensmittag,* wenn die Sonne alles in gelbem Schein erstrahlen läßt, Harmonie erlangen, die sich in künstlerischer Betätigung und in der Kultur seiner Umgebung widerspiegelt. (*Gelb* ist in China die Farbe der Mitte und des rechten Maßes).

Die *Abendsonne* erinnert an die Vergänglichkeit; Viele wollen nicht daran erinnert werden. Dann übertönen sie ihre Anzeichen durch betonte Lustigkeit und Übermut; andere verderben sich das Altern durch pessimistische Trauer. Der Weise pflegt seine Person und wartet gleichmütig ab, was auf ihn zukommt.

Ein Mensch mit feurigem Charakter wird einem Meteor verglichen; er steigt zwar rasch auf, doch seine Kraft verzehrt sich schnell wie bei einem Strohfeuer.

Dui, „Heiterkeit" (Der See, Zufriedenheit, Gelingen)
Heiterkeit ist wie ein freundlich einladender See. Wer fröhlich ist, ist beliebt; wo er hinkommt, hebt sich die Stimmung. Wer durch Freundlichkeiten die Herzen der Menschen gewinnt, für den nehmen sie auch Beschwerden auf sich, wenn es einmal nötig ist.

Auf billige Freuden kann man leicht verzichten, denn sie befriedigen nicht lange. Wahre Freude quillt aus dem Inneren. Wer innerlich leer ist, sucht daher nach äußeren Zerstreuungen. Solange sich der Mensch nicht entscheiden kann, welcher Art Freude er den Vorzug gibt, ist er voll Unruhe. Leicht verliert er dann die Steuerung des Lebens. Dann wird er von äußeren Ereignissen hin- und hergeworfen.

Sun, das „Sanfte" (Wind - Holz)
Wie der Wind die Wolken auseinandertreibt, so auch sollte der Mensch alle Unklarheiten beseitigen. Wer seine Aufgaben erledigt wie der Wind, wird sicher Erfolg haben. Langsam und sanft dringt der Wind in die Poren.

Wer von sanftem, nachdenklichem Wesen ist, sollte sich vor Unentschlossenheit hüten. Getan muß werden, was die Ordnung erfordert. Nachdenken darf nicht so weit getrieben werden, daß es die Entschlußfähigkeit hemmt. Bekleidet also ein bescheidener Mensch eine verantwortungsvolle Position, so soll er sein Wissen und seine gesammelte Erfahrung mit energischer Betätigung verbinden, dann wird auch er Erfolg haben. –

Diese 8 Grundzeichen können kombiniert werden, dann ergeben sich 64 Kombinationsmöglichkeiten. Es kommen darin charakteristische Lebensvorgänge zum Ausdruck.

Das Leben pendelt zwischen Spannung und Entspannung hin und her; das zwischen beiden Extremen aufkommende Gefälle ist der Lebensvorgang, der das Bestehen der Welt garantiert. Der Mensch ist dem Gefälle ausgesetzt und erlebt Höhen und Tiefen, denn er befindet sich zwischen Himmel und Erde.

Die Weisen des alten China bedienten sich des I-Ging-Orakel, um mit dem natürlichen Pendelschwung eine Höhe zu gewinnen oder durch Stillehalten, eine Tiefe besser zu überstehen. Es war eine Frage der rechten Zeit, die

durch das Werfen von *Schafgarbenstengeln* ausfindig gemacht wurde. Lange und kurze Stengel wurden mehrfach auf den Boden geworfen. Wenn sie sich zu den bekannten Trigrammen gruppierten, war darin die Antwort auf eine schwerwiegende Frage enthalten. Es ist ein Unternehmen, das einen ganzen Tag in Anspruch nimmt.
Daher werden *drei Münzen* geworfen, wenn nur eine kurze Frage beantwortet werden soll.
Kopf ist Himmel *Yang* = 3 Punkte
Schrift ist Erde *Yin* = 2 Punkte.
Die Antwort ist altertümlich bildhaft, wurde später durch Aussprüche Weiser ergänzt; sie enthalten Lebensweisheiten von zeitloser Gültigkeit (wie oben). Der Fragende liest aus den Sprüchen das heraus, was seiner momentanen Verfassung entspricht. Er ist gut beraten, wenn er sich richtig einschätzen kann. Je mehr er sich mit den Sprüchen beschäftigt, desto deutlicher werden ihm die Antworten erscheinen. Aber auch ohne Verwendung als Orakel ist der darin enthaltene Erfahrungsschatz von Nutzen.

Tai-Chi (Schattenboxen)
Aus der taoistischen Lebenshaltung heraus hat sich nebenher eine Methode von Körperbewegungen entwickelt, die sich ebenfalls *Tai-Chi* nennt oder auch das *„Schatten-Boxen"*. Es handelt sich um eine Bewegungsfolge, die wie ein *Kulttanz* wirkt, sich aber auch aus ritterlichen Verteidigungsübungen herzuleiten scheint, wenn man die Bezeichnungen für einige Bewegungen berücksichtigt wie „Tigerschritt" oder „Feuerdrachen".
Der imaginäre Gegner, der alle Menschen bedroht und gegen den „geboxt" wird, ist der Lebensfeind „Krankheit-und-Tod". Dieser wird gewissermaßen durch die kultischen Gesten auf Abstand gehalten. Die Wirksamkeit ist abhängig von der harmonischen inneren Haltung, aus der heraus die äußere Bewegung erfolgen soll.

2. Chinesischer Buddhismus und japanischer Shintoismus

Die Grundhaltung eines taoistischen Weisen ist der eines buddhistischen Weisen sehr ähnlich, so daß der indische Buddhismus in China taoistisch eingefärbt wurde, also chinesische Züge erhielt. So abgewandelt brachten ihn Reisende in die benachbarten Länder. In diesem Zusammenhang interessiert besonders seine Aufnahme in Japan, wo bis dahin ein Geisterkult dominierte, der Shintoismus.

a) Der japanische Shintoismus

Die Inselgruppe, die wir heute *Japan* nennen, hieß einst *Nihon,* später *Nipon,* „Land des Sonnenaufgangs". Das Zeichen ihrer Nationalität – die rote Sonnenscheibe – kehrt als Kreis-Motiv aus archaischen Zeiten immer wieder, auch in neueren Funden.
Wie auch in vielen anderen archaischen Kulturen, dachte man sich die Natur von „Geistern", *Kami,* und „Göttern", *Shin,* erfüllt, die man sich bemüht, durch kleine Rituale günstig zu stimmen. Jeder Verstorbene wird ein *Kami,* der als *Ahne* seine Nachkommen beschützt. Noch heute verehren viele Japaner ihre Ahnen daheim vor einem Ahnen-Schrein, vor den sie Reis und Reiswein stellen, Blumen, Räucherwerk oder Lichter.
Dieser althergebrachte Kult der Japaner ist der *Shin-toismus.* Er läßt ihnen die Freiheit, sich nach Belieben mit anderen Weltanschauungen auseinanderzusetzen. Eine Volkszählung im Jahre 1950 gewährt einen interessanten Einblick. Von 63 Millionen Einwohnern, die sich als Shintoisten bezeichneten, gaben gleichzeitig 44 Millionen an, auch Buddhisten zu sein. Für sie kann demnach Verschiedenartiges anziehend sein, ohne Widerspruch hervorzurufen.
So können sie gleichzeitig den „Weg der Götter", *Shin-dō,* gehen und den „Weg des Buddha", *Butso-dō.*
Im Sintoismus soll es das Empfinden für persönliche Schuld nicht gegeben haben, auch wenig Sinn für sittliche Werte und Gerechtigkeit. Das änderte sich erst im 16. Jahrhundert, als sich chinesischer konfuzianischer Einfluß geltend machte, und durch den Buddhismus wurde eine solche Einstellung weiterhin bekräftigt.

b) Die Einführung des Buddhismus

Im Jahre 405 – so wird erzählt – kam ein Mönch aus *Korea* mit buddhistischen Kunstgegenständen an den japanischen Hof, die so gut gefielen, daß man ihn dabehielt und zum Erzieher der Prinzen machte. Neben der chinesischen Schrift soll er auch das Spinnen, Weben, Nähen und anderes Handwerk eingeführt haben, woraus man schließen kann, daß Japan damals noch keine eigene Kultur besaß. Doch in knapp zweihundert Jahren hatte man sich das alles angeeignet.
Um 594 wurde der Buddhismus Staatsreligion unter der Kaiserin *Suiko,* und ihr ebenfalls vom Buddhismus und der religiösen Kunst begeisterter Neffe ließ nicht weniger als 46 Tempel errichten, darunter auch die berühmten bei *Nara.* Sie waren ausgeschmückt mit Buddhas und Bodhisattvas im indischen Stil, und um sie herum wurden die einheimischen Naturgeister

gruppiert. Viele andere Klöster wurden später in der Bergwildnis von *Hiei* und *Koya* errichtet.
In der Zeit der *Shogune* – der Reichsverweser im Generalsrang – war der Buddhismus teils geehrt und teils verachtet. Für die einen war die strenge *Zen*-Methode das ideale Mittel bei der Ausbildung der *Samurai*; die anderen sahen in der buddhistischen Lehre der Duldsamkeit einen Widerspruch zu ihrem Kriegshandwerk. Einer von diesen Shogunen ließ im 13. Jahrhundert dreitausend Tempel der Tendai-Schule mit den Mönchen verbrennen.

3. Zen – ein Weg der Meditation

a) Die Zen-Texte

Den heutigen Zen-Texten liegen indische Sanskrit-Texte zugrunde. Lange Zeit waren die chinesischen Mönche genötigt, Sanskrit zu lernen, um sie zu verstehen, denn die chinesischen Schriftzeichen waren nicht geeignet, Sanskrit-Begriffe wiederzugeben. Das wurde erst möglich durch die Erfindung der *Kana*-Silbenschrift, die auf den chinesischen Ch'an-Meister *Kobo-Dai-chi* zurückgeht. Daraufhin erfolgte eine umfangreiche Übersetzungsarbeit in den Klöstern. Nebenher fertigten die gelehrten Mönche Chinas auch Sanskrit-Abschriften an, sie diskutierten in Sanskrit und gaben ihre Kommentare in Sanskrit.
Die von ihnen bevorzugten Texte sind im Anschluß aufgelistet. Die verschiedenen Schulen konzentrierten sich in der Regel auf einen dieser Texte und der ergänzenden Kommentare, woraus sich gewisse Abweichungen oder Schwerpunkte herleiten.
Es handelt sich überwiegend um *Lehrgespräche zwischen einem Lehrer und seinem Schüler.* Man beginnt mit einfachen Fragen, die leicht zu beantworten sind; daraufhin werden dieselben Fragen von einem anderen Standpunkt erörtert. Zuletzt wird als Krönung die Sicht des Weisen hervorgehoben, für den nur das Gesamt-Bewußtsein eine echte Existenz besitzt.
Den Abschluß bildet immer ein Vers, der aussagt, daß der Weise aufgrund seines Wissens nicht über seine irdischen Verhältnisse klagt, statt dessen seiner Erkenntnis entsprechend zu leben versucht.
Die Sanskrit-Titel der dem Zen-Buddhismus zugrundeliegenden Mahāyāna-Texte sind:
das Avatamsaka-Sūtra (bevorzugt von der Kegon-Schule)
das Mahā-Śastra des Aśvaghośa (bevorzugt von der Rinzai-Schule)
das Viśuddi-Magga von Buddhaghośa
das Prajñā-Paramitā-Sūtra (über Śūnyatā)
das Vajrac-Chedikā-Prajñā-Pāramitā-Sūtra

das Sad-Dharma-Paṇḍarīka-Sūtra (bevorzugt in der Lotos-Schule)
das Vimala-Kīrti-Sūtra (ein Lotos-Sūtra)
das Mahā-Para-Nirvāṇa-Sūtra (über Nirvāṇa und Erleuchtung)

Die folgenden Mahāyāna-Sūtras sind als Sanskrit-Original verlorengegangen, aber als chinesische Übersetzung erhalten und von *Raoul von Muralt* übertragen und in zwei Bänden zusammengefaßt worden. Diese enthalten:
das Lankāvatāra-Sūtra (das von allen Schulen zitiert wird)
das Vajra-Sūtra (Diamant-Lehrfaden)
das Mahā-Prajñā-Pāramitā-Hṛdaya (Herzstück des vollkommenen Wissens)
das Mahāyāna-Śraddhotpāda-Śastra
die Dhyāna-Pāramitā (Meditationstext)
Huang po: Die Lehre vom Universal-Bewußtsein (Ālaya-Vijñāna)
Huang po: Dialoge mit Schülern
Hui Hai: Der Weg zur blitzschnellen Erleuchtung

Drei rein chinesische Konzeptionen:
Hui Neng (6. Patriarch) schrieb: Das Sūtra über den hohen Diamantschatz
Hui Yüan: San-pao-lun (Abhandlung über das Karman)
Hung Lei: Kommentare zu Lehrsätzen des Buddha
Texte, die im Titel den Begriff „prajñā-paramitā" enthalten, sind Grundlagen-Texte mit Grundbegriffen. Texte, die im Titel den Begriff „Vajra" enthalten, sprechen über das Bewußtsein. Texte, die sich auf „Lotos" beziehen, geben die subtilsten Erläuterungen für Fortgeschrittene.

Alle diese Texte fallen unter den Sammelbegriff *Sūtra* und *Śastra.* Neben der Meditation gehört das Lesen der Sūtra zur täglichen Schulung der Mönche. Die Texte werden von einem Zen-Meister (Roshi) erläutert. Sich anschließende „Wortgefechte" sollen den Intellekt schärfen, zu gewandter Ausdrucksweise erziehen und mehr Sicherheit des Verständnisses bewirken.
Durch Nachschlagewerke entsteht oft der Eindruck, als ob Bücher als wertlos gälten. Den Anlaß dazu geben Bemerkungen über Zen-Meister, die berühmte Texte zerrissen haben sollen. Es wird berichtet, daß es einige wirklich taten, *aber* erst nachdem sie sie gründlich studiert hatten und sie durch direkte Erfahrungen überflüssig geworden waren. Man beruft sich diesbezüglich meist auf *Hui-neng,* doch wie man der Bücherliste entnehmen kann, ist er sogar selbst der Verfasser eines Sūtra-Textes.
Da aber die Lehren alle auslegbar sind, was ja zu der Spaltung in Schulen geführt hat, wird man allerdings davor gewarnt, sich allein an das Wortverständnis zu halten, das Mißverständnisse zuläßt. In diesem Zusammenhang wird oft ein Text zitiert „aus der Lehrpredigt für Ceylon", enthalten im *Lankāvatāra-Sūtra-Text*:
„Möge der Jünger sich davor hüten, sich an Worte zu klammern, in der Meinung, daß sie ihrem Sinn völlig entsprächen; denn die Wahrheit liegt

nicht im Buchstaben beschlossen. Wenn der Mensch mit dem Finger auf etwas zeigt, so mag die Fingerspitze vom Einfältigen für das angedeutete Objekt angesehen werden.
In gleicher Weise sind die Unwissenden wie die Kinder nicht fähig, die Idee aufzugeben, daß in der Fingerspitze der Worte ganzer Sinn enthalten wäre. Denn sie können sich die höhere Wirklichkeit nicht vorstellen, geschweige in sich selbst verwirklichen, weil sie sich an Worte klammern, die nicht mehr sein sollten als ein weisender Finger – denn die Wahrheit liegt jenseits der Worte."
Daher rät der *Meister Shudensho*:
„All die zahllosen dichtgewebten Erscheinungen, mitsamt den tausend Erinnerungen und den tausend Gedanken, die du in diesem Augenblick hast, sind nichts anderes als Bilder im Spiegel deines Geistes.
Nun mußt du lernen, auf den Grund und Boden alles dessen, was im Spiegel ist, zu blicken und nicht mehr auf die Bilder, die darin erscheinen."
Auf diese Weise gelangt man zur Tiefenerfahrung.

b) Verschmelzung von buddhistischen und taoistischen Anschauungen

Indische wie chinesische Philosophie ist in erster Linie Natur-Philosophie. Durch Betrachtung der Natur werden Erkenntnisse gewonnen. Buddhisten wie Taoisten lebten überwiegend in der freien Natur, sie übten sich in Versenkung in Natur-Objekte. Sie betrachteten die gesamte Natur im Wechsel der Jahreszeiten und im Wechsel der Tageszeiten. Man arbeitete nicht gegen die Natur, man versuchte die wechselnden Naturkräfte zu nützen für schöpferischen Schwung. Das aus einer solchen Haltung gewonnene Lebensgefühl äußerte sich bei den Anhängern beider Richtungen in der Musik, im Tanz, in der Literatur und in der Bildenden Kunst. In diesem Zusammenhang muß die Tuschemalerei als die arteigene Ausdrucksweise des Taoismus hervorgehoben werden, die von den buddhistischen Zen-Mönchen übernommen wurde; ihr wird daher ein besonderer Abschnitt gewidmet.
Natur-Philosophien gemeinsam ist von altersher eine Einteilung des Universums in stoffliche, feinstoffliche und unstoffliche Bereiche. Die Menschen sind der Stoffwelt angepaßt, und sie sind davon überzeugt, daß auch die Feinstoffwelten belebt sind, sichtbar nur für ein Auge, das an meditative Einsamkeit gewöhnt ist. Dann nehmen seelische Erlebnisse Formen an wie in den Träumen. So beschrieb es bereits das „Tibetische Totenbuch".
Der Buddhist wie der Taoist sieht solche Erlebnisse nicht als Ziel seiner Schulung an, sie können auftreten in einer Übergangsphase, wenn das Gemüt davon überquillt. Letztes Ziel aber ist die Erfahrung des unstofflichen Ursprungs. In dieser Hinsicht sind sich alle östlichen Lehren einig. Der

indische Vedānta nennt diesen unstofflichen Urquell das *Brahman,* die chinesischen Taoisten nennen ihn *Tao,* und der Zen-Schüler nennt ihn *Śūnyatā,* die Leere. Diese Leere darf nicht mißverstanden werden als etwas, dem etwas fehlt. Gemeint ist das noch nicht Geformte, ein geistiger Quell, der alle Möglichkeiten in sich enthält. Daher ist Śūnyatā hoch geschätzt, ein Meditations-Erlebnis, das erfahren werden kann, wenn der Intellekt für Sekunden schweigt und das Gemüt in gelassener Haltung verharrt.

c) Zen-Schulen – Meditations-Schulen

Weil das Ziel die Erfahrung des geistigen Urquells ist und weil Meditation eine bewährte Methode ist, die zu diesem Ziel hinführt, ist Meditations-Schulung ein wichtiger Aspekt. Während die Taoisten zunächst ohne Anleitung übten, hatten sich in buddhistischen Kreisen viele Meditations-Schulen gebildet. Nach deren Vorbild entstanden bald auch taoistische Schulen in *China,* die nach und nach auch in *Japan* eingeführt wurden. Zwischenstation war *Korea.* Japanische Interessenten holten mit viel Aufwand Lehrer aus Korea nach Japan.

Der abendländische Interessent hat bei der Suche nach Informationen einige Schwierigkeiten zu überwinden, denn er wird ständig mit zwei Begriffen für dieselbe Sache konfrontiert. Und je nach der sprachlichen Herkunft des vermittelnden Sinologen werden diese Begriffe abweichend in unsere Buchstabenschrift übertragen und außerdem noch verschiedenartig übersetzt. Aufgrund dieser Schwierigkeiten wurde *Zen* erst in der Mitte unseres Jahrhunderts in Europa bekannt. Erst dem englisch sprechenden Zen-Meister *Suzuki* ist es gelungen, die Zen-Methode und ihre zugehörigen Begriffe annähernd zu interpretieren. Klassifizierung und Veröffentlichung von Schulgründungen blieb weiterhin Sache der Sinologen. Da sie sehr zahlreich waren, können nur die Schulen Erwähnung finden, die historisch bedeutsam geblieben sind. Ihre Lehrmeinungen sind unterschiedlich, zum Teil gegensätzlich und haben sich im Laufe der Jahrhunderte mehrfach gewandelt.

Wer sich mit Zen-Texten auseinandersetzen will, wird eine Richtschnur benötigen. Einige chinesische und japanische Bezeichnungen werden daher als Hilfe nebeneinander gestellt.

Hui Yüan gilt als Begründer der ältesten chinesischen Meditationsschule, die sich Lotosschule nannte und taoistisch betont war (4. Jahrhundert).

Hua Yen (5. Jahrhundert) wird in Japan *Kegon* genannt. Man verehrt den Bodhisattva Manjuśri und bevorzugt als Textbuch das Avatamsaka-Sūtra.

Bodhidharma aus Indien gründete im 5. Jahrhundert die *Ch'an*-Schule, eine Meditationsschule, in Japan Zen genannt.

Als VI. Patriarch des Ch'an gilt *Hui Neng* (638-713). Er paßte Lehre und Methode der chinesischen Mentalität an. Charakteristisch für ihn ist die

Methode *Tongō* (blitzschnelle Erleuchtung), die bis heute in den „Südlichen Schulen" bevorzugt wird, während die „Nördlichen Schulen" an *Zengō* festhalten, dem langsamen Weg zum *höchsten Ziel.*
Im 7. Jahrhundert entwickelten sich die *Fa-hsiang*-Schulen (jap. Hossō). Sie basieren auf Schriften von den Indern Vasubandhu und Asaṇga, die die Auffassung des *Yogācāra* vertreten. Hier gilt die äußere Welt lediglich als Produkt des Bewußtseins. Das erkennt man durch *Tathatā* (Soheit), die Erfahrung der Nicht-Zweiheit, gleichbedeutend mit Nirvāṇa. Die Buddha-Natur besitzen nach dieser Lehre nicht alle Wesen von vornherein, sie muß erworben werden.
Die Zen-Schulen gelangten in der T'ang-Zeit (618-907) und in der Sung-Zeit (960-1279) zu großer Bedeutung. Diese Epochen gelten in jeder Hinsicht als kulturelle Blütezeiten. Hier trat der indische Philosoph *Nāgārjuna* auf als Interpret und Vertiefer der *Śūnyatāvāda*-Lehre. Er verkündete einerseits eine konventionelle allgemein verständliche Lehre, die mit Worten nicht restlos erklärbar ist. Nur das Erlebnis von *Śūnyatā* vermittelt die endgültige Klarheit. Daher ist die Meditation wichtig: (chin.) *Lin-Ch'i,* (japan.) *Rinzai.* Der Mönch Eisai brachte sie nach Kyoto und Kamakura im 12. Jahrhundert. (Es ist diese Methode, die zur Zeit in Europa Anhänger findet.)
Immer wieder unternahmen japanische Mönche beschwerliche Reisen per Schiff, um in China zu studieren und die buddhistischen Lehren dann in ihrer Heimat zu verbreiten. 805 kam auf diese Weise die *T'ien-t'ai*-Schule unter dem Namen *Tendai* von China nach Japan. Als ihr Begründer gilt *Dengyo Daichi,* japanisch *Saichō.*
Etwa zur gleichen Zeit wurde die *Shingon*-Schule gegründet – eine *Vajrayāna*-Schule – die Ähnlichkeiten mit dem Tibet-Tantra aufweist. Gründer war *Kobo Daichi,* den man in Japan *Kukei* nannte. Er wurde bereits erwähnt als Erfinder der Kana-Silbenschrift. Die Schule übernahm die aus Tibet bekannten Maṇḍala als *Mandara.* Sie unterscheiden sich durch die Mittelfigur, die in Japan von der shintoistischen Sonnengöttin *Amaterasu* eingenommen wird (in Tibet von Vairocana). Diese Shingon-Schule, die auf dem Berge *Koya* ihren Hauptsitz hat, soll noch immer 13.000 Tempel unterhalten.
Alle bisher genannten Schulen stellen hohe Anforderungen an ihre Schüler, sowohl hinsichtlich ihres intellektuellen Verständnisses wie auch in Bezug auf Konzentration und Ausdauer. Bis sich der erwartete Erfolg einstellt, vergehen nämlich in der Regel Jahrzehnte. Daher hatten diese Schulen überwiegend Zuspruch aus den Reihen der Gelehrten, Staatsbeamten und Ritter.
Breitenwirkung erlangte erst der volkstümliche *Amidakult.* Diese Schule war bereits seit dem 5. Jahrhundert nach Japan verpflanzt. Es war der Mönch *Kuya,* der auf dem Berge *Hiei* eine Amidaschule gründete, die er *Jodō*-Schule nannte. Ein anderer Lehrer der gleichen Schule war *Genshin* (942-1017),

dem es besonders auf das Erlangen einer günstigen Wiedergeburt ankam. Um seine Anhänger zu einem sittlichen Lebenswandel anzuspornen, wurde er nicht müde, die Folgen eines unsittlichen Lebens zu malen, indem er die Torturen darstellte, die die Verdammten zu erleiden hatten; dagegen ruhten die Erlösten in lieblichen Gärten aus.

Der Begriff *Jodō* entspricht dem Sanskrit-Begriff *Rūpa-Loka,* „Ort feinstofflicher Formen", in Japan als „Reines Land" verstanden, als eine Art Paradies, in dem jeder gern wiedergeboren werden möchte. Bei tieferem Verständnis von Lehre und Methode geht es nicht um eine Wiedergeburt nach dem leiblichen Tode sondern um eine geistige Wiedergeburt durch geistige Erlebnisse in *Rūpa-Loka,* denn hier erlebt der Meditierende die von Buddha beschriebenen vier *Jhāna-Stufen.*

Auch in *Heian* gab es eine *Jodō*-Schule, ihr Gründer ist *Honen-Shonin,* Japan. *Genkō.* 1250 wurde sie reformiert und heißt seitdem *Jodō-Shinshu.* Der Lehrer *Honen* nannte seine Methode *Todō,* und *Nichiren* beruft sich auf das Lotos-Sūtra und den Lehrer *Hokkeshu.*

Im 13. Jahrhundert endlich wurde noch eine *Soto*-Schule gegründet, deren bedeutendster Lehrer *Dogen* war; er legte Wert auf Genauigkeit im Einhalten der täglichen Riten und auf eine sehr einfache Lebensweise. Mit wenig Erfolg bemühte er sich, die volkstümlichen magischen Riten auszumerzen, die sich immer wieder von neuem einschlichen.

Im heutigen Japan unterscheidet man *Zen* nach vier Gesichtspunkten:

Bonpu-Zen ist eine Richtung, die nur zur Hebung der körperlichen und geistigen Gesundheit praktiziert wird (Bonpu heißt: „gewöhnlicher Mensch").

Gedō-Zen ist eine Richtung, die nicht ausschließlich buddhistisch geprägt sein muß, man kann z.B. Yoga-Meditation oder christliche Kontemplation einbeziehen, denn gedō heißt: „Weg außerhalb".

Shōjō-Zen ist eine Richtung, die der Hīnayāna-Lehre nahesteht. Sie führt zum Zustand *Mushinjō,* bei dem die Sinneswahrnehmungen aussetzen, weil das Wachbewußtsein ausgeschaltet wird. Wer darin verweilen kann, bis der Tod eintritt, den erwartet keine Wiedergeburt.

Daijō-Zen ist eine Richtung der *Mahāyāna*-Lehre. Sie hat zum Ziel *Kenshō* und *Satori,* die sogenannte „Selbst-Wesensschau". Man glaubt, daß sie auch im Alltag verwirklicht werden kann als die Einheit mit allen Geschöpfen.

Seit 1950 gibt es eine Weltvereinigung der Buddhisten: WFB. Ihre sechsfarbige Flagge zeigt auch das „Rad der Lehre". Ihr Hauptsitz ist in Bangkok. Dort feiert man den *„Buddha-Tag"* an einem *Vollmondtag im Mai.*

Für die Buddhisten Koreas ist ein anderes Symbol charakteristisch: in einem weißen Quadrat ein roter Kreis (seit 1924).

Man schätzt die Zahl der Buddhisten weltweit auf 500 Millionen. Dabei ist zu berücksichtigen, daß vermutlich nur 150 Millionen ausschließlich bud-

dhistisch ausgerichtet sind, die anderen vertreten nebeneinander mehrere Weltanschauungen.
Die Hīnayāna-Richtung überwiegt heute in Ceylon, Thailand, Burma und Kambodscha; die Mahāyāna-Richtung in China, Japan, Vietnam und Korea, die Vajrayāna-Richtung in Tibet, der Mongolei und Japan.
Der Schüler des Zen kann ein Mönch sein oder auch ein Laie, der sich für eine bestimmte Zeit – oft in seinen Ferien – in ein Kloster zurückzieht, um dort die Meditation zu erlernen. *Za-Zen,* „Sitzen für Meditation", wird täglich mehrmals geübt. Jede Sitzung kann von 20 Minuten bis auf zwei Stunden ausgedehnt werden. In der harmonischen, aus Holz gebauten Meditationshalle bleiben im Sommer wie im Winter die Fenster geöffnet. Der Schüler sitzt mit dem Gesicht zur Wand und hat die Augen auf den Boden zu richten. Seine Aufgabe ist es, jeden eintretenden Gedanken abzufangen. Da er das Denken meist erst bemerkt, wenn er sich mit seinem Inhalt schon befaßt hat, besteht Zazen zunächst in der Feststellung, daß man ständig denkt, es aber vermeiden soll. Die ungewohnte Sitzhaltung verursacht Gliederschmerzen, und diese sollen vergessen werden durch Aufmerksamkeit auf die für Zen begeisterte innere Haltung.
Viele Schüler bemühten sich immer wieder vergeblich, bis einige Zen-Meister – man nennt sie *Roshi* – als Hilfe die Methode des „Mondo" und des „Koan" einführten.
Ein *Mondo* ist ein Dialog zwischen Lehrer und Schüler, doch die Antworten des Lehrers haben nichts mit der Frage des Schülers zu tun; sie sind eine Herausforderung, die betroffen machen soll. Der Schüler soll sich auf diese Weise das Denken in gewohnten Geleisen abgewöhnen.
Das *Koan* (auch Choan) ist ein kurzer Ausspruch eines Meisters, wie „Höre das Klatschen einer Hand". Der Satz hat keinen Sinn, doch der Schüler sucht angestrengt nach einem Sinn. Täglich wird er nach seiner Erfahrung gefragt, und immer wieder geht er unbefriedigt, abgewiesen vom Meister. Langsam sinkt der Ausspruch ins Unbewußte, und das wird bezweckt, denn dieses soll eines Tages die Antwort „ausspeien". Auf dieses Erlebnis warten Lehrer und Schüler. Doch es ist nicht das einzige Erlebnis, das möglich ist, und daher bekommt der Schüler wieder ein neues Koan, damit sich die Erlebnisse vertiefen. Nach dem ersten Erlebnis ist der Schüler voll Hoffnung, und er gelangt bereits für Momente in die Stille: das wird als *Kenshō* bezeichnet. Ein tiefergehendes ähnliches Erlebnis ist *Satori.* Manche Zen-Schüler haben während des Zazen Bild-Erlebnisse. In den strengen Ch'an- oder Rinzai-Schulen sind sie verpönt, weil sie vom eigentlichen Ziel ablenken. Man bezeichnet sie hier als *Makyo,* als Trugbild. Selbst wenn der Meditierende innerlich ein Bild des Buddha sieht, wird er gerügt mit den Worten „Töte den Buddha"! Denn es handelt sich nur um eine Einbildung, um eine ganz

individuelle Vorstellung vom Buddha, die mit der Wirklichkeit nichts zu tun hat. Daher lehnen die *Rinzai*-Schulen alle Phantasiegebilde ab.
Die *Vajrayāna*-Schulen dagegen – wie das bereits bekannte Tibet-Tantra – halten das Vorstellen von idealen Buddha-Gestalten für nützlich, weil sich der Meditierende gemütsmäßig zu ihnen erhebt.

d) Die Meditations-Methoden

Genau genommen gibt es nur zwei Meditations-Methoden, eine mit Konzentrationshilfe und als deren Ergebnis das vollkommene innere Schweigen. Varianten ergeben sich aus der Erfahrung des Lehrers mit seinen unterschiedlichen Schülern. Durch den Versuch, deren Schwierigkeiten zu überbrücken, scheint eine „neue" Methode zu entstehen.

Strenge Methoden
Klassisches *Ch'an* oder *Zen* ist das Erlernen des totalen inneren Schweigens; es beginnt mit der Beruhigung der Gedankenwellen wie im indischen Rāja-Yoga. Unterschiedlich sind die Hilfen, die im Zen auf den Charakter des Japaners abgestimmt sind und die auf den Europäer zunächst sehr befremdlich wirken können.

Volkstümliche Zen-Methoden
Ganz anders als in den strengen Zen-Schulen der Rinzai-Richtung verhält man sich in den *Amida*-Schulen, wie Jodō, Jodō-shin-shu und Todō. Hier übt man einfach das *Nembutsu,* d.h. man rezitiert die Formel: *Namu Amida Butsu,* „Ehre dem Namen des Buddha Amitābha". Manche schreiben die Formel auf Papierstreifen, was etwas primitiv erscheinen mag. Daß die Methode nicht so sinnlos ist, wie sie auf den ersten Blick erscheinen mag, geht aus der Stellungnahme des Zen-Meisters *Suzuki* hervor, die er in seinem Buch „Der Weg zur Erleuchtung" gibt. Sinngemäß heißt es hier:
Ein Mensch, der den Buddha verehrt, wird beim Aussprechen seines Namens an das erhabene Wesen des Buddha erinnert und erhebt sich selbst ein wenig zu ihm. Auch wird der Schüler darauf aufmerksam gemacht, daß es selbst für den Buddha schwer war, Erleuchtung zu erlangen. Das soll in ihm Hoffnung erwecken, daß bei gleicher Ausdauer auch er Erfolg haben könnte. Daneben wird ihn die Vorstellung vom „Land der Reinen Formen", in dem die erhabenen Wesen weilen, in eine glückliche Stimmung versetzen. Darüber vergißt der Gläubige seine Alltagssorgen. Übt er nun das „Nembutsu", kann durch die Monotonie der Wiederholung ein Aussetzen der Gedankenketten erreicht werden. Die momentane „Leere" wird dann vom ursprünglichen Licht erfüllt.
Da europäische Zen-Kurse nur *Zazen* anbieten, das schweigende „Sitzen in Meditation", kommt es leicht zu der irrigen Meinung, daß das buddhisti-

sche Klosterleben nur aus diesem Sitzen bestünde. Doch daneben gibt es Arbeit und Unterricht. Für China wie für Tibet gilt, daß ein Neuling nach der Eingewöhnungszeit vor der Entscheidung steht, ob er ein Arbeits-Mönch oder ein gelehrter Mönch werden will. Wer sich für die Arbeit entscheidet, kann sich in der Küche oder auf den Feldern betätigen; manche Mönchlein schleppen von früh bis spät nur Wassereimer von den Bergquellen zu den Klosterküchen. Hat sich aber ein Mönch für die Gelehrsamkeit entschieden, dann wird ihm als Lehrer ein älterer Mönch zugeteilt, der ihn sowohl in das weltliche wie auch in das speziell buddhistische Wissen einführt. Nach Jahren hat er sich dann einer Prüfung zu unterziehen, die aus einem dreitägigen „Wortgefecht" besteht. Ein Gegner – meist der Lehrer – versucht den Prüfling zu verunsichern, indem er ihm Ansichten anderer Schulen entgegenhält. Kann sie der Prüfling nicht stichhaltig widerlegen, muß er die Prüfung im nächsten Jahr wiederholen.

e) Der Zen-Weg als Bildergeschichte

Voraussetzungen und Entwicklung eines Zen-Schülers sind mehrfach als Bildergeschichte wiedergegeben worden, genannt die „Ochsenbilder", denn die Hauptfiguren sind ein Hirt und ein Ochs.
Die „älteren" Holzschnitte von 1050 beziehen sich auf die „Zähmung" der Vitalnatur des Schülers. Der „wilde Ochs", der zuerst schwarz dargestellt wird, wird von Bild zu Bild heller, bis er ganz weiß ist und alle irdischen Mängel abgelegt hat. Besonders aus den Bildern 6-10 kann man den Fortschritt entnehmen, also in der zweiten Hälfte des Weges. Bild 6 zeigt einen ruhenden Ochsen, für den kein Stock mehr benötigt wird. Der Hirt sitzt entspannt und spielt Flöte. Sein Zustand wird bis zum Bild 9 immer problemloser und gipfelt im 10. Bild in Satori, dem Erlebnis einer lichten Leere, die als Kreislinie dargestellt wird, als das Runde, das alles umfaßt.
Die „späteren" Ochsenbilder von 1454, die in Kyoto aufbewahrt werden, lassen erkennen, daß es hier nicht nur um Zähmung der Natur geht, sondern um Verminderung des Gedankenflusses und das Finden der Ganzheit. Mahāyāna-Vorstellungen haben sich also inzwischen durchgesetzt.
1. Bild: Der Hirt vermißt seinen Ochsen. Er steht ratlos in der Wildnis; denn er kann das Widersprüchliche der Welt nicht begreifen.
2. Bild: Der Hirt erblickt Spuren. Gemeint sind die traditionellen Weisheitslehren, die ihm Hinweise geben. Da die eigene Erfahrung als Bestätigung fehlt, sagt man, der Schüler habe das „Tor" noch nicht durchschritten.
3. Bild: Das Erblicken des Ochsen. Kenshō, die erste direkte Erfahrung, ist nur kurz, aber sie erfüllt mit Hoffnung, daß man auf dem rechten Weg ist. Es gilt durchzuhalten, um tiefere Erfahrungen zu machen.

4. Bild: Einfangen des Ochsen. Das Erlebnis der dritten Phase war ein Glücksfall in einer guten Stunde. Jetzt geht es darum, den gehobenen geistigen Zustand nach Bedarf herzustellen, um einmal über die damit verbundene Kraft frei verfügen zu können.
5. Bild: Das Zähmen des Ochsen mit Peitsche und Leitseil. Die Zen-Schulen bedienen sich verschiedener Hilfsmittel, die die geistige Konzentration erleichtern und Ablenkungen mehr und mehr ausschalten. Der Ochs „sucht dann kein Futter mehr auf fremden Wiesen“, d.h. der Hirt beschäftigt sich nicht mehr mit anderen Dingen oder anderen Leuten.
6. Bild: Heimritt auf dem Ochsen. Das Zu-sich-selbst-Finden beginnt. Der Ochs blickt nicht mehr zur Erde, erhobenen Hauptes wartet er auf geistige Nahrung. Er lauscht der Flöte des Hirten, auf die Töne aus dem eigenen inneren Wesen.
7. Bild: Der Ochs ist vergessen – der Mensch bleibt. Die Triebnatur des Menschen ist zur Ruhe gebracht, das zeigt ein leerer Stall an. Der Hirt blickt zum „Mond hinter den Wolken“, er ist nur noch am Verborgenen interessiert, am Edelstein in der Brust, am Goldschatz im Herzen, an der verlorenen Perle, an der Verwirklichung seines Zieles.
8. Bild: Śūnyatā – die „Leere“ des Ursprungs ist im Mahāyāna-Buddhismus gleichbedeutend mit *Satori*, auch genannt „das anfängliche Wesen“, die „Ur-Natur“, der Ur-Klang, der Ur-Buddha; der leere Kreis meint einen Zustand ohne sichtbare Dinge, ohne Zeit- und Raum-Empfinden, ohne Gegensätze. Erlebnis der ungeteilten Ganzheit. (Das war in den älteren Schulen das Endziel, vgl. die Ochsenbilder von 1050. Seit der Bodhisattva als Mahāyāna-Ideal eingeführt wurde, genügt die Stufe des Arhant, des selbstgenügsamen Heiligen, nicht mehr. Der Weg geht weiter, wie die Ochsenbilder von 1454 aussagen.)
9. Bild: Der Ursprung ist gefunden, die Quelle des Seins. Diese Stufe ist gekennzeichnet durch geistige Klarheit. Das Bild zeigt eine Landschaft an einem reinen Morgen. Nichts ist mehr unklar, nichts verschleiert. Nirgendmehr sind Widersprüche. Handeln oder Nicht-Handeln stellt kein Problem mehr dar. Der Weise ist im Einklang mit sich und der Welt.
10. Bild: Nun kann er ohne Bedenken *auf den Markt gehen*. Es ist nicht mehr nötig, daß er sich den „Händlern“ gegenüber distanziert. Er kann sich sogar unbeschadet unter die „Käufer“ mischen. Wer für Belehrungen zugänglich ist, kann die Hände aufhalten. Der Weise teilt unerkannt Weisheit und Lebenserfahrung aus. Doch wer wird ihn verstehen? Seine Lehren hören sich paradox an. Die Schulweisheit und die kosmische Weisheit sind nicht deckungsgleich. Wer den Zen-Weg einschlägt, wird nach und nach Verständnis erlangen.

f) Die Tuschemalerei als Zen-Weg

Neben dem strengen *Za-Zen* zu festgelegten Tageszeiten wird dem Zen-Schüler eine meditative Lebensweise empfohlen. Sein Handeln soll dem Geiste des Zen entspringen, es soll nicht durch persönlichen Ehrgeiz motiviert sein.
Der Zen-Geist wirkte sich in allen Lebensbereichen aus, zuerst jedoch in der Malerei, die schon von den Taoisten gepflegt wurde.
Die Tradition der Tuschemalerei und Kalligraphie ist in China sehr alt; doch im 7. Jahrhundert gibt ihr der Maler Wang Wei eine besondere Note, die für alle Zeiten richtunggebend blieb. Er löste sich von der bisher üblichen Umrißzeichnung und setzte mit dem Pinsel größere und kleinere Akzente, dazwischen zarte Lavierungen, die Ferne oder Stimmung ausdrückten.
Diese Art zu malen dürfte seiner geistigen Haltung entsprochen haben; denn er war der Sohn einer Ch'an-Buddhistin, der aber zugleich die Haupttugenden eines chinesischen Gelehrten verkörperte: Lauterkeit und Gleichmut. Die Geschichtsschreiber berichten über ihn, daß er seine hohen Staatsämter mit Würde ausübte und sich in seinen Mußestunden in Dichtung, Musik und Schriftkunst (Kalligraphie) übte. Alles in allem verkörperte er das Ideal seiner Zeit.
Den Höhepunkt erlangte die Tuschemalerei, *Sumi-e* oder *Suiboku,* in der Zeit vom 10.-13. Jahrhundert. Besonders in der Landschaftsmalerei ist sie Ausdruck des taoistischen Naturgefühls und dazu der aus Ch'an oder Zen gewonnenen Haltung, die ganze Natur als einen lebenden Organismus zu empfinden, in dem alles gleichwertige Bedeutung hat vom Stein bis hin zum Menschen.
Die aus solcher Einstellung hervorgebrachte Malerei wird auch „Spontanmalerei" genannt, denn sie erweckt den Eindruck, daß der Maler einer zufälligen spontanen Idee folgte, die er dann in wenigen Minuten skizzierte. Das bewunderte Endergebnis entsteht schon auf diese Weise, doch eine jahrzehntelange Schulung ist Voraussetzung für solche Meisterschaft.
Alle bedeutenden Tuschemaler waren gleichzeitig Priester. Sie alle gingen den Weg zum *Tao*, zum *Buddha*, und eine der Hilfen war der „Weg der Tusche".
Das diesen drei Wegen Gemeinsame ist die Forderung, sich von der Bedeutsamkeit des individuellen Ich zu lösen. Alles Handeln – auch die Strichführung des Pinsels – wird dann gelenkt vom Tiefenwesen.
Die in China beheimatete Tuschemalerei gelangte zusammen mit dem Zen-Buddhismus nach *Japan.* Dem japanischen Wesen gemäß kommt hier ein gewisser Humor dazu, der manchmal in die Nähe der Karikatur gelangt. Richtunggebend ist das Streben nach äußerster Vereinfachung, aber auch Neigung zum Absurden, die sich schon im *Mondo* und *Choan* zeigte.

g) Andere Zen-Wege der Vorbereitung

Im Unterschied zum *Za-Zen*, dem „Sitzen in Meditation“, wird die Annäherung an das Ziel der Zen-Weg, *Zendō,* genannt. Wem die absurden Methoden nicht liegen, der nähert sich dem Ziel an durch verfeinerte Wahrnehmung. Er lernt, sich durchlässig zu machen für das Unvorhergesehene.
Die nur scheinbar verschiedenen Wege, die nun benannt werden, dienen der Vorbereitung, der Annäherung an das eigentliche Ziel. Denn man erreicht nur dann Vollkommenheit auf all diesen Gebieten, wenn man sie im Zustand des *Muga* ausübt; das ist der Zustand der Ich-Losigkeit. Es bedeutet nicht, daß der Betreffende seine Identität verliert, nur daß er fähig ist, sein Ich zeitweise zurücktreten zu lassen.
Der Tuschemalerei (chinesisch Sumi-e oder Suiboku, auf japanisch *Zenga*) nahe verwandt ist *Sho-dō*, der „Weg des Schönschreibens“, wobei die Eigenart der östlichen Schriftzeichen einen weiten Spielraum läßt. Wie bei der Malerei wird auch hier der in die Tusche getauchte Pinsel – erst nach geraumer innerer Sammlung – spontan aufs Papier gesetzt und zu einem individuell gestalteten Zeichen geformt.
Gei-dō, der „Weg der Künste“, kann als Dichtkunst, Tanzkunst oder Schauspielkunst verstanden werden wie auch als Instrumentalmusik.
Weit und breit übt der kultivierte Japaner *Cha-dō*, den „Weg des Tees“, das ist die beschauliche Zubereitung des Tees nach vorgeschriebenem Ritual mit bewußter Hantierung. Während des nachfolgenden Teetrinkens in einem besonderen Pavillon wird ein Tuschebild betrachtet. Man schweigt dabei und rollt es anschließend wieder ein.
Ka-dō, der „Weg der Blumen“, der besonders von Frauen bevorzugt wird, hat auch bei uns Anhänger gefunden in der Sonderform des *Ikebana* oder „Blumensteckens“.
Ju-dō, der „Weg des Ringens“, erfreut sich inzwischen ebenfalls großer Beliebtheit bei uns, auch die sanftere Form der Verteidigung, *Jiujitsu.*
Tai-chi, ein System von körperlichen Ausgleichsübungen, die mit tänzerischer Einfühlung und Präzision ausgeführt werden, wird ebenfalls langsam bekannt.
Kyū-dō, der „Weg des Bogens“, wird von Eugen Herrigel anschaulich geschildert in seinem einfühlsamen Büchlein „Zen in der Kunst des Bogenschießens“.
Ken-dō, der „Weg des Fechtens“, wurde im Mittelalter von den japanischen Kriegern – *Samurai* – geübt.
Bushi-dō, der „Weg des Ritters“, umfaßte das Ausüben aller Kriegskünste mit Besonnenheit. Wichtig dabei war das rechtzeitige Erspüren von Gefahren, sowie ein Kämpfen ohne persönliche Rachegefühle.

h) T'ai Chi (Meditation in Bewegung)

Motto: Himmel und Erde als Einheit erkennen – ihre gesammelten Kräfte im Leben nutzen.
Der Chinese, der T'ai Chi übt, beginnt seinen Tag damit, daß er nach dem Aufstehen in den Garten geht, um sich dort durch entsprechende Gedanken und Gesten auf den neuen Tag einzustimmen.
Indem er seine Arme ausbreitet und lächelt, zeigt er seine Bereitschaft, diesen Tag in freudiger Erwartung zu beginnen.
Dann beugt er seine Knie, um mit einer Hand die *Erde* zu berühren; die andere Hand weist zum *Luftbereich,* zum „Himmel". Wenn sich die Hände in Auf- und Abwärtsbewegungen begegnen, vereint er das Gegensätzliche. Eine Hand auf der Leibesmitte erinnert an das Element *Feuer,* an körpereigene Energien. Sie dürfen nicht gestaut werden, daher machen jetzt beide Hände die Geste des Austeilens und Wieder-Empfangens. Geben und Nehmen ist das allgemeine Lebensgesetz.
Der Umgang mit dem *Wasser* ist ein Hinweis auf Balance. Ein Brett oder Kahn schwimmt auf dem Wasser. Der Mensch, der es betritt, muß durch seine Körperhaltung das Gleichgewicht bewahren. Dabei muß er die Arme seitlich ausbreiten, bei gebeugten Knien auf einem Bein stehen, etwa wie der tanzende Śiva. Immer wieder geübt, wird es sich auf das seelische Gleichgewicht günstig auswirken.
Indem sich der Mensch auf alle Elemente, die in ihm und um ihn wirken, bereitwillig eingestimmt hat, hat er die Voraussetzungen für *Wachstum oder Entwicklung* geschaffen.
Er empfindet seinen Körper jetzt wie einen *Baum,* der aus dem Erdreich aufsteigend einen Stamm und Zweige entwickelt. Der Baumstamm entspricht dem *Wachsen in Ringen.* Man dreht sich einige Male um die eigene Achse. Dann machen die Arme die Geste von sich *ausbreitenden Zweigen.* Sie bringen Blätter und Blüten hervor. Die Kraft dazu nehmen sie aus den *Wurzeln.* Die eine Hand weist deshalb zur Erde, die andere macht die Geste des Emporwachsens, und die Finger entfalten sich zur *Blüte.*
Der Mensch empfindet *Freude,* er tanzt und springt. Die Freude schenkt ihm *Kraft,* er ist sich ihrer in der Leibesmitte bewußt. Handgeste. Er wird diese Kraft am heutigen Tag einsetzen, indem er sich bewußt macht, daß er es nur kann, wenn er die Erdkräfte – symbolisiert durch den *Tiger* – (Geste des Tigerschritts) und die Himmelskräfte – symbolisiert durch den *Drachen* – (Feuerdrachenschritt) miteinander in Einklang bringt. Er wird Kraft gewinnen aus Lebensfreude. Es folgt die Anleitung zur Ausführung:

i) Tai-Chi-Chuan – ein Bewegungsspiel

Phase 1: Ich grüße den neuen Tag voll freudiger Erwartung. Ich breite meine Arme aus. Die vier Elemente, die in mir wirken, werden meine Entwicklung fördern; ich mache sie mir bewußt,

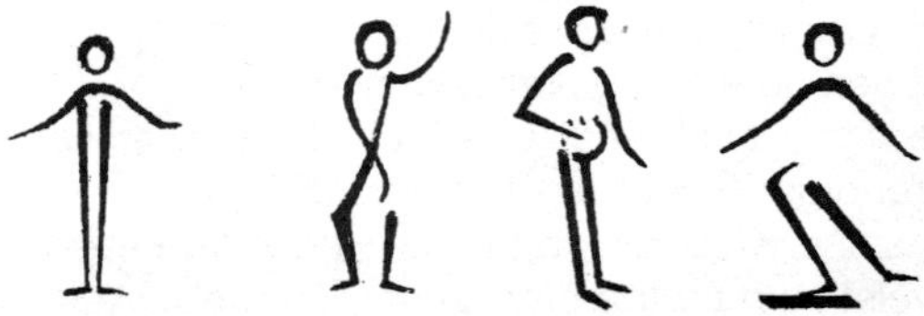

Phase 1 *Phase 2* *Phase 3* *Phase 4*

Motto zu *Phase 2*: Den Gegensatz zwischen *Himmel und Erde* will ich vereinen. *Phase 3*: Das *Feuer im Leib* darf nicht gestaut werden, es soll zirkulieren. Wenn ich bereit bin, davon abzugeben, werde ich es in anderer Form zurückempfangen. *Phase 4*: Das Element *Wasser* bezieht sich auf mein *Gemüt*. Das *Auf und Ab* der Wasserwellen erinnert mich daran, daß ich im Leben *Balance* halten muß, um Ausgeglichen-

Phase 5 *Phase 6* *Phase 7 ...... Phase 7*

heit zu erlangen. Nur dann kann ich mich entwickeln wie ein *Baum*: *Phase 5*; er wächst in *Ringen* (man dreht sich im Kreise) und denkt mit Rilke: „Auch ich lebe mein Leben in wachsenden Ringen... ich werde den letzten vielleicht nicht vollbringen, aber versuchen will ich ihn.“ *Phase 6*: Die *Arme* wie *Zweige* ausbreiten und denken „in alle Richtungen breite ich meine Zweige aus“. *Phase 7*: Ich hole aus den *Wurzeln* Kraft, um *Blüten* zu entfalten, meine Finger formen sie.
Phase 8: Ich will tanzen und springen und mich des Lebens freuen; denn nur aus der *Freude* erwächst die Kraft zu gestalten. Der *schöpferische Mensch* bedient sich der *Erd*- sowie der *Feuer*kräfte des Himmels. Der Tigerschritt symbolisiert *Erdkraft*.

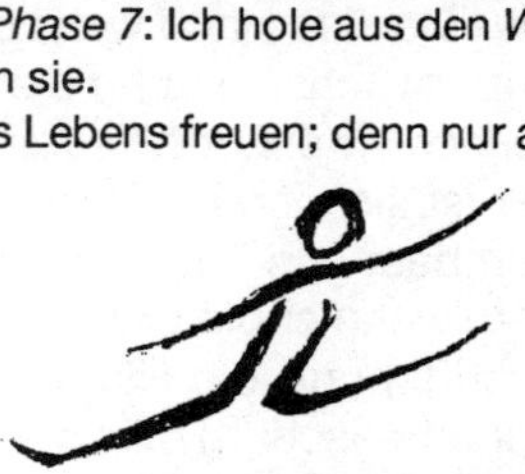

Der *Feuerdrachen* symbolisiert die geistige Kraft.

Zweiter Teil

Klassische Yoga-Systeme

(seit 200 v. bis 200 n. Chr.)

A. Die Grundlagen des Klassischen Jñāna-Yoga

I. Das Sāṃkhya-Darśana – Sāṃkhya-Philosophie*

1. Die Urheberschaft

Kein indischer Geisteslehrer beansprucht, Urheber der Lehren zu sein, die er verkündet; denn die Überlieferung der Weisheit über die geistigen Zusammenhänge zwischen Mensch und Kosmos gilt als unergründlich und übermenschlich. Wenn es von Zeit zu Zeit ein begabter Mensch versteht, etwas davon in Worte zu kleiden, die für andere ein Fingerzeig sind, dann wird ein solcher Lehrer als Weiser verehrt, beispielsweise der legendäre *Kāpila.*

Die Überlieferung des Wissens erfolgte lange Zeit mündlich in „Merksätzen“ und „Merkversen“: *Sūtra* und *Kārikā.* Zum restlosen Verständnis waren ergänzende Erläuterungen durch einen die Tradition wahrenden Lehrer notwendig. Als bedeutendster Kommentator der alten Zeit wird immer wieder *Vyāsa* genannt.

Eine geschichtlich greifbare Persönlichkeit ist jedoch erst *Pañcaśikha*; von ihm stammen die kühnsten Gedanken, die die Sāṃkhya-Philosophie aufzuweisen hat, insbesondere die Lehre von den „25 *Tattva“* oder „Daseins-Prinzipien“.

Die klassische Form der *„Sāṃkhya-Kārikā“* wurde von einem späteren Schulhaupt verfaßt, es ist *Īśvara-Kṛṣṇa;* dieser brachte die Lehre in die gewohnte Form der Merkverse.

Nach ihm rückten andere Anschauungen in den Blickpunkt des allgemeinen Interesses, doch wurde deswegen nicht alles Bisherige verworfen. Vielmehr wurden – nach indischer Gewohnheit – die bedeutenden Grundgedanken in leicht abgewandelter Form den moderneren Anschauungen eingegliedert. Nach Einschätzungen der heutigen Gelehrten dürfte die Entwicklungszeit des Sāṃkhya – von seinen Anfängen bis zur Ausgestaltung als System – etwa innerhalb des Zeitraumes von 500 v. bis 500 n. Chr. anzusetzen sein. Sāṃkhya-Ideen haben das gesamte indische Leben beeinflußt über tausend Jahre hinweg und noch darüber hinaus. Man findet sie im Buddhismus, im Vedānta, im Tantra, in den Volksepen und sogar in den Gesetzbüchern.

* Hier referiert frei nach Frauwallner und Garbe.

2. Der Mokṣadharma als Vorstufe zum Sāṃkhya-System

Die Überlieferung des indischen Geistesgutes erfolgte nicht ausschließlich durch *Veda* und Upaniṣaden – philosophische Gedanken wurden also nicht nur in den Kreisen der Priester und Fürsten diskutiert – vielmehr sind die Volksepen stark an der Weitergabe des allgemeinen und des religiösen Wissens beteiligt, insbesondere das *Mahābhārata.*
Ein Abschnitt aus diesem Epos ist in diesem Zusammenhang von Interesse: Der *Mokṣadharma,* die „Lehre von der Befreiung". Die darin vertretene Auffassung bildet den Übergang vom *Vedānta* zum *Sāṃkhya.* Feine begriffliche Unterschiede werden erst im *Sāṃkhya* geklärt. Dies gilt besonders für die grundlegenden Begriffe: *Ātman* und *Brahman.*
Bisher konnte Ātman sowohl „Kosmischer Geist" wie auch „individueller Wesenskern" sein. Nun ging man dazu über, den kosmischen Aspekt als *Brahman* zu bezeichnen und den verkörperten Aspekt als *Bhūtātman* und noch später als *Jīvātman.* Seiner charakteristischen Eigenart wegen wird der individuelle *Ātman* sehr oft *Draṣṭa,* „Seher", genannt oder auch *Sākṣin,* „Zeuge". Die „Gītā" nennt ihn *Kṣetrājña,* „Kenner des Feldes". Alle drei Bezeichnungen bringen zum Ausdruck, daß dieser Ātman als der „Wahrnehmende", der „Beobachtende" oder der „Wissende" aufgefaßt wird.
Auch einige Teilbezeichnungen des Wahrnehmungsapparates werden bereits im Mokṣadharma-Text genannt: *Buddhi* für die „Vernunft", *Manas* für das „Denken" und *Indriya* für die Zentren der Wahrnehmung.
Noch nicht erwähnt werden die *Karmendriya* oder „Tatorgane" und der *Ahaṃkāra,* das individuelle „Ich". Für die psychischen Zustände werden die *Triguṇa* verantwortlich gemacht, die weiter unten (3.b) erläutert werden. Die drei Aspekte der Triguṇa werden hier noch mit buddhistischen Begriffen ineins gesetzt. *Sattva,* das alles Helle und Freudige hervorruft, entspricht dem buddhistischen Begriff *Pṛti. Rājas,* der „Leidenschafts-Aspekt", wird als *Duḥkha,* „Leid", bezeichnet, da „Lust" in der Regel in „Leid" umschlägt. *Tamas* bewirkt Unklarheit und verleitet daher zu Fehlhandlungen; der buddhistische Begriff dafür ist *Moha,* „Verblendung".
Die Tendenz im Mokṣadharma ging dahin, Klarheit über die Naturgegebenheiten zu gewinnen. Darum bemühten sich außerdem zwei andere Systeme: *Vaiśeṣika* und *Nyāya.*
Sie gelten heute überwiegend als veraltet; die fruchtbaren Gedanken wurden von neueren Systemen übernommen. Zum Beispiel wurde die stoffliche Beschaffenheit von Welt und Mensch schon recht eindeutig dargestellt, hier bedurfte es weniger Änderungen als Ergänzungen. Dagegen sind über den psychischen Organismus und seine Beteiligung an der Befreiung noch

verschiedene Auffassungen im Gespräch, die erst im Sāṃkhya und dem Yoga-Sūtra feste Form annehmen.

3. Charakteristische Neuerungen des Sāṃkhya-Systems

a) Die Prakṛti

Während der *Vedānta* ein einziges Geistprinzip an den Anfang stellt (bei uns als Monismus bezeichnet), nennt das *Sāṃkhya-Darśana* zwei Grund-Prinzipien: Geist und Stoff, weshalb dieses System bei uns als ein *Dualismus* bezeichnet wird.
Eine solche Auffassung wird jedoch angefochten, und nicht nur von indischer Seite. Puruṣa (Geistprinzip) und Prakṛti (Stoffprinzip) sind zwar gegensätzliche Prinzipien, die miteinander die Weltentfaltung in Gang setzen, doch geschieht dieses zu Beginn des *Brahmā-Tages,* und die Welt-Auflösung leitet die *Brahman-Nacht* ein. Das Gegensätzliche zwischen Geist und Stoff scheint demnach erst an zweiter Stelle hervorzutreten, und so ist es auch in späterer Zeit interpretiert worden. Wenn der Kontrast bei *Īśvarakṛṣṇa* stärker hervortritt, so dürfte es sich um eine vorübergehende Auffassung gehandelt haben.
Dem Sāṃkhya geht es offensichtlich um eine Differenzierung der Begriffe, die bis dahin noch nicht erfolgt war. Und daher wird es wohl als „klassisch" angesehen.
Für das Geist-Prinzip wird hier der Begriff *Puruṣa* bevorzugt; ihm gegenüber steht die kosmische *Prakṛti,* nicht greifbarer Stoff sondern Stoff-Idee, Vorstufe des Stoffes. Als „Idee" ist die Prakṛti „Eine", aus der als nächstes die „Drei" hervorgehen – die Triguṇa – und als deren Ergebnis die „Vielfalt" der Natur.
Die Entstehung der Vielfalt, die hier durch Vernunftschluß erklärt wird, wurde in der Zeit des *Veda* durch eine Serie von Zeugungen erklärt. Die geistigen Ur-Eltern erzeugten alle Arten von Lebewesen durch magische Verwandlung. Die Tier-Rassen wurden abgeleitet vom Ur-Bock – *Aja* – und der Ur-Ziege – *Ajā.* Solch bildliches Denken ist jetzt überholt und bleibt auf die Poesie beschränkt. Doch auf Grund der Flexibilität der Sanskrit-Sprache läßt sich bisweilen ein Bild in eine abstrakte Vorstellung verwandeln, wie hier: denn „a-ja" als Verb – klanggleich mit „Aja" dem Substantiv – heißt: „nicht geboren". Was aber „ungeboren" ist, ist geistig, ist in der Transzendenz. Als Beiwort zur Prakṛti meint „a-jā", daß sie ein transzendentes Prinzip ist; Verse in den Upaniṣaden sprechen aber auch von der „einen ungeborenen Ziege"; und dann muß man wissen, daß die *Prakṛti* gemeint ist.

Je mehr die indischen Systeme – im Laufe späterer Zeit – wieder theistischen Charakter annehmen, desto mehr schreibt man der Prakṛti die Eigenschaften einer „Göttin" zu, einer *Devī*. Schließlich wird sie zur „Mutter Natur" oder ganz allgemein zur „Natur", zur phänomenalen Welt, deren Produkte mit vielen „Merkmalen" – *liṅgamātra* – behaftet sind, während die transzendente geistige Welt „ohne Merkmale" ist – *aliṅgamātra*.

b) Die Triguṇa*

Die der *Prakṛti* einwohnenden Bestandteile, deren unaufhörliches Ineinanderschwingen die Vielfalt der stofflichen Welt bewirkt, heißen *Triguṇa*, „Drei-Faden". So wie ein Strick aus „drei Fäden" gedreht werden kann, entsteht Stoffliches nur, wenn die „Tri-Guṇa" miteinander wirken und die Welt „weben" – wie die Upaniṣaden und tantrischen Texte es oft ausdrücken.
Die einzelnen *Guṇa* tragen Bezeichnungen, die überraschen, wenn man nur das Wörterbuch zu Grunde legt. Denn da findet man folgende Übersetzungen: *Sattva* = „Helle", „Güte"; *Rājas* = „Leidenschaft"; *Tamas* = „Dunkel", „Trägheit". Aufschluß geben diese drei Begriffe erst dann, wenn man sie als *Chiffren* ansieht, die nach ihrem jeweiligen Zusammenhang entschlüsselt werden müssen. Denn die Triguṇa bringen nicht nur das Stoffliche hervor sondern auch das Feinstoffliche, das wir gewohnt sind, das Psychische zu nennen. Jede der drei Guṇa kann eine ganze Reihe von Bedeutungen haben, je nachdem, auf welchen Bereich sie angewendet werden.
Einige Beispiele sollen die Richtung angeben, in welcher Weise die *Guṇa* zu entschlüsseln sind oder welche Kombinationsmöglichkeiten sich ergeben können.
Überwiegen von *Sattva* macht die Dinge hell und leicht, die Menschen heiter, edel, weise.
Überwiegen von *Rājas* setzt die Dinge in aufwärts drängende Bewegung, gibt ihnen Stoßkraft; die Menschen werden zu Leidenschaft, Ehrgeiz und Geltungsdrang angeregt.
Überwiegen von *Tamas* macht die *Dinge* starr, schwer und dunkel; die Menschen träge, stumpfsinnig, kleinmütig, unbewußt.
Keine der *Triguṇa* ist von vornherein „gut" oder „schlecht", denn ihr gemeinsames Wirken ist kosmisch notwendig. Individuell betrachtet mag bald das eine, bald das andere wünschenswert sein, je nach der Situation. *Tamas* ist nicht nur Trägheit; kombiniert mit *Sattva* verleiht es Ruhe und Beständigkeit. Für die Bildung des Stoffes ist Tamas unbedingt notwendig,

* Etwa: rhythmisch gesteuerte Veränderungstendenzen, die sich auf die gesamte Natur auswirken, deren Ursachen jedoch jenseits der Natur zu suchen sind.

denn es bildet seine Dichte und seine Schwerkraft; gepaart mit *Rājas* wirkt es formgebend.
Sattva ist für die geistige Entwicklung fördernd; es läßt den Meditierenden innerlich hell und wach werden, es hilft ihm auch, sich vom Stofflichen zu lösen. Doch ein ausschließlich von Sattva erfüllter Mensch wäre für das tägliche Leben der Arbeit nicht mehr tauglich.
Ein Zuviel an *Rājas* fördert Unruhe und Kriege; im Verein mit *Sattva* wird es kulturellen Fortschritt begünstigen. Auch der Yoga-Schüler benötigt etwas Rājas, denn sonst fehlt es ihm an Energie, sein Programm konsequent durchzuführen.
Ein Mensch, der sich vorgenommen hat, den Reifeweg zu gehen, wird folglich festzustellen suchen, welches seine Naturanlage ist, um dann das Fehlende durch entsprechende Beschäftigungen zu fördern. Denn „gut" ist die Ausgewogenheit der Triguṇa: nur drei gleich dicke Fäden geben einen guten Strick.
Statt Triguṇa liest man bisweilen Tridhātu oder Tridoṣa. Diese Unterscheidung wird besonders in der indischen Gesundheitslehre *Āyurveda* getroffen:
Tri-Guṇa gilt für die drei kosmischen Qualitäten.
Tri-Dhātu, „Bestandteile", nennt man sie, wenn die körperliche und seelische Veranlagung des Menschen gemeint ist.
Tri-Doṣa besagt, daß diese Bestandteile gestört sind, sich in Disharmonie befinden und Krankheiten hervorrufen. Denn Überwiegen des einen verursacht Mangel des anderen (Doṣa = „Übel").
Dieses Chiffre-System erlaubt vielseitige Charakteristik durch ein kurzes Stichwort, erfordert allerdings auch etwas Übung in der Kombination. (Das letzte Kapitel der *Bhagavad-Gītā* befaßt sich ausführlich mit den Triguṇa und ihren Auswirkungsmöglichkeiten.)

4. Das Pariṇāma: Weltentfaltung – Emanation

a) Die transzendente Ausgangsposition

Abweichend von anderen indischen Systemen, stehen sich hier in der Transzendenz *zwei polare Prinzipien* gegenüber, zwischen denen magnetische Anziehung besteht. Sie sind die Ursache der schrittweisen Entfaltung einer stofflichen Welt, die hier ohne Mithilfe eines Schöpfergottes entsteht und die wieder vergeht, wenn sie sich verbraucht hat.
Die zyklische Wiederkehr der Stoffwelt wird auf einen geistigen Impuls zurückgeführt, formuliert als *Āśis,* „Urwille".

Da das Sāṃkhya-System mit ausführlicher Begründung einen Schöpfergott ablehnt, wird es oft als „atheistisch“ eingestuft. Sofern man diesen Begriff mit „materialistisch“ ineinssetzt, wird ein falscher Eindruck erweckt, denn materialistisch eingestellt ist das System keineswegs; hier ist im Gegenteil *alles durchgeistigt,* sogar der grobe Stoff. Je näher am transzendenten Geist-Prinzip, um so geistiger ist auch das Irdische. Denn das Geistige, das wir auch „das Leben“ nennen, strahlt aus. An der Peripherie ist die Ausstrahlung schwächer als nahe am Zentrum.

Diese für den Nicht-Inder ungewöhnliche Auffassung soll an Hand einer graphischen Darstellung schrittweise erläutert werden (siehe Abb. S. 139).

Die graphische Übersicht ist aufgeteilt in ein Diesseits und ein Jenseits. Betrachtet wird zunächst ausschließlich das *Jenseits* – die *Transzendenz:*

Links – der große Kreis – soll das *„Geistige Prinzip“* veranschaulichen. Es meint „Bewußtsein“ und kann im Sanskrit auf dreierlei Weise wiedergegeben werden: als *Cit – Cetana* oder *Caitanya.* Diese Begriffe sind als „Reiner Geist“ zu verdeutschen, nicht etwa als „Intellekt“, da dieser zur Stoffwelt gerechnet wird.

Das klassische Sāṃkhya bevorzugt den Begriff „Caitanya“ und führt aus, daß es gebildet wird aus der *Gesamtheit der unzähligen Puruṣa,* der geistigen Einheiten oder Monaden.

Vom *Puruṣa* wird behauptet, daß er ein ganz Besonderer, ein ganz „Anderer“ ist, nämlich der eigentliche, „wahre“ Mensch, eben weil er *ein Ganzes ist ohne Teile,* eine Monade. Dagegen ist das Körper-System, das landläufig als „Mensch“ bezeichnet wird, etwas Zusammengesetztes aus verschiedenen, einander fremden Bestandteilen, die der bewußt werdende Mensch erst zu integrieren hat, damit sie miteinander und nicht gegeneinander arbeiten.

Es wird betont, daß die Substanz des *Puruṣa* als vollkommen unstofflich aufzufassen ist. Sie wird beschrieben als „selbstleuchtendes Licht“ – *Prakāśa –,* das nicht aus Partikeln besteht. Prakāśa ist nicht eine Eigenschaft des Puruṣa sondern sein „wahres Wesen“, *Svabhāva.* Wäre es eine Eigenschaft, dann wäre der Puruṣa keine Monade. Es gibt also nichts, das ihm irgendwie ähnlich wäre, und darum kann er nicht beschrieben werden. Nur wer die höchsten Yoga-Stufen erreicht, sieht das Prakāśa-Licht aufstrahlen und weiß es dann von gewöhnlichem Licht zu unterscheiden.

Rechts – *das große Quadrat* – ist *Prakṛti avyakta* – „unentfalteter Stoff“, Vorstoffliches, Stoff-Prinzip. Stoff ist hier nur Idee, nicht Materie. Diese Stoff-Idee ist notwendig als „Grundlage“, *Pradhāna,* für die sich im Diesseits entfaltende Welt. In dieser „Grundlage“ sind latent enthalten als Entfaltungsmöglichkeiten: die *Triguṇa,* die die dreifache Beschaffenheit als „Sattva-Rājas-Tamas“ stichwortartig markieren. Das wurde bereits erläutert.

Das Pariṇāma – Welt-Entfaltung – Emanation

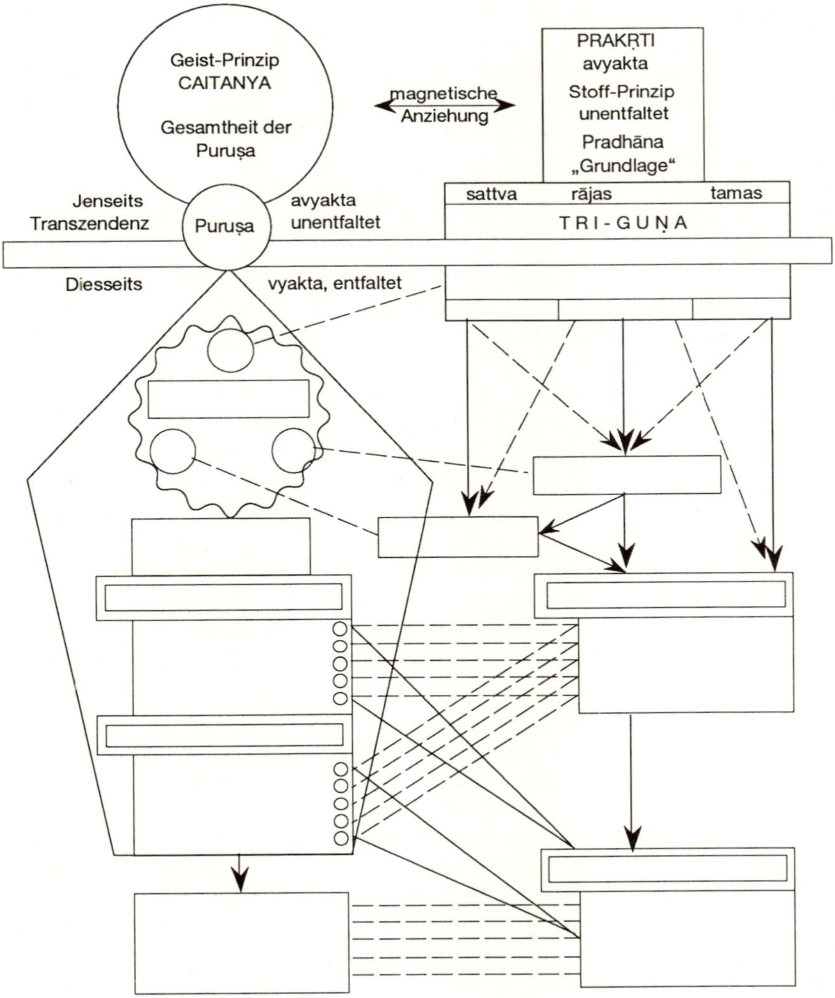

b) Die Bildung des psychischen Organismus

Das Psychische ist unsichtbar und wird daher bei uns als unstofflich klassifiziert. Jetzt gilt es umzudenken: Nach indischer Auffassung ist das Psychische *feinstofflich.*
Die graphische Übersicht (S. 141) soll dies veranschaulichen:
Das Feinstoffliche wird hervorgerufen durch die Vibration der *Triguṇa.* In der Transzendenz befanden sich diese im Gleichgewichts-Zustand – also nicht in Vibration sondern im Ruhezustand. Sobald die Triguṇa zu vibrieren beginnen, erfährt die unentfaltete *Prakṛti* eine Zustandsveränderung. Prakṛti avyakta geht über in *Prakṛti vyakta*. Das bedeutet, daß sie nun im Diesseits in Erscheinung tritt (unter der doppelten Linie). Das Stoff-Prinzip wird durch stufenweise Verdichtung zu dem uns bekannten Stoff.
Betont werden muß, daß es sich bei jeder der folgenden Stufen um eine Zustandsveränderung der Prakṛti handelt. Die Übergangsstufen sind die Feinstoffe.
Jede der Zustandsveränderungen erhält eine neue Bezeichnung, die erste heißt: *Buddhi.* Die Buddhi wird als ein feinstoffliches Organ aufgefaßt, das *intelligente Wahrnehmung* ermöglicht. In der Zeichnung befindet sich der Begriff Buddhi zweimal:
Rechts – auf der Stoffseite – ist *Buddhi* mit großen Buchstaben geschrieben, weil sie hier als *Kosmisches Prinzip* zu verstehen ist;
links – im Kreis der Wellenlinien – ist Buddhi das *menschliche Intelligenz-Prinzip,* das dem Menschen das Zurechtfinden im Erdenleben ermöglicht.
Sobald in der *kosmischen Buddhi* die Triguṇa rege geworden sind, bewirkt *Sattva* die Bildung des „Psychischen Organs", der sogenannten *individuellen Buddhi.* Sie besteht aus feinstofflichem Licht – vielleicht Elektronen. (Der Meditierende kann es wahrnehmen bei seiner ersten kleinen Erleuchtung, die von nun an die intuitive Wahrnehmung in ihm verstärkt, ihm Sicherheit des Urteils verleiht. Dieses „Lichterlebnis" ist bei Mystikern verschiedener Herkunft belegt.)
Die zweite Zustandsveränderung der Prakṛti trägt die neue Bezeichnung: Ahaṃkāra (rechte Bildseite). Mit großen Lettern geschrieben meint das Wort das *Kosmische Individuations-* oder *Vereinzelungs-Prinzip.* Die wörtliche Übersetzung von Ahaṃkāra ist „Ich-Macher"; das wäre *der individuelle Begriff* (linke Bildseite); inbegriffen ist der „Ich-Wille" und das „Ich-Wünschen". Kosmisches und Individuelles sind von Anfang an aufeinander abgestimmt, darum werden die Begriffe zweifach angegeben.
Die dritte Zustandsveränderung der Prakṛti trägt die Bezeichnung: Manas. Das Wort heißt „Denken", hier geht es um das *Kosmische Denk-Prinzip.* Bis herab zu den Stoff-Partikeln ist alles rational gesteuert. Auf den Menschen bezogen ist *Manas* sein „Denk-Organ". Das wird deutlicher beim nächsten

Das Pariṇāma – Welt-Entfaltung – Emanation

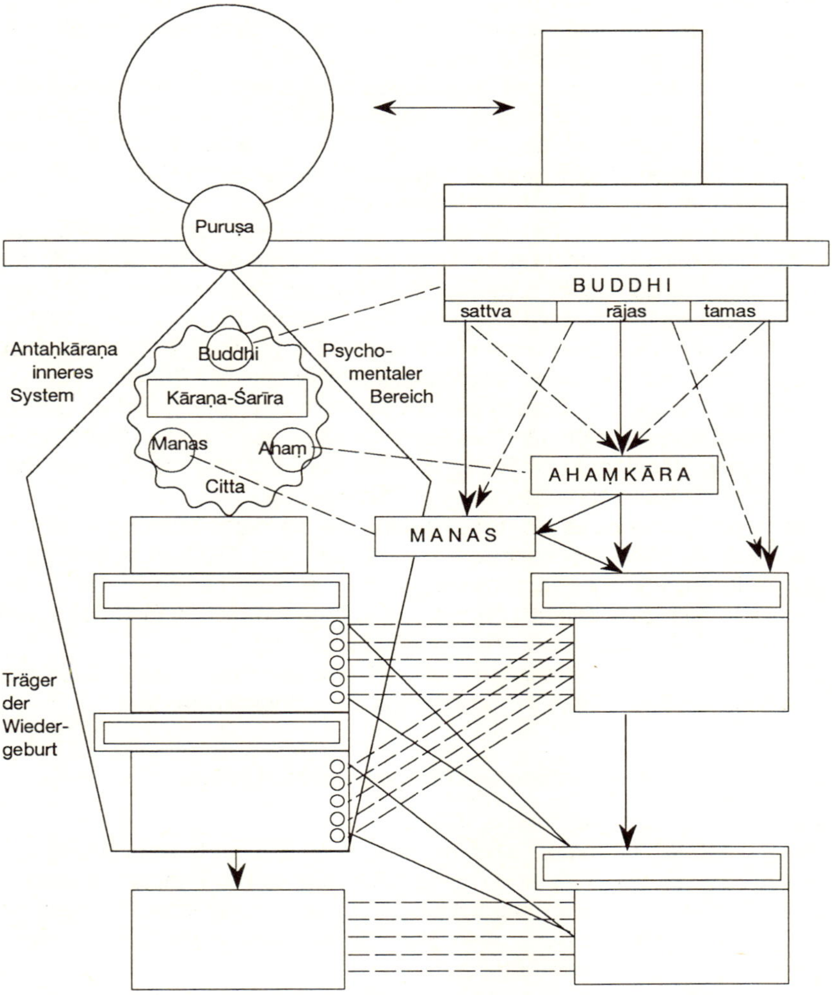

Schritt der Betrachtung, wenn der ganze *psychische Organismus* ins Auge gefaßt wird, der durch den *Kreis der Wellenlinien* hervorgehoben wird (linke Seite).

Man soll sich vorstellen, daß die „drei Organe" *Buddhi, Ahaṃkāra* und *Manas* aus allerfeinsten *Aṇu* (das sind Pünktchen oder Partikel) gebildet sind. Die *Wellenlinie* deutet an, daß die drei immer miteinander wirken; Vibrationen werden von einem „Organ" auf das andere übertragen. Für menschliches Empfinden erfolgen die Reaktionen gemeinsam, nur ein Meister im Yoga könnte Einzelwirkungen unterscheiden.

Dieser dreiteilige Psychische Organismus trägt zusätzlich die Sanskrit-Bezeichnung *Kāraṇa-Śarīra,* das ist „Ursachen-Leib", denn an ihm haftet die Gesamtsumme des *Karman,* das die Art der Wiedergeburt bestimmt. Einige Schulen nehmen an, daß das Karman speziell an der Buddhi haftet, während sich der Ahaṃkāra mit dem stofflichen Leib auflöst.

In welchem Verhältnis steht nun der Psychische Organismus zum *Puruṣa*? Die graphische Übersicht zeigt als Beispiel, wie einer der Puruṣa gerade aus dem *Caitanya* heraustritt. Um mit der stofflichen Welt in Beziehung treten zu können, muß sich der *Puruṣa* den Psychischen Organismus schaffen. Der Geist allein wäre außerstande, in der Welt zu wirken, er benötigt dazu die feinstofflichen Ausführungsorgane, insbesondere die *Buddhi.*

Zwischen Puruṣa und Buddhi besteht ein Verhältnis wie zwischen „einem König und seinem Statthalter". Es ist eine Verbindung in beiden Richtungen, die als gegenseitiger Licht-Reflex beschrieben wird. Die buddhistisch beeinflußten Schulen sprechen von einer Spiegelung.

Genau betrachtet ist es nicht die Buddhi, die die Wahrnehmungen macht. Als *Seher* wird immer wieder der *Puruṣa* bezeichnet. Die Buddhi bietet ihm die Welt-Objekte zur Betrachtung an. Vom Puruṣa heißt es, daß er sie „genießt", sich „einverleibt", *bhoga.* Die wahrgenommenen Eindrücke werden gesammelt und wirken als Welterfahrung weiter.

Der *Saṃsāra,* der „Lebenskreislauf", ist gewissermaßen eine Reise des Puruṣa in die Welt hinein; so schildert es die Kaṭhaka-Upaniṣad.

c) Die Bildung der Feinstoffe und der Wahrnehmungsorgane

Erläuterungen zur Abbildung S. 143

Die Feinstoffe, *Tanmātra,* sind als die vierte Zustandsveränderung der Prakṛti zu verstehen. Was sind Tanmātra? Vivekānanda nennt sie *Paramaṇu,* „feine Partikel". Ihre Besonderheit ist, daß sie nur *eine* Eigenschaft besitzen und daher als Vorstufe der groben Stoffe gelten. Diese entstehen erst, wenn die Tanmātra kombiniert auftreten.

Doch zunächst soll die *eine* Eigenschaft hervorgehoben werden, die ein *Tanmātra* charakterisiert:

Das Pariṇāma – Welt-Entfaltung – Emanation

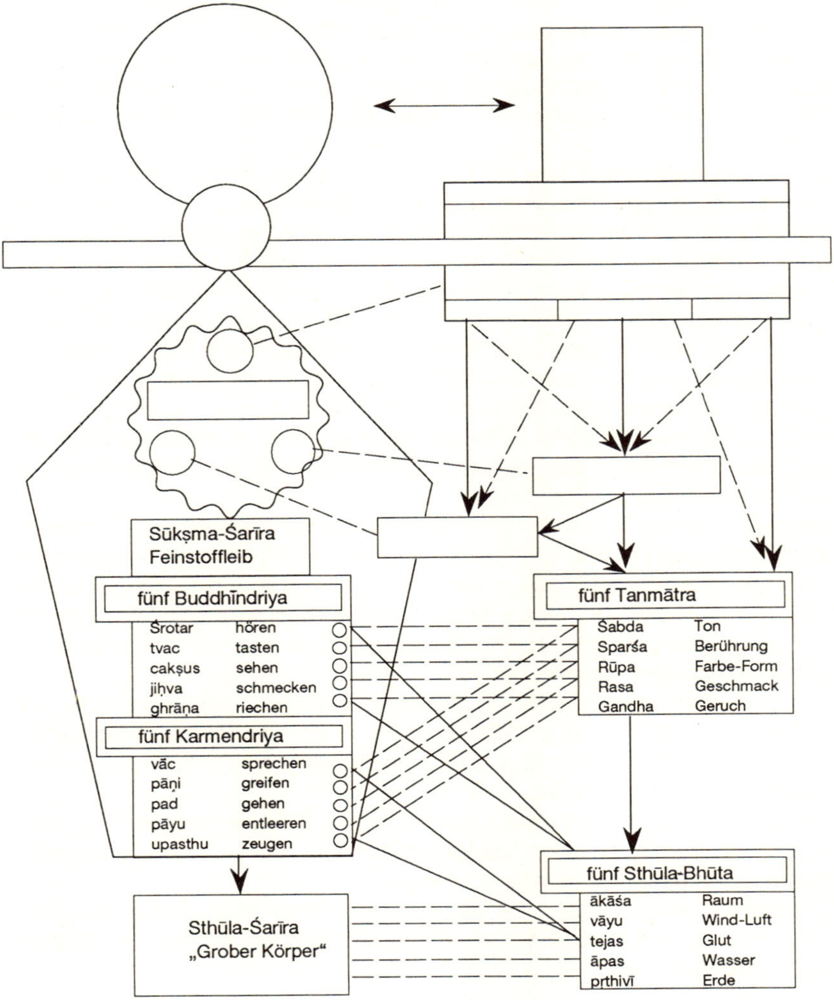

Sūkṣma-Śarīra
Feinstoffleib
fünf Buddhīndriya
Śrotar hören
tvac tasten
cakṣus sehen
jiḥva schmecken
ghrāṇa riechen
fünf Karmendriya
vāc sprechen
pāṇi greifen
pad gehen
pāyu entleeren
upasthu zeugen
fünf Tanmātra
Śabda Ton
Sparśa Berührung
Rūpa Farbe-Form
Rasa Geschmack
Gandha Geruch
fünf Sthūla-Bhūta
ākāśa Raum
vāyu Wind-Luft
tejas Glut
āpas Wasser
pṛthivī Erde
Sthūla-Śarīra
„Grober Körper"

Śabda-Tanmātra ermöglicht *Klang*-Wahrnehmungen, die nur im Schwingungs-Bereich, *Ākāśa,* hörbar sind.
Sparśa-Tanmātra macht die Dinge *tastbar,* wenn sie mit der Haut in Berührung kommen; zuständig für die Hautbildung ist der *Vāyu*-Bereich.
Rūpa-Tanmātra bewirkt, daß sich die feinen Partikel zu *Formen* zusammenballen und *Farbe* annehmen. Das zugrundeliegende intelligente Ordnungs-Prinzip verwirklicht sich innerhalb des *Tejas*-Bereiches.
Rasa-Tanmātra vermittelt *Geschmacks*-Wahrnehmungen. Die Zunge empfindet sie in Verbindung mit wässerigen Substanzen des *Apas*-Bereiches.
Gandha-Tanmātra ist der den Stoffen oder Dingen eigentümliche *Geruch,* der konzentrierten Substanzen anhaftet, die dem Erdbereich, *Pṛthivī,* angehören.
Aus dieser Aufstellung geht hervor, daß ein Tanmātra nur in Verbindung mit dem ihm artgemäßen Medium seine besondere Eigenschaft entfalten kann. In jedem der fünf feinstofflichen Bereiche kommt eine Eigenschaft dazu, erst dann entsteht das Grobstoffliche.
Da die *Tanmātra* feinstofflich sind, werden sie von jedem Ding und jedem Wesen ausgestrahlt, nach der Art wie die Blumen Duft aussenden. Solch feinere Wahrnehmungen können durch Meditation geschult werden. Der Ungeschulte spürt nur die harmonische oder disharmonische Gesamt-Ausstrahlung eines Wesens oder Dinges.
Aus den Tanmātra sind die 5 *Buddhīndriya* und die 5 *Karmendriya* gebildet, die zusammengefaßt als „Feinstoff-Leib", *Sūkṣma-Śarīra,* bezeichnet werden (linke Seite der Übersicht).
Diese 10 *Indriya* sind nicht die äußeren Sinnesorgane sondern feinstoffliche Wahrnehmungsorgane, vermutlich sind es Gehirnzentren. Sie vermitteln dem Menschen notwendige Erkenntnisse: Welterfahrung. Die groben Sinnesorgane (Auge, Ohr, Nase, Zunge, Haut) werden durch die feinstofflichen Indriya gesteuert. In der Übersicht werden die 10 Indriya als Punkte angegeben, das ist der Hinweis auf 10 Zentren.
Die *5 Buddhīndriya* werden in anderen Systemen auch *Jitindriya* oder *Jñānendriya* genannt. Alle drei Begriffe enthalten den Hinweis, daß Wahrnehmungsorgane gemeint sind, die „Erkenntnis" vermitteln und „intelligentes Verhalten" ermöglichen.
Die *5 Karmendriya* sind ihrem Namen nach „Tätigkeitsorgane"; genauer ausgeführt, handelt es sich wieder um Zentren, die den Menschen mobilisieren, in fünffacher Weise tätig zu werden.
Die 5 Buddhīndriya dienen der *Buddhi,* um mit der Welt Beziehung aufzunehmen; die 5 Karmendriya aktivieren den groben Körper, Handlungen auszuführen.

Ergänzende Hinweise zur graphischen Übersicht S. 143
Die *gestrichelten Linien* deuten immer enge Beziehungen an. Die gestrichelten Linien, die von den *Tanmātra* zu den 10 *Indriya* verlaufen, sagen aus, daß letztere aus dem Tanmātra-Feinstoff bestehen.
Die Spitzen, die von den beiden Indriya-Gruppen zu den *5 Sthūla-Bhūta* hinweisen, sagen aus, daß die aus den groben Stoffen gebildeten Dinge von den Indriya wahrgenommen und ergriffen werden wollen. Die feinstofflichen Organe sind auf die stoffliche Umgebung abgestimmt. Das kommt in den Sanskrit-Begriffen versteckt zum Ausdruck. Denn das „Organ" und seine „Fähigkeit" tragen die gleiche Bezeichnung.
Die folgende Aufstellung ist einerseits eine Wiederholung der in der graphischen Übersicht angegebenen Indriya-Gruppen, andererseits eine Ergänzung, die die zweifache Verwendbarkeit der Sanskrit-Begriffe herausstellt.*

Śrotar-	ist das *Ohr* und das *Hören*
Tvac-	ist die *Haut* und das *Tast*-Empfinden
Cakṣus-	ist das *Auge* und das *Sehen*
Jiḥva-	ist die *Zunge* und das *Schmecken*
Ghrāṇa-	ist die *Nase* und das *Riechen*
Vāc-	ist die *Stimme* und das *Sprechen*
Pāṇi -	ist die *Hand* und das *Greifen*
Pad-	ist der *Fuß* und das *Gehen*
Pāyu-	ist das *Ausscheidungsorgan* und das *Entleeren*
Upasthu-	ist das *Zeugungsorgan* und die *Zeugungsfähigkeit*.

d) Die Bildung der groben Stoffe und der stofflichen Objekte

Die fünfte Zustandsveränderung der Prakṛiti ist die in die „groben Stoffe": *Sthūla-Bhūta***; der später bevorzugte Begriff ist: *Mahā-Bhūta*, „Große Stoffe". Sie entstehen durch Verbindungen der Tanmātra.
Ein *Bhūta* besteht aus acht Tanmātra-Teilchen; je vier Tanmātra-Teilchen charakterisieren die Stoff-Art, je ein Tanmātra-Teilchen der anderen Art ist beigemischt.
Die unterschiedlichen Formen, Farben, Härtegrade und sonstige charakteristische Eigenschaften der Dinge werden hervorgerufen durch die vielfältigen Mischungsmöglichkeiten. Da die groben Stoffe kurzlebiger sind als die feinen, lösen sie sich zeitweise wieder in die feinen Bestandteile auf.

* Genauer gesagt, beziehen sich die Stichworte auf ganze Bereiche, die man heute „Felder" nennt. – Bindestriche am Ende der Sanskritworte deuten auf Stammform. Sie sind wichtig, denn im Originaltext erscheinen unterschiedliche Wort-Endungen.
** Die gebräuchliche Übersetzung „Elemente" mit den Chiffren „Erde, Wasser, Feuer, Luft" ist zu einseitig, da sie nur die gröbste Form hervorhebt. Man sollte nicht übersehen, daß in indischen Systemen die Fein-Formen eine große Rolle spielen.

Trotzdem nimmt das Sāṃkhya an, daß die *Stoffwelt wirklich ist*, weil sie sichtbar und tastbar ist. Sie verschwindet zwar in anderen Bewußtseins-Zuständen – wie etwa im *Samādhi* – doch nur für den Einzelnen, für alle anderen bleibt sie existent. Für die menschlichen Wahrnehmungsorgane ist die Welt echt, denn sie sind auf diesen Wahrnehmungsbereich abgestimmt. Dem „Befreiten“ allerdings erscheint die Welt nach seinem großen Erlebnis nicht mehr von gleicher Realität wie zuvor.

e) Die drei Körper – Śarīra

Neben der Aufgliederung des Menschen in drei Körper gibt es eine – vermutlich ältere – in zwei Körper.
Hier wird der grobe äußere Leib – *Sthūla-Śarīra* – (links unten) ganz allgemein unterschieden von einem inneren Leib, dem *Antaḥkāraṇa* oder „Innensystem“, womit nicht die fleischlichen Organe gemeint sind sondern alles *Psychische,* der ganze psychomentale Bereich.
Das klassische Sāṃkhya ging jedoch dazu über, dem Menschen *drei Leiber* von verschiedener Dichte und Dauer zuzuschreiben. Es folgt zunächst ihre Klassifizierung:
Die Ausgangsposition ist der „Ursachen-Leib“, *Kāraṇa-Śarīra.* Links, innerhalb der Wellenlinie ist seine dreifache Gliederung angegeben, die bereits bekannt ist. Die mit Intelligenz begabte *Buddhi* ist der „Urheber“; sie wählt die Baustoffe aus und organisiert das Körpersystem, das zur Wiederverkörperung gelangen soll. Richtunggebend sind dabei die im letzten Leben angesammelten *Saṃskāra.* In ihnen sind die Lebenserfahrungen gespeichert. Diese können die Entwicklung hemmen oder fördern. Sie sind hinderlich, wenn sich Vorurteile gebildet haben oder Gedächtnislücken. Die gespeicherten richtigen Erkenntnisse sind dagegen fürs nächste Leben eine Art von „Sparguthaben“, also gute Voraussetzungen. Auf diese Weise erklärt ein Yogin (Vyāsa) Veranlagungen oder Begabungen.
Der „Feinstoff-Leib“, *Sūkṣma-Śarīra* (links darunter) setzt sich zusammen aus den 5 Buddhīndriya und 5 Karmendriya; diese verleihen dem Stoff-Leib *Empfindung* und die schon aufgezählten anderen *Fähigkeiten,* die den Menschen zu einem vielseitig begabten Wesen machen. Der Feinstoff-Leib ist eine Art Empfangs-Gerät; Meldungen aus der näheren nimmt er besser auf als solche aus der ferneren Umgebung. Seine unterschiedliche Qualität kann durch Yoga-Schulung verbessert werden; es dienen dazu die zur Meditation hinführenden Praktiken.
Unter *Sthūla-Śarīra* (ganz unten links) versteht man den aus Knochen, Fleisch und Blut gebildeten Leib. Mit seinem anatomischen Bau befaßt sich das *Vaiśeṣika*-System und mit seinen Organen und Funktionen die indische Heilkunde, der *Āyurveda.* Seine Beschaffenheit ist nicht ganz gleichgültig

Das Pariṇāma – Welt-Entfaltung – Emanation

Beginn des Brahman-Tages

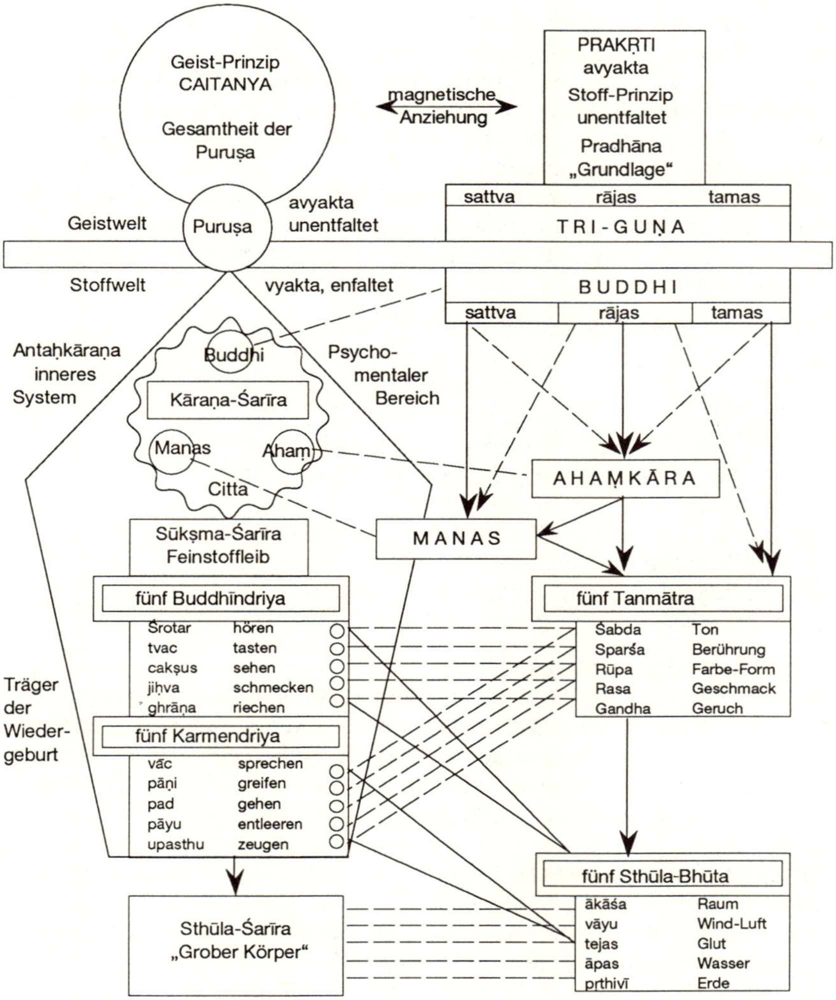
Geist-Prinzip
CAITANYA
Gesamtheit der
Puruṣa
magnetische
Anziehung
PRAKṚTI
avyakta
Stoff-Prinzip
unentfaltet
Pradhāna
„Grundlage“
sattva
rājas
tamas
TRI-GUṆA
Geistwelt
Puruṣa
avyakta
unentfaltet
Stoffwelt
vyakta, enfaltet
BUDDHI
sattva
rājas
tamas
Antaḥkāraṇa
inneres
System
Buddhi
Kāraṇa-Śarīra
Manas
Ahaṃ
Citta
Psycho-
mentaler
Bereich
AHAMKĀRA
MANAS
Sūkṣma-Śarīra
Feinstoffleib
fünf Buddhīndriya
Śrotar hören
tvac tasten
cakṣus sehen
jiḥva schmecken
ghrāṇa riechen
fünf Karmendriya
vāc sprechen
pāṇi greifen
pad gehen
pāyu entleeren
upasthu zeugen
Träger
der
Wieder-
geburt
fünf Tanmātra
Śabda Ton
Sparśa Berührung
Rūpa Farbe-Form
Rasa Geschmack
Gandha Geruch
fünf Sthūla-Bhūta
ākāśa Raum
vāyu Wind-Luft
tejas Glut
āpas Wasser
pṛthivī Erde
Sthūla-Śarīra
„Grober Körper“

für das Yoga-Bestreben, denn ein widerstandsfähiger Körper verleiht mehr Durchhaltekraft. Um Steigerung der Körper-Vitalität bemüht sich besonders das Haṭha-Yoga-System.

f) Das Grundmuster für das Weltendrama

Die Tattva

Der Begriff *Tattva* läßt sich nicht wörtlich übersetzen. „Tat" ist ein hinweisendes Fürwort, „das", es wird substantiviert zu „Tattva" = „Dasheit", einem Wort, das in der deutschen Sprache nicht geläufig ist. Sinngemäß handelt es sich bei den Tattva um Prinzipien, die sich auf das „Dasein" in der Welt beziehen, worauf durch „tat" hingewiesen wird, im Unterschied zu „tyam", dem „dort" oder dem Jenseits.

Tattva ist demnach ein Sammel-Begriff für „Daseins-Prinzipien". Immer, wenn sich der sichtbare Kosmos von neuem bildet, geschieht es nach dem gleichen Grundmuster. Mindestens 25 Tattva sind erforderlich, damit eine neue Welt entstehen kann.

Übersicht über das Grundmuster der 25 Tattva

(aufgestellt von dem Sāṃkhya-Schulhaupt Pañcaśikha)

1. *Puruṣa*	lichtes Geist-Prinzip/Bewußtsein
2. *Prakṛti*	verdunkelndes Stoff-Prinzip
3. *Buddhi/Mahat*	individuell abgestimmte Intelligenz
4. *Ahaṃkāra*	Ich-Bezogenheit/Individuation
5. *Manas*	Denk-Prinzip – Ratio
6.-10. *Buddīndriya*	Wahrnehmungsorgane
11.-15. *Karmendriya*	Tätigkeitsorgane
16.-20. *Tanmātra*	Feinstoffe – unsichtbar
21.-25. *Sthūla-Bhūta*	grobe Stoffe – sichtbar

Entstehung – Erhaltung – Auflösung

Im Rahmen indischen Denkens ist *Welt-Entstehung* kein einmaliger Vorgang; der grobstoffliche Weltenkörper ist genau so erneuerungsbedürftig wie der menschliche. In welchen Zeiträumen Welten entstehen und vergehen, ist durch den „Mokṣadharma" überliefert und wird im Abschnitt h) geschildert. Bekannt sind bereits die Prinzipien, die die Entstehung ermöglichen.

Was aber bedeutet *Erhaltung* der Welt? Es ist die pausenlose Umwandlung der Stoff-Partikel. In der Stoffwelt herrscht ständige Neu-Schöpfung. Doch was in Bezug auf das Einzelne Erneuerung ist, ist im Ganzen gesehen Aufrechterhaltung des Bestehenden durch Regeneration.

Die *Auflösung* der Welt wird in den alten Berichten dramatisch geschildert. Sie beginnt mit einem *Weltenbrand,* nach dem „die Erde kahl sein wird wie der Rücken einer Schildkröte". Dann lösen sich nacheinander die Stoff- und Feinstoff-Bereiche auf, zuerst der *Pṛthivī*-Bereich der festen Stoffe, gleicherweise der flüssige *Āpas*-Bereich, dann der glutartige *Tejas*-Bereich und der gasförmige *Vāyu*-Bereich. Dabei lösen sich die *Tanmātra* aus ihrer stoffbildenden Formation. Mit der folgenden Auflösung der Tanmātra verschwindet Geruch, Geschmack, Sichtbarkeit und Tastbarkeit der Dinge. Alles ist in das vorstoffliche *Ākāśa* zurückgenommen. Auch dieses vergeht, und der Ur-Ton *Śabda* verklingt. Nichts mehr ist hörbar. Übrig ist noch *Manas,* das Denken, es verliert sich im ursprünglichen Bewußtsein. Dann herrscht Welten-Nacht – nichts ist als großes Schweigen.

g) Die Weltentfaltung – Pariṇāma – als Ablauf vorgestellt an Hand der graphischen Übersicht S. 147

Eine solche Vorstellung – hin und rückwärts – gehört zu dem dem Sāṃkhya-System zugeordneten *Jñāna-Yoga.*

Beginn des Brahman-Tages
In der *Prakṛti* (Quadrat rechts oben) ruhen unentfaltet – *avyakta* – die *Triguṇa.* *Āśis* – der geistige Urwille – gibt den Anstoß, der sie in schwingende Bewegung versetzt, die bis zum Ende eines kosmischen Zyklus – *Mahākalpa* – erhalten bleibt.
Sattva-Guṇa wirkt sich nun zunächst als *Licht* aus, *Rājas-Guṇa* als *Bewegungs*drang, *Tamas-Guṇa* als Prinzip der *Verdichtung. Auf diese Weise beginnt die Konkretisierung der Stoff-Idee.*
Das große Ereignis tritt ein: der leblose Stoff erwacht zum *Leben,* indem er sich mit dem *Geist-Prinzip* verbindet. Der Geist, der in der Transzendenz nichts außer sich selbst wahrnimmt, der nur „Ich-bin" empfindet, beginnt, seine Wahrnehmung auszudehnen. Daher heißt das nächste Prinzip *Buddhi,* „Wahrnehmung" oder „Erkenntnis-Akt".
Im „Yoga-Sūtra", in der „Bhagavad-Gītā" und im „Advaita-Vedānta" heißt dasselbe Prinzip *Mahat-Tattva,* „Großes Prinzip", wodurch sicherlich hervorgehoben werden soll, daß die Zustandsveränderung der Prakṛti – der erste Schritt vom Jenseits ins Diesseits, vom Unentfalteten zum Entfalteten – als gewaltiger Kraft-Akt vorgestellt werden soll. Denn im *Tantra* wird dieser Gedanke fortentwickelt im Sinne einer *Energie-Entfaltung.*
Gleich, wenn der Erkenntnis-Akt oder die Bewußtwerdung beginnt, kommt es auch schon zum *Differenzieren,* zur Vereinzelung oder Individuation; denn Erkennen ist Unterscheiden-Können. *Rājas,* der Gestaltungsdrang, grenzt ab, schafft Formen; jede einzelne Gestalt empfindet sich als ein Wesen, ein „Ich", ein *Ahaṃ.* Der Sāṃkhya-Begriff *Ahaṃkāra,* „Ich-Macher", hebt den bewußten Willen hervor, der zur Abgrenzung von Einzelwesen führt. Der

individuelle Ahaṃkāra ist darüber hinaus als ein „Rollenspieler“ anzusehen, der sein Einzel-Schicksal getrennt vom gesamten Welten-Drama hervorhebt.
Ich-Empfinden gilt als erster Denkakt: *Manas,* Denken oder Intelligenz, muß sich auch in den *Tanmātra* und *Sthūla-Bhūta* auswirken, denn ihre Steuerung vollzieht sich gesetzmäßig.
Im Menschen wirkt sich *Manas* zuerst als wünschendes Denken aus; von Anfang an suchte der Mensch seine Bedürftigkeit zu befriedigen. Eigens dafür bildete er „Werkzeuge“ aus, die 10 *Indriya.*
Als letzte Stufe der Welt-Entfaltung ist die Bildung der groben Körper aufzufassen. Die menschlichen Körper sind als *Śarīra* bekannt; die kosmischen Körper heißen *Brahmāṇḍa,* „Welteneier“ oder wörtlich „Eier des Brahmā“ (Globen).

h) Welt-Zeitalter – Yuga und Kalpa (Die Zyklen-Lehre)

Eine weit verbreitete Vorstellung des Altertums war die sogenannte „Zyklenlehre“, die Meinung, daß Weltentfaltung und Auflösung einander in kosmischer Gesetzmäßigkeit ablösen. Die Überlieferung dieser Lehre erfolgte für Indien durch das bereits erwähnte *Mokṣadharma* (Gespräch zwischen *Manu* und Bṛhaspati – Antwort auf die Frage des *Śuka*). Es dürfte sich um eine sehr viel ältere mythische Überlieferung handeln, die in der übrigen Welt durch andere Auffassungen abgelöst wurde.
Doch in Indien behielt die Zyklenlehre weiterhin Geltung und wurde mit der Wiedergeburtslehre verknüpft und daraufhin in die *Sāṃkhya-* wie auch in die *Vedānta*-Philosophie einbezogen. Ein *Yogin* möchte seinen Lebenskreislauf möglichst beendet haben, ehe ein voller Weltenzyklus abgelaufen ist – ein *Mahā Kalpa**.
Welt-Zeitalter werden nach indischer Tradition in „Götterjahren“ berechnet. Da ein Götterjahr 360 Menschenjahre umfassen soll, dürfte es sich bei den Götterjahren um astronomische *Sonnenjahre* handeln. Da die Sonne einst als der „grobe Körper“ des Himmelsgottes aufgefaßt wurde, mußte das zeitweise Ablegen dieses Körpers gleichbedeutend sein mit der zeitweisen Auflösung des Kosmos.
Auf welche Weise der Kosmos dann wieder in Erscheinung tritt, das wird von Epoche zu Epoche neu interpretiert. Das *Sāṃkhya*-System entschied sich für die eben dargestellte *Pariṇāma*-Lehre, die die Entstehung der groben Stoffe als ein Absinken geistiger Vibrationen erklärt. Darum ist es folgerichtig, die Anfangszeit für die vollkommenste zu halten, denn sie steht

* Mahā Kalpa dürfte einem sogenannten „Weltenjahr“ entsprechen, dem Fortschreiten des Frühlingspunktes um 360 Grad, oder dem Vorrücken der Präzession um 360 Grad; oder es entspricht der Lebensdauer eines Sonnensystems.

dem geistigen Ausgangspunkt noch sehr nahe. Entsprechend müßten die Menschen der Anfangszeit Geistmenschen gewesen sein, die erst in unserem Zyklus grobstofflich wurden. Das soll sich innerhalb von vier Stufen vollzogen haben, die als *Yuga* bezeichnet werden.
Das vollkommene erste *Yuga* nennt man *Kṛta*;
das schon weniger vollkommene *Treta;*
das schon sehr menschliche *Dvāpara*;
das jetzige – auf den Verfall zusteuernde – *Kālī.*
Die Summe dieser 4 Yuga nennt man: *1 Mahā Yuga*
Die nächst größere Zeitspanne ist: *1 Kalpa* und soll 2000 Mahā Yuga umfassen; doch erst nach einem *Mahā Kalpa* soll ein voller Weltenzyklus abgelaufen sein, woraufhin die Auflösung des Stofflichen erfolgt und der Zustand des *Pralaya* eintritt, der etwa gleich lang sein soll. Er wird als Regenerationsphase aufgefaßt.

5. Bindung und Befreiung des Puruṣa

Das Sāṃkhya-System lehrt, daß *Puruṣa* und *Prakṛti* eine Bindung eingehen, die ein großes *Kalpa* lang gültig bleibt. Zwischen dem Geist- und dem Stoff-Prinzip besteht ein Spannungsverhältnis, das verglichen wird mit der bei Magnet und Eisen bestehenden Anziehung und Abstoßung. Die Aufrechterhaltung dieser *Polarität* garantiert den Bestand der stofflichen Welt. Um das Aufeinander-Bezogensein der beiden kosmischen Prinzipien anschaulich zu machen, nannte man das Geist-Prinzip den *„Puruṣa",* den „Mann", dem gegenüber die *Prakṛti* als weiblich aufzufassen war. Nun ließ sich sagen, daß zwischen ihnen ein Spannungsverhältnis bestünde wie zwischen Mann und Frau. In einem weiteren Vergleich wird dann die Prakṛti mit einer Schauspielerin verglichen, die ihrem Gebieter – dem Puruṣa – das Weltenspiel vorführt: *Līlā.*
Dieses Spiel wird den ganzen langen „Brahmā-Tag" aufgeführt, und es scheint so, als hätte der Puruṣa seine Freude daran, als inszeniere er es für sich. Die Zustandsveränderungen der Prakṛti, die in diesem System als „Umwandlungen" bezeichnet werden, entsprechen den vielen Kostümen, die eine Schauspielerin wechselt, um eine andere Rolle zu übernehmen. Diese Eigenschaft des Wechsels – der Unbeständigkeit –, die die Prakṛti als eine Veränderliche, Vergängliche charakterisiert, macht sie zum Gegenpol des Puruṣa, der sich als der Beständige darstellt, als der „Wahre", der „Echte", der „Immer-Seiende", der „Einzig-Wirkliche", dem gegenüber die Prakṛti in ihrer Erscheinungsweise als Welt nur eine Schein-Wirklichkeit besitzt.

Es scheint, daß der *Puruṣa* fasziniert ist von den Darbietungen der Prakṛti. Es scheint, daß er sich identifiziert mit den Akteuren des Spiels, von denen jeder als ein *Jīva* auftritt. Darin besteht die *Bindung* des Puruṣa. Aufgabe des Menschen ist, diese Bindung der beiden geistigen Prinzipien in seinem Inneren als solche zu erkennen. Die das Geistige umhüllenden stofflichen Prinzipien erschweren diese Aufgabe.

Dem verkörperten Puruṣa – dem *Jīva* – kommt es zu, sich die beiden extremen Prinzipien, die in ihm wirken, bewußt zu machen. Er muß es bemerken, daß das stoffliche Prinzip ihn dazu drängt, sich im Stofflichen zu betätigen, so daß das geistige Prinzip am möglichen Höhenflug gehindert wird. Sāṃkhya lehrt, daß der Mensch so lange zwischen den Extremen hin und hergerissen wird, bis er sich entscheidet, dem geistigen Prinzip den Vortritt zu lassen. *Dann beginnt die Bindung nachzulassen.* Damit ist man nahe an das Ziel des Yoga gelangt.

II. Der Sāṃkhya-Yoga oder Jñāna-Yoga

1. Die Methode

Das Ziel des Sāṃkhya-Yoga ist: *Aufhebung der Identifikation von Stofflichem und Geistigem.* Da dazu erkennendes Unterscheidungsvermögen erworben werden muß, kann man diesen Yoga auch Jñāna-Yoga nennen; denn *Jñāna* ist das Sanskrit-Wort für „Erkennen".

Der Schüler des *Sāṃkhya-Yoga* wird zunächst in Theorie unterwiesen: Die Lehre, die gerade dargestellt wurde, wird ihm eingehend erläutert. Doch es genügt nicht, daß sie der Schüler intellektuell versteht. Er muß sie sich „einverleiben", bis sie ihm selbstverständlich erscheint. Das Erlernte muß das Unterbewußte so sehr erfüllen, daß alle anderen Möglichkeiten ausgeschlossen sind.

Die Einprägung erfolgt durch tägliche Wiederholung, oft wird sie dreimal täglich verlangt. Solche Rezitation wird entweder allein oder in einer Gruppe von Gleichgesinnten vorgenommen.

Nach dem gleichen Prinzip, wie eine Mutter ihrem Kinde durch ständige Wiederholung Worte einprägt, bis das Kind ohne Überlegung die Dinge richtig bezeichnen kann, wiederholt der Yoga-Schüler sein weltanschauliches Pensum, bis ihm diese Gedanken ganz natürlich erscheinen.

Die besondere Form von *Dhyāna,* „Meditation", ist im *Sāṃkhya*: „Tiefes Nachdenken über die Beziehung zwischen Mensch und Kosmos."

Der fortgeschrittene Schüler soll dann überprüfen, inwieweit die traditionellen Lehren mit seiner persönlichen Erfahrung übereinstimmen, und im Zweifelsfalle mit einem Lehrer darüber sprechen.

Zu den Yoga-Übungen zählt auch das „Betrachten von Dingen", bis sie nach langer Zeit ihre *Tanmātra-Gestalt* offenbaren.

Sodann gilt die Beobachtung dem *Denken* selbst; es soll zurückverfolgt werden bis an seine Quelle. Dort „löst es sich auf".

Nur wenige haben die Durchhaltekraft, Gedankenketten rückwärts bis zum verursachenden Gedanken zu verfolgen. Die es können, lösen damit ihre Problematik auf. Erst dann wird eine „Übung der Stille" – auch als Meditation bezeichnet – sinnvoll.

Nun muß der Wahrnehmungsapparat, der „Psychische Organismus", in seiner dreiteiligen Form *Citta* genannt, zum Meditations-Objekt gemacht werden. Da er gleichzeitig der „Ursachen-Leib" ist, der *Kāraṇa-Śarīra*, ist von der Fähigkeit, ihn aufzulösen, die Befreiung von der Wiederverkörperung abhängig.

Im letzten Entwicklungsstadium des *Yogin* erfolgt dann *Meditation über das Verhältnis von Puruṣa und Buddhi.*
Von seiner persönlichen Reife und von der Intensität, mit der sich der fortgeschrittene Yogin der Meditation widmet, wird es abhängen, ob er das Ziel erreicht: die Offenbarung des Puruṣa in seiner „eigenen Gestalt“ als *Prakāśa-Licht.*
Dieses höchste Stadium, das ein Yogin erreichen kann, wird so selten erlangt, daß es als Begnadung angesehen wird, die nur Menschen zuteil wird, die der Mehrheit weit voraus sind.

2. Der Zustand der Puruṣa nach Ziel-Erreichung

Für den, der die Befreiung nicht erlebt hat, ist es kaum möglich, sich den Zustand des Puruṣa „nach dieser Befreiung“ vorzustellen. Da die dafür verwendeten Sanskrit-Begriffe Fehldeutungen ausgesetzt sind, sollen sie jetzt zergliedert werden, um eine eigene Beurteilung anzubahnen.
Für den „befreiten *Puruṣa*“ werden folgende Fachbegriffe erwähnt:
apa-varga = „weg von der Gruppe“ (etwa: weg vom Massen-Zustand)
kaivalya = „Entblößung“, sich vom Stofflichen entblößen, stoffliche und feinstoffliche Hüllen ablegen; Ergebnis: Unabhängigkeit.
svarūpa-vasthāna = „die eigene Form begehrend“; die „eigene“ Form ist die geistige Form, die bisher von Stoff verhüllt war.
Die *geistige* Form des *Puruṣa* ist seine „vollkommene Form“, die von dem *Sein* erfüllt ist, das die *Ganzheit* des Puruṣa ausmacht. Dieser Ganzheit ist während des Lebens auf der Erde Stoff hinzugefügt worden; von diesem Stoff muß der Puruṣa „entblößt“ oder „befreit“ werden. Der Puruṣa streift den – ihm wesensfremden – Stoff ab, um wieder, wie vorher, ganz er selbst zu sein: *Licht,* ursprüngliches Licht vor seiner Zerlegung in Farben; unstoffliches Licht, ohne Licht-Partikel: *Prakāśa.*
Wird *Kaivalya* mit „Isolation“ übersetzt, führt es zu einer Verfärbung der eigentlichen Bedeutung. Denn „Isolation“ erinnert mehr an Verbannung als an Befreiung. Zwar erwähnen die alten Texte, daß die Puruṣa untereinander keinen Kontakt aufnehmen. Das haben sie in ihrer Vollkommenheit – in ihrer „Ganzheit“ – auch nicht nötig. Was sollten sie miteinander austauschen, die selber alles sind!
Die indischen Systeme (vor allem das Sāṃkhya-System) weisen etliche Parallelen zu frühen griechischen Naturphilosophien auf. Das betrifft zum Beispiel die anfänglichen Prinzipien, die im Sāṃkhya *Caitanya* und *Prakṛti* genannt werden und bei Anaxagoras *Nūs* (Geist) und *Hyle* (Stoff). Wenn Anaximander die Dinge aus dem „Unendlichen“ entstehen und wieder

zurück in dieses vergehen läßt, so entspricht das dem *Brahman* der Vedānta-Lehre.

Für Empedokles ist der „Äther" ein dünnes Fluidum, das bestrebt ist, die porenartigen Zwischenräume zwischen den Stoffpartikeln zu füllen; ähnliches sagen einige indische Schulen späterer Zeit (Vedāntasāra) von dem *Ākāśa* aus, dem sogenannten 5. Element, richtiger Sthūla-Bhūta, um eine Verwechslung mit unseren chemischen Elementen zu vermeiden.

Platon hält die Stoffpartikel für kubische Formen mit dreieckigen Außenflächen wie bei den Kristallen. Ebenfalls kubisch vorzustellen sind die Piktogramme für die Sthūla-Bhūta des Sāṃkhya-Systems, z.B. Quadrat gleich Würfel. Diese Sthūla-Bhūta-Lehre hat in allen späteren indischen Systemen ihre Bedeutung beibehalten und wurde immer feiner detailliert. Während die chemischen Elemente nur für den Stoffbereich interessant sind, beziehen sich die indischen Elemente oder Sthūla-Bhūta auch auf das Psychomentale.

Zu erwähnen wäre noch der Begriff *Prāṇa,* der in indischen Lehren eine ähnlich umfassende Bedeutung hat wie der griechische, von den Stoikern verwendete Begriff *Pneuma*: Hauch, Luft, Wind, Psyche, Lebenskraft.

Die *Psyche* des Aristoteles bedeutete weit mehr, als die heutige Psychologie vermuten läßt. Für Aristoteles war sie eine *Entelechie,* eine ganzmachende Kraft, mit einer zur Vollendung drängenden Zielrichtung. Das ist sie auch für C.G. Jung und für Sri Aurobindo, wohl auch für das Christentum. Doch wird sie von diesen dem Naturbereich zugeordnet, manchmal als „Seele", von C.G. Jung aber mit „Selbst" übersetzt. Der indische *Ātman*, der auch ein Selbst ist, gehört jedoch nicht der Natur an, er wirkt aus der Transzendenz, ebenfalls zielstrebig auf Vollendung hin, die jedoch in der Befreiung vom Stofflichen gesehen wird.

Während die griechischen Lehren nur in Bruchstücken überliefert sind, blieben die indischen Lehren in mehreren Varianten vollständig erhalten. Ein geistiger Austausch zwischen Indern und Griechen ist für die Zeit bis zu den Systembildungen nicht nachweisbar. Sollten gewisse Grundgedanken übernommen worden sein, so wurden sie in Indien immerhin erheblich weiterentwickelt und differenziert. Nach Garbe darf man annehmen, daß Gnostik und Neu-Platonismus (Plotin, Porphyrius) direkt vom Sāṃkhya beeinflußt waren. Ihre Emanationslehre entspricht der hier dargestellten Pariṇāma-Lehre.

B. Das Sāṃkhya als Grundlage des Klassischen Rāja-Yoga

III. Die Yoga-Lehre des Patañjali
(zwischen 200 v. und 200 n. Chr.)

1. Überlieferung verschiedener Yoga-Formen im Yoga-Sūtra

Das klassische Werk über Yoga ist unter mehreren Titeln bekannt geworden. *Der indische Titel lautet: Patañjala-Yoga-Sūtra.* Die deutschen Titel lauten: Yoga-Sūtra des Patañjali, Leitfaden des Patañjali, Aphorismen des Patañjali. In der Haṭhayoga-Pradīpika: *Rāja-Yoga,* ebenso bei Vivekānanda.
Unter „Rāja-Yoga" ist das kleine Werk weltweit populär geworden. Wie es zu dem anspruchsvollen Titel gekommen ist, daran knüpfen sich mehrere Vermutungen.
Es kann sein, daß diese Yoga-Form bei den Fürsten – *Rāja* – üblich war. Oder man wollte diesen Yoga „königlichen Pfad" nennen, um damit zu betonen, daß er alle anderen Yoga-Methoden überragt. Vielleicht meinte man auch, daß derjenige die Königswürde verdient, der das schwer zu bewältigende Ziel erreicht. Steht einem solchen nicht die „Krone des Lebens" zu?
Aus viel zitierten Leitsprüchen des Yoga geht jedoch hervor, daß man den, der sich selbst bezwingen kann, als den „wahren Herrscher" – *Rāja* – bezeichnete. Im Anklang daran darf dann der *Rāja-Yoga* als die *Methode der Selbst-Disziplin* bezeichnet werden.
Nach eingehender Vertiefung in das Werk kommt man allerdings zu der Erkenntnis, daß hier nicht nur eine sondern vier bis fünf Methoden beschrieben werden. Denn in der vorliegenden Zusammenstellung sind die Kapitel so ungünstig unterteilt, daß es naheliegt, an eine Anordnung nach äußeren Gesichtspunkten zu denken.
Da in alter Zeit auf Palmblätter geschrieben wurde, von Fäden nur lose zusammengehalten, war es kein seltenes Ereignis, daß die Blätter auseinander fielen und neu gebündelt werden mußten. Das passiert noch heute mit alten Manuskripten, die als Kostbarkeiten gelten.
Der Mönch, der die Blätter wieder sammelt, ist selten ein Gelehrter, er denkt zweckmäßig und macht gleich große Päckchen. Das muß man gerade für

diesen Fall annehmen, wenn man feststellt, daß die ersten drei Päckchen um die fünfzig Merksprüche enthalten. Dazu kommt noch, daß die *alten Kapitel-Überschriften* nicht genau dem Inhalt entsprechen. Sie lauten: Über Samādhi – Über Schülerschaft – Wunderbare Kräfte – Endgültige Erlösung. Jedes dieser Themen wird aber in jedem Kapitel berührt.
Trotz mancher Unstimmigkeiten hat man bisher von indischer Seite nicht gewagt, die Einteilung zu korrigieren. Das tat aber in überzeugender Weise der *Indologe J.W. Hauer.* Da mit dieser Neu-Einteilung größere Klarheit erreicht werden kann, wird sie unserer weiteren Abhandlung zu Grunde gelegt. Die persönliche Auffassung der Autorin folgt später im Fünften Teil.

a) Neu-Einteilung der Kapitel des Yoga-Sūtra

Schon die älteren Kommentatoren Indiens – *Vyāsa* und *Vācaspatimiśra* – äußerten Erstaunen darüber, daß „Samādhi" und „Befreiung" an verschiedenen Stellen des Yoga-Sūtra und noch dazu mit anderen Begriffen geschildert werden. Legt man nun die Neu-Einteilung von *Hauer* zu Grunde, so bietet sich folgende Unterscheidung der Textabschnitte an:
Der Abschnitt *Nirmāṇa-Citta* (im Original Kap. IV) enthält die *theoretischen Grundlagen* für den Yoga-Schüler. Die anderen Abschnitte erweisen sich als *praktische Methoden* für die Durchführung des Yoga. Hier sind noch einmal zwei Gruppen zu unterscheiden: Zwei der Methoden sind betont auf Selbst-Disziplin aufgebaut – *Jñāna* – und *Aṣṭāṅga-Yoga*; sie verzichten auf die Mithilfe personifizierter Gottheiten. Die beiden anderen Methoden – *Kriyā-* und *Bhakti-Yoga* – sind auf religiöser Grundlage aufgebaut; sie sind auf einen *Īśvara* ausgerichtet.
Der „klassische Yoga" besteht also aus vier Methoden und dem Grundlagen-Kapitel.

Übersicht mit neuen Titeln nach Hauer
Der *Nirodha-Text* (Kap. I, 2-22) – es ist ein Jñāna-Yoga
Der *Īśvara-Praṇidhāna-Text* (Kap. I, 23-51) – Bhakti-Yoga
Der *Kriyā-Yoga-Text* (Kap. II, 1-27) – Kriyā-Yoga
Der *Yogāṅga-Text* (Kap. II, 28 – III, 55) – Rāja-Yoga
Der *Nirmāṇa-Citta-Text* (Kap. IV) – die theoretische Grundlage.

b) Begründung einer neuen Reihenfolge

Die Abfassung des Yoga-Sūtra im Aphorismus-Stil läßt darauf schließen, daß der Verfasser damals den Inhalt der Texte als bekannt voraussetzte. Die neue Formulierung war nur als Gedächtnisstütze gedacht und wurde

daher so knapp wie möglich gefaßt. Diese Aphorismen oder *Kārika,* „Merksätze", sind daher ohne Kommentar schwer verständlich.
Die Tatsache der Neuformulierung entspricht einer indischen Gepflogenheit, ältere Texte von Zeit zu Zeit sprachlich zu überarbeiten und dabei zu kürzen.
In der folgenden Besprechung des Yoga-Sūtra wird – abweichend vom Original und von Hauer – der *Nirmāṇa-Citta*-Text an den Anfang gestellt, weil er als die theoretische Grundlage für die Verhaltensweisen eines Yogin angesehen werden kann. Denn hier wird die Beschaffenheit des *Citta* erklärt, des psychischen Organismus, den der Yogin auflösen will.
Der jüngste Text wird schon an zweiter Stelle behandelt, weil dieser *Nirodha-Text* die praktische Methode ist, die dieses *Citta* zunächst beruhigt und zuletzt seine Auflösung ermöglicht. Zudem steht dieser Text dem zuletzt dargestellten *Sāṃkhya*-System am nächsten, dessen Begriffe jetzt noch erinnert werden können. Bei tieferem Eindringen in die Bedeutung der nur andeutenden Merksätze stellt sich heraus, daß dieser Text eine vierstufig aufgebaute *Jñāna-Yoga*-Methode ist.
Den dritten Platz soll der von Hauer so bezeichnete: „Yogāṅga-Text" einnehmen. Er wird hier noch deutlicher „acht-gliedriger Yoga", *Aṣṭāṅga-Yoga,* genannt. Da dieser Abschnitt am besten gegliedert und beschrieben ist, muß erwogen werden, ob nur dieser Teil des Yoga-Sūtra von *Patañjali* – einem bedeutenden Grammatiker des 2. Jahrhunderts n. Chr. – formuliert worden ist. Die Methode ist sicher nicht von ihm erfunden worden, sie erinnert stark an den „Edlen achtgliedrigen Pfad" des Buddha, ist vielleicht abgewandelte buddhistische Tradition. In engerem Sinne ist nur dieser Yoga der *Rāja-Yoga* der Selbst-Disziplin.
Den Abschluß bilden die von den Begriffen her ältesten Texte, die eine theistische Auffassung vertreten und dem *Vedānta* nahestehen.
Der *Kriyā-Yoga* ist die traditionelle Methode der *Brahmanen,* die scheinbar nur in kleineren Kreisen weitergegeben worden ist. Der bekannte Yoga-Weise *Yogānanda* stand in dieser Tradition.
An den Schluß der Besprechung wird der ab dem fünften Jahrhundert immer populärer gewordene *Bhakti-Yoga* gestellt, der die lebendige Tradition im *Hinduismus* geblieben ist. Er bedeutet religiöse Mystik, der christlichen sehr verwandt. Während alle anderen klassischen Yoga-Methoden jetzt auf kleine Randgruppen beschränkt sind, die die Überlieferung aufrecht erhalten, ist der Bhakti-Yoga schlechthin der heutige indische Yoga.

2. Erläuterung von Spezial-Begriffen des Yoga

Obwohl *Sāṃkhya* und *Yoga-Sūtra* auf der gleichen weltanschaulichen Grundlage fußen – mit den eben genannten Einschränkungen –, verwenden sie nicht überall dieselben Begriffe. Die Ursache ist einerseits in der verschiedenen Herkunft der Texte zu suchen, auch in weit auseinanderliegenden Entstehungszeiten und außerdem in der *Zielrichtung des Yoga,* dem es um Verwirklichung der philosophisch begründeten Tatbestände geht. Von daher beziehen sich die besonderen Yoga-Begriffe alle auf die Verkettung des Puruṣa in das Weltgeschehen und seine Befreiung daraus.

a) Das Citta

Der intellektuelle Wahrnehmungs-Apparat – oder der „Psychische Organismus" des Menschen heißt hier *Citta.* Das Sāṃkhya hat dafür drei Begriffe: Buddhi – Ahaṃkāra – Manas. Da Einzel-Reaktionen in der Regel nicht auseinander gehalten werden können, wird im Yoga überwiegend der Sammelbegriff Citta verwendet, z.B. bei Vyāsa und Vindyavāsi.
Dieses Citta wird einem Bergkristall verglichen, in dem sich all das spiegelt, was in seine Nähe gebracht wird. Eine flüchtige Spiegelung durchfärbt das Citta nur augenblicklich; doch wenn etwas lange einwirkt, bleibt in ihm ein Grundton. Dieser Grundton kann sich bilden: beim Anblick eines faszinierenden Gegenstandes, durch nachklingende Gedanken, eindrucksfähige Empfindungen und erregende Gefühle. Solange der Grundton vorherrscht, kann Neues nicht erfaßt werden, und Vorurteile können nicht korrigiert werden.

b) Der Doṣa

Dieser Begriff wird insbesondere in der *Naturlehre des Nyāya* verwendet, auf der der *Āyur-Veda* aufbaut, die Heilkunde. Hier wird gelehrt: Bei ungünstiger Veranlagung oder durch einseitige Lebensweise können die neutralen *Triguṇa* zu *Tridoṣa* werden, zu „drei Übeln". Im Yoga-Sūtra geht es darum, den „Samen des Üblen" – *Doṣa-Bīja* – zu beseitigen. Das Übel, das hier gemeint ist, ist die Unwissenheit über die menschliche Natur. Der „Same" dieser Unwissenheit (avidyā) ruht unerkannt im Citta.

c) Der Kleśa

Der Begriff „Kleśa" befindet sich nur im *Kriyā-Yoga-Text,* der die *Beseitigung dieser Kleśa* anstrebt, womit Gemütsleiden aller Art gemeint sind (II, 2; II, 11-12).
Das von Natur *sattva*-artige *Citta,* das im neutralen Zustand Heiterkeit ausstrahlt, wird zeitweise von der *Tamas*-Schwingung verdunkelt. Läßt es der Mensch zu, macht sich bald eine pessimistische Stimmung breit. Sie kann sich ausweiten zum *Leiden an der Existenz* schlechthin. Davon soll Yoga befreien.

d) Die Vāsanā und Saṃskāra

Vāsanā heißt „Eindruck". Es ist das *Citta,* das pausenlos „Eindrücken" ausgesetzt ist. Wendet sich der Mensch den von außen kommenden Eindrücken aufmerksam zu, dann werden sie von Manas und Buddhi registriert und klassifiziert. Handelt es sich um optische oder akustische Eindrücke, dann wird Wissen von der Umgebung gespeichert. Jeder neue Eindruck bringt den früheren in Erinnerung und verstärkt ihn; so wird Erfahrung gesammelt.
Doch bei wiederkehrenden „psychischen" Eindrücken entsteht eine besondere Empfindlichkeit dafür, die Freud oder Leid in Erinnerung bringt. Die damit verbundene Erwartungshaltung wird auf *Saṃskāra* zurückgeführt, auf verfestigte Eindrücke, die sich „zusammengeballt" haben. Die Saṃskāra können als Dispositionen lange latent ruhen, in Erscheinung treten sie erst durch einen auslösenden Eindruck. Kein Mensch kennt beispielsweise seinen verborgenen Triebcharakter, er macht sich nur in dafür geeigneten Situationen bemerkbar. (Einfluß des Nāgārjuna ist spürbar.)

e) Die Vṛitti

Doṣa, Kleśa, Vāsanā und Saṃskāra verursachen im *Citta* „rollende Bewegungen": *Vṛtti.* Ein erregtes Gemüt hat „hohen Wogengang": *Citta-Vṛtti.* Die im Yoga angewandte Technik, Gemütsbewegungen zu beruhigen, ist: *Citta-Vṛtti-Nirodha* (I, 2).

f) Das Karman

Das Citta wird beunruhigt durch die weltlichen Handlungen: *Karman* (= Handlung – Tat – Werk – Wirkung). Handlungen sind von Gemütsbewegungen begleitet, die sich im *Citta* als *Saṃskāra* ablagern, so daß dieses einem Fischernetz mit Knoten gleicht (nach Vyāsa).

Die Gesamtsumme der Saṃskara, die sich im Citta „niederschlägt" – *āśaya* (wörtlich: niedersetzt) – heißt darum das *Karmāśaya.* Da es sich zusammensetzt aus Ursache und Wirkung von Handlungen, befinden sich gestaute Kräfte darin, die immer wieder erneut zur Auswirkung drängen.
Das Karmāśaya wird dreifach aufgegliedert: *Sancita-Karma* ist der riesige Vorrat, der sich in der Vergangenheit im *Citta* angesammelt hat – während aller „Lebenskreisläufe", *Saṃsāra.* Seine Auswirkung muß in zukünftigen Verkörperungen nach und nach, wie Früchte, geerntet werden.
Das *Āgami-Karma* ist der Teil früherer oder gegenwärtiger Handlungen, der erst in Zukunft Wirkungen auslösen wird. Nur der Befreiungsakt löscht es aus.
Das *Prārabdha-Karma* ist derjenige Teil des Gesamtkarman, der in der Gegenwart – also in diesem Leben – wirksam wird. Niemand kann ihm entgehen, auch der Yogin nicht. Auch der Weise gerät also in Schwierigkeiten, nur leidet er nicht in gleichem Maße wie der Unwissende. Er hat sich ja vom Körperlichen und Psychischen weitgehend distanziert. (In diesem Sinne wird das Karman von Nikhilānanda erläutert.)

3. Die besondere Auffassung von der Zeit

Für gewöhnlich gilt die Einteilung der Zeit in Vergangenheit, Gegenwart und Zukunft als selbstverständlich. Nicht so für den *Yogin.* Denn wenn er meditiert, empfindet er keinen Ablauf von Zeit; ganz und gar in den Zustand der Zeitlosigkeit entrückt, ist er im *Samādhi.* Infolgedessen stellt er sich die Frage, ob „Zeit" ein Faktor ist, der wirklich existiert, oder ob „Zeitablauf" nur eine psychische Empfindung ist.
Der antike Kommentator *Vyāsa* kommt zu dem Schluß, daß es der „psychische Organismus" ist – das *Citta* –, das einen „Zeitablauf" registriert; das Zustandekommen erklärt er im Sinne buddhistischer Schulen:
Da die kleinsten Partikel – die *Dharma* – nur einen Augenblick lang existieren – nämlich von Augenblick zu Augenblick eine Zustandsveränderung erfahren –, wird diese fortlaufende Reihe von Veränderungen als „Zeitablauf" empfunden. Da sich auch das *Citta* aus *Dharma* zusammensetzt, wirkt es als eine Art Resonanzboden und reagiert auf die kleinsten feinstofflichen Veränderungen. Daß dabei dreierlei Zeitempfinden entsteht, ist auf die dreifache Bewegungsart der *Triguṇa* zurückzuführen (Mircea Eliade).
Zusammenfassend läßt sich sagen: Wahrgenommen wird, was auf die Wellenlänge des Citta abgestimmt ist: Grobstoffliches und Feinstoffliches, jedoch nicht das Rein-Geistige, das in einem anderen Frequenz-Bereich

liegt. Um auch diesen Bereich mit einzubeziehen, muß der Mensch seine „psychomentale Natur" übersteigen oder transzendieren.
Wenn das gelingt, dann nennt man es *Samādhi.* Das *Citta* ist dann „abgeschaltet". Wahrnehmung erfolgt ohne Vermittlung der Sinnesorgane, daher „unmittelbare Wahrnehmung" genannt. Dieser Ausnahme-Zustand ist wie „ewige Gegenwart", da ist nicht früher und später zu unterscheiden, nicht Ursache und Wirkung. Nur deshalb darf man behaupten, daß die karmatischen Folgen beseitigt sind, sobald jemand dem Einfluß-Bereich der Triguṇa entrinnen kann.
Die Triguṇa und alles Psychische gehören dem Natur-Bereich an. Der *Puruṣa* steht jenseits der Natur, damit außerhalb der Zeit und aller Einflüsse, die naturbedingt sind. „Schau des Puruṣa" oder „Erleben des Puruṣa" ist daher ein Ziel des Yoga-Weges.
So gesehen, ist Schicksal nichts Fremdes, es gehört zur Natur des Einzelwesens und ist immer gegenwärtig. Das *Citta* ist nicht fähig, es als Ganzes zu erfassen, und zerlegt es in *drei Teilstrecken.* Was wir als Gegenwart empfinden, betrifft uns als freudvoll oder leidvoll. Was wir als Vergangenheit empfinden, wurde als Erfahrungsschatz gespeichert. Die Zukunft ist uns verborgen, weil sie außerhalb des psychischen Wahrnehmungsbereiches liegt.

IV. Weltanschauung im Yoga-Sūtra

Nirmāṇa-Citta-Text (Kap. IV)
Obwohl der Nirmāṇa-Citta-Text im Original das letzte Kapitel bildet, soll er hier vorangestellt werden; denn hier wird aufgezeigt, wie sich der Yoga-Schüler im Rahmen seines Weltbildes zu sehen hat. Als wichtigster Aspekt für die Ausübung des Yoga wird der „Psychische Organismus" hervorgehoben, das *Citta,* das hier in diesem Text erstaunlicherweise das *Nirmāṇa-Citta* genannt wird, was allgemein zu Mißverständnissen Anlaß gab, weshalb eine vorausgehende Begriffs-Klärung angezeigt erscheint.

1. Zwei seltene Begriffe im Nirmāṇa-Citta-Text

Während die ersten drei Merksätze nur die Überleitung vom III. zum IV. Kapitel sind, konfrontiert der *Merksatz 4* den Leser mit zwei sonst nirgends verwendeten Begriffen: *Asmitā-Mātrā* und *Nirmāṇa-Citta.* Es sind zusammengesetzte Worte, deren eine Hälfte aus dem Yoga-Wortschatz stammt (Asmitā und Citta) und zur anderen Hälfte (nach Hauer) aus dem Buddhismus. Zur Entstehungszeit des Kapitels scheint demnach ein reger Gedankenaustausch zwischen den Vertretern der Schulrichtungen bestanden zu haben.

a) Asmitā-Mātrā

Der erste Begriff bezieht sich (nach den Untersuchungen von Hauer) auf das „uranfängliche Bewußtsein", das die buddhistische Yogācāra-Schule als Vijñapti-*Mātrā** bezeichnet. Der praktische Yogin nennt es hier *Asmitā-Mātrā,* etwa „Individuations-Prinzip". „Mātrā" ist wörtlich „Menge"; „Asmitā" heißt „Ich-bin-heit" und ist ein Parallel-Begriff zu „Ahaṃkāra". Es geht also um die „Menge" oder „Gesamtheit" geistiger Individuen, um die Gesamtheit der Citta.

* Der Buddhist Vasubandhu führt einen anderen Begriff ein: *Ālaya-Vijñāna,* „Speicher-Bewußtsein", dieser ist geläufiger.

b) Nirmāṇa-Citta

Der Gesamtheit der Citta wird jetzt das einzelne Citta gegenübergestellt, dem „Absoluten *Citta*“ ein „Individuelles Citta“. Es ist ein *„Verkörpertes Citta“.*
Da die Kommentatoren noch unter dem Einfluß der „Psychischen Yoga-Kräfte“ standen, hielten sie das „Nirmāṇa-Citta“ für einen auf magischem Wege erzeugten Körper.
Der Indologe Hauer leitet den Begriff glaubhaft von buddhistischen Formulierungen ab: Der Mahāyāna-Buddhismus kennt eine *Tri-Kāya-Lehre,* „Lehre von den drei Körpern“ des Buddha. Den dritten, den sogenannten „Verwandlungsleib“ nehmen die Buddhas an, wenn sie sich für den Erdenweg verkörpern wollen. Dieser ist der *Nirmāṇa-Kāya.* Der erste Wortteil wird im Yoga-Sūtra auf die „Citta“ übertragen, weshalb ein „verkörpertes Citta“ hier zu einem *Nirmāṇa-Citta* wird. Jetzt ist es eindeutig, daß das Kapitel IV eine Aussage über die Verkörperung der Citta und das Vermeiden solcher Verkörperung machen will.

2. Die Darstellung des Nirmāṇa-Citta-Textes, Kap. IV

Die folgende Wiedergabe der 34 Merksätze ist ein Versuch, nahe am Original zu bleiben, ohne jedoch mißverständliche deutsche Worte zu benützen, die entweder Erinnerungen an andere Wissensgebiete wecken oder in der wörtlichen Sanskrit-Übertragung keinen Sinn ergeben. Die in Klammer angegebenen Zahlen beziehen sich auf die Nummer der Merksätze des Sanskrit-Originals „Patañjala-Yoga-Sūtra“ IV.

„Der Prozeß, der zu einer Geburt führt, entspringt der *Prakṛti.* Die *Saṃskāra* sind dabei nicht die Ursache, sie sind nur mitwirkend.“ (2+3)
„Nirmāṇa-cittāny asmitā-mātrāt“. Die verkörperten Citta stammen aus Asmitā-Mātrā (4), (dem absoluten Individuations-Prinzip, dem „Absoluten Citta“).
„Obwohl die einzelnen Citta verschieden sind, ist doch das ‚Eine *Citta*‘ (das absolute) die Ursache der Vielen.“ (5)
„Das durch Meditation – *Dhyāna* – verwandelte *Citta* (das individuelle also) ist nicht mehr durch *Karman* belastet.“ (6)
„Karman ist von dreifacher Art, doch das des vollendeten Yogin ist neutral“ – „weder schwarz noch weiß“. (7)
„Die *Vāsanā* (die das Citta beunruhigen) steigen aus dem dreifachen *Karman* auf, abhängig von ihrem Reifegesetz.“ (8)

„Weil das Gedächtnis (aufbewahrt im Citta) und die *Saṃskāra* zusammen ein Ganzes bilden, besteht ein ununterbrochener kausaler Zusammenhang zwischen dem früher und dem jetzt Geborenen, obwohl sie durch Raum und Zeit getrennt sind." (9) (Buddhistische Auffassung)
„Da der Lebensdrang von Ewigkeit her besteht, ist über den Beginn der karmatischen Eindrücke nichts ersichtlich." (10)
„Die karmatischen Eindrücke entstehen durch den Lebensdrang, der sich auf begehrte Objekte richtet und daher Triebe und Handlungen auslöst."
„Es vergehen mit diesen auch jene" (11).(Das bedeutet: Hört die Begehrlichkeit auf, dann bilden sich keine weiteren karmatischen Eindrücke, denn es besteht gegenseitige Abhängigkeit.)
„Vergangenheit und Zukunft haben ihre eigene Zustandsform; das jetzige Sein (die Gegenwart) unterliegt einem anderen Gesetz." (12) (Siehe I, 3 über die Zeit).
„Die Eigenart der *Guṇa* kann sich irdisch entfaltet oder auch subtil zeigen (vyakta und avyakta)." (13)
„Durch die vereinten Schwingungen der *Triguṇa* entfaltet sich die Welt." (14)
„Die *Citta* sind verschieden, doch die Welt ist für sie alle dieselbe. Daher können die reale und die seelische Welt nicht miteinander identisch sein." (15)
„Diese Welt ist real und nicht etwa nur ein Gedankenprodukt des absoluten *Einen Citta* (wie andere Schulen behaupten). Eine solche Auffassung wäre unbeweisbar." (16)
„Ein Ding wird erkannt oder nicht beachtet, je nachdem, ob das (kristallartige) *Citta* durchfärbt oder nicht durchfärbt wird." (17)
„Vom *Puruṣa* werden die *Citta-Vṛtti,* die Vibrationen, immer erkannt, weil er unwandelbar und ihnen nicht unterworfen ist." (18)
(Vivekānanda weist in seinem Kommentar darauf hin, daß hier ein Hinweis auf die verschiedenen Schwingungsebenen gegeben ist. Für das ständig vibrierende Citta ist der Puruṣa der statische Hintergrund. Auch Eliade vertritt diese Auffassung).
„Objekt für den Puruṣa, kann sich das *Citta* nicht selbst beleuchten (wahrnehmen). Denn es kann nicht gleichzeitig Gegenstand und Betrachter sein. Könnte ein Citta das andere wahrnehmen, wollte eine Buddhi die andere beurteilen, müßte sich der Vorgang endlos fortsetzen, und Gedächtnisverwirrung wäre die Folge." (19-21)
„Da der erkennende Geist – *Citi* – von allem unberührt bleibt, wird die *Buddhi* wissend, sobald sie ihn widerspiegelt." (In diesem Moment glaubt sie, der *Puruṣa* zu sein.) (22)
„Da das *Citta* von beiden durchfärbt werden kann – vom ‚Seher' (Puruṣa) wie auch von den sichtbaren Objekten –, ist es imstande, alles zu verstehen (in beiden Richtungen dienlich zu sein)." (23)

„Obwohl das *Citta* von unzähligen irdischen Empfindungen – *Vāsanā* – durchfärbt ist, ist es doch wirksam für den Anderen" (den *Puruṣa,* der von ganz anderer Art ist). (24)
(Vivekānanda begründet es: Alles, was zusammengesetzt ist, mit anderen Teilen in einer Verbindung arbeitet, wirkt nicht für sich selbst sondern für ein Übergeordnetes, das ohne Teile ist, für die Monade – den Puruṣa.)
„Von einem Unterscheidungsfähigen wird das *Citta* nicht länger für das Selbst – Ātman – gehalten." (25)
„Immer auf Unterscheidung gerichtet, erkennt das *Citta* sein ‚Für-sich-sein'." (26)
„Noch drängen sich hindernde Vorstellungen aus dem Unterbewußten dazwischen, hervorgerufen durch die *Saṃskāra.* Sie sind zu beseitigen wie die *Kleśa.*" (27-28)
„Wer zur Unterscheidungs-Schau gelangt und darin nicht mit Genuß verweilt, sondern sich weiter vertiefend fortschreitet, erlangt ein *Samādhi,* das *Dharma-Megha* genannt wird." (Buddhistischer Begriff, etwa „Urgrund-Wolke" oder „Wolke der Tugend", von da an ist man tugendhaft und handelt im Sinne des Dharma.) (29)
„Dann hören die Leiden – *Kleśa* – und Karma-Beunruhigungen auf." (30)
„Alles Verhüllende und Trübende weicht einer unendlich sich weitenden Erkenntnis, neben der die bisherigen Wahrnehmungen nichtig erscheinen." (31)
„Da sie ihren Zweck erfüllt haben, stellen die *Guṇa* ihre Tätigkeit der Umwandlung (in stoffliche Formen) ein." (32)
„Sobald die Schwingungen der *Guṇa* abebben, wird das *Pariṇāma,* der ‚Entfaltungsprozeß', rückläufig." (33) (Allerdings nur für diesen Einzelnen, der damit die Befreiung erreicht.)
„Die zweckgerichtete Tätigkeit für den *Puruṣa* ist erfüllt. Das Zurückströmen der Guṇa in umgekehrter Reihenfolge bedeutet *Kaivalya.* Die Geist-Kraft, *Citiśakti,* ist zu ihrer Grundexistenz zurückgekehrt, sie hat ihre Eigen-Form angenommen." (34)

Das für den Rāja-Yoga gültige Weltbild
nach dem Nirmāṇa-Citta-Text im Yoga-Sūtra

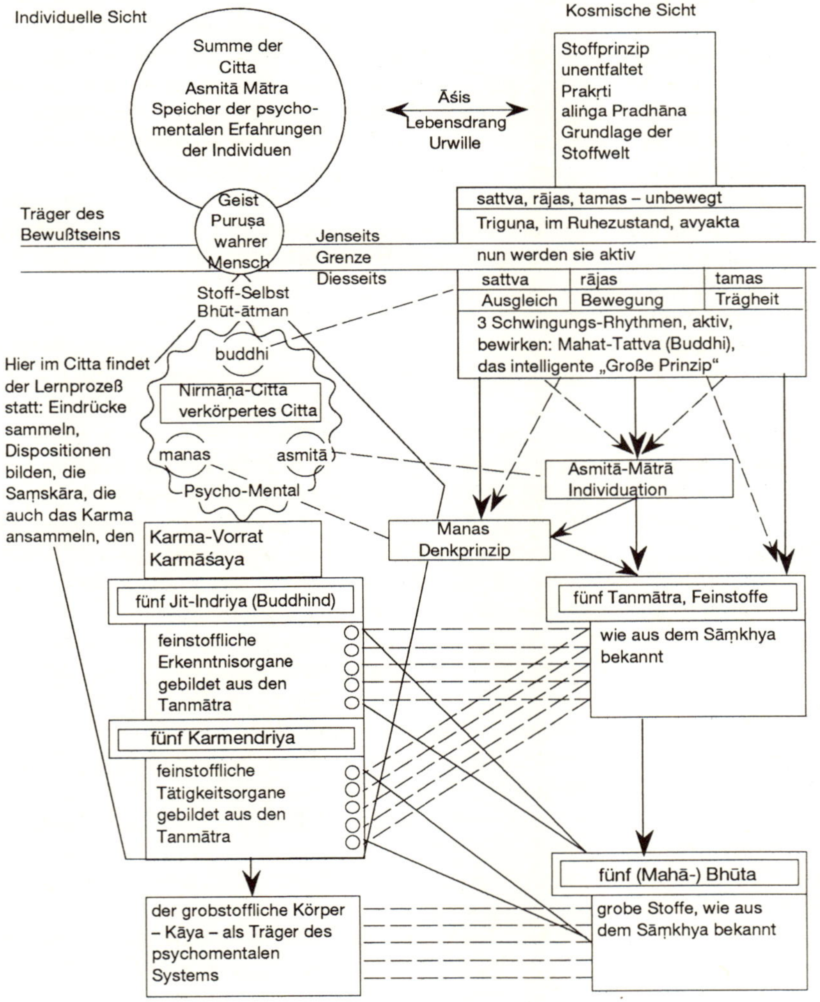

Individuelle Sicht
Kosmische Sicht
Summe der Citta Asmitā Mātra Speicher der psycho-mentalen Erfahrungen der Individuen
Āśis Lebensdrang Urwille
Stoffprinzip unentfaltet Prakṛti aliṅga Pradhāna Grundlage der Stoffwelt
sattva, rājas, tamas – unbewegt
Triguṇa, im Ruhezustand, avyakta
Träger des Bewußtseins
Geist Puruṣa wahrer Mensch
Jenseits
Grenze
Diesseits
nun werden sie aktiv
sattva
rājas
tamas
Ausgleich
Bewegung
Trägheit
3 Schwingungs-Rhythmen, aktiv, bewirken: Mahat-Tattva (Buddhi), das intelligente „Große Prinzip"
Stoff-Selbst Bhūt-ātman
Hier im Citta findet der Lernprozeß statt: Eindrücke sammeln, Dispositionen bilden, die Saṃskāra, die auch das Karma ansammeln, den
buddhi
Nirmāṇa-Citta verkörpertes Citta
manas
asmitā
Psycho-Mental
Asmitā-Mātrā Individuation
Karma-Vorrat Karmāśaya
Manas Denkprinzip
fünf Jit-Indriya (Buddhind)
fünf Tanmātra, Feinstoffe
feinstoffliche Erkenntnisorgane gebildet aus den Tanmātra
wie aus dem Sāṃkhya bekannt
fünf Karmendriya
feinstoffliche Tätigkeitsorgane gebildet aus den Tanmātra
fünf (Mahā-) Bhūta
der grobstoffliche Körper – Kāya – als Träger des psychomentalen Systems
grobe Stoffe, wie aus dem Sāṃkhya bekannt

3. Die Bedeutung des Citta und seine Stellung im Weltbild des Yogin

Im vorangestellten „Nirmāṇa-Citta-Text" lenkt der Verfasser das Interesse des Yoga-Schülers auf die menschliche Persönlichkeit, die, nach der Überlieferung des Sāṃkhya, unter der zentralen Leitung des *Citta* steht. Von den 25 Tattva werden nur die ersten genannt, die anderen als bekannt vorausgesetzt, nämlich als „Zustandsveränderungen", die durch die Triguṇa bewirkt werden. Es werden also die Grundlagen ausgebreitet, die für das erfolgreiche Beschreiten des Yoga-Weges notwendig sind. Der klassische Text bemüht sich, Verständnis für die Citta-Funktion zu vermitteln, indem er das *Citta* als Bindeglied zwischen Geist und Stoff hervorhebt.

Zur besseren Orientierung soll nun die schon bekannte *graphische Übersicht* herangezogen werden. In diesem Zusammenhang sind die Sāṃkhya-Bezeichnungen durch die speziellen Bezeichnungen im „Nirmāṇa-Citta-Text" ersetzt worden.

Das Augenmerk richtet sich zunächst auf die obere Hälfte der Abbildung S. 167: Dem „Absoluten Citta" (links oben) wird das individuelle gegenübergestellt, das hier als *Nirmāṇa-Citta* bezeichnet wird (links darunter – im Wellenkreis).

Dieses individuelle Citta hat der Yogin aus dem Einfluß der Triguṇa zu befreien, deshalb wird ihm erklärt, wie es in den Einfluß hinein geraten ist:

Im großen Kreis links wurde der Sāṃkhya-Begriff *Caitanya* ersetzt durch die ungewöhnliche Bezeichnung *Asmitā-Mātrā.* Aus diesem Individuations-Prinzip treten die einzelnen Individuen hervor. *Āśis,* der „Urwille" oder „Lebensdrang", veranlaßt die Wiederverkörperung des intelligenten „Psychischen Organismus", der daraufhin *Nirmāṇa-Citta* heißt.

Großes Quadrat rechts: *Prakṛti,* die hier *Pradhāna,* „Grundlage der Stoffwelt", genannt wird, geht vom merkmallosen in den merkmalbehafteten Zustand über – von *aliṅga* in *liṅgamātra.* Es bedeutet, daß die latent ruhenden *Triguṇa* ihr Bewegungsspiel aufnehmen.

Rechteck unterhalb der Doppellinie: *Mahat-Tattva.* In dem Begriff „Großes Prinzip" kommt zum Ausdruck, daß der Übergang vom Unstofflichen zum Stofflichen als *Akt von großer Intensität* aufgefaßt wird. Eine Folge davon ist die Bildung des *Bhūtātman,* des mit Stoffen umhüllten Ātman (anscheinend ein Parallel-Begriff zur *Buddhi* oder als Zwischenstufe zwischen Puruṣa und Buddhi aufzufassen).

Kreis der Wellenlinien links: Sein auf das Irdische gerichteter Wahrnehmungs-Komplex, der „Psychische Organismus", trägt nur im Merksatz 4 die Bezeichnung *Nirmāṇa-Citta,* bei allen übrigen Erwähnungen lediglich *Citta.* An ihm haftet die *„Gesamtsumme des Karman",* von hier steigen Empfindungen und Triebe auf, die schwer zu bewältigen sind. Diese karmatischen Eindrücke können nur durch Meditation getilgt werden; sie bringt die Verfärbungen des Citta zum Schwinden. Dann kann es das Licht des *Puruṣa* reflektieren. Denn das Citta ist in zwei Richtungen brauchbar. Zuerst spiegelt es nur die Objekte zur Ansicht für den Puruṣa, dabei wendet es sich der Welt zu. Nach seiner Reinigung mittels Meditation spiegelt es das Licht des Puruṣa – hält sich dann eine Zeitlang für den Puruṣa. Wird erkannt, daß Puruṣa und Citta zwei Prinzipien sind, die verschiedenen Ebenen angehören, ist das Yoga-Ziel erreicht.

V. Der Jñāna-Yoga im Patañjala-Yoga-Sūtra

1. Der Nirodha-Text (I,1-19)

Die ersten neunzehn Merkverse des Yoga-Sūtra-Originals geben einen Überblick, was zur Zeit der Text-Abfassung unter Yoga verstanden wurde. Der Autor hebt in knapper klarer Form hervor, daß der Yoga-Schüler lernen muß, sein Gemüt zu beruhigen. Die Gedankenwellen sollen nivelliert werden, bis sie so abgeflacht sind, daß das Gemüt einem blanken Spiegel gleicht, in dem der Puruṣa erblickt werden kann.
Diese Methode heißt: *Citta-Vṛtti-Nirodha.**
Indische Yogalehrer erklären, daß ohne Sublimierung von Gedanken und Trieben kein kultureller Fortschritt möglich gewesen wäre. Und eine weitere Veredlung des Menschen wird davon abhängen, in welchem Grade er bereit ist, Selbst-Disziplin auf sich zu nehmen.
Da der frühe Mensch die Notwendigkeit von Selbst-Disziplin nicht einsehen konnte, wurden ihm von Priestern und Fürsten Riten und Tabus auferlegt. Als sich der Yoga ausbreitete, war ein Teil der Menschen einsichtsfähig geworden. Wer Yoga ausübte, wurde daher von den Kastenregeln befreit; sein Leben und Wirken entwickelte sich jetzt nach inneren Gesetzen.

2. Jñāna-Yoga – ein vierstufiger Erkenntnis-Weg

Der Verfasser des „Nirodha-Textes" ist ein Kenner des *Sāṃkhya*-Systems; er schildert in den Merksätzen 5-11 den *Jñāna-Yoga,* der mit Mitteln logischer Erkenntnis arbeitet. Die wichtigsten Punkte dieser Methode werden nur kurz in Erinnerung gebracht, als ob es sich um etwas Bekanntes handele; Erläuterungen kann man nur in den Kommentaren finden. Herangezogen werden die Kommentare von *Vyāsa,* der nicht viel später gelebt

* Der Begriff *Nirodha* gilt als umstritten, da er von Indologen aller Nationalitäten mit „Zurückhalten" übersetzt wurde, einem Wort, das zum „Verdrängen" zu ermuntern scheint. Das Wörterbuch bietet jedoch sehr viel mehr Übersetzungsmöglichkeiten, die dem näher kommen, was die indischen Yogis meinen. Geht man von der Wortwurzel aus (sie heißt *rudh* = wachsen; *nirudh* = nicht wachsen), dann meint der Begriff: Die Gemütswellen (Citta-Vṛtti) soll man nicht anwachsen lassen. Nirudh- heißt auch: nicht anhängen oder nicht belagern. Man soll sich also von den einstürmenden Gemütswellen nicht belagern lassen. Man soll den Gemütswellen nicht nachhängen. Das ist möglich, wenn man die Gedanken-Assoziationen nicht weiterspinnt, sie nicht wachsen läßt.

haben dürfte als der Autor des Textes. *Vivekānanda* lebte um die letzte Jahrhundertwende und wirkte zeitweise in Amerika. *Deshpande* ist ein indischer Autor der Gegenwart.
Dem Verfasser, Patañjali, geht es darum, auf die Notwendigkeit bewußten Erlebens und Handelns hinzuweisen, da unbewußtes Verhalten *leidvolle* Erfahrung eintragen muß.

Erste Stufe des Jñāna-Yoga: Einsicht in die Unzulänglichkeit menschlicher Erkenntnismittel
Hier werden fünf Gebiete genannt, die dem Menschen leidvolle Erfahrung einbringen, wenn er sich täuschen und von Vorurteilen beeinflussen läßt.

a) Pramāṇu – Die dreifache Art, Maßstäbe zu setzen
Wahrnehmung durch die Augen – *Pratyakṣa* – ist die allgemeinste Art, sich in der Welt zu orientieren. Zu Täuschungen kann es kommen durch Sehstörungen, durch ungünstige Beleuchtung, durch die Entfernung, durch die Perspektive und ähnliches.
Die logische Schlußfolgerung – *Anumāna* – wird dort eingesetzt, wo das Auge nicht hinreicht. Doch es hat sich herausgestellt, daß durch logisches Denken nur die physikalische Welt untersucht werden kann. Für philosophische und religiöse Themen erweist sich die Logik als unzulänglich und ebenso die Sprache, denn sie wurde für das praktische Leben erdacht. Daher sind Wort-Systeme nicht geeignet, seelische Vorgänge ausreichend zu beschreiben oder gar metaphysische Probleme zu ergründen; sie versagen ganz, wenn ein Samādhi-Erlebnis erklärt werden soll; dann erscheinen die Aussagen paradox.
Für viele ist die Überlieferung – *Āgama* – die einfachste Art, sich Wissen anzueignen. Auch hier ist Vorsicht geboten. Wenn ein Wissen, das sich auf antike Autoritäten gründet, nicht mehr überprüft wird, ist das Ergebnis, daß der Fortschritt verzögert wird. Wer allzu getreu Überlieferungen übernimmt, hemmt auch die persönliche Entwicklung.

b) Viparyaya – Voreingenommenheiten
Hier geht es darum, daß man Menschen nicht klassifizieren soll, etwa nach Nationen, politischem Bekenntnis, Religionszugehörigkeit oder anderen Etikettierungen. Denn Bewertungen sind niemals objektiv, immer sind gefühlsmäßige Zu- und Abneigungen mit im Spiele. Der Yoga-Schüler hat zu lernen, sich und seine Mitmenschen objektiv einzuschätzen; in den südbuddhistischen Schulen wird es mehrmals täglich geübt.

c) Vikalpa – Mißverständnisse durch falsche Begriffsanwendung
Wer im täglichen Leben einen Begriff oder ein Wort falsch anwendet, macht sich nur lächerlich. Im Berufsleben und in der Familie kann ein falsches Wort zu nachhaltiger Verstimmung führen. Schwerwiegender ist es, wenn Worte

sinnentleert dahingesprochen werden oder von Institutionen bewußt sinnwidrig angewandt werden. Großes Unrecht geschieht Menschen und Tieren, wenn sie listenmäßig wie tote Nummern registriert und vielleicht ausgestrichen werden, als handele es sich nur um leblose Gegenstände. Wichtig ist es, zu untersuchen, ob hinter großen Worten auch wirklich große Ideen stehen. Ist das nicht der Fall, setzt sich der Mensch leicht für falsche Ideale ein und gibt seinem Leben eine geistige Ausrichtung, die sinnlos ist.

d) Nidrā – Schlaf als Beurteilungsmittel
Schlaf dient der Erholung und Regeneration. Tritt übermäßiges Schlaf-Bedürfnis ein, ist es eine Anzeige für Erkrankung oder zunehmende Gleichgültigkeit. Läßt sich der Mensch nun gehen, stumpft er mehr und mehr ab; er kann sich nicht weiter entfalten. Das gleiche gilt für Tag-Träumen, eine Art „psychischem Schlaf". Es macht uninteressiert für die realen Gegebenheiten, macht unbewußt und führt zu allgemeiner Trägheit – wird also als leidvoll eingestuft.
Leidlos ist der Schlaf, wenn er Anlaß des Nachdenkens ist. Der Yogin versucht – gleich dem berühmten *Yajñavalkya* – über die verschiedenen Bewußtseins-Zustände zu meditieren: Wach-Bewußtsein, Traumschlaf-Bewußtsein, Tiefschlaf-Bewußtsein, Samādhi-Bewußtsein. Er soll sich Klarheit darüber verschaffen, daß sein Bewußtsein in verschiedenen Daseinsebenen ein- und ausgehen, während sein Körper nur in einer Ebene wirken kann. Seit altersher war der Mensch von der Traumwelt als einem Fingerzeig aus psychischen Tiefen fasziniert. Traumdeutung kann Klärung der Augenblicks-Situation einbringen, dann ist sie leidlos – bei Fehldeutung leidvoll.

e) Smṛti – Gedächtnis als Speicher von Wissen und Erfahrung
Gedächtnis wird ermöglicht durch das Speichern der *Saṃskāra* im *Citta.* Werden die aufgenommenen Eindrücke gut geordnet aufbewahrt, dann ist Wissen abrufbar. Gedächtnis dient auch dem Sammeln von praktischer Erfahrung. Es ist ein wesentliches Hilfsmittel, das Leben zu bewältigen.
Leidvoll ist dagegen erstarrtes Wissen, denn es schließt vertiefende Einsichten aus. Ein Leben im Zeitgeschmack – nach den Mustern der Gesellschaft – ist nützlich für die gesellschaftliche Stellung des Einzelnen, jedoch hinderlich für den geistigen Sucher, der alle menschlichen Möglichkeiten entfalten muß.

Zweite Stufe des Jñāna-Yoga: Übung – Abhyāsa
Wer zur Einsicht gekommen ist, weil er von der Richtigkeit des Gesagten überzeugt ist, dem wird empfohlen, mit dem praktischen Üben zu beginnen. Das Yoga-Sūtra enthält mehrere Abschnitte, die sich mit „Übung" beschäftigen. Hier ist das „Üben" gemeint, das zu *Nirodha* führt, dem „Beruhigen der Gedankenwellen".

Merksatz 12/13 fordert: „Gelassenheit üben, bis eine gefestigte Gemütslage als Grundhaltung erreicht ist."
Aus dem Gesamttext geht hervor, daß es sich um die „Übung der *Stille*" handelt, um eine objektlose Meditation. Der Kommentator empfiehlt, die ruhigen Atemzüge zu beobachten.

Dritte Stufe des Jñāna-Yoga: Die Loslösung vom Weltlichen – Vairāgya
Die nächste Forderung an den Übenden ist: „Loslösung vom Sichtbaren und Hörbaren", Merksatz 15. Als Ergebnis wird in Merksatz 16 die „Schau des Puruṣa" in Aussicht gestellt. Dieses Loslösen steht also in Zusammenhang mit der „Übung der *Stille*" und hat die gleiche Bedeutung wie die fünfte Stufe im „Aṣṭāṅga-Yoga", die dort *Pratyāhāra* heißt, „Zurückziehen der Sinne" von der Außenwelt. Das gilt in erster Linie für die Zeitspanne der Übung, damit das *Citta* kristallklar bleibt und die Spiegelung des Puruṣa darin ermöglicht. Wenn das Citta keine *Dauerfärbung* mehr aufweist, keine leidenschaftliche Verhaftung an bestimmte Objekte, dann spiegelt es allein den Puruṣa.

Vierte Stufe des Jñāna-Yoga: Samādhi und Videha
Wer sich kurzfristig in die *Stille* versetzen kann, der gilt als den weltlichen Dingen *entwöhnt* oder, wie es wörtlich heißt, „entdürstet". Das Ziel ist erreicht: *Puruṣa-Kyāti* – „die Schau des Puruṣa". Sie ist mit einem besonderen Licht-Erlebnis verbunden, dem eine Reihe kleinerer Licht-Erlebnisse vorangehen, weshalb von „Erleuchtung" gesprochen wird. In Indien ist dafür der Begriff *Samādhi* geläufig, wovon es mehrere Varianten gibt.
Merksatz 17-18 nennt einen *Samprajñāta-Samādhi**, bei dem ein *Saṃskāra-Rest* zurückbleibt, weshalb mit einer weiteren Wiederverkörperung zu rechnen ist.
Nur aus dem Kommentar des Vivekānanda ist zu entnehmen, daß es noch ein höheres Erlebnis gibt: *Asaṃprajñāta*-Samādhi. Erst dieser Samādhi ist gleichbedeutend mit „Befreiung". Denn erst jetzt erfolgt „Auflösung des Stofflichen in die Ursubstanz", *Prakṛtilayānam* (Merksatz 19). Dies ist „endgültige Entkörperung", *Videha.***
Die Projektion der relativen Welt, *pratyāya-bhava,* ist für den Befreiten beendet (19). (Sie kam zustande durch Vermittlung des Citta, das nun aufgelöst ist.)

* Diese Samādhi-Bezeichnungen weisen den „Nirodha-Text" ebenfalls als einen Jñāna-Yoga aus: *Prajñā* = „Weisheit".
** Hier ist auf ein Mißverständnis einiger Kommentatoren hinzuweisen: Die geläufigen Begriffe für Befreiung sind: Mukti, Mokṣa, Kaivalya, Vairāgya. Der Begriff *Videha* ist in diesem Zusammenhang irreführend, da ihn die Inder der damaligen Zeit für „körperlose Wesen" wie die Deva anwandten; gemeint sind dann feinstoffliche Wesen, von denen berichtet wird, daß sie einige *Yogin* auch auf magischem Wege erzeugen konnten, mit der Absicht, ihr Karma schneller aufzuarbeiten – in mehreren Körpern gleichzeitig.

3. Der Nirodha-Text in Sanskrit-Deutsch (I, 1-22)

Merksätze 1-5

atha yoga-anuśāsanam: Dies ist Yoga-Unterweisung.
yogaś citta-vṛtti nirodhaḥ: Yoga ist das Nicht-aufkommenlassen (nirodhaḥ) des wogenden denkenden Gemütes.
tadā draṣṭuḥ svarūpe vasthānam, vṛtti sārūpyam itaratra: Dann kann das eigene Wesen (svarūpa) des Sehers hervortreten (gemeint ist der Puruṣa), denn vorher ist er gleich den Wellen.
vṛttayaḥ pāncatayyaḥ, kliṣṭa-akliṣṭāh: Die Wellen (vṛtti) sind von fünferlei Art, es gibt leidvolle und leidlose.

Merksätze 6-11

pramāṇa viparyaya vikalpa nidrā smṛtayaḥ: Es geht um das Maßstäbe Setzen, um Voreingenommenheiten, um falsche Begriffsanwendung, um den Schlaf als Beurteilungsmittel, um das Gedächtnis als Speicher von Wissen und Erfahrung.
pratyakṣa anumāna āgamāḥ pramāṇāni: Maßstäbe werden gesetzt: durch Wahrnehmung der Augen, durch logische Schlußfolgerung und durch Überliefertes (Erkenntnisse der Vorzeit).
viparyayo mithyā-jñānam atadrūpa pratiṣṭham: Durch Irrtum oder Voreingenommenheit entsteht falsches Wissen, das nicht den „Kern" der Sache trifft.
śabda-jñāna anupāti vastu śūnyo vikalpaḥ: Begriffliches Denken stützt sich auf Wort-Verständnis (śabda-jñāna), sonst ist es hohl und leer (śūnya).
abhāva pratyaya-ālambanā vṛttir-nidrā: Das Fehlen (abhāva) einer stützenden Überzeugung (pratyaya-ālambanā) – nämlich beim Erwachen – kennzeichnet die Schlaf-Welle (vṛtti-nidrā).
anubhūta-viṣaya asaṃpramoṣaḥ smṛtiḥ: Wenn wahrgenommene Gegenstände (anubhūta-viṣayaḥ) sich nicht ganz verlieren, ist das Erinnerung oder Gedächtnis (smṛti).

Merksätze 12-14

abhyāsa-vairāgyābhyāṃ tan-nirodaḥ: Ausdauer im Vermeiden (von Gedankenwellen) heißt: Gelassenheit üben (abhyāsa-vairāghya).
tatra sthitau yatno'bhyāsaḥ: Übung ist hier (tatra) die Bemühung um Festigung (sthitau yatno).
sa tu dīrgha-kāla nairantarya satkāra-āsevito dṛḍha-bhūmiḥ: Wird die (Übung) lange Zeit (dīrgha-kāla) beständig (nairantarya) und heiter (satkāra) ausgeführt, ergibt sich eine feste Grundlage (dṛḍha-bhūmi) – nämlich eine feste Gemütslage.

Merksatz 15 + 16
dṛṣṭa ānuśravika viṣaya vitṛṣṇasya vaśīkāra saṃjñā vairāgyam: (vairāgya) Loslösung vom Sichtbaren und Hörbaren (dṛṣṭa-ānuśravika) ermöglicht unmittelbare Erkenntnis (saṃjñā) durch bewußte Entwöhnung (vitṛṣṇa, „Entdürstung"), sobald man sich „in den Griff" bekommt (vaśikāra).
tat param puruṣa-khyāter guṇa vaitṛṣṇyam: Hat sich der *Puruṣa* offenbart *(khyā),* ist es das Höchste (tat param), dann ist kein Verlangen mehr (vaitṛṣṇa), keine Beeinflussung der *Guṇa* mehr.

Merksatz 17 + 18
vitarka vicāra ānanda asmitā rūpa anugamāt saṃprajñātaḥ: Über die Meditationsstufen vitarka (Denkanregung), vicāra (Überlegung), ānanda (freudiges Empfinden), asmitā (ohne Körper-Empfinden), rūpa (Nachlassen des Formensehens) folgt (ein sogenanntes) *saṃprajñāta – (Samādhi),* ein Erkenntniszustand (der über das Vernunftdenken gewonnen wurde, wie in den Sāṃkhya-Schulen üblich).
virāma pratyaya-ābhyāsa-pūrvaḥ saṃskāra śeṣo' nyaḥ: Durch das vorige Übungs-Ergebnis (ābhyāsa-pūrva), gemeint ist die nirodha-Methode, das innere Schweigen, hören zwar die Vorstellungen auf (virāma pratyaya), aber es bleibt noch ein Rest an *Saṃskāra* (durch den Gedanken und Formvorstellungen wieder aufleben können).

Merksatz 19
bhava pratyayo videha prakṛti-layānām: (Die endgültige) Entkörperung (videha) tritt ein, wenn die Projektion der relativen Welt (bhava pratyayo) in der *Prakṛti* (dem vorstofflichen Prinzip) aufgelöst wird (laya). (Dann bleibt allein der *Puruṣa* übrig, der nun unabhängig ist von allem Stofflichen, während er vorher den Schwingungen der Triguṇa ausgesetzt war.) Das wurde im *Kap. IV* des Yoga-Sūtra, das hier vorangestellt wurde, bereits ausführlich erklärt.
Mit Merksatz 20 beginnt die Überleitung zum neuen Thema:
śraddhā vīrya smṛti samādhi prajñā pūrvaka itareṣām.
tīvra saṃvegānām āsannaḥ.
mṛdu madhya-adhimātratvāt tato'pi viśeṣaḥ.
Auf andere Weise als die vorige kann auch *Samādhi* erlangt werden, nämlich durch Glauben (śraddha), Energie (vīrya) und Gedächtnis-Schulung (smṛti). (Bezieht man „smṛti" auf die überlieferten religiösen Schriften, dann ist es ein Widerspruch zu den Merksätzen 6-11, die ermahnen, die Überlieferung zumindest zu überprüfen.)
Nahe daran – an der Erfahrung des Samādhi – sind die, die ein starkes Verlangen danach haben. Der Unterschied – der Schüler – besteht in ihrer Intensität, die mäßig, mittelmäßig oder außerordentlich sein kann.

VI. Der Rāja- oder Aṣṭāṅga-Yoga im Yoga-Sūtra

1. Yoga – eine Methode der Selbst-Disziplin

Wer mit dem Yoga-Weg beginnen will, dem wird angeraten, ein geregeltes Leben zu führen. Das früher vom Yogin verlangte Gebot der „Askese" ist abgelöst worden von einem Gebot der „Mäßigung". Hier wirkt der Einfluß *Buddhas* nach, der den „mittleren Weg" empfahl: Nicht üppig leben, nicht kargen, sondern in allem das rechte Maß finden, sich nach bestem Vermögen der Situation anpassen.
Auch äußerlich fällt die Entsprechung zu Buddhas „Edlem achtgliedrigen Pfad" auf, denn auch der „Yoga-Pfad" – der *Yoga-Mārga* – ist achtfach gegliedert, wie die nachstehende Übersicht aufzeigt. Dagegen enthalten ältere Texte, die den Yoga schildern, manchmal nur vier oder sechs Glieder. In der folgenden Übersicht sind auch die Kapitel- und Vers-Zahlen angegeben. Das neue Thema fängt mitten im Kapitel II an und setzt sich nahtlos im Kapitel III fort, vielleicht ein Beweis für die schon erwähnte willkürliche Kapitel-Einteilung.

Übersicht über die acht Glieder – aṣṭa-Aṅga
1. Glied: *Yama* – fünffache Disziplin der Gemeinschaft gegenüber (II, 29-31).
2. Glied: *Niyama* – persönliche Disziplin, fünffach (32-45).
3. Glied: *Āsana* – innere und äußere Haltung (46-48).
4. Glied: *Prāṇāyāma* – Atemregelung (49-53).
5. Glied: *Pratyāhāra* – Zurückziehen der Sinne (54-55).
6. Glied: *Dhāraṇa* – Konzentration, 5 Stufen (III, 1).
7. Glied: *Dhyāna* – Meditation (III, 2).
8. Glied: *Samādhi* – unmittelbare Wahrnehmung (III, 3), (den Sinn einer Sache ohne diskursives Denken erfassen).

2. Der achtgliedrige Weg zur Befreiung – mit Kommentar

a) Die fünf äußeren Glieder – Bahiraṅga

Von den in der Übersicht angeführten *8 Gliedern* gelten die *Glieder 1-5* als *äußere Glieder (Bahiraṅga)*; denn sie können durch äußere Mittel bewältigt werden. Wer sich um die ersten fünf bemüht hat, dem fallen die *Glieder 6-8* als Ergebnis zu, nämlich als Ergebnis seiner zunehmenden Verinnerlichung; weshalb sie als *innere Glieder (Antarāṅga)* bezeichnet werden.

Die *Glieder 1-2* gelten als Vorbereitung; doch wäre es ein Irrtum zu glauben, daß sie dann erledigt sind. Vielmehr sind *Yama* (1) und *Niyama* (2) Disziplinen, um die man sich sein ganzes Leben lang immer wieder neu bemühen muß. Das beruht einerseits auf Erfahrung, wird aber auch durch die *Sāṃkhya-Lehre* verstandesmäßig begründet: In der Stoffwelt dominieren Leidenschaft und Trägheit; die Yoga-Methoden bemühen sich jedoch alle um geistige Qualitäten: *Sattva* soll gefördert werden.

1. Glied: Yama – Disziplin der Gemeinschaft gegenüber, bestehend aus folgenden 5 Rücksichten:

Ahiṃsā – „Nicht schädigen“

„Menschen und Tiere nicht an Leib und Seele schädigen, weder in Gedanken noch mit Worten noch mit Taten.“

Eingeschlossen in dieses Verbot ist die „Opferung der Tiere“. Das „Opfer des Yogin“ ist die Disziplin, die er sich auferlegt. Der Yogin hat stets zu beachten, daß die kosmische Ordnung erhalten bleibt, er darf die Natur nicht ausbeuten.

Wer in dieser Hinsicht Vollkommenheit erreicht hat, dem verheißt der Merksatz II, 35, daß in seiner Gegenwart alle feindlichen Gefühle abklingen, selbst wilde Tiere greifen ihn nicht an.

Asteya – „Nicht stehlen“

„Das Eigentum anderer ist zu respektieren. Wer nimmt, was ihm nicht angeboten wird, gilt als raffgierig.“ Wer sich von der Neigung des „An-sich-Raffens“ ganz befreien kann, dem verspricht Merksatz II, 37, daß ihm von selbst Schätze zuströmen werden. Die Kommentare verweisen auf ein Naturgesetz: Wo in der materiellen Welt ein Vakuum entsteht, ist die Natur bestrebt, es zu füllen.

Ein *innerer Schatz* ist die *Genügsamkeit,* eine beglückende Eigenschaft. Und wer auch sein Gemüt von nichtigem Füllsel entleert, in den strömt „Kosmische Weisheit“ und „Kosmische Kraft“ als „höchster Schatz“.

Brahmacarya – „Meisterschaft des Brahman“

Für diesen Begriff gibt es eine *zweifache Auslegung*: Nach der Auffassung der *Hindu* handelt es sich um ein „Keuschheitsgelübde“; wer es hält, führt die Bezeichnung als ehrenden Titel. Merksatz II, 38 stellt dafür in Aussicht: Erlangen von Kraft.

Der *Tantrika* bemüht sich um eine „geheimnisvolle Fähigkeit“, er möchte sein Sperma in *Ojas* verwandeln lernen. Es würde bedeuten, etwas Stoffliches in etwas Feinstoffliches verwandeln zu können. Hier geht es um

Beherrschung der sexuellen Kräfte, und das erfordert immerhin „seelische Kraft".
Eine ältere Bedeutung ist aus dem *Veda* abzuleiten. Hier ist „Brahmacarya" eine *Lebensstufe des Jünglings,* seine Einweisung in die geistigen Lehren. Der junge Mensch soll sich eine *vertrauensvolle Lebenshaltung* erwerben, mit der Empfindung „im *Brahman* zu ruhen", im geistigen Urgrund. Wem dies gelingt, der wird „kraftvoll im Leben stehen".

Satyā – „Wahrhaftigkeit"
Wer „im *Brahman* ruht" – wie eben erläutert –, der ist verbunden mit dem ursprünglichen *Sein.* Er verhält sich *wesensecht,* ist wahrhaftig aus seiner Natur heraus, nicht aus Pflicht-Befolgung. Er ist zuverlässig und hält, was er verspricht; er verwirklicht, was er zu tun verkündet hat.
Nach Merksatz II, 36 wird sich das Wort des Wahrhaftigen verwirklichen. Der fromme Hindu denkt hier an die magische Kraft des Wortes: Wer es hört, muß es befolgen. Man glaubt, daß der seinen Willen stählende Yogin sogar die Naturkräfte beeinflussen kann.

*Aparigraha – „Nicht-Annehmen"**
Nach der Hindu-Tradition bedeutet dieses Stichwort: „Keine Geschenke annehmen", wobei sich sofort ein Widerspruch aufdrängt. Denn indische Yoga-Lehrer, die Schüler um sich haben, leben fast ausschließlich von deren Geschenken.
Es kann sich also nur um eine bestimmte Art von Geschenken handeln, solche die unfrei machen, weil daran Bedingungen geknüpft sind. Da Freigebigkeit als eine Tugend hingestellt wird, die der Yoga-Schüler üben soll, muß auch jemand da sein, der „annimmt". (In Indien bedankt man sich für das Annehmen, nicht für das Empfangen – zumindest in Yoga-Kreisen.)
Der in der „Tugend des Nicht-Annehmens" gefestigt ist, soll laut Merksatz II, 39 „Wissen über das Wesen früherer Geburten erlangen". Versteht man darunter die Fähigkeit der Rückschau, läßt sich schwer ein Zusammenhang entdecken. Hier liegt die Betonung wohl weniger auf dem „Nicht-Annehmen" als auf dem Abstand zum Stofflichen im allgemeinen. „Wer den Wunsch aufgegeben hat, die Welt zu erleben, der wird nicht wiedergeboren", sagt der Buddha.
Es kommt also nicht darauf an, Details aus früheren Lebensläufen in Erfahrung zu bringen, sondern darauf, daß der Einsicht in gewisse Zusammenhänge ein entsprechendes Handeln folgen muß. Wenn das Ziel „Befreiung vom Stoff" ist, müssen alle Arten von Bindungen an die Welt aufgegeben werden. Wer an seine früheren Existenzen denkt, soll sich daran erinnern, daß sie durch „Anhänglichkeit an das Weltleben" veranlaßt worden sind –

* Wörtlich: sich nicht besitzergreifend verhalten.

und daraufhin soll er die „Anhänglichkeit" aufgeben. (Hier wird an einen buddhistischen *Lehrsatz von der Abhängigkeit des Entstehens* erinnert.)

2. Glied: Niyama – fünffache persönliche Disziplin

Śauca – „Reinigung"
Der Kommentar ergänzt, daß das „Reinigen" nicht nur äußerlich sondern auch innerlich erfolgen soll.
Körperliche Reinheit sollte selbstverständlich sein, sie verleiht Frische und hebt die Stimmung. Im Hindu-Tantra und im Ha-Ṭha-Yoga wurde diese Vorschrift erweitert zu allerlei Reinigungstechniken. Der Rāja-Yoga versteht unter dieser Disziplin auch das Distanz-Halten zum eigenen Körper, seine Bedürfnisse nicht vordergründig beachten, auch die Mitmenschen nicht nach ihrem äußeren Schein bewerten. Der Yoga-Schüler soll sich nach und nach abgewöhnen, sich mit dem eigenen Körper zu identifizieren, statt dessen soll er den „geistigen Menschen" hervortreten lassen. Dann gilt er als vollständig gereinigt.
Die *innere Reinigung* betrifft das Seelenleben, das durch schädigende Gedanken „verunreinigt" wird. Die Merksätze 33 + 34 führen aus, daß solche Gedanken große Hindernisse auf dem Yoga-Weg bilden. Sie sollen durch die *„Methode des Gegenteiligen"* sublimiert werden. Das ist ein wichtiger Hinweis, der leicht übersehen wird, weil dieses Stichwort in unserem Gedächtnis-Speicher nichts abruft.
Es geht um das Nivellieren der Gemütswogen: Ein aufsteigender Haßgedanke soll – sobald er ins Bewußtsein tritt – durch einen Gedanken der Liebe überlagert werden. Man denkt dann eben an etwas, das man liebt. Ein trauriger oder häßlicher Gedanke soll durch einen freudigen und schönen Gedanken ersetzt werden und entsprechend... „Methode des Gegenteiligen" meint also: eine unerwünschte Gemütswelle durch eine wünschenswerte zu ersetzen.
Erfolg ist allerdings nur durch Beharrlichkeit zu erwarten; Wochen und Monate sind selten ausreichend, man muß mit Jahren rechnen. Das Anwenden dieser Technik im Yoga ist ein Beweis, daß das Wort *nirodha* nicht ein „Verhindern" im Sinne von „Verdrängen" ist, daß hier vielmehr eine sanfte Methode angewandt wird, die den Menschen nicht in eine Zwangsjacke steckt, sondern eine schrittweise Verwandlung anbahnt.
In solch „gereinigter Stimmung" soll *Yoga geübt* werden; es soll immer eine „Feierstunde" sein – ganz gleich, ob man sich zur Meditation hinsetzt oder Körperübungen ausführt.

Samtoṣa – „Zufriedenheit"
Wer alles bisher Genannte mit gewissem Erfolg übt, wird zuversichtlich und erlangt ein ausgeglichenes Gemüt; denn in seinem Citta dominiert *Sattva-*

Guṇa, es hält eine freundliche Grundstimmung aufrecht. Der Schüler ist zufrieden, weil er eine Art von Selbstbestätigung erlebt: er kann, was er sich vornimmt. Ein Gefühl der Glückseligkeit breitet sich aus, so beschreibt es Merksatz 42 samt Kommentar.

Tapas – „Intensität"(wörtlich „Glut")
Will einer auf dem Yoga-Weg Erfolg haben, muß er mit glühender Begeisterung dabei sein, muß er sein Ziel mit „Intensität" verfolgen. Werden alle Anweisungen regelmäßig befolgt, entwickeln sich im Körper-Inneren feine Kraftströme; der Schüler lernt es, sich mit Vitalität aufzuladen. Die *Indriya,* die feinstofflichen Wahrnehmungsorgane, werden dann aufnahmefähig für immer feinere Reize und bereiten die Vergeistigung vor.

Svādhyāya –„eigenes Studium"
Eigenes Studium bedeutete damals nicht Bücher-Studium, denn es gab noch keine gedruckten Texte. Studium heißt hier: über die Informationen und Anweisungen des geistigen Lehrers nachdenken. Denn der Schüler soll nicht mechanisch Regeln befolgen, sondern verstehen, warum er etwas tut. Außerdem soll er die Wirkung der geistigen Übungen studieren, sich innerlich beobachten. Das wichtigste Studium für den Yoga-Schüler ist das *Citta,* der „Psychische Organismus", dem das ganze *Kapitel IV des* Patañjala-Yoga-Sūtra gewidmet ist. Dieses muß immer wieder studiert und begriffen werden, denn es ist eine Darstellung der „altindischen Psychologie" (wie Emil Abegg die Lehre von Punṣa, Buddhi und Citta bezeichnet).

Īśvara-Praṇidhāna – „Hingabe an den höchsten Herrn"
Die heutigen *Yogin* verstehen unter Īśvara-Praṇidhāna „Versenkung in das göttliche Wesen" von Śiva oder Viṣṇu. Zur Annäherung wird ein Mantra verwendet – in erster Linie „Rezitation der Silbe *OṂ* (siehe Bhakti-Yoga). Im Sinne des *Rāja-Yoga,* der hier geschildert wird, ist der Herr, den man durch eigenes Studium und die Übung der Meditation finden soll, der *Puruṣa,* der in allen Texten als der „wahre Herr" bezeichnet wird, verglichen mit Ahaṃkāra, dem „Ich", das sich zunächst als „Herr" aufspielt.
Alle diese hinführenden Phasen müssen im Hinblick auf das Endziel betrachtet werden: „Schau des Puruṣa". Immer wieder wird der Yoga-Schüler belehrt, daß für diesen Herrn die Welterfahrung gesammelt wird. Bisher hat er das nur geglaubt, jetzt soll er die eigene Bestätigung finden. Deshalb soll er sich jetzt – während der Meditation – ganz in sein inneres Wesen versenken – sich nach innen öffnen –, damit diese höchste Erfahrung angebahnt wird (Auffassung des Kommentators Deshpande).

Die beiden Glieder *Yama* und *Niyama* gelten als „vorbereitende Glieder. Hier entsteht immer wieder die Frage, ob sie bewältigt sein müssen, ehe die Bemühung um die weiteren Glieder beginnt.

3. Glied: Āsana – innere und äußere „Haltung"

Die „Haltung" ist der „Meditations-Sitz"; beschrieben wird er in anderen Texten, hier gilt er als bekannt. Der *Yogin* sitzt auf dem Boden mit gekreuzten Beinen und mit senkrecht gehaltener Wirbelsäule, weil dies die Konzentration begünstigt. Wer sich schlaff hält, träumt nur; deshalb soll auch der Europäer das Kreuz gerade halten, obgleich er auf dem Stuhl sitzen darf, wenn er keinen der Bodensitze beherrscht. Merksatz 46 sagt über die „Haltung" nur, daß sie „fest und angenehm" sein soll: *sthira sukham āsanam.*
Die *innere Haltung* während der Meditation soll ein gelassenes „In-sich-Ruhen" sein. Die *äußere Haltung* soll die innere begünstigen: Körpergefühl und Körper-Ich sollen zurücktreten, nicht mehr wahrgenommen werden. Das wird möglich bei *Erreichen eines inneren und äußeren Gleichgewichtes.* Merksatz II, 47 gibt als Hilfsmittel dafür an: ein Einstellen auf *„unendliche Weite".*

4. Glied: Prāṇāyāma – „Atemregelung"

Um leichter in den Konzentrations-Zustand zu gelangen, wird eine bestimmte „Methode der Atemführung" angegeben (II, 49-52): Ausatmen – Einatmen – Anhalten. Erwähnt werden auch: Atemrhythmus und Atemlenkung, Kürze, Länge und Leichtigkeit der Atmung.
Nähere Details finden sich im Haupt-Text nicht, nur in den Kommentaren und dort unterschiedlich. Hier kommt es also auf die vom persönlichen Lehrer übermittelte Methode an. Anschließend wird vom „unmerklichen Atem" gesprochen. Zu diesem Zeitpunkt ist „das *Citta* von *Sattva*-Schwingungen erfüllt", Kennzeichen der Yoga-Konzentration.

5. Glied: Pratyāhāra – „Zurückziehen"

Die nächste Übungs-Phase, die zuerst zu Konzentration und dann zu Meditation führt, wird erreicht, indem die fünf Sinne von der Außenwelt „abgezogen" werden. Es soll den Außen-Objekten kein Interesse mehr zugewandt werden, damit die „innere Welt" sichtbar wird. Vivekānanda ergänzt, daß gleichzeitig Nerven und Muskeln ruhig werden. Sobald der erwähnte Zustand eintritt, hört also das Blinzeln und Speichel-Schlucken auf. Das *Citta* ist von allen Einflüssen gereinigt, die Wellen in seinem Umkreis sind geglättet.
Damit ist die Besprechung der „äußeren Yoga-Glieder" beendet. Es soll versucht werden, sie noch einmal als Ganzes zu erfassen.
Mit dem Üben der Meditation kann man nicht erst beginnen, wenn „Yama und Niyama" beherrscht sind. Denn ethisches Verhalten und persönliche Disziplin müssen Tag für Tag neu errungen werden, weil der *Tamas-* und *Rājas-Einfluß* laufend einwirkt. Doch bei konsequenter Durchführung der

Meditations-Übung kann sich der *Sattva-Einfluß* stärker durchsetzen und zu einer festen Charakter-Grundlage werden. Wer auf diese Weise Selbstbeherrschung erlangt, ist ein *Rāja-Yogin.*

b) Die drei inneren Glieder – Antarāṅga

Während die „äußeren Glieder" (1-5) durch stetige Bemühung erreichbar sind, fallen die „inneren Glieder" dem zu, für den sie natürliches Verhalten geworden sind. Sie folgen schnell aufeinander und tragen daher die Bezeichnung: *Samāpatti,* „Zusammenfallen", oder *Saṃyama,* „Gesamterfassung".

6. Glied: Dhāraṇa – „Konzentration" (III, 1)

Für diese Art von Konzentration genügt es nicht, einen Gedankengang folgerichtig zu Ende führen zu können oder sich intensiv mit einer Aufgabe zu beschäftigen.
Nach dem Kommentar des *Vyāsa* im *Yogabhāṣya* war es üblich, „Konzentration auf Gegenstände" zu üben. Mit dem Ziel, die „5 Formen" – *Rūpa* – eines Dinges zu erfassen.
Sthūla–Rūpa ist die äußere Erscheinungsform.
Svā-Rūpa ist die innere Wesensform. Der allgemeine Grundcharakter des betrachteten Gegenstandes ist zu erfassen, den er mit anderen Dingen gemeinsam hat.
Sūkṣma-Rūpa = „Feinform". Der Gegenstand ist nun in seiner *Tanmātra-Gestalt* zu sehen.
Anvaya-Rūpa ist eine Konzentrationsphase, bei der die Tätigkeit der *Triguṇa* beobachtet wird.
Arthavattva: Der Meditierende untersucht die Welt nicht mehr auf ihre Mechanik hin, sondern er will ihre Zielrichtung erkennen, ihm wird klar, welche Aufgabe jedes Ding im Rahmen des Ganzen erfüllt.

7. Glied: Dhyāna – „Meditation" (III, 2)

Die drei letztgenannten Stufen der Konzentration auf die „Formen", *Rūpa,* sind nur zu erreichen, wenn sich der Übende so in seinen Konzentrations-Gegenstand vertieft, daß er sich vorübergehend als dieser empfindet. Nur dann kennt er ihn so wie sich selbst.
Es wird angeraten, die gegenständliche Meditation bis zu diesem Stadium voranzutreiben und erst dann auf Subtiles überzugehen. Wird dann die Aufmerksamkeit beispielsweise auf das eigene Kopf- oder Herz-Zentrum gerichtet – erklärt Vivekānanda –, handelt es sich um das Stadium „Dhāraṇa", wenn alle Empfindungen über dieses Zentrum empfangen werden, und um „Dhyāna", wenn der Zustand über längere Zeit beibehalten

werden kann. Wenn jegliche Form – auch Gedankenformen – aufgegeben werden können, wenn nur noch der Sinn nachklingt, ist es der Übergang zu Samādhi.

8. Glied: – zweierlei Samādhi

Prajñā-aloka (5, 6), „Erkenntnis-Schau" oder „Licht", ist das erste Stadium des Samādhi, das auf dem Wege über Dhāraṇa und Dhyāna erreicht wird, unmittelbares Wissen um etwas.
In der Folgezeit bleibt das Gemüt heiter und ruhig. Die friedliche Stimmung wird zur Gewohnheit und muß nicht mehr täglich erübt werden. Alles Vorgestellte bleibt nun gleichartig; Merksatz 12 sagt, „es ist kein Unterschied zwischen vorher und jetzt".
Doch das ist noch nicht das letzte Ziel, erstrebt wird der „samenlose Samādhi" (8). Nur er führt zum letzten Yoga-Stadium, zu Kaivalya (50 + 55), was Vivekānanda mit „Unabhängigkeit" übersetzt.

Saṃyama – „Gesamterfassung"
Der Yogin, der die drei „inneren Glieder" – Dhāraṇa, Dhyāna, Samādhi – kurzfristig und willentlich herbeiführen kann, beherrscht die Technik des Saṃyama, die nur durch viel Zeitaufwand erlernbar ist. Es muß stufenweise geübt werden. Die dreifältige *Citta*-Reaktion ist zu zerlegen. Zuerst soll beobachtet werden, wie die Sinnesreize dem „Ich" zugeleitet werden. Ist dies geläufig, dann ist die *Manas*-Reaktion darauf zu erfassen, die in Wahrnehmungs-Gruppen einordnet. Die *Buddhi* klassifiziert und benennt dann das einzelne Objekt.
Die dreifache Reaktion geschieht in einem Augenblick und läuft unbewußt ab; das ist veranschaulicht durch den Wellenring in der graphischen Übersicht S. 189.
Der Yogin, der in Saṃyama perfekt ist, kann damit Dinge in Erfahrung bringen, die in der irdischen Ebene nicht gegenwärtig sind. Diese sogenannten „Psychischen Fähigkeiten" werden in vielen alten Texten erwähnt und als *Siddhi, Ṛddhi** oder Vibhūti bezeichnet. Doch sind sie oft ein Hindernis für die Befreiung (37).
Die Übersetzung von *Siddhi* mit „Psychische Fähigkeiten" appellierte an den Wunderglauben der Bevölkerung, in deren Vorstellung der Yogin ein Wundermann war (und zum Teil bis heute geblieben ist). Patañjali aber wollte sicher nicht als Lehrer magischer Fähigkeiten gelten; denn in III, 51 + 37 warnt er, daß der seine Befreiung verwirken wird, der die Siddhi, die durch Konzentration erreichten Fähigkeiten, zur Schau stellt.
Weshalb aber führt er dann rund vierzig Übungsbeispiele an? Es geht wohl weniger um die Ergebnisse als um das Geistes-Training. Er will, daß der

* Pāli-Begriff.

Yogin, der einmal ein Samādhi erreicht hat, übt und übt, damit er perfekt wird in Saṃyama. Ein *Siddha* ist demnach ein Yogin, der Vollkommenheit oder Perfektion erlangt hat im Herstellen eines *Saṃyama.* Daß dies etwas Besonderes ist, wird klar, wenn man berücksichtigt, daß ein Yoga-Schüler oft Jahrzehnte üben muß, um vollkommene Konzentration (Dhāraṇa) zu erreichen. Für ein Saṃyama aber muß er aufeinanderfolgend Dhāraṇa, Dhyāna und Samādhi in wenigen Augenblicken herstellen können. Dabei soll er seine Konzentration auf ganz bestimmte Wahrnehmungsbereiche richten, die von feinstofflicher Art sind, stufenweise angeordnet bis zum Allerfeinsten (zum Beispiel: Tanmātra, Indriya, Citta, Triguṇa, Prakṛti). Daraus erhellt, daß die Übungsreihe ein Hilfsmittel darstellen soll, um die letzte große Aufgabe des Yogin zu bewältigen, die Unterscheidungs-Schau – *Viveka-khyāter* – oder Schau des Puruṣa – *Puruṣa* Khyāti. Dabei kommt es darauf an, das aus Sattva bestehende Licht des *Citta* vom unstofflichen Licht des Puruṣa unterscheiden zu können, denn dann hört die unzulässige Identifikation der beiden auf, und Befreiung ist erreicht.
Beschaffenheit und Funktion des Citta wird dann in Kap. IV ausführlich beschrieben, damit verstanden wird, worum es auf den allerletzten Stufen des Yoga-Pfades geht. Für den europäischen Leser wurde dieses Kapitel vorangestellt, damit er sich in Hinsicht auf die Begriffe orientieren kann. Die Merksätze 25-34 betonen dann noch einmal *Viveka* als das Ziel. Begleiterscheinung ist ein *Dharma-Megha-Samādhi;* es bedeutet, daß der Yogin nun fähig ist, im Sinne des Weltgesetzes (Dharma) zu handeln. Der Puruṣa hat seine magnetische Anziehungskraft verloren, da sich der Yogin seit seiner Schülerschaft darin übte, Bindungen aufzugeben, sei es die an Gegenstände oder die an Lebewesen. Also löst sich das aus feinstem Sattva bestehende Citta auf, seine Bestandteile fließen zurück in die Prakṛti. Der Lebenskreislauf ist für diesen Yogin beendet.

VII. Der Kriyā-Yoga (Kap. II, 1-27) im Yoga-Sūtra

1. Der von den Brahmanen überlieferte Yoga*

Mit der Kriyā-Methode wird das gleiche geistige Ziel verfolgt, das bereits aufgezeigt wurde; doch bekannt gemacht wird in diesem Abschnitt eine sehr alte, von der Priesterkaste praktizierte Methode, die mit der religiösen Richtung des *Veda* verknüpft ist. Es geht um die Grund-Tendenz, das „Reine" vom „Unreinen" zu trennen. „Reines" gibt es nur in der Transzendenz, es wird so bezeichnet, weil es „unvermischt" ist; als „unrein" oder „gemischt" wird alles Feinstoffliche und Stoffliche bezeichnet. Daß der Mensch gleichzeitig Geist und Stoff ist, verwirrt ihn und stürzt ihn in vielfältige Schwierigkeiten, solange er es nicht erkennt. Erst dann wird er langsam Herr der Situation.

Je mehr er sich – durch Sublimieren seiner Natur – seinem göttlichen Vorbild – dem *Īśvara* – angleicht, desto eher lösen sich seine Probleme; das ist *Kriyā-Yoga.*

Widmet sich der Yoga-Schüler der selbst gestellten Aufgabe mit „glühender Begeisterung", dann wird er bald lernen, das Wesentliche vom Unwesentlichen zu unterscheiden. Beides wird in dem Begriff *Tapas*, „Intensität", zusammengefaßt.

2. Die Ursache der Kleśa (3-9)

Nach Deshpande drückt das Wort *Kleśa* „Gemütsleiden" aus, depressive Gestimmtheit, Weltschmerz – herrührend von *Asmitā,* der „Ich-Bezogenheit". Aus ihr entspringen die drei Eigenschaften, die dem Menschen das Leben vergällen: *Rāga,* „Leidenschaft", *Dveṣa,* „Haß", und *Abhiniveśa,* das „Anhängen" an Dingen, Menschen und insbesondere am Leben selbst.

Diese drei Eigenschaften bedrängen den Menschen von innen her, machen ihn unruhig und unglücklich. Sie sind lebenslängliche Störfaktoren, als deren Ursache in Merksatz 4 die „Unwissenheit", *Avidyā,* angegeben wird. Unwissenheit ist hier nicht mangelnde intellektuelle Schulung, sondern eine generelle Unwissenheit, die jeden Menschen betrifft und die sich auf alle Lebenserscheinungen ausdehnt.

* Seine Fachbegriffe gehören dem Vedānta an.

Merksatz 5 zählt auf: „Das Nichtdauernde wird für ein Dauerndes gehalten (nämlich das Stofflich-Vergängliche für Dauerndes); das Unreine wird für Reines gehalten (nämlich das Psychomentale für Geistiges). Und was Störungen zur Folge hat, wird im Moment für lustvolles Erleben gehalten. Die Hauptstörungsquelle aber, das „Ich", wird für das „Selbst" gehalten, An-Ātman für den Ātman.

Denn der Lebenswille begnügt sich nicht mit Selbsterhaltung (4), er strebt nach mehr: er will Genuß und will ihn allein für sich selbst. So werden die *Kleśa* zu „Drängern" (wie Hauer sie nennt); sie rumoren im Inneren des Menschen und treiben ihn zu Handlungen an. Diese Kleśa befinden sich zum Teil in voller Aktivität, zum Teil sind sie schlummernd (unterbewußt); einige sind verdrängt, und andere konnten bereits sublimiert werden.

3. Die Beseitigung der Kleśa (10-16)

Kleśa ist ein altertümliches Wort, es wird von Vivekānanda ersetzt durch das bekanntere *Saṃskāra.* Sie zu beseitigen, genügt Meditation allein nicht; denn wie Vivekānanda ausführt, handelt es sich um die *Beseitigung der „Gesamtsumme des Karma",* die zum Teil in sichtbaren, zum anderen Teil in unsichtbaren Bereichen ausgekostet werden muß.

Der „unsichtbare Bereich" ist der aus *Tanmātra* gebildete „Psychische Organismus"; ob er gut oder weniger gut entwickelt ist, ist karmatisch bedingt; die Grundlage dafür wurde im vergangenen Leben gelegt. Soll die Beschaffenheit des subtilen und des groben Körpers verbessert werden, dann müssen jetzt schon die entsprechenden Saṃskāra gesammelt werden, denn sie sind die Samen für das Künftige. Durch Yoga kann nur das Bevorstehende vermieden werden. Das Jetzige muß ausgekostet werden, denn der Vorgang ist zu vergleichen mit dem „Ernten von Früchten".

Die *Kleśa* verlieren ihren Bedrängungscharakter, wenn der Yoga-Schüler immer mehr *Sattva-Anteile* sammelt. Er tut es durch gedankliche Beschäftigung mit dem Edlen und Erhabenen und entsprechende Handlungen. Durch das Aufnehmen von „geistiger Nahrung" kommt es zur Aufhellung seines Wesens, das dunkle Triebhafte seiner Natur wird überstrahlt von Sattva.

4. Voraussetzungen für die Möglichkeit der Befreiung (17-27)

Ein Yogin, der sich die „Befreiung" zum Ziel setzt, muß sich Klarheit darüber verschaffen, wieso der *Puruṣa* in dieses „Weltenspiel" verstrickt ist. Die altertümliche Erklärung ist: „Der Reine Geist hat sich in den Maschen der Stofflichkeit verfangen wie in einem Fischernetz." Der Mensch bemerkt dies nicht, weil der „Wahrnehmer" und das „Wahrzunehmende" so eng miteinander verbunden sind: ... *draṣṭṛ – dṛśyayoḥ – saṃyogo...* (17).
Draṣṭa, „Wahrnehmer" oder „Seher", ist der Ātman (21). Von ihm wird ausgesagt, daß er „reine Schaukraft" ist: *Dṛśimātra Śuddhi* (20), „reines Bewußtsein". Der Begriff „Puruṣa" wird im Kriyā-Abschnitt nicht verwendet, sondern immer durch *Draṣṭa,* „Seher", ersetzt.
Es wird betont, daß dieser „Seher" vollkommen unstofflich ist, während der „Psychische Organismus", die „Wahrnehmungsorgane" und die Natur-Objekte stofflich oder feinstofflich sind. Denn sie alle sind durch die Tätigkeit der *Guṇa* entstanden, die aus dem Stoff-Prinzip hervorgegangen sind. Die *Triguṇa* „Sattva-Rājas-Tamas" sind aus dem Sāṃkhya-System bekannt, hier jedoch mit älteren Begriffen bezeichnet:

Prakāśa	„Geisteslicht", statt Sattva
Kriyā	„Tätigkeit", statt Rājas
Sthiti	„Stabilität", statt Tamas

Sie bewirken Erscheinungsformen von verschiedener Dichte (19). Hier gilt es noch einmal, altertümliche Begriffe einzuordnen:

Viśeṣa	„Umgrenztes", statt Sthūla-Bhūta
Aviśeṣa	„Nicht-Umgrenztes", statt Tanmātra
Liṅgamātra	„Angedeutetes", statt Buddhi
Aliṅgāni	„Merkmalloses", statt Manas

Solange der „psychomentale Organismus" ausschließlich auf die Welt-Objekte ausgerichtet ist, wird das reine Licht des Geistes von dem Farbenspiel der Feinstoffe überblendet. Es scheint dann, als wäre der „geistige Seher" mit den „Organen", die ihm zur Wahrnehmung dienen, identisch. Nur durch ständige *Übung in der Unterscheidung* ist die Täuschung aufzuheben. Nur wer imstande ist, den Vorhang wegzuziehen, wird das Licht sehen, für alle anderen bleibt das Weltenspiel bestehen, für sie ist die Welt „weiterhin existent".

5. Der Wahrnehmungsakt (zu den Abbildungen)

Der Yogin unterscheidet drei Arten der Wahrnehmung: äußere – innere – unmittelbare.
Die folgenden graphischen Übersichten sind keine Beifügungen zu den klassischen Texten sondern Hilfsmittel für den hiesigen Yoga-Unterricht. Die große Abbildung will den alltäglichen Wahrnehmungsakt veranschaulichen; die zweite Abbildung zeigt drei kleinere Darstellungen – zum Vergleich – nebeneinander. Hier wird *links* der einfache Wahrnehmungsakt wiederholt; in der *Mitte* wird der Unterschied zur „inneren Wahrnehmung" aufgezeigt und *rechts* die „unmittelbare Wahrnehmung", der *Samādhi.*

a) Äußere Wahrnehmung (Abb. S. 189)

Der Wahrnehmungsakt ist abhängig von Wahrnehmungsorganen: *Buddhi – Manas – Ahaṃkāra* (im Wellenring). Diese drei verarbeiten, was ihnen von den Wahrnehmungsorganen zugeführt wird. Äußere Sinnesreize werden den „Buddīndriya" oder *Jñānendriya* – vermutlich durch Nervenbahnen – übermittelt. Es kommt zu fünferlei Wahrnehmung: Sehen, Hören, Riechen, Schmecken, Tasten. Daraufhin denkt *Ahaṃkāra,* das „Ich": das geht mich an, und sofort werden Tätigkeiten ausgelöst: Gehen, Greifen, Sprechen, Entleeren, Zeugen. Die nervlichen Zentren dafür heißen *Karmendriya.* In der graphischen Übersicht wird dies durch Pfeile verdeutlicht. Die Pfeilspitzen, die zum „Ich" hinlaufen, sind die wahrgenommenen Meldungen, sie kommen aus vier verschiedenen Stoff-Bereichen. Die Pfeilspitzen, die in die Bereiche zeigen, weisen auf die Tätigkeiten hin. In den mittleren Bereichen wird psychomentale Erfahrung gemacht, ganz unten stoffliche.
Dann erfolgt die Verarbeitung in den drei Haupt-Zentren: *Manas* überlegt und erwägt, welcher Art das Objekt ist, *Buddhi* erst entscheidet und bezeichnet das Objekt. *Ahaṃkāra* reagiert mit: Ich will – will nicht.
Doch die Gesamterfahrung, die auf diese Weise gemacht wird, ist für den *Puruṣa* oder *Ātman.* Die einzelnen Informationen werden von der Buddhi registriert, es sind die schwarzen Punkte, die als Saṃskāra oder – in diesem Text – als *Kleśa* bezeichnet werden. Im Yoga-System wird das *Citta* als Sammelstelle für die *Saṃskāra* angegeben, dieses umfaßt die Dreiheit „Buddhi-Manas-Ahaṃkāra".
Dieses *Citta* wird zusätzlich zu den Sinnesreizen kosmisch beeinflußt. Die Augenblicks-Situation wird durch die *Guṇa* mitbestimmt. Ist *Tamasguṇa* wirksam, wird der Mensch zum Verharren stimuliert. Bei Dominanz von *Rājasguṇa* wird er zu lebhafter Tätigkeit herausgefordert, auch zu Leidenschaft und Aggression. Die Einstrahlung von *Sattvaguṇa* regt zu geistiger

Der Wahrnehmungsakt

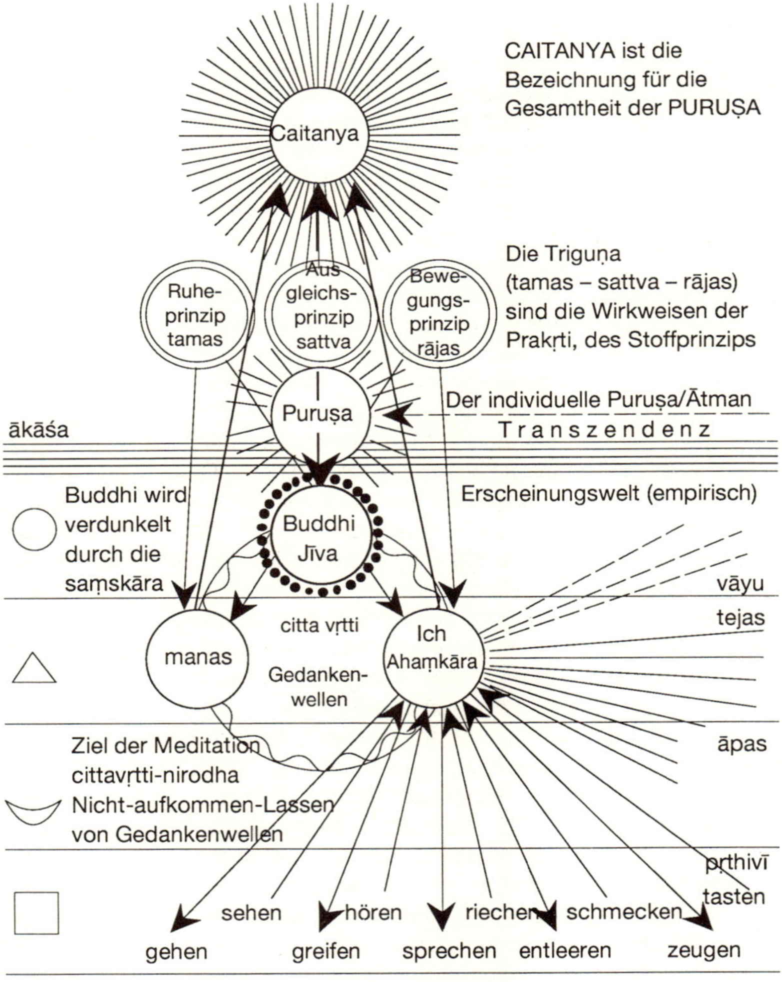

fünferlei Sinnesreize motivieren zu fünferlei Tätigkeit
Die „Organe“ dafür heißen: Jñānendriya und Karmendriya

Tätigkeit an, zu edlem Verhalten, zur Betrachtung des Schönen. Dann wird das dunkle unbewußte Triebverhalten „aufgelichtet". Das „Bewußtseinslicht" brennt heller.

b) Innere Wahrnehmungen im Zustand der Meditation (s. S. 191)

Der *Yogin* strebt nach „lichtem Bewußtsein", *Sattva.* Und es ist *Dhyāna,* die „Meditation", die ihm dazu verhilft. Meditation bedeutet nicht „Vor-sich-hin-Träumen" oder „In-angenehmen-Gefühlen-Schwelgen". Vielmehr fordert die *Pratyāhāra*-Stufe eine vollkommen *unsinnliche** Gemütseinstellung. Die Sinnesorgane sind von allen äußeren Objekten abzuwenden, um feinstoffliche Erfahrung zu ermöglichen.
Anders formuliert: Während der Meditation ist die Wahrnehmung nicht auf die Sthūla-Bhūta ausgerichtet sondern auf die *Tanmātra.* Um dies in der Abbildung deutlich zu machen, sind die Stoffbereiche unterteilt, die obere Hälfte stellt den *Tanmātra*-Teil dar. Die Pfeile sind nur auf die Tanmātra gerichtet, nur ihnen gilt jetzt das Interesse. Daher kann es jetzt im *Pṛthivī*-Bereich zu Geruchserlebnissen kommen (Geruch feuchter Erde oder duftender Harze). Im *Āpas*-Bereich sind Geschmacks-Erlebnisse möglich oder Kühle und Feuchte, wenn der Meditierende sich auf fließende Wasser einstellt. Werden Farben gesehen, sind sie in diesem Bereich grünlich-weiß; die Formen sind weich, sie fließen rasch ineinander wie die Phantasie- und Traumbilder, denen sie ähneln. Wer sich auf den *Tejas*-Bereich einstellt, sieht vornehmlich rote Formen mit spitzen Winkeln; denn inneres Sehen geometrischer Formen ist in diesem Feld charakteristisch, besonders beim Verstandestyp. Es kann aber auch die Illusion entstehen, das Geräusch züngelnder Flammen zu hören. In der Esoterik gelten diese beiden letzten Feinstoff-Erlebnisse als die „Feuer- und Wasser-Taufe".
Der Erfahrungs-Bereich *Vāyu* ruft Berührungs-Empfindungen hervor, wie zum Beispiel „vom Winde umweht werden". Andere Empfindungen sind: Leichtwerden, Schweben, Aufsteigen in geistige Bereiche. Innerlich sehen kann man blaue Formen – Ringe und Punkte und deren Kombinationen.
Dem *Ākāśa*-Erlebnis werden die Farbe Violett und Raum-Empfinden zugeordnet. Es heißt, daß der *Ākāśa* Erlebtes wie auf einem Tonband speichert, das ablesbar oder abhörbar wird, wenn die Fähigkeit dazu entwickelt worden ist. Die Theosophen prägten dafür den Begriff „Ākāśa-Chronik".
Unter gewissen Voraussetzungen erlebt der Meditierende, wie sich Formen und Farben miteinander mischen zu abstrakten Mosaiken von hoher Leuchtkraft. Doch bleiben sie schwer im Gedächtnis haften, da sie sich rasch verändern. Wird diese Fähigkeit ausgebaut, kommt es zum „Kosmischen

* unsinnlich = ohne Beanspruchung der fünf Sinne.

Dreierlei Wahrnehmungsmöglichkeiten

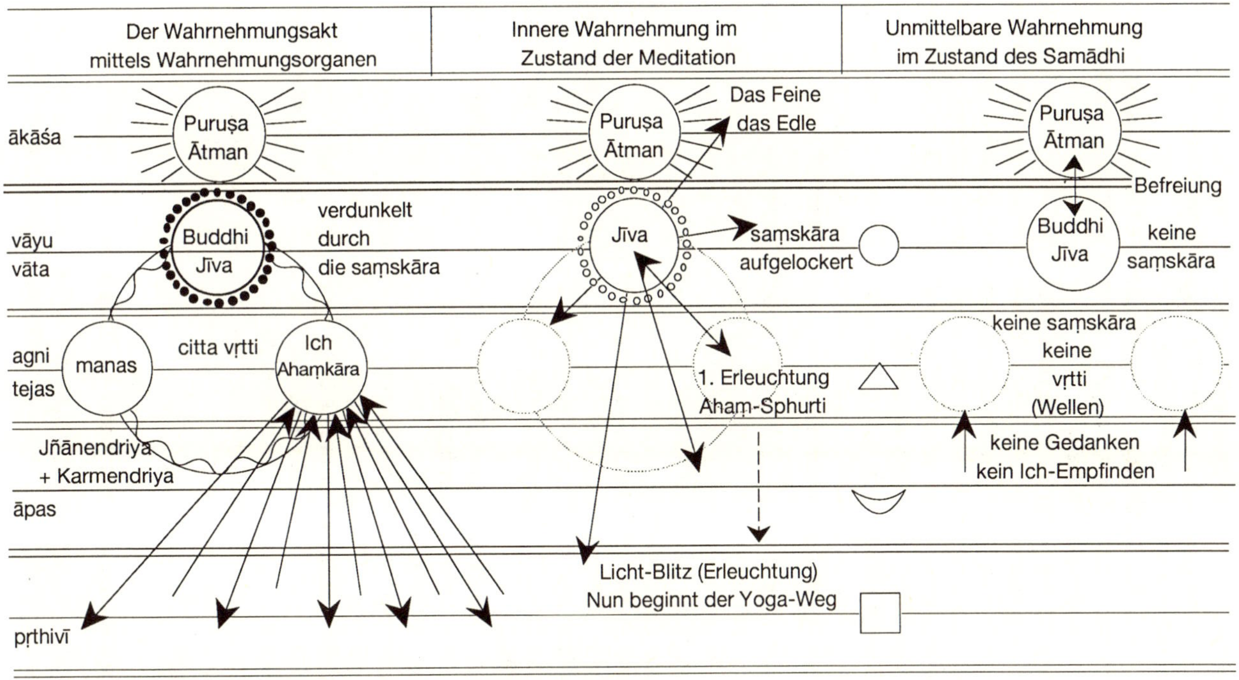

Die Pfeile meinen Sinneswahrnehmung und auslösende Reaktionen

Bewußtsein"; es kann innerlich miterlebt werden, wie die Triguṇa die vier Stoffbereiche gestalten. Im Ha-Ṭha-Yoga ist dafür eine besondere Übung entwickelt worden: die *Yoni-Mudrā.*

Das alles ist ein Zeichen der Verinnerlichung, es ist ein Übergangs-Stadium, in dem man nicht schwelgen darf, weil man sonst das geistige Ziel aus den Augen verliert: den Puruṣa.

Der eigentliche Yoga-Weg beginnt, wenn der *Ahaṃkāra* Kontakt mit der *Buddhi* aufgenommen hat. Dieses kleinere Lichterlebnis heißt *Ahaṃ Sphurti,* „Aufsprühen des Ich". Es überzeugt den Schüler, daß er auf dem richtigen Wege ist, und macht ihm Mut, das höhere Ziel zu verfolgen. Die Zeitspanne dazwischen dient der Reifung, der zunehmenden Gemütsberuhigung und dem Vervollständigen des Wissens.

Die *Buddhi* verhält sich zuerst aufnehmend, sie ist bestrebt, kosmische Kräfte an sich zu ziehen, später verhält sie sich ausstrahlend auf ihre Umgebung, teilt gewissermaßen von ihrem Überfluß aus.

Im *Kriyā-Yoga-Text* (II, 27) werden sieben *Stufen der Reifung* erwähnt, die jedoch nur von Vivekānanda charakterisiert werden („Rāja-Yoga", S. 210f.):

1. Stufe: Beruhigung des Gemüts, weil das Ziel gesehen wird.

2. Stufe: Das Gemüt ist zuversichtlich und heiter.

3. Stufe: Das innere Wissen stabilisiert sich.

4. Stufe: Äußere Pflichten sind nicht mehr zu erfüllen.

5. Stufe: „Freiheit des Citta" genannt; Geistige Klarheit setzt sich durch. Lebensschwierigkeiten werden nicht mehr empfunden.

6. Stufe: Das *Citta* löst sich in die *Triguṇa* auf; es wird innerlich miterlebt, ist Gewißheit.

7. Stufe: Dauerndes Empfinden von *Sat-Cit-Ānanda.* „Selig im zeitlosen *Sein* verharren", allumfassendes Bewußtsein.

Dieses höchste Ziel wird erreicht durch *Viveka-Khyāti,* „stetige Unterscheidungsschau" (II, 26). Sichere Unterscheidung besteht jetzt zwischen dem „Seher", *Draṣṭa,* der reines Bewußtseinslicht ist, und der ebenfalls lichtartigen *Buddhi.* Für die Zeit des Erdenweges waren beide miteinander verbunden; am Ende des Weges wird die Bindung aufgehoben. Der Zustand der „Unabhängigkeit" ist *Kaivalya* (II, 25).

Der Yoga-Weise bleibt im Körper, bis dieser auf natürliche Weise verbraucht ist. Er ist nun ein Mensch mit klarer Linie und wirkt mit wohlwollender Strenge.

c) Unmittelbare Wahrnehmung im Zustand des Samādhi

Ein Yoga-Weiser, der die genannten sieben Stufen erklommen hat, erwarb sich seine geistige Höhe durch vielfaches Erleben eines Samādhi. In der

Abbildung (S. 191) ganz rechts wird der Samādhi als ein Zustand „unmittelbarer Wahrnehmung“ bezeichnet, denn die Trennungslinie zwischen Buddhi und Puruṣa ist nun durchbrochen. Wahrnehmung wird nicht mehr durch Sinnesorgane und Citta vermittelt, daher ist der weiterleitende Wellenring überflüssig. Der „psychische Organismus“ mit dem Ich ist während eines Samādhi gleichsam abgeschaltet und wird bei Beendigung wieder eingeschaltet. Seine totale Auflösung erfolgt nur auf der höchsten Stufe des Yoga und wird endgültig beim Ablegen des Körpers. Das ist dann die „Befreiung“.

VIII. Der Bhakti-Yoga im Patañjala-Yoga-Sūtra

Die Methode der Śiva- und Viṣṇu-Gläubigen (Śaiva – Vaiṣṇava)

1. Der Īśvara – Īśvara-Praṇidhāna-Text (II, 23-55)

Die *Śaiva* und *Vaiṣṇava* sind fromme *Hindus,* die einen persönlichen Gott verehren; je nach Glaubensbekenntnis nennen sie ihn *Śiva* oder *Viṣṇu.* Er ist der *innere Guru,* auf den sich der Meditierende zu Beginn seiner Übung ausrichtet. Solange die innere Stimme nicht gehört wird, ist ein *lebender Guru* maßgeblich, ein kompetenter Yoga-Lehrer, dem sich der Schüler anvertraut.

Dem Īśvara oder inneren Guru kommt nur in diesem Abschnitt des Yoga-Sūtra eine besondere Bedeutung zu. Im *Kriyā-Yoga* der Brahmanenkaste wird er nur einmal erwähnt (II, 1), um die geistige Haltung des Yoga-Schülers zu charakterisieren.

Der *Jñāna-Yoga* kennt einen Īśvara nicht, falls man darunter einen göttlichen Schöpfer und Erhalter der Welt versteht. Diesem Jñāna-Yoga, der im „Nirodha-Text“ behandelt wurde, liegt die *Sāṃkhya-Lehre* zugrunde, die es nicht für gerechtfertigt hält, einen Schöpfergott anzunehmen. Das wird folgendermaßen begründet:

„Ein Schöpfergott müßte ein Hohes Wesen mit einer freien Seele sein. Wozu aber sollte ein freier Puruṣa dieses Weltendrama nötig haben?“

„Nimmt man jedoch an, der Weltenschöpfer sei ein nicht befreiter Puruṣa, dann wäre er selbst durch die Natur gebunden und könnte nicht gleichzeitig der Schöpfer der Natur sein.“

Der Sāṃkhya-Lehrer *Kāpila* nimmt daher an, daß die im *Veda* genannten Weltbaumeister – *Prajāpati* – zu Beginn jedes neuen Zyklus die Welt neu erschaffen. Sie hatten sich in ausdauernder Askese magische Kräfte – *Vibhūti* – erworben und wenden diese immer wieder an, weil ihre Veranlagung sie dazu drängt.

Im *Aṣṭāṅga-Yoga* wird unter „Niyama“ einmal ein Īśvara erwähnt. Der moderne indische Kommentator *Deshpande* deutet ihn als das „Göttliche im eigenen Wesensgrunde“.

Hier – im Īśvara-Praṇidhāna-Text (I, 24) – wird der *Īśvara* als ein *Puruṣa* besonderer Art bezeichnet*, der unberührt ist von „Kleśa und Karman“ oder von irgendwelchen vergangenen Einflüssen. Hier wird er also als „Hohes

* Siehe dazu auch den Fünften Teil, bei Sri Aurobindo.

Geistwesen" vorgestellt, und mit ihm nimmt der *Bhakti-Yogin* Kontakt auf durch *Japa,* Rezitation einer bedeutsamen Silbe.

2. Rezitation der Silbe OṂ – eine Meditations-Methode

Seit der Zeit des *Veda* ist die „Murmel-Rezitation" der Silbe *OṂ* gebräuchlich. Zuerst wird sie laut gesungen, dann in sich hinein gemurmelt und schließlich nur noch gedanklich rezitiert. Das ist noch heute eine beliebte Methode zur Beruhigung heftiger Gemütsbewegungen.
Die Erklärung ist, daß sich die Gemütswellen, die durch Freud und Leid verursacht werden, in die OṂ-Schwingung verwandeln, wodurch sich im *Citta* das lichtartige heitere *Sattva* ausbreitet.
Da sowohl das *OṂ* wie auch der *Īśvara* sattva-artig sind, ist es einfach, zwischen ihnen eine Verbindung herzustellen.
In der bildlichen Ausdrucksweise wird das *OṂ* mit einem „Wagen" verglichen, der zu Īśvara hinfährt; es wird auch die „Barke" genannt, die „ans andere Ufer" bringt: in die geistige Welt, in die Transzendenz.

a) OṂ oder AUṂ in der Māṇḍūkya-Upaniṣad

In der genannten Upaniṣad wird das OṂ zerlegt und vier Aspekten zugeordnet. Das Stichwort dafür ist: *Die 4 Füße des AUṂ.* Vier Füße hat die heilige Kuh, daher ist „vier" im indischen Altertum Ausdruck der Vollkommenheit.
Zuordnung der „4 Füße" zu „4 Aspekten des Bewußtseins":
A wird in Beziehung gesetzt zum „Wachzustand", *Vaiśvānara.*
U wird in Beziehung gesetzt zum „Traumzustand", *Taijasa.*
M wird in Beziehung gesetzt zum „Tiefschlaf", *Prajña.*
Hier wird das Erkennen des Ātman angebahnt.
AUṂ – die Silbe als Ganzes – entspricht der Vollkommenheit des „Vierten Zustandes", *Turīya,* das ist *Samādhi.*

b) OṂ oder AUṂ in der Nāda-Bindu-Upaniṣad

Hier wird die Silbe bildlich vorgestellt, es ist eine *Yantra*-Übung. Der Meditierende soll innerlich einen großen „Goldenen Schwan" sehen, der seine Flügel weit über das ganze Universum ausgebreitet hat. Als Repräsentant der Gottheit – des Īśvara – schaut er herab auf die geschaffenen Wesen, und der Yoga-Schüler schaut meditierend zu ihm hinauf. Und da sieht er weiterhin – als Folge gesteigerter Vorstellungskraft – die Silbe *AUṂ* auf dem Vogel der Geistigkeit: Das *A* auf dem rechten Flügel, das *U* auf dem linken;

auf dem Schwanz das *M* und dann noch die ganze Silbe *AUṂ* auf dem Kopf des Schwanes.
Der Leib dieses Vogels soll aus „Lichtsubstanz", *Sattva,* vorgestellt werden, die Füße aus *Rājas* und *Tamas*; es soll daran erinnern, daß diese *Triguṇa* in der Gottheit enthalten sind als ihre drei Aspekte der Zeit. In der Gottheit kommen wechselnd zum Ausdruck *Dharma* und *Adharma,* das Gesetz der Polarität. Die beiden Augen des Schwanes sollen daran erinnern.
Wer das durch die Gottheit repräsentierte Ordnungsgesetz erkennt, klagt nicht über die Wechselfälle des Lebens.

c) OṂ in der Amṛta-Nāda-Bindu- und in der Nāda-Bindu-Upaniṣad

Jetzt tritt der Nasal in den Vordergrund. Im Sinne des *Tantra* gedeutet, ist der Punkt unter dem Ṃ der *Bindu,* der Keim des Universums. Entsprechend dazu ist *Nāda* der keimhafte Klang, der Ur-Laut. Wer den Nasal summt, soll daran denken, den Ton leise verklingen lassen und warten, denn nun kommt noch *Aśabda,* das „Erlebnis der Tonlosigkeit", der vollkommenen Stille. Wie die Welt aus dem Ton oder dem „Wort" entstand – nämlich aus Vibrationen, – so wird sie einst wieder in den Ton verklingen.
Während der Meditierende auf *Aśabda* wartet, können sich innere Klangerlebnisse einstellen: zuerst ein Brausen im Kopf, das später ins Melodische übergeht – man glaubt, nacheinander verschiedene Musikinstrumente zu hören. Das soll man so oft üben, bis sich eines Tages wirklich die vollkommene Tonlosigkeit einstellt, das wäre dann Samādhi.

3. Meditations-Hemmnisse

Jeder Yoga-Schüler macht die Erfahrung, daß er nur zeitweise mit Freude und Erfolg übt. Eines Tages aber fühlt er sich blockiert. Die Störung kann von außen kommen als ein Schicksalsschlag oder auch von innen her: als Nervosität, Ungeduld, Atemnot oder ähnliches.
Deshpandes Kommentar zu den betreffenden Aphorismen wird für ihr Verständnis hilfreich sein. Die betreffenden Stichworte sind: Vyādhī, Styāni, Saṃśaya, Pramāda, Ālasya, Avirata, Bhrānti-Darśana und Alabdha.
Vyādhī heißt „Sorge", Grübeln, krankmachende Stimmung, manchmal eine Folge zermürbender Lebensbedingungen. Man sollte dann versuchen, in eine andere Umgebung zu gelangen oder sich einen anderen Freundeskreis zu suchen, mit gleichgesinnten Leuten zusammenkommen.
Styāni bezieht sich auf Erstarren oder Verhärten, auf eine Phase der Blokkierung. Durch regelmäßige Meditation war der Schüler mit einem anregen-

den Kräftestrom in Verbindung getreten, er spürte beglückende schöpferische Impulse. Das Aussetzen des Kräftestroms wird dann als Stillstand empfunden.
Saṃśaya ist „Zweifel", „Ungewißheit". Der Yoga-Schüler fragt sich, ob er etwas falsch gemacht hat, weil er neuerdings erschöpft ist und jede Unternehmungslust verloren hat. Ist er überhaupt auf dem richtigen Weg?
Solche verzagten Stimmungen rühren von irrtümlichem Denken, von *Pramāda* her. Man muß das Vertrauen in die Sache zurückgewinnen und es zur Anregung vielleicht mit einer neuen Methode versuchen.
Es kann auch eine Phase eintreten, die soviel Sicherheit verleiht, daß der Betreffende überheblich wird. Er glaubt dann, schon alles erreicht zu haben, und wird bequem. Dann tritt *Ālasya* ein, „Schlappheit", „Schwerfälligkeit"; Tamas-Guṇa nimmt überhand. Um diesem belastenden Zustand zu entfliehen, wünscht sich der Mensch nun schöne Dinge, ein angenehmes Leben. Jetzt besteht Gefahr, in „Genußsucht" zu verfallen. Dann heißt es erst recht: nicht ablassen vom eingeschlagenen Weg, weitermachen, *Avirata.* Einem Bhakti-Schüler empfiehlt man nun, intensiv die OṂ-Meditation zu üben mit Versenkung in Īśvara. Er soll auch *Bhrānti-Darśana* üben, das gedankliche Umkreisen verschiedener Ansichten. Bei genügend Intensität und entsprechender Veranlagung kann es nun zu Visionen kommen von göttlichen Wesen und geistigen Führern. Bleiben solche Gedanken und Visionen unkontrolliert, dann verschwimmen zunehmend die Grenzen zwischen Realität und Wunschwelt. Oft hält sich der Betreffende für auserwählt. Dann bleibt er in diesem illusionären Stadium befangen und entwickelt sich nicht weiter. Erkennt er nach geraumer Zeit sein Fehlverhalten, dann kommt der Stoßseufzer: „Noch immer nicht erreicht!" *Alabdha!*

4. Die Überwindung der Hindernisse (I, 32-39)

Im Yoga-Sūtra werden nun Vorschläge gemacht, wie man sich aus dieser Störungsphase befreien kann; hier wird die Interpretation von Deshpande weitergegeben:
Als erstes und wichtigstes wird genannt: *Ekatattva,* „innere Einstellung" auf die „Einheit des Daseins". Daraufhin wird sich im *Citta* eine „glückliche Stimmung" ausbreiten – *Kalyāna.*
Besänftigend wirkt auch, wenn der Schüler – zu Beginn der Meditation – an gewisse Tugenden denkt, wie es bei den Buddhisten üblich ist. Er kann sich mit Gedanken an Zuneigung und Freundschaft erfüllen, *Maitri*; es können auch Gedanken der Barmherzigkeit sein, *Kāruṇa,* oder solche der Mitfreude, *Muditā.* Wer sich immer wieder vorstellt, daß sich Gleichmut, *Upekṣa,* in ihm

ausbreitet, dem wird es eines Tages gelingen. Darunter ist nicht nur Abstand gegenüber Lust und Leid zu verstehen sondern auch Neutralität gegenüber „frommen und unfrommen" Handlungen der Mitmenschen. Gleichmut gegenüber „Lust und Leid" – *Sukha* und *Duḥkha* – ist eine oft wiederholte Redewendung; ein solcher Gleichmut soll wenigstens während der Zeitspanne der Meditations-Übung erreicht werden. Fällt es manchmal schwer, so kann man die weiteren Ratschläge befolgen:
Ruhige Atmung – mit vollständiger Entleerung beim *Ausatmen*; es beseitigt psychische Stauungen und bahnt die Leere des Gemütes an. Auch Konzentration auf Gegenstände wird empfohlen (35) und als Steigerung: Konzentration auf das *Licht im Herzzentrum* oder Konzentration auf die *Wesensmitte des Meisters,* auf sein „gereinigtes Citta".
Wer einen bedeutsamen *Traum* hatte, kann über ihn nachdenken, es wird ihm Aufschluß über die Störungs-Ursachen vermitteln. Bei der Morgen-Meditation kann man versuchen, die friedliche Stimmung der Schlafperiode beizubehalten. Aber auch jede andere Gelegenheit, die in friedliche Gemütsverfassung versetzt, kann als Auftakt für eine Meditations-Übung genutzt werden (39).

5. Ziel der Meditation: Samāpatti (I, 40-51)

Erst nach Überwindung der aufgezählten störenden Hindernisse wird die Meditation erfolgreich werden.
Nach der Überlieferung sind zuerst sichtbare und dann erst subtile Meditations-Objekte zu wählen. Erst der Fortgeschrittene konzentriert sich auf das *Citta* und zuletzt auf den *Puruṣa* oder *Ātman.* Da die Konzentration auf etwas völlig Gestaltloses am schwierigsten zu realisieren ist, ist es in vielen Gruppen üblich, sich als vorletztes auf den persönlichen *Īśvara* auszurichten. Eine gefühlsmäßige Verbindung mit ihm aufzunehmen, wird in diesem theistisch orientierten Text-Abschnitt zwar empfohlen, jedoch später nicht mehr erwähnt. Auch werden „Ātman" und „Puruṣa" bei der Charakterisierung der verschiedenen Samādhi-Zustände nicht genannt. Von einer Verschmelzung des Ātman mit dem Brahman – wie zur Zeit der Upaniṣaden – ist ebenfalls nicht die Rede.
Es erfolgt nur eine nüchterne Definition des Begriffes *Samāpatti,* der hier den Begriff *Samādhi* ersetzt (I, 41)*. „Samāpatti" heißt „Zusammenfallen",

* Die Bedeutung der Begriffe *Samāpatti* und Samādhi ist im Yoga-Sūtra-Text nicht eindeutig. Beide Begriffe sind bereits von buddhistischen Texten her bekannt. Samādhi bedeutet dort: Sammlung auf ein Ziel hin oder das Sammeln der Gedanken, um Jhāna, die Meditation, zu erreichen. Man konnte damals Gedankenstille erzielen

und es ist nun zu klären, was da zusammenfällt. Der Begriff ist nur im Zusammenhang mit dem *Wahrnehmungsakt* zu verstehen; es wird an die „graphische Übersicht" im vorigen Text-Abschnitt erinnert, die verdeutlicht, daß Wahrnehmung durch „Organe" vermittelt wird, die kurz nacheinander reagieren, bis der Vernunftschluß möglich ist. Das *Sehen,* das *Registrieren* und das endgültige *Erfassen* fallen jetzt zusammen. Darum wird „Samāpatti" oder „Samādhi" *unmittelbare Wahrnehmung* genannt.

6. Vier verschiedene Grade von Samāpatti

Bei ihrer Beschreibung werden die Kommentare von Vivekānanda und Hauer zu Grunde gelegt.

a) *Savitarka*-Samāpatti (42)

Das Erkennen kommt hier nicht zustande durch Bezugspunkte im Gedächtnis wie beim logischen Denken. Der Yogin, der sich in diesem Zustand befindet, weiß wortlos, ohne dafür verstandesmäßige Begriffe zu benötigen. Ihm wird klar, daß die „mittelbare Wahrnehmung" – die über die fünf Sinne – unzulänglich ist.

b) *Nirvitarka*-Samāpatti (43)

Verständnis ohne rationale Überlegung – ohne Voreingenommenheit durch früher Erlerntes, eine neue Sicht eröffnend.

innerhalb der 4 Rūpa-Jhāna-Stufen oder innerhalb der 4 Arūpa-Jhāna-Stufen; später konnte man noch eine 9. Stufe ersteigen mit der Bezeichnung *Nirodha-samāpatti.* Den Begriff *Samāpatti* aber übersetzt der Kommentator Vivekānanda abwechselnd mit Konzentration, Meditation oder Dhyāna. Er erläutert auch die Begriffe *savitarka* und *savicāra,* die ebenfalls von der buddhistischen Meditationsschulung her bekannt sind als Denkanregung (vitarka) und anschließende Überlegung (vicāra).
Weshalb aber werden diese Begriffe im Yoga-Sutra-Text mit dem Begriff *Samāpatti* verbunden? Es ist aus dem Text kein „Zusammenfallen" von Vorgängen ersichtlich, die ein *Samādhi* charakterisieren. Es scheint sich nur um verschiedene Phasen von Konzentration und Meditation zu handeln, die alle „samenhaltig" sind (sabīja), wie der Text aussagt. Erst das *Nirbījasamādhi* bezeichnet das, was wir heute unter dem Begriff verstehen, nämlich ein höheres Erkennen oder Wahrnehmen, das auf rationalem Wege nicht erreichbar ist. Nur dieser Samādhi ist gleichbedeutend mit Schau des Puruṣa (I, 51) und dieses Erlebnis wiederum ist Befreiung.
Aus diesen Überlegungen darf man schließen, daß zur Entstehungszeit des Yoga-Sūtra die beiden erwähnten Begriffe noch in ihrer älteren Bedeutung verwendet wurden. Das Endziel wird nicht mit Samādhi angegeben sondern als die Schau des Puruṣa die bei allen vier Yoga-Methoden erwähnt wird. *Kaivalya* bedeutet dann Unabhängigkeit des Puruṣa – nämlich von den Triguṇa – die ihn während des Lebenskreislaufs in das Zeitgeschehen hineingezogen hatten. Unabhängig ist er, weil er jetzt über der Zeit und der Kausalität steht. Sein Zustand wird als reine Schaukraft bezeichnet, während der lebende Mensch über das, was er sieht, Betrachtungen anstellt und Zu- und Abneigung empfindet. Das trifft nicht zu auf den Puruṣa. Er ist ausschließlich wahrnehmend.

c) *Savicāra*-Samāpatti (44)
Bei der Konzentration und Meditation auf *subtile Objekte,* wie es die 25 Tattva sind, wird versucht, sie nach allen Seiten hin zu untersuchen, um ihre einzelnen Funktionen im Welten-Dasein zu ergründen. „Vicāra" – von einem zum anderen schreitend – werden ihre Beziehungen erfaßt.
d) *Nirvicāra*-Samāpatti (47)
Die Savicāra-Meditation geht in die Nirvicāra-Erkenntnis über. Die untersuchende Phase ist in die Entscheidung übergegangen, gewissermaßen ein Aha-Erlebnis. Das Richtige „leuchtet auf" und überzeugt.
a) bis d) Diese vier Samāpatti-Formen sind *sabīja,* das ist „samenhaltig". Sie enthalten noch den „Keim" des Trennenden. Der Wahrnehmer ist sich noch in geringem Grade bewußt, etwas wahrzunehmen. Das reicht noch nicht zur „Befreiung".

7. Der Nirbīja-Samādhi (51)

Eine Samādhi-Stufe zu erreichen, die nicht mehr den Keim der Wiederverkörperung in sich trägt, ist das Ziel eines jeden Yogin. Der Begriff „Nirbīja-Samādhi" stellt dies betont heraus. Inzwischen hat der fortgeschrittene Yogin den letzten und höchsten Meditations-„Gegenstand" gewählt, das formlose Bewußtsein in seinem Inneren, den *Ātman* oder *Puruṣa.* Sein *Citta* ist so „rein" geworden, daß es nur noch ihn widerspiegelt. So stimmt er jetzt in seinem tiefsten Wesen überein mit *Satya,* der „Ewigen Wirklichkeit", und *Ṛta*, der „Kosmischen Gesetzlichkeit". Nichts mehr ist ihm unbegreiflich.

Dritter Teil

Vedānta

(etwa ab 1200 v. Chr.)

A. Die Entwicklung des Frühen Vedānta (Die Lehren der Brahmanen)

I. Die kulturelle Überlieferung des Veda

1. Der Veda als Kulturdokument der Frühzeit

a) Die Überlieferung

Die ältesten indischen Lehren enthält der *Veda,* das „Wissen". Er ist das Kulturgut des Volksstammes der *Bhārata,* die sich auch *Arya,* die „Edlen", nannten. Dieser *Veda* war kein Buch, es war die mündlich überlieferte Tradition, die in der Brahmanen-Kaste weitergegeben wurde. Damit trotz der Wanderungen von Land zu Land nichts verlorenging, mußten alle Brahmanen-Söhne dieses Wissen auswendig lernen.
Als die Bhārata um 1700 v. Chr. in die Ganges-Ebene einwanderten, war dieses Wissen vermutlich schon zwei- bis dreitausend Jahre alt. Veränderungen der religiösen und familiären Bräuche wurden immer wieder hinzugefügt. Auch das war Aufgabe der *Brāhmaṇa,* der Priester, die sich neben ihrem Amt als Dichter und Ärzte betätigten.
Der *Veda* ist in einer indo-germanischen Sprache verfaßt, deren älteste Form man „vedisch" nennt; die jüngere Form ist das *Sanskrit* (Sanskṛtam).
Der *Veda* erlaubt, den Wandel der Sprache, wie den der Auffassungen, über Jahrtausende hinweg zu beobachten, während die Berichte darüber anderenorts oft verlorengegangen sind.
Erst um die Zeitenwende begann man, die Schriftzeichen in Palmblätter zu ritzen; ehe sie zerfielen, mußten sie erneuert werden. Sie wurden nicht datiert. *Altersangaben beruhen daher noch heute auf Schätzungen, die von Indologen laufend korrigiert werden.* Der kulturgeschichtliche Verlauf muß gedanklich erschlossen werden.
Fest steht jedoch, daß der *Veda* das älteste indische Kulturgut darstellt.

b) Die Sammlungen des Veda

Die umfangreichen vedischen Texte werden in drei Teile gegliedert, weil sie von drei verschiedenen Priestern verwaltet wurden: dem Hotar, dem Adhvaryu und dem Udgātar. Sie waren zuständig für die verschiedenen Teilhandlungen bei einer Opfer-Zeremonie. Nur der Oberpriester war der *Brāhmaṇa.*

Für diese Priesterschaft war maßgeblich der sogenannte *„dreifache Veda“*:
Der *Ṛg-Veda* enthält Hymnen (Ṛc); sie galten den Naturgöttern und wurden vom *Hotar* vorgetragen.
Der *Yajur-Veda* enthält Sprüche, die bei der Opferhandlung *(Yajus)* vom *Adhvaryu* gemurmelt wurden.
Der *Sāma-Veda* enthält die Gesänge *(Sāman)*, Melodie-Aufzeichnungen, die der *Udgātar* anzustimmen hatte.
Diesen ältesten Texten angeschlossen wurden die späteren Ergänzungen:
Die *Brāhmaṇa* sind Texte über Opferriten und ihre Symbolik. Hier werden bereits „kosmische Kräfte“ erwähnt, die den Mikrokosmos (Mensch) mit dem Makrokosmos (dem All) verbinden. Die Texte verwaltete der Oberpriester gleicher Bezeichnung, man nannte ihn ebenfalls Brāhmaṇa.
Die *Āraṇyaka* oder „Waldbücher“ sind die letzten Teile der Brāḥmaṇa. Die Waldeinsiedler nahmen sie mit in den Wald, um darüber nachzusinnen. Es waren in erster Linie Angehörige der Brahmanen-Kaste, bei denen es Sitte war, ihre dritte Lebensphase in der Einsamkeit zu verbringen. In dieser Lebensphase begann das philosophische Denken und das Meditieren darüber. Man begann auch, dem Atemvorgang Bedeutung beizumessen. Es sind die ersten Ansätze für ein Verhalten, das man später *Yoga* nannte.
Der *Atharva-Veda* schließlich, benannt nach einem mythischen Priester (Atharvan), läßt erkennen, daß die Priester in zwei Richtungen tendierten. Während sich die einen dem Meditieren in der Abgeschiedenheit zuwandten, glaubten die anderen, im Analogiezauber das Mittel gefunden zu haben, mit den schwierigen Lebensverhältnissen fertigzuwerden. Man bittet die Götter nicht mehr um ihre Gunst; man versucht eindringlich, sie zu beschwören, mit kraftgeladenen Worten *(Mantra)* und *(Dhāraṇa)*. Einige von ihnen ähneln den „Merseburger Zaubersprüchen“.
Alle angeführten Texte gelten als *Śruti*, als inspirierte Offenbarungen. Die später darüber verfaßten Abhandlungen *(Sūtra* und *Saṃhitā)* zählen zur traditionellen Überlieferung: *Smṛti.*
Bevor wir uns dem Vedānta zuwenden, soll allgemein Wissenswertes aus dem Veda mitgeteilt werden, das, was vermutlich für die ganze damalige Menschheit galt. Daraufhin erst folgt die Entwicklung des Frühen Vedānta, der als Höhepunkt des Veda gilt und ebenfalls von Angehörigen der Priesterkaste entwickelt wurde.

2. Die Einwanderung arischer Hirtenkrieger

Trotz aller Nachforschung konnte bis heute nicht festgestellt werden, wer die Ureinwohner Indiens waren. Es scheint ein ständiges Kommen und

Gehen gewesen zu sein. Die letzten – vor dem Einfall der Arier – waren vielleicht rassisch verwandt mit den heutigen *Draviden* (Drāvida), die jetzt vorwiegend in Südindien leben. Mit Sicherheit weiß man aus den Berichten nur, daß es dunkelhäutige Volksgruppen waren, mit denen die hellhäutigen Eroberer keine Gemeinschaft wünschten. Diese kamen um das Jahr 1700 vor unserer Zeitrechnung als Halbnomaden – vielleicht über Süd-Rußland – und durchwanderten von Ernte zu Ernte die fruchtbare Gangesebene, die etwa 3000 km lang und 200-300 km breit ist.

Die Einwanderer waren überwiegend Hirten, die auf ihre Rinderherden stolz waren; gleichzeitig werden sie als tollkühne Krieger geschildert, weshalb man sie heute auch als Hirtenkrieger bezeichnet. Sie werden im *Veda* als „Burgenbrecher" gerühmt; alle Städtenamen, die mit pura oder pur enden, weisen darauf hin.

Das eindringende Fußvolk kämpfte mit Bronzewaffen, die Adligen kämpften mit dem Bogen. Ihre Pfeile schossen sie von flinken zweirädrigen Kriegswagen ab, die von zwei Pferden gezogen wurden. Die einheimische Verteidigung war von vornherein unterlegen; es soll sich dabei nur um lanzenbewaffnetes Fußvolk mit etlichen Ochsenkarren gehandelt haben. Die Besiegten wurden von den Ariern spöttisch plattnasige Sklaven genannt und sonst nicht beachtet.

Diese Abwertung dürfte nicht nur der fremden Rasse gegolten haben sondern vor allem der anderen Kulturstufe. Die Ureinwohner huldigten noch überwiegend einem Erdkult, mit Riten für eine Göttin der Fruchtbarkeit. Einen solchen – in Matriarchaten üblichen Kult – hatten die Einwanderer hinter sich gelassen. Ihre Gesellschaftsform war ein Patriarchat, das heißt: die Väter standen der Familie vor und die Priester einer größeren Gruppe. Diese waren Hüter des Feuers und Verehrer des Lichts. In die Lichtwelt des *Indra* gingen die Krieger ein, wenn sie den Heldentod gestorben waren; besonders Verdienstvolle wurden mit einem Trank Soma begrüßt.

Soma nannten die Arier einen uns unbekannten Rauschtrank, der sie so kühn machte, daß sie sich zu den Göttern erhoben fühlten. Das Rezept wurde vergessen; später wußte man nicht mehr, aus welchen Pflanzen Soma gekeltert wurde. Der Begriff schien daher geeignet, mystische Erfahrungen zu bezeichnen, und wurde besonders von den Lehrern des *Tantra* aufgegriffen.

Vorerst folgen nun Berichte über das indische Altertum, nämlich über Sitten und Bräuche der Ahnen dieser Hirtenkrieger, die sie als ihr Kulturgut mitgebracht hatten. Alles, was da beiläufig in ihren *Veda*-Texten zur Sprache kommt, weist verwandte Züge zu anderen Kulturen der frühen Menschheit auf und ist daher von Interesse für die Völkerkunde.

3. Frühe Kulte im nordindischen Raum*

a) Opfer-Riten

Die frühen Menschen waren Jäger und Nomaden; erst unter Vorherrschaft der Frauen, sollen sie langsam zu Ackerbauern geworden sein. Wenn die Männer die Urwälder gerodet hatten, war es Aufgabe der Frauen, auf den so vorbereiteten Böden anzupflanzen, dann zu ernten und für Vorräte zu sorgen. Aber schon bald kam dazu die sogenannte „Kopfarbeit“ des Mannes: in Form von *Magie.* Nur durch magische Beschwörung – so glaubte man – könnte die Erde, wie auch der Leib der Frau, fruchtbar werden. Mit der Durchführung der immer komplizierter werdenden magischen Rituale wurde die Priesterkaste, die Brahmanen, betraut.

Zu den Riten gehörten Opferungen. Nach dem Prinzip des Tauschhandels mußte man für das, was man von den Göttern erflehte, etwas anderes hergeben. Da nun des Menschen Wünsche in alle Richtungen gehen, hatte man bei den verschiedensten Gelegenheiten zu opfern: beim Hausbau, für gute Ernte, um Schutz vor Krankheiten und Dämonen, vor wilden Tieren und feindlichen Menschen. Ein Opfer war fällig bei Hochzeitsfeiern, bei Prinzengeburten, bei Königsweihen. Bei kriegerischen Auseinandersetzungen wurde der Sieg erfleht, bei der Liebeswerbung die Erhörung. Wer Schuld auf sich geladen hatte, mußte ein Sühneopfer veranstalten – und wenn alles nach Wunsch gegangen war, war das Dankopfer fällig. Es gab keinen Mangel an Gelegenheiten.

Für die Gemeinschaft am wichtigsten war aber das Fruchtbarkeitsopfer. Ein Acker muß gedüngt werden, wenn er Frucht tragen soll, und einstmals gehörte dazu auch Blut. Der Erdgöttin wurden Mädchen geopfert, andere Kulte verlangten das Opfer von Jünglingen. Waren die Geopferten göttlicher Natur, so wuchsen schöne Blumen, Getreide, Früchte oder Gemüse aus dem vergossenen Blut, wie Mythen und Märchen noch heute zu erzählen wissen. So erklärte man die Entstehung der Nahrung. Der *Veda* berichtet, daß die ganze Welt auf diese Weise entstanden sei: Der kosmische Gottesmann mußte geopfert werden, damit aus dem einen Wesen viele Wesen werden konnten.

Doch irgendwann wurde das Menschenopfer vom Tieropfer abgelöst. Bevorzugte Opfertiere waren: Stier, Pferd, Bock, Hahn und Taube. Die Wahl war abhängig vom gesellschaftlichen Status des Opferherren; zu berücksichtigen war auch der Schwierigkeitsgrad, der die Wunscherfüllung ermöglichte.

* Vgl. hierzu vor allem Emil Abegg, Paul Deussen, Mircea Eliade und Erich Frauwallner.

Ein Opfer-Ritus glich der Einladung zu einem Gastmahl. Noch heute gilt es als Beleidigung, wenn der geladene Freund nicht kommt. Zum Opfermahl wurde aber der göttliche Schutzpatron eingeladen, und wenn dieser nicht kam, war es gleichbedeutend mit Wunschverweigerung.
Daher wurde der Gast mit Lobeshymnen herbeigelockt. Darin wurden alle mythisch überlieferten Taten des Gottes aufgezählt und auch aufgebauscht, um ihm zu schmeicheln. Besonders viel versprach man sich von Zauberformeln, die in beschwörendem Tonfall vorgetragen wurden.
Um genügend Überzeugungskraft zu erlangen, hatte sich der *Magier** in den Zustand des *Tapas* zu versetzen: in Glut, denn nur glühende Inbrunst war imstande, die kosmischen Mächte zu beeinflussen. Bei bedeutenden familiären und staatlichen Anliegen wurde die ganze Familie oder das ganze Volk dazu angehalten: zu fasten, zu schweigen und Konzentration zu üben: *Tapas.*

b) Könige und Helden

Das Wort *„König“* weckt die Vorstellung von großer Macht, von Glanz und Pracht. Erst durch das Erbfolgerecht kam es zu solch einem überzüchteten Königtum. Die Könige des Altertums waren nur kleine Stammesfürsten, manche nur Häuptlinge oder Heerführer. Sie hatten sich durch Körperkraft auszuzeichnen. Vor der Königswahl mußten sie ihre Überlegenheit unter Beweis stellen: durch sportliche Leistungen, durch Waffenübungen und noch früher durch stundenlanges Tanzen, denn Tanz war Fruchtbarkeitszauber.
Da das Volk einen König mit übernatürlichen Kräften schätzte, leiteten die Könige ihre Herkunft gern von „Göttern“ ab, das gab ihnen mehr Ansehen. Doch ein „Gott“ durfte nicht alt und krank werden. Wurde er es, so versuchte er, es zu verheimlichen. Denn sonst glaubte das Volk, er hätte Schuld auf sich geladen und damit seine „Göttlichkeit“ eingebüßt. Eine solche Schuld belastete nicht nur ihn selbst sondern auch sein Reich und Volk; daher mußte sie gesühnt werden, um den allgemeinen Verfall aufzuhalten.**
Höchstens zwölf Jahre dauerte damals eine Regierungszeit, manchmal nur ein Jahr. Dem Neffen oder Sohn kam es dann zu, den König rituell zu töten. Eine andere Möglichkeit war, dem König rituell die Sünden des ganzen Volkes aufzuladen und ihn dann – stellvertretend für alle – als Sündenbock in die Wildnis zu schicken. Erst 3000 v. Chr. wurde langsam der Königsmord abgeschafft, unterschwellig blieb eine Tendenz dazu, wie die Geschichte lehrt. Doch jetzt traf den Täter die Schuld.

* Magier waren Priester, Sänger, Dichter.
** Das Thema wurde von Ionesco aufgegriffen in „Der König stirbt“.

Neben seiner staatlichen Würde war der König oft noch Hoher-Priester. Wurde er nicht schon hier als „Gott" verehrt, beanspruchte er diese Ehre bestimmt nach seinem Tode. Könige und Helden konnten als Sterne an den Himmel versetzt werden; die Namen der Sterne und die Sagen der Antike erzählen davon.

Neben dem König wurde der Kriegsheld verehrt. Heldenlieder wurden überall gesungen und sollten in den jungen Menschen Ideale wecken, einem Vorbild nachzueifern. Daher schildern uns Sagen und Mythen: den idealen König, den idealen Krieger, Kaufmann, Handwerker oder die ideale Frau.

In vielen alten Kulturen wurde der „Sonnenheld" gefeiert. Es war ein Jüngling, der durch die Lebensumstände schwierigen Bewährungsproben ausgesetzt wurde. Wenn er aus allen siegreich hervorging, wurde er zum Helden. Nun wurde er für würdig befunden, weitere Sonderaufgaben für die Allgemeinheit zu übernehmen. „Sonnenheld" heißt er deshalb, weil sein sieghaftes Auftreten verglichen wird mit dem immer wieder mit Sicherheit erfolgenden Durchgang der Sonne durch die Tierkreiszeichen.

Ein Held hilft sich oft durch List. Götter und Helden waren stolz darauf, daß sie durch List Macht und Ansehen erworben hatten; denn List war ein früher Intelligenzbeweis. Zweckgerichtetes Handeln nach Überlegung war zunächst nur eine Fähigkeit des Helden einer späteren Zeit. Von ihm lernten es nach und nach die übrigen Menschen. Es war die Fähigkeit des Denkens, die es dem Menschen erlaubte, Erfahrungen auszuwerten und Fähigkeiten auszubilden. So überlebte der kleine unscheinbare Mensch „Götter" und Helden.

c) Frühe Vorstellungen von Seelenwanderung

Der Kreislauf des Wassers

Der „Seelenwanderung" liegt die Beobachtung vom Kreislaufgeschehen in der Natur zu Grunde. Ganz offensichtlich zeigt sich der Kreislauf in der Pflanzenwelt. Er beginnt damit, daß Same in die Erde gelegt wird. Hat es genügend geregnet, wächst der Keim zur Pflanze heran; sie blüht, trägt Frucht, und die Frucht wird verzehrt. Der Kern bleibt übrig und kommt erneut als Keim in die Erde. So wiederholt sich alles endlos (Chāndogya-Upaniṣad, IX, 6).

Auch das Wasser vollzieht einen Kreislauf. Es regnet vom Himmel herab, es verdunstet durch Einwirkung der Luft und steigt wieder nach oben, von wo es hergekommen ist.

Vedische Texte vergleichen den Menschen mit der Pflanze; denn die Natur lieferte den Anschauungsunterricht auch für das Verständnis des Menschlichen. „Wie die Pflanze durch den Saft in ihren Stengeln lebt, so der Mensch durch die Säfte in seinem Leibe. Stirbt der Mensch und verbrennt man seinen toten Körper, dann steigen die Körpersäfte mit dem Rauch gen Himmel. In diesen Körpersäften ist die ‚Essenz' des ganzen Menschen enthalten."

Wo aber werden diese Säfte gesammelt? „Auf dem Mond." Für die Menschen der Frühzeit blieb es lange ein Rätsel, weshalb der Mond in regelmäßigen Abständen seine Gestalt verändert. Mit diesen nicht verstandenen Mondphasen waren viele seltsame Vorstellungen verknüpft, die noch in Mythen und Märchen weiterleben.

Die Mondsichel ist im Orient oft liegend zu sehen; so deutete man sie als eine Schale, die sich wechselnd füllt und leert. Da es eine leuchtende Substanz ist, mit der sie sich füllt, mußte wohl ein Geheimnis damit verbunden sein. Es war das Geheimnis der Seelen, die ihr körperloses Dasein auf dem Mond fristeten. Wurde er zu voll, mußte er sich leeren. Mit dem Regen – so glaubte man – kehrten die Seelen zurück zur Erde, um sich neu zu verkörpern.

Seitdem wird die *Seele* gleichnishaft dem *Mond,* Candra, und dem *Wasser* zugeordnet. Die Zeit des Mondkultes oder Matriarchats wird es gewesen sein, in der diese Vorstellungen aufkamen.

Eine andere Naturbeobachtung lenkte die Aufmerksamkeit auf den *Atem.* Da der Tote nicht mehr atmet, war es naheliegend, sich die *Seele* als atem- oder hauchartig vorzustellen*. Zog der Atem aus, zog mit ihm die Seele aus; so nannte man sie *„Ātman"*, das „Selbst". Die Seele mußte wohl das wahre Selbst sein, da der Körper ohne sie nicht zu leben vermochte. Dieser Gedankengang wurde später – im Vedānta – zur *Ātman-Lehre* ausgebaut. Doch zunächst ist noch von zwei Möglichkeiten der Jenseits-Wanderung der Seele zu berichten, die zum Teil heute noch volkstümlichen Vorstellungen entsprechen.

„Götterweg" und „Väterweg"

In den Adelskreisen – der Kriegerkaste – wurde das Jenseitswissen als Geheimwissen übermittelt. Es ist naheliegend, daß die Krieger, die oft recht jung auf dem Schlachtfeld ihr Leben lassen mußten, sich Gedanken darüber machten, ob damit alles zu Ende sei oder ob es nach dem Tode ein Weiterleben im Jenseits gäbe. Letzteres wurde bejaht, weil der Seele eine längere Dauer zugeschrieben wurde als dem Körper. Aber was hatte man drüben zu erwarten?

Auf Erden war nicht allen das gleiche Schicksal beschieden, im Jenseits sicherlich auch nicht. Wenn die Seele den Körper verließ, standen ihr „zwei Wege" offen; so lautete die geheime Lehre. In zwei Upaniṣaden wird sie mitgeteilt: Chāndogya-Upaniṣad, IX, 2-8, und Kauṣītaki-Upaniṣad, I, 1-6:

* Vgl. Bṛhadāranyaka-Upaniṣad, III, 6.1: „Hauchseele", *Gandharva.*

Die Seelen derer, die als Kriegshelden starben, gingen im Jenseits den „Götterweg" – *Devayāna*; wer aber nur als Familienvater starb, dessen Seele ging den „Väterweg", *Pitṛyāṇa.* Das Elitedenken des Adels reichte also über dieses Leben hinaus in die unbekannte Jenseitswelt hinein.
Auch die germanischen Helden beanspruchten für sich als Belohnung ein „Walhall"; um es zu betreten, genügte es, als tapferer Held gefallen zu sein. Bei den arisch-indischen Helden genügte es nicht; sie mußten obendrein noch „Wissen" besitzen – nicht Weltwissen, das war selbstverständlich, sondern das „Wissen um die andere Welt" bis ins Detail und dazu noch ein „Wissen über die richtige Schichtung der Opferfeuer". Denn der Weg zu den Göttern – *deva* – ähnelte einem Irrgarten. Die Seele hatte verschiedene Jenseitswelten zu durchwandern, durch „Türen" zu gehen, an denen Wächter standen, die Prüfungsaufgaben stellten; nur wer sie beantworten konnte, durfte weitergehen.
Die den „Götterweg" gehen durften, durchwanderten also – sobald sie die Erde verlassen hatten – einen „Wasser-Bereich", einen „Feuer-Bereich" und einen „Luft-Bereich"; dort erwartete sie ein Führer, der sie in höhere Welten geleitete. Aufgezählt werden: Seelen-Welten, Sonnen-, Mond- und Sternenwelten; dann verschiedengradige Götterwelten: die des Indra, der Prajāpatis (Weltbaumeister) und des höchsten Brahmā. Nur wer für würdig befunden wurde, gelangte bis zum „Thron" des *Brahmā,* von dem gesagt wird, daß er aus „Erkenntnis" besteht, also von geistiger Substanz sein soll. Es war eine Belohnung für gute Handlungen auf Erden. Hier durfte die Seele bleiben, bis ihr Guthaben verbraucht war. Dann erfolgte eine *Wiedergeburt* in einer hohen Kaste: Priester-, Krieger- oder Kaufmannskaste.
Die Seelen der „Väter" wanderten – wie bisher – zum Mond und hatten dann ebenfalls eine Wiedergeburt entsprechend ihrer Verdienste auf Erden. Von diesen „Vätern" heißt es, daß sie aus den Reihen der übrigen Dorfbewohner kamen, also vermutlich aus bäuerlichen Kreisen.
Auf diese Weise bahnte sich die *Lehre* vom *Karman* an. Ethisches Verhalten in diesem Leben führt zu guten Verhältnissen im nächsten Leben.

4. Mythen aus der Frühzeit

a) Das erste Menschenpaar

Im Veda gelten die ersten Menschen als „Kinder der Sonne"; denn in einem Sonnenkult gilt die Sonne als der Ursprung von allem. *Yami,* die Schwester, ist „weibliches Prinzip", *Yama,* der Bruder, ist „männliches Prinzip". Sie bilden zusammen ein „göttliches Zwillingspaar". In solch einem Bild drückt

der Mythos die enge kosmische Zusammengehörigkeit eines bipolaren Ur-Prinzips aus. Vereinigung des Plus- und Minus-Pols bedeutet Zeugung: so zeugen Yama und Yami symbolisch die Menschheit.
Auf der menschlichen Ebene wäre es ein Verstoß gegen die Sitte, wenn sich ein Geschwisterpaar vereinigt. Ein Götterpaar darf dies, hier handelt es sich um einen symbolischen Akt, den Hinweis auf die kosmische Zeugung. Die Zwillinge sind nicht als Menschen aus Fleisch und Blut zu verstehen, sie sind die „geistigen Eltern" der Menschheit.
Da *Yama* als erster Mensch galt, mußte er auch das erste Wesen mit Welt-Erfahrung sein. Es wird erzählt, daß er seinen Nachfahren als Wegbereiter zu dienen hatte. Auch kam es ihm zu, alle noch unbekannten Regionen zu erforschen, dazu den Weg ins Jenseits. Schließlich wurde er Herr über das Totenreich. Nach der ältesten Überlieferung befand es sich auf dem Mond. Hier hatte Yama sein golden glänzendes Versammlungshaus. Denn die Menschen gelangten als geläuterte Wesen zu ihm.
Der Läuterungsprozeß vollzog sich bei der Verbrennung der Toten auf dem Scheiterhaufen. Wie beim Schmelzen von Metallen – nach der Entfernung der Schlacken – das reine Gold übrig blieb, so stieg die verklärte Seele aus dem verbrannten Leib. Das darauf folgende Dasein in Yamas Reich galt dann als vollkommen und glücklich. Einige wurden von Yama ausgezeichnet, indem er sie mit dem Göttertrank* *Soma* bewillkommnete; dadurch erhielt ihre Hauch-Seele eine göttliche Lebensdauer.
Unvermittelt – scheinbar ohne Ursache – änderten sich die Berichte über das Totenreich. Erst ein Ort des Lichtes und der Vollkommenheit, wird es nun zu *Puṭ,* einem Reich der Finsternis. Wie in alten Texten persischer Herkunft ist jetzt von sieben oder mehr Höllen-Regionen die Rede, die stockwerkartig unter der Erde oder unter dem Ozean liegen sollen; es sind Orte, wohin alles Verdammungswürdige verbannt wird.
Yama ist jetzt kein milder Fürst mehr sondern ein grünes Schreckgespenst mit rotem Gewand und einem Kopfputz aus Totenschädeln; ein magerer Büffel ist sein Reittier. Er führt Buch über böse Taten und besitzt ein Register, das die Lebensspanne des Einzelnen angibt. Zu ihm kommen nur noch die Bestraften. Die Helden dagegen gehen weiter ins Lichtreich ein, das jetzt einen anderen Herrn hat: *Indra.*

b) Frühe Schöpfungsmythen

Die hier wiedergegebenen Schöpfungsmythen sind zu verschiedenen Zeiten entstanden, stammen vermutlich aus unterschiedlichen Quellen und vertreten daher abweichende Auffassungen über den Anfang der Welt.

* Die hier genannten Götter sind die *Deva,* Lichtwesen.

Obwohl die Forschung längst neue Theorien anbietet, sollten die mythischen Berichte nicht leichthin abgetan werden. Da sie nicht Tatsachenberichte sind sondern Gleichnisse, können sie nicht „veralten". Für die Dichtung behalten sie ihren Wert, da sie das Gemüt ansprechen und nicht den Verstand.
Wie es tatsächlich „zu Anfang" war – ob die Schöpfung etwas Einmaliges war oder ob sie etwas Wiederholbares ist –, das wird der Mensch nie mit Sicherheit beantworten können. Doch zu allen Zeiten hat er sich gedanklich damit befaßt. Das erste Zitat ist ein Beispiel, in dem die gestellte Frage offen bleibt:

Ṛg-Veda 10, 1*

Damals war weder Nichtsein noch Sein,
kein Luftraum war – kein Himmel –
der Abgrund nicht getrennt vom Meer.

Nicht Tod war damals noch Unsterblichkeit;
nicht gab es Tag und Nacht.
Windlos aus dem Ursprung kam nur der Hauch des Einen,
außer dem kein andres war.

Im Dunkel lag die ganze Welt – ein Meer der Nacht.
Lange verborgen – wie ein Keim im Kern –
dann trat das Eine hervor aus der Schale.

Durch Kraft des *Tapas* entstand aus ihm das Andere:
zuerst Erkenntnis und Liebe.
Geteilt wurde das so Entstandene:
Keimträger, Vitalkräfte und Ich-Sinn
waren unten, polar angelegt zum Oberen.

Doch wer hat erforscht, woher die Schöpfung stammt?
Der sie hervorgebracht hat,
der auf sie schaut aus der Sphäre des Lichts,
der sie gemacht hat – oder nicht gemacht –,
der weiß es! – Oder weiß auch er es nicht?

Śatapatha-Brāhmaṇa, XI, gekürzt:

Die Welt war anfangs Wasser, eine wogende Flut.
Darauf schwamm ein Goldenes Ei: *Hiraṇyagarbha.*

Aus ihm entstand ein Mann: *Prajāpati,* der „Erzeuger".
Er sagte: *bhūh* – da entstand die Erde.
Er sagte: *bhuvaḥ* – da entstand der Luftraum.

* Gekürzt zitiert nach Paul Deussen, „Geheim-Lehre das Veda". Die Worte wurden manchmal umgestellt, damit sich der Text leichter vorliest. An manchen Stellen wurde das entsprechende Sanskritwort von der Verf. hinzugefügt.

Er sagte: *svaḥ* – da entstand die Lichtwelt.

Später erschuf er die *Deva* und die *Asura* (die bipolaren kosmischen Kräfte, personifiziert vorgestellt).

Erläuterung zu Ṛg-Veda 10, 1 und Śatapatha-Brāhmaṇa, XI
Dieser Vers erwähnt die im Altertum weit verbreitete Vorstellung, daß im Anfang *Wasser* war: das *Ur-Meer.* Das „goldene Ei“, das darauf schwamm, meint den embryohaften Kosmos. Er ist noch Keim, noch Idee, noch nicht stofflich.
Für den *Übergang vom Ur-Chaos zum Kosmos* wurde ein „Wesen mit Gestaltungskräften“ – ein Konstrukteur – benötigt. Man nannte ihn *Prajāpati,* „Erzeuger“; das ist kein Eigenname sondern ein Rang. Die vedischen Texte (aufgezählt unter I.1 b, die Purāṇa, Mythen, sowie das „Yoga-Vasiṣṭha“) erwähnen einige von ihnen mit Namen: *Marici, Atri, Angiras, Pulastya, Dakṣa, Pracetas, Vasiṣṭha, Bhṛgu* und *Nārada.* Da die Welten immer wieder vergehen, wenn sie verbraucht sind, ist es Aufgabe eines Prajāpati, bei ihrer Neu-Entstehung mitzuwirken; denn er ist im Besitz des Ur-Wissens und lehrt es die Weisen, die in der Ur-Zeit zuerst auftreten. Als *Ṛṣi* werden genannt: *Kasyapa, Atri, Vasiṣṭha, Viśvamitra, Gautama, Jamadagni, Bhradvaja.* Menschen, die von ihnen belehrt werden, fügen gern ihrem eigenen Namen den des verehrten Lehrers hinzu: Beispiel ist Gautama-Buddha, dessen Eigenname Siddhārta war.
Die Gestaltungskraft eines Prajāpati wird in Gang gesetzt durch das „magische Wort“ oder besser durch das „kraftgeladene Wort“: Mantra. Auf besondere Weise ausgesprochen, im Zustand des Tapas, voll innerer Glut, werden Vibrationen erzeugt, die die Partikel dazu bewegen, sich ihrer Qualität nach zu ordnen. Auf diese Weise entstehen zunächst „drei Bereiche“:

1. die stoffliche Erde:	bhū-
2. der Luftraum:	bhuvas-,
3. die Lichtwelt:	svaṛr-.

Erst in der nächsten Schaffensphase wird jeder dieser Bereiche mit „Wesen“ bevölkert, die dem jeweiligen Bereich in ihrer Beschaffenheit angepaßt sind. Doch jedes Wesen sieht nur seinesgleichen.

Bṛhadāraṇyaka-Upaniṣad I.4, 1-7
„Im Anfang war allein der *Ātman,*
er war wie ein Mensch.
Sein erstes Wort war: Das bin ich selbst (ātman).
Daher erhielt er den Namen *Ātman.*
Doch heißt er auch *Puruṣa* (Mann, Mensch, Geist).

Er war so groß wie ein Weib und ein Mann,
wenn sie sich umschlungen halten (ein Androgyn oder Uroboros).

Er ließ sich in zwei Teile zerfallen.
Jeder für sich sind sie unvollkommen.
Als Gatte und Gattin aber wurden sie
zu den Ur-Eltern der Menschen.
Aber sie zeugten auch die Gattungen der Tiere:
Sie wurde zur Kuh, er zum Stier,
da entstanden die Rinder.
Sie wurde zur Stute, er zum Hengst,
da entstanden die Pferde.
Sie wurde zur Eselin, er zum Esel,
da entstanden die Einhufer.
Sie wurde zur Ziege, er zum Bock,
sie wurde zum Lamm, er zum Widder,
da entstanden Ziegen und Schafe.
So schuf der Ātman alles bis hinab zu den Ameisen.
Alle Gestalten erhielten einen Namen.
Dann ist der *Ātman* eingegangen in die Gestalten
und steckt darin verborgen wie das Messer in der Scheide.
Darum sieht man ihn nicht..."

Hier werden nicht „Yama und Yami" als die ersten Menschen genannt sondern ein geistiges Prinzip: der *Ātman*; er heißt so, weil er sich selbst so nennt. *Ātman*, „Selbst", oder *Ahaṃ*, „Ich bin", sind also Umschreibungen für „Bewußtwerdung". Später wird in allen indischen Lehren das abstrakte Prinzip „Bewußtsein" an den Anfang gestellt werden.
Zunächst stellt man sich Bewußtsein noch personifiziert vor: als Mann oder Mensch – nicht als einen gewöhnlichen Menschen, vielmehr als doppelgeschlechtlichen „Kosmischen Menschen", als Androgyn oder Uroboros, wie die Griechen (Platon) es ausdrückten. Dieser „Kosmische Mensch" – auch die Juden kennen einen solchen und nennen ihn „Adam Kadmon" – enthält in sich – oder ist selbst – das ganze Universum. Die Inder nennen ihn *Mahā-Puruṣa** oder *Mahātman,* „großer Geist", „Großes Wesen"; denn „mahā" ist „groß".
Die Vollkommenheit des Ur-Zustandes wird ausgedrückt durch die Redewendung „wie ein Mann und ein Weib in der Umarmung". Als sie in zwei Teile zerfielen, büßten sie ihre Vollkommenheit ein und benötigten nun einer den anderen zur leiblichen Zeugung. Und psychologisch betrachtet ist zur geistigen Zeugung ebenfalls eine Vereinigung notwendig: die der männlich-weiblichen Anlagen in jedem Menschen.

* In der Bhagavad-Gītā (X + XI) offenbart sich Kṛṣṇa als der „Kosmische Mensch", so zeigen ihn viele farbige Bild-Miniaturen.

Der Mahā-Puruṣa im Ṛg-Veda, X, 90

Im letzten Band des Ṛg-Veda wird der „Große Puruṣa" besungen als ein „Übermensch", der mit Tausenden von Sinnesorganen ausgestattet ist, um damit die Dinge zu erfassen, von denen die Welt „überfließt". Für ihn allein ist die Welt da, und er wünscht sie zu genießen und tut es mittels der Wahrnehmungsorgane in den Wesen, die aus ihm hervorgingen.

Doch nur ein Viertel von ihm ist zu Weltdingen und Wesen geworden; drei Viertel von ihm sind „unsterblich", also geistig geblieben. Der geistige „Teil" ernährt den stofflichen Teil, indem die Geisteskraft zur Lebenskraft wird. Durch die Gegensatz-Spannung werden die stofflichen Formen am Leben gehalten. So die heutige Auslegung.

Nun folgt ein sprachliches Bild, das nur aus der archaischen Sicht verständlich wird:

Dieses vollkommene Wesen – *Puruṣa* – wurde „geopfert" nach Art der Tier-Opfer, die der Götter-Kult damals forderte. Der Mensch stellte sich also vor, daß es für das große Geist-Wesen ein „Opfer" bedeuten müsse, wenn ein Teil von ihm zur stofflichen Welt und damit sterblich würde. Das wird detailliert beschrieben:

Wie das geopferte Tier – wenn es auf der Streu liegt – seine *vier Beine* von sich streckt, entsprechend liegt der geopferte Geist als *Erde,* ausgebreitet in *vier Welt-Gegenden,* da und ist in *viererlei Stoff* zerteilt.

Doch das Opferfeuer ist auch eine Läuterung. Yoga-Weise geben dem Begriff „Puruṣa" oft den Sinn von „geläutert"; sie meinen damit „geläutertes Bewußtsein". Der menschliche Geist – Puruṣa – gilt als „geläutert", wenn er seine Ich-Bezogenheit aufgibt.

Wenn der *Mahā-Puruṣa* durch das Opferfeuer verbrennt, dann ist das, was übrigbleibt („der mit Fett gemischte Opferseim"), ein besonderes *Konzentrat,* seine *feine Essenz,* aus der nun die Dinge und Wesen entstehen. Alles, was dieser Text nennt, erhält eine besondere Wertschätzung, es ist ja von göttlicher Herkunft. Weil die *vier Kasten** als erste genannt werden, ist ihre Einsetzung von Bedeutung für die kosmische Ordnung.

Das ist jedenfalls die Auffassung der Priesterkaste, die diese Texte aufbewahrt hat. Die Brahmanen haben sich sicher etwas dabei gedacht, als sie die vier Kasten vier Körperteilen des Puruṣa zuordneten; es geschah wohl analog zu den Aufgaben der Kasten:

Aus dem Mund des Puruṣa entstanden die *Brāhmaṇa,* eben die Priesterkaste, weil sie die durch Rede Belehrenden sind. *Rājanya,* der Fürstenstand, hatte seinen Ursprung in den Armen des Puruṣa, weil die Kämpfenden starke Arme brauchten. Aus den Füßen entstand die „dienende Klasse" –

* Die „Einsetzung der Kasten" dürfte ein späterer Zusatz sein; denn die Fürsten werden als Rāja bezeichnet; früher nannte man sie Kṣatriya.

Śūdra –, weil diese Leute viel herumlaufen müssen und weil die Füße als minderwertiger Körperteil gelten. Für die *Vaiśya* – Kaufleute, Handwerker, Bauern – blieben dann die Schenkel übrig als Entstehungsort.

Der *Puruṣa-Hymnus* (Puruṣa-Sūkta, etwa 1800 v. Chr.)

Der Puruṣa mit tausendfachen Häuptern,
mit tausendfachen Augen, tausend Füßen,
bedeckt ringsum die Erde allerorten,
zehn Finger hoch noch drüber hin zu fließen.

Nur Puruṣa ist diese ganze Welt,
und was da war und was zukünftig währt. –
Herr ist er über die Unsterblichkeit,
diejenige, die sich durch Speise nährt.

So groß ist diese seine Majestät,
doch ist er größer noch als sie erhoben,
ein Viertel von ihm alle Wesen sind,
drei Viertel von ihm sind unsterblich droben.

Drei Viertel von ihm schwangen sich empor,
ein Viertel wuchs heran in dieser Welt,
um auszubreiten sich als alles, was
durch Nahrung sich und ohne sie erhält...

Als Opfertier ward auf der Streu geweiht
der Puruṣa, der vorher war entstanden.
Den opferten die Götter, Selige und Weise,
die sich dort zusammenfanden.

Aus ihm, als ganz verbranntem Opfertier,
floß ab mit Fett gemischter Opferseim;
daraus schuf man die Tiere in der Luft
und die im Walde leben und daheim.

Aus ihm, als ganz verbranntem Opfertier,
die Hymnen und Gesänge sind entstanden,
auch die Prunklieder allesamt
und was an Opfersprüchen ist vorhanden (die 4 Veden).

Aus ihm entstammt das Roß und was noch sonst
mit Schneidezähnen ist auf beiden Seiten;
aus ihm entstanden sind die Kuhgeschlechter,
der Ziege und der Schafe Sonderheiten.

In wieviel Teile ward er umgewandelt,
als sie zerstückelten den Puruṣa?
Was ward sein Mund, was wurden seine Arme,
was seine Schenkel, seine Füße da?

Zum *Brāhmaṇa* ist da sein Mund geworden,
die Arme zum *Rājanya* sind gemacht,
der *Vaiśya* aus den Schenkeln. Aus den Füßen
der *Śūdra* damals ward hervorgebracht.

Aus seinem *Manas* (Verstand) ist der Mond geworden,
das Auge ist als Sonne jetzt zu sehn.
Aus seinem Mund entstanden – *Indra* und *Agni*,
Vāyu, der Wind, aus seines Odems Wehn.

Das Reich des *Luftraums* ward aus seinem Nabel,
der *Himmel* aus dem Haupt hervorgebracht,
die *Erde* aus den Füßen, aus dem Ohr die *Pole.*
So wurden die Welten gemacht."

Der „neue" Puruṣa-Hymnus (etwa 200 n. Chr.)
Svetāśvātara-Upaniṣad

„Ich kenne jenen großen Puruṣa,
jenseits der Dunkelheit leuchtend – wie die Sonne.
Wer ihn erkennt, wird unsterblich.
Einen anderen Weg, dem Reich des Todes zu entrinnen,
gibt es nicht – es gibt nichts Größeres!

Der eine Puruṣa, der die Welt ganz erfüllt,
ist wie ein Baum, der seine Wurzeln im Himmel hat.

Der diese Welt übersteigt, ist gestaltlos und schmerzlos.
Unsterblich werden die, die das verstehen;
die anderen gehen den Weg der Leiden.

Mit Antlitz, Haupt und Hals allwärts gerichtet,
weilt er zugleich in aller Wesen Herz;
durchdringt alles, weilt glückselig überall.

Herrlich ist der Puruṣa – er ist Erkenntniskraft;
durch ihn finden wir Zugang zum Licht,
zu jenem reinen wandellosen Ort.

Groß ist der Puruṣa als All.
Zollhoch ist er im Herzen der Geschöpfe.

Die Herz und Geist für ihn bereiten,
werden unsterblich, wenn sie ihn erkennen."

(Zitat aus dem vorigen Hymnus:)
„Der Puruṣa mit tausendfachen Häuptern,
mit tausendfachen Augen, tausend Füßen,
bedeckt ringsum die Erde allerorten,
und noch zehn Finger hoch darüber.

Nur Puruṣa ist diese ganze Welt,
auch was schon war und was zukünftig ist." (Zitat Ende)

„Nach allwärts Hand und Füße,
nach allwärts Augen, Haupt und Mund;
nach allen Seiten hin hörend,
umfaßt er diese Welt.

Durch unsere Sinne wirkend,
ist *er* von Sinnen frei.

Erkennt ihn als Gott und Herren,
als Stütze des Weltalls!

Ohne Hände greift er, ohne Füße läuft er,
sieht ohne Augen, hört ohne Ohren.
Er weiß, was wißbar ist.
Doch ihn kennt niemand, den ersten großen Puruṣa.

Des Kleinen Kleinstes und des Großen Größtes,
wohnt er als ‚Selbst' im Herzen der Geschöpfe.

Ich weiß ihn jenen alterslosen Alten,
der alles durchdringt, in allem gegenwärtig ist.
Er, der farblos Farben verleiht,
er begabe uns mit edler Einsicht!"

Erläuterungen dazu

Vergleicht man die beiden Hymnen, so muß man zugeben, daß der zweite gegenüber dem ersten an dichterischer Kraft nichts verloren hat. Doch trotz mancher Ähnlichkeit macht er eine andere Aussage:

Im ersten Hymnus lag die Betonung auf der Schöpferkraft des Puruṣa, im zweiten auf seiner Fähigkeit des Sehens und Erkennens. Im ersten Hymnus gingen aus der „Essenz" des Puruṣa die Geschöpfe hervor – oder vielleicht die Ideen zur Gestaltung der Geschöpfe. Im späteren Hymnus handelt es sich nicht um ein Hervorgehen sondern um ein Hineingehen. Der Puruṣa geht in die Geschöpfe ein, er ist die „geistige Essenz" in ihnen. Durch ihn allein leben sie, durch ihn allein sind sie wahrnehmungs- und erkenntnisfähig.

Doch bloße Vermutung macht den Menschen noch nicht glücklich. Wiederholt betont der Text, daß die Menschen Sehnsucht nach Unsterblichkeit haben. Wenn schon die Körper vergehen müssen und die Dinge, die der Mensch liebt, so ist es ein Trost, zu wissen, daß diese „geistige Essenz" überleben wird. Mittels der fünf Sinne ist Gewißheit darüber nicht zu erlangen. Man muß sich darauf vorbereiten, indem man Herz und Geist einer neuen Erfahrung öffnet. Nach diesem Erlebnis fühlt sich der Mensch „unsterblich", und das erfüllt ihn mit Seligkeit.

Aus dem zweiten Hymnus geht hervor, daß sich die Ātman–Lehre bereits durchgesetzt hat. Sie ließ die Menschen die Angst vor dem Tode vergessen, die bis dahin im religiösen Denken dominierte.

5. Mantra-Formeln aus dem Veda

Als Mantra-Formeln gelten alle Sprüche des Ṛg-Veda und viele des Yajur-Veda, wenn ein alter Weiser, ein *Ṛṣi*, damit den Samādhi erlangt hat. Er empfiehlt diese Methode dann seinen Schülern und überträgt mit Übergabe der Formel seine psychische Kraft auf die betreffenden Schüler. Die Schüler haben die Formel mehrmals laut zu sprechen oder zu singen, dann ist sie leise in sich hineinzumurmeln, zuletzt nur zu denken, ohne anderen Gedanken den Eintritt zu erlauben.

Jede der später zitierten Formeln drückt die Sehnsucht aus, sich in die reine Lichtwelt zu erheben. Daher gilt die Methode als *Reinigung des Gemütes* oder des Denkens; denn von *manas,* „denken", ist das Wort Mantra abgeleitet.

Die nachstehend zitierten Formeln werden gewöhnlich als *Gāyatrī* bezeichnet, ein Vermaß, in dem der unter 4. erwähnte „Puruṣa-Hymnus" verfaßt ist. Dieser beginnt mit einer Anrufung an Rudra, die höchste Gottheit der Indo-Arier während der Frühzeit (Beispiel a).

Beispiel b) ist zwar auch im gleichen Vermaß gehalten, wendet sich jedoch an einen *Savitar*, einen „Beweger der Welt". Darum nennt man die Formel b): *Sāvitrī.* In anderem Zusammenhang kann man „Sāvitrī" mit „Hervorbringerin" übersetzen, dann ist der „schöpferische Impuls der Natur" gemeint. (In einer Legende ist „Sāvitrī" außerdem ein Frauenname, bei Aurobindo eine umfangreiche Dichtung, die Erweiterung dieser Legende.)

a) Die alte Gāyatrī (Ṛg-Veda MX, 90 u. Atharva-Veda XIX, 6, nach J.W. Hauer)

OṂ tat puruṣāya vidmahe – mahādevāya dhīmahi – tan no rudraḥ pracodayāt OṂ
„Jenen Puruṣa loben wir – dem großen Lichtwesen geben wir uns sinnend hin. Rudra möge unsere Absicht fördern."

b) Die neuere Sāvitrī (Ṛg-Veda M III, 62)

OṂ bhūr – bhuvaḥ – svaḥ – tat savitur varenyam –
bhargo devasya dhīmahi – dhiyo yo naḥ pracodayāt OṂ

„Der die Erde, den Luftraum und die Lichtwelt erfüllt, in dieses Savitar' erlesenen Lichtglanz versenken wir uns, damit er unsere Gedanken zu ihm hinlenke."

c) Die Gāyatrī des Mahā-Nirvāṇa-Tantra (XI, 10)

OṂ paśupāśāya vidmahe – viśvakarmaṇe dhīmahi – tan no jīvaḥ pracodayāt OṂ
„Den Herrn der Tiere (Śiva) loben wir – über den Allwirkenden sinnen wir – er möge unsere Seele zu ihm hinlenken."
(In der Frühzeit bändigte Śiva die eingefangenen Tiere mit einem Strick; jetzt bindet er in ähnlicher Weise die Seelen, Jīva, an sich.)

II. Yoga und Vedānta in den Upaniṣaden

1. Die Upaniṣaden – eine Textgattung

Upaniṣaden sind Textsammlungen, die die geistigen Lehren der Brahmanen überliefern. Man teilt sie ein in: *ältere, mittlere und jüngere Upaniṣaden.*
Die jüngeren Upaniṣaden sind von geringerer Bedeutung, da sie lediglich Nachahmungen der älteren sind.
Für die Entwicklung des Yoga sind nur die älteren und mittleren Upaniṣaden maßgeblich, die etwa zwischen 900 und 300 v. Chr. entstanden sein dürften. Sie stellen uns jedoch nicht eine einheitliche Lehre vor oder gar ein geschlossenes System. Statt dessen wird man konfrontiert mit mannigfaltigen Erörterungen über das gesamte Wissen der damaligen Zeit unter Betonung des Religiösen.
Das Wesentliche dieser Lehren wurde später von *Kumārila* (etwa 700-800 n. Chr.) zusammengefaßt in der *„Uttara Mīmāṃṣā"*, einer „Erörterung", die bekannt wurde unter einem anderen Begriff, nämlich als das *Vedānta*-System. Dieser eine Vereinheitlichung anstrebenden Erörterung gingen weitschweifige Gespräche voran, die die Brahmanen untereinander oder im Dialog mit den Rājas führten. Man diskutierte die Grundfragen des Lebens. Gewöhnlich warfen die Rājas Fragen auf, die die weiterverbreiteten volkstümlichen Ansichten betrafen, um dadurch die Stellungnahme der Brahmanen herauszufordern. Alle Diskussionsteilnehmer waren dann hocherfreut, wenn einer der Brahmanen die Ergebnisse seines Nachdenkens oder seiner intuitiven Eingebungen vor ihnen ausbreitete.
Da aber die Fragenden in alten Traditionen befangen waren, die zunächst einmal dargelegt wurden, findet man in der Überlieferung Auffassungen aus älterer und jüngerer Zeit nebeneinander, was die Zuordnung der Upaniṣaden sowohl zeitlich wie auch inhaltlich erschwert. Der Leser der Urtexte muß selbst die Entwicklungsschichten voneinander trennen. Dem Leser dieser Abhandlung soll dies durch Erläuterungen erleichtert werden.
Hier zunächst die Bezeichnungen der Upaniṣaden:

Älteste Upaniṣaden sind: Aitareya-Up., Kauṣītaki-Up. (Ṛg-Veda), Chāndogya-Up., Kena-Up. (dem Sāma-Veda zugeordnet), Bṛhadāraṇyaka-Up., Taittirīya-Up., Īśa-Up. (Yajur-Veda).
Mittlere Upaniṣaden sind: Kaṭha-Up., Muṇḍaka-Up., Praśna-Up., Maitrāyana-Up., Māṇḍukya-Up. und die für den Yoga bedeutsame Śvetāśvātara-Up. (Diese werden sämtlich dem Atharva-Veda zugeordnet, dem vierten Veda.)
Zitate werden beigefügt, soweit sie den Yoga betreffen.

Die *jüngeren Upaniṣaden* gehören nicht zum Veda.

2. Die verzweigten Wurzeln des Yoga

a) Der Begriff Yoga

Unter *Yoga* versteht man heute die Methode der Konzentration und Meditation und den Entwicklungsweg dahin. Der Begriff ist jedoch vielseitig verwendbar, sogar in der Grammatik, um auf eine Regel oder einen Zusammenhang hinzuweisen.
Im Altertum bezeichnete die Wurzelsilbe *yuj-* zunächst alles, was mit einer Wagenfahrt und den Zugtieren zu tun hatte, zum Beispiel das Geschirr, das den Tieren angelegt wurde, oder das Joch, das zwei Zugtiere verband. Es konnte das ganze Gespann gemeint sein, das Anspannen des Wagens, das Geschick des Zügelns, die dazu benötigte Aufmerksamkeit – und von da abgeleitet: Fleiß und Begabung.
Im Laufe der Zeit wurde der Begriff für jede Art von Unternehmung verwendet, die sich ein Ziel setzt, vor allem aber für deren Beginn: für das „Sich-auf-den-Weg-Machen".
Einen ganz anderen Beigeschmack hatte das Wort „Yoga" im Volksmund; da bedeutete es zu Buddhas Zeiten „Kniff", Zaubertrick und all das, was nicht allgemein verständlich war. Denn Yoga war für Außenstehende immer schwer zu begreifen, nicht zuletzt deshalb, weil es nicht nur *eine* Art von Yoga gab.
Damit man die genauere Bedeutung des Wortes Yoga erkennen kann, muß es mit einem zweiten Wort verbunden werden. Das ist wichtig, um die verschiedenen Yoga-Systeme auseinanderzuhalten.
Aus der Wortwurzel *yuj-* läßt sich jedoch nicht nur das Substantiv *Yoga* bilden sondern auch *Yukta,* womit stärker auf „Verbindung" hingewiesen wird.

b) Die bekanntesten Yoga-Systeme (in zeitlicher Folge)

Dhyāna-Yoga	„Yoga des Sinnens" – heute „Meditation"
Kriyā-Yoga	„Yoga der Ausübung von Ritualen" (mit Bhakti)
Karma-Yoga	„Yoga des Handelns" ohne Eigennutz
Jñāna-Yoga	„Yoga der verständnisvollen Einsicht" in den Kosmos
Rāja Yoga	„Yoga der Rājas"(Kriegeradel) – auch „Yoga der Disziplin/Selbstbeherrschung"

Spätere Yogaformen

Kuṇḍalinī-Yoga	„Yoga der inneren Kraft“
Laya-Yoga	„Yoga der Loslösung“ vom Grobstofflichen
Haṭha-Yoga	„Yoga der Körper-Disziplin“
Bhakti-Yoga	„Yoga der Hingabe“ an Īśvara (Kṛṣṇa-Kult)
Pūrṇa-Yoga	„Voller Yoga“ des Aurobindo

Die stichwortartige Charakterisierung kann nur im Zusammenhang mit den jeweiligen Systemen richtig verstanden werden.

c) Der Begriff Tapas (nach M. Eliade)

Mit der älteren Yoga-Praktik ist ein zweiter Begriff eng verbunden – *Tapas* – wörtlich „Glut“. Heute spricht man von „innerem Feuer“, von Intensität oder Begeisterung. In der Frühzeit war es die Fähigkeit, sich konzentrativ zum Schwitzen zu bringen – und von da abgeleitet: *Askese.*
In den kalten Gebirgsgegenden des Himālaya lernen alle Mönche das konzentrative Schwitzen, es heißt tibetisch *gTum-mo.* Ohne diese Technik könnten sie es nicht im Meditationssitz aushalten.
Bei vielen Naturvölkern war es üblich, sich durch Schwitzen auf eine konzentrative Tätigkeit vorzubereiten; zum Beispiel erzeugten die Medizinmänner innere Glut, ehe sie mit ihren Heilungen begannen. Die Schamanen taten es, um Kontakt mit anderen Daseinsbereichen aufzunehmen. Die Magier übten Tapas, um ihre Macht zu steigern.
Solche Macht schrieb man den mythischen Weltbaumeistern zu. Es heißt, daß sie jahrelang Tapas übten, um dann mit dem magischen Wort die Welt zu erschaffen. Durch schöpferisches Schwitzen soll der Ur-Riese *Ymir* das erste Menschenpaar geschaffen haben (nord. Edda).

d) Die Vrātya (nach J.W. Hauer u. M. Winternitz)

Neben den erwähnten großen Asketen, die voll Verachtung auf die Unwissenden und Undisziplinierten herabblickten, denen man mitunter auswich, um sich nicht ihren Fluch zuzuziehen, gab es auch weniger bedeutende Wundermänner. Zu ihnen zählen die *Vrātya,* die fähig waren, sich in Rauschzustände zu versetzen, „um mit dem Winde in die Lüfte zu fahren“. Von solch psychischem Erlebnis erzählten sie der wundergläubigen Landbevölkerung, die die Männer in den schwarzen Antilopenfellen und den langen Haaren ehrfürchtig bestaunte. Sie zogen mit ihrer Truppe als Schausteller von Dorf zu Dorf, ihr Gefährt war ein Ochsenkarren, in dem sie auch Heiltränke, Kräutersalben und Pillen mitführten; denn sie standen in dem Ruf, geheimes Wissen zu besitzen. Zumindest wurden durch sie gewisse Atemtechniken überliefert, die auch im Yoga von Bedeutung sind, und so könnten sie durchaus zu den Vorfahren der Yogis zählen, wie der Indologe Hauer annimmt. Auch die Upanișaden erwähnen einen *Raikva* mit dem Ziehkarren, dem geheimes Wissen zugeschrieben wurde.

e) Alte Initiationsriten als Wurzeln des Yoga

Die „Einweihung" oder „Initiation" war (nach Eliade) im Altertum ein überall verbreiteter Brauch, der sich in entlegenen Gegenden noch lange gehalten hat. Später blieb diese Sitte auf „Geheimbünde" beschränkt mit dem Ziel geistiger Vervollkommnung. Hier sind die Einzuweihenden einzelne Idealisten.
Einstmals gab es aber eine Initiation, die nur die Jugendlichen betraf: beim Eintritt in die Pubertät. An der Schwelle zur Welt der Erwachsenen wurden sie einer Prüfung unterworfen, die sie auf die bevorstehende Rolle innerhalb der Gesellschaft vorbereiten sollte.

Einweihung der Jünglinge
Der „Prüfling" oder „Weihling" wird eine Zeitlang abgesondert. Während er die vertraute Lebensgemeinschaft verläßt, ist er vorübergehend so auf sich selbst gestellt, wie er es als Erwachsener auch sein muß. Die Einsamkeit zwingt ihn, tage- oder wochenlang zu schweigen; das entspricht einer *Versenkung in sich selbst – einer Meditation.* Bei vielen setzen alsbald innerseelische Erlebnisse ein, die Traumbildern ähneln. Doch dies ist nur eine Begleiterscheinung, nicht Sinn und Ziel der Prüfung. Vielmehr geht es um das standhafte Ertragen von Angst und Schmerzen.
Die Ältesten des Dorfes kommen – oft in Verkleidung oder mit furchterregenden Masken – und erschrecken die Prüflinge; oft werden sie gequält. Alles müssen sie stumm ertragen, damit sie später zu Entbehrung und Verzicht bereit sind, wenn sie als Erwachsene mit solchen Lebenssituationen konfrontiert werden. Das Schmerzen-Erleiden entspricht einem *symbolischen Opfertod,* der manchenorts sehr deutlich nachgeahmt wird – zum Beispiel durch Versenken in ein Erdloch oder durch Einnähen in eine Tierhaut.
Das Herausholen aus der Höhle entspricht dann einer *Wiedergeburt* und ist verbunden mit einer *Namengebung.* Dieser „Einweihungsname" gilt von da an als der „wahre Name", dessen Sinngehalt verwirklicht werden soll. Das bisherige – zur Kindheit gehörige – Ich wird nun als „gestorben" vorgestellt und mit ihm der alte Name.
Nach der Prüfung bleiben die Weihlinge noch für eine Zeit zusammen. Sie bilden eine Gruppe. In dieser Gemeinschaft erfahren sie von den „Ältesten" die *Mythen vom Ursprung der Welt.* Sie hören sie nicht nur mit „offenen Ohren", sondern sie haben sich zurückzuversetzen in die vorweltliche

Seinsweise, um anschließend auch das Werden der Welt in der Vorstellung zu erleben. Ähnliches ist im Jñāna-Yoga des Sāṃkhya-Systems üblich.
Gegen Ende der Gesamtprüfung muß dann jeder Jüngling durch eine Tat beweisen, daß er zum Manne geworden ist. Er muß einen Feind seiner Sippe töten oder ein gefährliches Tier erlegen. Damit nimmt er eine Schuld auf sich, von der er weiß, daß er sie eines Tages sühnen muß.
Erwachsen werden und als Mensch auf Erden wirken ist nicht möglich, ohne auf irgendeine Weise schuldig zu werden. Solches Schuldgefühl muß man ertragen lernen.
All das ließ man den frühen Menschen in deutlicher Realität erleben; der heutige Mensch erfährt Entsprechendes auf der psychischen Ebene – und nur im Einzelfall realistisch.

Einweihung der Mädchen
Die Mädchen wurden mit Eintritt ihrer ersten Regel aus der Gemeinschaft abgesondert. Ihre Einsamkeit, die sie in Dunkelheit zu verbringen hatten, dauerte – örtlich verschieden – 3 Tage bis 5 Monate. Danach wurden sie – über Jahre hinweg – von weisen alten Frauen belehrt, daß sie in jedem Geschlechtsakt und jeder Geburt eine neue Weltschöpfung sehen sollten. Das Geheimnis schöpferischen Lebens überall nachzuempfinden, darauf kam es bei der Erziehung der Mädchen an.
Auch täglichen Verrichtungen wurde übertragene Bedeutung zugemessen: So erhielten *Spinnen und Weben* rituellen Charakter in Bezug auf *Zeit und Schicksal.* Denn von der „Zeit" sagte man, daß sie vom „Mond gesponnen" wird, und vom Seelischen und Leiblichen sagte man – besonders in Indien –, daß sie miteinander „verwoben" seien. Der heutige Begriff dafür ist Psycho-Somatik.
Im Gegensatz zur erwartenden Einengung während der Ehe lebten die Mädchen während der Einweihungszeit wie in der Ursprünglichkeit des Paradieses, sie standen außerhalb der Stammes-Gesetze. Ausschweifungen waren als Mittel zur Entstauung erlaubt. Doch auf ein geschlechtliches Miteinander noch nicht ganz abgestimmt, zeigten sich die Mädchen öffentlich oft männerfeindlich und sogar aggressiv.
In Europa hat sich solches Brauchtum bis ins Mittelalter erhalten und ist dann mit den Hexenprozessen weitgehend ausgerottet worden.

f) Vom Opfer-Ritus zur Yoga-Praktik (s. a. Hauer, Hillebrandt, Deussen)

Der Weg zu den Wurzeln des Yoga verläuft nicht immer geradlinig. Die Kaṭha-Upaniṣad sieht im Yoga ein Mittel, das wirkungsvoller ist als Opferhandlungen. Aus heutiger Sicht ist Yoga dienlich für die Lebensbewältigung; nach dem vorliegenden Text aber war es die Sorge um das Jenseits, die

zum Anlaß wurde, einen Yoga-Weg zu entwickeln. Das ist der *Kaṭha-Upaniṣad* zu entnehmen, die mit einer Rahmenhandlung beginnt (II, 1-3):
Ein Brahmane hatte ein Opfer ausgerichtet, das Allhabeopfer, um sich dafür im Jenseits einen Platz beim Götterfürsten *Indra* einzuhandeln. *Naciketas,* der kleine Sohn des Brahmanen, sah aber, daß nur alte magere Kühe zum Opferplatz getrieben wurden, und machte die abfällige Bemerkung, wie man für eine so minderwertige Gabe eine Belohnung erhoffen könne; da müsse man wohl noch etwas dazu geben – und der ärgerliche Vater erwiderte: ja dich gebe ich dazu.
Hier scheint ein Stück im Text zu fehlen, denn schon im nächsten Moment ist Naciketas im Totenreich – war es ein Schockerlebnis, oder schloß sich an den Opfer-Ritus sogleich die Jugendweihe (Initiation) des Naciketas an? Das wäre naheliegend. In Einsamkeit, Dunkel und Stille konnte er nun nachsinnen über das letzte Geschehnis.
Naciketas scheint nicht wirklich gestorben zu sein, denn er fühlt sich nur zu Gast bei *Yama,* dem Herrn des Totenreiches. Er erlebt den mit Visionen verbundenen Einweihungstod, und dieser wird für ihn das Mittel zu innerer Erhebung und tiefer Erkenntnis.
Zunächst kämpfen in ihm Schuldgefühle und jugendlicher Trotz. In dieser Stimmung glaubt er, *Yama* kommen zu sehen. Da einem Brahmanensohn ein Gastgeschenk zusteht, bietet ihm Yama an, drei Bitten zu erfüllen.

Die drei Bitten:
Zunächst wird die Aussöhnung mit dem Vater erfleht – denn sie ist ja eine Vorbedingung für die Klärung von Problemen. Die zweite Bitte dreht sich um die Opfer-Riten, es bestehen Zweifel an ihrer Wirkung. Yama antwortet – aber vermutlich ist es die innere Stimme, die der traditionellen Ansicht Ausdruck verleiht: Dem Opferfeuer kommt Sinn zu, wenn es so geschichtet ist, daß es wie eine Brücke in die andere Welt hineinleitet. (Die Brücke ist ein altes Bild für Überwindung von Schwierigkeiten.) Nach indischer Gepflogenheit wird die Tradition nicht einfach verworfen, doch sie kann überboten werden.
Geheimnisvoll bereitet die Upaniṣad den Höhepunkt vor, *die dritte Bitte.* Naciketas erfleht *Weisheit.* Yama zögert lange mit der Antwort und bietet statt dessen eine Reihe von Weltfreuden an. Von allen Weisheits-Schülern wird uns berichtet, daß sie sich entscheiden müssen, weltliche Vergnügungen aufzugeben. Die Sehnsucht nach höherer Erkenntnis siegt, die innere Antwort wird Yama in den Mund gelegt. Die Konfrontation mit dem Tod machte Yama zum geistigen Lehrer. Er erteilt die *Belehrung über den Weg des Yoga.* Es war der nächste Entwicklungsschritt. Durch den Ritus der traditionellen Opferfeuer konnte die Seele bis zur Wiedergeburt in der

Lichtwelt verweilen. Der Weg des Yoga aber war der Weg zu geistiger Unsterblichkeit, die keine Wiedergeburt zur Folge hatte.

Yama belehrt Naciketas über den Yoga (Kaṭha Upaniṣad, VI, 11*)
Naciketas fragt:
„Ein Zweifel waltet, ob der Mensch nach dem Tode
noch *ist* oder ob er *nicht ist*?

Wer dem Tod ins Auge gesehen hat,
der ist von da an uninteressiert an Reichtum,
langem Leben und Enkeln. Er wünscht sich *Erkenntnis.*"

Yama antwortet:
„Wer hier auf Erden das Bequeme,
das Angenehme wählt, der verfehlt sein Ziel.

Das einzig rechte Ziel ist:
wahres Wissen zu erlangen – Wissen über den *Ātman.*

Die Weltklugen sind von solchem Wissen ausgeschlossen,
denn es ist nicht durch gewöhnliches Denken zu erlangen.

Nun wer ganz still ist,
die Augen schließt,
die fünf Sinne beruhigt,
wird nach innen hin aufmerksam.
Da wird er des *Ātmans* Herrlichkeit erschauen.
Fortan wird er nicht mehr überwältigt von Leid.
Die Methode dahin ist *Yoga.*

Der Weg des *Ātman* durch die Welt – der *Saṃsāra* –
ist vergleichbar einer Wagenfahrt:

Der Wagen ist der Körper;
gelenkt wird er durch Intelligenz – *Buddhi,*
gezügelt durch den Verstand – *Manas.*

Der *Herr,* der in dem *Wagen* (Körper) sitzt,
der, der sich fahren läßt, ist *Ātman.*

Unsere fünf Sinne sind die Pferde, die den Wagen ziehen.
Die Weltobjekte – ‚Sinnendinge' – sind die Bahn, der Weg,
denn sie ‚liegen am Wege'.
Alle miteinander genießen die Welt.

Wer besinnungslos dahinlebt,
dem gehorchen Sinne und Verstand so wenig
wie ein ungezähmtes Pferd dem Reiter.
Wie aber ein dressiertes Pferd

* frei nach Paul Deussen, gekürzt.

der Zügelung seines Herren
und seinem leisesten Zuruf gehorcht,
so ist ein in Meditation geübter Mensch
allezeit *konzentriert*
und gelangt schnell zu seinem *Ziel.*

Steht auf – wacht auf!

Wie schwer zu gehn auf scharfer Messerschneide ist,
so schwer ist dieser Weg – der Yoga.
Ihn lehren euch die Weisen."

3. Die Lebensweise der Brahmanen – Die vier Āśrama*

Beim Erforschen der Wurzeln des Yoga muß neben den augenfälligen Praktiken auch die traditionelle Lebensweise der oberen Kasten in Betracht gezogen werden. Der Lebensplan, der sich darin abzeichnet, erinnert nämlich an den Reifeweg, mit dem der Yoga bis heute verbunden ist. Hier zeichnen sich *vier Phasen* ab, ähnlich werden die Yoga-Systeme in vier, sechs oder acht Phasen eingeteilt. Hier eine Charakterisierung der vier Phasen:

a) Der Schüler des Brahman – Brahmacārin

Die Jugendphase der Brahmanensöhne erinnert an die „Lehrzeit" im mittelalterlichen Handwerkerstand. Vom 12.-24. Lebensjahr übergaben die Väter ihre Söhne einem würdigen Standesgenossen, der die Aufgabe hatte, sie in religiös fundierter Ethik zu unterweisen. Sie sollten dadurch einen „festen Stand im Brahman" erwerben, das ist die Übersetzung von *Brahmacārin.* Die auf diese Weise gewonnene Lebenshaltung nennt man im heutigen Sprachgebrauch das „Urvertrauen". Man war der Ansicht, daß nur derjenige eine vertrauende Einstellung zum Leben besitzen kann, der sich mit „Brahman" – dem „Weltengrund" – verbunden fühlt.
Der Schüler nahm am gesamten Tagesablauf seines Lehrers teil, der in allem Beispiel war. Theorie und Praktik bildeten eine Einheit, das heißt: Der junge Brahmane lernte nicht nur den gesamten Veda auswendig, er war gleichzeitig Rinderhirt bei seinem Lehrer.
Dazu kam die Ausübung einer Kulthandlung, der Feuer-Zeremonie. In jedem Haus gab es fünf heilige Feuerstätten: eine in jeder Himmelsrichtung und

* wörtlich „Bemühungen" (in Bezug auf den Lebenswandel). Hier ref. nach P. Deussen, Nikhilānanda und H. v. Glasenapp.

die fünfte in der Mitte. Die Feuer durften auch nachts nicht ausgehen, man „legte sie nur schlafen". Sie wurden nämlich mit Kuhdung abgedeckt, damit sie am Morgen schnell wieder angefacht werden konnten. Das war ein ritueller Akt, von dem man glaubte, daß er der Sonne zur Wiedergeburt verhelfe; denn den Sonnenuntergang hielt man damals für ein Sterben, für eine Nachtfahrt durch die Unterwelt. Durch die Sprüche und Hymnen der Priester wurde die Sonne neu erweckt.
Das Feueranfachen bei diesem Ritus war Aufgabe des Schülers. Von da abgeleitet, hat sich in Yoga-Kreisen lange eine Sitte erhalten, die in den Upaniṣaden oft erwähnt wird. Wer Yoga-Schüler werden wollte, nahm ein Stück Brennholz in die Hand, verneigte sich vor dem erwählten Lehrer und erklärte sich durch diese Geste bereit, dem Lehrer die Hausarbeit abzunehmen und allgemein für sein leibliches Wohl zu sorgen.

b) Der Hausvaterstand – Gṛhastha

An die Lehrjahre schlossen sich oft noch Wanderjahre an, dann aber galt es, einen eigenen Hausstand zu gründen. Dem „Hausvater" (Gṛhastha) wurde zur Pflicht gemacht, den Wohlstand der Familie zu mehren und ein Kapital anzulegen. Damit wurde für das Alter von engen Angehörigen vorgesorgt, wenn der Hausvater das vertraute Heim verließ.
Denn sobald die Enkel heranwuchsen, übergab er den Hausstand seinem Sohn und zog nach alter Sitte in die Fremde, „in die Hauslosigkeit" (als ein Anāgārika = „Hausloser"). Bisweilen ging die Ehefrau mit. Blieb sie aber zurück, so vertraute man darauf, daß der bevorstehende seelische Reinigungsritus des Vaters für die ganze Familie von Nutzen sein würde. Noch heute ist es in manchen indischen Familien Sitte, daß einer den Yoga-Weg geht.

c) Der Waldeinsiedler – Vānaprastha

Während der Hausvaterstand kaum Beziehungen zur Ausübung des Yoga aufweist, erinnert das dritte Lebensstadium der Brahmanen als *Vānaprastha* sehr an die Lebensweise eines Yogin.
Der alternde Mensch soll ein besinnliches Leben führen, eine Lebensbilanz aufstellen und sich Rechenschaft geben, ob er im Sinne des *Dharma*, des allgemeingültigen kosmischen Gesetzes, gelebt hat. Als geeignete Umgebung für die innere Einkehr wurde die Einsamkeit des Waldes angesehen. Dort lebten auch die *Ṛṣi*, die berühmten Weisen des Altertums, in einer einfachen „Behausung", dem *Āśrama*. Bei ihnen konnte man sich Rat und Belehrung holen. Man betrachtete sie als geistige Führer, als *Guru*, das heißt „der Gewichtige". Was sie anraten, hat viel Gewicht für die Weiter-

entwicklung. Das Gesamtergebnis ihrer Weisheit wurde in den *Upaniṣaden* gesammelt.

d) Der Entsagende – Saṃnyāsin

Eine vollständige Abkehr von der Welt schien angemessen für das Greisenalter. Ehe der Mensch von der Bühne des Lebens abtritt, soll er sich von allen Verpflichtungen frei machen; es ist die erste Art des Freiwerdens, die auf den Yogin bezogen seiner Schülerschaft entspricht. Der Entsagende legt also zuerst seinen weltlichen Status ab, im Falle eines Brahmanen das Kastenzeichen, die Brahmanenschnur. Damit gibt er alle Vorrechte seines Standes auf. Sam-ni-as heißt: er wirft von sich. Der *Saṃnyāsin* wirft alles Weltliche von sich. Die damit verbundenen äußeren Gesten sind Ausdruck für das innerliche Lösen von der Welt auf freiwilliger, einsichtiger Basis, ehe es die Todesstunde erzwingt. Der Brahmane, wie auch der *Yogin*, stellen sich bewußt von der äußeren auf die innere Welt um.
Noch heute sitzen die Alternden an den Ufern von „Mütterchen Gāṇga“ (dem Fluß Ganges) in Erwartung der anderen Welt. Ihr Gemüt ist bereits dort. Hat es den Körper für immer verlassen, wird dieser verbrannt und die Asche in den Fluß gestreut. So fließen die irdischen Bestandteile zurück in den Kreislauf der Natur.
Der geistige Wesenskern des Menschen – damals *Agni* genannt, später *Ātman* – bleibt davon unberührt; er war niemals von dieser Welt.

4. Yoga – eine Verbindung von Lebensweise und Praktiken

Die brahmanische Lebensweise der vier Stadien dürfte eine ideale Vorstellung gewesen sein, die von den einzelnen Kastenmitgliedern nur mehr oder weniger verwirklicht werden konnte. Manche waren nur dem Namen nach Brahmanen, läßt eine Stelle in der Chāndogya-Upaniṣad durchblicken. Im Zusammenhang mit der Ergründung der Wurzeln des Yoga ist aber die Tatsache von Wichtigkeit, daß man schon sehr bald wußte, der Lebensweg solle ein *Reifeweg* sein.
Da die Brahmanen ihre Funktion als Leiter von Opferhandlungen in der Folgezeit einbüßten, gingen die idealen Bestrebungen auf die Einzelnen über, die sich vornahmen, den *Yoga-Weg* zu gehen. Auch sie begannen mit einer Lehrzeit bei einem Waldeinsiedler, der in dem Ruf stand, ein *Ṛṣi* zu sein. Es bedeutet, daß die 3. Phase vorgezogen wurde, unabhängig vom Alter des Schülers. Zum Schülerstand gehörte nun:

Die Betreuung des Lehrers, auch Versorgung mit Naturalien, das Ausüben von religiösen Riten, genannt *Kriyā,* das Überdenken religiöser Lehren, genannt *Dhyāna,* und das nachklingende Schweigen, *Nirodha* (wobei der Begriff vielleicht aus späterer Zeit stammen mag). Erstrebt wurde *Jñāna,* das Erkennen des Ātman und des *Brahman* als einer Einheit. Die Einsamkeit war also nicht eine gemütsmäßige Leere sondern erfüllt mit Werten, für die man damals bereit war, jedes Opfer zu bringen. Der Anfänger, der noch keine geistigen Erfahrungen hatte, durfte sich innerlich in Beziehung setzen zu den alten Göttern der Lichtwelt und sich für die innere Zwiesprache einen davon als Führer wählen. Diese Wahl eines Īśvara wurde weiterhin beibehalten in den späteren Yoga-Methoden bis zum Erlebnis des *Ātman.* Buddha und die Sāṃkhya-Lehrer hielten einen Īśvara für überflüssig, sie wollten unvoreingenommen die höheren Bewußtseinsstufen erleben.
Das hohe Ziel wurde von vielen mit äußerster Strenge (Tapas) angegangen, *Buddha* wandelte die Strenge um in Mäßigung zu einer schrittweise zu verwirklichenden *Disziplin.* Diese war für den Kriegeradel etwas Natürliches. Askese dagegen entsprach dem Streben der Magier nach Macht. Mäßigung aber war das wirksame Mittel für das neue Ziel der Gemütsberuhigung.
Während Buddhas Anweisungen in umfangreichen Textsammlungen vorliegen, die seine Anhänger verfaßt haben, gibt es ein kleines Werk, das die wichtigsten Punkte stichwortartig (in Aphorismen) zusammenfaßt, das *Yoga-Sūtra* des *Patañjali.* Auch hier wird die *Disziplin* hervorgehoben. Meditation ist hier als absolute Gedankenstille zu verstehen, hierfür ist wohl der Begriff *Nirodha* geprägt worden. Buddha sprach zwar auch vom Eintreten dieser Stille, doch seine Formulierung war sanfter. Er beschreibt das beruhigte Gemüt als einen Teich, der keinen Zufluß von außen erhält. Alle späteren Yoga-Methoden sind nur Abwandlungen dieser ersten, hier genannten.

III. Übergang vom Veda zum Vedānta

Bisher ging es um das Auffinden der Wurzeln des Yoga, im Folgenden werden die Ansätze zur *Vedānta-Lehre* gesucht. Auch sie sind in den *Upaniṣaden* auffindbar, allerdings erschwert eine altertümliche Ausdrucksweise das Verständnis.
Zwischen *Veda* und *Vedānta* muß eine Übergangszeit von etwa 1000 Jahren angenommen werden. Während dieser Zeitspanne vollzog sich der bedeutungsvolle Schritt vom magischen zum abstrakten Denken, von den „Göttern" zu den denkerischen Prinzipien.
Wie schon beim Yoga gingen auch hier zwei Richtungen ineinander über, die der Indologe Frauwallner als die Atem-Wind-Lehre und die Feuerlehre bezeichnet. Erstere ist aus der *Chāndogya*-Upaniṣad ersichtlich, die zweite aus der *Bṛhadāraṇyaka*-Upaniṣad.

1. Die Atem-Wind-Lehre

a) Das Anstreben einer Begriffsklärung

Für „Wind" und „Atem" kennt die Sanskrit-Sprache dreierlei Begriffe: *Prāṇa – Vāyu – Vāta.* Sie werden zunächst wechselweise für die den Raum erfüllende und die den Körper durchwehende Luft verwendet. Mit der Zeit wird der Wind im All bevorzugt als „Vāyu" oder „Vāta" bezeichnet. „Prāṇa" aber nimmt immer mehr die Bedeutung von „Lebenskraft" an, eine das Leben erzeugende Kraft.
In der *Praśna*-Upaniṣad ist *Prāṇa* der Lebensodem; von ihm verlassen sinkt der Körper geschwächt oder leblos dahin. Auch die *Chāndogya*–Upaniṣad stellt fest, daß ohne Prāṇa weder Sprechen, Denken noch Wirken möglich ist. Interessanterweise erteilt diese Belehrung der Kriegsgott Sanatkumāra, der sich an den Brahmanen Nārada wendet. Die Krieger hatten ja mehr als alle anderen Gelegenheit zu beobachten, wie das Leben aus einem sterbenden Körper entweicht. Und sie – die früh starben – wünschten zu erfahren, ob etwas vom Menschen bleibt, wenn der Körper verfällt. Nur wer dies weiß, kann glücklich sein.

b) Die Vertreter der Atem-Wind-Lehre

Die *Chāndogya*-Upaniṣad nennt mehrere Namen von Brahman-Schülern während ihrer Lehrzeit. Bei ihrem Leben in der Natur als Rinderhirten erfahren sie als das Beständigste in der Natur *Vāyu,* den Wind, und darüber hinaus die *Weite* des Weltraumes.

Raikva „mit dem Ziehkarren" unterscheidet *Vāyu* im Weltraum und *Vāyu* als den menschlichen Atem. Er scheint in der Meditation geübt, denn er stellt fest: „Wenn die Sinneswahrnehmung ruht und Stille des Denkens eingetreten ist, dann bleibt nur noch der *Atem.*"

Von *Śāṇḍīlya* sind die schönsten Worte über eine innere Erfahrung überliefert: doch sie betreffen das Selbst und werden an passender Stelle zitiert.

Śāṇḍīlyas Schüler war Āruṇi mit dem Beinamen *Uddālaka.* Nur von ihm stammt aus diesen frühen Tagen eine zusammenhängende Lehre, auf die die späteren Systeme zurückgehen dürften.

Er führt alles Irdische auf *drei Grundstoffe* zurück (später nennt man vier) die er durch die Farben *Rot, Weiß* und *Schwarz* charakterisiert (im Sāṃkhya beibehalten als die Triguṇa). Alles andere entsteht durch Mischung und Umwandlung, ähnlich wie man aus Ton verschiedene Gefäße machen kann.

Āruṇi hat auch bereits beobachtet, daß die Nahrung zerlegt wird in Grobes, Flüssiges und Feines. Das Grobe erhält den Körper, das Feine ermöglicht das Denken: denn alles Feine steigt nach oben.

Das Allerfeinste aber, das das ganze All und alle Wesen durchzieht, ist *Sat,* das *Sein* (ein neuer Begriff für *Brahman).* Wie die Ströme sich im Meer vereinen, so die Wesen im Sat. Ohne es zu wissen, entspringen alle Geschöpfe aus dem Sat, dieses ist ihre innerste Seele oder ihr Selbst. Ohne das Selbst kein Leben.

Diese Belehrung erteilte *Āruṇi* seinem Sohn *Śvetaketu,* als er mit 24 Jahren heimkam als ein Veda-Kundiger, der nur die Texte rezitieren konnte, aber ohne tieferes Verständnis für das Leben war. Das folgende Zitat ist ein Ausschnitt aus der Belehrung.

Chāndogya-Upaniṣad, VI, 12-16 (frei nach Deussen)

„Spalte diese Nyagrodha-Frucht!
Was siehst du darin? – Ganz kleine Kerne.
Spalte einen dieser kleinen Kerne!
Was siehst du jetzt? – Nichts.

Aber aus der Feinheit, die du nicht wahrnimmst,
entsteht der große Baum.
Aus solcher Feinheit entsteht auch das große Weltall;
darum ist diese Feinheit das ‚Wahre Sein', das Wirkliche.

Von dieser Art ist auch dein inneres Wesen,
‚*Das* bist *du!*' – ‚*Tat tvam* asi, Śvetaketu!'

Nun lege ein Stück Salz in ein Wasserbecken.
Lasse es zergehen, und dann koste davon!
Wie schmeckt es? – Salzig.

Aber wo ist das Salzstück? Taste danach!
Es ist nicht zu greifen.

So auch ist es mit dem Wesenskern in diesem Leibe,
du kannst seine Geistigkeit nicht wahrnehmen, nicht greifen;
und doch ist er darin und wirkt darin.

Aus solcher Feinheit ist auch das Weltall entstanden,
so auch der Ātman, dein inneres Wesen,
‚Dies *bist* du' – ‚Tat tvam *asi!* – Śvetaketu!'
Zwar stirbt dieser Leib,
wenn er vom Atem (Prāṇa) verlassen wird.
Nicht aber stirbt mit ihm das Leben,
der *Ātman,* der Wirkliche, der Geistige.

Wer stirbt, wird verlassen vom Denk- und Sprechvermögen,
von der Lebenskraft und der Geisteskraft,
sie kehren zurück in die kosmischen Bereiche.

Legt aber ein Weiser seinen Körper ab,
dann geht sein *Ātman* ein in das *Sein.*

Dort ist er nicht wahrnehmbar.
Es ist wie mit den einzelnen Strömen,–
sobald sie ins Meer einmünden,
kann man sie nicht mehr unterscheiden.

Das Meer ist das *Sein,* die geistige Wirklichkeit,
die feste Grundlage für das Wandelhafte der Welt.
Nicht sichtbar ist das Ur-Meer des Lebens,
Ursache des Daseins ist es, Wirksamkeit,
es ist wie die Wirkkraft in den Samen.

Die Summe alles Feinen ist es;
das Grobe und Feste geht daraus hervor."

Kürzer sagt es *Śāṇḍīlya,* wenn ihn ein meditatives Erlebnis zu einem Hymnus inspiriert (Chāndogya-Up., III, 14 – frei nach Deussen):

„Dieses Weltall ist *Brahman.*
Geist ist sein Stoff – *Leben* sein Leib,
Licht seine Gestalt;
sein Ratschluß ist *Wahrheit*,
sein Wesen ist *Unendlichkeit* (Ākāśa).

Allwirkend ist er, allwünschend, allriechend,
allschmeckend – das All umfassend – schweigend.
Er ist mein *Ātman*, mein Innenwesen:
kleiner als ein Reiskorn oder Hirsekorn
oder eines Hirsekornes Kern.

Er ist mein *Ātman*, mein Innenwesen,
größer als die Erde, größer als der Luftraum,
größer als alle Welten.
Zu ihm werde ich eingehen, wenn ich von hier scheide.
Also sprach *Śāṇḍīlya*!“

Diese Worte kommen sicherlich aus dem tiefen Erleben einer Innenschau: *Samādhi*. Der Meditierende, der die äußeren Ablenkungen ausgeschaltet hat und sich ganz zu seinem Wesenskern hinwendet, empfindet ihn zunächst als klein gegenüber dem großen kosmischen Weltprinzip, *Brahman*. Doch dann spürt er, wie sein Wesen sich ausweitet. Seligkeit ist damit verbunden: *Ānanda*. Dazu kommt die Vorfreude, daß die mit diesem Erlebnis vergehende Seligkeit – nach dem Abscheiden aus dieser Welt – eine ewige Seligkeit sein wird.

2. Die Feuerlehre

a) Der Verkünder der neuen Lehre

Als Verkünder einer neuen Lehre gilt *Yajñavalkya*, ein Schüler des *Āruṇi*. Einerseits mit der Atem-Wind-Lehre vertraut, andererseits aus einem Geschlecht von Sonnenpriestern, baute er zwar auf der Tradition auf, ging dann aber kühn über sie hinaus.
Zur Zeit des *Veda* waren die Brahmanen Verehrer der Sonne. *Agni,* dem Feuer der Sonne, verdankten alle ihre Lebensmöglichkeit. Die Menschen waren Kinder der Sonne, ihre Körperwärme deutete man als geliehenes Sonnenfeuer. Die Formulierung dafür war:
Agni vaiśvānara = „Feuer wohnt in allen“,
Prāṇa vaiśvānara = „der Lebenshauch wohnt in allen“, hatte Āruṇi gelehrt.
Ātman vaiśvānara = „das Selbst wohnt in allen“, lehrte *Yajñavalkya.*
Da mit diesem „Selbst“ nicht die Persönlichkeit gemeint war, erlangte diese Feststellung eine weittragende Bedeutung. Die Aussage wurde ergänzt durch: *Ātman ist gleich Brahman.* Das bedeutete, daß das Selbst des Menschen unsterblich war. Es war nicht von dieser Welt und damit von zeitloser Dauer.
Das war es, was die damaligen Brahmanen und Krieger in einen Freudenrausch versetzte. Nun suchte man nicht mehr Befreiung vom Wiedertod sondern Befreiung von der Unwissenheit. Unwissend war, wer das Selbst nicht erfahren hatte.
Agni hatte man als Körperwärme wahrnehmen können, *Prāṇa* als den Hauch, den Lebensodem. Doch dieser höchste *Ātman*, der nun verkündet

worden war, galt als nicht spürbar und unbeschreibbar. Man konnte ihn entweder spontan erleben, oder man mußte ihn durch langjährige Meditation zu erkennen suchen.
Jeder wollte von ihm hören. So trat Yajñavalkya bei den Versammlungen der oberen Kasten als gewandter Redner auf. Die menschliche Lebenssituation war das, was seine Gedanken bewegte. Im Gespräch paßte er sich der Vorbildung seines Gegenübers an; diese Fähigkeit machte ihn zum *Urbild des Weisen*. Bis heute ist er Vorbild der Yoga-Lehrer. Er, der in der Bṛhadāraṇyaka-Upaniṣad als Redner auftrat, galt als Mann von vielseitiger Lebenserfahrung. In der Jugend unternehmungslustig, scharfsinnig – manchmal witzig –, zeigte er sich sehr selbstbewußt und mit Sinn für die Realität. Umfassende Bildung und sein Priesterstand sicherten ihm gesellschaftliche Anerkennung, daher war er befreundet mit dem Fürsten Janaka.

b) Die poetische Darstellung der Ātman-Brahman-Lehre in den Upaniṣaden

Rededispute am Hofe des Fürsten Janaka von Videha
Videha war ein kleines Fürstentum im nördlichen Indien. Da es einmal einen geistig regen Oberherrn hatte, ging es in die Geschichte ein. Fürst Janaka kannte sich im Volksweistum aus; er liebte es, tiefsinnige Gespräche darüber zu führen, am liebsten mit dem jungen Brahmanen *Yajñavalkya,* der über ein umfangreiches philosophisches Wissen verfügte.
Die Upaniṣad berichtet von lebhaften Diskussions-Tagungen, zu denen jeder Zutritt hat, der etwas Wissenswertes vorzutragen versteht. Aus der ganzen Umgebung kommen dabei die Fürstensöhne zusammen, um sich mit den Brahmanen – und deren Söhnen und Töchtern – zu treffen. Hier werden dann die Ergebnisse einsamen Nachdenkens offiziell ausgebreitet. Und so fängt es an:
Einer stellt eine brennende Frage; wer Antwort weiß, meldet sich. Das Wort geht weiter an einen anderen aus der Runde, wenn die Antwort nicht überzeugt hat. Sobald aber *Yajñavalkya* das Wort ergreift, hat kein anderer mehr Aussicht, den Redestreit zu gewinnen. Der Sieger wird vom Fürsten mit einer Herde Milchkühe belohnt. Denn die eingewanderten Arier lebten in Dorfgemeinschaften. In den großen Städten lebte noch die Urbevölkerung.

Die Verherrlichung des Ātman durch Yajñāvalkya
Bei einem der berühmten Rededispute bei Janaka wird die erste Frage von *Gārgī,* einer Brahmanen-Tochter, gestellt. Daraus geht hervor, daß sie und die Anwesenden mit der Atem-Wind-Lehre vertraut sind. Yajñavalkya geht zuerst darauf ein und dann darüber hinaus.

Gārgīs Fragen (Bṛhadāraṇyaka-Upaniṣad, III, 6):
„Was sie das Vergangene, Gegenwärtige und Zukünftige nennen,
worin ist das eingewoben?
In den Raum (ākāśa).
Und worin ist der Raum eingewoben und verwoben?
In das, was die Weisen *akśaram* nennen, ins Unvergängliche.
Es ist nicht grob und nicht fein,
nicht kurz und nicht lang,
nicht wie Feuer, nicht wie Wasser,
nicht Luft und nicht Raum.
Es ist ohne Inneres und ohne Äußeres.
Nicht verzehrt es irgend etwas, noch wird es verzehrt.
Auf Anordnung dieses Unvergänglichen stehen getrennt
Sonne und Mond – Himmel und Erde – Tag und Nacht.
Wer dieses Unvergängliche kennt,
der ist ein *Brāhmaṇa* (ein echter Brahmane).
Es sieht – aber es wird nicht gesehen.
Es hört – aber es wird nicht gehört.
Es erkennt – aber es wird nicht erkannt;
denn *Es* ist das ganz Feine.
Außer diesem gibt es keinen Sehenden, Hörenden, Verstehenden.
Raum und Zeit sind in diesem Unvergänglichen eingewoben"
(sind in ihm unentfaltet enthalten).

Āruṇis Fragen (Bṛhadāraṇyaka-Upaniṣad, III, 7):
Āruṇi war der bedeutendste Vertreter der Atem-Wind-Lehre, und Yajñavalkya war sein Schüler. Dieser wird also jetzt von dem anwesenden Lehrer befragt, der sich inzwischen ebenfalls ständig mit der Beschaffenheit des höchsten Ātman beschäftigte. Man kann aus folgendem Zitat erkennen, daß der Schüler Freude am Wortspiel hat*:

„Kennst du jenen ‚Inneren Lenker',
der diese Welt, die Jenseitswelt
und alle Wesen innerlich regiert?"

„Der in der *Erde* wohnt, doch von der Erde verschieden ist,
dessen Leib die Erde ist – ohne daß die Erde ihn kennt –,
der ist *Ātman,* der ‚Innere Lenker', der Unsterbliche.

Der in den *Wassern* wohnt,

* Zitate frei nach Deussen und Hillebrandt. Im Original ist der Text länger. Jeder Aufzählung (Sonne, Mond, usw.) ist eine Strophe gewidmet. Der Kehrreim ist sehr einprägsam, versetzt den Zuhörer in eine weihevolle Stimmung. Der Abschluß wurde hier stark gekürzt.

von den Wassern aber verschieden ist,
dessen Leib die Wasser sind – ohne daß die Wasser ihn erkennen –,
der ist *Ātman,* der ‚Innere Lenker', der Unsterbliche.

Der in dem *Feuer* wohnt, vom Feuer zu unterscheiden ist,
dessen Leib Feuer ist – ohne daß das Feuer von ihm weiß –,
der ist *Ātman,* der ‚Innere Lenker', der Unsterbliche.

Der in dem *Luftraum* wohnt,
von ihm jedoch verschieden ist,
dessen Leib der Luftraum ist – ohne daß *ihn* der Luftraum kennt,
der ist *Ātman,* der ‚Innere Lenker', der Unsterbliche.

Himmel, Sonne, Mond und Sterne ist *Er,*
auch das Licht und die Finsternis;
aber sie sind verschieden von *Ihm.*

In allen Wesen wohnt *Ātman* (ātman vaiśvānara),
von innen her lenkt er sie.
Was von ihm verschieden ist, ist leidvoll.
Verschieden von ihm ist das Sichtbare, das Stoffliche.
Lustvoll erscheint es dem Toren.
Der Weise erkennt seine Unzulänglichkeit.
Alles Vergängliche ist leidvoll.
Wonne wohnt im Unvergänglichen, im Unsterblichen!"

Zum Inhalt: *Āruṇi* hatte seinem Sohn eine Naturlehre unterbreitet, in der „drei Grundstoffe" genannt werden (Chand.-Up., VI.4, 1-5): *die schwarze Erde* (das Stoffliche, das die Nahrung hervorbringt), *das weiße Wasser* (das Farblose, Flüssige, Fließende), *die rote Glut* (das Sonnenfeuer, die Körperwärme, das Blut). *Yajñavalkya*, der Schüler, ergänzte diese drei um ein Viertes: das *Luft-Prinzip,* was sehr naheliegt, wenn in der neuen Lehre das Feine und Unsichtbare betont wird.
Die Ausführungen über den *Ātman* – das höchste Prinzip, Lenker alles Belebten und Unbelebten – übertreffen das bisher Gelehrte, sowohl gedanklich als auch durch die Form der Darstellung. Geschickt versteht es Yajñavalkya, eine alte, überholte Auffassung in etwas tiefsinnig Hintergründiges umzuwandeln. So zeigt er das Alte, das er nicht schlechtweg verwirft, in einem neuen Licht.

Maitreyīs Fragen (Bṛhadāraṇyaka-Upaniṣad, II.4, 1-14):
Am Ende eines erfüllten Lebens stand Yajñavalkya im Begriff, den Weg in die Waldeinsamkeit anzutreten, um ein „Waldeinsiedler" zu werden, wie es bei den Brahmanen seiner Zeit üblich war.

Wie er nun Hab und Gut unter seine beiden Frauen verteilen will, kommt es zu einem besonderen Gespräch mit einer der Frauen, mit Maitreyī, die sich als geistig aufgeschlossener erweist als die zweite Gattin.
„Wird mich der Besitz, den du mir hinterläßt, unsterblich machen?" – „Du wirst das Leben der Wohlhabenden führen", antwortet der Gatte. Da verzichtet sie auf die Nachlassenschaft und bittet statt dessen um geistige Belehrung. Yajñavalkya bleibt noch, um dieser Bitte nachzukommen. Und er entwickelt einen neuen Lehrstil, der dem familiären Milieu angepaßt ist, in dem Maitreyī lebt.
„Ein Ehemann oder eine Ehefrau sind nicht deshalb der Liebe würdig, weil sie von ansprechender Gestalt sind oder weil sie sonst liebenswürdige Eigenschaften haben. Nur weil in ihnen der *Ātman* ist, der ‚geistige Kern', darum sind sie der Liebe wert.

Die Söhne und Töchter und alle Anverwandten,
sogar die Tiere – alle Wesen der Natur –
sind nicht um ihrer selbst willen liebenswert.

Liebe und Verehrung verdienen sie,
weil sie beseelt sind vom *Ātman.*

Denn stirbt der Mensch, hat er kein Bewußtsein mehr
von der Welt und ihren Wesen.
Doch er hat Bewußtsein vom Ātman.
Dieser *Ātman* ist der Wahrnehmende, der Wissende.
Wer *ihn* kennt, hat alles erkannt,
ihm ist alles innerlich bewußt.
Doch *Er,* der Wahrnehmende, der Erkennende,
Er ist nicht erfaßbar,
denn er übersteigt das Denken.
Wo *Er* ist, hört alles Denken auf." (Gekürzt, frei nach Deussen)

c) Über die vier Bewußtseins-Zustände (vier avasthā)

Im allgemeinen spricht man von drei Bewußtseins-Zuständen: von *Jāgrat* – dem Wachzustand, Svapna – dem Traumschlaf, und *Suṣupti* – dem Tiefschlaf. Diese sind bereits gut beobachtet worden, und sie werden hier poetisch geschildert. Neu hinzugefügt wird ein Zustand, der durch *Dhyāna,* das Sinnen, die damalige Meditations-Methode, erfahren wurde. Diesen Zustand nannte man später *Samādhi,* hier heißt er einfach *Turīya,* „der Vierte".

Der Wachzustand – Jāgrat (Bṛhadāraṇyaka-Upaniṣad, IV.3)
„Wenn die Welt durch ein *Licht* erhellt wird, das empfanden die Menschen dieser Zeit als charakteristisch für das Wach-sein.

Wach war der Mensch, wenn er die Sonne am Himmel sah oder den Mond oder wenn er sich selbst ein Feuer entzündete; auch wenn er Stimmen von anderen hörte.

Die große Frage war: Gibt es außer dem sichtbaren Licht ein anderes, vielleicht das Bewußtseins-Licht?

Denn man machte sich Gedanken, worin denn die Identität bestand von dem Wachenden, dem Träumenden, dem Schlafenden und dem Toten?

Und *Yajñavalkya* antwortet:

„Es gibt dieses Bewußtseins-Licht;
es ist der *Ātman. Er* garantiert die Identität.
Er bleibt immer derselbe: in dieser Welt,
der Traumwelt und der Jenseitswelt.
Er ist ein großer Zugvogel."

Der Traumschlaf – Svapna (Bṛhadāraṇyaka-Up., IV. 3, 10-18)

„Wenn einer schläft und träumt,
schwindet die gewohnte Welt,
und eine andere wird aufgebaut
aus Baustoff derselben Welt.
Der *Geist* dient ihr als Licht.

Nicht gibt es dort Wagen, Gespanne noch Wege,
doch der Geist erschafft sie für sich.

Nicht gibt es dort Freude, Lust und Schmerz,
doch der Geist erschafft sie für sich.

Er ist der Schöpfer von allem.

Denn der Geist schläft nicht,
er löst sich vom Leibe:
Als goldener Geistes-Vogel schwingt
er sich vom niederen Nest der Sinne,
die der Praśna-Hauch behütet.

Der Unsterbliche schweift auf und nieder,
wie und wo es ihm beliebt.
Als Spielplatz schafft der Göttliche
sich die Gegenden und die Gestalten.

Dann kehrt er in den Wachzustand zurück.
Angenehmes und Übles erlebt er hier,
vergißt es wieder, wenn er träumt.
Erwacht er, vergißt er das Geträumte.

Beide Ufer entlang schwimmt ein Fisch;
der Geist bewegt sich so
zwischen Träumen und Wachen."

Der Tiefschlaf – Suṣupti (Bṛhadāraṇyaka-Up., IV. 3, 19-33, gekürzt)
„Wie ein Adler
nach einem Ausflug ermüdet rastet,
so sucht der Geist einen Zustand,
der ohne Bilder ist, ohne Begierden.

Der Geist erlangt diesen Zustand,
ist er vereint mit dem *Ātman*.

Das Empfinden von Einheit ist Seligkeit.
Seligkeit ist, wenn nicht Ich und Du ist,
nicht innen und außen, nicht gut und nicht böse.
Kein Verlangen ist mehr.

Ohne Auge und Ohr ist der Mensch dann
sehend und hörend und wissend.
Es ist höchste Wonne,
und sie klingt nach beim Erwachen."

Samādhi – Turīya – Befreiung (Bṛhadāraṇyaka-Up., IV. 4, 6-23)*
Wer Befreiung erlangen will nach dem Tode, der muß hier in diesem Leben einen Zustand erlangen, der dem Tiefschlaf ähnlich ist. Es ist der sogenannte „Vierte" Bewußtseinszustand, *Turīya*. Nur ein leidenschaftsloser, ausgeglichener Mensch ist befähigt, ihn zu erreichen.
Ist er hier schon dem Ur-Geist, *Brahman*, gleich, wird er nach dem Ableben mit Sicherheit in das *Brahman* eingehen und unsterblich sein wie dieses. Voraussetzung ist, daß er bei Lebzeiten sein inneres Wesen erkennt, den *Ātman*. Einem, der ihn nicht selbst erlebt hat, kann man ihn schwer beschreiben; denn die Worte passen alle nicht für ihn, der das Verstandesdenken übersteigt. Wer ihn also beschreiben will, beginnt zu stammeln:

„*Er* ist nicht so und nicht so.
Er ist unbegreifbar, denn er wird nicht begriffen.
Er ist unzerstörbar, denn er wird nicht zerstört.
Er ist nicht an den Stoff und an Regeln gebunden.
Er wankt nicht – er ist fest im Ewigen gegründet.
Darum leidet er auch niemals Schaden." (III. 9, 1)

„Was ist das für ein *Ātman*?
Er ist der innerlich im ‚Herzen' leuchtende Geist.
Wenn er einzieht in den Leib, von Stoff umgeben wird,
erfährt er die Übel der stofflichen Welt.
Verläßt er den Leib, läßt er auch die Übel hinter sich,
ist dann Geist, unbeschwert vom Stoff." (IV. 3, 7)

* Alle Upaniṣaden-Verse sind gekürzt wiedergegeben frei nach Deussen.

„Während der Erdenzeit überwiegt im Menschen das Begehren; Erkenntnis und Handeln werden dadurch beeinflußt und beschränkt. Darum wünscht ein Schüler, über das Wissen hinaus Weisheit zu erlangen."
„Befreiung ist wie das Erwachen aus einem Traum: Die Bilder werden als unecht erkannt. Genauso unecht erscheinen dem Befreiten die Dinge der Welt. Als einzig echt empfindet er das Bewußtseins-Licht. Mit diesem identifiziert sich der Weise, sobald er die Körper-Existenz als ‚unecht' durchschaut hat."
„Wer *Samādhi* erlebt hat,
hat den *Ātman* erkannt;
er verweilt im Zustand der Seligkeit,
im Zustand der Furchtlosigkeit,
im Zustand der Gewißheit:
Ātman ist *Brahman*!
Das ist Erfüllung."

3. Der Bewußtseins-Schritt vom Veda zum Vedānta

Wir müssen uns vergegenwärtigen, daß der geistige Schritt vom Veda zum Vedānta ein Riesenschritt war. In der Vorstellung der Frühzeit, wie sie im *Veda* überliefert ist, wird der Makrokosmos als ein großer Mann vorgestellt, als der *Mahā-Puruṣa.* Das war eine weit verbreitete Auffassung, die bei den nach Indien eingewanderten Brahmanen etwa bis 900 v. Chr. anhielt. Das Weltall schien damals ein göttlicher Übermensch zu sein. Man schrieb ihm weitreichende Macht und Kraft zu, die sich in den Naturgewalten äußerte. Diesem Mahā-Puruṣa brachte man Opfer, ihn flehte man an um Wunscherfüllung.
Denn der Mensch – *Puruṣa* (der Mikrokosmos) – war ihm gegenüber ein hilfloses Wesen, dem die Hände gebunden waren. Sein Verlangen war, dem großen Wesen ähnlich zu werden. Um ein wenig mehr Macht zu erlangen, war man zu strenger Askese – *Tapas* – bereit. Die indischen Mythen – *Purāna* – berichten von asketischen Magiern und dem, was sie Übermenschliches erreicht hatten.
Dann – etwa ab 900 v. Chr. – kam eine andere Stimmung auf. In den *Brāhmaṇa*-Texten stellt ab und zu einer der Priester neue Fragen. Einige werden beantwortet, einige bleiben offen; und sie werden immer wieder neu gestellt in den *Upaniṣaden*. Gerade dafür sind sie berühmt geworden. Daraufhin – etwa zwischen 800 und 600 v. Chr. – beginnt das abstrakte Denken zu dominieren.

Der große Schritt war der vom mythischen zum abstrakten Denken. *Jetzt ist das All ein geistiges Universum*, wie sollte man es nennen? Da es noch keine abstrakten Begriffe gab, erhielt ein bekannter Begriff eine neue Deutung. Zur Zeit des Veda war „brahman“ magische Kraft; solche Kraft mußte dem ursprünglich Geistigen zugesprochen werden, da ja aus ihm die zahlreichen Wesen und Dinge hervorgingen. So nahm der Begriff die Bedeutung „Werdekraft“ an. Dieses Werden war feuriger Natur, eine Brutstätte des Lebens, zuerst mit der Sonne in Verbindung gebracht.

Schließlich wurde *Brahman* zu einem abstrakten Begriff und bedeutete von da an „reiner Geist“, „Fülle des Geistes“, der sich verdichtet und als Stoff in Erscheinung treten kann; dieser ist von dreifacher Grundbeschaffenheit – *Triguṇa*. Während der Stoff Form annimmt, schließt er Geist in sich ein, so daß der Kern der Wesen und Dinge ebenfalls Geist ist, ihr Selbst, ihr *Ātman*. Damit war die große Idee des „Frühen Vedānta“ geboren: *Ātman* ist von gleicher Qualität wie *Brahman*. Diese Auffassung ist für indisches Denken charakteristisch geblieben, während die einzelnen philosophischen Systeme mancherlei Abwandlungen erfuhren.

Yoga bedeutet hier: den *Ātman* innerlich erfahren durch *Dhyāna*.

IV. Der „Frühe Vedānta“ – Systematische Darstellung der Ātman-Brahman-Lehre

Aus den Texten des Veda, der Upaniṣaden und der frühen Naturphilosophien konnte man erschließen, wie sich mythisches Denken über Naturbeobachtung langsam zu abstraktem Denken gewandelt hat. Diese Entwicklung blieb allerdings auf die oberen Kasten beschränkt, griff dann durch das öffentliche Lehren des Buddha langsam auf den Kaufmannsstand über, erreichte aber kaum die unteren Kasten, die in mythischem Denken befangen blieben.

Höhepunkt des abstrakten Denkens war die *Ātman-Brahman-Lehre,* die in den Upaniṣaden poetisch verherrlicht worden war. Diese Texte aber waren im Besitz der Brahmanen, die sie geheimhielten. Außenstehende waren wohl nur auf das angewiesen, was von Mund zu Mund durchsickerte.

Nachdem aber die Lehrer des Buddhismus und des Sāṃkhya Systeme erstellt hatten, die mit Interesse diskutiert wurden, sahen sich auch die Brahmanen genötigt, ihre Lehre darzulegen. Man begann einen alten Ritualtext – die *Mīmāṃsā* – mit Kommentaren zu versehen, die den *Veda* als *heilige Offenbarung* herausstellten. Darüber hinaus wurden die Brahmanen – durch die Konfrontation mit den neueren Lehren – zu erkenntnistheoretischen Auseinandersetzungen gezwungen, die laufend ergänzt werden mußten.

Inzwischen waren die Einschübe zu etwas Eigenständigem angewachsen. *Kumārila* gab ihnen im 8. Jahrhundert eine systematische Form. Daraus darf aber nicht geschlossen werden, daß er ein dogmatisches Lehrgebäude geschaffen hätte. Er stellte vielmehr mehrere Ansichten zur Auswahl nebeneinander. Das ist allgemein indischer Brauch, da der Mensch gewisse weltanschauliche und religiöse Fragen niemals endgültig beantworten kann. Was wir als „System“ übersetzen, wird in Indien ganz schlicht *Darśana,* „Ansicht“, genannt.

Dieses erste Darśana brahmanischer Herkunft von Kumārila war nicht einmal theistisch, obwohl von einem Priester erstellt. Die Annahme eines Schöpfergottes wurde von ihm, wie auch von den Lehrern des Sāṃkhya und des Buddhismus, abgelehnt. Statt dessen hielt man allgemein für möglich, daß es höher entwickelte Wesen geben könne, die gewissen Bereichen der Welt vorstehen.

Charakteristisch für den „Frühen Vedānta“ wie auch für alle seine späteren theistischen Varianten war und blieb die Grundidee von der qualitativen Gleichheit von *Ātman-Brahman.* Der *Yoga* der Vedānta-Systeme – gleich welcher Schule – zielt auf das Erlebnis des Ātman ab und nach dem Ableben auf die *Vereinigung mit dem Brahman*, das sein Urbild ist.*

* Ausführliche Erläuterung dazu im Fünften Teil, III, 2.

Die Beziehung zwischen den geistigen und irdischen Prinzipen soll durch die folgende Graphik anschaulich gemacht werden. Die Erläuterungen dazu nehmen auf Nikhilānanda Bezug.

1. Das Weltbild des „Frühen Vedānta“

a) Das Weltganze

Brahman = Erstes Geist-Prinzip unmanifestiert, ungeschaffen
Ur-Quell,
Ur-Meer,
Einheits-Prinzip
Sat = Sein, Leben – Existenz
Cit = Bewußt-Sein
Ānanda = Seliges Sein, wunschloses in sich ruhendes Sein
Ātman = Einzel-Selbst, Individualisierung des Bewußtseins, Cit
Jīva = der Erlebende, der Erfahrungen sammelt und verarbeitet
Ahaṃ = Ich, Körper-Ich, Gefühls-Ich, Denk-Ich, zerfällt bei Auflösung des Körpers
Die vier stofflichen Ebenen entsprechen etwa den vier Elementen: Erde, Wasser, Feuer, Luft. Ihre vielseitige Beschaffenheit wird erst vom Sāṃkhya-System ausführlich detailliert.
Auf den Menschen bezogen, gelten die Begriffe: Anna, Prāṇa, Manas, Vijñāna und Jñāna (hierzu s. S. 246 ganz oben).

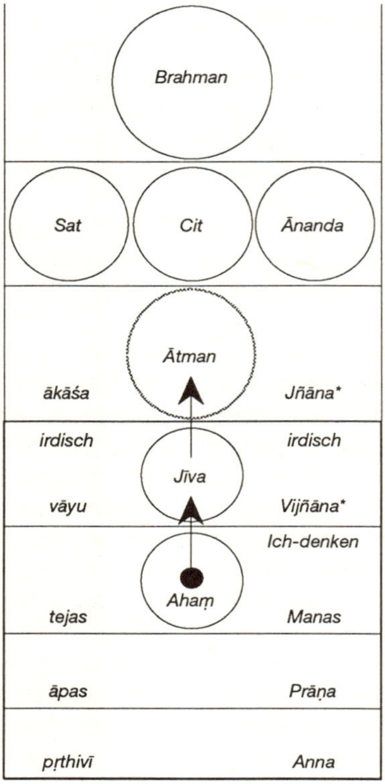

Erläuterung zur Graphik:
Der *Kosmos* wird in *7 Bereiche* eingeteilt: Die *unteren vier Bereiche* stellen *das „Dasein“* dar: *Bhāva,* die allen erfahrbare Erscheinungswelt, die sich durch vier Stoffe und Feinstoffe unterscheidet. Die *drei oberen Bereiche* sind *transzendente Bereiche,* die mit den Sinnesorganen nicht erfaßt werden können. Sie werden durch Gedankenschluß konstruiert, eine in der Philosophie angewandte Methode. Durch *Dhyāna,* lange geübte Meditation, lernt der *Yogin,* auch diese Bereiche mit dem Bewußtsein zu erfassen.

Die nicht eindeutig verwendeten Begriffe Jñāna und Vijñāna werden im Fünften Teil, I, erklärt, sie werden manchmal umgestellt.

Im obersten Geist-Bereich wird ein *erstes Prinzip* angenommen: *Brahman,* „Geist“ im Urzustand (großer Kreis). Es ist der *Einheitszustand* vor der Trennung in Geist und Stoff. Hier existiert nur allumfassendes Bewußtsein. Es besteht jedoch eine *Tendenz zur Individualisierung,* die stufenweise erfolgt, dargestellt durch die senkrecht angeordneten Kreise, die immer kleiner werden, weil die geistige Auswirkung in der Entfernung zur ursprünglichen Ganzheit an Kraft verliert.

Die *drei Kreise Sat-Cit-Ānanda* differenzieren die unfaßliche Ganzheit des Brahman, ohne es zu zerteilen. *Die Dreiheit,* die eine zusammengehörige Einheit bleibt, dient nur als anschauliches Hilfsmittel, damit sich der Mensch unter der ursprünglichen Ganzheit des *Brahman* etwas vorstellen kann.

„Reiner Geist“ kann somit auf dreierlei Weise charakterisiert werden; er kann sich als *Leben* schlechthin auswirken, als Existenz, als *Sat* = *Sein* (linker Kreis).

Cit steht für „Bewußtsein“ (mittlerer Kreis). Zu denken „Ich bin“ – sich seiner selbst bewußt sein – ist „Seliges Sein“: *Ānanda* (rechter Kreis).

Das Bewußtsein will sich auch im Stoff auswirken als ein „Selbst“: *Ātman,* als Individualität.

Der geistige Ātman kann mit der stofflichen Welt nur Verbindung aufnehmen, wenn er sich selbst mit Stoffen umgibt. Die Stoffpartikel haben die Tendenz, sich zu Formen zusammenzuballen, so entstehen die Körper.

Durch die Körper entsteht Isolation, der „Eine Geist“ spaltet sich scheinbar auf. Durch die Körper entsteht dem Schein nach „Vielfalt“. Doch was als „Innerer Lenker“ (Antaryāmin) in den Körpern wirkt, ist der eine Geist, der sich als Bewußtsein kundgibt.

Vielfalt besteht nur aus menschlicher Sicht. Eine Teilbarkeit des Geistes lehnt der Intellekt als widersinnig ab. Doch nach außen hin erscheint es so, als ob sich das *Cit* vervielfältigte, als ob jeder Mensch seinen eigenen *Ātman* hätte. Er ist in den dritten transzendenten Bereich eingezeichnet, da ihn der Mensch zunächst nicht wahrnehmen kann.

Verfolgt man die Linie des Bewußtseins abwärts, so stößt man auf einen kleineren Kreis mit dem Begriff *Jīva,* „der Erlebende“ oder der „Erlebnisträger“, denn er hat die Aufgabe, die seelischen und geistigen, aber auch die körperlichen Erfahrungen zu verarbeiten.

Für *Körper-Bewußtsein* wird die Bezeichnung *Ahaṃ* verwendet: *Ich* (der kleinste Kreis). Der schwarze Punkt zeigt an, daß Ich als verhärteter Kern aufgefaßt wird, dem es schwer fällt, anerzogene Vorurteile aufzugeben.

Ātman – Jīva – Ahaṃ sind *der Persönlichkeitskomplex*; sie sind aufeinander bezogen. In den *Upaniṣaden* wird der Ātman als König bezeichnet, der Jīva als sein Statthalter und Ahaṃ als der ausführende Untertan. In gewisser

Hinsicht kann man die drei Faktoren, die die Persönlichkeit ausmachen, als den *Mikrokosmos* bezeichnen, als ein vermindertes Abbild des *Makrokosmos: Sat-Cit-Ānanda.*

b) Der Mensch und sein geistiger Kern
Verkörperung – Entkörperung – Wieder-Verkörperung

Der das Einzel-Bewußtsein repräsentierende *Ātman* „steigt hinab“ in die stoffliche Welt, er inkarniert sich. Dabei umgibt er sich mit feinen und groben „Hüllen“: *kośa.* Jede „Hülle“ hat einen anderen Feinheitsgrad, darauf bezieht sich ihr Name, überliefert durch die „Taittirīya-Upaniṣad“ II.
Die Querlinien markieren wieder die vier Stoffbereiche und als fünftes einen der Jenseits-Bereiche. Jeder Stoff-Bereich liefert das Material zu einer der „Hüllen“. Der grobe Körper ist die fünfte „Hülle“.

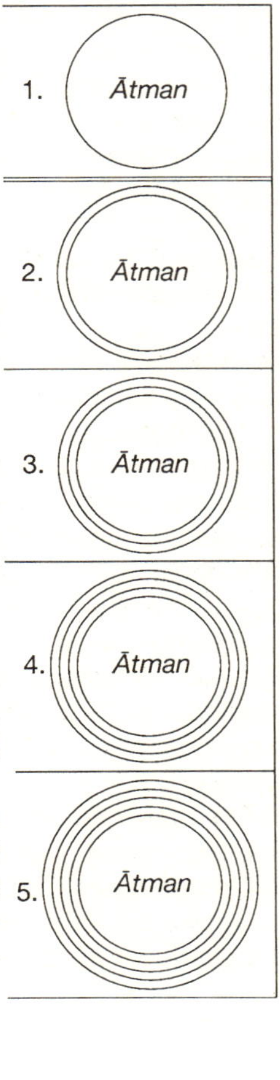

1. *Ānanda-maya-kośa*
„Hülle, bestehend aus Seligkeit“; weder stofflich noch feinstofflich, lichtartig wäre zutreffender.
2. *Vijñāna-maya-kośa*
„Hülle, bestehend aus Erkenntnis“; hauchartig, sie ermöglicht Intuition aus den transzendenten Bereichen.
3. *Mano-maya-kośa*
„Hülle, bestehend aus Verstand“; als „feurig“ oder „glutartig“ bezeichnet; ermöglicht Denken, Wünschen, Ziele verfolgen.
4. *Prāṇa-maya-kośa*
„Hülle, bestehend aus Prāṇa“. Ein Kanal-System für Vitalität: Prāṇa, daher dem wässerig-fließenden Bereich zugeordnet. Schafft die Verbindung zwischen den ersten drei feinen Hüllen und der folgenden, der fünften Hülle, dem Körper.
5. *Anna-maya-kośa*
„Hülle, bestehend aus Nahrung“. Der grobe Körper, der durch stoffliche Nahrung erhalten werden muß. Solange das Bewußtsein mit ihm verbunden ist, wird Körper-Schmerz oder körperliche Lust empfunden.
„Wer es lernt, alle fünf Hüllen mit seinem Bewußtsein zu durchdringen, der erkennt den *Ātman*; ein anderes Glück gibt es nicht, ein anderes Ziel gibt es nicht. Das Ziel wird erreicht durch edles Denken und edles Handeln.“ So lehrt Yajñavalkya in der „Bṛhadāraṇyaka-Upaniṣad“.

Das *Entkleiden des Ātman* – die *Entkörperung* – geschieht während des Sterbeaktes; es ist verbunden mit dem Erleben der fünf genannten Bereiche und dem Verlust der äußeren Sinneswahrnehmungen.
Im heutigen Sprachgebrauch würde man die „Fünf Selbste“ mit ihren Hüllen als „Persönlichkeitsanteile“ bezeichnen. Ihre fünffachen Bedürfnisse werden vom „Ich“ geregelt, entsprechend individueller Veranlagung. Gibt man dem *Jīva* Entscheidungsfreiheit, wählt er nach höheren Gesichtspunkten aus.

2. Die Folgen der neuen Lehre

Die *Ātman-Brahman*-Lehre war eine Geheimlehre, die nur in den beiden oberen Kasten weitergegeben wurde. Diese aber waren es auch, die die Opfer vollzogen. Die Brāhmaṇa zelebrierten sie, und die Rājas finanzierten sie. Jetzt aber fragte man sich, ob es nicht sinnlos sei, den Göttern Opfer darzubringen. Man fand, daß sie noch nicht das Höchste erreicht hätten; der *Ṛṣi,* der „Weise“, stand hoch über ihnen; denn er hatte die Erkenntnis des Ātman. Wollten die Götter ebenfalls die höchste Befreiung erreichen, dann mußten sie herabsteigen aus ihrer Lichtwelt *(Devaloka)* und den Weg der Menschwerdung gehen. So kam es nach und nach zur Entthronung der *Deva.*
Doch konnte man den Opferkult nicht von heute auf morgen abschaffen. Das Volk hätte es nicht verstanden, und die Mehrzahl der Priester hätte es nicht gutgeheißen; sie hätte ihren Aufgabenbereich verloren. So wurden die vertrauten Bräuche beibehalten, aber umgedeutet, verfeinert. Man lernte auf andere Weise zu opfern, der geistigen Einsicht entsprechend. Das Tieropfer konnte abgeschafft werden, ein gewaltiger kultureller Fortschritt. Allerdings drangen diese Gedanken nicht bis in die entlegenen Dörfer der Hochgebirge, wo die alten blutigen Kulte zum Teil noch heute erhalten sind.
In welcher Weise die Umdeutung vorgenommen wurde, soll an einem Beispiel (Bṛhadāraṇyaka-Upaniṣad I, 5-25) gezeigt werden: Die bereits erwähnten „5 Opferfeuer“, die der Schüler im Hause seines Lehrers zu bedienen hatte, wurden nun in übertragenem Sinne gedeutet (nach Frauwallner):
1. Opferfeuer ist der Luftraum (die Sauerstoffverbrennung).
2. Opferfeuer ist der Himmel (mit seiner Strahlung).
3. Opferfeuer ist die Erde (Verbranntes wird zu Erde).
4. Opferfeuer ist der Mund des Mannes (seine feurige Rede).
5. Opferfeuer ist der Schoß der Frau (Brutstätte des Lebens).

Doch es gibt Opfer von noch höherem Wert:
Wer bei der Meditation den Gedankenfluß anhält, opfert das Denken; wer sich zum Schweigen entschließt, opfert die Rede. Wer aber mit dem *Atmen* erhabene Gedanken verbindet, bringt das höchste Opfer, denn es dauert Tag und Nacht.
Das ursprüngliche *Prāṇāyāma* war demnach geistiger Natur und wurde erst sehr viel später zu einer bloßen Atemtechnik. Die Beobachtung des Atems aber und die Gedankenkonzentration sind charakteristische Merkmale des Yoga geworden.

3. Die Weiterentwicklung des Yoga in den Upaniṣaden

Fragt man sich, welche Zeitspanne wohl benötigt wurde, damit sich die „Atem-Wind-Lehre" zur „Feuerlehre" und diese zur „Ātman-Brahman-Lehre" entwickeln konnte, dann dürfte man schätzungsweise 600 Jahre dafür annehmen, etwa von 900-300 v. Chr. (Vgl. hierzu auch J.W. Hauer):
Ab 600 v. Chr. bahnten sich die nicht-theistischen Systeme an, die sich in gewissen Kreisen etwa tausend Jahre lang behaupteten. In diesen geistig regen Schulen wurden die später allgemein gebräuchlichen philosophischen Begriffe geprägt.
Unterschwellig aber wirkte auch während dieser 1000 Jahre der alte theistische Brahmanismus weiter, und ab 300 v. Chr. begann er, sich wieder mehr und mehr durchzusetzen. In dieser religiösen Yoga-Form wurden *Kriyās* geübt, wie Silben-Rezitation. – Das *OṂ-Summen* ist bis heute bekannt und beliebt geblieben.
Man neigte sich auch andächtig vor dem *Eka Deva,* dem „Einen Gott", dem man Verehrung entgegenbrachte. Man rief ihn an als *Īśa, Īśana, Īśvara* oder *Hari,* später auch als *Śiva* und *Viṣṇu.* In diesem Zusammenhang tauchte bereits der Begriff „Hingabe" auf: *Bhakti.* Daher ist der Begriff vermutlich nicht eine Übersetzung von *Islam,* was auch Hingabe bedeutet. Die Begriffe dürften sich hier und dort aus religiösem Bedürfnis eigenständig entwickelt haben.
Was den brahmanischen *Kriyās* fehlte, war die Systematik, die die nicht-theistischen Yoga-Systeme auszeichnete. Doch in einigen Upaniṣaden erkennt man die Absicht, diesen etwas Gleichwertiges an die Seite zu stellen.

a) Einordnung der Tripad- und Māṇḍūkya-Upaniṣad

In der Tripad- und der Māṇḍūkya-Upaniṣad wird deutlich der Versuch gemacht, Yoga als einen fortlaufenden Entwicklungsweg zu schildern. Es wird auch der Begriff verwendet „Yoga-Pfad“, *Yoga-Mārga.* Er wird geschildert als ein *Streben nach Zucht und Verinnerlichung,* das seelisch-geistige Wachstumsgesetze berücksichtigt. Als geistiger Führer wird der *Guru* genannt, wörtlich der „Gewichtige“; denn was er rät, wiegt schwer. Das betreffende Zitat lautet: „Der *Guru* ist der uranfängliche *Nārāyaṇa* (etwa Gottmensch oder Archetyp des Menschen), der sich dem Auge als Mensch darstellt. Der jeweilige Yoga-Lehrer ist Stellvertreter dieses Ur-Guru. Die Hingabe gilt dem einen wie dem anderen.

b) Der Yogamārga in zwei Wegstrecken

Erste Wegstrecke
„Von einem von Gott ergriffenen Lehrer“(Guru) vernimmt der Schüler die Kunde. Sie erweckt im Hörenden Vertrauen. Daraus erwächst Kraft. Das von Zweifeln und Sehnsucht hin- und hergerissene Gemüt wird fest, der Mensch gewinnt sicheren Stand und erlangt „inneres Wachstum“.
Von den üblen Neigungen, die ihn bisher vom Pfad abdrängten, wird er langsam befreit. Sobald die animalischen Triebe abgeschwächt sind, setzt eine innere Lockerung ein. Aus der Tiefe herauf beginnt etwas einzugreifen in das leiblich-seelische Gesamtgefüge.
Jetzt ist der Mensch kein Getriebener mehr sondern ein Werdend-Wirkender. In Augenblicken der Gelöstheit leuchtet das „Selbst“ auf. Der Yoga-Schüler gibt sich nun in dankbarer Liebe der Macht hin, die ihn führt und sein eigenes inneres Geheimnis schauen läßt. *Bhakti* bricht durch. Doch das Geheimnis der Beziehung von Gott und Mensch ist noch nicht ganz erfaßt. Leidenschaften binden noch an die Natur und behindern die höchste Erfahrung.

Zweite Wegstrecke
Die kleinen Meditations-Erlebnisse machen dem Yoga-Schüler Mut und geben ihm Kraft, weiterzuarbeiten. Ahnungen von großen Erkenntnissen dämmern im Geist auf – Ahnungen des „ganz Anderen“, des „Unirdischen“ dringen in ihn ein.
Doch es treten auch Störungen auf durch Gegenkräfte aus dem eigenen Innern oder aus der Umwelt. Die im Unbewußten wurzelnden *Vāsanâ* (Eindrücke, Prägungen) drängen hervor. Darum ist „Übung“ nötig – *Abhyāsa* (oder Kriyā), unablässiges Bemühen. Schritt für Schritt kommen dann Erkenntnisse zur Reife und wirken als Lebensmächte.

Die endgültige *Befreiung* tritt erst ein, wenn *Rājas* und *Tamas* eingeschmolzen sind und *Sattva* im Menschen vorherrscht. Es bedeutet, daß Leidenschaft und Trägheit von Weisheit abgelöst werden sollen.
Zu Lebzeiten erreichen den Zustand der Befreiung nur wenige besonders Begnadete. Erst bei der Vereinigung von Ātman mit seinem Urbild weitet sich die Persönlichkeit aus ins Unendlich-Ewige, in „Jenes", das man nur mit Schauer nennen kann. In diesem Moment gelangt der *Yogin* über *Bhakti* hinaus und nennt Gott nicht mehr mit Namen.
Der *Befreite* kann nun in die Welt hinaustreten, ohne von ihr verschlungen zu werden. Er ist zum Heil-Träger geworden. Solch ein Heil-Träger ist Śvetāśvātara, dem eine eigene Upaniṣad gewidmet ist, die ausführlichste Yoga-Upaniṣad*.

c) Einordnung der Śvetāśvātara-Upaniṣad

Die Upaniṣad ist einem *Heilbringer auf dem weißen Pferd* gewidmet (śveta-aśva = weißes Pferd; tar = übersetzen, tāra = Hinüberbringer, Heilbringer). *Ans andere Ufer bringen* ist eine Redewendung, die ausdrückt, daß der Meditierende hofft, in einen anderen Seinszustand zu gelangen, in einen, der leidfrei ist. Die Redewendung ist besonders im Buddhismus gebräuchlich (sie ist aber auch in den Märchen anzutreffen). Der *Īśvara* wird angerufen, damit er hilft, ans andere Ufer zu gelangen. Manche symbolische Redewendung weist darauf hin, daß der Angesprochene *Śiva* ist, der im „Späten Vedānta" zum Schirmherrn des Yoga wird.

d) Die bildhafte Darstellung der Śvetāśvātara-Upaniṣad

In dieser Upaniṣad wird nicht das unpersönliche *Brahman* sondern der „kosmische Mensch" als Ursprung genannt. Dasselbe gilt für die „Bhagavad-Gītā". Dieser „Kosmische Mensch", *Mahā-Puruṣa,* der als ewig weil „ungeboren" (āja) gilt, schafft sich im irdischen Menschen – *Puruṣa* – einen Gegenpol.
Dieser ist eingeschlossen in einen stofflichen Leib und heißt nun: *Jīvātman,* „Lebendes Selbst". Jīvātman oder einfach *Jīva* erlebt die Welt mit Hilfe der Wahrnehmungsorgane.
Schwierigkeiten bereiten ihm die *Artha,* die ihn umgebenden Dinge. Er sieht sie, ohne sie bis ins Innerste erfassen zu können. Daß sich Dinge und Situationen wandeln, kann er nicht begreifen, daher fühlt er sich getäuscht und ist enttäuscht.

* Textwiedergabe frei nach J.W. Hauer, gekürzt.

Der erlebende Mensch, *Jīva,* schwimmt im Strom des Lebens gleich einem *Fisch* oder *Schwan – Haṃsa.* Das Wasser des Stroms wird von Wasserrädern in Bewegung gesetzt, um die Anpflanzungen zu bewässern. Dabei entsteht hoher Wogengang, er bringt die Fische und Vögel in Schwierigkeiten. Die Menschen sprechen von Schicksalsschlägen. Sie fragen: „Wer treibt die Wasserräder an?"
Die Upaniṣad antwortet: „Das kann man nur erfahren, wenn man den ‚Antreiber' findet, den großen *Savitar.* Bis zu ihm muß man vordringen, um das Leben zu verstehen. Das ist nur möglich auf der *Barke der Meditation.* Diese Barke bringt *„ans andere Ufer",* ins Jenseits, in die geistige Welt. Dann wird der Jīva, der bisher Haṃsa genannt wurde, ein *Param-Haṃsa,* ein Jenseits-Schwan.
Der Savitar, der die *Jīva* aussandte, holt sie nach einer gewissen Frist zurück. Da die Enttäuschungen in der Stoffwelt Sehnsucht nach der Geistigen Welt geweckt haben, lassen sich die *Jīva-Fische* nun ganz leicht einfangen vom „Großen Fischer". Sie haben den Lebens-Kreislauf – *Saṃsāra* – vollzogen. Der Weg des *Yoga* ist vollendet, und der *Yogin* weiß nun, daß „Hier" und „Dort" (*tat* und *tyam*) zusammen eine Einheit bilden.

e) Zitat aus der Śvetāśvātara-Upaniṣad*

Einen Brahman-Kenner frage ich:
Was ist des Brahman Ursache?
Woher sind *wir* gekommen?
Welches ist unsere Grundlage?
Wer waltet über uns, die wir im Wirbel
von Lust und Leid uns drehen?
Ich frage nach dem Ursprung.
Ist es die Zeit, Natur, Notwendigkeit,
ist's Zufall, ist es die Stofflichkeit?

Ursprung ist der *Puruṣa* (der Mahā-Puruṣa).
Doch was die Kräfte miteinander verband,
war nicht ein vergängliches Wesen,
das Lust und Leid unterworfen ist.
Wer es war, erschauten die meditierenden Weisen:
Sie sahen Gott als Einen, als *Eka-Deva*
und wie er sich umhüllte mit den stofflichen *Triguṇa*
in den Farben Schwarz und Weiß und Rot.
Der *Eine* ergießt sich in den Strom der Welt,
vielfach sich teilend und mannigfache Formen schaffend.

* Frei nach Hauer, stark gekürzt.

In dieser Welt ist ein Schwan, der *Jīva.*
Vom großen Wasserrade – vom Brahman-Rade –
wird er umhergetrieben, weil er getrennt glaubt
den Treiber vom Getriebenen.

Zwei Ungeborene sind da: (Mahā-Puruṣa und Puruṣa)
Wissend ist der Eine – unwissend der Andere.
Vergänglich ist der mit Stoffen Umhüllte –
unvergänglich ist *Śiva** (als Mahā-Puruṣa).

Durch Versenkung in sein Wesen
steigt ein *Yogin* stufenweise zum Ziel,
wo alle Verblendung weicht,
alle Fesseln und Qualen schwinden.
Nicht mehr sind dann Geburt und Tod.
Die Wesensgleichheit mit dem Herrn wird offenbar,
wenn der Geist den Körper verläßt.

Durch das *OṂ-Singen* während der Meditation
kann sich des Menschen Kern schon jetzt offenbaren:

Den Leib straff aufgerichtet,
sitze an einem angenehmen Ort
und richte einwärts deine Sinne.
Mit geregeltem *Atem* zügelt der Weise sein Denken (Manas).

Soll eine Metallkugel in Glanz erstrahlen,
muß man sie reinigen.
Wird das Denken von Wünschen gereinigt,
leuchtet das ureigene Wesen auf (der ungeborene Puruṣa).
Dann erstrahlt das *„innere Licht"*,
mit dem man Brahman schaut.
Ihm sei Verehrung!
Er ist es, der den „Goldkeim" schuf,
aus dem die Welten entstehen
und wieder zurück in ihn vergehen. – OṂ

f) Einordnung der Maitrāyaṇa-Upaniṣad

Die *Maitrāyaṇa* waren eine Sekte, die mit dem Buddhismus sympathisierte, sich dann aber dem erstarkenden Brahmanismus anpaßte (etwa um Christi Geburt). Ersichtlich ist die Anpassung aus der Anerkennung des *Ātman,* den Buddha für vergänglich hielt und nicht für das Höchste.

* Śiva wird im Text als *Hara* (als Vernichter) bezeichnet. Er soll irrige Ansichten durch Yoga vernichten – und er wird am Weltenende die Stoffwelt vernichten. Wird er als Paśupathi angerufen, gilt er als „Seelenbändiger".

Die Begriffe und die folgend genannten sechs *Yoga-Glieder* sind dem *Sāṃkhya* entlehnt: 1. Prāṇāyāma, 2. Pratyāhāra, 3. Dhyāna, 4. Dhāraṇa, 5. Tarka (forschende Betrachtung, buddh.) und 6. Samādhi.

g) Yoga der Gemütsberuhigung

„Wie ein Feuer zur Ruhe kommt,
wenn das Brennholz gar ist,
so kommt das Gemüt – *Citta* – zur Ruhe,
wenn sich die Gemütswellen – *Vṛtti* – gelegt haben.

Der Yogin, der *Satya* sucht, das wirkliche *Sein,*
läßt *Manas* – den Gedankenbereich – im Ruhezustand (wörtlich: in „Yoni", dem Mutterschoß).
Steht *Manas* unter dem Zwang der Sinnendinge,
entsteht *Karman* (das Handeln und die Folgen des Handelns).

Manas ist zweifacher Art: *rein* und *unrein.*
Unrein ist es, wenn Begierde *(Kāma)* und
Wille *(Saṃkalpa)* es bewegen;
rein ist es ohne deren Einfluß.

Einer, der in die Stille geht,
um den denkfreien Zustand zu erreichen,
muß sein *Manas* aus *Vikṣepa* –
dem Zustand der Zerstreuung – reißen.

Ebensowenig darf er in *Laya* versinken,
den Zustand der Auflösung, des ‚Zerfließens'.
(Er darf nicht in Gefühlsduselei schwelgen!)
Dann steigt er auf zum höchsten Punkt der Konzentration.
Gereinigt senkt sich *Cetas* – der Intellekt –
in den *Ātman.*

Die Samādhi-Seligkeit,
die einer dann erlangt,
die malen keine Lieder aus,
selbst muß man sie erfahren.

Für *den* ist Wasser nicht Wasser mehr –
Feuer nicht Feuer – Raum nicht Raum.

Ist das *Citta* vergangen, ist der *Puruṣa befreit.*
Bindung und Lösung ist von *Manas* abhängig.

Das an den Sinnendingen haftende *Manas* ist gebunden,
das unabhängige *Manas* ist befreit." (frei nach Hauer)

B. Die Entwicklung des Späten Vedānta

V. Der späte Brahmanismus

1. Abgrenzung von Begriffen

Es geht um die austauschbaren Begriffe: Vedānta, Brahmanismus, Hinduismus. Bereits in der Einleitung zum „Frühen Vedānta“ wurde erwähnt, daß mit *Vedānta* eine weltanschauliche Lehre bezeichnet wird, die ein ursprüngliches geistiges Einheits-Prinzip annimmt. Das trifft zu auf den frühen wie auch auf den späten Vedānta, ebenso auf die Dichtung Bhagavad-Gītā, auf den Advaita-Vedānta und sogar auf das Hindu-Tantra. Daher schien es sinnvoll, diese Lehren aufeinanderfolgend vorzutragen.
Ebenso wurde schon gesagt, daß *Brahmanismus* ein abendländischer Begriff ist, der völkische Gebräuche und vor allem die Kastenregeln* mit einbezieht. Gerade auf diese soll in der folgenden Abhandlung eingegangen werden. Zwar war der „Frühe Brahmanismus“ auch schon auf ein geregeltes Leben bedacht, doch so, daß es den Einzelnen nicht einengte, während im „Späten Brahmanismus“ die persönliche Freiheit stark beschnitten wurde.
Als Überschrift für den Dritten Teil wird hier der Begriff *Vedānta* bevorzugt, der sich eindeutig nur auf die religions-philosophische Lehre Indiens bezieht, die im Vordergrund der gesamten Arbeit steht, da sie als Grundlage für die indischen *Yoga-Formen* anzusehen ist.
„Wird volkstümlich von *Hinduismus* gesprochen, dann versteht der Abendländer darunter die heutige Volksfrömmigkeit unterschiedlicher Ausprägung. Der Inder wertet das Wort ‚Hinduismus‘ eher als einen politischen Begriff: als die Vereinigung der Staaten des Erdteils Indien“ (Filliozat). Einige Indologen machen gerade den Vorschlag, die Perioden vor Beginn unserer Zeitrechnung als Vedismus und Brahmanismus zu bezeichnen und die Periode danach bis heute als Hinduismus.
Da jedoch in dieser Arbeit die Entwicklungen hervorgehoben werden sollen, die zu Veränderungen des Denkens und zu Abwandlungen des *Yoga* führten, schien es angebracht, deutlicher zu differenzieren und überwiegend die indischen Fachbezeichnungen beizubehalten.

* vermutlich zwischen 1000–600 v. Chr. aufgestellt, andere geben 300 v. Chr. – 200 n. Chr. an (Glasenapp datiert die frühesten Teilstücke schon auf 1300 v. Chr.).

2. Vom frühen zum späten Brahmanismus*

a) Die politische und gesellschaftliche Situation

In dem Subkontinent Indien leben nebeneinander die verschiedensten Völkergruppen, die den unterschiedlichsten Kulturstufen angehören. Noch heute gibt es Stämme mit matriarchaler Gesellschaftsordnung, während die arischen Stämme, die die philosophischen Gedankengänge des Vedānta entwickelten, bereits damals eine patriarchale Gesellschaftsordnung besaßen, die sich im Laufe von dreitausend Jahren immer weiter ausbreitete.
Die ersten Einwanderer, von denen man Kenntnis hat, kamen im Zuge der Völkerwanderung, überwiegend vom Norden her über die Gebirgspässe. Zuerst kamen die Indo-Arier, die den *Veda* mitbrachten, der hier immer wieder als kulturelle Fundgrube erwähnt wird. In mehreren Wellen drangen dann Afghanen, Griechen, Perser, Skythen, Hunnen, Araber, Türken und Mongolen ein. Zum Teil waren es plündernde Horden, anderen ging es um Kriegsruhm und Abenteuerlust, den Späteren um Erweiterung ihrer Hoheitsgebiete.
Waren sie einmal in Indien, gab es keine Möglichkeit der Umkehr mehr. Erschöpft von den Kämpfen, vom Klima, von den Hungersnöten und Epidemien, mußten die Eindringlinge bleiben. Ihre Nachkommen hatten den Kontakt zu ihrer Heimat verloren, hatten als Rückwanderer auch keinerlei Vorteile zu erwarten. Jede Gruppe blieb da, abgekapselt mit ihren eigenen Bräuchen. Die verschiedenen Gruppen lebten nicht miteinander sondern nebeneinander. So kam es zu der Vielfalt von Auffassungen und Lebensweisen.
Obwohl Indien heute ein Völkergemisch ist, gibt es etwas, das der Reisende als „typisch indisch" empfindet. In der führenden Gesellschaftsschicht lebt etwas weiter, das von der indo-arischen Vergangenheit in die Gegenwart hineinwirkt. Es ist das Bewußtsein, bleibende geistige Werte zu besitzen. Vergängliche Dinge – wenn auch angenehm – sind daneben nur schöner Schein. Auch der politischen Geschichte wird wenig Bedeutung beigemessen, sie ist niemals ordentlich registriert worden, da sie nur als Wechselspiel von Ordnung und Unordnung angesehen wird. Die weltlichen Belange werden geregelt vom *Dharma,* der kosmischen Ordnung. In diesem Bewußtsein wachsen alle auf, und es gibt ihnen Sicherheit.
Die geistige Haltung, die als „indisch" empfunden wird, erwächst aus diesem Bewußtsein, das auch die einfachen Menschen prägt, die die philosophischen Lehren nicht kennen; denn diese Haltung überträgt sich von Mensch zu Mensch durch das Vorbild (Filliozat).

* unter Bezug auf Nikhilānanda, H. Kabir, J. Filliozat, le Bon und L. Schulberg.

Und diese Lebenshaltung scheint zurückzugehen auf die ersten Indo-Arier, die als Hirtenkrieger kamen und außer ihren Herden nichts mitbrachten als ihre religiös fundierte Kultur, der sie über Jahrhunderte hinweg treu blieben. Obwohl sie als ein stolzes Volk geschildert werden, das mit den unterworfenen Völkerschaften keine Gemeinschaft haben wollte, ging es ihnen zunächst nicht um Gewinnung von Macht sondern um die Erschließung neuer Ernährungsquellen. Denn sie hatten noch keine Erfahrung im Ackerbau, und auch, als sie ihn von den Eingeborenen erlernt hatten, waren noch manchmal längere Dürrezeiten oder Überschwemmungsschäden zu überbrücken.

3. Der strenge Brahmanismus

a) Die Einsetzung der Kasten

Soweit aus dem *Veda* ersichtlich, kannten die arischen Einwanderer anfänglich keine Standes-Abgrenzungen. Sie waren nach Bedarf und Situation: Familienväter, Landwirte, Krieger oder Priester in ihrem eigenen Bereich. Auch ein *Rāja* war damals nicht ein „König" im Sinne eines Staatsoberhauptes; er war ein Burgherr, der für Ordnung in den umliegenden Dörfern zu sorgen hatte, und er wirkte mit väterlicher Milde.
Später unterschied man dann nach Berufen: Die *Brāhmaṇa* waren die Priester, die *Kṣatriya* waren der Kriegeradel, die *Vaiśya* waren Bauern, Handwerker und Händler.
Die Brahmanen, die als Mittler zwischen Menschen und Göttern auftraten, fühlten sich bald über alle anderen erhaben und beanspruchten eine Sonderstellung für sich. Sie wurden von den Fürsten mit Rinderherden und Land belohnt und waren zunächst miteinander befreundet. Doch im Laufe der Zeit kam es zu Oppositionen und schließlich zu dauernder Gegnerschaft. Als dann die Krieger in den Süden vordrangen, übernahmen die zurückbleibenden Priester allein die kulturelle Führung.
Durch die von den Kriegern neu erworbenen Gebiete mit farbiger Bevölkerung ergab sich die Notwendigkeit, eine *vierte Kaste* einzusetzen, die *Śūdra,* die nur in dienender Stellung zugelassen waren. Daß es sich dabei um Rassentrennung handelte, leitet man aus dem damaligen Begriff für „Kaste" her – er lautete *Varṇa,* „Farbe". Vorher sprach man von Herkunft: *Jāti.* Das ist die Bezeichnung für „Geburt" oder „Geschlecht".
Die uns geläufige europäische Bezeichnung „Kaste" wurde von den Portugiesen erst in der Neuzeit eingeführt. Sie sagten *casta,* das umfaßt: Sippe,

Stand und Beruf. Alles das wurde später bei der Bildung der vielen neuen Kasten berücksichtigt.

Als es trotz der Eheverbote mit Fremdstämmigen zur Rassenvermischung kam, wurden die „Schuldigen“ ausgestoßen. Ihre Nachkommen bildeten langsam eine eigene Kaste, die „Rohen“ oder die „Ärgernis Erregenden“, *Caṇḍāla.*

Weitere Gruppen nannte man „kastenlos“; sie wurden zusammengefaßt unter der Bezeichnung *Parya* und galten als „unberührbar“. Da sogar ihr Schatten den „Reinen“ beflecken konnte, mußten sie klappern oder trommeln, wenn sie über die Straße gingen. Einige sagen, daß „Parya“ ein Tamil-Wort sei und „Trommler“ heiße. *Gandhi* ersetzte Parya durch das Wort *Harijan,* „Volk Gottes“, oder durch *Adivāsi,* „Ureinwohner“.

Um der Kasten-Ordnung mehr Gewicht zu geben, wurde sie aus dem alten *Veda* abgeleitet. Man versah die überlieferten heiligen Texte mit Zusätzen, zum Beispiel den *Puruṣa-Hymnus.* Aus seiner späteren Fassung geht hervor, daß die Kasten schon aus dem „Kosmischen Ur-Menschen“ entstanden sind.

Die erwähnten indo-arischen Einwanderer unbekannter Herkunft nannten sich selbst *Arya* – die „Edlen“. Die unterworfenen Stämme bezeichneten sie als „Sklaven“: *Dāsa* oder *Dasya.* Sie erschienen ihnen von der Abstammung her nicht als ebenbürtig, da sie dunkelhäutig waren.

Ihre eigene Herkunft leiteten sie von *Agni* ab, dem Himmelsfeuer. Sie waren überzeugt davon, daß Agni als die „feurige Seele“ oder als „Geistesfunken“ in jedem *Arya* lebte, so daß jeder Anteil am „Göttlichen Prinzip“ hatte. Durch Rassenvermischung – so fürchtete man – könnte die ganze Menschheit entarten, ihren Geistesfunken verlieren und wieder zurücksinken auf die Tierstufe.

Nicht nur dem Feuer – *Agni* – sondern auch anderen Natur-Mächten wie Wind – *Vāyu* – und Wasser – *Vāruṇa* – fühlten sich die Indo-Arier verbunden; denn sie lebten überwiegend in der Natur und ehrten die Naturkräfte.

Solange sie in vertrauter Gemeinschaft lebten, in den zuerst eroberten Gebieten des Nordens, war ihre Tradition nicht bedroht. Als sie jedoch, nach einem Zeitraum von mehreren Generationen, weiter nach Süden zogen, etwa bis in die Gegend des heutigen *Delhi* und später den Ganges entlang bis nach *Benares* (damals Vārānasī) und nach 600 Jahren bis in das Hochland von *Dekkan,* kam die eigenständige Kultur in Gefahr, verloren zu gehen; und das sollte durch entsprechende Gesetze verhindert werden.

b) Die Brahmanischen Gesetze

Die Gesetze der älteren Zeit

Im *Veda* – dem geistigen Kulturgut der Arier – nennen die Brahmanen *vier erstrebenswerte Lebensziele: Dharma – Artha – Kāma – Mokṣa.*

Dharma ist die kosmische Gesetzmäßigkeit. Davon abgeleitet ist der „persönliche Dharma", das „innere Gesetz" oder das „Eigene Gesetz", genannt *Svadharma.* Es bedeutet, daß wesensgemäße Entwicklung nach einem inneren Leit-Prinzip erfolgt. Wird es nicht beachtet, verwirren sich die Lebensverhältnisse und bringen Leid.

Artha, nach „Wohlstand" zu streben, gilt als berechtigt, solange es nicht in Gier ausartet oder Machtgelüste weckt. Auf redliche Weise erworbener Wohlstand ist Selbst-Ausdruck auf einer Anfangsstufe.

Kāma, „Liebe und Verlangen", meint allgemein das „Verlangen nach Sinnesfreuden" auf verschiedenen Ebenen. Das jugendliche Ausleben körperlicher Art soll langsam verfeinert werden. In der Regel sind menschliche Wünsche zunächst materieller Art, dann ästhetischer und schließlich geistiger Natur.

Mokṣa, „Geistige Befreiung", wird als Höhepunkt angesehen, als Krönung des Lebens. Erfahrung lehrt, daß weder Artha noch Kāma auf die Dauer befriedigen können. Seligkeit, die jedes Sehnen beendet, wird nur durch Mokṣa erlangt. Geistige Befreiung allein führt zu Ausgewogenheit.

Diese *vier Lebensziele* galten als das „Ideelle Gesetz". Einberechnet waren Umwege, die durch die Lebensumstände diktiert wurden. Nur durfte dabei das Ziel nicht aus den Augen verloren werden. Alle Handlungen sollten auf die *„Kosmische Ordnung",* Dharma, abgestimmt werden. Da bereits das Kind lernen sollte, das Notwendige als das Natürliche anzusehen, war der ganze Tagesablauf mit kleinen Ritualen verbunden, die an die Beziehung zum Ganzen erinnerten.

Daß gewisse Lebensregeln immer mehr in den Vordergrund rückten, dürfte Ursachen gehabt haben. Offenbar befanden sich breitere Kreise in Gefahr, ihre kulturellen Grundlagen einzubüßen.

Die Pflichtregeln des Manu (1000 – 500 v. Chr.)

Eine Sammlung von Texten aus verschiedenen Zeiten wurden im Mittelalter zusammengefaßt unter der Bezeichnung *„Manava-Dharma-Śāstra"* = „Pflichtregeln des Manu". Sie werden manchmal als die „Gesetze" oder das „Gesetzbuch des Manu"* erwähnt. Dabei handelt es sich nicht um einen Gesetzes-Erlaß in unserem heutigen Sinne sondern einfach um die für Indien

* Indien besitzt ein zweites „Gesetzbuch", das sogenannte „Staatslehrbuch" des Kauṭilya: das *Arthaśāstra.* Es wird als Lehrbeispiel absoluter Fürstenherrschaft bezeichnet, das von den Brahmanen heftig kritisiert worden ist, weil es die ethischen Ideale der Arya nicht berücksichtige.

so typischen *Kastenregeln,* von denen jede Kaste ihr eigenes Handbuch besitzt.
Der angegebene Verfasser ist legendär. Aus dem Legendenteil erfährt man, daß er als der „Bewahrer des Wissens" angesehen wird. Vielleicht ist damit der Erfahrungsschatz der Menschheit gemeint. Denn *Manu* ist kein Eigenname, es heißt „Denker". In dem Sanskritwort für „Mensch", *Manuṣya,* steckt die gleiche Wurzel: *man-,* denken. Dann könnte man *Manu* als den Repräsentanten des „denkenden Menschen" auffassen. Nach der volkstümlichen Auffassung ist ein „Manu", von denen mehrere erwähnt werden, verantwortlich für die geistigen Strömungen in der Welt.
Die neuen strengeren „Brahmanischen Gesetze" oder die „Pflichtregeln" für die einzelnen Kasten engten das Leben der Menschen merklich ein. Die Wende kann man sich heute nur noch durch eine politische Zwangslage erklären. Von dem freien Geistesleben der Frühzeit ging es hin zu einem Leben nach Schablone. Das gesellschaftliche Gleichgewicht muß gestört gewesen sein. Die arischen Einwanderer hatten von ihren Landsitzen aus die unterworfene Bevölkerung zu überwachen, die in großen, prächtigen Städten gelebt haben soll. Die Regierenden waren demnach eine kleine Minderheit, die Mühe hatte, sich auf längere Zeit zu behaupten. Nur durch Reinerhaltung der Rasse schien es möglich, die Oberherrschaft zu behalten.

Die Stellung der Frau

Als die Arier nach Indien kamen, waren ihre Frauen gleichberechtigt. Brahmanentöchter werden beispielsweise als Diskussionspartner bei den philosophischen Gesprächen erwähnt. Und in den Adelskreisen wurde die Brautwerbung als großes Fest mit Ritterspielen gefeiert. Die Braut durfte dann ihre Gunst frei vergeben.
Das wurde ganz anders, da es den Gesetzgebern um Reinerhaltung der Rasse ging. Als Trägerin des Erbgutes war die Frau von den einengenden Vorschriften besonders betroffen. Von nun an hatte sie dem Familien-Oberhaupt in allem zu gehorchen, auf persönlichen Besitz ebenso zu verzichten wie auf die freie Meinungsäußerung. Sie hatte schweigen zu lernen.
Im Laufe der Zeit wurde die Frau Dienerin des Vaters und des Gatten. Aus unserer heutigen Sicht scheint die Stellung der Frau wegen ihrer Abhängigkeit sehr niedrig geworden zu sein. Eine Mutter wird jedoch hoch geachtet. Ihre Sorge für das häusliche Wohl der ganzen Familie wird als würdevoll betrachtet; sie selbst empfindet es ehrenhaft, ihre Pflichten zu erfüllen, sie sieht es als im Einklang stehend mit dem *Dharma,* dem universellen Gesetz. Außerdem kennen die „Brahmanischen Gesetze" nicht nur Vorschriften für die Frau sondern auch solche für den jungen Gatten. Er erhält Ratschläge, wie er seine Frau glücklich machen könne, damit sie keine Ursache zur Klage habe. Denn in ältester Zeit stand auf Ehebruch die Todesstrafe.

c) Die wichtigsten Kastenregeln

Der gesamte Lebensablauf einer Hindu-Familie ist durch Vorschriften geregelt, von der Kindheit bis zum Tode, vom Morgen bis zum Abend. Die Tischsitten und Ernährungsregeln sind für den Außenstehenden oft unverständlich, für jede der heute so zahlreichen Kasten gilt etwas anderes. Der Familien-Vorstand hat für die Einhaltung der Regeln zu sorgen und ihre Übertretung zu sühnen.

Die Heirat

In der brahmanischen Epoche waren Ehen nur innerhalb der beiden oberen Kasten erlaubt. Noch heute ist es Sitte, jedoch nicht mehr Zwang, daß eine Ehe von den Eltern des künftigen Paares vereinbart wird. Lange Zeit wurden Ehen bereits im Kindesalter geschlossen; diese Sitte ist im Abklingen, auf jeden Fall in den Großstädten. Die Eltern sind auch heute noch bemüht, auf die Harmonie der Charaktere zu achten, wenn sie ihre Kinder verheiraten. Es ist üblich, Auskunft bei einem Astrologen einzuholen.

Die Hochzeit wird dann mit großem Aufwand gefeiert. Die Familie stürzt sich dafür in Schulden; das Familien-Prestige verlangt es so. Der Tag der Hochzeit ist oft der einzige, der nicht von Elend gekennzeichnet ist. Für die zahlreiche Verwandtschaft und Freundschaft sind es glückliche Stunden.

Eine Hindu-Ehe ist unlösbar, sogar über den Tod des Partners hinaus. Die Witwe muß dann Trauer tragen und ist von allen Festlichkeiten ausgeschlossen. Daher ließen sich manche freiwillig verbrennen. Dem Gesetz nach ist heute eine Wieder-Verheiratung erlaubt, höher steht jedoch die Rücksichtnahme auf die Tradition.

Die Ernährung

Wer sich nach den Kastenregeln richtet, gilt als „rein". „Unrein" ist nicht gleichbedeutend mit „unsauber"; denn jemand kann „sauber" und trotzdem „unrein" sein. Als „unrein" gilt alles, was „vermischt" ist, sei es ein Farbton, eine Rasse oder eine seelische Substanz. Da nach der indischen *Tanmātra-Lehre,* die durch das *Sāṃkhya*-System überliefert wurde, Wesen wie auch Dinge aus den gleichen Bausteinen zusammengesetzt sind, besteht die Gefahr der Vermischung zwischen höher und niedriger Organisiertem.

Ein unerwünschter Austausch der Substanzen könnte bei der Zubereitung der Speisen stattfinden, weshalb nur ein Koch aus der höchsten Kaste Speisen zubereiten oder Getränke anbieten darf. Von Fremden oder niedriger Stehenden darf ein Hindu nur ungepreßtes und ungekochtes Getreide annehmen; denn dies gibt keine Feinstoffe ab.

Auf den Landstraßen Indiens bietet daher ein „Reiner" den Reisenden Wasser oder Imbiß an, als Geste der Hilfsbereitschaft. Da es auch bei uns

die Redensart gibt, „der kann ihm nicht das Wasser reichen“, muß diese Sitte auch hier bekannt gewesen sein.
Bei dem Gedankengang der Vermischung von Feinstoffen wird das Übertragen von Charaktereigenschaften befürchtet; man möchte vermeiden, von anderen die niedrigen *Tamas*-Schwingungen aufzunehmen, die das Kultur-Niveau herabmindern. Besonders der *Yogin,* dem es darum geht, in seinem *Citta* das edle lichte *Sattva* anzusammeln, um sich auf das *Samādhi*-Erlebnis vorzubereiten, legt daher Wert auf „reine“ Nahrung. Er teilt die Lebensmittel auf in sattva-haltige, rājas-haltige und tamas-haltige.
Daher auch ist der *Yogin* Vegetarier; denn Fleisch ist überwiegend rājas-haltig. Viele Inder sind Vegetarier, doch die frühen Arier waren es nicht. Der buddhistisch eingestellte Kaiser *Aśoka* dürfte den Vegetarismus verbreitet haben. Die Angehörigen des Kriegerstandes nahmen schon immer Fleisch-Nahrung zu sich, denn ihnen waren die Rājas-Eigenschaften erwünscht. Nach den Lebensregeln des *Veda* gehörte es erst zur dritten Lebensstufe, der des „Waldeinsiedlers“, sich von Körnern und Waldfrüchten zu ernähren; in der vierten Lebensstufe, der des Saṃnyāsin, wurde dann auch noch die Nahrungsmenge reduziert, nur eine Mahlzeit täglich war erlaubt. Diese Sitte übernahmen die Anhänger des *Yoga.*

Der Umgang mit Menschen

Aus denselben Motiven, die bei der Ernährung eine Rolle spielen, ist auch der Umgang mit Angehörigen niederer Kasten untersagt. Die seelische Ausstrahlung kann sich direkt übertragen – auch wir empfinden Sympathie und Antipathie. Übernommen wird sehr leicht die geistige Einstellung eines anderen. Am meisten gefürchtet war sicher das schlechte Beispiel. In der Zeit der Kastenbildung kam es darauf an, Rohheit des Charakters abzulegen, denn erwünscht war eine generelle Kultivierung.
Die vernünftige Überlegung jüngerer Inder begrüßt es heute, daß die Kasten-Tabus gesetzlich aufgehoben worden sind. Doch ihr Unterbewußtsein reagiert altmodisch, besonders in den Dörfern. Sie geben zu, daß sie bei näherem Umgang mit Angehörigen niederer Kasten Ekel empfinden. Die neue Situation bringt Verunsicherung mit sich. Daher wünschen sich viele einen Lebensführer, einen *Guru,* der ihnen die größeren Entscheidungen abnimmt. Seine umfangreiche geistige Ausstrahlung – so glaubt man – könne alles „Unreine“ nivellieren.

d) Druckmittel zur Einhaltung der Kastengesetze

Sofortige Sühne

Für „Verunreinigung“ durch zufälliges Zusammentreffen mit niederen Kasten sind „Reinigungs-Riten“ vorgesehen. Absichtliche Vergehen können durch Geldbußen oder Züchtigungen ausgeglichen werden. Wer die Ehre der Kaste befleckt, die Bräuche nicht geachtet oder ein Verbrechen begangen hat, wird vom Oberhaupt der Kaste abgeurteilt. Er wird dann zum Beispiel mit grotesk bemaltem Gesicht auf einen Esel gesetzt und durch das Dorf geführt. Auf jeden Fall wird er für längere Zeit – manchmal für immer – von allen Versammlungen und Festen ausgeschlossen, auch von der ererbten Berufsausübung. Manchmal bleibt ihm dann nichts anderes übrig, als das Land zu verlassen; doch dazu fehlt ihm meist das nötige Geld.

Sühne auf Zeit – das Karma-Gesetz
Ein Mittel, empfindlichen Druck auf die Bevölkerung auszuüben, fanden die Brahmanen in der Lehre vom Lebens-Kreislauf. Sie war vom Kreislauf-Geschehen in der Natur abgeleitet. In der ältesten Zeit galt als Gleichnis der Kreislauf des Wassers, später die sich wiederholenden Vorgänge beim Säen und Ernten. Die Brahmanen erklärten nun, daß jede Handlung eine Spur hinterläßt, die als „Keim" zurückbleibt und aufgeht, sobald geeignete äußere Verhältnisse es erlauben. Diese „Keime" werden *Karma-Kerne* genannt. Jeder erntet, was er gesät hat. Alles Gute wird sich im nächsten Leben als Freude auswirken; alles Böse, das man getan oder gedacht hat, wird Ärger oder Unglück nach sich ziehen. Doch der Querschnitt von Gut und Böse, *Karmāśaya,* das Gesamtergebnis eines Lebens, wird sich auf die Art der nächsten Geburt auswirken, auf die Kaste, in der man geboren wird. Da sich jeder wünschte, in einer hohen Kaste geboren zu werden, hoffte man, daß sich jeder bemühen würde, die Kastenregeln einzuhalten.

e) Die Durchlässigkeit der Kastengesetze

Es ist nicht zu übersehen, daß trotz aller Drohungen Rassenvermischung stattgefunden hat. Daher stellt sich die Frage, wie denn die Kastengesetze umgangen werden konnten. Vermutlich durch das Einschlagen einer militärischen Laufbahn; denn im Krieg war nicht die Herkunft wichtig sondern die persönliche Einsatzbereitschaft. Irgendwo in dem großen Land wurde immer gekämpft, und dafür wurden Söldnerheere angeworben. Auf diesem Wege konnte ein geschickter junger Mann zum General und zum Minister aufsteigen, gelegentlich sogar zum König. Und obwohl, dem Gesetz nach, die Frau nichts zu sagen hatte, gab es auch einige regierende Königinnen, denen sogar Staatsklugheit nachgerühmt wird.

f) Die weitere Entwicklung der Kastengesellschaft

Es ist erstaunlich, daß sich die Kastengesellschaft in Indien mehr als zweitausend Jahre halten konnte. Die entsprechenden Einrichtungen in

Europa wie etwa die im Mittelalter so bedeutenden „Stände“ und „Berufsgilden“ haben sich nicht so lange gehalten.
Erst seit 1950 sind die Kastengesetze auch in Indien abgeschafft worden. Das hatte *Gandhi* durchgesetzt: Die gegenwärtige Verfassung, die allen Bürgern die gleichen Rechte verleiht, unterbindet jede Herabwürdigung des Menschen aufgrund von Rassenzugehörigkeit, Religionsausübung, Kastenherkunft und Geschlecht.
In den privaten Beziehungen besteht jedoch das Kastenwesen weiter, besonders in den Dörfern; bei der Fabrikarbeit in den Städten tritt es weniger in Erscheinung.
Die heutigen Kasten – es soll etwa 3000 geben – sind Gemeinschaften von Gleichartigen, entweder in alter Zeit Zugewanderte oder Berufsgruppen oder Glaubensgemeinden. Zwar sind sie alle in die Hindu-Gesellschaft integriert, haben aber gewisse traditionelle Sitten beibehalten, durch die sie sich voneinander unterscheiden. Sie heiraten nur untereinander und nehmen ihre Mahlzeiten nur im Kreise ihrer Mitglieder ein.
In der Gegenwart hat allerdings nur noch die Brahmanen-Kaste Bedeutung. Ihr Traditionsbewußtsein liefert für alle anderen das Leitbild. Wer wie sie Rituale und Gebräuche befolgt, gibt sich mehr Ansehen. Wirtschaftlich gesehen, kann ein Brahmane ärmer sein als irgendeiner, der kein Ansehen besitzt.
Die Kaste bedeutet nicht nur eine Last für ihre Angehörigen; sie gibt auch Sicherheit. Alle Mitglieder stehen geschlossen hinter dem, der angegriffen oder beleidigt worden ist. Die Kastenältesten sind außerdem Ratgeber. Die Beziehung zu Familie und Gruppe bleibt auch über Entfernungen hinweg bestehen. Unter den Grundbesitzern gibt es sogar noch Sippenverbände mit Gütergemeinschaft unter Autorität eines Familienoberhauptes; Verluste trägt die Gemeinschaft.
Die einst so berühmte *Kṣatriya*-Kaste, der Kriegeradel der alten Zeit, ist nahezu ausgestorben. An seine Stelle sind schon vor unserer Zeitrechnung fremdstämmige Ritter getreten, die sich *Rājputen* nennen, „Söhne der *Rājas*“ von damals. Sie haben die berühmten Rittertugenden der Kṣatriya übernommen und leiten ihre Abstammung gern aus einem der alten Geschlechter ab. Ihr Stammland ist *Rājputāna* oder Rājasthan. Jahrhundertelang haben sie die nördlichen Grenzen Indiens von ihren Burgen aus verteidigt; ihre heldenhaften Kämpfe sind in die Legende eingegangen. Vom 17. – 19. Jahrhundert werden sie nur noch als Förderer der Künste genannt; berühmt sind bis heute die Rājasthan-Miniaturen, in denen sich das höfische Leben widerspiegelt.

4. Gegenbewegungen zum Brahmanismus

a) Gründe für die Gegenbewegung

Mit den strengen Kastengesetzen und dem Karmagesetz erreichten die Brahmanen zwar, daß sich die Rassenvermischung über längere Zeit in Grenzen hielt; andererseits erzeugte der psychische Druck die Tendenz, nach Auswegen zu suchen. Der junge Kriegeradel – und teilweise sogar Söhne der Brahmanen – lösten sich vom Althergebrachten und suchten die Bevormundung der Priesterschaft abzuschütteln.
In ihren Kreisen erwachte langsam das naturphilosophische Denken, und damit trat die religiöse Überlieferung in den Hintergrund. Es wurden Versuche unternommen, das eine auf das andere abzustimmen. Die Brahmanen sahen sich genötigt, sich den Zeitströmungen anzupassen. Alte und neue Anschauungen wurden in eine feste Form gebracht. Ein Ergebnis um das Jahr 200 war die Systembildung.

b) Die sogenannten „sechs anerkannten Systeme“ (nach Frauwallner)

Unter „anerkannt“ versteht man in diesem Zusammenhang: von den Brahmanen anerkannt. Sie ließen gelten, was nicht in direktem Widerspruch zu den Lehren des *Veda* stand, insbesondere die beiden erstzunennenden Systeme, die direkt aus dem Veda abgeleitet waren. Dazu kamen die neuen philosophisch fundierten Systeme und die Naturlehren.

Zwei religiös fundierte Systeme
Erstes System: Die *Pūrva-Mīmāṃsā** des Jaimini. Hier wird ein religions-philosophisches Weltbild entwickelt, das den Anspruch erhebt, eine zeitlos gültige Wahrheit zu enthalten – eine philosophia perennis; es soll eine Überarbeitung der früheren „Karma-Mīmāṃsā“ sein, einem Ritenbuch.
Zweites System: Die *Uttara-Mīmāṃsā* des Vyāsa, besser bekannt unter der Bezeichnung *Vedānta***. Aus diesem Vedānta sind alle Anschauungen abgeleitet, die sich in der Bhagavad-Gītā und den jüngeren Yoga-Lehren finden. Die ursprünglichen Anschauungen des Vedānta sind überliefert in den Texten der „Älteren Upaniṣaden“.

Zwei Naturlehren
Erstes System: Der *Nyāya* des Akṣapāda Gautama. „Nyāya“ heißt Logik. Es handelt sich um erste Ansätze, das Körper-Seele-Geist-Kontinuum des Menschen begrifflich festzulegen. Die Begriffe wurden vom Sāṃkhya-System übernommen und später beibehalten.

* Mīmāṃsā = Erörterung.
** einer Überarbeitung des Kumārila im 8 Jahrhundert.

Zweites System: Das *Vaiśeṣika* des Kaṇāda. Hier wird in erster Linie der Versuch unternommen, die vergängliche Erscheinungswelt zu verstehen und zu erklären. Es wird die erste *Atom*lehre vorgetragen: *Paramāṇu* = das „Atom". Hier entstehen und vergehen die Seelen zusammen mit der Natur. Diese Naturlehre liegt dem *Āyurveda* zugrunde. Auch hiervon wurde einiges ins Sāṃkhya-System übernommen, weshalb Nyāya und Vaiśeṣika ihre eigenständige Bedeutung verloren.

Zwei philosophisch fundierte Systeme

Erstes System: Das *Sāṃkhya* des Kāpila. Es sammelte alle bestehenden Lehren und verarbeitete sie zu einem klar gegliederten System aufgrund rationaler Überlegung. Es versprach darüber hinaus: Befreiung aus dem Lebenskreislauf durch eigene Erkenntnis, ohne Vollzug von Ritualen. Belehrung stand allen Kasten offen.

Zweites System: Der *Yoga* des Patañjali. Es gelten die weltanschaulichen Grundlagen des Sāṃkhya mit geringen Abwandlungen. Erläutert werden vier praktische Methoden der Selbst-Disziplin (Yoga), vier Wege, auf denen man zur Befreiung vom Lebenskreislauf gelangen kann. Die selbstauferlegte Strenge des Yoga galt den Kastengesetzen als ebenbürtig oder sogar überlegen.

Beide Systeme erkannten die Karma- und Reinkarnations-Lehre an, waren aber überzeugt davon, daß das *Karman* gelöscht werden könnte, sobald sich das Bewußtsein über die Natur-Bereiche erhoben hatte.

Diese Systeme wurden laufend überarbeitet. Neue Erkenntnisse suchte man, mit den früheren in Einklang zu bringen, dabei paßte man sich auch dem zeitgenössischen Sprachgebrauch an. Der Überarbeiter versah die älteren Texte außerdem mit Kommentaren nach seinem eigenen Verständnis, nach Rücksprache mit einem in der Tradition stehenden Lehrer. In einigen Fällen ging der ursprüngliche Sinn trotzdem verloren, und so kam es zu unterschiedlichen Auslegungen.

c) Die nicht anerkannten Systeme

Der Buddhismus

Da die Urheber des Buddhismus und des Jainismus aus dem Kriegeradel kamen, mußten sie den Brahmanen von vornherein als anstößig gelten. Dazu kam, daß beide Fürstensöhne ihre Lehren auch den Niederen und Ausgestoßenen verkündeten, sich von ihnen einladen ließen und mit ihnen aßen.

Buddhas Erlösungs-Lehren dürften nur seine engsten Jünger verstanden haben, denn ihm war in seinen hohen Meditations-Erlebnissen ein Gesamt-Wissen zuteil geworden, für das damals jegliche schulischen Voraussetzun-

gen fehlten. Es erscheint daher aus der heutigen Sicht erstaunlich, daß sich der Frühe Buddhismus in so kurzer Zeit so weit verbreiten konnte und in alle Bevölkerungsschichten einsickerte.
Buddhas Wohlwollen und seine Milde dürften die Armen sehr beeindruckt haben. Wie geehrt mag sich die Śūdra-Frau gefühlt haben, von der er Wasser nahm, ohne eine Verunreinigung zu befürchten! Außerdem regte er seine Gönner dazu an, Wohlfahrtseinrichtungen zu schaffen. Noch nach seinem Tode wirkte sein Beispiel auf den Kaiser Aśoka, der Krankenhäuser erbaute, für Witwen, Waisen und Krüppel sorgte, während die Brahmanen solches Elend für selbstverschuldet hielten und ihm keine Beachtung schenkten.

Der Jainismus (nach Frauwallner)
Etwa zur gleichen Zeit wie der Buddha bemühte sich ein anderer junger Adliger, der Bevormundung durch die Brahmanen zu entgehen: *Vardhamāna* aus dem Geschlecht der *Jñāta* in der Provinz *Bihār.* Nach 12 Jahren strenger Askese wurde er zum *Jina,* zum „Sieger" über seine Leidenschaften. Seine Anhänger nennen sich nach ihm die *Jaina.*
Der Buddha sowohl wie der Jina erkannten die Grundzüge der Karma- und Reinkarnations-Lehre an; doch über die Methode, die Karma-Kerne zu beseitigen, waren sie unterschiedlicher Auffassung. Während sich der Buddha nach extremen Anfangs-Anstrengungen für den „Mittleren Weg" entschied, einer sanften Sublimierung der Triebe, unterzog sich der Jina einer zwölfjährigen strengen Askese. Dahinter stand eine alte Tradition früherer „Jina", eine Art Todessehnsucht, die dazu führte, daß er und einige seiner Anhänger ihr Leben durch freiwilliges Verhungern beendeten.
Die *Jaina* machten sich zwar frei von der brahmanischen Kastengesellschaft; doch von den Spätfolgen des Karman fühlten sie sich schwer bedroht. Daher bemühten sie sich, alle eigenwilligen Taten zu vermeiden, um weder seelisch noch körperlich irgendein Wesen zu verletzen. So wurde das Gebot des *Ahiṃsā,* des „Nichttötens", ihr erstes Gebot. Es ging so weit, daß sie sich scheuten, versehentlich einen Wurm oder Käfer zu zertreten oder ein Insekt zu verschlucken, weshalb sie sich ein Tuch vor den Mund banden. Um gute Karma-Kerne anzusammeln, widmeten sie sich Werken der Barmherzigkeit. Sie gründeten Hilfsorganisationen, Erziehungsstätten und Tierasyle. Freigebigkeit können sie sich leisten, da die meisten dem Kaufmannsstand und dem Bankwesen angehören.
Bei den Jaina hat sich eine alte Sitte erhalten, ihre Tempel an einem Teich anzulegen, der auch ein künstliches Wasser-Bassin sein kann. Jeder Pilger hatte vor Betreten des Tempels zu baden. Das Bad reinigte nicht nur den Körper; man hoffte, daß es auch die schlimmen Karma-Keime tilgen könnte.

Solch ein Badeteich hieß *Tīrtha*; danach nennt man die Jaina in manchen Gegenden *Tīrthaṃkara,* das ist „Furtbereiter".
Äußerlich gesehen gibt es zwei Gruppen, solche, die weißgekleidet gehen, die *Śvetambara.* Die Strengeren sind die nackten Asketen, die sich *„22 Mühsale"* auferlegen; sie nennen sich *Digambara,* „Luftbekleidete".
Großes Ansehen genießen die Jaina auch in unserer Zeit noch: in Gujarat, Maisur, Bombay, Delhi, Kalkutta und Madras. Im Ausland haben sie keine Anhängerschaft gefunden.

Der indische Materialismus – das Lokāyata (nach Frauwallner)

Das *Lokāyata* ist ein Sūtra-Text des *Cārvāka,* nach dem sich die Anhänger auch Cārvāka nennen können. Menschen mit ähnlichen Auffassungen werden aber auch schlicht „Verneiner" genannt: *Nāstika.* Sie alle stellen in Abrede, daß es außer dieser Welt – *Loka,* der Ebene der Körperwesen – noch eine andere, geistige Welt gäbe. Dann könne es auch kein Leben nach dem Tode geben und keine Vergeltung in einem späteren Leben. Das von den Brahmanen aufgestellte Karma-Gesetz sei demnach ungültig, und ebenso seien es die moralischen Forderungen, die es günstig beeinflussen sollen.
In der äußeren Form ist das Werk dem Yoga-Sūtra des Patañjali angepaßt; es beginnt mit ähnlich prägnanten Sätzen, die allerdings eine ganz andere Aussage beinhalten (nach Frauwallner, Bd. II): „Nunmehr wollen wir die Wahrheit erklären: Erde, Wasser, Feuer und Luft, das sind die Grundsubstanzen. Ihre Verbindung bezeichnet man als: Körper, Sinnesorgane und Objekte. Aus ihnen entwickelt sich die Geistigkeit. Das Erkennen entsteht wie die ‚Rauschkraft' der Hefe. Die Lebensäußerungen gleichen Blasen im Wasser. Und weil es nichts gibt, was im Jenseits weiterlebt, gibt es auch kein Jenseits – Para-Loka. ... Es gibt keine Seele, keine Vergeltung guter und böser Taten... Hölle ist qualvolles Leiden. Erlösung ist die Vernichtung des Körpers. Und höchster Gott ist ein allgewaltiger König." Könige und ihre Minister sollen diese Lehre in erster Linie für sich in Anspruch genommen haben.
Der besondere Spott der Nāstika galt dem Brahmanischen Opfer-Ritus. Man machte den Cārvāka manchen Vorwurf: Wenn sich Geistigkeit ohne Seele entwickeln kann, warum sind dann die Dinge nicht auch geistig? „Ihnen fehlt die besondere ‚Mischung', die nötig ist, um die ‚Rauschkraft' in den lebenden Wesen zu erzeugen; sie fehlt auch bei einer Leiche, da sie sich inzwischen verändert hat, und darum zeigt auch diese keine geistigen Äußerungen mehr."

Die Ājīvika

Zeitgenosse des Buddha und des Jina war auch *Gośāla,* der Sohn eines Bettlers, der zum Führer der *Ājīvika*-Sekte wurde. Er ist ein Beispiel dafür,

wie die Ausgestoßenen auf die Brahmanischen Lehren reagierten. Während die geistigen Führer des Buddhismus und Jainismus neue Wege aufzeigten, wie man mit den Lebens-Schwierigkeiten fertig werden könne, lehrte Gośāla eine fatalistische Einstellung:
„Alle Wesen, alles was da atmet, ist ohnmächtig, kraftlos. – Wie mit Scheffeln zugemessen sind Lust und Leid. Fest begrenzt ist der Wesenskreislauf. Nichts kann ihn verlängern, nichts verkürzen. Alle Daseins-Möglichkeiten müssen durchlaufen werden, ehe die Erlösung kommt, ganz am Ende des Kalpa. Denn alles ist Natur."
Auch solch eine hoffnungslose Lehre fand ihre Anhänger; sie soll einige Jahrhunderte lang Einfluß ausgeübt haben.

VI. Der Hinduismus und der religiöse Bhakti-Yoga

1. Die Zuwendung zu den Göttern

Da Indien ständig von Fremdvölkern unterwandert wurde, konnte es nicht ausbleiben, daß es sich auch mit außerindischen Denkweisen auseinandersetzen mußte. Die Brahmanischen Vorstellungen konnten sich nur behaupten, wenn sie auf Kompromisse eingingen und die Kulte der Fremden berücksichtigten. Die arische Priesterschaft stand daher vor der Aufgabe, zahlreiche Götter und Göttinnen in ihre geistige Welt einzuordnen. Man war nicht kleinlich.

In dem großen religiösen Lehrgebäude des Hinduismus, dessen geistiger Kern die *Vedānta-Lehre* blieb, wurde Platz geschaffen für verehrungswürdige Wesen aller Art, die in verschiedene Rangordnungen eingeteilt waren. Sie wurden alle zu „einzelnen Aspekten" des *Einen* höchsten Geistes erklärt. Nun konnte ihn jeder mit einem ihm nahestehenden Gottesnamen anrufen. Denn es kam nicht auf den Namen an sondern auf die aufrichtige Empfindung, den Wunsch nach Annäherung. Es kam darauf an, daß sich der Andächtige zu seiner Gottheit erheben konnte.

Die Hinwendung zu den Göttern war – so gesehen – kein Rückschritt zur „Vielgötterei"; sie war ein Hilfsmittel, auch ungelehrte Menschen an der allgemeinen geistigen Entwicklung teilnehmen zu lassen. Man teilte ihnen die religiösen Weisheiten in einer Form mit, die sie begreifen konnten.

So ergab es sich, daß der heutige *Hinduismus* eine Verschmelzung von Götterglauben – Naturbeobachtung – Himmelsbeobachtung – Philosophie – Psychologie und Ethik wurde (Filliozat). Alles ist eingeordnet in ein einziges großes Lehrgebäude, in dem nichts zufällig erscheinen darf; eines muß aus dem anderen abgeleitet sein. Denn es soll dem Nachdenklichen helfen, den Sinn des Lebens zu verstehen und die Lebensfragen zu beantworten.

Das große Lehrgebäude des *Späten Vedānta* (Fachbezeichnung für den geistigen Kern der Lehre) entwickelte sich sehr langsam in vielen Varianten. Auffällig ist, daß sich die irdische Ebene von der im „Frühen Vedānta" kaum unterscheidet, es wurden nur psychologische Aspekte mit berücksichtigt. Dagegen weitet sich die geistige Ebene immer weiter aus. Viele für den Menschen unerreichbare geistige Zonen schieben sich zwischen den Erdenbürger und das uranfängliche *Brahman.*

Die Erfahrung des *Brahman,* die im „Frühen Vedānta" scheinbar in greifbarer Nähe lag, rückt in die Ferne. Sie setzt nun viele menschliche Entwicklungs-Stufen voraus. Das soll die folgende graphische Darstellung vor Augen führen, die für die Auffassung im indischen Mittelalter gilt.

2. Die Geistigen Prinzipien als Gottheiten (Später Vedānta)

Einordnung der Gottheiten in das Weltbild um 1000 n. Chr.

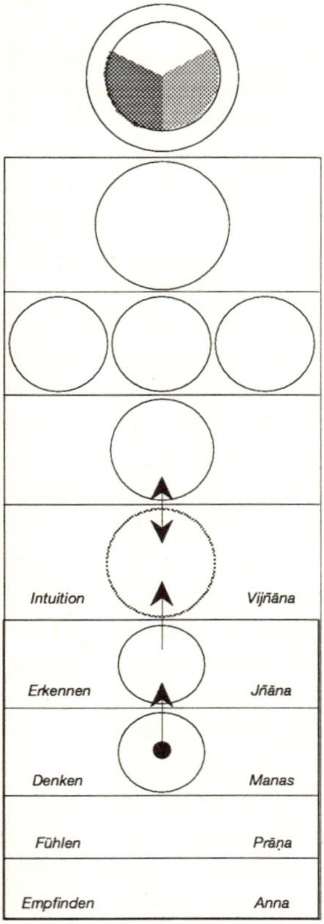

Das *Brahman,* abstraktes Geist-Prinzip mit den keimhaft enthaltenen *Triguṇa,* den drei kosmischen Wirkweisen

Mahā-Devī, „Große Göttin“, Ur-Mutter – Natur.

Trimūrti, die „Dreigestalt“ des Göttlichen, drei gleichwertige Aspekte des Göttlichen.

Der *Īśvara,* der „Höchste Herr“ = Begriff für die verehrte Gottesgestalt.

Der *Ātman,* das „geistige Selbst“ des Menschen, nach dem sich das irdische Selbst sehnt. Der Kontakt muß erarbeitet werden.

Der *Jīva,* der feinstoffliche Erlebnisträger.

Ahaṃ – das Ich, die irdische Person.

Die Pfeile deuten an, welche Beziehungen durch Yoga herzustellen sind, durch Meditation und durch die Hingabe an den Īśvara. Denn der Yoga des „Späten Vedānta“ ist der *Bhakti-Yoga.*
Für das Weltbild des *„Späten Vedānta“* dürfte bereits die Umstellung von Jñāna/Vijñāna gelten. Jetzt ist Vijñāna der übergeordnete Begriff.

a) Zur graphischen Darstellung der geistigen Prinzipien als Gottheiten

In der obigen Abbildung bedeuten die *Querstriche* = Einteilung in Bereiche: Die 4 unteren Bereiche gehören der *Natur* an, die 5 oberen Bereiche gelten als geistig.
Bei einem Vergleich zum „Frühen Vedānta“ hat sich der transzendente Raum, den der Mensch mit seinen fünf Sinnen nicht erfassen kann, merklich

ausgeweitet. Das bezieht sich nicht auf Neu-Entdeckungen im Weltraum; es soll anschaulich werden, wie klein die Menschenwelt gegenüber der geistigen Welt ist.

Großer Kreis oben: Das abstrakte Brahman, das höchste Geistige Prinzip.

Seine innere Dreiteilung: Die *Tri-Guṇa,* die dem geistigen Prinzip einwohnende dreifache Bewegungs-Tendenz, die zur Verstofflichung führt.

Großer Kreis darunter: Die *Mahā-Devī,* die „Große Göttin" – die Ur-Mutter. Die Einführung eines „Weiblichen Prinzips" in die geistige Welt war dem arischen Denken fremd; sie ist eine Konzession an eingeborene Stämme mit Mutterkult oder Matriarchat.

Drei Kreise auf gleicher Ebene: Die *Trimūrti,* die „Drei-Gestalt" des Göttlichen. Drei gleichwertige Aspekte der Gottheit, bezeichnet mit drei Namen von Gottheiten alter oder anderer Kulturen.

Kreis darunter: Der *Īśvara* – der „Höchste Herr", „der sich niemals mit stofflichen Hüllen umgibt", ein vom Menschen ersehntes Idealbild oder Göttliches Ur-Bild – der Göttliche *Guru.* Für den Verehrenden ist er *Einer.* Der Außenstehende glaubt, es wären *Viele*; denn jeder Gläubige gibt ihm den Namen, den er vor allen anderen liebt.

Kreis darunter: Der *Ātman* – geistiges Selbst des Menschen. Der Ātman ist unstofflich und daher unfaßlich. Sobald der irdisch-leibliche Mensch eine Beziehung zu ihm hergestellt hat, die ihm Weisheit vermittelt, hat er den *Yoga* vollzogen.

Kreis darunter: Der *Jīva* ist die „Seele", die den Körper belebt, ihm Erkenntnisse vermittelt; er gilt als Träger der Wiedergeburt.

Kreis darunter: Ahaṃ – das Ich – die Persönlichkeit. Das Ich gibt es nur in Verbindung mit der Körperform.

Die 4 unteren Felder ermöglichen dem Ich: stoffliche Empfindung, das Wahrnehmen von Lust- und Unlustgefühlen, das Wünschen und Verstandesdenken und auf der oberen Ebene die Intuition. Diese Fähigkeiten sind in allen Menschen anlagemäßig enthalten, können aber kultiviert werden als Vorbedingung für den *Yoga.*

b) Die Trinität Brahmā-Viṣṇu-Śiva

Die Gottheit in dreierlei Gestalt aufzufassen als „Dreiheit", „Dreifaltigkeit", Trinität oder (Sanskrit) *Trimūrti,* ist keine speziell indische Eigenheit. Doch die Bedeutung, die die verschiedenen Kulturen einer solchen Vorstellung beimessen, ist voneinander abweichend.

Bei der indischen *Trimūrti* oder „Drei-Gestalt" hat man an „drei Regenten" eines Welten-Zyklus zu denken, eines *Kalpa.* Der „Weltentag" wird von ihnen regiert. Brahmā kündet den Weltentag an, Viṣṇu sorgt für Ordnung in der Natur und unter den Kreaturen, und Śiva beendet den Weltentag und leitet

die „Weltennacht“ ein. Stofflicher und unstofflicher Zustand der Welt wechseln miteinander ohne ein für den Menschen sichtbares Ende dieses Geschehens.
Es liegt die Vermutung nahe, daß alle „Dreiheiten“ aus älteren Vorstellungen übernommen worden sind, die sich auf die beiden großen Gestirne *Sonne* und *Mond* (Sūrya und Candra) beziehen. Diese Gestirne erregten zu allen Zeiten Aufsehen, zunächst der Mond mit seinen Zustandsveränderungen, die man sich lange nicht erklären konnte. Aber auch die Sonne wurde als von dreifacher Art empfunden, ermunternd am Morgen, versengend am Mittag und Erholung spendend am Abend. Daß die *Drei* im Altertum eine heilige Zahl war, die in Mythen und Märchen immer wieder erwähnt wird, mag mit dieser erwähnten Beobachtung der Gestirne zusammenhängen. Da Mond und Sonne in den alten Kulturen als Gottheiten empfunden wurden, dürfte man deren Drei-Gestalt auf die spätere Vorstellung einer Gottheit als Geist-Wesen übernommen haben.
Für das *Yoga* betreibende Indien kommt noch eine andere Erklärung in Betracht. Meditations-Erlebnisse können begleitet sein von einem inneren Sehen dreier Lichtringe, die sich zu einer Lichtscheibe zusammenschließen. Die daraufhin erlebte Licht-Ebene wird empfunden als die Welt Gottes.

Brahmā – Verkörperung des gestaltenden Prinzips
Die arische Tradition – die *Veda-Texte* – kennen einen Gott Brahmā nicht; er ist eine Neu-Einführung späterer Zeit, eine Personifizierung des abstrakten Prinzips *Brahman.* Nach den *Vedānta*-Lehren ist die Welt eine Zustandsveränderung dieses *Brahman.* Zum leichteren Verständnis der Menschen, die an abstraktes Denken nicht gewöhnt sind, machte man aus dem *Brahman* einen Gott *Brahmā,* einen Schöpfergott, der die Welt mit Hilfe des magischen Wortes erstehen läßt. Ihm untersteht alles, was mit Erde, Stofflichkeit und Zeugung zu tun hat. Daher ist die *Vier* die für ihn typische Zahl, die bei seiner Darstellung berücksichtigt wird.

Die Darstellung des Brahmā
Eine Sandsteinfigur in *Batambang* (10. Jahrhundert) ist das beste Beispiel für die Darstellung des Brahmā. Diese göttliche Gestalt trägt 4 Köpfe; denn mit 4 Mündern spricht der Gott die magischen Worte aus, die die Erde hervorbringen. Er ist im Besitz der 4 Weisheiten (Veden), die abgebildet werden als 4 Bücher, die er in 4 Händen hält. Er breitet die Erde in 4 Himmelsrichtungen aus – hier 4 „Weltgegenden“ genannt. Und darum muß alles, was mit ihm zu tun hat, durch die *Vier* ausgedrückt werden.

Viṣṇu – Verkörperung des Natur-Prinzips

Im Altertum war Viṣṇu ein Vegetationsgott, er verkörperte das Wachstum der Natur. – Von nun an kommt es ihm zu, diese Natur lebensfähig zu erhalten und für eine gezielte Weiterentwicklung der Lebewesen zu sorgen. Ihm ist eine „Göttin" zugeordnet, sein weiblicher Aspekt oder seine „Gattin" genannt. Sie heißt *Lakṣmī* – die „Fülle", der „Formenreichtum". Sie ist zuständig für das üppige Hervorsprießen der Pflanzenwelt, für das Wohlergehen der Tiere und Menschen und – in Ausweitung ihrer Bedeutung – auch für ihren Wohlstand.

Ein besonderer Zug des Viṣṇu ist, daß er eine menschliche Gestalt annehmen kann, um in die Welt herniederzusteigen und selbst nach dem Rechten zu sehen und es in die Wege zu leiten. Dann gilt er als *Avatāra* – als „Herniedergestiegener". In dieser Eigenschaft kommt es ihm zu, regulierend in das evolutionäre Geschehen einzugreifen, wie aus den *Avatāra-Mythen* hervorgeht.

Die Darstellung des Viṣṇu

Viṣṇu kann auf zweierlei Weise dargestellt werden: Als Erhalter und Verwalter der Natur gibt man ihm die Gestalt eines weisen Regenten in fürstlicher Kleidung. Will man darauf hinweisen, daß er das Natur-Prinzip ist, dann liegt er träumend auf der „Schlange Unendlichkeit" im Ur-Meer und symbolisiert so die im Winterschlaf liegende Natur. Aus seinem „Nabel" aber – aus seinem Wesenszentrum – wächst ein Pflanzenstengel, der auf das Erwachen der Pflanzenwelt im Frühling hindeutet.

Śiva – Verkörperung des zerstörenden Prinzips

Wenn Śiva die Welt auflöst, weil der „Weltentag" zu Ende geht, nennt man ihn den „Zerstörer" – *Bhairava*. Dabei hat man in Betracht zu ziehen, daß eine solche Zerstörung oder Auflösung nicht endgültige Vernichtung bedeutet. Sie leitet nur die „Weltennacht" ein – die Ruhepause der Natur. Danach jedoch beginnt der neue Weltentag. Wäre er nur der „Zerstörer", dann müßte man sich fragen, weshalb man ihn *Śiva* nennt – den „Gütigen". In dieser göttlichen Gestalt sind die Gegensätze von „Güte und Wildheit" vereint, das wird noch deutlicher durch die Art seiner Abbildungen.

Die Darstellung des Śiva

Śiva der „Gütige" ist ein Hirt, der auf dem weißen Stier *Nandi* reitet, als der „Herr der Tiere", der seine Herden beschützt. Steinerne Kühe liegen dann in den Höfen seiner Tempel, wie in *Māmallapuram.* Der Stier *Nandi* liegt in der Mitte des Tempels von *Ellorā,* auch im Vorhof des Tempels von *Perur.*

Den Zerstörer-Aspekt hat Śiva von dem alten Sturmgott *Rūdra* übernommen. *Śiva-Rūdra* wird mit dunkler, rötlicher Hautfarbe gemalt und einer Halskette aus Totenschädeln. In den vier Händen, die auf seinen großen

Machtbereich hinweisen, trägt er die Werkzeuge der Vernichtung: Dreizack, Schwert, Bogen und Keule. Jetzt ist sein Reittier der *Eber.*

c) Śiva – als Schirmherr des Yoga

Śiva ist die schillerndste Gestalt, die das indische Gemüt während des indischen Mittelalters hervorgebracht hat. In ihn, den Wandlungsfähigen, hat man alle Möglichkeiten eines überragenden Geistes hineingelegt. Als *Yogin* ist Śiva gewissermaßen der Prototyp des entwicklungsfähigen Menschen. Was Śiva im Makrokosmos vollzieht, ahmt der Yogin in seinem Innern nach. Wie Śiva die alte morsche Welt zerstört, damit sie später neu und schöner erstehen kann, so muß der Yogin in sich alles Morbide beseitigen, damit er seine irdische Natur übersteigen und ein vom Geist geprägtes Wesen werden kann. Voraussetzung ist eine generelle *Wandlung.*
Śiva erlangte die Wandlung durch jahrhunderte- oder jahrtausendelange Meditation. Als Zeichen seiner Weisheit entwickelte er das „Dritte Auge". Auf die gleiche Weise sucht der Yogin Weisheit zu erlangen, auch er wartet auf das „Eröffnen des dritten Auges" – nämlich auf die unmittelbare Erkenntnis, die nicht den Verstand als Hilfsmittel benötigt.

d) Die Abbildung des Śiva als Yoga-Asket

Nach Sitte aller Asketen wird der „Schirmherr des Yoga" als nackter Asket abgebildet, die Haut mit weißer Asche eingerieben. Um die Lenden ein Raubtierfell, sitzt er im Lotossitz. Um seinen Hals ringeln sich Schlangen; denn er hat die elementaren Erdkräfte überwunden; er hat sich zu einem aus dem Geiste wirkenden Wesen gewandelt. Die sich häutenden Schlangen sind auch ein Wandlungs-Symbol. Oft hat er zwischen den Augenbrauen einen Edelstein, der das „Dritte Auge" andeutet.
Da durch Yoga die Gegensätze vereint werden, Männliches und Weibliches in einem Wesen harmonisch zum Ausdruck kommen können, wird Śiva gelegentlich auch als *Ardha-Nareśvara* abgebildet. Das ist eine stehende Skulptur mit stark zur Seite geschobenem Becken. Die betonte Seite gilt als weiblich, die flachere Seite als männlich.

e) Śiva – als All-Gott

Durch die Mythen läßt sich verfolgen, daß Śiva und Viṣṇu lange Zeit um Vorherrschaft kämpften. Für den, der durch Yoga Weisheit erworben hat, sind solche Auseinandersetzungen belanglos. *Hari-Hara* ist eine Form der Darstellung, die die Gleichwertigkeit berücksichtigt; eine solche Gestalt trägt die Embleme von Śiva und Viṣṇu gleichzeitig.

In einem Felsentempel des 7. Jahrhunderts in *Elephanta* verkörpert Śiva allein alle drei Aspekte der Trinität. Das Gesicht mit den energischen Zügen bringt den Schöpferwillen zum Ausdruck; dasjenige mit den lieblichen Zügen verkörpert die Schönheit der Natur. Das dritte, nach vorn gerichtete Gesicht zeigt nicht den Zerstörer-Aspekt – wie man erwarten könnte –, es ist das selig verklärte Gesicht dessen, der über die Natur hinausgelangt ist, dessen Gemüt still geworden ist durch Yoga, dessen Gemüt still im *Sein* ruht – im *Brahman*-Aspekt, der zeitlos hinter dem Weltgeschehen besteht. In ihrem gemeinsamen Körper wachsen die drei Häupter zusammen zu einer Einheit, zu der *Einheit,* die für indisches Denken hinter aller Vielfalt steht.

f) Śiva – als König der Tänzer

Im Mittelalter – während der Dynastien der Pāla, Chola, Pallava und Pāndya – wurde Śiva bevorzugt als *Nāta-Rāja* dargestellt, als „König der Tänzer". Ein Tempel im Süden Indiens (Cidambaram) – dem Wirkungsbereich dieser Herrscherhäuser – ist innen ausgemalt mit sämtlichen Tanzposen des Śiva, die später charakteristisch für den Tempel- und Bühnentanz wurden. Aus mehreren Abhandlungen über die verschiedenen künstlerischen Ausdrucksmittel geht hervor, daß die Körpersprache des Tanzes bewußt in Malerei und Bildhauerei übernommen wurde. Die Verbindung von Rhythmus und harmonischer Bewegung ist daher überall in der indischen Kunst das hervortretende Merkmal. Im Śiva Nātarāja, den bis heute beliebten indischen Bronzen oder Messingtreibarbeiten, ist dieses Merkmal zur Vollendung gelangt.

Da Tanz ohne Musik nicht denkbar ist, gilt Śiva auch als *Vīnadhāra,* „Meister der Künste" oder Meister der Vīna, einem Saiten-Instrument. So zeigt ihn eine der schönsten Bronzen des 12. Jahrhunderts – Chola-Stil.

Da die Gestalt des Śiva nicht-arischen Ursprungs ist, dürfte seine Darstellung als Tänzer auf die archaische Sitte des „Fruchtbarkeitstanzes" zurückgehen. Einem König oder Stammesfürsten kam es damals zu, die Erde mittels des Tanzes zu beschwören, eine reiche Ernte herzugeben und zahlreiche Nachkommenschaft bei Tier und Mensch zu gewährleisten.

Für die Yoga-Weisen bedeutet Śivas Tanz etwas ganz anderes. In einem Meditations-Erlebnis – genannt die „Kosmische Schau" – nahmen sie wahr, wie die Welt durch Rhythmus gestaltet wird. Den Weltbeweger, der den kosmischen Rhythmus bestimmt, nannten sie *Śiva.* Sein Tanz-Rhythmus bewirkt, daß sich die Partikel vereinen und Formen bilden. Auch durch dieses Bild stellen die Anhänger des Śiva die Behauptung auf, daß Śiva ein All-Gott ist, der Schöpfung, Erhaltung und das Ende der Welt bestimmt. Die Welt gilt nun als ein Bewegungsspiel von Kräften – Einfluß aus dem Tantra-Yoga.

Formen entstehen und vergehen, solange der kosmische Rhythmus konstant bleibt. Doch gegen Ende eines jeden *Kalpa* erlahmt der Rhythmus – der Tanzschritt des Śiva wird müder; *Tāṇḍava,* der „Tanz des Ermattens", beginnt und macht die Naturkräfte erlahmen. Die Spannkraft in den Gebilden läßt nach, sie fallen auseinander. Es heißt in der Legende, daß der Stier *Nandi* alles einstampft, so daß es dröhnt wie von tausend Trommeln. Das Auseinanderfallen des Weltgefüges wird nicht ein stiller Vorgang sein sondern ein chaotischer, der von Lärm begleitet ist.
Wie die Welt einst nach und nach entstand durch Umwandlung des Geistigen in Stoffliches, so wird durch eine andere Verwandlung das Stoffliche wieder geistig oder unsichtbar. Śivas Weisheit bewirkt sowohl die eine wie auch die andere *Verwandlung,* darum trägt er als Tänzer *symbolisch die Schlange* um den Kopf geschlungen wie einen Turban.

3. Die volkstümliche Verehrung von Gottheiten – Hinduismus

a) Die Art der Verehrung – der Kult

Die Verehrung indischer Gottheiten nennt man *Pūja.* Auf welche Weise sie vorgenommen wird, hängt nicht von der verehrten Gottheit ab sondern vom Reifegrad des Verehrers. Die Mehrzahl der Gläubigen begnügt sich mit äußeren Gesten. Die Armen opfern von dem Wenigen, das sie haben: Früchte, Reis, Teigwaren, Öl-Lämpchen, Blumen oder Schmuck.
Die Priester besprengen und beräuchern die Kultfiguren; manchmal werden sie mit Butter oder Öl gesalbt. Gott als der Welten-Herrscher wurde ähnlich verehrt wie der irdische Herrscher. Es gab Zeiten, da stellte man den Göttern all das zur Verfügung, was einem weltlichen Fürsten das Leben angenehm machte, sogar Frauen. Deshalb bot man ihm auch Schauspiel und Tanz.
Dagegen suchten die *Paṇḍit* (Gelehrten) oder die *Yogis* eine innere Beziehung zu ihrem Gott – dem *Īśvara* – herzustellen. Für sie war die Verehrung ein Hilfsmittel, die Gedanken zu erhabenen Vorstellungen hinzulenken. Dabei halfen auch Rezitationen aus den traditionellen Texten des *Veda* und *Vedānta,* doch das Anhören war nur den obersten Kasten erlaubt.
Indische Gebete sind in der Regel Lobpreisungen, das Wünsche-Äußern widerspricht dem Karma-Prinzip. Wer doch etwas auf dem Herzen hat, trägt es den kleinen Lokal-Gottheiten der Kasten vor. In Situationen, die schwerwiegende Entscheidungen fordern, wird nicht selten eine Pilgerreise zu einem Yoga-Weisen unternommen, der dann um Rat gefragt wird.

Für den praktizierenden *Yogin* drückt ein Gebet die Sehnsucht nach Befreiung vom Lebenskreislauf aus. Er erhebt sich innerlich zu seinem *Īśvara* und erwartet, daß dieser ihm einige Schritte entgegenkommt. Treffen sie sich auf der gleichen geistigen Ebene, dann können sie sich wesensmäßig miteinander vereinen.

b) Die Gemeinden des Śiva – die Śaiva*

Das äußere Erkennungszeichen der *Śaiva* ist das *Tripuṇḍra*: drei weiße Querstriche auf der Stirn; sie stehen für die drei Aspekte des Śiva als All-Gott. Die Mehrzahl der Śaiva verfolgen mit eiserner Willenskraft das selbstgesteckte *Yoga-Ziel,* die Befreiung aus dem Lebenskreislauf. In der Regel sind nur sie es, die sich durch das Tripuṇḍra kennzeichnen; manche reiben ihren ganzen nackten Körper mit weißer Asche ein wie ihr Vorbild Śiva.

Ideologisch tendieren die Śaiva zur Weltanschauung des *Advaita-Vedānta,* wie sie *Śankara* interpretiert hat. Daraus ergibt sich, daß diese veränderliche Welt für sie nur eine vom *Brahman* abgeleitete Realität besitzt, keine eigene, keine echte; sie ist eine Projektion des Brahman. Dies gilt besonders für die *Śaiva-Siddhānta,* die voll Überzeugung nach geistiger Vollkommenheit streben.

Eine andere śivaitische Gruppe bilden die *Liṅgayat* oder Vīra-Śaiva. Für sie ist die sichtbare und die unsichtbare Welt von gleichwertiger Bedeutung. Ihr Kult-Symbol ist das *Liṅga* auf einer quadratischen oder runden Erd-Platte. Geist und Stoff sind beide das Ausdrucksmittel ihres Gottes Śiva. Soll die geistige Schöpferkraft des Śiva betont werden, dann erhält er einen hohen Kopfputz in Liṅga-Gestalt.

Das *Liṅga* ist das männliche Zeugungsorgan. Sein Kult ist zwar archaisch, doch hat es ab dem 6. Jahrhundert geistige Bedeutung erhalten, besonders im *Tantra-Yoga,* der ihm eine vierfache Bedeutung zuschreibt. In etlichen Felsentempeln wird ein sogenanntes natürliches Liṅga in einer Nische aufbewahrt, das ist ein *Erosionsprodukt,* das man in Felsspalten findet, es hat ein walzenförmiges Aussehen**.

c) Die Gemeinden des Viṣṇu – die *Vaiṣṇava*

Auch die Anhänger des Viṣṇu haben ein äußeres Erkennungszeichen. Sie zeichnen sich auf die Stirn drei senkrechte Striche; der Mittelstrich ist rot, die beiden äußeren Striche sind weiß und etwas schräg gelegt wie bei unserem V-Buchstaben. Für die *Vaiṣṇava* ist die Welt so wirklich wie der

* Die Mehrzahl der Śaiva lebt im Süden und Westen Indiens, besonders in Madras.
** Man trägt das Liṅga auch als Anhänger.

überall gegenwärtige Viṣṇu. Trotz dieser greifbaren Nähe seines Wesens wird er in seiner Vollkommenheit als sehr erhaben empfunden. Es besteht ein Abstand wie zu einem weltlichen Herrscher. Ein solcher verkehrt mit dem Volk nur durch Mittelspersonen. Auch der Gläubige wendet sich nicht unmittelbar an seinen „Höchsten Herrn" – *Īśvara* –, vielmehr über seine „Statthalter", kleinere Lokalgötter, die der Kaste entsprechen. Auch die Vaiṣṇava wünschen sich eine Befreiung aus dem Lebenskreislauf; doch ihr Ziel erscheint ihnen nicht durch eigenes Zutun erreichbar, und sie nehmen an, daß es noch lange dauern wird, bis sie alle ihre Unvollkommenheiten überwunden haben werden.

d) Rāma- und Kṛṣṇa-Gemeinden – Bhakti-Yoga

Nach der mythischen Überlieferung verkörperte sich *Viṣṇu* mehrfach, stieg als *Avatāra* hernieder, um in menschlicher Gestalt in das Weltgeschehen einzugreifen. Zwei dieser vorzeitlichen göttlichen Helden standen dem Gemüt der Inder während des Mittelalters besonders nahe: *Rāma* und *Kṛṣṇa.*

Um diese beiden Gestalten scharten sich religiöse Gemeinden: *Rāmānuja* – ein Verehrer des *Rāma* – war der erste, der diesen durch die persischen *Sufi* eingeführten Volksglauben in eine philosophische Form kleidete. Er war ein Tamile, der um 1100 im Süden Indiens viel Einfluß gewann. Um 1300 übernahm der Gelehrte *Mādhva,* der auch einen Ministerposten inne hatte, die geistige Führung. Er bemühte sich um die Idee der idealen Königsherrschaft, wie sie *Rāma* einst vorgelebt hatte. Der als Heiliger verehrte *Tulsī-Dās* verfolgte 200 Jahre später die gleiche Richtung.

Nimbārka (um 1200) führte den *Kṛṣṇa-Kult* ein: *Vallabha* (um 1400) und *Caitanya* (um 1600) setzten seine Bemühungen fort. Sie alle waren beeindruckt von der persischen Mystik, wie sie *Kabir* und *Dadu* vorlebten. Der „Persönliche Gott" ist für sie alle das „Höchste Wesen" – der *Puruṣottama*; dem in Südindien zahlreiche Tempel errichtet wurden. Ihm galt ihre „Hingabe", *Bhakti,* die sich als *Bhakti-Yoga* über ganz Indien ausbreitete.

Während der „Göttliche Geist" – *Brahman* – für das philosophische Denken in unerreichbare Fernen rückte, holten ihn die Vertreter des *Bhakti-Yoga* in vermenschlichter Gestalt näher zu sich herab. Das kam dem Gemüt der Frauen sehr entgegen. Denn es stand ihnen frei, *Kṛṣṇa* als „Göttliches Kind" zu empfinden oder als Bruder oder als Freund und Beschützer.

Śrī-Nāthji – der „Herr der Nacht" – wurde zu einer Art indischem Dyonisos, der mit Tanz und Gesang gefeiert wurde. Auf den vom *Mond* beleuchteten Wiesen fanden sich die Frauen – ledig oder verheiratet – zum Reigentanz ein, zum *Rasa-Līlā.* Da lauschten sie der Flöte des *Kṛṣṇa,* die sie in Verzükkung versetzte, so daß jede glaubte, mit ihm zu tanzen. So nahm die

Volksseele Kontakt auf zu einem Wesen, das ihr nahestand und das sie lieben konnte. Erst begeisterte man sich für die heiteren Legenden, die um die Kṛṣṇa-Gestalt entstanden; später wurden sie zum Gleichnis für seelische Erlebnisse. Das ganz individuelle Bild, das sich jede Seele von Gott machte, war jetzt der persönlich verehrte *Īśvara.*

Während ein Teil der Kṛṣṇa-Anhänger arm lebte, wie ihr göttlicher Held in seiner Jugendphase als Hirte, nahm sich der andere Teil seine Mannesphase zum Vorbild, sein Leben als weiser Fürst. Für sie führte *Vallabha* den *Puṣṭi-Mārga* ein, den „Weg des Wohlstandes". In diesem Kult wird Wert auf große Prachtentfaltung gelegt. Die Tempel ähneln den fürstlichen Palästen der Perser – den *Haveli*; und die Priester nennen sich *Mahā-Rāja,* „Großer Fürst". Die Statuen des Kṛṣṇa werden – wie die Fürsten – täglich achtmal neu eingekleidet. An den Tempelwänden hängen baumwollene Wandbehänge, *Picavi,* die bemalt sind mit Szenen aus den Kṛṣṇa-Legenden, von denen einige später erzählt werden.

Überall glitzert es in diesen Tempeln, denn ihr Innenraum soll die himmlische Atmosphäre wiedergeben: *Vṛṇḍāvan* – den Aufenthaltsort des Kṛṣṇa. Der einstige Hauptsitz dieses Kultes war *Mathdvāra,* das heißt „Tür zum Herrn". Jeder Gläubige befand sich auf der Suche nach dieser Tür, durch die er aus der Welt hinausgelangen konnte, auf der das von Gott inszenierte „Schauspiel" – *Līlā* – abläuft, in dem jeder seine Rolle zu übernehmen hat, die ihm vom *Dharma* aufgetragen ist.

e) Die Devī und ihr Kult

Die Ursprünge

Die Einführung einer Mutter-Göttin – einer *Devī* – in den „Späten Vedānta" war eine Konzession an die matriarchal eingestellten Einwanderer verschiedener Herkunft, die sich um die Ganges-Mündungen herum in *Orissa, Bengalen* und *Assam* niedergelassen hatten. Hier galt es, Kontraste aus ältester und neuerer Zeit miteinander zu versöhnen.

Der älteste hier übliche Kult galt *Mānasā,* einer Schlangen-Gottheit. Das Häuten der Schlangen wurde von den Primitiven als eine göttliche Fähigkeit angesehen: Sie konnten sich aus sich selbst heraus erneuern wie das Erdreich, auf dem sie lebten.

Die schönsten Tempel im Ganges-Gebiet sind „Sonnen-Tempel". Der in *Konārak* ist als ein riesiger „Sonnen-Wagen" errichtet, in dem *Sūrya,* der „Sonnengott", oder *Indra,* der „Himmelsgott", über die Erde dahinfuhr. Beide Gottheiten werden manchmal gleichgesetzt mit *Agni,* dem „Feuergott", der von den iranischen *Parsen* im 6. Jahrhundert in Indien eingeführt wurde. Sie waren „Feuer-Priester".

Von Volksgruppen mit mongoloidem Einschlag wurde die „Erd-Mutter" verehrt – die *Devī* – die Göttin – oder die *Mahādevī* – die „Große Göttin" – oder die *Maheśvarī,* die „Große Herrin". Sie war die „Mutter Natur", die als Ernährerin freundlich ist zu ihren Geschöpfen, jedoch als strafend empfunden wird, sobald Naturkatastrophen hereinbrechen. Als „die Natur" konnte sie alle Eigenschaften besitzen, die man in der Natur beobachten kann, und entsprechende Eigenschaften konnten in jeder Frau geweckt werden, abhängig von den jeweiligen Umständen. Im 7. – 8 Jahrhundert gelangte die Frau zu göttlichen Ehren. Als einer Repräsentantin der *Śakti* schrieb man ihr magische Kräfte zu.
Die Göttin konnte die „Große Schönheit" sein, die *Mahā-Lakṣmī* oder *Kālī,* die „Schwarze"; *Gaurī,* die „Glorreiche", oder *Bhairavī,* die „Schreckliche"; *Kumārī,* die „Jungfrau", oder *Durgā,* die „schwer Zugängliche"; *Kāmakṣī,* die „Verliebte", oder *Satī* (Hindi), die Gattin. Die Yoga-Ausübenden machten sie zu ihrer Herrin *Yogeśvarī* oder zur großen kosmischen Kraft: *Mahā-Śakti.*

Die Art der Verehrung

Verehrt wurden nicht nur die freundlichen Aspekte der Göttin, was heute schwer begreiflich erscheint. Die Gottheiten wurden ja ähnlich den weltlichen Herrschern vorgestellt. Und die Despoten waren erfahrungsgemäß für Schmeicheleien zugänglich. Man erlebte, wie immer wieder kriegerische Eindringlinge ihre dämonischen Triebe auslebten, und man erklärte es sich als ein Strafgericht der Göttin. Daher veranstaltete man für sie Feste, zuerst mit Menschenopfern, dann mit Stieropfern. Die Herrscher und die Generäle opferten Gold und Edelsteine, und die Priester legten ein Schatzhaus im Keller des Tempels an.
Da die großen Tempel Stiftungen siegreicher Fürsten, Generäle und Minister waren, diente der Gottesdienst auch der Repräsentation; der ganze Hofstaat nahm daran teil, die Könige mit Tausenden von Frauen, die Brahmanen mit ihren Familien, die Generäle aller Ränge und ihre Angehörigen, Gelehrte und Künstler ließen sich bei Festlichkeiten in den Innenhöfen der Tempel nieder, den Blick auf die Lese- und Tanzhallen gerichtet. Den ganzen Tag lang wechselten sich die Darbietungen ab von Musikanten, Schauspielern und Tänzerinnen. Da später auch das Volk zugelassen wurde, brauchte man weitere Höfe, die jeweils mit Mauern voneinander abgegrenzt wurden. In den äußeren Höfen lagerten dann die Pilger, die dort Opfergaben und Andenken kaufen konnten, die aber kamen, um den gewaltigen Prozessionen zuzuschauen, wenn die Götterbilder auf eigens dafür geschnitzten Wagen ausgefahren wurden. Eine Zeitlang galt es als karmatisch günstig, unter den Rädern dieser Wagen zu sterben (so beim Wagenfest, Rathayātrā, in Pūri). Der Höhepunkt solcher Feste entfaltete sich unter der *Prathāra-Dynastie.*

Wandel der Verehrungsform – das Vajrayāna

Alle äußeren Verehrungsformen wurden nach und nach in die menschliche Vorstellung verlegt. Die indischen Kleinstaaten verloren ihre Selbständigkeit und wurden unter mohammedanischer Herrschaft vereint. Die schlichten religiösen Gebräuche des *Islam* verdrängten vermutlich die indische Sinnenfreude. Vom 16. – 19. Jahrhundert herrschten die *Moghul-Kaiser* in Indien und brachten einen anderen Geist mit. Während alle anderen Fremdkulturen in den Hinduismus integriert werden konnten aufgrund der großen Duldsamkeit des Hinduismus, kam es jetzt zu einer Gegnerschaft, da die Geistlichen des Islam auf ihrer Strenggläubigkeit bestanden.

Das mag den Anstoß dazu gegeben haben, daß sich unter den hinduistischen Gemeinden Geheimrituale entwickelten, bei denen die Verehrung innerlich vollzogen wurde als ein Vorstellungsakt. Die Methode wurde später bekannt als *Yantra-Yoga.* Hier wurde der Tempelgrundriß – eine graphische Darstellung – zum Konzentrations-Objekt. Er wurde mit gemalten Gottheiten ausgeschmückt, die später innerlich erlebt werden sollten. So wurde die äußere Verehrung abgelöst von der Bild-Meditation. Dazu kam die Rezitation eines *Mantra,* das das Eintreten in den meditativen Zustand erleichterte. So konnte die Außenwelt zeitweilig vollkommen zurücktreten und die innere Welt hervortreten lassen.

Diese neue, vom Mahāyāna-*Buddhismus* gefärbte Methode erhielt die Bezeichnung *Vajrayāna* und ist eine Sonderform des Yoga, bei dem die kosmischen Schwingungen als Kraftlinien wiedergegeben werden, so daß jede Gottheit – als Träger einer Kraft – auch als ein Diagramm symbolisiert werden kann. Die ursprüngliche Kraft gilt als gleichzeitig männlich-weiblich, sie wird repräsentiert durch die Einheit des Götterpaares *Śiva-Śakti.* Und die *Śakti* ist nur eine andere Bezeichnung für die *Mahā-Devī,* die „Große Göttin", die die Natur entstehen läßt. Diese Lehren wurden niedergelegt in den Texten des *Tantra* und werden bei dessen Behandlung im Vierten Teil dieses Buches eingehender erläutert.

f) Eingliederung niederer Gottheiten

Naturkräfte – Natur-Erscheinungen

In ihrer Frühzeit verehrten die arischen Einwanderer Naturkräfte und Natur-Erscheinungen; als Himmelsgott: *Dyaus,* den „Leuchtenden", als Erdgöttin: *Pṛthivī* oder *Bhū.* Der Vater Himmel konnte Stier-Gestalt annehmen und zeugte dann mit der Mutter Erde, die eine Kuh wurde, die Tiergeschlechter. Der Himmelsgott *Indra* wohnte in der Lichtwelt Svārga, in seiner Begleitung waren stets die *Marut,* Windgeister, die sich sowohl als freundliche Jünglinge wie auch als wilde Krieger zeigen konnten. Als Vorboten von *Sūrya,* der Sonne, kommen die *Aśvin,* die als Reiter-Zwillinge abgebildet werden.

Uṣas, die Morgenröte, die rosenrote Gewänder und Goldschleier trägt, genießt volkstümliche Beliebtheit und wird daher in zahlreichen Hymnen besungen. In ein indigoblaues Gewand gekleidet, das mit Sternen bestickt ist, zeigt man *Rātṛī,* die Nacht.
Dichterisch begabte Priester führten dem Volk eine große Himmels-Familie vor Augen. Alle Mitglieder hatten ihre Schicksale, die in den Mythen- und Märchen-Sammlungen – den *Purāṇa* – überliefert sind. Gottheiten, die später aufgenommen wurden, reihte man als weitläufige Verwandte ein.
So wurden die Götterlegenden zu einem Spiegel der geistigen Entwicklung und der gesellschaftlichen Veränderungen. Diese Legenden wurden auf den Tempelwänden erzählt, die als Abbilder des Universums aufgefaßt und auf denen deshalb alle Aspekte des Lebens zur Schau gestellt wurden. Für uns heute sind sie ein Bilderbuch indischen Lebens im Wechsel der Zeiten.
Zu den Göttern späterer Zeit gehören: der Liebesgott *Kāma,* abgebildet als altersloser Jüngling, auf einem bunten plappernden Papagei reitend. Sein Bogen besteht aus Zuckerrohr, die Bogensehne aus summenden Bienen, an den Spitzen der Pfeile stecken schöne Blumen. Seine Gemahlin ist *Rati,* die Leidenschaft; sein Freund *Vasanta,* der Frühling. In seiner Begleitung tanzen Nymphen, die *Apsarā* (oft Schwanen-Jungfrauen).
Der Kriegsgott kann unter drei Namen auftreten: als *Skanda,* als *Kartikeya* und als *Kumāra.* Er wird als kraftvoller Jüngling (Kumāra) dargestellt, der mit 12 Köpfen die Kampf-Situation beurteilen und mit 12 Armen seine Feinde niedermähen kann. Seine Siege feiert er reich bekränzt, während er auf einem Pfau reitet.
Er und sein im Süden verehrter Bruder *Ganeśa* mit dem Elefantenkopf sind volkstümliche vergöttlichte Helden. Das Reittier des Ganeśa ist die *Ratte,* die als sehr findig gilt und selbst in ausweglos erscheinenden Situationen noch Rettung sieht. Wieso Ganeśa nebenher noch ein gelehrter Schreiber sein soll, ist schwer ersichtlich, doch erzählt man, daß ihm der Weise *Vyāsa* das große Epos Mahā-Bhārata diktiert habe.
Die schwarze *Kālī,* eine wilde Erscheinungsform der Devī, tanzt nackt auf ihren Opfern mit einer Kette aus Totenschädeln um den Hals. Man deutet sie heute als die „Zeit", die den Menschen wegnimmt, woran sie ihr Herz gehängt haben.

Geister – die verdrängte Triebwelt

Bis in unsere Zeit hinein leben im Unterbewußtsein vieler Inder gewisse Geister verschiedener Herkunft. In ihnen spiegeln sich menschliche Unbeherrschtheit, Leidenschaft, Geiz, List, Niedertracht und Angst. Wenn immer wieder Dämonen genannt werden, gegen die die göttlichen Helden zu Feld ziehen mußten, dann sind auch die fremden Eroberer damit gemeint, die zugleich Neugier und Angst erwecken. Sie können noch in den Träumen moderner Inder weiterleben.

So erzählt man: Auf Friedhöfen spuken übermütige *Darpa* und *Piśāca,* in der Luft die *Pāṇi,* die zu törichten Handlungen anstiften. Der *Baka* gilt als ein Menschenfresser, der *Dasyu* als ein Trockenheits-Dämon. Wenn die Wachtel ruft, oder *Vartaka,* ein Dämon in Wachtelgestalt, gilt es als böses Omen. Mit dem Kriegsgott zusammen kommen die *Graha,* die „Greifer". Sie nehmen Besitz von den Seelen der Menschen und vergiften ihr Gemüt mit boshaften Gedanken. Ein „Ergreifer" in der Sternenwelt ist *Rāhu* mit dem Drachenkopf; sein Zwilling *Ketu* besitzt einen Drachenschweif; gemeinsam verursachen sie Sonnen- und Mondfinsternis.

Hüter verborgener Schätze sind die *Yakṣa,* die im Himālaya leben. Ihr Anführer ist *Kubera,* der Gott des Reichtums. An sich ist er den Menschen freundlich gesinnt, böse wird er, wenn sie selbstsüchtig alles an sich raffen. Kubera zeigt man als einen kleinen häßlichen dickbäuchigen Kerl. Mit ihm zusammen leben die *Kiṇnara,* Wesen mit Pferdeköpfen, aber menschlichen Körpern. Sie treten als Tänzer, Sänger und Musikanten auf. Auch die *Apsarā* musizieren, doch sie sind schöne weibliche Nymphen, die von der Phantasie der Männer Besitz ergreifen. Viele bezaubernde Geschichten erzählen, daß sie an heiligen Seen leben, in denen, die ihnen begegnen, musische Begabungen wecken oder sie zu tieferen Einsichten anregen. Einige haben mit Göttern oder Königen Halbgötter erzeugt, wie zum Beispiel *Hanumānt,* den Affen-General, dessen Vater *Vāyu,* der Windgott, ist.

Als König der Affen aber gilt *Sugrīva,* sein Halbbruder heißt *Bali,* der ihm den Thron streitig machte. Hier geht es wohl um politische Anspielungen, etwa um eine Vormachtstellung zwischen Lanka und Bali.

Gandharva sind Geister in Gestalt von Vogelmenschen. Die im Luftbereich lebenden Vögel gelten allgemein als Sinnbilder des Geistes, insbesondere der *Garuḍa,* der ein Bild ist für die Wandlung des *Yogin* zum Geistigen hin. Man bildet ihn ab mit menschlichem Körper von der roten Farbe der Leidenschaft, doch Kopf, Flügel und Schnabel sind die des Adlers, der sich hoch hinauf erheben kann. Zuvor muß er das Niedrige in sich überwunden haben, das verkörpert wird durch die auf der Erde hinkriechenden Schlangen – *Nāga.* Und wenn jemand in sich dämonische Triebe erkennen läßt, nennt man ihn einen *Asura.*

Als dämonische Wesen gelten außerdem *Nāgas* (etwa Wasserschlangen), *Gandharvas* (Luftgeister, Genien) und *Rakṣasa* (Unholde, Bösewichte). Da sie im Epos Mahābhārata als Mitstreiter bei der Schlacht von Kurukṣetra genannt werden, darf man annehmen, daß sie ursprünglich wilde Bergvölker waren, von imposanter Größe und mit Riesenkräften und von rohen Sitten, zum Teil noch Kannibalen.

4. Übermittlung des Religiösen durch Mythen und Legenden

a) Die bildhaften Aussagen der Götter-Mythen*

Die Quellen indischer Mythologie sind der *Veda,* die *Purāṇa* und das *Mahābhārata.* Zu allen Zeiten regten sie die künstlerische Phantasie an, und der Indienreisende steht staunend vor der Überfülle der Vorstellungen, die er nicht begreift.
Obwohl die philosophischen Richtungen des *Vedānta* und *Sāṃkhya* weite Verbreitung gefunden hatten, lebten im Gemüt des Volkes als eindrucksvoller die Mythen weiter. Als die Begeisterung für abstraktes Denken nachließ, schoben sich mythische Bilder wieder nach und nach in den Vordergrund. Nun aber bemühten sich die geistigen Lehrer, hinter den spektakulären Ereignissen eine tiefere Bedeutung zu entdecken.
Mythen und Märchen scheinen – wie die Träume – Mitteilungen über innere Vorgänge zu machen, sowohl im Einzelnen wie auch in Menschengruppen. Von allgemeiner Wichtigkeit können sie sein, sobald sie einen Entwicklungsschritt der gesamten Menschheit aufzeigen.
Die alten „Götter" des *Veda* werden uns auf zweierlei Weise vorgeführt: menschlich in ihren Reaktionen, aber übermenschlich in ihren Fähigkeiten. Die mythischen Götter führen aus, was der sich oft ohnmächtig fühlende Mensch nicht zu tun vermag. Möchte er nicht manchmal mit mehr als zwei Händen zupacken können? Die „Götter" mit den vielen Armen können es. Möchte er nicht ein andermal mit mehr als einem Kopf denken und seinen Willen durchsetzen können? Einige Götter haben mehrere Köpfe und sind damit den übrigen überlegen. In gewissen Situationen möchte man unsichtbar sein, sich vervielfältigen oder in ein Tier verwandeln können. All das können die „Götter", und sie können fliegen, im Wasser oder in der Erde verschwinden. Solche Wunschträume hat sich der Mensch mit Hilfe der Technik sogar selbst erfüllen können.
Durch mythische oder Traum-Bilder kann auch ein Mangel psychischer Art aufgezeigt werden. Wer Hemmungen hat zu handeln, wo es nottut, der sieht sich ohne oder mit verwundeten Händen. Abgehackte Hände deuten an, daß man auf Lebenszeit handlungsunfähig sein wird, wenn keine Entwicklung stattfindet. Den Märchenfiguren und „Göttern" können Hände, Arme und Köpfe nachwachsen; es weist hin auf die Möglichkeit, durch veränderte Einstellung das Leben bewältigen zu lernen.
Wenn im Mythos wechselweise „Götter" und „Göttinnen" an Einfluß gewinnen, ist es ein Gleichnis dafür, daß in der Menschheit gerade die „männli-

* Die indischen Mythen werden erzählt nach Pierre Grimal, „Mythen der Völker", und Veronika Ions, „Indische Mythologie", gedeutet aber nach C.G. Jung und Heinrich Zimmer, „Mythen und Symbole".

chen" oder „weiblichen" Eigenschaften dominieren. Wird eine Erd- oder Mond-Göttin durch einen Sonnen-Gott ersetzt, bedeutet es, daß sich der Sonnenkult gegenüber dem Mondkult durchsetzt; dann beginnt bei den Menschen der Verstand über die unberechenbaren Emotionen zu siegen.

Die unbeherrschte Triebwelt wird in den Sagen durch vitale Riesen repräsentiert, die Verstandes- und Geistes-Kräfte durch „Götter" oder Lichtwesen. Die wechselnden Impulse lodern im Menschen auf wie züngelnde Flammen. Von *Agni*, dem flammenden Gott, heißt es, daß er sieben Zungen und sieben Arme hätte; er kann sich demnach in siebenfacher Gestalt zeigen und „sieben" Aspekte verkörpern.

Indra beispielsweise gilt als nützlicher Aspekt des Feuers, daher wird erzählt, daß er als „goldenes Kind" geboren wurde, als etwas, das Wert hat. Er ist der Anführer der Lichtwesen – *Deva* (Daiva) – und mit der Aufgabe betraut, die dunklen kosmischen Kräfte in Schach zu halten. Keine Legende berichtet, daß sie vollkommen „vernichtet" werden; denn das stetige Ringen der Gegenkräfte um Vorherrschaft wirkt schöpferisch. Setzt der Sieger seinen Fuß auf einen am Boden kauernden Wicht, ist es die bildliche Geste für die Bändigung der dunklen Triebwelt.

Alle „Götter", die dem feurigen Element zugeordnet werden, erhalten in der bildlichen Darstellung rote Körper; die späteren vergeistigten „Götter" werden dem blauen Luft-Element zugeordnet, und daher haben sie blaue Körper. Denn sie sind substanzlos, durch ihre Körper scheint der blaue luftige Hintergrund durch. Auch weiße Körper sind ein Hinweis auf einen feinen unstofflichen Zustand.

Die Götter-Mythen erfüllten noch eine weitere Aufgabe; sie dienten dem noch nicht urteilsfähigen Menschen als Richtschnur. Die „Götter" lebten ihm gewissermaßen vor, wie er sich zu verhalten habe. Ihr anschauliches Beispiel prägte sich dem einfachen Gemüt besser ein als irgendeine intellektuelle Erklärung.

Weil die „Götter" als Beispiel dienten, zeigten sie die Dichter und Weisen in Konfliktsituationen genau wie auf der irdischen Ebene. Bei falschen Entscheidungen erging es ihnen wie den Menschen, sie mußten die Folgen tragen. So lernte der Mensch – scheinbar von den Göttern –, ob eine gewisse Handlung die eigene Position stärkt oder schwächt. Sooft dem Volk eine neue Belehrung erteilt werden sollte, wurden die Göttergeschichten ergänzt ähnlich einer Familienchronik, die sich mit jedem Enkel fortsetzt. Auch alle „Götter" sind miteinander verwandt und ihre Schicksale miteinander verknüpft. Ähnlich ist die kosmische Situation: Parallel laufende Kräfte steigern sich, in Spannung befindliche Kräfte erzeugen Schwierigkeiten.

Schließlich machen die Mythen noch darauf aufmerksam, daß Übermut bestraft wird. Dann verkörpert sich der kosmische Geist in einem *Avatāra* und weist die Tyrannen mit den „vielen Köpfen", die ihre unberechenbaren

gefährlichen Gedanken charakterisieren, in ihre Schranken. Dann müssen diese Köpfe rollen. Damit das kosmische Gleichgewichtsgesetz erhalten bleibt, muß ein „Kopf weg", wenn in ihm der Machtwahn spukt. Die nachwachsenden Köpfe dämonisch veranlagter Herrscher sind eine Anspielung darauf, daß Machthunger nicht auf einen Schlag beseitigt werden kann; deshalb wird manchmal ein menschlicher Kopf durch einen Kuhkopf ersetzt, denn die Kuh gilt als leicht lenkbar und geduldig.
Ein mythischer Held – oder Avatāra – hat die Aufgabe, mit eisernem Besen auszukehren; denn er muß verhindern, daß aus dem Kosmos wieder Chaos wird. Er kommt aber nicht nur als Rächer, er muß auch zum Aufbau fähig und Kulturbringer sein, hinweisen auf die vergessenen lebendigen Werte. Nur dann geht er ruhmvoll in die Geschichte ein.

b) Erzählung und Deutung der bekanntesten Śiva-Mythen

Der Rangstreit zwischen Śiva und Viṣṇu-Nārāyaṇa
Brahmā erzählt:
Ich sah Nārāyaṇa auf *Anantā* – der Schlange der Unendlichkeit –
im ausgedehnten Ur-Meer ruhen.
Ich war geblendet von seinem Glanz,
und fragte: Wer bist du?
Da gebrauchte er für mich die Anrede „mein Kind" –,
und ich war beleidigt.
Ich – Brahmā – der Schöpfer der Welten – ein Kind!
Nārāyaṇa antwortete:
Ich bin Schöpfer, Erhalter und Zerstörer der Welten;
du wurdest aus mir geboren.
So stritten wir eine Weile hin und her.
Da stieg aus dem Meer eine Flammensäule:
ein *Liṅga* aus *Licht* – groß –
man sah nicht Anfang noch Ende.
Da nahm der Nārāyaṇa *Viṣṇu* die Gestalt
eines Ebers an und wühlte in der Tiefe.
Tausend Jahre lang stieg er hinab
und konnte die Basis des Liṅga nicht finden.
Brahmā hatte sich zur gleichen Zeit
in einen weißen Schwan verwandelt –
er flog tausend Jahre nach oben
und konnte die Spitze nicht finden.
Beide waren wir von *Śivas* Größe überwältigt.
Da sprach Śiva zu uns:

Ich bin der höchste unteilbare Herr –
Ich bin die Dreiheit: *Śiva – Viṣṇu – Brahmā.*
Ich erschaffe – *ich* erhalte – *ich* zerstöre.
Ich bin.

Śivas Tanz
Śivas Handeln ist Rhythmus, ist Tanz.
Rhythmisch entfaltet sich das Universum.
Die Partikel der Stoffe ordnen sich
gemäß der tänzerischen Vibrationen.
Śiva ist ihr Antreiber – ihr *Savitar;*
er zwingt sie auf die Kreisbahn
und hält sie in drehender Bewegung.
Vier *Yuga* lang tanzt Śiva –
vier Weltalter lang – dann ruht er.
König der Tänzer ist er: *Nātarāja,*
umgeben von einem Flammenkranz.
Kaum berührt er den Boden.
Zum Fußschemel erniedrigt sich:
Tripur-Asura, Träger des Lebenstriebes.
Er bittet, doch weiterzutanzen.
Er will nicht das Ende; und doch naht es heran.
Müder wird das Stampfen, ein anderer Rhythmus setzt ein. –
Als der *Taṇḍava*-Schritt einst begann,
ward kahl der Erde Rücken wie der Schildkröte Schild.
Dann fluteten die Wasser heran.
Sieben Sonnen trockneten sie aus und verglühten im Raum.
Dann war nur *Ton* und *Licht* allein,
zuletzt der eine *Geist,*
keinerlei Gestalt – nur *Sein.*

Śivas blaue Kehle
Kaum daß die Welt entstanden war – und die Erde dalag – ausgebreitet in vier Richtungen –, erwachte unter den jungen Lebewesen die Begierde, ein *Gift,* gegen das kein Gegengift zu finden ist. Denn sobald ein Wunsch erfüllt ist, erwachsen an seiner Stelle zwei neue.
Ganz ohne Lebenserfahrung, verhielten sich die jungen Lebewesen in allem maßlos. Sie wären von ihren eigenen Begierden verzehrt worden, hätte nicht Śiva dieses „Gift" gesammelt, zu sich herangezogen und getrunken wie eine Flüssigkeit. Seine Kehle wurde daraufhin dunkelblau gefärbt, was ihm den Beinamen eintrug: *Nīla-Kaṇṭha.*
Ihm konnte nicht schaden, was für die unerfahrenen Wesen ein „Gift" gewesen wäre. Denn das Handeln Śivas – des höchsten Geistes – ist

niemals durch Wünsche sondern durch Notwendigkeit motiviert. Notwendig ist es, für Ausgleich zu sorgen, das Gleichgewicht der Kräfte zu erhalten. Als „Tänzer" repräsentiert Śiva die ruhelose Welt des rhythmischen Wechsels. Nennt man als seine Wohnung den Schneeberg *Kailāsa,* ist es ein Hinweis auf seinen ruhenden Aspekt während der unstofflichen Phase – *Pralaya.* Bildlich ausgedrückt ist es seine Meditations-Phase, während der er Kräfte sammelt für die Neugestaltung der Welt. Beide Phasen bedingen einander. – Ruhe und Bewegung sind beide Śivas wahres Wesen.

Śiva und Pārvatī

Śivas weiblicher Aspekt ist *Pārvatī,* sie gilt auch als seine Gattin und vertritt den Aspekt der Weisheit. Man nennt sie eine Tochter des *Himālaya.* Ihr Beiname ist *Umā,* „Flachs", denn einst verehrte man sie als Naturgöttin.
In den Texten des *Tantra* sind häufig Dialoge eingestreut zwischen „Gott" und „Göttin", nämlich zwischen den beiden sich ergänzenden Schöpfungs-Aspekten. Die Gesprächsthemen sind Liebe und Metaphysik.
Ihr sich gegenseitig befruchtendes Verhältnis wird als eine eheliche Gemeinschaft verbildlicht. Dem meditierenden Asketen-Gott wird in den Legenden die liebliche Göttin gegenübergestellt, die zur Zeugung auffordert. Ihr gemeinsames Wirken ist dann schöpferisch-fruchtbar.
Dafür zwei Beispiele:
Pārvatī fühlte sich vernachlässigt und versuchte deshalb, mit scherzenden Reden auf sich aufmerksam zu machen. Schließlich trat sie von hinten auf ihren Gatten zu und bedeckte mit beiden Händen seine Augen. Aber das hatte kosmische Auswirkungen: In Dunkelheit lag das ganze Universum. Doch sofort entzündete *Śiva* sein „inneres Licht". *Ājña* – das Merkmal der Weisheit oder der Erleuchtung – flammte wie ein „Drittes Auge" auf seiner Stirn auf, und es brannte so gewaltig, daß die Bergwälder gelöscht werden mußten. Das göttliche Beispiel spornte die *Yogis* an, ebenfalls ihr „inneres Licht" anzuzünden. Entwickeln des „Dritten Auges" bedeutet, die Gabe der höheren Vernunft und der Intuition zu schulen.
Ein andermal holte *Pārvatī* den Liebesgott *Kāma* in ihre Bergeinsamkeit. Er gilt in Indien als altersloser Jüngling. Pārvatī wünschte, Kāma solle den Pfeil des Verlangens auf *Śiva* richten; doch der Pfeil prallte zurück und durchbohrte den Schützen. Denn mit seinem „Dritten Auge" hatte Śiva die Absicht erkannt und vereitelt. Er mußte so handeln, weil seine meditative Phase noch nicht beendet war. Den Liebesgott mußte er dann neu zum Leben erwecken, weil das Weltendrama nicht ohne ihn läuft.
Die Legende enthält nebenbei eine Belehrung für Yoga-Schüler. Solange Begierde der Ansporn zu täglichen Yoga-Übungen ist, kann die Bewußtseins-Ebene der Vielfalt nicht überschritten, das Ziel nicht erreicht werden.

Auch mit dem Willen ist eine Grenzüberschreitung nicht möglich, sondern nur im Zustand des Loslassens.
Nach der „Erleuchtung" – nach dem Erlebnis der Einheit – kann sich der Yogin der Vielfalt wieder zuwenden, ohne ihr zu verfallen; sie erscheint ihm dann als „Göttliches Spiel" – *Līlā.*

Die himmlische Gāṅgā
Den größten Fluß Indiens, der bei uns als „Ganges" bekannt ist, nennt man in seiner Heimat liebevoll „Mütterchen *Gāṅgā*".
Nicht immer durchströmte die Gāṅgā die braune Erde. Einst soll sie ein himmlisches Gewässer gewesen sein, an dessen Ufern die Weisen der Urzeit lebten. Um die Erde zu reinigen, wollte einer der Weisen – ein *Ṛṣi* – das Wasser auf die Erde leiten. Doch die Himmlischen befürchteten alle, daß die Gewalt der Wassermassen die Erde zerstören könnte. Da stellte sich *Śiva* vermittelnd zur Verfügung. Der Wasser-Strom wurde nun zuerst seinem Kopf zugeführt; von da floß er – verteilt in „sieben Strömen" – hinab in das „Sieben-Ströme-Land" der eingewanderten *Arya.*
Äußerlich wird nur erzählt, wie es zur Namengebung eines Landstrichs kam. Für den *Yogin* erklärt die Legende innere Wahrnehmungen. Der Meditierende kann den glänzenden Gnadenstrom der Weisheit nicht voll ertragen; er würde seine Nervenbahnen zerstören. Darum empfängt er ihn dosiert über sieben Stationen – über die sogenannten *Cakra* (vgl. Vierter und Fünfter Teil). Nur über diese Zentren können die schöpferischen Kräfte aus dem Kosmos aufgenommen, angepaßt und verwertet werden.

c) Erzählung und Deutung der bekanntesten Viṣṇu-Mythen

Der Schöpfungs-Mythos der Viṣṇu-Anhänger
Die Bild-Miniaturen, die den Schöpfungsvorgang wiedergeben, zeigen eine liegende Gottheit, die auf einer Schlange ruht und diese wieder im *Wasser.* Vor der Weltentfaltung scheint alles *Meer* gewesen zu sein: Der Ur-Zustand gleicht einem unübersehbaren Ozean, der als große *Schlange* – als *Anantā,* die „Unendliche" – auf dem Ur-Meer liegt. Und auf ihr wieder ruht die zeitlose Gottheit *Viṣṇu,* riesengroß; denn am Anfang ist alles *Geist* oder *Gott.*
Der Ur-Geist umfaßt die grenzenlose Fülle – *Pūrṇa* – das Ganze. Die „Fülle" wird versinnbildlicht durch die Göttin *Lakṣmī,* volkstümlich wird sie die Göttin des Reichtums genannt. In Wahrheit ist sie ein göttlicher Aspekt. Denn wenn aus der Gottheit heraus die Welt entsteht, so läßt sie ihre „Fülle" überfließen.
Bevor das Weltenspiel beginnt, herrscht Gleichgewicht der Kräfte, darum wird Viṣṇu ruhend gezeigt und die Göttin sitzend zu seinen Füßen. Da sich in der Folgezeit das Sichtbare aus dem Unsichtbaren entfaltet – wie eine

Blüte aus dem Stengel, wird weiter erzählt, daß aus dem Zentrum des Gottes – aus seinem „Nabel“ – ein Stengel wächst, der eine rosa Lotosblüte trägt – das blühende Leben. Die gegenpoligen Lebenskräfte wiegen sie hin und her wie der Wind.
Dieser Blüte entsteigt *Brahmā.* Das bedeutet: Der ersten Gestaltung – der ersten Selbst-Entäußerung des göttlichen *Viṣṇu* – entsteigt ein lichtes jugendliches Wesen, das voll Schaffensfreude ist. Brahmā besitzt das magische Wissen. Wenn er die Ur-Laute oder *Mantra* ausspricht, dann verursachen ihre mächtigen Klangvibrationen die Bildung der stofflichen Formen; und so entsteht die Welt durch das magische Wort.
Für die alten Inder hatte die Welt Ei-Form. Darum wird erzählt, daß Brahmā ins Ur-Meer ein „goldenes Ei“ legte – *Hiraṇya-Garbha* – den Lebenskeim. Er stieg hinein, das heißt, er durchtränkte diesen Keim mit seinem Bewußtsein. Nach einem Weltenjahr teilte sich das Ei; es gab daraufhin getrenntes Bewußtsein: Subjekt-Objekt. Es wird betont, daß die Trennung durch Denken bewirkt wurde, nicht etwa durch mechanischen Druck.
Die halbierten Eischalen bildeten dann die Wölbungen der oberen und der unteren Welt, des Himmels und der Erde. Dazwischen liegt die Menschenwelt – also im Spannungsfeld zwischen den Plus- und Minus-Kräften des Kosmos.

*Die Avatāra-Mythen**
Avatāra heißt: der „Herniedergestiegene“; es handelt sich dabei um Inkarnationen des göttlichen *Viṣṇu.*
Der Hinduismus lehrt, daß der unsichtbare Gott Gestalt annimmt, um in Krisenzeiten steuernd in den Verlauf der natürlichen Entwicklung einzugreifen. Die Formulierung „herniedersteigen“ betont, daß es sich dabei um einen freiwilligen Akt der Verkörperung handelt, der zweckgerichtet und vorübergehend ist. Dem gegenüber ist die gewöhnliche Verkörperung oder Wiedergeburt ein unfreiwilliges Ereignis, das durch karmische Verwicklungen bedingt ist.
Über jedes der vier Weltzeitalter oder *Yuga* gibt es besondere Berichte. Im ersten Yuga steigt *Viṣṇu* viermal hernieder, im zweiten Yuga dreimal, im dritten Yuga zweimal und im letzten Yuga nur einmal, dies steht noch bevor. Die Stabilität der Welt scheint also gerade im Anfang mehr gefährdet gewesen zu sein, allerdings wird das erste Zeitalter auch als das zeitlich längste angesehen.

Das viermalige Auftreten des Viṣṇu im Satya-Yuga
Viṣṇu nimmt im *Satya-Yuga* Gestalt an als: Fisch, als Schildkröte, als Eber und als Mann-Löwe.

* überliefert durch das *Bhāgavata-Purāṇa.*

Das Bild vom Fisch-Avatāra

Das Universum ist vom Ur-Ozean erfüllt, es ist Welten-Nacht – *Pralaya.* Der Schöpfergott *Brahmā* ruht. Eine stoffliche Welt gibt es nur potentiell, als Keim, verborgen im Ur-Meer. Nur der schlafende Brahmā besitzt das Wissen, sie zu realisieren durch das schöpferische Wort. Ein „Dämon" will ihm dieses „Wissen" stehlen. Das Wissen wird verbildlicht durch vier weise Männer und die schöpferischen Worte durch vier Bücher, die vier *Veda*-Texte. Noch deutlicher: Es geht um die Individualisierung des Gesamt-Bewußtseins; denn in der Welten-Nacht gibt es nur das undifferenzierte Gesamt-Bewußtsein. Ein *Asura,* Repräsentant des Unbewußten, versucht zu verhindern, daß bewußte Wesen ins Leben treten. Doch *Viṣṇu* will es, er will die Welt; die von ihm erschaffenen Wesen sind seine Wahrnehmungsorgane, durch die er die Welt tausendfach genießt. Er nimmt die Gestalt eines Fisches an – *Matsya* –, weil die Welt noch ein Meer ist, in dem nur ein Fisch leben kann.

Die zweite Herabkunft des Viṣṇu

Eine phantastische Geschichte wird im Zusammenhang mit der zweiten Herabkunft des Viṣṇu überliefert. Weshalb er als Schildkröte, als *Kūrma* kam, ist einleuchtend; ein solches Tier kann zu Wasser und zu Lande leben, und das entsprach der Entwicklungsphase der Natur. Der Panzer der Schildkröte wird in Indien dem Rücken der Erde verglichen mit ihrer Wölbung und ihrer festen Kruste. Auf diesem Panzer wird nun der Berg *Mandara* errichtet, der den Mittelpunkt der Welt meint, nicht einen geographischen Ort. Dieses Bild könnte sich auf das Emportauchen des Festlandes aus dem Ur-Meer beziehen. Da hier scheinbar alles mit „Erde" zu tun hat, dürfte (nach Auffassung von Korvin-Krasinski) die folgende Erzählung ein Versuch sein, die Entstehung der verschiedenen Stoffe zu schildern:

Zuerst wird ausgesagt, daß der Ur-Ozean einem „Milchmeer" gleicht, das gequirlt werden muß, damit die „Milch" gerinnt. Man hielt also die Entstehung von Stoffpartikeln für einen Vorgang vergleichbar der Milch-Gerinnung.

Bei den alten Indern wurden zur Bereitung der Butter ein Quirlstock und ein Quirl-Strick verwendet. Als Quirlstock diente in diesem Fall der Berg „Mandara" und als Quirlstrick die „Schlange der Unendlichkeit"; sie rollte sich um den Berg herum. Nun mußte an den beiden Enden abwechselnd gezogen werden, damit der Berg in rotierende Bewegung versetzt wurde. Es entstand Zentrifugalkraft – ein Trichter.

Auf diese Weise wurden die schweren Stoffe nach außen geschleudert, andere Stoffarten sammelten sich mehr in der Mitte bei dem großen runden Trichter; sie kreisten geordnet, ihrem Gewicht entsprechend. Dabei entstand ein gewaltiges Getöse, ähnlich den Muschelhörnern; es war *der*

Urklang. Das Ergebnis waren „ringförmige Welten", die *Brahmāṇḍa* („Ei des Brahmā", siehe Vierter Teil, Tantra).
Nun wissen wir noch nicht, wer die Bewegung verursachte. An dem Strick zogen die gegensätzlichen kosmischen Kräfte, die Deva und die Sura, verbildlicht als Wesen von riesenhafter Größe. Die *Deva* (Mehrzahlform Daiva) verkörperten die kosmische Intelligenz und die *Sura* die kosmischen Vitalkräfte. Sie gelten als die polaren kosmischen Mächte, die das Weltgeschehen in Gang halten. Die naturbedingte Spannung, die zwischen ihnen herrscht, wird verbildlicht als eine Ur-Fehde. Wenn sie nun abwechselnd an der „Schlange der Ewigkeit" ziehen, besagt das, daß diese beiden Gegenkräfte an Bedeutung gewinnen – „ewig" – nämlich solange die Stoffwelt besteht.
Das „Milchmeer" wurde aber auch gequirlt, weil nach etwas gesucht wurde, nach etwas Wertvollem, nach *Amṛta.* Dieser Begriff wird oft mit „Nektar" übersetzt, besser wäre „Lebens-Elixier". In Wirklichkeit geht es wohl um die „Lebens-Möglichkeit" auf dem noch wenig bewohnten Planeten, der noch keine biologischen Voraussetzungen für höher als Fische und Schildkröten entwickelte Lebewesen bot. Das Ringen der Deva und der Sura ging also wohl um die *Dauer* der Lebewesen und darüber hinaus um Gewinnung höherer Lebensformen.

Die dritte Herabkunft des Viṣṇu
Wir wissen, daß die Sint-Flut nicht ein einmaliges Ereignis war, daß es in Abständen größere und kleinere „Fluten" gab. Eine solche Natur-Katastrophe wird jetzt erwähnt; ein Bösewicht soll die Erde unter Wasser gedrückt haben oder sonst irgendwie in die Tiefe. Darum kam *Viṣṇu* diesmal als Eber, *Varāha,* um sie „herauszuwühlen" und wieder emporzuheben; so zeigen es die Miniaturen. Auch der *Veda* wird wieder erwähnt; das Wissen oder das individuelle Bewußtsein war wieder in Gefahr, es mußte mühsam, Stück für Stück, dem tierischen Gruppen-Bewußtsein abgerungen werden. Die Gegenkräfte wurden oft als Tiere oder dämonische Fabelwesen dargestellt.

Die vierte Herabkunft des Viṣṇu
Am Ende des *Satya-Yuga* – also am Ende einer Epoche, die vielleicht den Übergang von den Tier- zu den Menschen-Wesen charakterisiert, soll sich Viṣṇu als ein Zwitterwesen verkörpert haben, als *Nāra-Siṃha,* den „Mann-Löwen". Jetzt geht es um den Mißbrauch, den man mit „Wissen" treiben kann. Dieser Bericht wird im Stil eines Märchens gegeben:
Ein Fürst der Sura, mit Namen *Kamsa,* stand in dem Ruf, ein gefährlicher Magier zu sein. Seine magischen Kräfte hatte er sich durch Askese erworben. Wer aber über längere Zeit asketisch lebt, staut Kräfte, die sich von Zeit zu Zeit ein Ventil suchen und sich dann als Zerstörungswut austoben wollen. Die Opfer reagieren darauf mit Haß und Rachegefühlen. Gegen

solche Rückschläge muß sich der Macht-Asket sichern.
gesorgt und wies mit Stolz auf seine erworbene Unverlet
„Nicht bei Tage und nicht bei Nacht – nicht im Hause unc
nicht durch einen Menschen, nicht durch ein Tier wi
kommen."
Doch die Vergeltung muß kommen nach altem Schicksals
Gott selbst kommen muß, damit der Spruch recht behäl
Palastes – also nicht drinnen und nicht draußen – warte
des „Löwen-Mannes" – nicht als Mensch und nicht als
bei Tage und nicht bei Nacht sondern am Abend und verbarg sich in einer Säule, die an der Schwelle zwischen drinnen und draußen stand.

Als *Kamsa* die Schwelle betrat, riß der göttliche „Mann-Löwe" ihm die verhärtete Brust auf, griff nach seinem Herzen und riß es in Stücke. Diese Stücke rieselten, aufgelöst in Staubkörnchen, zur Erde. Denn das Überspannte, Extravagante mußte wieder schlichte Natur werden. Alles Wuchernde muß die Natur zurücknehmen in ihren mütterlichen Schoß, damit es wieder neutral wird. Wenn darum die Dinge und Wesen am Ende eines *Kalpa* entartet sind, werden sie von der Natur zerstört; sie wird dann bestrebt sein, wieder von vorn zu beginnen.

Die siebente Herabkunft des Viṣṇu

Im Treta-Yuga nimmt Viṣṇu nacheinander die Gestalt eines Zwerges, die eines Kraft-Helden und schließlich die eines Fürsten an. Auch die Berichte darüber lassen erkennen, daß die Machthaber zu Übergriffen neigten. Deshalb sollen sie von nun an von Weisen erzogen werden.

Viṣṇu verkörpert sich nun als Prinz, um ein Beispiel zu geben. Wieder trägt er den Namen *Rāma,* aber diesmal ist sein Beiname „Mond", *Candra.* Er will sich diesmal nicht als rächende kosmische Macht zeigen sondern als der vorbildliche Herrscher. Das Attribut „Mond" gilt im Orient für intuitive Fähigkeiten, für weise Milde, für sanfte Führungsfähigkeiten. Auch im Namen der Gattin kommt zum Ausdruck, daß die Epoche der Willkür und der asketischen Tendenzen abgelöst werden soll. Sie heißt *Sītā,* „Ackerfurche", ein Hinweis, daß jetzt natürliches Wachstum als die angemessene Entwicklungsmethode erscheint.

Die Gattenliebe von „Rāma und Sītā" ist in mehreren Epen verherrlicht worden, als schönste Darstellung wird das *Rāmāyaṇa* von *Vālmīki* gepriesen. *Sītā* ist das Vorbild der liebenden Ehefrau, wie sie die „Brahmanischen Gesetze" vorgezeichnet haben. Freiwillig teilt sie das schwierige Schicksal ihres jungen Gatten; ohne eigene Schuld gerät sie in eine entehrende Situation und besteigt dafür den Scheiterhaufen, um den äußeren Gesetzen gerecht zu werden. Die Tendenz der Hingabe und des Duldens bahnt sich an, die in der kommenden Epoche ihren Höhepunkt finden wird.

Rāma und Sītā

Rāma wird von seinem königlichen Vater zum Nachfolger bestimmt. Doch es kommt nicht zur Königsweihe. Wie so oft in den Fürstenhäusern wird es durch Intrigen verhindert. So tritt er nicht, wie die meisten damals, schon im Jünglingsalter die Nachfolge seines Vaters an. Er wird dazu bestimmt, zunächst zwölf Jahre lang als Waldeinsiedler zu leben. Was zunächst als Verbannung aussieht, wird zu einer Zeit des Lernens und Vorbereitens.

Gemeinsam mit *Sītā,* einer Tochter des Königs *Janaka* von *Videha,* macht sich *Rāma* auf in die Wildnis. Dort suchen sie verschiedene Einsiedeleien von *Yoga*-Weisen auf. Doch eines Tages, als Rāma ein Wild verfolgt und seine Gattin ohne Schutz ist, wird sie geraubt, wie es heißt, von einem „Dämonenfürst". So werden alle fremdrassigen Herrscher bezeichnet, besonders, wenn sie von dunkler Hautfarbe sind. Die Tiere des Waldes (seine Intuitionen) berichten es dem verlassenen Rāma – und sie ermitteln auch Sītās neuen Aufenthaltsort. *Rāvana* hat sie nach *Lankā* (Ceylon) entführt.

Da macht sich Rāma auf, um Sītā zu befreien, ein altes Motiv der Märchen und Mythen. Der junge suchende Mensch muß seine andere verborgene Wesenshälfte entdecken, um sein späteres Leben bewußt gestalten zu können. Dieser Weg der Verinnerlichung führt über den Verzicht. Die an Reichtum und Macht Gewöhnten müssen sowohl den Luxus wie auch ihre Standesehre aufgeben, denn der innere Weg ist auf andere Werte ausgerichtet, die von äußeren Status-Symbolen nicht abhängig sind. In der Einsamkeit des Waldes wird die Intuition geschärft, man wird sich aber auch seiner Natur-Instinkte bewußt, was durch die Gemeinschaft mit den Tieren zum Ausdruck kommt. Die beherrschten Triebe werden Rāmas Bundesgenossen, in der Erzählung sind es die Affen. Sie helfen mit bei der Befreiung Sītās, die aus der Dämonie des Unbewußten befreit werden muß. – Es gelingt.

Nun ist *Rāma* der voll entfaltete Mensch. Nach zwölfjähriger Schulung hat er die „Krone der Weisheit" erlangt. Jetzt ist er würdig, die Herrschaft zu übernehmen, und das kommt auch in seinem Namen zum Ausdruck. „Rāma" bezieht sich auf die „männlich-sonnenhaften", auf die heldisch-aktiven Züge eines Regenten. „Candra" weist auf das Ergänzende hin, das „Weiblich-Mondhafte", die Einfühlungsfähigkeit. *Rāma-Candra* besitzt beides; er ist das Ur-Bild der Vollkommenheit, ein Archetyp.

An einen Platz gelangt, der Handlungsfreiheit erlaubt, ist er nun fähig – ja sogar verpflichtet –, die eigentliche kulturelle Heldentat zu vollziehen. Zu seiner Zeit ist es notwendig, die abergläubische Bevölkerung vom Dämonen-Glauben zu befreien. Das schafft Rāma nicht mit den üblichen Waffen sondern mit der sogenannten *„Brahmā-Waffe",* einem *„Pfeil",* der aus „Sonne und Feuer" geschmiedet ist und in die Hand des Schützen zurückkehrt. Nach alter Symbolik ist dies die „Waffe der Erkenntnis". Denn nur

Wissen kann das Grauen vor dem Unbekannten und Unverstandenen überwinden.
Und was geschieht mit *Sītā*? Sie ist zwar heimgeholt aus Lankā, doch in den Augen des Volkes ist sie entehrt, weil sei bei einem fremden Mann lebte, bei einem „Unreinen". Ob sie trotzdem unschuldig ist, kann nach alter Auffassung nur durch die „Feuerprobe" erwiesen werden. Solange lebte sie wieder bei einem Eremiten, in dessen Obhut sie ein Zwillingspaar zur Welt brachte und aufzog. Der Dichter Vālmīki fügt hier eine Episode ein: Die herangewachsenen Knaben treten als Sänger vor ihren Vater und tragen ihm das „Rāmāyaṇa-Heldenlied" vor. Daran erkennt der Vater seine Söhne und erkundigt sich nach deren Mutter.
Sie ist bereit, den Scheiterhaufen zu besteigen, um sich zu rehabilitieren. Dem Feuer schrieb man früher reinigende Wirkung zu, weil es das Gold von den Schlacken befreit. *Agni,* der Herr des Feuers, soll *Sītā* aus den Flammen emporgetragen haben, nämlich ihre geläuterte Seele. Ihr Leib, der von der Art des Ackers war (Sītā ist eine seiner Furchen), kehrte zurück in die Tiefe der Erde, aus der er kam. Sītās leibliches Dasein in der Welt war zeitgebunden wie alles Naturhafte.
Man vermutet, daß sich die Witwen-Verbrennung auf diese legendäre Begebenheit bezieht. Daß Sītā, der weibliche Aspekt des Rāma-Candra, nicht mit ihm zusammen regiert, widerspricht dem klassischen Helden-Mythos. Hier machen sich die Veränderungen der alten Überlieferung bemerkbar, die durch die „Brahmanischen Gesetze" vorgenommen werden mußten, um ihnen Nachdruck zu verleihen.
Ein viel älterer Mythos scheint diesem hier als Modell gedient zu haben: der Mythos von Vater Himmel und Mutter Erde, die sich einst innig umschlungen hielten, selig in zeitloser Vereinigung, bis ihr „Sohn" – der Verstand – sie trennte. Die zeitlose Problemlosigkeit des Anfangs wird abgelöst durch den zwiespältigen Verstand, der alles trennen und zergliedern muß, um es zu verstehen. Oft geht er dabei in die Irre und sehnt sich dann danach, den Verstand durch Weisheit zu übersteigen oder – wenn dies nicht möglich ist – den Ur-Zustand zurückzugewinnen, in dem es noch kein Unterscheiden von zwei Möglichkeiten gab.

Rāma und Hanumānt – ein parallel-laufendes Geschehen

Eingefügt dürfte ebenfalls eine Episode sein, die Licht wirft auf die Verehrung der Affen. Denn der Dichter berichtet auch von einem Affen-General mit Namen *Hanumānt.* Dieser geht ganz in Hilfsbereitschaft für Rāma auf und wird dafür noch heute im Denkmal verehrt.
Wie eine Parodie läuft ein Affen-Drama neben dem menschlichen Bewährungs-Drama einher*. Ähnliches wie dem Prinzen Rāma geschieht auch dem

* Dabei gleicht Hanumānt dem Papageno in Mozarts Zauberflöte.

Affen-Häuptling, doch nicht dieser erlangt den Ruhm, sondern einer aus dem Affen-Heer, das aufbricht, um auf Lankā gegen Rāvana zu kämpfen. Es ist das windflinke Äffchen Hanumānt. Wie kommt es zu dieser Ehre? Es ist nicht nur körperlich gewandt sondern auch findig und wird daher spielerisch mit jeder Situation fertig. Insofern ist es dem bedächtigen Menschen überlegen.

In *Rāma* und *Hanumānt* werden zwei verschiedene *Yoga-Wege* aufgezeigt. Rāma geht den traditionellen Weg mit der zwölfjährigen Vorbereitungszeit. Hanumānt dagegen ist der Vertreter des neuen Bhakti-Yoga, der sich langsam Bahn bricht. Hier wird die planmäßige Schulung durch liebende Hingabe ersetzt und die verstandesmäßige Erkenntnis durch die spontane Intuition.

Die traditionelle Methode, durch Yoga ans Ziel zu kommen, ist langwierig wie ein „Damm-Bau". Rāma baut einen solchen Damm, um auf die Insel Lankā übersetzen zu können. Er muß an das „andere Ufer" – es ist die übliche Redewendung für „Befreiung".

Hanumānt will auch hinüber, doch er setzt andere Mittel ein. Zuerst hat er seinem selbst erwählten Herrn gedient, ohne an sich selbst zu denken. Jetzt hilft ihm die Intuition, die Meerenge zu überspringen, obwohl sie auch für ihn viel zu breit ist. Wie hilft er sich? Er springt in den Rachen eines See-Ungeheuers – also ins Ungewisse. Er wagt etwas, es entspricht seinem spontanen Wesen. Während des Sprunges – einem Schock-Erlebnis vergleichbar – erlebt er eine zweimalige Wandlung, und das ist wesentlich. Er vollzieht die *Wandlung* blitzartig, die andere langsam im Laufe innerer Reife erlangen. Die Grenze zur Transzendenz hin, die der Verstand nicht durchbrechen kann, überspringt der intuitive Geist aufgrund seiner schnelleren Wandlungsfähigkeit.

Das zweimalige Auftreten des Viṣṇu im Dvāpara-Yuga
(Die achte und neunte Herabkunft des Viṣṇu als Brüder-Paar)

Ein neuer Weltenzyklus ist angebrochen, das *Dvāpara-Yuga.* In dieser Epoche, die sich der geschichtlichen Zeit nähert, sind es Halbbrüder, in denen sich *Viṣṇu* verkörpert: Bala-Rāma und Kṛṣṇa.

Der etwas ältere Bruder ist ein Kraft-Held – *Bala-Rāma.* Sein Beiname ist *Halabhṛt,* „Mit dem Pflug". Wir dürfen daher annehmen, daß er ein Siedler war, der „mit dem Pflug" Gräben zog, um den Acker für die Saat vorzubereiten. Seine Kulturleistung war demnach die Einführung des Ackerbaues. Dazu gehörte es, auch tiefere Gräben zu ziehen als Abflüsse während der Regenzeit, um den gefürchteten Überschwemmungen Einhalt zu gebieten. Im täglichen Leben ein Ackergerät, diente der Pflug (Hala) auch als Waffe gegen räuberische Eindringlinge. Mit dieser Waffe half er später seinem Bruder Kṛṣṇa, die kosmische Aufgabe zu erfüllen.

Daraufhin soll er sein „Göttliches Wesen“ aus dem Munde ausgehaucht haben. Es nahm die Gestalt der Schlange *Anantā* an, die „Unendlichkeit“ heißt, weil das Göttliche unendlich ist. Die Schlange eilte dem Ur-Meere zu, aus dem sie gekommen. Die ewige Seele kehrte zurück zum geistigen Ursprung. Also eine bildhafte Beschreibung, wie sich die Individual-Seele wieder mit der göttlichen Seele des Viṣṇu vereint!
Der jüngere und bedeutendere Bruder des „Bala-Rāma-Halabhṛt“ ist *Kṛṣṇa,* der für Indien die gleiche Bedeutung hat wie Jesus-Christus für das Christentum. Um ihn ranken sich so zahlreiche Legenden, daß nur die bedeutendsten hier erzählt und erklärt werden können.
Helden-Legenden ähneln einander. Denn ihr Vorbild ist immer der Sonnengott, der getreu dem kosmischen Gesetz seine Bahn zieht. Darum nennt man diese Helden sonnenhaft oder *Sonnen-Helden.* Wie die *Sonne* sieghaft aufsteigt aus der Tiefe der Nacht, so muß sich der Held emporarbeiten aus den Niederungen des Lebens. Am Höhepunkt – im *Zenit* – entfaltet die Sonne ihre ganze feurige Kraft, so der Held am Höhepunkt seines Lebens seine überdurchschnittliche Leistungsfähigkeit. Wie die Sonne nicht nur wärmt, sondern auch verbrennt, so wirkt der Held nicht nur aufbauend sondern auch zerstörend. Die neue Saat wächst besser, sobald das Unkraut gejätet wurde. Der Abstieg der Sonne gilt als Vollendung ihrer Laufbahn. Nach dem Durchgang durch den Tiefpunkt – *Nadir* – beginnt sie einen neuen Kreislauf. Hat der Held seine Aufgabe beendet, wird er als „Stern“ an den Himmel versetzt, und das Volk verehrt ihn als „Gott“.

Kṛṣṇa-Legenden in Kürze

Kṛṣṇa (Krishna) ist die bekannteste indische Heldengestalt. Er ist der neunte – und vorläufig letzte – *Avatāra* des *Viṣṇu,* vermutlich Repräsentant der Stierzeit, denn als Kind ist er Kuhhirt, und auf den Abbildungen trägt er ein *Mond*-Diadem, Symbol des Mond- oder Stierkultes.
Nach einer Weissagung sollte ein Knabe geboren werden, der Fürsten entthronen wird. Als Gegenmaßnahme wurden viele Knaben getötet, die Merkmale der Kraft an sich tragen. Doch der eine Knabe, dem die Maßnahme galt, wurde nicht entdeckt.
„Der um Mitternacht Geborene“ wird zu Hirten gebracht, unter denen er unerkannt aufwächst, obwohl sein übernatürliches Wesen bei mancher Gelegenheit sichtbar wird. Die Zuschauer erinnern sich daran nur wie an einen Traum.
Noch im Kindesalter kommt es zum Kampf mit dem „Schlangenkönig“ *Kālīya*; er bezieht sich auf das Niederringen der primitiven Triebkräfte in der menschlichen Natur und ist eine erste bedeutsame Handlung. Wenn *Kṛṣṇa* zum Abschluß der besiegten Schlange den „Fuß auf den Kopf“ setzt, so daß sein Zehenabdruck dort zu sehen ist, besagt dies Zeichen, daß sie „den

Kopf hier nicht mehr erheben darf; zum fernen Meer muß sie ziehen", wo Chaos und Ordnung noch ungeschieden sind. In kultivierten Bezirken – wie in Dörfern und Städten – muß das Chaotische unter die Erde gebannt werden, denn sonst ist die mühsam errungene Kultur in Gefahr, wieder von der Wildnis verschlungen zu werden.

Von weiterer Bedeutung ist Kṛṣṇas Sieg über einen „Buckel-Stier" und einen „Mähnen-Hengst". Der *Stier* ist in übertragenem Sinne die derbe Lust und der Hengst, das *Pferd,* die undisziplinierte Vitalität; beide verhindern eine Verfeinerung der Sitten. Es war also an der Zeit, daß die rohen Sitten der archaischen Kraft-Helden langsam einem rücksichtsvolleren Benehmen wichen.

In seinen Jünglingsjahren lehrt Kṛṣṇa die Hirtinnen – *Gopi* – den *Rasa-Līlā,* einen Frühlings-Reigen voll spielerischer *Erotik.* Die Herzen der Mädchen sollen sich in liebender Hingabe öffnen, bevor sie einem Manne angehören. Um solcher Erotik fähig zu sein, muß der Mann den „Stier" und den „Hengst" in sich überwunden haben.

Die Liebes-Erotik des *Kṛṣṇa* und der Hirtin *Rādhā* wurde später ins Religiöse erhoben; sie gilt als Zwiegespräch der Seele mit Gott, das „nachts" stattfindet, im meditativen Zustand, wenn der Verstand schweigt. Auch der Reigentanz findet statt in der „Dunkelheit" der indigoblauen Nacht. Dann begegnet die Seele Kṛṣṇa, dem „Dunklen"; sie erwartet *Śyām,* den „dunkelblauen König der Nacht", der das Mond-Diadem trägt. Die Seele begegnet ihm in der kleinen „dunklen Kammer" des Herzens. Das ist *Bhakti-Yoga* im Bild.

Zum Manne herangewachsen, muß Kṛṣṇa härtere Aufgaben erfüllen. Denn von überall her erfleht man seine Hilfe. Da eilt er denn herbei und holt Gefangene aus ihren Verließen und setzt entrechtete Herrscher wieder in ihre Ämter ein. Die übermütig Gewalttätigen bringt er zur Strecke, so will es der *Dharma,* das kosmische Gesetz des Ausgleichs.

Er wird König von *Mathurā.* Als Träger dieses Amtes fällt es ihm zu, in den Kampf der *Bhārata* einzugreifen. Konflikt und Ende dieses alten arischen Geschlechtes schildert das Helden-Epos *Mahā-Bhārata.* Mit dem Verlöschen der Bhārata endet das dritte Weltzeitalter, Dvāpara-Yuga. Kṛṣṇas Werk war getan; er machte sich bereit, die Welt zu verlassen, und nahm die Meditationshaltung ein. Da der irdische Leib eines Avatāra auf irdische Weise aufgelöst werden muß, wurde es durch einen Unfall eingeleitet. Ein Jäger traf mit seinem Pfeil die einzig verwundbare Ferse des Helden. So wurde sein geistiges Wesen von der stofflichen Hülle befreit.

d) Einfluß der Rāma- und Kṛṣṇa-Legenden auf die Kunst

Wie überall, so haben sich auch in Indien die religiösen Vorstellungen in den Künsten ein Ausdrucksmittel geschaffen. Am zahlreichsten überliefert sind Werke, die sich mit den Rāma- und Kṛṣṇa-Legenden befassen. Die Motive wurden in Holz und Stein zur Ausschmückung der Tempel verwendet. Die Dichter verarbeiteten den Stoff immer wieder in neuen Varianten, dem zeitgenössischen Geschmack angepaßt, oder im Schauspiel. Die Maler ließen die Themen in ihren wunderbaren Miniaturen aufleben. In der Tanzkunst wurde diese Tradition bis zum heutigen Tag bewahrt; wer die Legenden nicht kennt, kann indischen Tanz nicht nachempfinden. Ja sogar die indische Musik verwendet Bezeichnungen, die von den Kṛṣṇa-Legenden abgeleitet sind.
Die berühmtesten Werke sollen im folgenden charakterisiert werden.

Das Rāmāyaṇa des Vālmīki
Vālmīki war ein Weiser; es ist ein Spitzname, er bedeutet „Ameise". Er soll so in seine Meditation versunken gewesen sein, daß es ihn nicht störte, wenn die Ameisen einen Hügel um ihn herum bauten. Er ist eine legendäre Figur. Das ihm zugeschriebene Werk, das Epos *Rāmāyaṇa,* wurde in klassischem Sanskrit verfaßt und umfaßt heute 25000 Doppelverse. Es ist eine „Musterdichtung", die als Grundlage für alle Kunstgattungen gilt.
Das Werk ist in sieben Abschnitte eingeteilt:
1. Die Kindheit des Rāma
2. Das Leben in der Hauptstadt Ayodhya
3. Verbannung in den Wald – Entführung Sītās
4. Die Reise zum Affenkönig Sugrīva nach Kiṣkindhya
5. Überquerung der Meerenge nach Lankā
6. Krieg gegen Rāvana von Lankā
7. Heimkehr und Friedensherrschaft

Neben diesem klassischen Werk entstanden Nachdichtungen in den Volkssprachen; besonderer Beliebtheit erfreut sich bis heute das in *Hindi* geschriebene Werk des *Tulsīdās.* So ging der Inhalt ins Volksbewußtsein ein. Einige unersetzliche Sanskrit-Begriffe wurden auf diesem Wege in die Volkssprachen aufgenommen.

Die Gītā-Govinda und das Bhāgavata-Purāṇa
Von gleicher Beliebtheit sind zwei andere Sanskrit-Epen, die die Kṛṣṇa-Legenden zum Thema haben. Da *Kṛṣṇa* seine Jugendjahre bei den Hirten verbrachte, heißt der Text, der den ersten Lebensabschnitt beschreibt, *Gītā-Govinda,* „Das Lied vom Hirten". Dieses Sanskrit-Werk stammt aus dem 12. Jahrhundert und wurde von dem Hofdichter *Jayadeva* verfaßt.

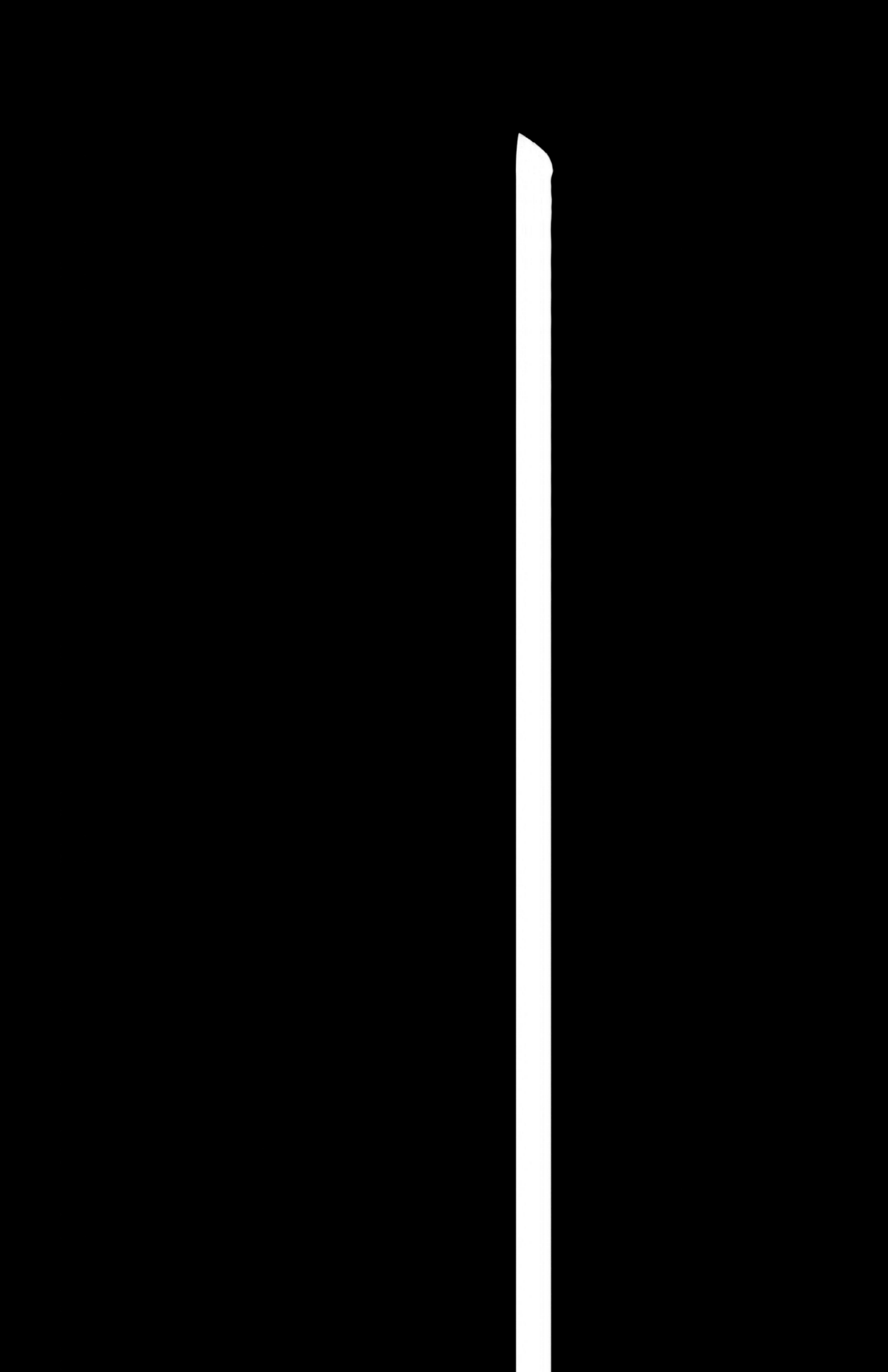

Später wurde es von ebenfalls angesehenen Dichtern in alle regionalen Sprachen übersetzt, und so wurde es zum Volksgut.
Das *Bhāgavata-Purāṇa* ist eine Sammlung von Legenden, die sich auf den zweiten Lebensabschnitt des Kṛṣṇa beziehen, als er Regent von *Mathurā* war. Dieser Teil umfaßt Schilderungen vom Leben in der Hauptstadt *Dvarkā,* die später im Meer versunken sein soll. An Kṛṣṇas Seite lebten die Königin *Rukminī* und viele Nebenfrauen. Denn zu Friedenszeiten gaben sich die Adligen gern erotischen Liebesspielen hin, außerdem dem Würfelspiel und der Jagd. Ausführlich besingen die Dichter das höfische Leben einer wohlgeordneten Kastengesellschaft mit ihrem Standesbewußtsein und Pflichtgefühl. Die Erbstreitigkeiten zwischen den Geschlechtern der Pāṇḍava und der Kaurava beendeten diesen Müßiggang. *Kṛṣṇa* wurde der Anführer der Yādava, es war seine kosmische Sendung; dieser Endkampf wird in der Bhagavad-Gītā geschildert.
Den aus dem Volk kommenden *Bhakti*-Mystikern stand der jugendliche unberechenbare Kṛṣṇa näher, denn in ihm erkannten sie sich selbst wieder. Ein schalkhafter Held mit überraschenden Emotionen gefiel ihnen besser als ein pflichtgetreuer gefühlsbeherrschter Fürst. Und *Rādhā,* die Hirtin aus ihren eigenen Kreisen, war für sie die „wahre Königin"; mit diesem Naturkind konnten sich alle Frauen identifizieren. Nebenher diente diese Gestalt als Gleichnis für die in die Natur verstrickte Seele.
Das Liebesverhältnis der *Rādhā* zu *Kṛṣṇa* repräsentierte die Beziehung der Seele zu Gott. Vom ideellen Standpunkt her ist die Seele immer bei Gott, denn sie ist von göttlicher Art. Doch für das Gefühl ist die Seele manchmal nahe und manchmal fern von Gott, sie empfindet wechselnd Trennung und Vereinigung. Ähnlich wie bei den weltlichen Liebespaaren wird bald die seelische Verbundenheit stärker empfunden und ein andermal die Entfremdung oder das Verlassenheitsgefühl.
Gerade der Wechsel von Glück und Verzweiflung wird in der „Gītā-Govinda" hervorgehoben. *Saṃyoga* ist der Zustand der Vereinigung und *Viyoga* der Zustand der Trennung. Und es wird hervorgehoben, daß der eine Zustand im anderen immer schon potentiell enthalten ist; denn keiner kann andauern. Also steht immer Wechsel bevor: die Angst vor der Trennung oder die Freude des Wiedersehens. *Viyoga* gilt als die höhere Form der Liebe; denn während der Trennung denken die Sehnsüchtigen nur an die schönen Seiten des Beisammenseins, sie zählen nicht die zugefügten Verletzungen. Solche Liebe wird als edel empfunden.
Eine Sehnsucht, wie sie der Hofdichter Jayadeva beschreibt, kennen auch die *Bhakti*-Mystiker. Sie glauben: Wer in Sehnsucht nach *Kṛṣṇa* oder *Śyām,* dem dunkelblauen „König der Nacht", stirbt, der ist vom Lebenskreislauf befreit. Weil er dunkelblau abgebildet wird, nennt ihn der Text oft die

„Monsunwolke" und *Rādhā* – als die Seele – den „Blitz". Denn die Seele leuchtet hell auf, wenn sie sich mit ihrem Gott vereint.

Held und Heldin im Bühnenspiel

Das Verhältnis der Seele zu Gott wird auch in den höfischen Liebes-Dramen behandelt. Die Haupt-Akteure werden wie bei uns als *„Held* und *Heldin"* bezeichnet, *Nāyaka* und *Nāyikā.* Der Held kann *Kṛṣṇa* heißen und die Heldin *Rādhā,* denn diese Namen sind allgemein beliebt, jeder kann seine Kinder so nennen. Soll sich aber die Handlung auf eine höhere kosmische Ebene beziehen, dann heißt der Held *Śiva* und die Heldin *Pārvatī.* Darin folgt man der Tradition der Tantra-Texte, die Dispute über religiöse Themen zwischen den Göttern austragen.

Der Philosoph *Rāmānuja,* der die volkstümliche religiöse *Bhakti* philosophisch formuliert hat, hat das In-Erscheinung-Treten der Welt als das „Weltendrama" bezeichnet. Die verkörperte Seele übernimmt darin entweder eine Haupt- oder eine Nebenrolle, entsprechend ihrem früher erworbenen Erfahrungsschatz. Bedingt durch den rhythmischen Wechsel im Kosmos erlebt sie bald die Freude des *Saṃyoga,* bald den Schmerz von *Viyoga,* Vereinigung und Trennung. Die vielen Zwischentöne sind die *Rāga* und *Rāginī,* „Färbungen" des Gemütes, von denen einige als „männlich", die anderen als „weiblich" gelten. Empfindungen wie Zuneigung, Heiterkeit, Ärger, Trauer, Stolz, Empörung und Verwunderung bezeichnet man als *Rasa*; die genannten gelten als stabil, die Übergänge von einer Stimmung zur anderen als instabil, zum Beispiel Unruhe, Schwäche, Entmutigung, Sicherheitsgefühl, träumerische Stimmung oder das Aufwallen von Freude.

Das klassische Indien kennt keine Tragödie, weil die Weltanschauung verbietet, die Möglichkeit eines unverdienten Schicksals einzubeziehen. Was geschieht, sind nach der Karma-Lehre die Folgen früherer Handlungen. *Bhārata* betont in seiner „Schauspiellehre", dem *Nātyaśastra,* daß der Sinn eines Bühnenspieles einfühlsame Betrachtung des Lebens sei ohne leidenschaftliche Anteilnahme. Indisches Theater hinterläßt eine ausgeglichene Stimmung. Den Zuschauern wird vor Augen geführt, daß alles seine Ordnung hat und nichts Willkür ist. Am Ende aller Verwirrungen siegt das *Ṛta,* die kosmische Gerechtigkeit, sie ist nur zeitweise verhüllt.

Ein auch in Europa bekanntes klassisches Beispiel für indische Bühnenkunst ist *„Śakuntalā"* von *Kālidāsa.* Es hat seit Goethe das ausgehende 18. Jahrhundert beeinflußt.

Bei der Rollen-Verteilung, die von *Bhārata* festgelegt wurde (vermutlich schon im Jahre 100 n. Chr.) handelt es sich immer um Liebes-Situationen mit der ganzen Skala von Gefühlsregungen zwischen *Saṃyoga* und *Viyoga.* Die Klassifikation dieser Rollen, die sich von den verschiedenen *Rasa* oder Gemüts-Stimmungen herleiten, gilt sowohl für die Bühnen-Literatur als auch für die Miniatur-Malerei und sogar in gewisser Weise für musikalische Themen, die *Rāga*.

Die Miniatur-Malerei

Wie alle indische Kunst diente auch die Miniatur-Malerei der Wiedergabe religiöser Themen. Sie behandelt nicht nur das Rādhā-Kṛṣṇa-Thema sondern auch die Avatāra-Mythen und noch ältere Themen aus dem Veda, daneben Belehrungen durch Yoga-Weise und höfische Szenen. Da die Kunst in erster Linie bildliche Wiedergabe der Weltanschauung ist, hatte sich in Indien jeder Künstler einer yogaähnlichen Schulung zu unterziehen. Sie wurde von Brahmanen überprüft.

Die Miniaturen wurden als wertvolle Geschenke für Freunde oder sogar als Staatsgeschenke verwendet; daher wurden die Skizzen nicht nur von Brahmanen sondern auch von den Fürsten begutachtet, die sie in Auftrag gaben. Erst dann ging es an die Ausführung, die in meditativer Stimmung erfolgte. Der Stil der Miniaturen variiert nach Zeit und jeweiliger Schule, viele sind von den persischen und türkischen Einwanderern beeinflußt.

Der Künstler war ein Kunsthandwerker, der zum Hofgesinde des Fürsten gehörte. Seine Familie betrieb eine kleine Landwirtschaft, von deren Ertrag alle leben mußten; er selbst durfte keine schwere Arbeit tun, damit seine Hände ihre Geschicklichkeit behielten. Seine Arbeitspausen waren nicht Müßiggang; sie dienten dem Aufnehmen von Eindrücken aus der Umgebung, die er später bildnerisch umzusetzen hatte.

Indische Musik

Indische Musik und die Miniatur-Malerei sind eng verschwistert, denn die Themen der indischen Musik sind auch ins Bildliche übersetzt worden. Die aus dem Bühnenspiel schon bekannten Rollen des „Helden und der Heldin" können sowohl als Malerei für sich gelten wie auch als musikalisches Thema; in diesem Fall ist eine Nummer beigefügt, die sich auf die Reihenfolge des Themas bezieht. Mehrere werden zusammengebunden zu einer Melodie, die stimmungsmäßig Trennung und Vereinigung der Liebenden ausdrückt, wie im Bühnenspiel und wie im Bhakti-Yoga.

Die miteinander verbundenen Stimmungsbilder tragen die Bezeichnung *Rāgamāla,* „Girlanden von Rāgas"; sie setzen sich aus 42 oder bevorzugt aus 36 Themen zusammen. *Rāga* kommt von *rañj* – „färben"; denn nach der Sāṃkhya-Auffassung wird das *Citta* bei jedem Stimmungswechsel anders eingefärbt. Charakterisiert die Musik mehr eine „männliche Gemüts-Stimmung", nennt man sie *Rāga*; ist es eine mehr „weibliche Gemüts-Stimmung", ist es eine *Rāginī.* (Abgeleitet vom Verfärben des Citta bei Gemütswallung, die sich auch auf die Gesichtsfarbe erstreckt, bedeutet *rāga* auch Leidenschaft oder Verlangen.)

Feinere Geschmacks-Nuancen sind *Rasa*; dann wird beispielsweise noch die Tages- oder Jahreszeit berücksichtigt, Regen oder Sonnenschein.
In der Regel wird auswendig gespielt und improvisiert. Die Miniaturen waren dabei gewisse Anhaltspunkte.
Daneben hat man auch versucht, Kompositionen mit den Sanskrit-Zeichen zu notieren.
Die bekanntesten Saiten-Instrumente sind die *Vīṇa* und die *Sitār.*
Schlaginstrumente sind Trommeln verschiedener Größe, in der Regel *Tabla* (1 Paar).
Flöten heißen *Nāḍi* oder *Nāgasvara.*

Indischer Tanz

In Indien, das so viele Völkerschaften beherbergt, kann man bei Festen die verschiedensten Volkstänze, Stammestänze und sogar Kriegstänze sehen.
In Verbindung mit den erwähnten mythologischen Themen steht jedoch nur der *klassische Tanz,* den es in drei Formen gibt:
Das *Bhārata-Nātya* ist besonders in Bengalen beliebt. Es richtet sich nach einem Traktat des *Bhārata* über die Schauspielkunst. Seine tänzerischen Themen sind die Legenden von *Kṛṣṇa* und den *Gopi,* den Hirtinnen. Die Tänzerin trägt seidene Hosen und darüber eine plissierte Schürze, Blumenschmuck im Haar.
Die *Kaṭhakalā* (wörtlich: „Erzählkunst") ist erzählender Natur, eine Art von Pantomime mit mehreren Darstellern. Die Kostüme wirken barock, die Gesichter sind maskenhaft geschminkt. Hier werden bevorzugt Episoden aus dem berühmten Epos *Rāmāyaṇa* aufgeführt. Diese Tanzart ist in *Kerala* an der Südspitze Indiens beheimatet.
Vom *Manipūri-Stil* nimmt man an, daß er aus *Assam* kommt. Die Tänzerin trägt einen Schleier und einen langen Rock, der über ein eckiges Gestell gespannt ist, ähnlich einer Krinoline.
Die Tänzer und Tänzerinnen sind barfuß, tanzen nicht auf der Spitze sondern auf der ganzen Sohle und stampfen immer wieder mit der Ferse auf, wobei die Schellen an den Fußgelenken klirren.
Ganz ungewöhnlich sind die Bewegungen des Halses und der Gesichtsmuskeln, die für einen Europäer schwer erlernbar sind. Und nur Eingeweihte können die besonderen Fingergesten deuten, die *Mudrā* genannt werden, genau wie gewisse kombinierte Übungen im Tantra. Nur hier bedeuten sie etwas ganz anderes. Sie sind eine tänzerische Ausdrucksweise für die Eigenschaften der dargestellten Götter oder für die Gemütsbewegungen der Menschen, die mit diesen Göttern in Kontakt kommen. Im Bhāratanātya ist es oft eine einzelne Tänzerin, die alle Rollen übernimmt, in schnellem Wechsel beide Dialogpartner verkörpert, was nur aus den Gesten oder Mudrā abgelesen werden kann.

Die Tempelkunst – Die Bauten

Während die arischen Einwanderer ihren religiösen Kult im Freien ausübten, wurden später Tempel von immer größeren Ausmaßen errichtet. Ihr Grundriß ist jedoch nur eine Erweiterung des Opferplatzes aus arischer Zeit. Der Altar der vedischen Zeit war eine Art Herd im Freien, in dem das Feueropfer entzündet wurde. Wenn der Holzstoß aufloderte, suchte das irdische Feuer, das nach oben züngelte, die Verbindung mit dem kosmischen Feuer, *Agni,* das seine Kräfte auf der Erde abgestuft entfaltete. Da durch den Ritus Himmel und Erde ihre Begegnung anbahnten, sollte dies in der Symbolik zum Ausdruck kommen, die sich *auf das Universum bezog,* nämlich auf die vier „Weltgegenden" oder Himmelsrichtungen. Daher konnte der Altar die Form eines Quadrates haben, eines Rechtecks, eines Kreises oder eines Sternes, was der „Windrose" entspricht.

Die in späterer Zeit eingeführten kultischen Hochbauten wurden von den buddhistischen Grabstätten – den *Stūpa* – abgeleitet. Sie enthielten die Reliquien berühmter Könige oder Weiser. Der älteste erhaltene Stūpa befindet sich noch bei *Sanchi* (100 n. Chr.).

Als der Hinduismus die alte götterlose Form des Buddhismus ablöste, begann man, Felsentempel zu bauen oder in den Städten Tempel, deren äußere Form einem Berg glich. Denn man stellte sich den Sitz der Götter auf den höchsten umwölkten Bergen vor. Zu diesen gehörte der *Kailāsa* in Tibet, dem Meditationsplatz des *Śiva.* Der frühe *Veda* und in seiner Nachfolge das *Tantra* bezeichnen den unsichtbaren *Meru* im Zentrum oder „Nabel" der Welt als die Feinstoffwelt der Götter.

Dagegen wurden buddhistische Tempel stufenförmig erbaut. Die Stufen sind die Entwicklungsstufen des Menschen, der die Buddhaschaft anstrebt. Der charakteristische Tempelbau des Südens gleicht der Anlage einer Stadt mit vier Eingangstoren, über denen Türme errichtet sind, die Pyramiden ähneln. Der größte dieser Tempel befindet sich in *Śrīraṅga,* andere in *Tanjūr, Madurai, Cidambaram.*

Baumaterial war zunächst das schnell verwitternde Holz, dann erst waren es Steine und Ziegel. Die Wände der Tempel-Bauten sind von da an überreich mit Darstellungen aus den Mythen und auch aus dem täglichen Leben verziert.

Das Heilige und das Profane bilden im Hinduismus keinen Gegensatz. Da die Welt als eine Selbst-Entäußerung des Höchsten Geistes angesehen wird, kann sie nicht minderwertig sein. Aber dann hat auch alles, was in ihr geschieht, eine gewisse Berechtigung. Der Mensch ist nur nicht in der Lage, die verborgenen Beziehungen zu durchschauen. Der europäische Betrachter, der das Heilige und das Profane trennt, empfindet daher die erotischen Skulpturen an und in den Tempeln von *Konārak* und *Kajurāho* als anstößig.

Für den Hindu ist die irdische Zeugung ein Gleichnis für die Schöpfung des Universums.

Die Götter-Statuen
Vollplastiken brahmanischer Gottheiten gehören nicht zur Ausschmückung des Tempels; sie werden angebetet, weil man in ihnen die lebendige Anwesenheit eines bestimmten Gottes empfindet. Denn die Gottheit wurde eingeladen, in dem Bildnis zu wohnen.
Die Einladung erstreckt sich über den ganzen Zeitraum der Herstellung einer Skulptur. Vom ersten Wachsmodell bis zur letzten Vergoldung ist jeder Arbeitsgang begleitet von religiösen Zeremonien wie Gesang und Meditation. Auch die erforderlichen Metalle für den Guß werden zuvor geweiht.
Nach etwa zehn Monaten findet dann die offizielle Weihe im Tempel statt, sie dauert zwei Tage. In der hohlen Form wird ein *Yantra* der Gottheit – ihre Charakterzüge in geometrischer Form – und ein Sanskrit-Vers untergebracht und versiegelt. Nun hat sie eine individuelle Seele, die sich von den Seelen anderer Statuen unterscheidet.

Der künstlerische Stil der Statuen
Die frühesten Bildhauerarbeiten von Format sind nachweisbar unter Kaiser *Aśoka,* dem „freundlich Schauenden" (Piyadussi). Dieser buddhistisch eingestellte Fürst erließ die sogenannten „Felsenedikte". Überall in seinem großen Reich ließ er die buddhistische Ethik in Stein meißeln, in einen Säulenschaft, der oben gekrönt war mit einer Tierplastik, die an iranischen Stil erinnert.
Einen eigenen Kunst-Stil hatte Indien noch nicht. Da das im Nordwesten gelegene Baktrien damals unter griechischer Verwaltung stand, dürften es griechische Bildhauer gewesen sein, die in der Stadt *Gandhārā* den sogenannten *indo-griechischen Stil* oder *Gandhārā-Stil einführten.* Hier dürften auch die ersten Buddha-Bildnisse im Apollo-Stil entstanden sein, etwa um 200 n. Chr.
Eine zweite Bildhauerschule in *Mathurā,* Mittelindien, vertrat einen strengeren, mehr hierarchischen Stil, genannt den *Mathurā-Stil.* Bisweilen wird er auch der *Kushan-Stil* genannt, nach einer kopflosen Statue des Königs *Kaniṣka* aus dem Geschlecht der Kushāna, der breitspurig in übergroßen Reiterstiefeln dasteht und sich auf ein mächtiges Schwert stützt.
In *Amarāvatī* in Südindien befand sich – ebenfalls um 200 n. Chr. – eine dritte Bildhauerschule. Der *Amarāvatī-Stil* hält sich an Szenen aus dem menschlichen Leben; er ist lieblicher und lebendiger als der von Mathurā. Doch in beiden Stilarten wird mehr und mehr die *Tribhaṅga*-Pose bevorzugt, eine Körperbewegung mit dreifachem Knick.
Als *klassisch-indische Stil-Epochen* gelten die folgenden, die nach den gerade regierenden Herrscherhäusern benannt sind:

Der *Gupta-Stil* um 500 n. Chr. überlieferte Statuen in entrückter Weltvergessenheit. Die ruhig und würdevoll stehenden *Buddha-Gestalten* sind umgeben von einem feinen Gewebe, das die Körperform zwar zeigt – doch verschleiert, so daß sie feinstofflich wirkt. Verwendet werden Holz, Stein und Bronze-Legierungen aus acht Metallen.
Der darauf folgende *Post-Gupta-Stil* um 700 n. Chr. wurde besonders in *Vijayanāgar* (Süden) gepflegt. Doch die schönsten Zeugnisse aus dieser Zeit sind an der mittleren Westküste zu finden, in den Felsentempeln von *Ellorā* und *Elephantā*. Die Gestalten erscheinen jetzt größer und schlanker, die Gesichter aber werden voller, man bemerkt dravidischen Einschlag. Auch die Tempel-Reliefs von *Māmallapuram* sind in dieser Stilart gehalten.
Um 900 n. Chr. entwickelt sich in *Bengalen* der kühlelegante *Pāla-Stil.* Die überlieferten Bildwerke stammen zum Teil aus der berühmten buddhistischen Kloster-Universität *Nālandā,* die damals etwa 10 000 Studenten beherbergte.
Etwa zur gleichen Zeit entstand der *Sena-Stil*, der *hinduistisch* geprägt ist. Denn von nun an setzen sich die *Śiva-* und *Viṣṇu-Kulte* immer stärker durch. Die letzte klassische Periode datiert dann bis etwa 1100 n. Chr. Es ist der *Chola-Stil* aus *Tanjūr* im Süden. Die Thematik ist hinduistisch. Die charakteristischen Körperformen sind anmutig, von ausgewogenen Proportionen. Sie haben aber breite dravidische Gesichtszüge und kräftige Nasen. Das schönste Werk aus dieser Zeit ist der *Śiva Vīṇadhāra,* „Meister der Künste", eine 60 cm hohe Bronzeplastik, die in Paris im Musée Guimet bewundert werden kann.
Während in Bengalen noch bis ins 12. Jahrhundert hinein der Gupta-Stil fortgesetzt wird, kommt es im übrigen Indien zur Vermischung von Stilarten – während des *indischen Mittelalters,* das von etwa 900 – 1600 gerechnet wird. Eine Stilart dieser Zeit kann noch als typisch indisch empfunden werden, sie entstand in *Maisūr.*
Dann entwickelte sich unter mohammedanischem Einfluß der *Moghul-Stil* und unter europäischem Einfluß der indo-europäische Stil, der sich kaum von dem Stil in allen Großstädten der Welt unterscheidet.

VII. Karma-Yoga in der Bhagavad-Gītā

1. Herkunft aus dem Mahā-Bhārata (Epos)

Die „Bhagavad-Gītā" – „Der Gesang des Erhabenen" – ist kein selbständiges Werk sondern ein kleiner bedeutsamer Ausschnitt aus einem großen indischen Helden-Epos, in dem die Inder als die „Großen *Bhārata*" verherrlicht werden, als ein Volksstamm arischer Herkunft.
Man schätzt die ältesten Teile des Epos auf ein Alter von etwa 2500 bis 3000 Jahren. Der Text schwoll im Laufe der Geschichte auf 10 000 Doppelverse an, um die Taten der arischen Krieger lebendig zu erhalten. Er ist in der Literatur bekannt als das Heldengedicht mit dem Titel *Mahā-Bhārata.*
Vieles aus diesem Riesenwerk ist heute nur noch historisch von Interesse; von kultureller Bedeutung sind drei Abschnitte: die „Sterberede des Königs Bhīṣma", der „Mokṣa-Dharma" und die „Bhagavad-Gītā".

a) Die Sterberede des Königs Bhīṣma

König *Bhīṣma* ist der letzte bedeutende Fürst des arischen Adelsgeschlechtes der *Kuru.* Seine Rede ist ein Appell an die Jugend seines Standes. Mit eindringlichen Worten zählt er noch einmal alle Rittertugenden auf:
„Kämpft immer auf ritterliche Art, wie es von altersher der Brauch! Wer nur mit Worten kämpft, soll nur mit Worten bekämpft werden. Ein Reiter kämpft nur mit Reitern – Fußvolk mit Fußvolk – Elefant mit Elefant – Wagen gegen Wagen.
Ein rechter Mann kämpft mit aller Kraft; doch ist es nicht ehrenhaft, einen erschöpften Mann anzugreifen.
Man überfalle niemand ohne Anruf aus dem Hinterhalt!
Trifft man einen, der den Kampfplatz bereits verlassen hat, ist es nicht recht, ihn zu töten."
Doch die Jüngeren werden von einem anderen Zeitgeist – der religiösen Ethik – in Gewissenskonflikte gestürzt. Das bewerten die Älteren als eine Verfallserscheinung, ausgelöst durch das sich dem Ende neigende *Dvāpara-Yuga* (3. Zeitalter).

b) Der Mokṣa-Dharma

Der Mokṣa-Dharma ist ein frühes Dokument für die Meditationsmethode des *Yoga,* eine „Lehre der Befreiung" aus dem Lebenskreislauf. Der Text scheint ein erster Versuch zu sein, den Yoga zu systematisieren, bevor

Patañjali die verschiedenen Überlieferungen in seinem „Yoga-Sūtra" zusammenstellte.
Weltanschaulich wird im Mokṣa-Dharma eine Zwischenstufe vertreten, nicht mehr ganz Vedānta und noch nicht ganz Sāṃkhya.
Ebenfalls durch den Mokṣa-Dharma überliefert ist die Lehre von den vier Weltzeitaltern oder den *Yuga* und *Kalpa.*

c) Die Bhagavad-Gītā

Die „Bhagavad-Gītā" oder *„Gītā",* wie man sie abgekürzt nennt, gehört zur Weltliteratur, ihr Gedankenreichtum ist unerschöpflich. Hier wird in knappster Form die gesamte religions-philosophische Lehre der Inder in all ihren Varianten aufgerollt.
Historisch betrachtet könnte sie eine *Upaniṣad* sein, die der Sekte der *Bhāgavatas*. Inhaltlich spricht sie – wie die Mehrzahl der Upaniṣaden – über die erhabensten Vorstellungen des Menschengeistes. Darüber hinaus wird sie als ein frühes dichterisches Kunstwerk geschätzt, zugeschrieben einem *Vyāsa,* der immer wieder als Verfasser tiefschürfender Texte oder von Kommentaren genannt wird, obwohl er als geschichtliche Persönlichkeit nicht greifbar ist.
Die bedeutendsten *Kommentatoren der „Gītā"* sind in alter Zeit: *Śankara, Rāmānuja, Mādhva, Vallabha* – und in neuerer Zeit: *Vinoba Bhave, Sri Aurobindo, Gandhi und Rādhakrishnan.* Des letzteren ausführliche Erläuterungen liegen der vorliegenden Bearbeitung zugrunde, neben Hinweisen von Indologen und Yogis wie Hauer, F. Hartmann, Th. Springmann, Vivekānanda, B. Roy, W. Judge u.a.
Übersetzungen der „Gītā" dürfte es in allen Sprachen geben, eine ganze Anzahl allein in deutscher Sprache von sehr unterschiedlicher (künstlerischer) Qualität.
Indologen unterscheiden eine *„Ur-Gītā"* und spätere Ergänzungen. Ganz aus der Sicht des Kriegerstandes sind die ersten drei Kapitel zu verstehen; doch steigert sich die Darstellung noch bis zu Kapitel XI – der Schau der kosmischen Gestalt des Kṛṣṇa –, aus der hervorgeht, daß der Verfasser der betreffenden Kapitel von der neuen religiösen Strömung des Viṣṇu-Kultes, dem *Bhakti-Yoga,* ergriffen worden ist, der von ihm über alle anderen Methoden gestellt wird.
Die letzten sieben Kapitel bestehen aus Ergänzungen, zum Teil auch aus Wiederholungen. Doch auch innerhalb der ersten Kapitel finden sich Zusätze, die daran zu erkennen sind, daß der ersten Meinungsäußerung eine zweite und dritte hinzugefügt wird, von denen jede die beste sein soll. Der letzte Überarbeiter bemühte sich deutlich um Versöhnung der zeitlich ver-

schiedenen Auffassungen. So ist jeder Leser zu eigenem Nachdenken herausgefordert.

2. Der geschichtliche Hintergrund

a) Die Rahmenhandlung

In dem Gesamtwerk „Mahā-Bhārata" wird von einer Schlacht berichtet, die vor mehr als zweitausend Jahren in der Nähe des heutigen *Delhi* – wie es heißt, „auf einem großen freien Felde" stattgefunden haben soll. Zwei nahe verwandte *Kṣatriya*-Familien (Kriegeradel) standen sich damals feindlich gegenüber: die *Pāṇḍu* und die *Kuru* (Mehrzahlform Pāṇḍava/Kaurava).
Der *Kuru-Fürst* war erblindet und deshalb zur Amtsübergabe genötigt; sein Name war *Dhṛtarāṣṭar.* Zum Nachfolger hatte er nicht seinen Sohn sondern seinen Neffen bestimmt, den *Pāṇḍu*-Prinzen *Yudhiṣṭhira,* den er für geeigneter hielt. Gegen den Willen des Vaters setzte sich der ehrgeizige leibliche Sohn *Duryodhana* auf den Thron und vertrieb seine Vettern, die Pāṇḍu-Prinzen.
Erst nach zwölf Jahren des Wanderns und Verbergens erlangten diese fünf Prinzen ihr Ansehen wieder, und *Yudhiṣṭhira* regierte etliche Jahre in Frieden. Aber wieder versuchte *Duryodhana* seinen Vetter zu vertreiben, wieder stand ein Kampf bevor. *Kṛṣṇa* – Fürst der *Yādava* – wollte vermitteln; da es ihm nicht gelang, stellte er sich auf die Seite der Pāṇḍava und wurde der Wagenlenker des Prinzen *Arjuna.*
Hier beginnt der Dialog zwischen Kṛṣṇa und Arjuna, der als die „Bhagavad-Gītā" bekannt ist.
Der Krieg, der daraufhin begann, dauerte 18 Tage, verwüstete die ganze Gegend und endete mit Ausrottung beider Parteien. Das entsetzliche Ende wird als die notwendige Beendigung des Dvāpara-Yuga – des 3. Weltzeitalters – eingestuft.
Die *Kṣatriya,* jene arische Kriegerkaste, existiert – wie bereits erwähnt – seitdem nicht mehr. Ihr Platz wurde eingenommen von den sogenannten *Rājputen,* den „Söhnen der Rājas" von damals; sie waren fremdstämmige Adlige aus den Nachbargebieten, übernahmen aber den Lebensstil der Kṣatriya und verteidigten über Jahrhunderte hinweg den Norden Indiens an deren Stelle.

b) Die esoterische Deutung dieser Rahmenhandlung

Man kann das damalige historische Geschehen als Gleichnis betrachten; es läßt sich auf die problematische Situation jedes einzelnen Menschen übertragen. Der Kriegsschauplatz ist dann die menschliche Brust, in der sich gegensätzliche Gefühle austoben. Der Inder mißt einer in der Jugend getroffenen Entscheidung große Bedeutung bei, ob das Weltleben oder das Seelenleben den Vorrang haben soll. Bei dem Hineinwachsen in die Welt während der ersten Lebenshälfte soll immer der *Dharma* im Auge behalten werden, die kosmische Gesetzmäßigkeit. Es entspricht auch dem Dharma, in der zweiten Lebenshälfte aus der Welt herauszuwachsen.
Bei dem Hineinwachsen in die Welt wird der Mensch überwiegend vom Körper-Ich geleitet – dem *Ahaṃkāra*; dieses entspricht dem ehrgeizigen Sohn *Duryodhana*. In der zweiten Lebenshälfte soll der *Jīvabhūta* (Buddhi) die Führung übernehmen, er entspricht dem weiseren Prinzen *Yudhiṣṭhira*. Mit dem Körper gleichgesetzt wird der blinde König *Dhṛtarāṣṭar,* denn ein Körper ohne geistige Führung ist wie ein Blinder. Bleibt der leibliche Sohn des Königs (das Körper-Ich) immer an der Regierung, dann wird der Körper-Mensch nie „sehend" werden, er wird nie zur Einsicht kommen.
Das leibliche „Ich" will allerdings eine Rolle spielen, daher heißt es im Sāṃkhya *Ahaṃkāra,* „Ich-Macher", im Sinne von „Rollenspieler". Der vernünftigere Teil des Menschen bleibt dann verborgen im Hintergrund wie Prinz Yudhiṣṭhira. Doch er wäre der „rechtmäßige Herrscher", der *Dharma-Rāja,* der fähig ist, die Gesamtsituation zu überblicken, weil er das *Yuga-dharma* kennt, die Forderung des Tages.
Der vernünftig im Sinne des Dharma Handelnde heißt in den ältesten Teilen der „Gītā" (Kap. II, 18-22) der *Dehin,* der Besitzer des *Deha,* des Leibes. Diesem „Dehin" entspricht der Prinz Yudhiṣṭhira. Doch in der Dichtung – wie im menschlichen Leben – kommt der „Dehin" als der „rechtmäßige Herr" erst in den reiferen Jahren zur Regentschaft. Im Text werden zwölf Jahre genannt, das ist die übliche Lehrzeit für die Söhne der Kṣatriya und der Brāhmaṇa – und wohl von hier abgeleitet auch für einen Yoga-Schüler.
Die „Friedenszeit" unter Yudhiṣṭhiras Herrschaft ist in übertragenem Sinne die Zeit, in der der Mensch seelisch-geistige Erkenntnisse sammelt. Dann erst kommt die endgültige Entscheidung für „Kurukṣetra", das Schlachtfeld der Welt, oder für „Dharmakṣetra", den Bereich höherer Ordnung.
Unter Hinwendung zum „Feld der Kuru", *Kuru-kṣetra,* versteht ein *Yogin* die Tendenz zu materieller Lebenseinstellung. Unter *Dharma-kśetra,* „Feld des Dharma", versteht der Yogin die Beachtung der kosmischen Gesetze und deren Berücksichtigung bei allen Entscheidungen.
Die „Gītā" stellt in ihren späteren Kapiteln heraus: Wer sich für „Kurukṣetra", für das Weltleben, entscheidet, der wird sich von Leben zu Leben – ein

ganzes *Kalpa* lang – „auf dem Schlachtfeld des Lebens" befinden. Er muß also immer wieder um Anerkennung kämpfen, um sich mühsam durchzusetzen. Wer sich aber für „Dharmakṣetra" entscheidet, für den geistigen Entwicklungsweg, den man *Yoga* nennt, der befindet sich nur solange „auf dem Schlachtfeld des Lebens", bis die Feinde überwunden sind. Die inneren Feinde sind die menschlichen Unzulänglichkeiten, die äußeren Feinde die Lebensumstände. Sind sie überwunden, steht der *Yogin* „Jenseits" der Umstände, wird von ihnen nicht mehr berührt. Der vorstellbare nächste Schritt wäre der in die „geistige Welt", in der der Mensch, der seine stofflichen Hüllen abgelegt hat, wieder ein freies Geistwesen ist.

3. Die Gītā – ein Dialog zwischen Kṛṣṇa und Arjuna

Am Vorabend der Schlacht von *Kurukṣetra* (dem freien Felde nördlich von Delhi) fand eine Truppenbesichtigung statt. Mit diesem Ereignis beginnt die Dichtung *„Bhagavad-Gītā".* Mit großem Pathos wird geschildert, daß die fürstlichen Heerführer in all ihrem Kriegsschmuck angetreten sind, mit ihren bewährten Waffen, die alle einen Eigennamen tragen wie die Menschen; denn sie sind ja die guten Freunde der Kämpfenden, von deren erprobter Leistungsfähigkeit ihr Leben abhängt.
Der darüber berichtet, ist *Saṃjaya,* der Wagenlenker des blinden Königs. Er ist es auch – so sagt uns der Dichter –, der das Gespräch zwischen Kṛṣṇa und Arjuna belauscht und aufgezeichnet hat.

a) Die Konfliktsituation des Arjuna

Bei der Truppenbesichtigung standen sich beide Heere in Sichtweite gegenüber. Als *Arjuna* in den feindlichen Reihen nahe Verwandte und ehrwürdige Lehrer erblickt, steigen zwiespältige Gefühlsregungen in ihm auf (I, 25-28)*. Als Krieger ist er es seinem Stande schuldig zu kämpfen, doch als religiöser Mensch erwartet ihn Strafe, wenn er das Gebot des Nichttötens übertritt. In vielen Schlachten gegen Fremde hat er ohne Gewissensbisse gekämpft und gilt darum als großer Kriegsheld. Doch jetzt zittern ihm die Gliedmaßen, und der Schweiß tritt ihm aus den Poren (I, 29). Noch nie war er so zerknirscht. Erstmalig macht er sich Gedanken darüber, ob es recht ist, Krieg zu führen und dabei so vieles Wertvolle zu zerstören (II, 7).
Während das Innenleben vieler Menschen durch den allgemeinen Lebenskampf abgestumpft ist, zeigt sich Arjuna noch reaktionsfähig. Man hat den

* Die Zahlen in der Klammer geben die Versnummern der Dichtung an.

Eindruck, daß er wirklich nur an die denkt, die durch den Krieg leiden müssen. Nach kritischer Einschätzung der auftretenden Merkmale (II, 3) handelt es sich jedoch nur um ein Versagen der Nerven. Wäre er zu echter Einsicht gekommen, dann hätte er schon früher seine Kaste verlassen, um Einsiedler zu werden. Jetzt ist dafür nicht der richtige Moment.
Und wie übertrage ich die Situation des Arjuna in mein Leben? Soll ich auf Selbstbehauptung verzichten? Es käme darauf an, ob ich die Selbstbestätigung nicht mehr benötige oder ob ich mich nur für zu schwach halte, mich durchzusetzen? Verzichtet ein Ohnmächtiger auf seine Verteidigung, ist es ein Zeichen von Schwäche, nicht ein Zeichen der Weisheit. Auf dem Reifeweg soll jeder zuerst eine Mutprobe erbringen, und sei es nur ein offenes Wort.

b) Die Belehrung des Arjuna durch den Avatāra Kṛṣṇa

Kṛṣṇa gilt im heutigen Hinduismus allgemein als ein *Avatāra,* als der „herniedergestiegene" Allgott *Viṣṇu.* In dieser Dichtung ist *Kṛṣṇa* ein Fürst der *Yāda(va),* in dieser Situation der Wagenlenker des Arjuna. Der Eigenname Kṛṣṇa ist sehr alt und dürfte auf einen bedeutenden Sonnenpriester zurückgehen.
In den ältesten Teilen des Mahābhārata gilt *Kṛṣṇa,* der hier auch *Vasudeva* genannt wird, zwar als weise und wird deshalb als Berater geschätzt, doch von seiner göttlichen Sendung sind nicht alle überzeugt. Sie wird erst vom letzten Überarbeiter im Teil „Gītā" hervorgehoben, der ihn als „persönlichen Gott"auffaßt, als *Īśvara,* als höchsten Herrn, der des Menschen Lebensfahrt überwacht. An ihn wendet sich der bedrängte *Arjuna* in der Not seiner Konfliktsituation.
Der sich nun entwickelnde Dialog zwischen Gott und Mensch läßt sich auch als ein Selbstgespräch deuten; denn wer sich mit einem Problem herumschlägt, hört innerlich zwei Stimmen, die das „Für und Wider" der Standpunkte erwägen.
In der Dichtung geht es um die damals aktuelle Frage, ob die Ethik der Brahmanenkaste die Ethik des Kriegerstandes übertrifft. Der Konflikt dürfte durch die Einführung der „Brahmanischen Gesetze" heraufbeschworen worden sein, also durch die *Karma*-Lehre.

Die Kasten-Pflichten
Das Kapitel IV, 13 erwähnt eine „vierfache Ordnung", gemeint ist die durch die Brahmanen vorgenommene „Einteilung in vier Kasten". Bei der ersten Abfassung des Textes setzte man sie als bekannt voraus; dann, im Kapitel XVIII, 42-44, sieht man sich genötigt, die Rechte und Pflichten der Kasten aufzuzählen, da sie anscheinend nicht mehr geläufig waren.

„Heiterkeit, Selbstbeherrschung, Askese, Reinheit, Nachsicht, das sind *die natürlichen Pflichten der Brahmanen.*
Heldentum, Kraft, Standhaftigkeit, Findigkeit, Großherzigkeit, Führungseigenschaften und Durchhalten im Kampfe – das sind *die natürlichen Pflichten eines Kriegers.*
Das Bestellen des Ackers, die Viehzucht und das Handeltreiben sind *die natürlichen Pflichten eines Kaufmanns.*
Arbeit in dienender Stellung ist die Pflicht des Śudra."
Jeder Stand hat demnach seine eigenen Pflichten, sein eigenes Gesetz, *Svadharma.* Nach den Vorschriften eines anderen Standes leben zu wollen, wäre Anmaßung (III, 35).
Durch religiösen Eifer war die Tendenz aufgekommen, nach den Idealen der Brahmanen zu leben, dies wurde als Überforderung der eigenen Möglichkeiten angesehen. Denn zufolge der *Karma-Lehre* wird derjenige als Brahmane wiedergeboren, der im letzten Leben Weisheit erworben hat; als Krieger wird wiedergeboren, der Mut und Kraft erworben hat.
In diesem Zusammenhang wird darauf hingewiesen, daß die seelisch-körperliche Veranlagung eines Menschen durch die *Triguṇa* hervorgerufen wird (III, 5-7). Aus dieser gegebenen Veranlagung kann man auf die Lebenseinstellung und den Lebensablauf eines Menschen schließen. Detaillierte Hinweise für diejenigen, die sich selbst einstufen möchten, werden erst in den Kapiteln XVI und XVII gegeben, sicherlich später angehängte Kapitel.

Karma-Yoga oder Kriyā-Yoga

In Kapitel II erfolgt eine eingehende Erörterung, die den *Kriyā-Yoga* der Priesterkaste von dem *Karma-Yoga* der Kriegerkaste abzugrenzen sucht. Die Beurteilung vermeidet eine Bewertung. Keine Gruppe soll die andere als minderwertig ansehen oder als weniger erfolgreich in Hinsicht auf die Entwicklung durch Yoga. „Niemand, der die ganze Lehre bereits erfaßt hat, möge die irre machen, die nur einen Teil erkannt haben", heißt es in Kapitel III, 29.
Der *Kriyā-Yoga* besteht in einer frommen Lebenshaltung: ethischem Verhalten; religiösen Übungen, wie Beten, Singen und religiöse Texte Lesen; wie auch im Verzicht auf Bequemlichkeit und Wohlergehen. Er wird ergänzt durch Opferhandlungen im Tempel. Solches Verhalten entsprechend religiöser Tradition erschien nun vielen als zu oberflächlich.
Die Stellungnahme in der „Gītā" lautet: „Die Unwissenden handeln im Hinblick auf Belohnung (in himmlischen Welten oder in Bezug auf eine hohe Geburt), die Wissenden, damit die Weltordnung erhalten bleibt" (III, 25).
Mit einer Belohnung in himmlischen Gefilden war man nicht mehr zufrieden, denn irgendwann erfolgte eine Wiedergeburt in dieser Welt. Das von den Brahmanen verkündete *Karmagesetz* beunruhigte die Gemüter, wie könnte man seinen Maschen entgehen? Die „Gītā" antwortet:

„Wer keine Wünsche hat, Herz und Selbst bezähmt hat, wer unabhängig von Besitz ist, wer nur mit dem Körper handelt, wer sich mit dem begnügt, was ihm zufällt, wer nicht von gegensätzlichen Empfindungen hin- und hergerissen wird, in Erfolg und Mißerfolg derselbe bleibt, dieser wird nicht karmatisch gebunden, auch wenn er handelt“ (IV, 21-22).
Um nichts „falsch“ zu machen, zogen es einige vor, gar nichts zu tun. „Es sind Unwissende, die von Verzicht auf Handeln sprechen, das ist falsches Verständnis von *Karma-Yoga*“, sagt Vers V, 4, und Vers VI, 2 erklärt: *„Was man ‚Entsagung' nennt, ist gebändigte Aktivität.“* „Kein Lebewesen kann auch nur für einen Augenblick untätig sein; denn die Triguṇa veranlassen ständig zum Handeln“ (III, 5). „Selbst die Aufrechterhaltung des physischen Lebens gelingt nicht ohne Handeln“, heißt es in III, 8.
Wenn die Untätigkeit nicht weiter um sich greifen sollte, dann mußte eine neue Yoga-Disziplin herausgestellt werden, die das Handeln ins rechte Licht stellte. Das rechte Verständnis dieser neuen Disziplin wird in den Kern-Kapiteln der „Gītā“ geweckt.

Karma-Yoga – der neue Yoga des Kriegerstandes

„Was ist Handeln – *Karma* –, was Nicht-Handeln?
Selbst die sonst Klugen sind darob verwirrt.
Schwer zu verstehen ist der *Karma-Yoga*“ (IV, 16-17).

„Wer im Handeln Nicht-Handeln wahrnimmt –
und Handeln im Nicht-Handeln,
der ist ein Weiser, ein Yogin“ (IV, 18).

„Wessen Unternehmungen frei von verlangenden Wünschen sind,
wessen Karma im Feuer der Weisheit verbrennt,
er wird ein des Yoga Kundiger genannt“ (IV, 19).

„Wer die Bindung an das Ergebnis des Handelns aufgegeben hat,
wer immer zufrieden ist, unabhängig von Stimmungen,
der *tut nichts,* obwohl er sich ständig betätigt“ (IV, 20).

„Lerne durch Befragen und Dienen von den Weisen,
die die tiefe Wahrheit erschaut haben“ (IV, 35).
„Denn die Weisheit wird von Unwissenheit verhüllt;
dadurch werden die Geschöpfe verwirrt“ (V, 15).

„Jenen aber, in denen die Unwissenheit durch Weisheit schwindet,
erhellt die Weisheit wie eine Sonne den *Ātman*“ (V, 16).

Der letzte Vers bringt den Aufschluß: Wem die innere Sonne aufgegangen ist, wer sein Tiefen-Wesen, sein Selbst erfahren hat, der weiß, was Karma-Yoga ist. Er weiß, was mit dem Handeln im Nicht-Handeln gemeint ist; denn er hat es an sich erfahren.

Gerade dem Krieger bietet sich die Gelegenheit dieser Erfahrung oder den Menschen, deren Existenz in ähnlich direkter Weise bedroht ist. Da tritt das vernünftelnde Fassaden-Ich zurück – ohne besonderes Zutun –, und dann handelt aus der Tiefe heraus ein anderer, der nicht erst überlegen muß.
Er wird der *Ātman* genannt, das wahre Selbst oder der *Puruṣa,* der innere Mensch im äußeren Menschen oder der innere Krieger, als Hinweis auf die Erfahrung, die dem Krieger bekannt ist. In den ältesten Teilen – in Kapitel II – heißt er der *Dehin*, der Hüllenträger; nicht das Äußere ist der eigentliche Mensch, die wahre Kraft und das wahre Wissen kommen von innen.
Innerlich betroffen kann man aber auch sein bei der Begegnung mit der Schönheit in Natur und Kunst oder durch die „Erleuchtung" oder ein religiöses Erlebnis, wie es in der „Gītā" (Kap. X, XI) geschildert wird, wenn Arjuna die *kosmische Schau* zuteil wird. Das ist der *Höhepunkt des Bhakti-Yoga* (Zitat V, 2). Der Dichter stellt ihn über den Karma-Yoga, denn er verleiht nicht nur Kraft sondern auch Glück.
Wer weder existentiell bedroht ist, noch ein Übermaß an Begeisterungsfähigkeit besitzt, kann sich durch entsprechendes Verhalten auf das Tiefenerlebnis vorbereiten; auch das ist ein *Karma-Yoga*; der der Werktätigen. Er verlangt ein Handeln ohne jeden Hintergedanken, ohne Berechnung. „Wer die Bindung an das Ergebnis des Handelns aufgegeben hat, der tut nichts, obwohl er sich ständig betätigt" (IV, 20). Der Gedanke an irgendeine Belohnung, sei es im Jenseits oder sei es die endgültige Befreiung, verhindert das Zurücktreten des Ichs und hindert das Tiefenselbst am spontanen Handeln. Daher hat solch eine berechnende Lebenseinstellung nichts mit Karma-Yoga zu tun.

4. Weltentfaltung in der Bhagavad-Gītā

Die „Gītā" vertritt den weltanschaulichen Standpunkt des „Mittleren Vedānta", obwohl im Text immer wieder das „Sāṃkhya" erwähnt wird. Niemals ist dann das „klassische Sāṃkhya-System" gemeint, das sich erst in seinem Anfangsstadium befand und mit dem Festlegen der Begriffe beschäftigte. Daher stehen in der „Gītā" noch Vedānta- und Sāṃkhya-Begriff nebeneinander.
Ausgangspunkt für die Weltentfaltung ist – wie im *Vedānta* üblich – das *Brahman,* das *geistige* Einheits-Prinzip*. Die erste Umwandlung bei der stufenweisen Weltentfaltung ist die in den „Goldenen Embryo", den *Hi-*

* In Kap. XV, 17 wird ein „Puruṣottama" erwähnt, der noch über dem Brahman stünde, und dieser ist der in der „Gītā" verherrlichte „Kṛṣṇa", der Īśvara des Viṣṇu-Gläubigen; es ist eine Abweichung zum Frühen Vedānta.

raṇyagarbha, so benannt nach einem alten Mythos. Ein anderer Begriff dafür ist die „Kosmische Yoni", der große kosmische „Mutterschoß", in den die geistigen Elemente des *Brahman* eingehen wie der Same bei der Zeugung. Den Anstoß dazu gibt das *Karman* des vorangegangenen *Kalpa* (Weltenzyklus), das zur Auswirkung drängt.

Sofort geht *Māyā* ans Werk, hier die kosmische Bildekraft. Sie gilt in diesem Zusammenhang als eine dem *Brahman* einwohnende Kraft, die von ihm nach außen projiziert wird, damit der Weltprozeß in Gang kommen kann. Auch die *Triguṇa* treten hier aus dem *Brahman* heraus, denn der Begriff einer kosmischen *Prakṛti* (wie im Sāṃkhya) ist hier nicht gültig.

Die Umwandlungsstufen innerhalb des Diesseits stimmen mit der Sāṃkhya-Auffassung überein, wenn auch nicht alle Begriffe.

Besonders zu beachten ist, daß die „Kosmische Buddhi" hier bevorzugt als *Mahat* bezeichnet wird, als das „Große Prinzip", was ein Hinweis sein könnte auf das ungeheure Ereignis, daß sich Geist nun in Stoff verwandelt.

Der Menschwerdung liegen die gleichen Vorstellungen zugrunde, die schon aus der *Vedānta-Lehre* bekannt sind, nur gibt es eine Anzahl abweichender Begriffe:

Der „grobe Körper" wird wechselweise mit drei verschiedenen Bezeichnungen benannt: *Śarīra,* „Leib", *Bhāvana,* „Wesen", und *Deha,* das ist „Körper". Der geistige Kern dieses „Körpers" wird in den ältesten Teilen (Kap. II) als *Dehin* bezeichnet, also als der, der sich mit stofflichen Hüllen umgeben hat, dem diese Hüllen oder der Körper gehört. Da dem *Dehin* der Körper gehört, ist er mit ihm vertraut und kann als ein „Kenner des Feldes", *Kṣetrājña,* bezeichnet werden. Das „Feld", das er kennen soll wie ein Feldherr das Schlachtfeld, ist die ganze menschliche Leib-Seele-Einheit. Denn von diesem ganzen „Innensystem" des Menschen glaubt man, daß es immer wieder zur Verkörperung käme. Der „Feldherr" oder der „göttliche Krieger" ist *Ātman,* das tiefinnerste „Selbst" des Menschen. Er ist auch *Puruṣa,* der Mensch im Menschen. Der Begriff Puruṣa wird in der „Gītā" jedoch mehr auf den äußeren Menschen bezogen und nur bei Wortspielen auch auf den inneren Menschen.

5. Kṛṣṇa belehrt Arjuna in der Weisheit des Yoga

Das Anliegen der „Gītā" ist es, dem Vergänglichen das Unvergängliche gegenüberzustellen. Denen, die den Tod im Vergänglichen fürchten, wird die Unvergänglichkeit des Geistigen als eine Gewißheit erläutert. Die Lehre von diesen beiden Grundgegebenheiten nennt Indien den *Sanātana Dharma*

– die „Ewige Lehre". Bei uns lautet die Bezeichnung dafür: „Philosophia Perennis".
Diese Lehre ist zwar zeitlos in ihren Gedankengängen, hat aber zeitbedingte Varianten hervorgebracht, die in dieser Arbeit vorgetragen worden sind. In Kapitel IV, 1-8, wird diese Lehre auch der „Unvergängliche Yoga" genannt. Der wird nach Auffassung der *Viṣnu*-Gläubigen von einem *Avatāra* in jedem Zeitalter in der für dieses Zeitalter angemessenen Formulierung neu verkündet. Die „Gītā" verkündet ihn in poetischer Form:

a) Zitate über das Unzerstörbare

Kṛṣṇa lenkt den Sinn des verzagenden *Arjuna* weg vom Persönlichen, hin zum Überpersönlichen:
„Weise beklagen Tote und Lebende nicht",
so beginnt die Belehrung in II, 11. –
„Ein Ende haben nur die Körper;
unzerstörbar und unfaßbar aber ist das Ewige,
das in die Körper eingegangen ist –
darum sei ruhig und kämpfe!" (II, 18)
„Wer denkt: er töte; wer glaubt: er werde getötet –
im Irrtum sind beide.
Nicht tötet dieser Eine,
noch wird er getötet" (II, 19).
„Nicht wird er geboren, noch stirbt er jemals.
Ins Sein gelangt, wird er nicht wieder aufhören zu sein.
Denn er ist ungeboren – ewig – dauerhaft – uralt.
Er wird nicht getötet, wenn der Körper getötet wird" (II, 20).
Er ist der *Dehin* (II, 22), der geistige Kern, der die Hüllen ablegt wie abgetragene Kleider, um sich wieder neu einzukleiden. In den späteren Kapiteln wird er *Ātman* genannt.
Stehen diese Worte im Widerspruch zum Gebot des Nicht-Tötens? Der *Yogin* unterscheidet zwischen „kosmischer Notwendigkeit" und persönlicher Einmischung.
Der *Dharma,* die dem Kosmos einwohnende Ordnung, ist immer auf Ausgleich bedacht; daher schwingt der Pendel bald zum Leben, bald zum Tod. Die irdischen Wesen können den Auswirkungen nicht ausweichen. Der Einzelne tötet jedoch nicht im Einklang mit dem Dharma sondern aus Willkür, für irgendeinen persönlichen Vorteil und belastet damit sein persönliches Schuldkonto.
Auch der Selbstmörder handelt ohne Einsicht in den Dharma. Er weicht seinem *Svadharma* aus, vermeidet es, sein „persönliches Wesensgesetz"

zu ergründen, das in der Lebensaufgabe besteht, seine individuellen Möglichkeiten zu entwickeln als Teil der kosmischen Gesamtentwicklung.

b) Zitate zu: „Löschen des Karma“

Der Dialog zwischen *Kṛṣṇa* und *Arjuna* nimmt von Kapitel zu Kapitel das *Kernthema* wieder auf: „Wie wird man frei von karmatischen Folgen?“ Die wiederkehrende besorgte Frage des Kriegers oder des in der Welt Handelnden lautet: „Muß man die Früchte seines Handelns ernten?“ Und die Antwort lautet, daß verstandesmäßige Überlegungen berechnende Gedanken sind und geradezu ein Auslöser sein können für karmatische Rückwirkungen. Etwas zu heftig vermeiden wollen heißt, es gedanklich zu fixieren.
„Tu, was du willst, und wolle, was du sollst.
Das Tun allein soll deine Sorge sein
und nicht der Vorteil, der daraus entspringt.“
Sei nicht besorgt um die „Früchte deines Handelns“ (II, 47, nach Hartmann).
Tu, was du zu tun hast, weil es geschehen muß.
Doch denke nicht: *Ich* bin es, der es tut.
Bewahre Abstand – sei gleichmütig – das ist *Yoga.*
Festgegründet im Yoga vollbringe deine Handlungen
als einer, der jegliche Haftung aufgegeben hat
und unabhängig geworden ist von Erfolg oder Mißerfolg seiner Tätigkeit.
Arm und erbärmlich sind jene, deren Gedanken und Taten
um die „Früchte des Handelns“ kreisen (II, 48, nach Aurobindo).

„Fünf Faktoren bewirken das Zustandekommen des Handelns“ (XVIII, 7-17):
1. der Körper als Instrument der Handlung (*adhiṣṭhāna*).
2. der *Jīva,* die erlebnisfähige Person, die die Handlung will. Sie empfindet sich als Täter (*kartṛ*).
3. das Wirken der Lebensenergien (hier *ceṣṭa*).
4. die Tätigkeitsorgane (hier *karaṇa* statt *karmendriya*).
5. ein überpersönliches Element, das als von „Göttern“ verhängt empfunden wird (*daiva*).

Diesem Spiel von Kräften und Einflüssen ausgesetzt, kommt der Mensch in Bedrängnis, in Konflikt-Situationen, wie Arjuna. Einige seiner Zeitgenossen versuchten daraufhin, das Handeln ganz zu umgehen, indem sie Bettler und Säulenheilige wurden. Auch sie werden jetzt von *Kṛṣṇa* belehrt, daß dies falsch verstandener Karma-Yoga ist:
„Wer zwar die Tätigkeitsorgane nicht benutzt, jedoch in seinem Gemüt von Sinnendingen träumt, der ist ein Heuchler“ (nicht ein Yogin. III, 6).

„Wer seinen Bewegungsorganen Tätigkeit erlaubt, dabei aber seine Sinne bezähmt, steht auf höherer Stufe. Nun sollte er noch lernen, sich nicht mit der Tätigkeit zu identifizieren“ (III, 7).
„Töricht ist, wer glaubt, seine Pflichten aufgeben zu müssen. Gibt er sie auf, weil sie mit Mühe und Schmerz verbunden sind, dann ist es nur Entsagung des Handelns im Sinne von *Rājas-Guṇa*“ (nicht aber Karma-Yoga). „Wer die Notwendigkeit des Handelns einsieht, handelt aus dem Wissen heraus, das ihm *Sattva-Guṇa* verleiht, ein Solcher fragt nicht nach angenehm oder unangenehm“ (XIV).
Er ist *buddhiyukto* (II, 50), „mit der Buddhi verbunden“. Er belastet sich nicht mit seinen Taten, denn er ist nicht stolz auf seine vollbrachte Leistung. Dann ist er fest gegründet im *Karma-Yoga.* Dann ist er jenseits von „Gut und Böse“, denn er wird gelenkt aus der Transzendenz, er handelt spontan nach der Weisheit des *Ātman,* des Selbsts der Tiefe.
„Wer das Yoga-Ziel erreichen möchte, benötigt ebenfalls als Mittel die Tätigkeit. Wer dann das Ziel erreicht hat, für den ist Stillhalten die angemessene Verhaltensweise“ (VI, 3).

c) Die kosmische Schau (Zitate aus Kap. X, XI)

Arjuna hat den Belehrungen begeistert zugehört, er ist in gehobener Stimmung und wünscht sich ein Zeichen, dem er ganz vertrauen kann. Die *Begeisterung* hebt Arjuna über sich hinaus. Das formuliert der Dichter so (XI, 8):
Kṛṣṇa: Ich will dir für eine kleine Weile das „göttliche Auge“, *Divya Cakṣus,* verleihen, denn mit deinem „menschlichen fleischlichen Auge“, *Māṃsa Cakṣus,* könntest du „meine“ kosmische Gestalt nicht sehen; denn sieh nun hin: Ich trage dieses ganze All, indem ich es mit einem einzigen Teil meines Wesens durchdringe. –
Da strahlte ein *Licht* auf wie von tausend *Sonnen,* und Arjuna erblickte das ganze Universum – mit all seinen Teilen – vereint in dem *einen* göttlichen Körper (XI, 12, 13). Überwältigt ruft er aus: „Ich sehe nicht Anfang, Mitte noch Ende von dir!“ (XI, 16). Kṛṣṇa ist demnach dem Arjuna als der *Mahā-Puruṣa* erschienen, der in der neueren *Bhakti*-Formulierung der *Puruṣottama* heißt, dem die Hingabe gilt.
Eine solche Vision kann den Weg, den man Yoga-Weg nennt, eröffnen, sie ist der Anfang, nicht das Ende des Weges. Der Mensch hat Einblicke in die geistige Welt gehabt, die ihm Zutrauen geben. Ihm ist klar geworden, daß er nun seiner Einsicht entsprechend leben muß, und das bedeutet, daß seine Selbsterziehung beginnt (XII, 6-12). Jede Methode ist gut, die ich überzeugt auf meine Weise vollziehen kann. Der Lehrer empfiehlt aus Überzeugung die Methode, die ihm selbst Erfolg gebracht hat.

VIII. Der Advaita-Vedānta

1. Entstehung und Überlieferung

Der Advaita-Vedānta in seiner strengen Form ist auf den Philosophen *Śankara* (798-830) zurückzuführen, einen Brahmanen aus Südindien, der von seinem 12. – 32. Lebensjahr, durch das Land wandernd, gelehrt haben soll. Man nannte ihn achtungsvoll *Śankarācarya,* „Meister Śankara", denn er hatte schon als Knabe mit acht Jahren Tiefenerlebnisse, und daraufhin wurde er schnell bekannt durch seine Redegewandtheit. Wer etwas gelten wollte, berief sich auf ihn, so daß noch nach seinem Tode Texte unter seinem Namen veröffentlicht wurden; es gelten aber nur zwei mit Sicherheit als authentisch: *„Ātma-Bodha",* „Erwachen zum Selbst", und *„Viveka-Cūḍāmaṇi",* „Kleinod der Unterscheidung".

Trotz seines Ruhmes zu Lebzeiten wurde seine Lehre niemals populär, ja selbst unter den Gebildeten konnte sie sich in ihrer ursprünglichen Form nicht allzu lange halten. Aber das Abendland wurde gerade durch sie auf den indischen *Vedānta* aufmerksam. Hier wird sie zumeist als „Illusionismus" eingestuft, wogegen sich indische Gelehrte und Yogis bisher vergeblich gewehrt haben.

Allerdings vertritt *Śankara* eine besondere Auffassung von „Realität". Diese übernahm er von seinem Lehrer *Gauḍapāda,* der seinerseits auf *Yajñavalkya* aufbaut, nämlich auf dessen Schilderung der „Vier Bewußtseins-Zustände" (Wachen – Träumen – Tiefschlaf – Samādhi), die bereits zitiert worden sind (vgl. Dritter Teil, III, 2, c). Hier wird auf eine charakteristische Verfassung des Menschen hingewiesen, nämlich daß er immer den Zustand für „real" hält, den er gerade erlebt. Wer allerdings Samādhi erlebt hat, hält alle anderen Zustände für weniger real.

Das hebt zum Beispiel immer wieder der Gelehrte *Nāgārjuna* hervor, der den chinesischen Zen-Buddhismus stark beeinflußte. Dieser wirkte um 200 n. Chr. und Śankara um 800 n. Chr. Śankara könnte Nāgārjunas Texte auf seinen Wanderungen in den Norden kennengelernt haben. Allerdings standen diese im Widerspruch zu den Lehren seiner Kaste, und das könnte ihn zu der Unterscheidung vom zweierlei Wissen bewogen haben, von dem noch die Rede sein wird.

Der unserer Zeit angehörende Yogin *Nikhilānanda* nennt als maßgeblich für Advaita-Vedānta zwei Werke aus dem 15. Jahrhundert: *Vedāntasāra,* „Leitfaden des Vedānta", und *Dṛg-Dṛśya-Viveka,* „Unterscheidung des Sehens vom Sichtbaren". Doch dürften diese Werke – zumindest in einigen Abschnitten – Auffassungen einer späteren Zeit wiedergeben, des sogenann-

ten „gemäßigten" oder *Visiṣṭh-Advaita.* Der Unterschied: Śankara läßt nur eine Realität gelten: das transzendente *Brahman.* Dagegen schreibt die gemäßigte Lehre Transzendenz und Welt die gleiche Realität zu im Sinne von gleichwertig. Diese Darstellungsweise entspricht dem buddhistischen „Vajrayāna" (erwähnt im Tibet-Tantra).
Urheber der „gemäßigten Lehre" ist der Tamile *Rāmānuja* (um 1100) der zuerst für Śankaras Lehren eintrat, dann aber von ihrer kühlen Strenge Abstand nahm.
Durch die Einwanderung persischer *Sufi* gewann die mystische *Bhakti*-Richtung zunehmend an Einfluß. Erst um 1600 fand der *Vedānta* am Königshof von Vijayanāgar noch einmal einen beredten Interpreten in dem Gelehrten *Mādhava.*
Im folgenden soll nun der strenge Advaita-Vedānta des Śankara interpretiert werden. Seine Lehre unverfälscht wiederzugeben, bereitet gewisse Schwierigkeiten, da sich die Übermittler der vorliegenden Texte ganz offensichtlich als Anhänger der „gemäßigten Lehre" erweisen, wie man den Kommentaren entnehmen kann.

2. Die neue Weltsicht des Śankara

a) Unterscheidung zwischen „niederem" und „höherem" Wissen

Para Vidyā
Was der Übersetzer des *„Ātma-Bodha"* „niederes" Wissen nennt, ist wörtlich übersetzt „abhängiges" Wissen, nämlich abhängig von Veda und Vedānta, den traditionellen Lehren der Brahmanen. Sie sind auch bekannt als die „Lehren der Upaniṣaden", die als *Sanātana Dharma,* die „Ewige Lehre", hochgehalten werden. Auch der Brahmanensohn Śankara hielt sie für verehrungswürdig. Obwohl er selbst abstraktem Denken zuneigte, hielt er es nicht für widersprüchlich, den alten Göttern Hymnen zu schreiben.

Apara Vidyā
Das sogenannte „höhere" Wissen (apara vidyā) müßte genau genommen „unabhängiges" oder „außergewöhnliches" Wissen genannt werden. Unabhängig ist dieses Wissen nicht nur von der brahmanischen Tradition sondern auch von Wahrnehmung und Schlußfolgerung. Denn es bezieht sich auf das durch *Samādhi* erworbene Wissen, das spontane Erkenntnis ist – also ohne die Vermittlung des Denkapparates erfolgt. Daher ist es zugleich auch außergewöhnliches Wissen. Es bedeutet: Der Erlebende schöpft sein Wissen nicht aus der eigenen Erfahrung (nicht aus dem Saṃskāra-Vorrat) sondern direkt aus *Brahman,* dem unerschöpflichen Gesamt-Bewußtsein.

Einzig diesem *Brahman* schreibt Śankara echte Realität zu, allem anderen nur eine von diesem abgeleitete Realität. Dieses Brahman wird der *Sonne* am Firmament verglichen. Von den Sonnen, die sich in den Wassertropfen spiegeln, weiß man, daß sie nur Abbilder sind. Wie die Spiegelung in den Wassertropfen nicht zustande käme ohne die echte Sonne, so könnte die Stoffwelt nicht existieren ohne das Brahman. Daher ist es das einzige, was man als unabhängig bezeichnen kann; und nur etwas Unabhängiges kann echte Realität besitzen.

b) Das Weltbild des Advaita-Vedānta

(Erläuterung zur graphischen Darstellung S. 325)
Das „unabhängige Geistprinzip" *Brahman* wird als *großer Kreis* dargestellt. Nach Śankara besitzt nur dieses echte Realität. Eine Solche Auffassung wird bei uns als „Monismus" bezeichnet, denn es wird nur ein einziges Ur-Prinzip angenommen. Auch Śankara hätte seine Lehre „Lehre von der Einheit" (*Ekatā*) nennen können. Wenn er sie stattdessen „Lehre von der Nicht-Zweiheit" (*a-dvaita*) nannte, so wollte er damit offenbar betonen, daß er die bis dahin gängige *Sāṃkhya*-Auffassung nicht gutheißen könne, weil sie zwei Ur-Prinzipien voraussetzt: Geist und Stoff.
Brahman – das *Reale Geistige* – wird ruhend gedacht. Doch da die von ihm abgeleitete *Welt* bewegt ist, muß die Tendenz des Bewegenden latent im *Brahman* enthalten sein, sonst könnte sie nicht in Erscheinung treten. Die „dreierlei Bewegungsweisen" – *Triguṇa* –, die das Sāṃkhya-System aus dem Stoff-Prinzip hervorgehen ließ, müssen jetzt aus dem *Brahman* hervorgehen. Im menschlichen Bewußtsein erzeugt das Bewegungsspiel der Triguṇa die Vorstellung von: Zeit, Raum, Ursache und Wirkung. Die damit verbundenen Zustände verwirren den Menschen. Es scheint, als ob die Menschen unter einer Art von „Massensuggestion" stünden. Śankara spricht von *Avidyā*, von „kosmischer Unwissenheit", verwendet dafür aber auch einen Begriff aus der Frühzeit: *Māyā*. Diese Māyā verhüllt gleichsam wie ein Nebelschleier das einzig reale *Brahman*, so daß der Mensch nicht dieses sondern nur die bewegte Welt wahrnimmt, die ihm beständig erscheint, es aber nicht ist. Daher ist sie Ursache vieler Täuschungen, auch Ursache ständigen Nachdenkens mit nur geringen Ergebnissen.
Die Täuschung wird beseitigt durch *Samādhi*, den bereits erwähnten außergewöhnlichen Bewußtseinszustand. Da es verschiedene Varianten des Samādhi gibt, wird nicht nur die Bewußtseins-Leere erlebt sondern auch das Bewegungsspiel der *Triguṇa*, wobei der Beobachtende Zeuge schöpferischer Vorgänge im All wird, die sich pausenlos in jedem Augenblick vollziehen. Ein moderner Begriff dafür ist „Kosmisches Bewußtsein".

Die alte Theorie aus dem „Mokṣa-Dharma", die von einer periodischen Welterschaffung und -zerstörung spricht, ist hier hinfällig.
Im Viśiṣṭhadvaita des *Rāmānuja* erfährt das Weltbild eine kleine Abwandlung: Man hätte sich unterhalb des Bandes, das mit *Māyā* beschriftet ist, noch einmal einen größeren Kreis vorzustellen. Darin müßte der Name des „Göttlichen Weltregenten" – *Viṣṇu* – stehen. Seiner Qualität nach gilt er als *Brahman* plus Māyā.
Unterhalb des zweiten Bandes bleibt gültig, was seit der Sāṃkhya-Lehre bekannt ist; nur sprachlich gesehen sind einige Begriffe ausgetauscht worden, wie durch Vergleich feststellbar ist.

c) Unterschiedliche Erlebnisweisen

Wer sich von Śankaras „niederer" und „höherer" Lehrweise verunsichert fühlt, soll darauf hingewiesen werden, daß es sich im Grunde nur um zweierlei Sehweisen handelt, einer gewohnten und einer ungewohnten. Die gewohnte Sehweise ist die mittels der Sinnesorgane, die uns eine gegenständliche Welt wahrnehmen lassen, die dem Anschein nach einmal entstanden ist und irgendwann vergehen wird. In dieser Welt wirkt der Zeitfaktor zerstörend und macht die Wesen leiden. Die Priester lehrten, daß ein großes kosmisches Wesen einmal diese Welt ausgeatmet habe und sie von Zeit zu Zeit wieder einatmet, woraufhin eine Ruhepause entsteht. Eine solche Auffassung ist im Advaita-*Vedānta* hinfällig. Der Zeitfaktor fällt hier weg.
Wenn sich der *Yogin* Śankara auf die „unmittelbare" Sehweise bezieht – auf den *Samādhi* –, dann bedeutet dies einfach ein Umschalten direkt auf das Bewußtsein. Dann wird nur die Existenz des Bewußtseins wahrgenommen, die von erhöhter Intensität ist, so daß die Stoffwelt daneben verblaßt und als unrealistisch erscheint.
Trotzdem ist das Erlebnis der Welt nicht „illusionär"; denn wir Menschen sind von derselben Art wie die Welt. Innerhalb der gleichen Ebene wird auch die „Schein-Realität" als echte Realität empfunden. Erst wenn man verschiedene Ebenen miteinander vergleicht, z.B. die Traumwelt mit der Wachwelt, wird die Wachwelt als realer empfunden. Wer die geistige Welt erlebt hat, für den besitzt sie erhöhte Realität, die alle anderen Erlebnis-Ebenen übertrifft. Ohne sie betreten zu haben, kann der Wahrheitscharakter dieser Aussage nicht nachempfunden werden.
Und doch können gerade wir heutigen Menschen bis zu einem gewissen Grade mit dem Verstand begreifen, wie es gemeint ist. Die *moderne Technik* ermöglicht uns die bildliche Vorstellung, wenn wir an einen *Diaprojektor* denken (erwähnt bei Rāmana Maharṣi).
Das Gerät ist vorführbereit, wenn die „Lampe" eingeschaltet ist. Die kosmische Lampe brennt immer: das *Brahman.* Sie wirft ihr *Licht* auf die „Lein-

Das Weltbild des Advaita-Vedānta

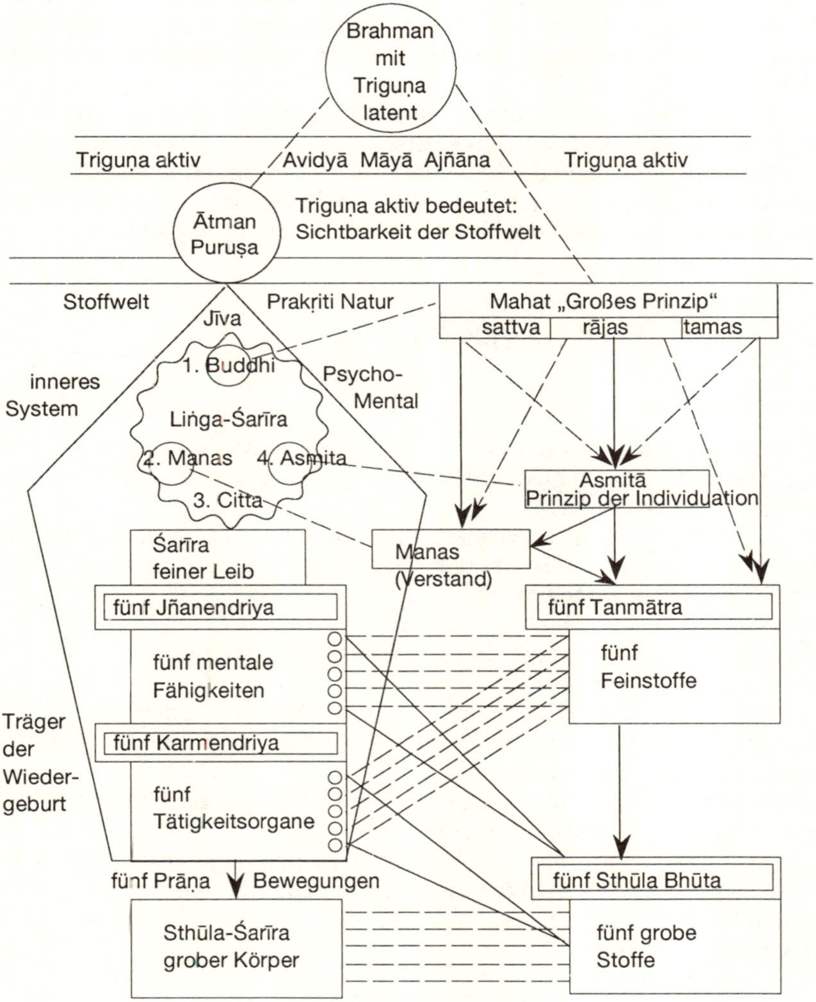

Hier wird behauptet: Die Welt ist nicht irgendwann entstanden, um irgendwann wieder zu vergehen. Sie zeigt sich zwar veränderlich, aber sie war immer da. Sie hat jedoch kein echtes *Sein*; deshalb „Illusionismus“ (anfechtbare Übersetzung). Echtes *Sein* besitzt nur das *Brahman*. Die Welt ist ein Abglanz von ihm.
(Der Liṅga-Śarīra ist der sogen. „Mermal-Leib“; er speichert die während eines Lebens erworbenen Eigenschaften und Fähigkeiten für die Wiederverkörperung.)

wand“, das denkende Gemüt des Menschen. Sobald man *Dias* einsteckt, sieht man auf der Leinwand Bilder. Die Dias entsprechen den *Saṃskāra,* „Erinnerungsbildern“ von früher Wahrgenommenem, die wieder aufleben, wenn sie durch die „Linse“, die den Sinnesorganen entspricht, verstärkt werden.
Bei „Übung der Stille“, empfiehlt man, die Saṃskāra auszuschalten. Der Meditierende darf also keine Dias einstecken, dann bleibt die Leinwand leer. Er erlebt dann das neutrale Bewußtseinslicht. Um das *Brahman* direkt zu sehen, müßte man sich umdrehen und durch Linse und Dias hindurch in die Lampe schauen; das soll der Todeserfahrung entsprechen (Saher).

3. Der Jñāna-Yoga des Advaita-Vedānta

a) Das Sādhana

Jeder Yoga steuert auf ein Ziel zu; um es zu verwirklichen, nimmt man regelmäßige Verpflichtungen auf sich, die immer wieder an das Vorhaben erinnern – das ist *Sādhana.*
Die Verpflichtungen, die Nikhilānanda im Vorwort zu „Ātma-Bodha“ nennt, ähneln auffallend denen der buddhistischen Schulen. Der in die Schülerschaft Einwilligende beginnt mit:
Śravana, „Hören der Lehre“; es folgt das
„Überdenken des Gehörten“, *Manana*; es schließt sich an:
Nididhyāsana, „Meditation“;
als Ergebnis wird die Erfahrung des *Brahman* erwartet: *Samādhi.*
Überdenken und Meditieren sollten sich ergänzen, indem man sie abwechselnd übt. Dann gelangt man zu:
Viveka, einer zunächst intellektuellen *Unterscheidung* zwischen dem Wirklichen und dem Unwirklichen. Es führt zu:
Vairāgya, „Loslösung“, nämlich Abstand gewinnen gegenüber allem, was an die Welt bindet. Es geht darum, Wünsche zu reduzieren, sogar solche feinstofflicher Art. Statt dessen soll man sich um *„sechs Trefflichkeiten“*, *Śatsaṃpaṭṭi,* bemühen, nämlich um
Sama, die „innere Stille“,
Dama, „Beherrschung der Sinnenwelt“,
Uparati, „Festigung“ des Gemütes,
Titikṣa, „Ertragen“ von seelischen und körperlichen Beschwerden,
Samādhāna, „Konzentrationsfähigkeit, und um
Śraddhā, „Vertrauen“ in die Lehre.

Sein Sādhana wird man nur dann konsequent durchhalten können, wenn das „Sehnen nach Befreiung“, *Mumukṣutvam,* stark genug ist. Wird in diesem Zusammenhang auch der Begriff *Bhakti* erwähnt, so ist diese „Hingabe“ dem *Brahman* entgegenzubringen, mit dem man Kontakt aufnehmen möchte.

b) Die Apavāda-Methode – ein besonderer Jñāna-Yoga

Śankara gilt als ein *Jñānin*; er gelangte zur „unmittelbaren Erkenntnis“ (Jñāna), indem er „den Intellekt mit Hilfe des Intellekts überschritt“ (Prabhavānanda). Wer sich ebenfalls dieser Methode bedient, ist weitgehend auf sich selbst gestellt, er benötigt weder „Īśvara noch Altar, weder Bild noch Ritual“, Worte wie Sünde und Tugend sind ihm fremd, ebenso übertriebene Reue und lautes Selbstlob; denn solche Vorstellungen entspringen dem Ich-Gedanken, von dem man sich distanzieren sollte.
Wer von *Advaita* überzeugt ist, bedient sich daher zur Vertiefung des *Apavāda.* Das heißt „weg von der Sprache“, nämlich weg von der Umgangssprache mit ihren gedankenlosen Redewendungen, die häufig als unrichtig erkannte Anschauungen weiterhin bestätigen. Man sollte aber etwas Korrekturbedürftiges nicht im Tiefenbewußtsein festhalten. Vielmehr sollte sich dort das richtig Erkannte einprägen, das ist das Ziel; es kann auf vier verschiedene Arten formuliert werden:
Prajñānam Brahmā = „Brahman ist Bewußtsein“,
Ayamātmā Brahmā = „Dieses Selbst ist Brahman“,
Ahaṃ Brahmāsmi = „Ich bin Brahman“,
Tat tvam asi = „Das bist du“.
Jede dieser Behauptungen weist hin auf das letzte wesenhafte *Einssein des Einzelnen mit dem Gesamten.*
In diesem Zusammenhang dürfte man den Begriff „Brahman“ niemals mit „Gott“ übersetzen; denn für unser Wort „Gott“ hat die Sanskrit-Sprache mehrere abgestufte Begriffe, denen Beachtung zu schenken ist. Daher warnt Prabhavānanda: „Der Mensch kann (durch Vervollkommnung im Yoga) *Brahman* werden, aber niemals ‚Īśvara‘, ein göttliches Wesen, dem man Vollkommenheit zuschreibt, die der Mensch ganz gewiß nicht besitzt.“
Allerdings kann der Mensch seinen geistigen Kern, genannt *Ātman* oder „Selbst“, als etwas Göttlich-Geistiges empfinden, und dieses ist nach der Vedānta-Lehre identisch mit *Brahman,* also Geist in der reinsten Form.
Apavāda ist aber nicht gedankenloses Aussprechen von Formeln. Gerade das im brahmanischen Kriyā-Yoga übliche Rezitieren von Silben oder Sätzen lehnte Śankara als unwirksam ab. Statt dessen verlangte er, daß ein Jñānin in jedem Moment von der Aussage seiner Worte überzeugt sein sollte. Hat seine Überzeugung endlich das Tiefenbewußtsein erreicht, wird

er ohne lange Überlegung immer im Sinne der Lehre reden und entsprechend handeln.

c) Die neue Bewußtseinslage durch den Nirvikalpa-Samādhi

Der Zustand höchster Erkenntnis wird im Vedānta als der *nirvikalpa-samādhi* bezeichnet, ein Zustand „ohne Unterscheidung", in dem nur das *Eine* wahrgenommen wird, das ohne ein Zweites ist, nämlich das *Brahman.* Anders formuliert: Der Weise, der diesen Samādhi erlebt, nimmt innerlich wahr, daß das wahre Selbst aller Menschen *eines* ist und identisch ist mit dem *Brahman.* Denn die vielen *Jīva* haben als Grundlage alle den einen *Ātman,* das eine Selbst, das ihnen Erkenntnisfähigkeit verleiht.
Ein vorübergehendes Erlebnis dieser Art wird als *kevala-nirvikalpa-samādhi* bezeichnet. Kevala heißt vollständig. Vollständig ausgeschaltet ist bei diesem Erlebnis der denkende Geist, und daraus folgt, daß es sich um ein gestaltloses Erlebnis handelt. Ein erstes Erlebnis ist aber nicht gleich das ersehnte selige Erlebnis; es kann sogar mit Erregung verbunden sein, wenn das Neuartige nicht verstanden und als Schock empfunden wird. Nach etlichen Wiederholungen, wenn in den Zwischenräumen die Bedeutung des Erlebten begriffen worden ist, festigt sich die Gemütslage. Dann werden die wechselnden Lebensumstände nicht mehr als beunruhigend empfunden – das ist die verheißene Seligkeit.
Sahaja-nirvikalpa-samādhi nennt man den „natürlichen", weil es ein dauernder, ein natürlich gewordener Zustand ist. Nur der letztere ist gleichbedeutend mit Befreiung. Das Ich erlischt hier nicht erst beim Tod des Körpers sondern schon zu Lebzeiten. Der so zum Weisen Gewordene wirkt für den Rest seines Lebens ohne persönliches Ich-Empfinden; er lebt und wirkt im Selbst oder als das Selbst, das in allen Wesen das Zentrum höchster Erkenntnisfähigkeit ist.

Vierter Teil

Tantra

(Haupt-Wirkungszeit:

900 v. Chr. – 1700 n. Chr.)

A. Das Hindu-Tantra mit der Cakra-Lehre

I. Weiterführung indischen Denkens im Tantra

1. Einordnung tantrischer Texte

Tantra ist ein Begriff für Text-Sammlungen besonderen Inhalts. Streng zu unterscheiden ist zunächst das Buddhistische oder *Tibet-Tantra* (interpretiert von Tucci, Lauf, Lama Govinda) von dem in diesem Kapitel behandelten *Hindu-Tantra*, das *brahmanisches Gedankengut* verarbeitet. Letzteres wieder gliedert sich auf in mehrere Zweige, die mehr oder weniger extrem erscheinen. Die historischen Texte sind umfangreich und bisher wenig erforscht, da sie sich in Privatbesitz befinden und geheim gehalten werden. Außerdem erschwert eine verschlüsselte Redeweise das allgemeine Verständnis. Das Hervorheben von Symbolischem ist für tantrische Vorstellungen charakteristisch. Nicht alle Texte dieser Art tragen die Bezeichnung „Tantra", einige heißen „Saṃhitā" (Sammlung), andere „Āgama" (Überlieferung).

Tantra dient als Begriff für den „Webstuhl" wie auch für das darauf hergestellte „Gewebe". Mit diesem Wort wird hingewiesen auf das bereits in den Upaniṣaden genannte „Welt-Gewebe", das dem Menschen verworren und schwer durchschaubar erscheint. Sieht man nicht, wie alle Lebewesen mit ihrer Umgebung verwoben sind ... wie sie untereinander schicksalsmäßig verwoben sind?

Die Welt und ihre Lebewesen werden gesteuert von Kräften, deren Wirken der *Yogin* der tantrischen Richtung untersuchen und wenn möglich beeinflussen will. Dann ist er ein *Tantrika* oder ein *Śakta* oder als ein Anfänger ein *Sādhaka.* In den extremen Śakta-Schulen werden drei Klassen unterschieden: *Paśu,* „Tiere", sind die ungeschulten Anwärter; *Vīra,* „Helden", nennt man die Fortgeschrittenen, und *Divya,* „Göttliche", nennt man die, die die Meisterstufe erreicht haben.

Diese Begriffe haben sich erhalten in dem aus dem strengen Tantra sich entwickelnden späteren *Haṭha-Yoga.* Doch muß vorausbemerkt werden, daß der im Abendland bekannt gewordene Haṭha-Yoga ein bereits gemäßigter, unseren Bedürfnissen angepaßter Yoga ist. Dieser und die Originalform werden im *Teil B* behandelt.

Während das Hindu-Tantra von den meisten Autoren nur kurz erwähnt und einfach abgewertet wird, gibt es ein Werk, das eine Ausnahme bildet: die in

Indien gesammelten Informationen von Sir John Woodroffe, einem ehemaligen englischen Regierungsbeamten, der zu höchsten geistigen Kreisen Indiens Zugang hatte. Er veröffentlichte unter dem Pseudonym *Arthur Avalon*: „The Serpent Power" und „Śakti and Śakta". Eine deutsche Übersetzung davon liegt erst seit 1961 vor als *„Die Schlangenkraft"*. Der folgenden Abhandlung liegt u.a. auch dieses vielschichtige Werk zugrunde.
Darin werden drei Texte des Tantrika *Pūrṇānanda* erwähnt, der den Ehrentitel Paramahaṃsa führt. Die Bewußtseinslehre dieses Autors trägt den Titel: *Śrītattva-Cintāmani,* und die *Cakra*-Lehre wird behandelt in den Abschnitten *Ṣat-Cakra-Nirūpana* und *Pāduka-Pañcaka.*

2. Besonderheiten des Tantra

a) Gleichnisse

Tantra ist keine den bisherigen entgegengesetzte Lehre, es ist mehr eine gleichnishafte Darstellungsart, die die bekannten Lehren nach und nach durchsetzte. Das Weltbild und die Begriffe entsprechen überwiegend dem *Sāṃkhya,* dessen abstrakte Formulierungen aber durch viele Gleichnisse überwuchert werden; diese werden außerdem in einer schwer zu entschlüsselnden „Geheimsprache" wiedergegeben. Die dadurch entstehende Verwirrung war Absicht und sollte verhindern, daß sich Uneingeweihte an die mit der Lehre verbundenen komplizierten Techniken heranwagten.
Die Symbolsprache knüpft an Vorstellungen im *Atharva-Veda* an. Hier wie dort gelten *Puruṣa* und *Mahā-Puruṣa* (Mikrokosmos und Makrokosmos)* als von gleicher Struktur. Daher werden die das Ganze bildenden Teile mit gleichen Begriffen bezeichnet. Beispielsweise entspricht die Wirbelsäule der kosmischen Weltachse. Als Weltachse aber gilt der mythische Berg *Meru*; so heißt die Wirbelsäule in der Geheimsprache *Meru-daṇḍa* = Merustab. Und wie der kosmische Berg Himmel und Erde verbindet so die Wirbelsäule das obere Geistzentrum mit dem unteren Stoffzentrum.
Auch die Himmelskörper haben gleichnishafte Entsprechungen im Leib. So wird das Nervensystem der *Sonne* zugeordnet und das Blutgefäß-System dem *Mond.* Dafür stehen die Schlüsselsilben *Ha* und *Ṭha* in dem Wort Ha-Ṭha-Yoga. Darüber hinaus gilt alles Selbständige oder Übergeordnete als *sonnenhaft* und alles Abhängige oder Untergeordnete als *mondhaft.*
Enge Beziehungen zwischen Organen oder seelischen Funktionen werden manchmal durch Verwandtschaftsgrade aller Art hervorgehoben, etwa als Vater und Mutter, Bruder und Schwester, König und Königin bezeichnet.

* Man erinnere sich an den Puruṣa-Hymnus, Dritter Teil, I, 4.

Das kann dann zu schweren Mißverständnissen führen. Ist in einem solchen Zusammenhang von Ehe oder Vernichtung die Rede, darf es nicht realistisch aufgefaßt werden.
Solche Redensarten sind Anspielungen auf innere Vorgänge im Yoga-Schüler, wie sie auch aus der Alchimie bekannt sind. Damit inneres Wachstum stattfinden kann, müssen äußere Ansprüche „vernichtet", nämlich ausgeschaltet werden. Mit einer „Ehe" zwischen Bruder und Schwester ist die *Vereinigung männlicher und weiblicher Seelenanteile* gemeint, und man erwartet, daß daraus der „Vollmensch" hervorgeht. Nicht ein leibliches sondern ein „geistiges Kind" ist er zu Beginn. Nur langsam wächst er heran zu erhöhter Bewußtheit, aus der sich schöpferische Fähigkeiten entwickeln, die als ein Heben von Schätzen gelten.
Die den Übersetzern fremde Symbolik erschwerte bis in unsere Zeit hinein das Verständnis der Tantra-Texte. Die folgende Abhandlung bemüht sich um detaillierte Erläuterungen.

b) Götter

Im tantrischen Yoga bedient man sich als Konzentrationsmittel des *Mantra* und des *Yantra*: der Rezitation von Kräfte repräsentierenden Worten und Abbildungen, die sich auf gewisse *Devatā* beziehen. Hier entsteht leicht der Eindruck von Vielgötterei, weil eine Reihe von indischen Begriffen mit „Gott" oder „Gottheiten" übersetzt wird. Viele Sanskrit-Begriffe können nicht genau übersetzt werden, weil sie etwas bezeichnen, das hier unbekannt ist. Sie können daher in europäischen Sprachen nur umschrieben werden:
Deva, „Lichtwesen" (siehe auch Dritter Teil, II.4.a), bezog sich in der Frühzeit zunächst auf die lichten aufwärtsstrebenden Kräfte im Kosmos; sie standen in Gegensatz zu den dunklen niederziehenden Kräften, *Asura* genannt. Beide Begriffe wurden später auf die gegensätzlichen seelischen Triebkräfte im Menschen übertragen. Der Yogin will die Deva-Kräfte fördern, muß sich aber in einem gewissen Stadium seiner Entwicklung mit den Asura-Kräften auseinandersetzen, wobei er die Hilfe eines Lehrers benötigt.
Devatā, „Gottheit", nennt man eine Gestalt, die bestimmte Kräfte repräsentiert. Solche werden in den *Yantra* abgebildet; sie unterscheiden sich nach dem Stand der Entwicklung, können menschenähnliche Züge und viele Embleme tragen, oder sie setzen sich aus geometrischen Figuren zusammen. Äußerlich gesehen fördern sie die Konzentration durch Befestigung des Blickes; der tiefere Sinn liegt jedoch in der Überzeugung, daß Gedanken Kräfte sind. Wenn die Devatā in täglicher Meditation erschaffen werden, sollen sie die idealen Eigenschaften, die sie verkörpern, nach und nach im Meditierenden erzeugen.

„Gottheiten“ mit unterschiedlichen Namen meinen immer Verdichtungen von Feinstoffen. Da der Stoff die Tendenz hat, Gestalt anzunehmen, bildet er Zentren. Welcher Art das Zentrum ist, richtet sich nach dem Stoff. *Manas,* Feinstoff (Denkstoff), bildet ein Zentrum, genannt *Manu,* „Intelligenzträger“, denn konzentrierter Gedankenstoff erzeugt Verstand und Vernunft. In entsprechender Weise zeigen kleinere Zentren die Tendenz, sich zu größeren Zentren zusammenzufügen:

Die menschlichen Intelligenzzentren – *Buddhi* – schließen sich zusammen zu einer kosmischen Ganzheit, genannt *Īśvara, Träger übermenschlicher Fähigkeiten,* gewöhnlich übersetzt als der „persönliche Gott“.

Die Gesamtsumme der menschlichen Erlebnisträger – *Jīva* – bildet den *Hiraṇyagarbha.* Dieser uralte Begriff aus den Schöpfungsmythen für das „Goldene Ei“ hat die Bedeutung angenommen „kosmischer Lebenskeim“.

Das kollektive Wunschdenken der Menschheit bildet ein Zentrum, genannt *Vaiśvānara,* „das allen Gehörende“.

Der kollektive *Prāṇa* bildet den *Sūtrātman,* das „feinstoffliche Selbst“.

Den Ordner des psychosomatischen Organismus nennt man *Antaryamin,* „Innenlenker“.

All diese sind für indisches Verständnis *Devatā,* „Gottheiten“, für hiesiges Verständnis aber nur abstrakte Begriffe.

Auch das „Selbst“ – Ātman/Puruṣa – wird oft als Gottheit bezeichnet oder als göttliche Seele, daher kann es vorkommen, daß ein Yogin der Bhakti-Richtung seine Schüler als „Begnadete Gottheiten“ anspricht. Es soll Betroffenheit hervorrufen. Der so Angesprochene kann sich im Moment unmöglich als das „Häufchen Elend“ empfinden, für das er sich in trüben Stunden hält. Er wird durch die Anrede aufgefordert, sich seiner schlummernden Kräfte bewußt zu werden und sich entsprechend zu verhalten.

Das gilt jedoch nur für Yoga-Kreise und schließt nicht aus, daß die Dorf- und Bergbewohner unter „Gott“ einen Weltenherrn verstehen, der nach alter Gewohnheit um Hilfe angerufen wird. In den meisten Sprachen wird Gott einfach als der Herr bezeichnet. Ob dieser Herr als der große unnahbare Heilige angesehen wird, der die Wesen erzittern läßt, oder ob er als ein seelischer Dialog-Partner empfunden wird, ist nicht durch ein Dogma festgelegt. Für Indien, das so viele Stadien geistiger Entwicklung durchlebt hat, ist es nicht wichtig, welche Einstellung ein beginnender Yoga-Schüler hat. Wichtig erscheint vielmehr, daß er immer neu darüber nachdenkt, meditiert. Damit wird die Entwicklung angeregt, die in noch völlig unbetretene Bewußtseins-Bereiche führen kann.

An der Spitze all dieser „Gottheiten“, die entweder Intelligenzträger, psychische Urbilder, Seelenkräfte oder Kosmische Kräfte meinen, steht nach *Tantra*-Auffassung das *Param-Brahman,* das Gesamt-Bewußtsein des Universums, ein *Einheitsprinzip* (auch Sada-Śiva genannt). Differenziert ist es

„Gott und Göttin", *kosmische Polarität.* Sie wird personifiziert als das überzeitliche *kosmische Liebespaar* : Śiva und Śakti, das eng umschlungen dargestellt wird.
In der irdischen Ebene wirken sie sich getrennt aus. Das *Śiva-Prinzip* bleibt im Gehirn des Menschen zentriert als *individuelles Bewußtsein:* Das *Śakti-Prinzip* ist weiblich aufgefaßte *schaffende Kraft* – Māyā. Sie wird auch einfach *Devī* genannt, „Göttin". Wenn sie die stofflichen Leiber aufbaut, muß sie sich von ihrem Gemahl trennen und steigt jetzt gewissermaßen abwärts bis zum *unteren Pol* des Menschen, während Śiva am *oberen Pol* bleibt. In der Symbolsprache heißt es nun, daß sie Sehnsucht nacheinander empfinden und die Menschen dazu anregen, Yoga zu betreiben, um die *mystische Hochzeit* herbeizuführen (ein Thema mit Variationen, das in allen Kunstgattungen eine große Rolle spielt).
Hervorgehoben werden muß, daß *Śiva* hier der „Ruhende", der „passiv Verharrende" ist, während er in den brahmanischen Kreisen des „Späten Vedānta" der immer „Tätige" war, der große „Tänzer" (vgl. Dritter Teil).

c) Kräfte

Was die Tantra-Texte besonders hervorheben, ist das Wirken der Kraft – Sanskrit: *Śakti.* Vermutlich ist es ein einziger Kraft-Impuls, der gleichzeitig alle Veränderungen in der Welt in Gang setzt. Dieser wirkenden Kraft gab der Mensch verschiedene Namen. Im physischen Bereich nennt man die Auswirkungen der Kraft Entstehen und Vergehen; es bezieht sich auf die stofflichen Formen, zu denen auch die Körper gehören. Im psychischen Bereich äußert sich die Kraft als wechselnde Zu- und Abneigung und im geistigen Bereich als das Hervortreten neuer geistiger Strömungen.
Auf der Suche nach der Wahrheit galt es immer wieder, Irrtümer zu beseitigen. Die die Wahrheit verschleiernde kosmische Kraft nannte man in Indien *Māyā*; jede Epoche machte den Versuch, sie zu durchschauen.
Da dem Menschen aus dem wechselnden Wirken der Kräfte Leiden erwachsen, suchte man die Kräfte zu verstehen und zu beherrschen. In der Zeit, in der die tantrische Weltsicht dominierte, sah man im eigenen Körper das geeignete Experimentierfeld. Während die bisherigen Yoga-Methoden den Körper kaum beachtet hatten, ist der neuere tantrische Yoga intensive Konzentration auf innerkörperliche Vorgänge.
Der äußere Aufbau des Körpers war bereits durch den *Āyurveda* und das „Vaiśeṣika-System registriert worden. Jetzt ging es um den inneren Aufbau, nämlich um die unsichtbaren Kräfte, die die äußeren Körperfunktionen ankurbelten. In diesem Zusammenhang wurde der Begriff *Prāṇa* – bisher für „Atem" oder „Luft" verwendet – zum Begriff für Lebenskraft oder Vitalkraft.

Von noch größerer Bedeutung wurde die verborgene Schöpferkraft, die den geheimnisvollen Namen *Kuṇḍalinī* erhielt.

d) Die dynamische Sicht

Ein *Tantrika,* Anhänger der Tantra-Lehre, sieht sich stets als Teil von etwas Umfassenderem. Was er im kleinen in seinem Körper bewirkt, wird auf längere Sicht von Auswirkung für alle sein. Ihm ist bewußt, daß die irdische Entwicklung bei den Pflanzen, Würmern und Insekten begonnen hat und daß sie fortgeschritten ist zu den Fischen, Vögeln, Tieren und Menschen. Soll das Menschenleben, wie es jetzt ist, den Höhepunkt bilden? Nein – der Mensch kann sein Menschsein übersteigen, ein Weiser werden und ein Befreiter. Das ist das Ziel für alle, der Yogin aber geht voran und ebnet die Wege. Er arbeitet für die menschliche Evolution. Das Wort bedeutet im westlichen Sprachgebrauch „zivilisatorischen Fortschritt". Der Yogin meint es wörtlich, für ihn ist *Evolution das „Auswickeln" des geistigen Bewußtseinskernes aus den behindernden stofflichen Hüllen.* Das Wirksamwerden der inneren Kräfte bedeutet hier Befreiung. Bis die allgemeine Befreiung erreicht sein wird, dürfte sich die Stoffwelt mehrmals erneuert haben. Die Auflösungszeiten – *Pralaya* – will der Tantrika nicht in unbewußtem Dämmerzustand verbringen; er will sie in geistiger Wachheit miterleben, dafür betreibt er den konzentrativen Yoga.

e) Yantra – die Bildsymbolik

Yantra heißt Blickbefestigung; demnach ist ein Yantra ein Hilfsmittel für die Konzentration. Es gibt Yantras mit figürlichen Darstellungen von *Devatā* mit ihren traditionellen Emblemen und andere, die aus geometrischen Figuren bestehen.
Der *Yogin* konzentriert sich bevorzugt auf ein *Yantra* mit geometrischer Symbolik. Hier werden die bedeutsamen Kräfte durch Punkte, Linien und Dreiecke symbolisiert. Bei ihrem Anblick erinnert sich der Meditierende an die dahinterstehende Bedeutung. Diese weist hin auf Grundprinzipien der tantrischen Lehre, wie das oft abgebildete *Śrī-Yantra,* das hier in zwei Varianten wiedergegeben ist (vgl. S. 339 u. S. 341).
Beim Kennenlernen der Formensprache sollte man sich einige allgemeine Gesichtspunkte einprägen: *Punkte* bedeuten *Kraftzentren*: die Linien, die sie verbinden, sind kraftgeladen und meinen *Kraftlinien.* Drei Kraftlinien bilden ein *Dreieck,* ein *Kraftfeld.* Dessen *Eckpunkte* sind *Zentren* oder *Wesenskerne.* (Die Bildsprache erklärt: zwei Ursachen haben ein Ergebnis, wie Vater und Mutter ein Kind haben.)

Die geometrische Symbolik im Tāntra

Der leere Punkt: Die uranfängliche Leere – Der Klang – Kosmischer Ur-Klang.

Der Punkt: konzentrierte Kraft – das Ganze – die Fülle.

Der Kreis: Hinweis auf das Kreisen der Energie.

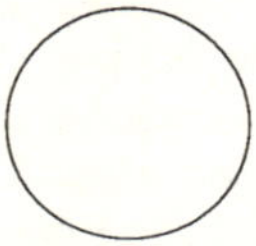

Viele Kreise um den leeren Punkt herum: Die ewige Wiederkehr der Yuga und Kalpa (Weltzyklen).

Das Spinnennetz: Symbol für die wechselnde Ausdehnung und Zusammenziehung des kosmischen Raumes. Der Kosmos gilt als ein *Edukt* der zentralen, im Punkt konzentrierten Energie, ähnlich wie das Spinnennetz ein *Produkt* der Spinne ist.

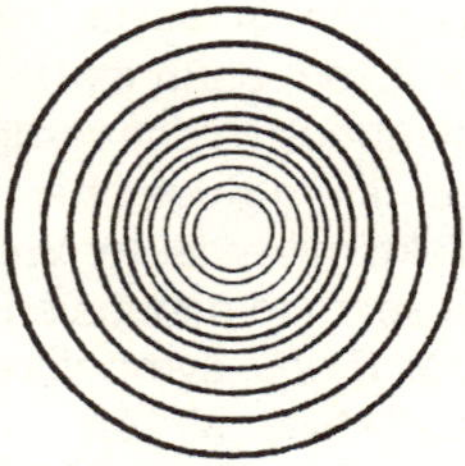

Die Linie: ist ausstrahlende Kraft, eine Kraft-Linie.

Das Dreieck: Der primäre Raum, denn ein Raum kann nicht mit weniger als drei Linien umgrenzt werden. Daher *Sitz einer Gottheit* mit dreifacher Manifestationsweise. *Spitze nach unten*: Geist wird Stoff. *Spitze nach oben:* Stoff wird Geist.

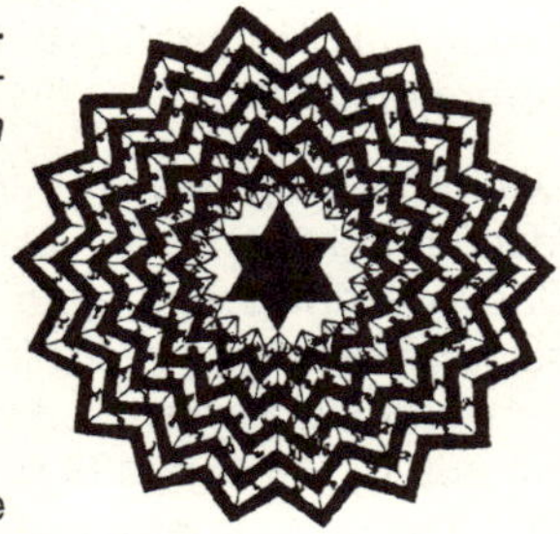

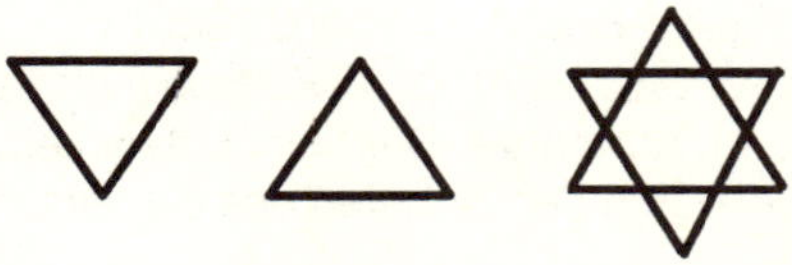

Das Sechseck: 2 Dreiecke – Gleichgewicht der Kräfte - Harmonie.

Das Quadrat: umgrenzt von 4 Seiten, es sind die 4 Himmelsrichtungen, daher wird der Weltraum als Quadrat wiedergegeben. Auch Symbol für das Stoffliche, das vierfach differenziert ist, weil das Psychomentale dazugerechnet wird.

Zwei Quadrate über Eck gelegt: Raum und Zeit. Die Ausdehnung des Raumes in der Zeit. *Als Achteck gesehen*: Symbol der Unendlichkeit, auch die liegende Acht ∞.

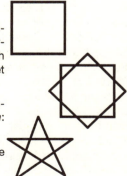

Das Fünfeck: Die fünffache Beschaffenheit der Körper, die fünffache Wirkungsweise des Hindu-Gottes Śiva.

Da die Kraft des Universums – *Śakti* – als eine Göttin verehrt wird, weist man ihr einen Ehrenplatz zu. Ein dreieckiges Kraftfeld ist daher ein „Thronsitz der Śakti", ein *Śakti-Pītha.* Ist das Dreieck der Grundriß für eine Pyramide, heißt diese die „Burg der Drei" oder die „Stätte der Drei" oder auf Sanskrit *Tr(a)i-Pura* (pura = „Burg" ist die Endsilbe vieler nordindischer Städtenamen).
Als ein Dreieck, das Schöpferkraft ausdrückt, gilt die *Kāmakalā.* Hier steht der eine Eckpunkt für „Wille", der zweite für höchste „Weisheit", der dritte für die schöpferische „Tat". Wille und Wissen drängen nach Ausführung – *Icchā* und *Prajñā* ergeben *Kriyā.* Das gilt für die kosmische wie für die menschliche Ebene.
Will man in dieser Formensprache die *Weltentstehung* durch Zeichen ausdrücken, dann ist der Ausgangspunkt der „Jenseitspunkt" *Para-Bindu.* Er symbolisiert das verdichtete Bewußtsein, das bei der letzten Welt-Auflösung zu einem Kügelchen oder Kern zusammenschrumpfte. Beginnt die große Śakti mit erneuter Weltgestaltung, dann spaltet sich der Para-Bindu in drei Teile; man nennt sie Bindu-Bīja-Nāda.
Der *Bindu* symbolisiert das Gesamt schöpferischer Ideen, das *Bīja* den kollektiven Willen zu erneutem Erdendasein, der *Nāda* – als Ur-Laut – entspricht dem schöpferischen Wort, das die Gestaltung in Gang setzt. Der Bezug auf die Vibration eines Tones deutet auf eine Vorstufe, die der Aktion vorangeht.

Die Bedeutung des Śrī-Yantra
(nach Madhu Khanna: „Das große Yantra-Buch", Freiburg 1980)
Das Śrī-Yantra wird erstmalig 1200 v. Chr. im Atharva-Veda beschrieben; seine Konstruktion wird in indischen Mathematik-Büchern entwickelt. Die Verwendung als *Yantra* zur Meditation ist in den Schulen des *Śankarācarya* um 800 n. Chr. eingeführt worden.
Das *Yantra* ist konstruiert aus *neun großen Dreiecken,* durch deren Überschneidung sich *43 kleinere Dreiecke* bilden. Jedes ist ein Ursprungs-Zentrum für kosmische Lebensenergie, im Tantra *Yoni,* „Mutterschoß", genannt. Die Spitzen der Dreiecke sind gegeneinander gerichtet, um die Polarität des Stofflichen auszudrücken. Die Dreiecke überschneiden sich, weil das Śiva-Śakti-Prinzip gemeinsam wirkt. Aus dem Punkt konzentrierter Kräfte – dem *Bindu* – entwickelt sich das kosmische Schöpfungsfeld in neun Phasen.
Einfache Meditation: Der Schüler stellt sich vor, wie sich der Kosmos vom Zentralpunkt aus entwickelt. Hat er das äußere Quadrat erreicht, macht er sich bewußt, daß damit die äußerste Verstofflichung gemeint ist. Wenn er anschließend auf psychischem Wege den Vorgang rückgängig macht und wieder zur Mitte kommt, zum Einheits-Bewußtsein, erlebt er den seelischen „Einweihungstod", die Auflösung in seine Grundbestandteile.

Śrī-Yantra

Strenge Meditation: Jetzt wird bereits das gesamte philosophische Wissen vorausgesetzt. Jede Linie, jeder Punkt, jedes Dreieck, jede Spitze, jedes Quadrat, jeder Kreis erinnert an kosmische Erkenntnisse, die in den überlieferten Texten registriert sind. Bei den „rechtshändigen" *Tantrika* wird eine *„spirituelle Reise" in neun Spiralringen vollzogen*; sie beginnt beim Quadrat. An Hand der *1. Quadratlinie* macht sich der Yogin seine Leidenschaften bewußt.
Bei der *2. Quadratlinie* denkt er an behindernde psychische Veranlagungen.
Bei der *3. Quadratlinie* denkt er an die Zusammengehörigkeit des grobstofflichen und feinstofflichen Leibes.
Der große Kreis mit 16 Lotosblättern erinnert ihn daran, daß man auf die fünf Sinneseindrücke in dreifacher Weise reagieren kann: freudvoll – leidvoll – neutral.
Der Kreis aus 14 kleinen Dreiecken entspricht 14 wichtigen *Nāḍī.*
Der Kreis aus zehn kleinen Dreiecken erinnert an den zehnfach geteilten Lebensstrom des *Prāṇa.*
Der Kreis aus zehn kleineren Dreiecken ist Hinweis auf die zehn Arten des Verdauungsfeuers.
Diese *beiden Zehnerkreise* stehen in Wechselwirkung zueinander, innerhalb des Organismus sind sie aufeinander bezogen.
Der Kreis aus acht Dreiecken setzt sich zusammen aus drei *Guṇa* und fünf *Polaritäten*: schwer-leicht / fest-flüssig / grob-fein / hart-weich / klar-trüb.
Der leere Punkt in der Mitte – der Bindu: heißt hier *Śrī-Lalitā,* „inneres Selbst" – hier ist die *psychische Ganzheit* erreicht. (Śrī Lalitā = Zentrale Wesenheit, die das Welten-Spiel empfindet.)

f) Mantra – die Lautsymbolik

Zu den Besonderheiten tantrischer Methoden gehört neben dem *Yantra* das *Mantra.* Der ausgesprochene Laut – meist mit einem Summton am Ende – stellt zwischen dem Meditierenden und den symbolischen Formen des Yantra eine persönliche Beziehung her.
Daß das Mantra ebenfalls ein Konzentrationsmittel ist, geht aus der Bezeichnung hervor. Die Silbe *man* heißt „denken"; die Silbe *tra* wird angehängt, wenn auf ein Mittel oder Werkzeug Bezug genommen wird.
Den Weisen der Frühzeit sagt man ein besonderes „Mantra-Wissen" nach: *Mantra-Vidyā.* Das heißt, sie kannten die Wirkung gewisser „Muttersilben", *Mātṛka.*
Bei der Initiation eines Schülers, *Vedha-Dīkṣā,* werden diese Silben weitergegeben. Einige davon sind in langer Kette von Schüler zu Schüler auf uns gekommen. Der *Guru* überträgt damit eine gewisse Kraft auf den Initianden. Der aufgeschlossene Schüler spürt die Kraftwelle und soll sie aufrechter-

Śrī-Yantra

halten. Wird er in der regelmäßigen Durchführung der Rezitation säumig, nimmt die Intensität ab und verliert sich schließlich ganz.
Die Rezitationstechnik wird mit *Japa* bezeichnet. Die Rezitationsformeln sind ein Mittel, das unruhige Gemüt von zerstreuenden Gedanken zu reinigen. Ein sogenanntes „echtes Mantra" erhält ein vertrauenerweckender Schüler jedoch erst nach mindestens zwölf Jahren des Zusammenlebens mit einem *Guru,* denn der tantrische Yoga ist sehr risikoreich.

*Śabda und Artha**
Der Glaube an die große Bedeutung eines *Mantra* geht auf sehr alte Vorstellungen zurück, nämlich auf die Entstehung der Dinge beim Aussprechen ihrer Namen. Nach der religiösen Überlieferung spricht die „Große Göttin" beim zyklischen Wiedererstehen eines Brahmāṇḍa (Weltsystems) gewisse Muttersilben aus, *Mātṛka.* Daraufhin entstehen Dinge ähnlicher Art wie in der vergangenen Welt. Deshalb bleibt *Śabda* (= das Wort) immer eng verbunden mit dem zugehörigen Ding – *Artha.* In Ableitung von dieser Vorstellung ist der Tantrika überzeugt, daß Worte Wirkungen auslösen können, wenn man sie lange genug intensiv wiederholt. Voraussetzung ist das Erzeugen von *Tapas,* der schöpferischen Hitze.
Die „Große Göttin" verriet zwar nicht allen Menschen die Mātrika, aber immerhin die *50 Lautzeichen des Sanskrit* als Grundlage zur Verständigung. Die Lautfolge heißt daher noch heute *Devanāgarī,* „Göttliche Schlange". In einigen tantrischen Schulen stellt man sich bildhaft vor, daß diese Laute aufgereiht sind auf der Schlange geistiger Energie, die hervorschießt, wenn der Samenkern des Bewußtseins gespalten wird.

Śabda oder Nāda – der Urklang
Da nach indischer Auffassung alles Sichtbare eine unsichtbare Vorstufe hat, gilt dies auch für das Wort oder den Klang. *Para-Śabda* ist die Vorstufe, der unhörbare Klang, *Paśyantī-Śabda* oder *Nāda* die beginnende Vibration. *Madhyamā-Śabda* ist die Stufe der lautlosen Begriffsbildung im Gemüt, und erst dann folgt das ausgesprochene Wort: *Vaikharī-Śabda.*

* nach Auffassung von Viṣṇu-Anhängern.

II. Das Weltbild des Tantra

1. Die Beschaffenheit der Welt

Der Begriff „Welt“ wird in Indien nicht begrenzt auf ein Weltsystem im Sinne des Kopernikus. Ein Text, der aus dem Jahre 1000 stammen dürfte – das „Yoga Vasiṣṭha“ (=Trefflicher Yoga) – spricht von Welten so zahlreich wie die Sandkörner im Ganges. Alle durchlaufen die Phasen des Entstehens, Bestehens und Vergehens. Aus dem Stoff der vergangenen Welt, der während des Vergehens auf ein Kügelchen zusammenschrumpfte, entsteht immer wieder eine neue Welt. Mit solchen Worten wird die schon bekannte Zyklenlehre von den Yuga und Kalpa aufrecht erhalten.
Für räumlich und zeitlich ohne Anfang und Ende hält man das gesamte All; denn Raum und Zeit sind relativ, abhängig vom Denken. Es sind mehrere Sanskrit-Begriffe, die mit „Welt“ übersetzt werden: z.B. *Viśva,* das All, und *Brahmāṇḍa,* das Brahman-Ei oder Welten-Ei. Viśva scheint der umfassendere Begriff zu sein.
Wie man sich ein *Brahmāṇḍa* vorzustellen hat, erfährt man aus einem Text des 15./16. Jahrhunderts, dem „Vedāntasāra“ (= Essenz der Veden). Die diesbezügliche Beschreibung gilt allgemein, nicht nur für das Tantra. Die Abbildung auf S. 345 ist jedoch erst jetzt nach der betreffenden Textstelle angefertigt worden.

Zur Erläuterung:
Der allgemein bekannte Teil des riesigen Brahmāṇḍa ist *Bhū,* der Erdkörper, abgebildet als unterster Kreis. Er ist umgeben von einem Ring, angefüllt mit terrestrischem Prāṇa, und es besteht eine Wechselbeziehung zu *Candra,* dem winzig kleinen Mond mit seinem lunaren Prāṇa.
Der Erdkörper wird außerdem beeinflußt von *Sūrya,* dem Sonnenball. Er ist umhüllt von solarem Prāṇa. Was der Mensch als Lebenskraft empfindet, ist eine Mischung aus lunarem, terrestrischem und solarem Prāṇa.
Bis dahin reicht die physikalisch erfaßbare Welt, wie sie jeder kennt. Doch schon der nächst größere dritte *Kreis* betrifft eine rein indische Auffassung; er gilt als die *mentale Sphäre,* als die Gesamtheit gedanklicher Formen. Denn ein Yogin glaubt nicht, daß ein Mensch seine Gedanken produziert. Der Mensch ist lediglich Empfänger von Gedanken, die er aus der Mentalsphäre aufnimmt und seiner Intelligenz entsprechend weiterverarbeitet. Wird daher das *Zentrum* der Mentalsphäre als *Manu* bezeichnet, so kann darunter nur ein überragender Intelligenzträger zu verstehen sein, der das gesammelte menschliche Denken repräsentiert.

Der nächst größere *Kreis,* ist die Sphäre, die auf Sanskrit *Vijñāna* heißt, und ihr *Zentrum* ist der Schöpfergott *Brahmā* (Mittelpunkt). Daher dürfte die geläufige Übersetzung „psychische Sphäre“ nicht glücklich gewählt sein; denn man wird damit an die psychischen Schwankungen der menschlichen Ebene erinnert. Vijñāna umfaßt: *schöpferische Weisheit, Kunstverständnis, geniale Begabung und Intuition.* Alles das in höchster Potenz schreibt man dem Schöpfergott zu und nicht nur seelisches Empfinden.

2. Die Entstehung einer Welt

Ist von Entstehen und Vergehen einer Welt die Rede, denkt ein *Yogin* nicht nur an die Erde mit ihrem Sternengürtel. Die Welten, an die er denkt, sind immer *Brahmāṇḍa,* von fünffacher Beschaffenheit. Die Erde ist im Verhältnis zum Ganzen nur ein Punkt. Im Anschluß wird daher nicht die Entstehung der Erde beschrieben sondern die Entstehung der Brahmāṇḍa von unbekannter Anzahl.

a) Die Kuṇḍalinī als treibende Kraft (s. Abb. S. 347)

Ein *Brahmāṇḍa* ist nach tantrischer Anschauung ein großes Kraftwerk; Kräfte pulsieren darin wie Ebbe und Flut. Diese Kräfte bewirken ständige Veränderungen.

Als Kraftbehälter wird das *Brahman* angesehen, hier bevorzugt mit *Para-Śiva* bezeichnet, also personifiziert. Beide Begriffe beziehen sich auf die im Ruhezustand befindliche geistige Kraft als Urquell aller Dinge.

Die tätige Kraft ist die *„Śakti“*, eine Kraft von kosmischem Ausmaß und daher als „Göttin“ verehrt. Sie ändert jedoch mehrfach ihren Namen, je nach Art ihrer Tätigkeit. Wenn sie dem Menschen ihr Wirken verbirgt, heißt sie *Māyā*; wenn sie als energetischer Prozeß in Erscheinung tritt, bezeichnet sie der Tantrika als *Kuṇḍalinī* (das ist ein bildhafter Begriff, der Vergleich mit einer zusammengeringelten Schlange, der zeitgemäß übersetzt wird als „aufgespulte Energie“).

Zu Beginn eines neuen *Kalpa* (Zyklus) erschafft sie ein – oder möglicherweise mehrere – Brahmāṇḍa mit den bekannten Formen und Gestalten. In allen Formen, die sie geschaffen hat, bleibt sie versteckt enthalten, es heißt aufgespult in dreieinhalb Windungen, zwar ruhend – doch immer in Bereitschaft. Der Ruheplatz im Menschen soll der Steiß sein.

Wie dieser Vorgang im einzelnen vorgestellt wird, soll an der folgenden Graphik aufgezeigt werden. Es werden viele Begriffe aus dem *Sāṃkhya*

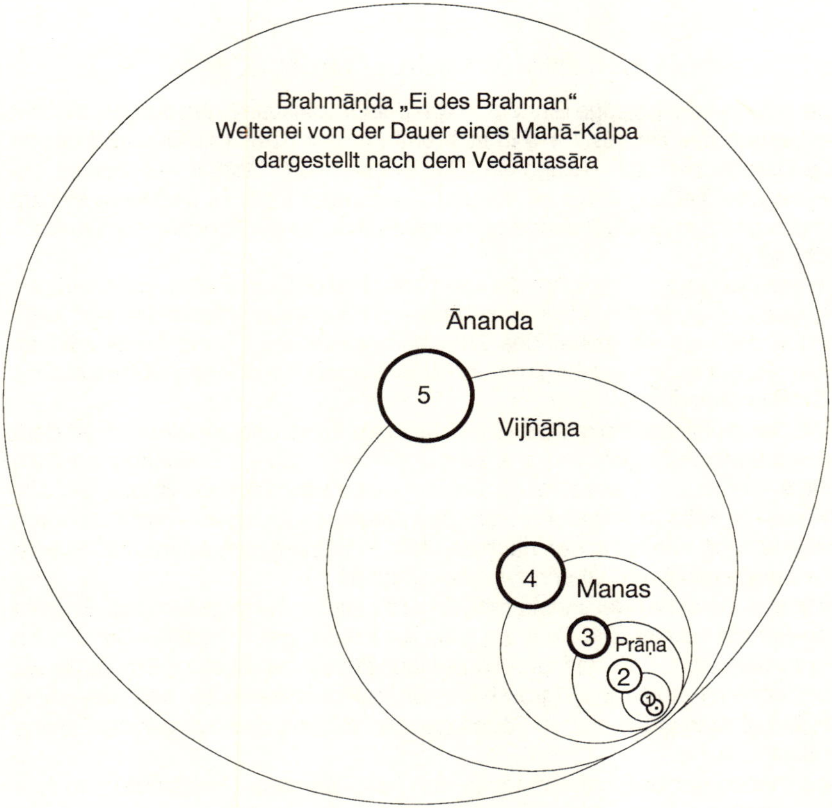

Bezeichnungen vom Kleinsten zum Größten hin:
0. *Candra* = „Mond“ mit lunarem Prāṇa.
1. *Bhū* = „Erde“ mit Umkreis von terrestrischem Prāṇa.
2. *Sūrya* = „Sonne“ mit Umkreis von solarem Prāṇa.
(Diese drei entsprechen in etwa unserem Sonnensystem)
(Die nächsten drei beziehen sich auf das Psychomentale)
3. *Manu* = „Denker“ mit Umkreis von *Manas,* der formbildenden und daher trennenden Denksubstanz.
4. *Brahmā* = „Gott“ mit Umkreis von *Vijñāna,* der schöpferischen künstlerischen Gestaltungskraft.
5. *Param Brahman* (abstraktes Prinzip) mit Umkreis von *Ānanda*, der „Seligkeit“, die in vielen Schattierungen der Freude alle Lebensbereiche durchtränkt.

verwendet, die vorher in Erinnerung gerufen werden sollten (siehe Zweiter Teil).

b) Erläuterungen zur Graphik „Weltbild des Tantra“ (S. 347)

Die anfängliche geistige Einheit wird in der Graphik als *Kreis* dargestellt, der verborgen das *Prinzip 1 + 2* in sich enthält. Der Kreis mit *Prinzip 3* deutet die Bereitschaft zur Teilung an. Die Kreise mit *Prinzip 4 + 5* zeigen die vollzogene Teilung in ein helles und ein dunkles Prinzip. Das helle Prinzip ist das *geistige Bewußtsein*; das dunkle Prinzip ist die *Tendenz zur Verstofflichung* (5).
Verstofflichung ist gleichbedeutend mit Einzel-Gestaltung, da Stoff die Neigung zeigt, sich zusammenzuballen. Der Anfangs-Impuls der Verstofflichung wird als ein gewaltiges Ereignis angesehen, als ein Ausbruch von Energie, die zu kreisen beginnt und in Schlangenwindungen weitereilt. Das ist die kosmische *Kuṇḍalinī.*
Daß der stoffliche Prozeß auf einen geistigen Ursprung zurückgeht, ist dem Menschen verborgen, er kann es nur erahnen. Das Verhüllende wird als Māyā – Prinzip 6 – bezeichnet. Durch diesen kosmischen Aspekt, der alle Wesen betrifft, tritt eine Art von Bewußtseinstrübung ein. Was dadurch bewirkt wird, kommt in den nächsten fünf Prinzipien zum Ausdruck. Es wird in einer gesonderten Übersichtstafel erläutert.
Hier soll zunächst der Gestaltungsprozeß weiter verfolgt werden. Er geht von *Prinzip 13* aus. Die *Prakṛti* gilt als ein Edukt* der Kuṇḍalinī. Damit wird hervorgehoben, daß das Stoffliche nicht etwas mit Absicht Erzeugtes ist sondern ein natürliches Ergebnis des Energieprozesses. Ein altes Gleichnis sagt, daß man dabei an den Faden denken soll, der dem Körper der Spinne entfließt.
Aus menschlicher Sicht entstehen nun fünf Tanmātra (Feinstoffe) und fünf *Sthūlabhūta* (Grobe Stoffe). Sie bilden die *Kośa,* Häutchen aus Feinstoffen und gröbere Hüllen aus den groben Stoffen, jeweils fünf. Jedes Brahmāṇḍa besitzt fünf Hüllen, mit denen der Mensch innerlich in Beziehung steht. Diese Beziehung ermöglicht ihm, sein psychomentales Innenleben auszuweiten.
Prinzip 12 ist der *Puruṣa,* der geistige Mensch. Dieser geistige Kern wird von ebenfalls fünf Hüllen der gleichen Art umgeben, die auf den Einfluß der Prakṛti zurückgehen. Da in dieser wiederum die *Triguṇa* wirken, ergibt sich in der irdischen Ebene eine dreifache Typisierung des Menschen; das heißt: er kann entweder tamas-, rājas- oder sattva-betont sein (träge, ehrgeizig oder ausgeglichen). Weitere Abwandlungen der drei Grundtypen ergeben sich durch das Vorherrschen eines der feinen oder groben Stoffe.

* Etwas mit Absicht Erzeugtes wäre ein Produkt. Das *Edukt* ist das, was auf natürliche Weise ausfließt.

Weltbild des Tantra
Die Kuṇḍalinī als treibende Kraft

Ausbruch von Energie

Śiva-Śakti
(Para-Śiva) 1 + 2

Kosmische
Kuṇḍalinī

Sadākhya
(Schwebezustand) 3

Wille
Iśvara als
Willensträger 4

Prajña
Weisheit 5

Entstehung
der Welt
und der Dinge

6	MĀYĀ - MĀYĀ - MĀYĀ	
7	Kālā	Raum - Zeit
8	Niyati	Schicksal
9	Vidyā	Wissen
10	Kala	Antrieb
11	Śabda	Intellekt

Mensch 12

13 Prakṛti mit Tri-Guṇa
sattva – rājas - tamas

Der Puruṣa
kommt unter den
Einfluß der Triguṇa

durch
Einrollen
kommt
es zu
Globenbildung

drei Typen			5 Sthūlabhūta	5 Tanmātra	
Puruṣa mit 1 Hülle	◉	◉	◉	Akāsa	Śabda	1. Hülle
Puruṣa mit 2 Hüllen	◉	◉	◉	Vāta	Sparśa	2. Hülle
Puruṣa mit 3 Hüllen	◉	◉	◉	Agni	Rūpa	3. Hülle
Puruṣa mit 4 Hüllen	◉	◉	◉	Jāla / Vāri	Rasa	4. Hülle
Puruṣa mit 5 Hüllen	◉	◉	◉	Bhūmi	Gandha	5. Hülle

individuelle
Kuṇḍalinī

Ruhezustand
der
Kuṇḍalinī

Kosmi-
sche
Kuṇḍalinī

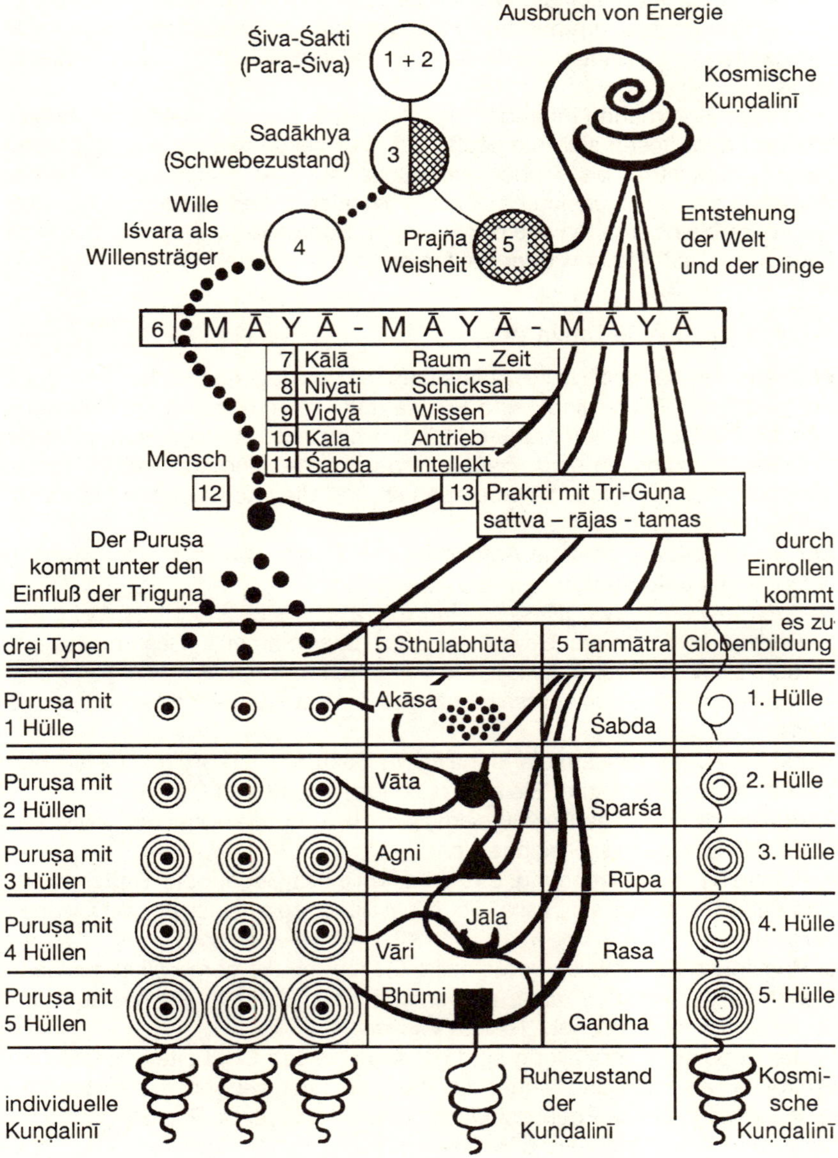

Ist der Prozeß der Verkörperung vollzogen, ruht die schaffende Kraft. In der Bildsprache heißt dies, daß die *Kuṇḍalinī* nun schläft, zusammengerollt wie eine Schlange in dreieinhalb Windungen. Der Tantrika ist überzeugt, daß er sie wecken könnte, um mit ihrer Hilfe der Zeit vorauseilende evolutionäre Fähigkeiten zu erreichen. Zu diesem Zweck wird er Schüler des Kuṇḍalinī-Yoga.

Die in den Brahmāṇḍa ruhende Kuṇḍalinī-Kraft wird nach und nach aufgebraucht, dann lösen sich die Stoffe auf. Der gesamte Entstehungsprozeß verläuft rückwärts, bis wieder alles Geist ist. Eine Auflösung ist es nur insoweit, als Geist unsichtbar ist. Es ist nichts verlorengegangen. Das Sichtbare bleibt erhalten wie der Baum im Samenkern. Daher ist man voll Zuversicht, daß immer wieder Welten entstehen werden.

c) Lehre von den 36 Tattva

Während das *Sāṃkhya* seine Aufstellung mit den gegensätzlichen Prinzipen der geistigen Welt beginnt, sind *Puruṣa* und *Prakṛti* hier erst die Prinzipien 12 + 13. Die Tantra-Lehrer fügten 11 Tattva hinzu, die als kosmisch-geistiger Überbau aufzufassen sind. Dabei werden „reine" und „halbreine" Tattva unterschieden. Wie dies zu verstehen ist, soll die nachfolgende Übersicht verdeutlichen.

Der unvorstellbare geistige Anfang ist das *Param-Brahman.* Der Mensch versucht, es unter fünf Aspekten zu begreifen:

Die „fünf reinen Tattva" (Daseins-Prinzipien)

1. Prinzip ist ruhendes Bewußtsein: *Cit* oder Samvit, „Gesamtwissen", personifiziert als *Śiva.*

2. Prinzip ist tätiges Bewußtsein, das sich als Kraft äußert, personifiziert als *Śakti.*

Beide bilden gemeinsam die Einheit Śiva-Śakti, sie verkörpern „Geist" und „Kraft" als erste Ursache. Sie sind reine *Idee* – Gott und Göttin.

3. Prinzip ist neutrales Bewußtsein: *Sadākhya,* Ausgewogenheit zwischen Ruhe und Bewegung: Gleichgewicht.

4. Prinzip bedeutet Trennung, das Schaffen eines Gegenpols. Das Bewußtsein äußert sich hier als „Wille", *Icchā.* Willensträger ist *Īśvara,* als Gottheit vorgestellt.

5. Prinzip ist der weiblich vorgestellte Gegenpol, die dem Willen zur Seite stehende „Weisheit", *Prajñā,* personifiziert als Gottheit, *Prajñā,* auch als *Śuddha-Vidyā* bezeichnet: „Reines Wissen".

In der populären Vorstellung sind es diese beiden Gottheiten, Īśvara und Prajñā, die als Vater und Mutter das Kind, die Welt, zeugen. In der Begriffssprache heißt es: Die Prajñā ist *idaṃ,* „jener" ergänzende Pol, der das Dritte hervorbringt. Denn Wille und Weisheit gehen jedem Schöpfungsakt voraus.

Übersicht: 36 Tattva der Tantra-Lehre (nach Suren Aviyogin)

Das Para-Brahman bringt 5 „reine“ und 6 „halbreine“ Tattva hervor:				
1. Prinzip: Cit Bewußtsein Samvit Gesamt-Wissen personifiziert: *Śiva* ruhendes Bewußtsein	2. Prinzip: tätiges Bewußtsein Es äußert sich als Kraft: Śakti *Śakti* mit Śiva vereint	3. Prinzip: im neutralen Bewußt- sein beginnt sich der Gegenpol abzuzeichnen *Sadākhya* Ausgewogenheit	4. Prinzip: Bewußtsein als Wille Willensträger ist *Īśvara* personifiziert	5. Prinzip: Bewußtsein als weibli- che Weisheit oft per- sonifiziert als „Göttin“ *Prajñā* oder Śuddha-Vidyā
6. Prinzip: Māyā – Relativitäts-Prinzip		Das ursprünglich freie Bewußtsein erfährt stufenweise Begrenzungen		
7. Prinzip: Begrenzung durch Raum und Zeit *Kālā*	8. Prinzip: Begrenzung durch Not- wendigkeit, Schicksal, Karma-Prinzip *Niyati*	9. Prinzip: Abgrenzendes „Wissen“ Wissen vom Gegenpol *Vidyā*	10. Prinzip: Göttlicher Schaffens- drang, wirkt sich aus als Zielstrebigkeit, Antrieb *Kala*	11. Prinzip: Göttliche Weisheit, wirkt sich aus als Intellekt, ver- mittelt durch Sprache: *Śabda*
12. Prinzip: Puruṣa, aufgefaßt als verkleinertes Abbild des Gesamt-Kosmos; 13. Prinzip: Prakṛti mit Tri-Guṇa – Stoffprinzip			Īśvara gestaltet das Universum, Klang erzeugt Bild aus Stoff (die Dinge)	
14. Prinzip: Buddhi 15. Prinzip: Ahaṃkāra 16. Prinzip: Manas	)) Citta)		17.-21. Prinzip: Jñanendriya 22.-26. Prinzip: Karmendriya 27.-31. Prinzip: Tanmātra 32.-36. Prinzip: Sthūla-Bhūta	
(Die Prinzipien 12 – 36 sind bekannt aus dem Sāṃkhya-System)				

Diese „fünf reinen Tattva" sind höchste Abstraktionen des Denkens, sie sind eine Weltsicht von oben her, während der Mensch alles von unten aus betrachtet. Der Mensch sieht alles wie durch eine trübe Brille, weil sein psychomentaler Wahrnehmungsapparat einengend wirkt. Daher sieht er die an sich „reinen" als „unreine" Tattva. Die Trübung wird verursacht durch ein *relativierendes Prinzip kosmischen Ursprungs,* denn alle Wesen sind davon betroffen.
6. Prinzip ist demnach Māyā, das Relativitäts-Prinzip. Es verschleiert die Sicht nach oben wie eine verdunkelnde Wolke; so erfährt das freie Bewußtsein stufenweise Begrenzungen.
Durch die Verfärbung werden die „fünf reinen Tattva" als „fünf unreine Tattva" wahrgenommen.

Die „fünf unreinen Tattva"
Durch den Einfluß der kosmischen *Māyā* wird aus Prinzip 1 Prinzip 7, aus Prinzip 2 Prinzip 8, aus Prinzip 3 Prinzip 9, aus Prinzip 4 Prinzip 10, aus Prinzip 5 Prinzip 11. Darauf hin ergibt sich folgende Bedeutung:
7. Prinzip *Kālā,* „Zeit und Raum". Der Mensch erfährt das unbegrenzte Bewußtsein (Pr. 1), *begrenzt durch Zeit und Raum.*
8. Prinzip *Niyati,* „Schicksal", „Notwendigkeit". Tätiges Bewußtsein (Pr. 2), innerhalb von Zeit und Raum erfahren, äußert sich als *„Ursache und Wirkung", Karman.*
9. Prinzip *Vidyā,* abgrenzendes Verstandes-„Wissen". Neutrales Bewußtsein (Pr. 3), wird zu unterscheidendem Bewußtsein, zum *Wissen vom Anderssein des Gegenpols.* So entsteht: Freund- und Feind-Empfinden.
10. Prinzip *Kala,* „Antrieb", Schöpferischer Impuls. Göttlicher bewußter Wille (Pr. 4), wirkt sich im Menschen als Zielstrebigkeit aus, als Planen und Schaffen*.
11. Prinzip *Śabda,* „Sprache", „Wortverständnis". Śuddha Vidyā, „Reines Wissen" (Pr. 5) der Transzendenz wird durch „Umsetzen in Sprache" zu *intellektuellem Verständnis.* Auf diesem Wege wird die unmittelbare Echtheit eingebüßt.
Dies sind die 11 Tattva, die die Tantra-Lehrer den 25 Tattva des bereits bekannten Sāṃkhya-Systems hinzufügten. Auf der Übersicht wird durch Angabe der Begriffe nur kurz daran erinnert, denn sie werden als bekannt vorausgesetzt.

* Die Göttin *Kālī* ist nicht zu verwechseln mit dem *Mahā-Kala* der tibetischen *Maṇḍala.* Während die Kālī dem Zeit-Aspekt entspricht, verkörpert Mahā-Kala den Antriebs-Aspekt, der zugleich aufbauend wie auch zerstörend sein kann, denn in der Natur dient das Material des Zerstörten gleich wieder dem Aufbau des Neuen.

III. Der Kuṇḍalinī-Yoga

Die bisher gültigen Yoga-Formen zielten darauf ab, das Bewußtsein aus dem Körper herauszuheben, so daß dieser nicht mehr empfunden wurde. Die *Tantrika* aber verlegten die Yoga-Arbeit in den Körper.
Die beabsichtigte Steigerung von Kräften bezieht sich jedoch nicht auf Muskelkräfte. Mit Hilfe von Gedankenkonzentration sollen innere Kräfte mobilisiert werden.
Die Praktik erfordert den vollen Einsatz des dazu bereiten Menschen, ist zudem ohne einen erfahrenen *Guru* nicht durchführbar. Nicht einmal in Indien sind noch geeignete Lehrer zu finden, wie *Gopi Krishna* zu berichten weiß (v. Weizsäcker / Gopi Krishna, „Biologische Basis der Glaubenserfahrung").
Allgemein erläutern kann man die theoretischen Grundlagen, wie man sich die inneren Vorgänge vorstellt. Hier ist noch einmal darauf hinzuweisen, daß es dieselben Kräfte sind, die im Menschen und in der ganzen Natur wirken.

1. Die Triguṇa

Mit *Triguṇa,* das „Dreifache", werden die unterschiedlichen Schwingungen im Weltall bezeichnet. Man glaubt, daß sie es sind, die den Weltprozeß aufrechterhalten. Auch der menschliche Körper wird durch sie gespeist. Der Tantrika glaubt zu wissen, daß die untere Region mit *Tamas-Guṇa* arbeitet, die mittlere mit *Rājas-Guṇa* und die obere mit *Sattva-Guṇa.*
Zur Arbeit des Yogin gehört es, diese Schwingungen zu erhöhen, damit alle Regionen mit Sattva-Guṇa arbeiten.

2. Die Nāḍī

Mit Nāḍī, „Rinnen", werden haarfeine Kanälchen bezeichnet, die innerhalb des Körpers ein Netzwerk bilden, den *Prāṇamayakośa,* die Hülle aus Prāṇa (volkstümlich Prāṇaleib genannt). Sind diese Nāḍī mit Prāṇa, der Lebensessenz, angefüllt, dann handelt es sich um einen lebenden Organismus; sind sie gänzlich entleert, ist es ein toter Organismus.
Da der Prāṇa laufend ausgetauscht wird, weil er zusammen mit der Luft in den Körper gelangt, bedeutet Mangel an Luft und Licht gleichzeitig Mangel-

ernährung des Prāṇaleibes. Übertriebene Sonnenbäder können jedoch ebenso schädigend sein.
Um die ausgewogene Regulation bemüht sich der Ha-Ṭha-Yoga. Dem Tantrika dagegen geht es um schwererwiegende Veränderungen; denn in den Tantra-Texten heißt es: „Viele Nāḍī durchziehen den Leib, aber nur drei sind für den Kuṇḍalinī-Yoga von Bedeutung." Diese drei werden nun erläutert:
„Links von der Wirbelsäule verläuft die *weiße Iḍā,* in ihr fließt *kühles Licht, Śaśī,* Mondlicht.
Rechts von der Wirbelsäule verläuft die *rotbraune Piṅgalā mit feurigem Licht, Mihira,* Sonnenlicht.
Man deutet diese beiden Nāḍī heute als feinstoffliche Entsprechungen zum Vagus und Sympathikus, den regulierenden Nervensträngen, von denen der eine anfeuert, der andere dämpft.
Nach der „Haṭhayoga-Pradīpikā" sind Iḍā und Piṅgalā die Hauptkanäle für die Prāṇaversorgung des Menschen.
Der Tantrika aber bemüht sich um eine Umleitung für besondere Zwecke. Die Umleitung soll in die *Suṣumṇā* erfolgen; sie ist die dritte Nāḍī und gilt als eine besondere Nāḍī, denn sie ist nicht vorgegeben. Der ausübende Tantrika muß sie erst erschaffen. Durch seine ausdauernde Konzentration erzeugt er geistige Energie; diese wird zu dem Strombett, das die Bezeichnung Suṣumṇā erhalten hat*.

3. Die Cakra

Cakra ist das Sanskritwort für Rad, etwa im Sinne von Schwungrad. Ein Cakra setzt also etwas in Bewegung. Nach der tantrischen Lehre haben die Cakra die Aufgabe, die verschiedenartigen Wirkkräfte, mit denen der Organismus arbeitet, in angemessener Weise zu verteilen. Das gilt für die *Tri-Guṇa*-Schwingungen wie auch für den dreifachen kosmischen *Prāṇa,* der in diesem Zusammenhang als Strahlung von Sonne, Mond und Erde aufgefaßt wird.
In den zuständigen Texten werden sechs *Cakra* angegeben; sie sind jedoch anatomisch nicht auffindbar. Es wird von den Auswirkungen auf die Ursa-

* Die drei Nāḍī werden mit drei großen indischen Flüssen verglichen, die im Volksglauben als heilig gelten. Da die *Gaṅgā* von links kommt und die *Yamunā* von rechts, glaubt man, daß unterirdisch – vergleichbar der Suṣumṇā – die *Sarasvatī* fließe. Bei Allahabad fließen die Drei zusammen. Daher feiert man dort alle zwölf Jahre ein religiöses Fest: den *Kumbhamela.*

chen geschlossen. Meditierende empfinden sie bisweilen als irisierende Farbscheiben.
Erwähnt werden sie schon in den ältesten Texten des Veda, doch ist das Wissen darum geheimgehalten worden. Unter anderen Namen sind die Cakra auch in außerindischen Gebieten bekannt, zum Beispiel in China oder bei einigen Indianerstämmen (Popul-vuh-Text).
Seit man der Yoga-Lehre historisches Interesse entgegenbringt, versucht man, die symbolischen Bezeichnungen durch moderne Begriffe zu ersetzen. So glauben manche Yoga-Lehrer, die Cakra könnten Nervenzentren sein. Andere wenden ein, daß sie auf keinen Fall etwas Grobstoffliches sind; sie könnten aber die feinstofflichen Entsprechungen zu den sechs großen Nerven-Plexus sein. Denn nach der Yoga-Lehre wird alles Stoffliche durch etwas Feinstoffliches angeregt.
Die symbolische Darstellung der sechs Cakra wird am Ende des Vierten Teiles wiedergegeben und erläutert.

4. Die Praktik des Kuṇḍalinī-Yoga

a) Die vorbereitende Schülerschaft

Ein junger, noch vollkommen gesunder Mensch kann eine der traditionellen *Samaya*-Schulen besuchen. Ist er bereit, sich den dortigen Gepflogenheiten zu unterwerfen, wird er zunächst in *Yama* und *Niyama* unterwiesen, den ethischen Rücksichten, die bereits aus dem *Rāja-Yoga* bekannt sind.
Nach und nach wird er dann extreme Prāṇāyāma-Techniken erlernen, wie auch die Mudrā und Bandha, die im *Haṭha-Yoga* praktiziert und dort beschrieben werden. Nebenbei hat er sich in *Japa,* der Silben-Rezitation, zu üben. Daneben wird er mit der Bedeutung der Bildsymbolik bekannt gemacht. Bis er das alles beherrscht, werden Jahre vergehen.
Dann erst kann er auf die Suche nach einem *Dīkṣā-Guru* gehen, der ihm – falls er ihn annimmt – eine Einweihung (dīkṣā) geben wird, die in einer ersten Kraft-Übertragung besteht. Daraufhin ergibt sich ein enger Kontakt zwischen Lehrer und Schüler. Der Guru übernimmt mit dem Akt der Initiation die Verpflichtung, den Übungsweg des *Sādhaka* (Schülers) zu lenken und bis zur Zielerreichung zu überwachen.

b) Laya-Krama – Methode der Verfeinerung

Unter Verfeinern versteht man im Yoga ein Erhöhen der inneren Schwingungen; alle Körperregionen sollen mit der Zeit mit der *Sattva*-Schwingung

arbeiten. Das wird in anderen Yoga-Schulen der gemäßigten Methode durch ethisches und ästhetisches Verhalten und durch die *Japa*-Technik gefördert, die in allen Schulen üblich ist.
Der *Tantrika* aber setzt dafür eine Konzentrationstechnik ein, die lange geübt werden muß. Die Technik heißt Laya-Krama. „Laya" kann Auflösung oder Ablösung meinen. Konzentrativ aufgelöst wird die durch die Geburt gegebene oder mitgebrachte Struktur, sie soll umgewandelt werden. Abzulösen hat sich der Schüler vom Grobstofflichen, um sich dem Feinstofflichen zuzuwenden. Der nächste Schritt ist das Ablösen vom Feinstofflichen und das Zuwenden zum „Reinen Bewußtsein".
Es ist verbunden mit einer speziellen *Japa*-Technik; denn man glaubt, daß es ganz bestimmte *Bīja* oder Silben sind, die auf die entsprechenden Körperregionen ansprechen.
Die Konzentration beginnt beim sogenannten „Wurzelcakra", das für die grobstofflichen Vorgänge zuständig ist. Man glaubt, daß es für die Programmierung der Zellstruktur zuständig ist, die zu Beginn der irdischen Evolution festgelegt wurde. Gerade deshalb nehmen andere Schulen davon Abstand, hier eine Beeinflussung zu wagen.
Die Technik wird daher nur aus Gründen der Überlieferung angegeben, ohne zur Praktik ermuntern zu wollen, die nur mit Hilfe eines Guru durchgeführt werden darf.

Die Laya-Krama-Technik
Konzentration auf das *Mūladhāra-Cakra* in der Steißbeingegend, hier dominiert *Pṛthivī-Sthūlabhūta,* es wird gedanklich überführt in das feinstoffliche *Gandha-Tanmātra* (Geruch). Dieses wiederum wird überführt in das Bīja *Laṃ,* das die ganze Zeit zu rezitieren ist.
Das *Laṃ* wird konzentrativ in das *Svādisthāna-Cakra* (Kreuzbein) emporgeführt; hier dominiert *Āpas-Sthūlabhūta,* es wird gedanklich überführt in *Rasa-Tanmātra.* Dieser geschmacksbewirkende Feinstoff wird überführt in das Bīja *Vaṃ.*
Das *Vaṃ* wird konzentrativ in das *Maṇipūra-Cakra* emporgeführt. Hier dominiert *Agni-Sthūlabhūta,* es wird gedanklich überführt in *Rūpa-Tanmātra.* Dieser Feinstoff, der Form und Farbe bewirkt, wird überführt in das Bīja *Raṃ.*
Das *Raṃ* wird konzentrativ in das *Anāhata-Cakra* emporgeführt; hier dominiert *Vāyu-Sthūlabhūta,* es wird gedanklich überführt in *Sparśa-Tanmātra.* Dieser Feinstoff, der Empfindungen bewirkt, wird überführt in die Silbe *Yaṃ.*
Das *Yaṃ* wird konzentrativ in das *Viśuddha-Cakra* emporgeführt. Hier dominiert *Ākāśa-Sthūlabhūta,* das Raum- und Zeitempfinden hervorruft. Es wird gedanklich überführt in das *Śabda-Tanmātra.* Dieser Feinstoff, der den Klang hörbar macht, wird überführt in das Bīja *Haṃ.*

Das *Haṃ* wird konzentrativ in das *Ājñā-Cakra* emporgeführt. Hier ist der Sitz der Persönlichkeit, des Bewußtseins und des beurteilenden Denkens. Jetzt wird die Silbe *OṂ* rezitiert.
Nach der Überlieferung hat der fortgeschrittene Schüler das entsprechende Bīja jeweils zwei Stunden lang zu rezitieren. Dann aber kommt der wichtigere Teil: Mit der gleichen Methode werden die *Tanmātra* und *Sthūlabhūta* wieder konzentrativ aufgebaut, jetzt von oben nach unten (wer vorher müde wird und aufhört, läuft Gefahr, seine Lebenskraft zu vermindern). Für jede Region werden wiederum zwei Stunden benötigt.
Die damit verbundene Erwartung ist die Vermehrung der Lichtsubstanz, des *Sattva-Guṇa.* Der Körper soll an der Vergeistigung teilnehmen; er wird konzentrativ umgewandelt in einen sogenannten Diamantkörper, weshalb das Tantra auch das *Vajrayāna* genannt wird, Diamantweg.

Eine andere Laya-Krama-Technik
In anderen Schulen – bevorzugt bei den Viṣṇu-Gläubigen – kennt man eine vereinfachte Methode. Hier wird immer wieder die Sanskrit-Lautreihe rückwärts aufgesagt. Da die Auffassung herrscht, daß die *Devanāgarī* dem gespaltenen Bewußtseinskern entsprungen ist, glaubt man, daß man sich dem Bewußtseinskern auf dem gleichen Wege rückwärts annähern könnte. Bei dieser Methode werden den Körperteilen bestimmte Lautzeichen zugeordnet, wie die Tafeln des Yantra-Buches von Madhu Khanna erkennen lassen.

c) Das tantrische Prāṇāyāma

Die Begriffe *Prāṇa* und *Prāṇāyāma* werden in der Übungspraxis der verschiedenen Yoga-Methoden nicht einheitlich verwendet. Während Prāṇa in den älteren Texten der Atemwind oder der kosmische Wind ist, meint Prāṇa in den tantrisch beeinflußten Texten etwas Besonderes, das sich nicht klar erfassen läßt (etwa biomotorische Kraft). Man hat den Begriff Prāṇa mit Ionen in Verbindung gebracht, mit feinen Wirkstoffen der Luft oder auch für ein Nervenfluid gehalten. Ebensowenig weiß man, was in den Meridianen fließt, mit denen sich die Akupunktur beschäftigt.
In den alten Texten werden fünf Körper-Winde – *Pañcaprāṇa* – erwähnt, schon in der Maitrāyaṇa-Upaniṣad. Die indische Naturheilkunde, der *Āyurveda,* schenkte ihnen große Beachtung. Die Erläuterungen lassen auf gewisse Körperfunktionen schließen, die das Leben erhalten. Von zwei Körperwinden heißt es, daß sie ständig gegeneinander wirken, und so lange sie dies tun, könne das Leben nicht entweichen; im Sterbemoment aber vereinigen sie sich und werden ausgehaucht. Gerade mit diesen beiden Winden experimentiert der Tantrika, was deshalb ein Spiel mit dem Tod sein dürfte.

Die beiden Winde werden in den tantrischen Texten und auch im historischen Haṭha-Yoga oft genannt. Sie heißen: *Prāṇa-Vāyu* und *Apāna-Vāyu.* Versteht man unter Prāṇa-Vāyu das Auffüllen mit den drei Arten von kosmischem Prāṇa, dann bedeutet apāna, „abwärts", daß dieser rasch wieder entweicht, also zu wenig genützt wird. Daher lautet die tantrische Vorschrift, ihn am Entweichen zu hindern. Vielmehr soll Apāna-Vāyu durch Konzentration zum Aufstieg in der Wirbelsäule gezwungen werden durch eine Aufstiegsrinne, die durch Konzentration erst erschaffen werden soll. Für eine solche Möglichkeit ist nur ein Zeuge bekannt: Gopi Krishna. Bei ihm aber war es nicht der vorbereitende Apāna-Vāyu, der aufstieg, sondern bereits die Kuṇḍalinī. Die im Haṭha-Yoga erwähnten *Mudrā* und *Bandha* sollen den Vorgang unterstützen.

d) Aufstieg der Kuṇḍalinī

Nach jahrelanger Vorbereitung, während der die meisten Anwärter bereits ausscheiden, haben es einige außerordentlich Befähigte versucht, mit dem letzten Übungsabschnitt zu beginnen. Die Konzentrationstechnik wird jetzt schwieriger, verlangt beobachtende Einfühlung in die Vorgänge und soll kaum noch Unterbrechungen erfahren.
Die überlieferte Anweisung lautet etwa so: Der Tantrika soll sich die Kuṇḍalinī-Kraft wie eine „Schlafende Göttin" vorstellen, die an der Wurzel seines Lebensbaumes (also am Steiß) ruht. Seine Sehnsucht, sie zu wecken, muß so stark sein, daß er das innere Bild der Göttin etwa eine Stunde aufrechterhalten kann. Dabei hat er die Silbe Hūṃ-haṃ-saḥ zu rezitieren.
Der Tantrika erwartet, daß daraufhin gleißendes Licht in seiner Wirbelsäule hochsteigt. Das nennt er das blitzartige Aufsteigen der Kuṇḍalinī-Schlange. Während sie in Spiralwindungen hochzischt, beginnen die Cakra zu vibrieren und in irisierenden Farben zu leuchten. Dabei sind auch feine Klänge zu hören. Das ist allerdings ein Erlebnis, das nur selten auftritt (vgl. die Bücher von Gopi Krishna)*.

* Svāmi Śivānanda, Rishikesh, nennt folgende Merkmale: Wenn Du spürst, daß die Prana-Ströme zum Sahasrara-Chakra (Scheitelzentrum) emporsteigen, wenn Du Seligkeit empfindest und automatisch OM wiederholst, wenn keine irdischen Gedanken in Deinem Gemüte sind, dann wisse, daß die *Kundalinikraft erweckt* worden ist.
Wenn Du unwillkürlich schöne erhabene Gesänge oder Gedichte schreibst, wisse, daß *Kundalini aktiv* geworden ist.
Wenn Du meditierst, wenn Inspiration, Innenschau, Erkenntnis über Dich kommt, wenn die Zukunft Dir ihre Geheimnisse entschleiert, wenn alle Zweifel schwinden, wenn Du den Sinn der Vedischen Texte (oder anderer heiligen Schriften) klar erfassest, wisse, daß *Kundalini in Tätigkeit* ist.
Wenn Dein Körper leicht wird wie Luft, wenn Du innerhalb unharmonischer gestörter Verhältnisse Dein Gleichgewicht bewahrst, wenn Du unerschöpfliche Arbeitskraft besitzest, wisse, daß *Kundalini* funktioniert.

In der Regel kostet es große Mühe, die Kuṇḍalinī zum Aufstieg zu bewegen. Sie steigt erstmalig nur für einen Moment vom untersten bis ins nächste Cakra. Jeder weitere Schritt muß mit gleicher Mühe errungen werden. Und immer wieder sinkt sie zu ihrem Ruheplatz ab.

Im historischen Text heißt es: Wenn sie aufsteigt, saugt sie alles in sich auf, was sie berührt; bei ihrem Abstieg schafft sie es neu (gemeint ist ein Austausch von Feinstoffen). Der auf diese Weise neugeschaffene Leib gilt als göttlicher Leib oder Diamantleib, gebildet aus der unverweslichen *Sattva*-Substanz.

Ist die Kuṇḍalinī endlich bis zum Herz-Cakra aufgestiegen, bleibt sie dort. Der unterste und der oberste Pol üben jetzt einen gleich starken Sog aus und halten sie in der Mitte. Der Erlebende fühlt sich daraufhin identisch mit allen lebenden Wesen.

Der Tantrika will jedoch noch mehr erreichen. Er will die Kuṇḍalinī bis zum oberen Pol führen, dem Śiva-Pol, um die Vereinigung von *Śiva* (als dem ruhenden Bewußtseinspol) mit der *Śakti* (als der schaffenden Kraft) herzustellen. Dieses Ergebnis wird als „mystische Hochzeit" bezeichnet.

Wenn himmlische Trunkenheit Dich erfaßt, wenn Schöpferkraft sich in Dir entwickelt, wisse, daß *Kundalini erweckt* worden ist.

Wenn Du unwillkürlich verschiedene Asanas oder Yoga-Körperhaltungen ausführst, ohne den geringsten Schmerz oder irgendwelche Ermüdung zu spüren, wisse, daß *Kundalini aktiv* geworden ist.

Wenn Du Dich während der Meditation fühlst, wie wenn Du keinen Körper hättest, wenn Deine Augenlider sich schließen und trotz Anstrengung nicht mehr öffnen wollen, wenn elektrische Ströme auf- und abwärts die Nervenbahnen durchziehen, wisse, daß *Kundalini* erweckt worden ist.

Wenn Du die Vibrationen des Prana an verschiedenen Stellen innerhalb des Körpers spürst, wenn Du ruckweise Stöße oder Zuckungen erfährst, wisse, daß *Kundalini* sich *in Tätigkeit* befindet.

Wenn Du meditierst und die Augen sich auf Trikut, die Mitte zwischen den Augenbrauen, fixieren, wenn das Sambhavi Mudra wirksam ist, wisse, daß die *Kundalini-Kraft arbeitet.*

Wenn der Atem ohne irgendwelche Anstrengung aussetzt, wenn Kevela Kumbhaka sich ohne die geringste Bemühung einstellt, wisse, daß *Kundalini Shakti aktiv* geworden ist.

Wenn in Muladhara (im Zentrum an der Basis des Rückgrates) Zittern, Beben oder Erschütterungen wahrnehmbar sind und das Haar zu Berge steht (Romancha), wenn Uddiyana, Jalandhar und Mulabhanda unwillkürlich einsetzen, wisse, daß *Kundalini wach* ist.

Während der Meditation schaust Du göttliche Visionen, Du empfindest wohlriechende Düfte, süßen köstlichen Geschmack, entzückende Berührung, Du hörst göttliche Anahata-Töne (des Herz-Lotos), Du vernimmst die Stimme Gottes – *all* diese Erfahrungen zeigen, daß die *Kundalinikraft erweckt* worden ist.

e) Begleiterscheinungen

Die erfolgreiche Erweckung der Kuṇḍalinī über das Herz-Cakra hinaus soll als Belohnung eine besondere Redebegabung mit sich bringen. Die historischen Texte stellen in Aussicht, daß sich unmittelbares Wissen einstellen wird, ein wortloses Wissen, das in jede beliebige Sprache übersetzt werden kann. Das ist jedoch wieder eine Anstrengung für sich und nicht eine Gabe, die in den Schoß fällt.
Bei Erweckung aller Cakra soll eine gewisse Vollkommenheit oder ein Übermenschentum eintreten; doch auch das tritt erst ein im Rahmen des folgenden Entwicklungsprozesses, der jetzt aber eine Beschleunigung erfährt.
Boris Sacharow erwähnte, daß das Endergebnis enttäuschend gewesen sei und daß er sich daraufhin dem Rāja- und dem Jñāna-Yoga zugewandt habe. Vom Kuṇḍalinī-Yoga hat er jedem abgeraten. Eine sanfte Erweckung der Kuṇḍalinī findet auch durch die rein geistigen Yoga-Methoden statt, nur die forcierte Methode ist aus mancherlei Gründen nicht empfehlenswert. Geringfügige Fehler bei der Ausübung sind begleitet von schweren körperlichen Leiden, von denen kein Arzt befreien kann. Zu Mißverständnissen führt sehr leicht die falsch gedeutete Symbolsprache. Wer statt des „kühlen Mondlichtes" das „Sonnenlicht" entfacht, fühlt sich innerlich verbrennen. Am ausführlichsten berichtet darüber Gopi Krishna.

f) Die Befreiung

In indischen Yoga-Kreisen unterscheidet man den „Lebend-Befreiten" und die „Endgültige Befreiung", die nur nach dem Tode erlangt werden kann.
Der *Lebend-Befreite* fühlt sich als eine unabhängige Persönlichkeit, da er alle familiären und gesellschaftlichen Bindungen aufgegeben hat. Gerade der Tantrika setzt sich gern zu allem Herkömmlichen in Opposition und tut gerade das, was nach brahmanischem Maßstab unschicklich ist. Daher werden tantrische Praktiken von Indern wie auch von Indologen abgewertet. Andere Yoga-Schulen aber empfehlen ihren Schülern, ein Leben zu führen, das kein Aufsehen erregt. Sie betonen, daß Freiheit nicht mit Willkür gleichgesetzt werden soll. Sich frei fühlen bedeutet: sich nicht vor dem Schicksal fürchten, weder vor Veränderungen noch vor Krankheiten. Die gleichmütige Einstellung zu den Lebensbedingungen kennzeichnet den Lebend-Befreiten.
Ist er ein *Tantrika,* will er auf nichts verzichten, will möglichst die Freuden dieser wie auch der feinstofflichen Welten erleben. Befreit er sich auf der irdischen Ebene von den gegensätzlichen Stimmungen Lust und Leid, dann nennt er das *Mukti,* dabei aber will er in allen körperlichen und psycho-

mentalen Bereichen voll bewußt bleiben; dieses volle Erleben nennt er *Bhukti.*

Auch die Schwelle von hier nach dort will er bewußt überschreiten. Er sieht seiner Todesstunde voll Aufmerksamkeit entgegen. Sobald er den Zeitpunkt weiß, ihn innerlich ahnt, vermeidet er, die Lebenskraft *Prāṇa-Vāyu* weiterhin aus dem All zu ergänzen, um die im Körper gespeicherte Vitalität ganz zu verbrauchen und langsam zu erlöschen wie eine Kerzenflamme, deren Docht verbraucht ist. Das ist eine Formulierung wie aus Buddhas Zeit und wohl noch immer die gleiche Praktik. Doch das Endziel ist anders.

Das geistige Wesen des Menschen – der *Jīv-Ātman* – der im Schädel lokalisiert wird, soll zuletzt durch eine Öffnung aussteigen, die in der Symbolsprache *Brahmā-Randhra* heißt. Die Methode wird schon in den frühesten Upaniṣaden erwähnt als Devayāna, der Weg zu den Göttern, denn damals war das Ziel Devaloka – und für den nicht Yoga betreibenden Frommen ist es das Ziel geblieben. Inzwischen aber will der Yogin in einen höheren Bewußtseins-Bereich. Wer frei von Angst ist, hofft, daß er zumindest sterbend den Bereich finden wird, den er während der Meditation ersteigen konnte.

Die *endgültige Befreiung* aber wird nur dem in Aussicht gestellt, der in der Sterbestunde frei ist von irgendeinem Verlangen.

Die volle Bewußtheit will sich der Tantrika erhalten auch während der Vereinigung mit *Para-Śiva* und zwar durch alle *Yuga* und *Kalpa* hindurch, selbst während des *Pralaya.*

IV. Die Cakra-Lehre

1. Grundformen der Cakra-Symbolik

Die Cakra wurden immer wieder abgebildet, manchmal nur skizziert. Die ausführlichste Darstellung hat Arthur Avalon seinem Buch „Die Schlangenkraft" beigefügt. Die folgenden Erläuterungen legen u.a. diese schönen farbigen Abbildungen zugrunde.
Die Cakra-Symbolik bedient sich der bereits bekannten Bildsprache: ein *Kreis* ist ein Rad: *Cakra*; ein *Dreieck* ist ein Feld kosmischer oder göttlicher Kräfte; ein *Punkt* ist ein Konzentrat von Bewußtsein oder Kraft.

a) Erläuterung der Kreise

Die folgende Abbildung ist eine vereinfachte Darstellung der Cakra, unter Hervorhebung des Wesentlichen.
Jeder der *sechs Kreise* soll ein *Cakra* sein, also ein Rad. Im Original sind die Kreise von Blütenblättern umrandet, sie gleichen dann Lotosblumen. Daher gilt *Padma* = Lotos als die zweite Bezeichnung. Der meditierende Yogin stellt sich nicht Räder sondern Lotosblumen vor; denn er denkt nicht an physische Wirkungen sondern an psychische Möglichkeiten.
Aus Gründen der Vereinfachung sind die Blütenblätter hier weggelassen. Farbe und Anzahl sind von umstrittener Bedeutung. Von unten nach oben gelesen sind es: 4 - 6 - 10 - 12 - 16 - 2 Blütenblätter. Sie entsprechen den 50 Lautzeichen des Sanskrit, die in die Blätter eingezeichnet sind.
Die Kreise erscheinen auf allen Abbildungen wie aufgereiht an einem Stab. An sich wären die winzig kleinen Zentren in den Stab hineinzudenken. Sie strahlen jedoch immer weiter aus, je mehr die Entwicklung fortschreitet.
Der obere Lotos am Scheitel des Kopfes, dem 1000 Blütenblätter zugeschrieben werden, wird nicht zu den Cakra gezählt; er ist das Ziel und nimmt eine Sonderstellung ein.

b) Erläuterung der Stoff-Bereiche

Die Querlinien in der Graphik sind ein Hinweis auf *Körperzonen,* die je einem Stoff-Bereich zugeordnet sind. Sie sind *von unten nach oben zu lesen,* da der Prozeß von unten nach oben verläuft.
Zone 1: Erd-Prinzip, *Pṛthivī* oder *Bhūmi,* wird von den Füßen bis zum Steiß gerechnet. Das Piktogramm für das Feste, Stoffliche ist ein gelber Würfel

Grundformen der Cakra-Symbolik

Der Aufstieg der Kuṇḍalinī erfolgt von unten nach oben durch die Suṣumṇā

Die 6 Cakra:

			Klangsymbol
6	Stirncakra Hypophyse	Ājñā „Befehlsstelle" (für innere Anweisungen) ākāśa-Zone Beziehung zum Plexus Cavernosus	ॐ Oṃ
5	Kehlcakra Schilddrüse	Viśuddha „geläutert" ākāśa-Zone Beziehung zum Plexus Laryngeus	हं Haṃ
4	Herzcakra	Anāhata „Klang im Herzen" auch Nāda vāyu-Zone – Gazelle steuert den Plexus Cardiacus	यं Yaṃ
3	Diamantcakra Sonnengeflecht	Maṇipūra „Stätte des Diamanten" Tiersymbol Widder tejas-Zone steuert den Plexus Solaris	रं Raṃ
2	Kreuzbein-cakra	Svādhisthāna „Schöpferische Andacht" Tiersymbol Makara, rechts āpas-Zone steuert den Plexus Sacralis	वं Vaṃ
1	Wurzelcakra Steißbein	Mūladhāra „Wurzelträger" Tiersymbol Elefant pṛthivī-Zone steuert den Plexus Coccygeus	लं Laṃ

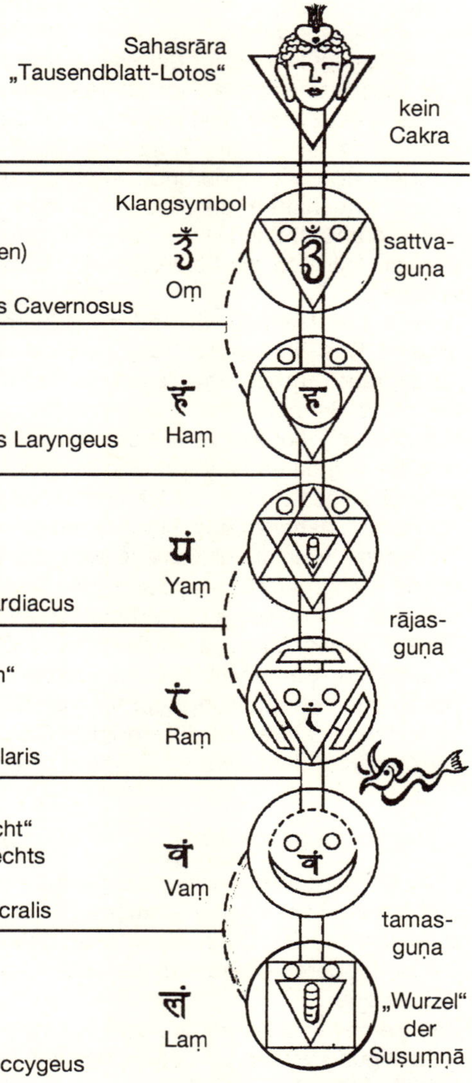

Die Suṣumṇā ist der durch die Cakra laufende Stab

bzw. ein *Quadrat*; das Symbol-Tier ist der *Elefant,* ein massiv wirkendes Tier mit physischer Kraft.
Zone 2: Wasser-Prinzip, *Āpas* oder *Vāri,* beherrscht die Unterleibs- oder Kreuzbein-Gegend. Piktogramm für alles Flüssig-Fließende ist eine grünlich-weiße *Mondsichel.* Der Mondwechsel – das Zu- und Abnehmen – wird der Säfteregulierung im Leib verglichen, sowie den Gemütsstimmungen. Das charakteristische Tier ist der *Makara-Fisch,* nicht nur der Delphin sondern ein Zwitter, von dem noch die Rede sein wird (e).
Zone 3: Feuer-Prinzip, *Tejas* oder *Agni,* wird dem Wärmezentrum, dem Sonnengeflecht, zugeordnet. Auch das Piktogramm weist auf Beziehung zum Sonnenhaften; denn es ist ein *rotes Dreieck mit Svastika-Haken.* Hier dominieren Licht und Hitze, sowohl im physischen wie auch im psychischen Bereich (nämlich als Leidenschaft). Tiersymbol ist der feurig anrennende *Widder.*
Zone 4: Luft-Prinzip, *Vāyu* oder *Vāta,* kennzeichnet die Lungen- und Herzgegend. Das Piktogramm zeigt zwei *ineinander verschlungene Dreiecke* von rauchgrauer Farbe, Hinweis auf die Dunstzone der Lungen. Außerdem sind Herz und Sonnengeflecht aufeinander bezogen, das bedeutet psychisch interpretiert: Hier kann Harmonie zwischen Gemüt und Geist erreicht werden. Bewegte Luft ist Wind, und windflink ist die *Gazelle.*
Zone 5: Ākāśa-Zone – sie ist nicht mehr stofflich sondern eher vorstofflich zu nennen; daher ist das Piktogramm ein farbloses *Dreieck* mit blaß grünem *Kreis darin.* Hier ist der Kehl-Bereich, das Sprachorgan, und es heißt, *Ākāśa* könne Klangrhythmen aufbewahren. Der Tier-Aspekt fällt weg, von hier an aufwärts gibt es keine Gemeinsamkeiten zwischen Tier und Mensch.
Zone 6: Ākāśa-Zone, es gilt das gleiche. *Das farblose Dreieck* sagt aus, daß dieses Stirn-Cakra vollkommen unstofflich ist.
Nach neuerer Auffassung schreibt man den *Cakra* eine Beziehung zu Drüsen oder Nervenzentren zu, die am linken Rand angegeben ist bei der deutschen Bezeichnung der Cakra.

c) Die Schwingungsebene

Je zwei Cakra reagieren auf die gleiche Schwingung: *Guṇa.* Hervorgehoben durch die linksseitigen Klammern. Die zwei unteren Cakra schwingen langsam: *Tamasguṇa.* Die zwei mittleren Cakra werden bewegt von: *Rājasguṇa.* Die zwei oberen Cakra befinden sich in harmonischer Pendelschwingung: *Sattvaguṇa.*
Das Bemühen des Tantrika geht dahin, im ganzen Organismus die Sattva-Schwingung wirken zu lassen; das soll zur Verfeinerung auf allen Lebensgebieten führen.

d) Die Klangsymbole

Jeder Körperzone ist eine Schlüsselsilbe zugeordnet, ein Sanskrit-Zeichen, das in indischen Originalen in das Piktogramm hineinkomponiert ist. Da es auf Kosten der Deutlichkeit gegangen wäre, wurde in unserer Graphik darauf verzichtet.
Diese Silben oder *Bīja,* die alle mit Nasal enden, werden zuerst laut gesungen, dann immer leiser gesummt, schließlich nur noch innerlich gehört. Das bewirkt ein psychisches Einstimmen in die betreffende Körperzone, die fein mitvibriert. Fremdgedanken werden ausgeschaltet, der unruhig umherschweifende Geist wird gezähmt, er soll sich still verhalten. Die Art der Zähmung wird durch die Tiersymbole angegeben.

e) Die Tier-Symbolik

Die den Cakra zugeordneten Tiere sind nicht nur ein Hinweis auf die Stoffbereiche sondern auch auf die psychomentale Entwicklung.
Zone 1: *Der Elefant* soll nicht nur an die Schwere und Festigkeit des Erdbereichs erinnern. Der Yogin weiß vielmehr, daß der unruhige menschliche Geist bezwungen werden muß wie ein gerade eingefangener wilder Elefant. Zertrampelt er des Herren Garten, nimmt der Wärter eine Peitsche zu Hilfe. Will der Geist des Yogin im Lustgarten der Sinnesobjekte umhertollen, braucht auch er die Peitsche: nämlich die Silben-Rezitation.
Zone 2: Der *Makara* ist ein zwitterhaftes Fabelwesen; er hat einen Delphinkörper, aber dazu einen Elefantenrüssel. Alles Doppeldeutige und Doppelwertige im Gefühlsbereich wird durch den Makara zum Ausdruck gebracht. In vielen Abwandlungen erzählen indische Legenden, wie See-Ungeheuer aus Dörfern und Städten vertrieben und hinaus ins offene Meer verbannt werden. Es bedeutet, daß die primitive Triebhaftigkeit einer edleren Gefühlskultur weichen soll. Für den Yogin ist der Makara eine Warnung, daß er nicht im Schlamm der Gefühle versinken darf, wenn es ihm um geistige Entwicklung geht. Wer sich treiben läßt, den machen die Träume darauf aufmerksam. Da sieht er sich durch Schlamm oder trübes Wasser waten.
Zone 3 : Dem *Widder* im Feuer-Bereich sagt man leidenschaftlichen Kampfgeist nach, blindes Zustoßen. Ähnlich verhält sich der Mensch in der Glut der Leidenschaft; sie soll nach und nach umgewandelt werden in Zielstrebigkeit, in planmäßiges, überlegtes Handeln.
Zone 4: Die *Gazelle* wird wegen ihrer Leichtfüßigkeit dem Luft-Prinzip zugeordnet. Sie ist fast so schnell wie der Gedanke, und dieser wieder ist unsichtbar wie die Luft. Gedanken aber sollen während der Meditation aufgegeben werden, vor allem das sprunghafte Denken. Indische Bauern fangen eine Gazelle mit der Falle. Die Falle für den sprunghaften Geist ist

die Rezitation von Silben oder Zitaten. Hier in der Herzgegend soll die Rezitation vorwiegend innerlich erfolgen und daraufhin ins Unterbewußtsein sinken. Dann werden aus dem Unterbewußtsein nicht mehr unbewältigte Gefühle aufsteigen sondern die Silben, die rezitiert worden sind. Auf diese Weise wird Mantra-Bewußtsein entwickelt.

f) Die Punkte: Bindu und Bīja

Die Sanskrit-Sprache drückt einen *Nasal* durch einen Punkt über dem Konsonanten aus. In unserer Graphik sind *sechs Konsonanten des Sanskrit* mit einem *Punkt* darüber angegeben; die deutsche Aussprache steht darunter, nämlich eine Silbe, die mit ṃ endet, denn im Deutschen wird der Nasal-Punkt unten angegeben. In die Cakra-Symbolik sind jedoch *zwei Punkte* (visarga: Doppelpunkt) eingezeichnet, der *Bindu* und das *Bīja,* Weisheit und Willen zum Ausdruck bringend. In den indischen Originalen sind diese Punkte so groß, daß darin jeweils ein männlicher und ein weiblicher Krafthalter (*Devatā*) abgebildet werden kann. Der meditierende Yogin setzt sich innerlich in Beziehung zu ihnen.
Bei Aufzählung der Namen ist zu beachten, daß weibliche Namen mit langem i enden: ī.
Zone 1: Brahmā und Dākinī; Zone 2: Viṣṇu und Rākinī;
Zone 3: Rudra und Lākinī; Zone 4: Īśa und Kākinī;
Zone 5: Hari-Hara und Śākinī; Zone 6: Śambhu und Hākinī;
Der subtile Bindu im Tausendblatt-Lotos bezieht sich auf *Śūnya,* die Leere, auf das Unentfaltete.

g) Die sechs Cakra-Bezeichnungen

Die Graphik ist von unten nach oben zu lesen:
Mūlādhāra, „Wurzelträger", heißt dieses Cakra, weil es unten an der Wurzel der Wirbelsäule bzw. der Suṣumṇā liegt. Die Wirbelsäule heißt in der Symbolsprache *Merudaṇḍa,* „Meru-Stab". In diesem Stab hat man sich die *Suṣumṇā* zu denken, die haarfein ist, und darin wieder die noch feinere Vajrinī und die Citrinī; eine feine Rinne in der anderen, durch die die *Kuṇḍalinī* aufsteigen soll.
Svā-dhiṣṭhāna liegt in der 2. Zone. Hierher muß die Kuṇḍalinī zunächst gelockt werden; das Mittel ist Konzentration und Meditation. Meditation aber wird in dieser Textgattung als *dhiṣṭhāna,* „Andacht", bezeichnet. *Svā* ist ein Schöpfungssymbol. Die genaue Übersetzung dürfte demnach Schöpferische Andacht sein. Das erfordert die Aufgabe des Ich-Sinnes. Die aus ihm entspringenden üblen Neigungen (Begierde, Haß, Zorn, Falschheit) sollen auf diesem Altar der Andacht geopfert werden. Nur dann wird die

erforderliche Konzentration möglich sein, denn vorher wird sie gestört durch ich-betonte Triebregungen.
Maṇipūra, „Stätte des Diamanten", „Diamant-Burg". Ein Yogin, der sich auf dieses Cakra konzentriert, sollte die darunterliegende Gefühlszone gemeistert haben. Sein Ich-Sinn sollte maßvoll zurückstehen; denn sonst würde das Feuer der Leidenschaft und des Ehrgeizes hell auflodern und ihn auf Abwege führen. Erst wenn er diamantartige Festigkeit erlangt hat, darf er die Kuṇḍalinī hierherführen, sonst wird sie ihn nicht mit Kraft erfüllen sondern zerstören.
Anāhata ist eine Bezeichnung für den „inneren Klang", der während der Meditation in verschiedenen Klangfarben vernommen werden kann. Wer dieses Zentrum günstig entwickelt hat, gelangt zu wortlosem Verständnis seiner Mitmenschen und auch anderer Lebewesen.
Viśuddha heißt „geläutert". Wer die Kuṇḍalinī bis hierher gebracht hat, der hat die unteren Stoffbereiche geläutert, denen ein Tier zugeordnet war. Er hat das Tierisch-Körperliche überwunden und gilt nun als vergeistigt, als „rein" von Stofflichem. Daher ist er jetzt fähig, den *Ātman* oder *Puruṣa* wahrzunehmen, seinen geistigen Wesenskern. Anders formuliert: Er erkennt sein göttliches Urbild.
Ājñā, „Befehlsstelle", heißt das Stirncakra, weil hier die aus dem Inneren kommenden Anweisungen für den weiteren Yoga-Weg empfangen werden können. Die Stimme des inneren Guru kann hier gehört werden, der seinen Sitz noch weiter oben hat. Hier wird auch das innere Licht wahrgenommen, was zu tieferen Einsichten führt. Ist die Kuṇḍalinī bis hierher gelangt, dann kann der Yogin mit Sicherheit das Wirkliche vom Nicht-Wirklichen unterscheiden, das Ich vom Selbst.

h) Die 4 Liṅga

Das *Liṅga,* das „männliche Merkmal", ist ein uraltes Zeugungs-Symbol, das in der Regel mit *Śiva* in Verbindung gebracht wird; in seinen Tempeln werden steinerne Liṅga aufgestellt und verehrt.
Drei Liṅga sind darstellbar, das vierte, *Para-Liṅga,* ist unsichtbar, denn es bezieht sich auf den unmanifestierten Zustand. Es enthält jedoch verborgen das Gesamt schöpferischer Kräfte.
In unserer Graphik befinden sich die drei darstellbaren Liṅga in Zone 1, 4 und 6. Jedes der drei ruht in einem weiblichen Dreieck; damit wird ausgedrückt, daß Schöpfertum nur dann möglich wird, wenn männliche und weibliche Prinzipien vereint wirken.
Die drei Liṅga gelten auch als „Knoten", *Granthi,* da sie der Kuṇḍalinī Widerstand entgegensetzen; es kann sich um psychische Ursachen handeln wie Verkrampfungen und Vorurteile.

Das unterste – im Wurzelcakra gelegene – *Svayaṃbhū-Liṅga* bringt die kosmische Schaffenskraft zum Ausdruck. Der hinduistische Schöpfergott *Brahmā* ist dafür zuständig. Es geht um physisches Schöpfertum. Um dieses rotgefärbte Liṅga ist im Original (Avalons „Schlangenkraft") ein weißer Faden gewickelt, die Kuṇḍalinī, in dreieinhalb Windungen. Sie befindet sich fast immer im Ruhezustand, was als Schlaf bezeichnet wird. Vorübergehendes Tätigwerden erzeugt Hitzeempfinden und leichtes Aufsteigen; es wird als geistig und körperlich anspornend empfunden. Dabei soll der Faden umgewickelt bleiben. Das Kraftpotential bleibt also im Wurzelcakra erhalten, und das Hochsteigen gleicht mehr dem Überlaufen eines erhitzten Kessels. Die kosmische Weltschöpfung scheint man in ähnlicher Weise für ein Überfluten der Fülle zu halten. Von der ursprünglichen Fülle wird ein Achtel zur Welt, aber sieben Achtel bleiben erhalten. So verkünden die alten Texte. Die sieben Achtel saugen nach einer gewissen Frist das Übergeflutete zurück. Das wäre die Erklärung für das zyklische Entstehen und Vergehen der Welt.

Das *Itara-Liṅga* im Stirncakra wird einfach das „andere" genannt, anders als das stoffliche, nämlich das durch und durch geistige, aus Licht und Blitzen bestehende Liṅga. Von gleicher Art ist sein weibliches Gegenstück, das Dreieck, in dem es ruht.

Aufgabe ist, an dieser Stelle das Manas zu beeinflussen. Der übliche „denkende Zustand" – *mani* – soll umgewandelt werden in den „nicht-denkenden Zustand", *un-mani.* Mittel ist Rezitation der Silbe *OṂ,* die als Sanskritsymbol mit dem Liṅga verbunden ist. Daneben gibt es auch andere Methoden, den Un-Mani-Zustand einzuleiten: die Yoni-Mudrā und die Khecarī-Mudrā, Konzentrationsübungen, die im Haṭha-Yoga-Kapitel beschrieben werden.

Das kleine goldene *Bāṇa-Liṅga,* „mit dem Pfeil", befindet sich im Herzcakra. Die Pfeilspitze deutet auf eine Öffnung am unteren Ende; hier geht dem Meditierenden das Herz auf: er neigt sich liebend allen Wesen zu. Am oberen Ende des Liṅga befindet sich ein *Bindu,* der den *Jīv-Ātman* beherbergt. Der Yogin hat die Aufgabe, ihn abwärts ins Wurzelcakra zu führen. Er, der Jīv-Ātman, hat die Kuṇḍalinī einzuladen, mit ihm nach oben zu steigen zum *Param-Ātman*; es ist die Einladung zur mystischen Hochzeit.

2. Sahasrāra – Tausendblatt-Lotos

a) Das Scheitelzentrum und seine Symbolik

Das Scheitelzentrum *Sahasrāra* wird nicht zu den Cakra gezählt, es steht über ihnen. Es wird dargestellt als eine Art Kappe auf dem Kopf des Yogin, gebildet aus 1000 Blütenblättern der Lotosblume. Es wäre möglich, daß damit die Gehirnzellen gemeint sind. Der heutige Mensch soll sie erst zu einem geringen Teil zum Denken benützen. Durch meditative Anregung weiterer Gehirnteile verspricht sich der Yogin Bewußtseins-Erweiterung. Auch die Sanskritzeichen auf den Blütenblättern deuten auf Wissen.
Hier im Scheitelzentrum wird die mystische Hochzeit herbeigeführt zwischen *Śiva* und *Śakti*. Es handelt sich um ein *Samādhi*-Erlebnis, das von den einzelnen Schulen verschieden interpretiert wird.
Die *Śaiva* sagen, daß sich der Ātman mit Śiva vereint. Die Sāṃkhya-Schulen sprechen vom Erkennen des Puruṣa. Die Vedānta-Schulen halten es für eine Vereinigung des Jīva mit dem Ātman. Den Ort ihres Zusammentreffens nennen sie „Ort der Wahrheit": *Satya-Loka.*
Die Wonne, die dabei erfahren wird, bezeichnet der Vedānta als *Ānanda.* Das Tantra hat dafür mehrere Namen: *Amṛta,* Sudha, Virasa oder Parama-Rasa. Diese Wonne ist nicht begleitet von den Hitzewallungen irdischer Freude, man spricht von herabsickerndem Mondlicht. Danach bleibt selige Entspanntheit zurück, vergleichbar kühlen Mondstrahlen. Daraufhin ist jegliche Besorgnis um Verdienst und Schuld einer ruhigen Zuversicht gewichen.
All diese Erwähnungen sind Vereinfachungen der Original-Beschreibungen, die überschwenglich von der Schönheit der imaginierten Gottheiten schwärmen. Die bildliche Vorstellung der *Devatā* und ihrer Pracht erleichtert die anstrengende Konzentration.

b) Das Candra-Maṇḍala – ein Zwölfblatt-Lotos

Die Cakra-Lehre hat nach und nach in alle Yoga-Methoden Eingang gefunden, auch der Mahāyāna-Buddhismus schenkt den Cakra Beachtung. Unterschiedlich ist die Einstellung dazu. Die Mehrheit der Schulen will die Cakra durch ein ethisches Leben erwecken. Die forcierte Konzentration auf die Cakra ist nur in tantrischen Schulen üblich, und selbst hier bedient man sich überwiegend symbolischer Formen.
Die Schulen unterscheiden sich besonders im Hinblick auf den Beginn. Während der Kuṇḍalinī-Yoga unten im Wurzelcakra mit der Konzentration anfängt, heben die Zen-Schulen das Diamantcakra heraus. Die Bhakti-Schulen stellen sich auf das Herzcakra ein, und die Jñāna-Schulen und Sri

Das Candra-Maṇḍala
(gezeichnet nach dem Text: „Pādukā-Pañcaka" = „Fünf-Fuß-Schemel")

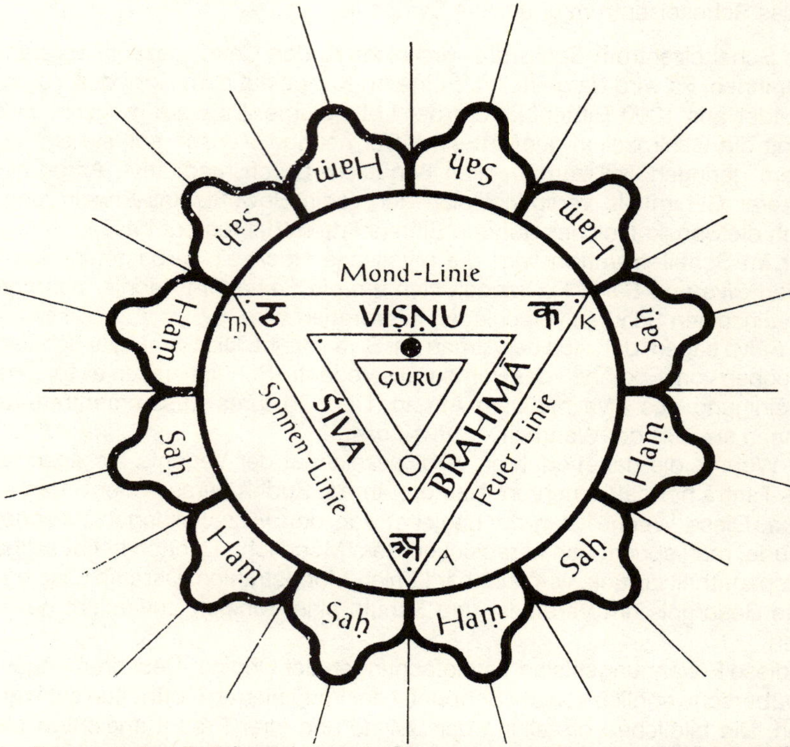

1. „Schemel": Der Zwölfblatt-Lotos als Ganzes, vorzustellen aus strahlend weißem Licht.
2. „Schemel": Der Kreis ist das Candra-Maṇḍala, „Mond-Kreis", als Quelle des „Mondlichtes" gilt das Brahman.
3. „Schemel": Das große Dreieck mit den Eckpunkten A - K - Ṭha; seine drei Linien meinen dreierlei Kraftströme von der Art der „Elektrizität".
4. „Schemel": Das kleinste Dreieck heißt *Maṇipītha,* „Edelsteinsitz" des *Guru.* Der dunkle Punkt darüber ist *Para-Bindu,* der helle Punkt darunter ist der *Nāda.* Sie bestehen aus *Cit,* „Bewußtsein". Beide zusammen bilden einen Doppelpunkt: *Visarga.*
5. „Schemel": Das mittlere Dreieck wird *Kāmakala* genannt. (Kāma wie auch Kala sind Bezeichnungen für eine feine Form der *Śakti.*) Die Eckpunkte dieses Dreiecks sind der *Tri-Bindu*; seine Kraftlinien bilden die *Trimūrti* (ein Vedanta-Begriff), das ist die „Dreifaltigkeit": *Brahmā – Viṣṇu – Śiva.*

Aurobindo üben Konzentration auf die Schädeldecke, also auf den Tausendblatt-Lotos. Manche Schulen erwähnen noch einen Zwölfblatt-Lotos nahe beim Herz-Cakra; doch die Beschreibung eines solchen innerhalb des Tausendblatt-Lotos ist einmalig bei Avalon.

Erster Bericht nach dem „Pañca-Pādukā-Text“; auch die vorstehende Graphik ist nach dieser Beschreibung angefertigt. Das *Maṇḍala* mußte in der Aufsicht gezeichnet werden. Da aber die Beschreibung Vorgänge im Kopf meint, muß man sich vorstellen, daß die Dreiecks-Spitzen mitten in den Kopf hinein zeigen.
Der *Kreis* wird ein *„Mond-Kreis“* genannt. Er ist von zwölf Blütenblättern umgeben, diese soll man sich nach oben geöffnet vorstellen. Dieser kleine Blütenkorb ist im Zentrum des Tausendblatt-Lotos, dessen Blütenblätter herabhängen. Die kleine und die große Blüte haben einen gemeinsamen Stengel: die Suṣumṇā.
Die Beschreibung wird fortgesetzt: In dem kleinen Blütenkorb befindet sich ein Dreieck, seine Eckpunkte sind Puruṣa und Prakṛti. Darin ist ein weiteres dreieckiges Kraftfeld „Sitz des Haṃsaḥ“. Die hier wirkende Kraft ist *Amā-Kala,* eine Feinform der Śakti.
Noch feiner ist die Kraft, die im innersten Dreieck wirkt, die *Nirvāṇa-Kala.* Es dürfte sich um zwei feingeistige Antriebskräfte handeln, da die Schreibweise Kala ist und nicht Kālā.
Das innerste Dreieck gilt als der Thronsitz des *Guru*; er ist die vom Schüler verehrte Gottheit – *Devatā.* Es scheint belanglos, mit welchem Namen sie der Schüler anspricht. Wesentlich ist, daß eine innige Beziehung besteht.

Zweiter Bericht nach dem Text „Pādukā-Pañcaka“, das heißt: Fünf-Fuß-Schemel. In diesem Text wird das Candra-Maṇḍala sehr ausführlich beschrieben. Wer sich in seine Symbolik vertieft, belebt damit sensitive Stellen seines Gehirns, die ihn mit dem ursprünglichen Bewußtsein in Verbindung bringen – ein wenig zumindest – soviel, daß der Meditierende *die Füße der großen Gottheit berührt,* ihren untersten Teil.
Das Maṇḍala wird jedoch erst erschaffen durch Rezitation der Silben *Haṃ-saḥ,* die daher auf den Blättern angegeben sind.

B. Yoga als Körper-Disziplin

V. Die Überlieferung

1. Haṭha-Yoga und Ha-Ṭha-Yoga

Der Yoga der Körper-Disziplin wird allgemein als Haṭha-Yoga bezeichnet; dabei wird nicht berücksichtigt, daß zwei Varianten zu unterscheiden sind, eine ältere harte und eine jüngere gemäßigte Methode.
Haṭha heißt „Gewalt“, „Anstrengung“, Disziplin. Die harte Methode wurde in der indischen Antike von der Kriegerkaste praktiziert. Als sich die Kriegsmethoden änderten – eine besondere Abhärtung und Ausdauer nicht mehr unbedingt erforderlich war –, verlor diese Methode an Bedeutung, wurde aber nicht ganz vergessen. Als der amerikanische Maler Theos Bernard in den vierziger Jahren unseres Jahrhunderts in Indien einen Lehrer suchte, lernte er dieses harte Training kennen. Ein bekannter Vertreter der harten Methode ist auch der Yogin *B.K.S. Iyengar* aus Bombay, sowie der in Deutschland lebende Inder *Rocque Lobo.*
Die gleichen Körper-Übungen, die im alten System der Abhärtung dienten, bewirken, maßvoll geübt, harmonischen Gleichklang im seelisch-körperlichen Bereich. Da dieser neuere Yoga, der sich im Mittelalter durchzusetzen begann, auf zwei gegensätzliche Prinzipien im Menschen hinweist, wurde dies auch äußerlich zum Ausdruck gebracht in der Schreibweise: So wurde aus Haṭha Ha + Ṭha.

ह - थ
योग

Die im Körper verankerten Vitalkräfte und die aus der Transzendenz stammenden Geisteskräfte sollten durch *Yoga* in Einklang gebracht werden. „Yoga“ – heute ein Wort für Disziplin – bezeichnete ursprünglich das „Joch“, mit dem zwei Zug-Ochsen verbunden wurden. Es weist stets hin auf eine oder mehrere Verbindungen, andererseits auf den Beginn einer Unternehmung (das Ausfahren mit dem Ochsengespann) und schließlich auf die Zügelung des „Ochsen“, eine Anspielung auf den störrischen menschlichen Leib.

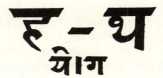

2. Die Herkunft der beiden Methoden

a) Der alte Haṭha-Yoga der Kriegerkaste

Nach Lobo waren es die Feldschere des Altertums, die herausgefunden hatten, daß der menschliche Körper an einigen Stellen besonders gefährdet ist. Diese *Marma* (Reizpunkte) galt es, durch Körpertraining widerstandsfähiger zu machen. Daher wurden die 12-24-jährigen – im Rahmen der Wehrertüchtigung – im Haṭha-Yoga ausgebildet. Dehn- und Preß-Übungen mit ansteigendem Schwierigkeitsgrad sollten die Belastbarkeit des Körpers erhöhen helfen.

Solche Selbst-Hilfe war eine Neuerung, geeignet, die bisherige magische Heilmethode der Priesterschaft abzulösen. Die heilenden Riten mit den „Heilsprüchen" waren im *Atharva-Veda* aufgezeichnet; dieser erhielt nun einen Anhang: den *Āyur-Veda,* das „Wissen vom Leben"; es ist die altindische Heilkunde, die noch heute ihre Bedeutung hat. Eine moderne Bearbeitung von *Thakkur* wurde sogar ins Deutsche übersetzt*.

Aus diesem Werk geht hervor, daß der Arzt des Altertums nicht nur Chirurg sondern auch Internist, Erzieher und Philosoph war. Er hieß *Vaidya,* „Seher", denn ihm kam es zu, den hilfesuchenden Menschen „voll ins Auge zu fassen", um zu erkennen, auf welche Weise die Gesamt-Persönlichkeit gestört war. Die ärztliche Aufgabe bestand darin, das Gleichgewicht der Kräfte wiederherzustellen. Für die Diagnose wurden umfangreiche Hilfsmittel herangezogen. Der Körper wurde daraufhin untersucht, ob seine „fünf Grundbestandteile" – *Pañca Bhautika* – ungesunde Veränderungen erfahren hätten; das frühere und das jetzige Lebens-Milieu wurden miteinander verglichen, um seelische Einflüsse zu erwägen. Man versuchte also, die Situation nach psychosomatischen Gesichtspunkten zu erfassen.

Um die Heilung anzubahnen, wurden nun noch philosophische Gesichtspunkte berücksichtigt. Die Einwilligung und Mithilfe des *Jīvātman* – als innerer Lenker der Persönlichkeit – mußte in die Wege geleitet werden. Da man ihm zuschreibt, für die Anpassung des Menschen an seine Umwelt zuständig zu sein, bedeutet Krankheit ein Versagen seinerseits. Ihm muß Einsicht in die Zusammenhänge vermittelt werden als Voraussetzung für die Umstimmung der Gesamt-Persönlichkeit.

Unser Organismus reagiert in mancher Hinsicht noch vorzeitlich, nämlich zu langsam. Das Leben in einer modernen Großstadt verlangt jedoch blitzschnelle Reaktionen, es stellt ähnliche Anforderungen an den Einzelnen wie ein Kriegsschauplatz der Antike. Es schien daher naheliegend, die Āyurveda-Lehre auf ihre Brauchbarkeit in unserer Zeit zu untersuchen,

* Vgl. hierzu auch Wolz-Gottwald, *Heilung aus der Ganzheit – Āyurveda als Philosophie in der Praxis*. Gladenbach, 1991.

besonders im Hinblick auf Reflexbewegungen. Bei Unfall oder Angriff schützt jeder instinktiv durch solche Reflexbewegungen gewisse empfindliche Stellen, die im Āyurveda *Marma* heißen. Bei ihrer Beschreibung fällt auf, daß es dieselben Stellen sind, die durch die Haṭha-Yoga-Körperübungen aktiviert werden.
Die folgenden Angaben über die Marma stammen von Rocque Lobo:
96 Marma verlaufen *linear* und *paarweise* angeordnet; einseitiger Verlust kann demnach kompensiert werden. Die rechts- und linksseitig auszuführenden Körper-Haltungen – *Āsana* – wirken auf sie ein.
6 Marma sind *kreisförmig* (*Cakra* – Räder); es sind zentrale Schaltstellen, die u.a. auf die Körper-Funktionen Einfluß nehmen, die aber auch die geistige Entwicklung vorantreiben können.
5 Marma enthalten ein *siebartiges Programm*; sie sind Konglomerate, nahe bei den fünf Schädelnähten. (Bezieht sich die Symbolik des fünf-teiligen Candra-Maṇḍala im Tantra-Text darauf?) Immerhin ist der Scheitelpunkt des Kopfes die wichtigste Stelle zur Förderung eines kreativen Gestaltungswillens.
Haṭha-Yoga ist eine *Reiztherapie.* Reagieren die Reizpunkte (marma) bei Ausführung bestimmter Bewegungen schmerzhaft, ist es ein *Signal für Störung* – vielleicht für Widerstandshaltung gegenüber gewissen Anforderungen der Umwelt. Der Ausgleich muß mit Geduld angebahnt werden, gerade durch die Gegenhaltung, die schwer fällt. Denn Yoga strebt nach Kompensation.

b) Der neuere Ha-Ṭha-Yoga der Tantriker

Im indischen Mittelalter – einer Epoche betonter Verinnerlichung – wandelte sich der Haṭha-Yoga. Die harte „Gewalt-Methode" wurde zu einer „Anstrengenden Disziplin" im Rahmen des *Tantra.* Die Texte verwenden nun tantrische Begriffe und Gleichnisse und gehen vom tantrischen Weltbild aus, in dem sich die Stoff-Welt *bipolar* darstellt, was fortan auch äußerlich hervorgehoben wird durch die Teilung des Wortes Haṭha in zwei Silben: *Ha* wird zur Chiffre für das „Sonnenprinzip", das als anfeuernd und schöpferisch beschrieben wird – und *Ṭha* wird zur Chiffre für das „Mondprinzip", das als dämpfend oder empfänglich-einsaugend charakterisiert wird.
Nach dem ersten Blick auf diese Symbolik läßt sich kaum vermuten, wie vielschichtig sie ist. Sie kann sich zum Beispiel auf Geist und Stoff beziehen, mit der Vorstellung, daß der Stoff oder der Leib vom Geist durchtränkt werden soll, sie kann einfach auch das Verhältnis von etwas sich Ergänzendem ausdrücken oder den Wechsel von aktiv-passiv, entsprechend Tag und Nacht oder Sonne und Mond.

Der Yogin *Goraknāth** gab die vielseitige Deutung in seinem Werk *„Gorakṣa-Paddhati“.* Zwei weitere Werke vom gleichen Autor sind: *„Haṭha-Yoga“* und *„Gorakṣa-Śataka“.* Diese drei Urtexte sind jedoch verschollen; man kennt nur die Zitate aus späteren Sekundärwerken. Drei dieser Sekundärwerke sind für uns heute Quellen-Texte, dienen uns als Grundlage des historischen Yoga der Körper-Disziplin. Aus ihnen geht hervor, daß es sich niemals um ein Körper-Training im Sinne des heutigen Sports handelte, sondern *um einen vollständigen Yoga, der Körper und Geist harmonisch entwickeln wollte und daher Konzentration, Meditation und Samādhi einbezieht.*
Die körperlichen Praktiken sollen den Körper gesund erhalten, damit er ein gefügiges Instrument für die anstrengenden Konzentrations-Übungen bleibt, die bereits aus dem Tantra bekannt sind. Der Anfänger läuft allerdings Gefahr, in der Vorschulung stecken zu bleiben. Er freut sich seiner körperlichen Gewandtheit und seiner jugendlichen Frische, die ihm lange erhalten bleiben kann. Historisch betrachtet spezialisierten sich einige Schulen in alchimistischer Richtung. Im Gegensatz zu früheren Yoga-Schulen, die auf eine „Unsterblichkeit“ in der geistigen Welt ausgerichtet waren, verstanden sie unter *Amṛta* eine stoffliche „Unsterblichkeit“, ein „dauerndes Leben im Leib“.
In diesem Zusammenhang wurde die Tradition archaischer magischer Praktiken aufrecht erhalten. Dies gilt für alle Teile der Welt, doch in den östlichen Ländern blieben sie länger lebendig und vermischten sich zum Teil mit neueren Methoden. In den Quellen-Texten findet man bisweilen solche Zusätze, die vielleicht von einem späteren Abschreiber stammen, der sie für wichtig hielt. Bei der Übernahme indischer Methoden in unsere Zeit wird man daher darauf achten müssen, „die Spreu vom Weizen zu trennen“.

* Sind auch die Originalwerke des Goraknāth verloren gegangen, eine Sekte nennt sich nach ihm die *Goraknāthī.* Sie sind nicht Mönche sondern verheiratet. Sie sind perfekt in der Kunst der Atemtechniken. Sie sitzen im Lotossitz auf einem Tigerfell, das Erdstrahlungen fernhalten soll. Bei ihrer Initiation reiten sie auf einem Tiger (dem Tier der Mutter-Göttin) in den Dschungel. Sie werden auch im Yoga-Sitz beerdigt, und auf ihrem Grabstein wird ein tantrisches Symbol angebracht: das männliche Liṅga im weiblichen Trikona.

VI. Besprechung dreier Quellen-Texte

Für den *Ha-Ṭha-Yoga* – als eine Verbindung gegensätzlicher Lebensprinzipien – gelten heute drei Sanskrit-Werke als maßgeblich, die etwa zwischen 1100 und 1500 entstanden sein dürften. Sie werden in der Reihenfolge der Entstehung angeführt:
Die „Ha-Ṭha-Yoga-Pradīpikā" des Svātmārāma-Svāmin,
die „Gheraṇḍa-Saṃhitā" des Gheraṇḍa,
die „Śiva-Saṃhitā" eines unbekannten Verfassers.
Die Übersetzungen dieser Werke erfolgte durch Yoga-Lehrer dieses Jahrhunderts. Hans Ulrich Rieker holte sich dafür Informationen von indischen Yogis. Seine Übersetzung der „Ha-Ṭha-Yoga-Pradīpikā" ist mit Kommentaren versehen, die auf eigener Beobachtung beruhen.
Das ausführlichste und am besten gegliederte Werk scheint die „Gheraṇḍa-Saṃhitā" zu sein; sie wurde von Boris Sacharow aus dem Sanskrit übersetzt. Er sah seine Aufgabe darin, dem modernen Leser die Symbolik des Tantra-Wortschatzes zu entschlüsseln.
Die „Śiva-Saṃhitā" – lange nicht greifbar – wurde erst 1984 im Handabzug an Kollegen verschickt. Sie wurde aus dem englischen Text der Yoga-Schule in Lonavla – Indien – von Lore Tomalla, Osnabrück, übersetzt.

1. Die Ha-Ṭha-Yoga-Pradīpikā des Svātmārāma-Svāmin

a) Erster Lehrabschnitt: Über die Lebensweise eines Yogin

Der Übungsplatz
Wer sich vornimmt, ein *Yogin* zu werden, dem wird empfohlen, in einer Einsiedelei zu leben und diese sehr sauber zu halten. Der Anfänger soll Gesellschaft meiden, weil sie ablenkt und das Ziel der Konzentration verzögert. Als schwächend wird nicht nur schwere körperliche Arbeit angesehen sondern auch vieles Sprechen.
Abgeraten wird vom Ablegen von Gelübden, denn der Schüler kann ihre Tragweite nicht abschätzen. Mit ziemlicher Wahrscheinlichkeit müßte er in der Folgezeit gewisse angeborene Neigungen unterdrücken, die er noch nicht an sich erfahren hat. Ein unbesonnen abgelegtes Gelübde würde dann den Entwicklungsverlauf nur stören. Triebe müssen innerlich überwunden werden mit unbefangener Einstellung. „Ein Yoga-Schüler, der mit freudigem Gemüt Selbsterkenntnis anstrebt und dabei Ausdauer zeigt, wird den erwünschten Erfolg haben."

Die Ernährung
Eine gelassene Gemüts-Stimmung wird durch körperliches Wohlbefinden begünstigt. Dabei spielt auch die Ernährung eine Rolle, vor allem die Speisemenge: Nur die Hälfte des Magens soll mit Speise gefüllt werden, ein Viertel mit Wasser, und ein Viertel soll frei bleiben wegen der einsetzenden Gasbildung während des Verdauungsprozesses.
Es wird ein Verzicht auf Fleisch, Fisch und Eier verlangt – und laut diesem Text sogar auf Milchprodukte. Abgeraten wird außerdem von scharfen oder brennenden Speisen wie Senf, Alkohol, Knoblauch, Zwiebel und mit Öl gebratenen Speisen, die schwer verdaulich sind. Aus unserer Sicht kommt diese Diät schon dem Fasten sehr nahe. Man fragt sich nach dem Sinn dieses weitgehenden Verzichts.

Die Ausführung der Āsana oder Körperhaltungen
Dieser Text erwähnt 15 Āsana, beschrieben werden 7 Sitzhaltungen und 8 Preßübungen, die der Regulation der 96 linearen *Marma* dienen. Mit Rücksicht auf die Preßübungen darf der Yogin – besonders der Anfänger – nur leichte Kost zu sich nehmen, aber auch weil es um eine Entschlackung des Magen-Darm-Kanals geht. Das geht erst aus den folgenden Vorschriften hervor, den Nasen-, Rachen- und Darm-Spülungen.

b) Zweiter Lehrabschnitt: Reinigung der Nāḍī

Nāḍī – ein Begriff, der schon aus dem *Tantra* bekannt ist – bezeichnet die haarfeinen Rinnen, in denen *Prāṇa,* der Lebensstrom verläuft. Sie gelten in der Regel als „verstopft". Ihre Reinigung kann laut Anweisung durch Spülungen und Atemtechniken herbeigeführt werden.

Spülungen
Wer unter schweren körperlichen Disharmonien leidet, soll unbedingt mit den Spülungen beginnen; sie betreffen den Rachen, die Nase und den Darm. *Dhauti* ist Rachenspülung, *Neti* ist Nasenspülung, und *Vasti* ist Darm-Spülung. Das ist die äußere grobe Reinigung.

Atemtechniken
Zu Beginn soll man – sechs Wochen lang, dreimal täglich – den Wechselatem durchführen. Durch das abwechselnde Zuhalten eines der Nasenlöcher erreicht man, daß beide Nasenlöcher in der Folgezeit immer frei sind. Erst dann ist rhythmisches Atmen erlaubt, zu dem auch vorübergehendes Anhalten des Atems gehört. *Kumbhaka* ist in diesem Text der Sammelbegriff für alle genannten Atemtechniken. Dies weist auf eine Schwerpunktverlagerung hin gegenüber dem *Prāṇāyāma* des *Yoga-Sūtra.* Das „Atem-Anhalten" wirkt „anheizend" oder anfeuernd, auch vitalisierend; doch entspre-

chend den Bestrebungen des *Tantra* soll es die *Kuṇḍalinī* hochtreiben. Im „Yoga-Sūtra" dagegen dient die Atemregelung „Prāṇāyāma" der Beruhigung des Gemütes, denn sie soll hier die Meditation einleiten. Es handelt sich also um zwei ganz verschiedene Anliegen.
Der Text nennt acht Atemtechniken. Ihre Bezeichnungen sind: Sūryabhedana, Ujjāyī, Śitkāri, Śītalī, Bhastrika, Bhrāmarī, Mūrchā und Plāvinī.

c) Dritter Lehrabschnitt: Anwendung von Mudrā und Bandha

Mudrā und Bandha
Eine Mudrā in gewöhnlichem Sinne kann eine Geste der Hand oder eine besondere Fingerstellung sein; wer sie kennt, für den sind sie eine Körpersprache, die ermöglicht, indische Tänze als Erzählungen zu verstehen oder aus indischen Miniaturen die angedeutete Situation herauszulesen. In entsprechender Weise kann man aus der Fingerstellung eines meditierenden Yogin seinen inneren Zustand erahnen.
Eine *Mudrā* ist aber auch ein „Siegel", das eine geheime Botschaft verschließt. Diese Übersetzung ist in Bezug auf den hier besprochenen Yoga zutreffend. Es handelt sich allerdings um „leibliche Verschlüsse", die als „geheim" gelten, weil sie nur einem vertrauenswürdigen Schüler des *Yoga* zur Ausführung überlassen werden.
Bandha heißt „Bindung" oder „Verbindung"; gemeint sind Verbindungen oder *Kombinationen von Āsana.* Sie werden eingesetzt, um die *Nāḍī* oder „Prāṇa-Rinnen" nach Bedarf zu öffnen oder zu verschließen.
Man bemüht sich hier um das gleiche Ziel, das schon aus dem *Tantra* bekannt ist: Die auf- und abwärtssteigenden Lebensströme *Prāṇa* und *Apāna* sollen vereint in den *Suṣumṇā-Kanal* geleitet werden. Für das Öffnen des Eingangs, der an der „Wurzel" der Wirbelsäule liegt, werden die extremen Körper- und Atem-Pressungen eingesetzt. Die extremen Körper-Biegungen sollen außerdem die S-förmig gebogene Wirbelsäule mehr und mehr strecken, damit der ebenso gebogene Suṣumṇā-Kanal in deren Mitte ebenfalls geradlinig wird. Dann ist der *Kuṇḍalinī-Kraft* der Aufstieg erleichtert.

Zum Begriff Soma
Soma ist ein altvedischer Begriff und bezeichnet dort das „Lebenswasser" der Götter, das ihnen ewige Jugend und Kraft verleiht und auch überschäumende Freude, denn es soll ein Rauschtrank gewesen sein. Der *Āyurveda* übertrug den Begriff *Soma* auf das Wohlbefinden des Körpers, dessen man sich erfreut, wenn die Körpersäfte – *Kapha* – in gutem Zustand sind.
Es wird aber noch ein *Soma* von besonderer Art genannt, den nur der vollendete Yogin zum Fließen bringen kann, sobald er die schwierige

Khecarī-Mudrā erlernt hat, die später genauer beschrieben wird. Wer sie beherrscht, dem wird eine märchenhaft anmutende Wirkung versprochen: Er soll hinfort keine Nahrung mehr benötigen, nicht mehr krank werden und sogar „Gift" vertragen, ohne Schaden zu nehmen; denn er wird nun innerlich „ernährt" durch *Soma.*
Soma ist demnach das Lebenselixier, nach dem alle Alchimisten suchten. Der Vollendete beschreibt seinen Geschmack als „süß" wie Milch mit Honig. Doch der Unreife, der zu früh danach greift, soll es als „salzig und brennend" empfinden, und dann ist es ihm schädlich.
Der „Giftprobe" haben sich einige Yogis unterzogen unter ärztlicher Aufsicht. Etwa zwei Stunden nach dem Einnehmen konnten sie das Gift ausscheiden, ohne daß es sich mit dem Speisebrei vermischt hätte. Sri Aurobindo schaffte es auf rein geistigem Wege ohne die Technik der Khecarī-Mudrā.

Hinweise auf zwei außergewöhnliche Mudrā
Die Anzahl der Mudrā wird in diesem Text mit zehn angegeben: Es sind: *Mahāmudrā, Mahābandha, Mahāvedha, Khecarī, Uḍḍiyāna-Bandha, Mūla-Bandha, Jālandhara-Bandha, Viparīta-Kārāṇī-Mudrā, Vajrolī* und *Śakti-Cālana.*
Drei davon sind so merkwürdig, daß sie einer besonderen Erklärung bedürfen. Hans Ulrich Rieker konnte in Indien beobachten, wie die folgende von einem Yogin im Himālaya praktiziert wurde. Hier eine Zusammenfassung seiner Beschreibung:

Die Khecarī-Mudrā
Die Technik dieser *Mudrā* verlangt, daß der Yogin seine Zungenspitze nach oben umbiegt und hinten in den Rachenraum stecken kann. Sämtliche Atemwege sind dann verschlossen, und es findet nur noch Porenatmung statt. Man kann sich vorstellen, daß dies ein Experiment auf Leben und Tod ist, bei dem kein Kunstfehler unterlaufen darf. Gelingt es aber, dann hören für die Dauer der Übung alle Körperfunktionen auf; denn der *Prāṇa,* der sie sonst ankurbelt, ist jetzt in der *Suṣumṇā* isoliert. Die Folge ist, daß der Körper erstarrt; heiß bleibt nur die Schädeldecke. Es muß sich um eine Art künstlichen Schock handeln, der im Körper alle Reserven mobilisiert, woraufhin eine innere Ernährung einsetzt. Gemeint ist der schon erwähnte *Soma,* der sich nun im Gehirn bildet und dessen Quelle zwischen dem *Ājña-Cakra* und dem *Sahasrāra* liegen soll. Von daher stellt sich die Frage, ob es sich um eine besondere Hormonbildung handelt.
Um die Technik zu erlernen, wird bereits für den Anfänger eine Übungszeit von acht Stunden angesetzt. Der gut trainierte Yogin leitet nun den *Soma* in den Hals, ins *Viśuddha-Cakra.* Da dies mit dem Sprachzentrum in Verbindung steht, erwartet er, daß er seine geistigen Erkenntnisse im Anschluß an

die Übung auch entsprechend formulieren kann, was in der Regel schwer fällt.

Die Śakti-Cālani-Kriyā

Obwohl diese Technik nur als *Kriyā,* also als „Übung" bezeichnet wird, handelt es sich doch um eine geheime *Mudrā,* die wiederum bewirken soll, daß das Fließen des *Soma* angeregt wird.

Ausgangshaltung ist diesmal der *Kopfstand,* der nun jeden Morgen von 3-6 Uhr gehalten werden soll, weil dann der vom „Mond" fließende Soma nicht so schnell von der „Sonne" aufgezehrt wird. Dieser „Mond", dem die Silbe *Ṭha* zugeordnet wird, soll sich in der Nähe des Stammhirns befinden. Er steht in Wechselwirkung mit einem Wärmezentrum im Leibe, der sogenannten „Sonne", der die Silbe *Ha* zugeordnet ist. Auf diese Weise wird die normale Körpertemperatur aufrecht erhalten und das rechte Maß von Aktivität und Passivität reguliert. Die alte Formulierung ist: Das Sonnenfeuer wird nach Bedarf vom Mond gekühlt.

Wer die Śakti-Cālani-Kriyā vorschrifts- und regelmäßig ausführt, dem wird versprochen, daß er nicht altert. Doch genügt es dazu nicht, lediglich recht lange auf dem Kopf zu stehen, denn das könnte auch ein gut trainierter Athlet. Zum *Yogin* und zum „Herrn seiner Körperfunktionen" wird man aber erst durch einen Bewußtseinswandel, und dieser wird im Ha-Ṭha-Yoga durch zusätzliche Konzentrationsübungen angebahnt.

Mehrmals am Tage – je 90 Minuten lang – soll man sich auf das „innere Licht" konzentrieren und gleichzeitig das vom Lehrer übergebene *Mantra* rezitieren. Dann wird Erfolg binnen 45 Tagen versprochen: nämlich *Samādhi* mit Aufstieg der *Kuṇḍalinī.* Es wird betont, daß dies Training unbedingt unter Aufsicht eines erfahrenen *Guru* erfolgen muß. Hans Ulrich Rieker ist der Auffassung, daß die Verbindung von „Licht-Konzentration" und „Mantra-Rezitation" einer Anwendung von Lichtfrequenz mit Ultraschall gleichkommt (vgl. *„Das klassische Yoga-Lehrbuch Indiens"*, S. 147)

Die Vajrolî oder Vajroṇḍi

Als letzte *Mudrā* wird in allen drei Quellen-Texten die Vajrolī oder Vajroṇḍi aufgezählt. Sie wird von den Übersetzern in der Regel als „obszön" unterschlagen. Es könnte sich um eine spätere Hinzufügung der Abschreiber handeln, die vielleicht einer tantrischen Śakti-Schule angehörten. Denn in der Gheraṇḍa-Saṃhitā wird unter dieser Bezeichnung einfach die „Kerze" beschrieben, und diese Übung sowie der „Kopfstand" fördern die Hormon-Produktion und haben allgemein regenerierende oder wachstumsfördernde Wirkung.

Auf Regeneration zielt der gesamte Ha-Ṭha-Yoga ab, denn er war zu seiner Entstehungszeit nicht nur eine Methode, von der man sanfte Ausgleichswirkungen erwartete. Er war vielmehr eine Methode, gekoppelt mit alchimistischen Grundgedanken: Lebensverlängerung – wenn möglich Überwindung des Todes – als Ziel.

Da dem Entstehen der Lebewesen der Zeugungsakt vorangeht, wurde mit diesem Leben und Tod in Beziehung gesetzt. Man überlegte, ob der Tod vermieden werden könnte, wenn die schöpferischen Substanzen nicht zur Zeugung sondern zur Regeneration des bestehenden Lebens eingesetzt würden.

Mit derartigen Experimenten befaßten sich die *Śakti*-Schulen oder *Vāmācārī-Sekten,* die sogenannten „linkshändigen" Sekten, deren Lehren im *Kulārṇava-Tantra* und *Guhgasamāja-Tantra* überliefert sind. Sie glaubten, das gesuchte „Lebenselixier" in den eigenen Geschlechts-Sekreten gefunden zu haben, die durch eine besondere Liebes-Technik mit Atemanhalten und Gedankenkonzentration verwandelt werden könnten, um dann als *Ojas* dem Gehirn zugute zu kommen. Man dürfte also wieder an Ausschüttung von Hormonen gedacht haben. Die Technik erscheint abwegig und ist bereits von *Gheraṇḍa* nicht anerkannt worden, der sie durch die „Kerze" ersetzte. Daß ein Körper-Sekret zu einem Hormon werden könnte, erschien schon ihm nicht denkbar (Sacharow).

Trotzdem dürften die Liebespraktiken in gewissen Gegenden jahrhundertelang durchgeführt worden sein; lokalisiert waren sie hauptsächlich auf die „Liebeshöfe" von *Assam,* wo der Volksstamm der *Khond* – bis in unsere Zeit hinein – ein „Jünglingsopfer" vollzog, das sich noch aus der Zeit des Vegetationskultes herleiten läßt. Es handelte sich um ein freiwilliges Opfer, das mit Privilegien verbunden war, die es vielleicht aufwogen. Denn dieser Jüngling durfte ein Jahr lang alles tun, wonach ihm der Sinn stand, keine Frau durfte sich seinen Wünschen verwehren, denn er war von nun an gewissermaßen der „Sohn" der Mutter-Gottheit.

Ein anderer Fruchtbarkeits-Kult, der vermutlich aus Kleinasien importiert worden war, wurde in *Orissa* und *Bengalen* zum Neujahrsfest vollzogen. Es war die Schau-Hochzeit des Priesters mit der Tempel-Hetäre. Durch diese symbolische Handlung sollte der Verfall der Welt aufgehalten werden; jedes Jahr mußte sie neu „erzeugt" werden. Aus den gleichen Motiven vollziehen göttliche Liebespaare die Varianten des Liebesspieles an den Tempelfassaden von *Khajurāho* und *Māmallapuram,* was der europäische Betrachter als Entweihung des Religiösen ansieht. Damals scheint man es als „natürlich" empfunden zu haben; erst als Entartungserscheinungen bekannt wurden, empörten sich die Brahmanen.

Daß der Liebes-Kult ein Nachklang aus der Zeit des Mutterkultes war, ist zwar offensichtlich; doch ganz fremd war der Grundgedanke auch den patriarchal eingestellten Brahmanen nicht. Denn die durch den *Veda* überlieferte mythische Welt-Schöpfung wird ebenfalls durch ein Bild aus dem Liebesleben wiedergegeben: „Der Vater Himmel beugte sich über die Mutter

Erde". Und in Kreisen der Brahmanen wurde die menschliche Zeugung in entsprechender Weise als sakraler Akt nachvollzogen. Das Paar hatte sich in den Zustand göttlicher Verzückung zu versetzen, damit *Agni,* das „göttliche Feuer", eingefangen werden konnte als der „Seelenfunke", von dem die Arier ihre göttliche Abstammung herleiteten.
Daß alchimistische Motive bei der besprochenen *Mudrā* die Hauptrolle spielten, geht aus ihrer Bezeichnung hervor. In „Vajrolī" wie auch in „Vajroṇḍi" steckt das Wort *Vajra,* „Diamant". Sein Grundbestandteil ist der Kohlenstoff, dieser ist in zwei Richtungen entwicklungsfähig: er kann zu schwarzer Kohle werden oder zum hell-leuchtenden Diamanten. Sich einen *„Diamantleib"* zu erschaffen, der aus „Lichtsubstanz" besteht wie der Leib der *Deva,* war Ziel der *Vajrayānaschulen,* die parallel zu den Śaktischulen in *Tibet* entstanden. In diesen Tantraschulen Tibets wurde die Verwandlung auf rein geistigem Wege vollzogen, was dem ursprünglichen Yoga-Gedanken näher steht. Das leibliche Vorgehen, in Form des *Maithuna,* der geschlechtlichen Vereinigung, gaben die *Śaktischulen* als zeitgemäß für das *Kaliyuga* aus. Sie sagten, daß in diesem stofflichsten aller Zeitalter auch der Yoga nur auf stofflichem Wege vollzogen werden könne.
Gheraṇḍa vertritt auch in dieser Hinsicht eine andere Auffassung, denn bei ihm scheinen die Körperpraktiken – wie Neti, Dhauti und Āsana – nur vorbereitende Hilfsmittel zu sein; in seiner Gesamtheit ist sein Ha-Ṭha-Yoga, der siebengliederig ist, dem achtgliederigen Yoga-Sūtra ähnlicher als den sonstigen Schulen der Körper-Praktiken.
Zusammenfassend läßt sich über die *Mudrā* und *Bandha* sagen, daß es sich um Methoden handelt, für die die alte Bezeichnung *Haṭha,* „Gewalt", noch immer zutreffend ist. Hier soll durch komplizierte Körpertechniken eine Entwicklung erzwungen werden, die sich in den ursprünglichen Yoga-Methoden durch den natürlichen Reifeprozeß ergibt.
Doch nicht nur Gheraṇḍa sondern auch Svātmārāma-Svāmin, der Verfasser des soeben besprochenen Textes, bleibt nicht bei den Körpertechniken stehen, im nächsten Lehrabschnitt erwähnt er zwei „geistige Mudrā", die bei den ersten zehn nicht mit aufgeführt wurden, die aber zum Höhepunkt der Schulung führen, dem Samādhi.

d) Vierter Lehrabschnitt: Samādhi

Jeder, der irgendeine der Yoga-Methoden ausübt, erstrebt *Samādhi* als Krönung; Svātmārāma-Svāmin spricht davon wie selbstverständlich. Nach seinen Worten steht dann der Atem still, und der Geist ist unbeweglich. Das Denken hat also endlich aufgehört. Der Denkzwang läßt nach bei Ausführung der Āsana und der Atemtechniken. Zusätzlich wird versprochen, daß dann auch das *Karman* aufgehoben wird. Wie kommt man zu dieser

Annahme? Antwort: „Wo sich nichts bewegt, wo die Zeit still steht, kann es nicht Ursache und Wirkung geben, somit auch kein Karman."

Als Mittel zum *Samādhi* oder zum „Unbeweglichwerden des Geistes" wird eine geistige *Mudrā* angegeben, die noch nicht genannt wurde: die *Śāṃbhavi-Mudrā.* Ihre Beschreibung: Der *Yogin,* der sich im Meditations-Sitz befindet, läßt seinen Blick ruhen auf einem vom *Guru* übergebenen *Yantra,* einem geometrischen Symbol (siehe Abhandlung über Tantra). Sein Ohr lauscht gleichzeitig auf ein innerlich erklingendes *Mantra,* während er sich auf sein Herz-Zentrum – das *Anāhata-Cakra* einstellt.

Nun wird der Meditierende darauf aufmerksam gemacht, daß bald ein „anderes Licht" aufleuchten wird. Was ist damit gemeint? Hier wird vorausgesetzt, daß der Meditierende bisher die *Yoni-Mudrā* geübt hat, bei der man als Konzentrationspunkt einen *Lichtpunkt* zwischen den Augenbrauen wahrnimmt. Doch das *Licht,* das im Zusammenhang mit Samādhi aufleuchtet, ist von anderer Art, heller und alles umfassend.

Wer mit Hilfe des Herz-Cakra wahrnimmt, dem eröffnet sich der „feine Aspekt" der Dinge, der *Tanmātra-Aspekt,* das Wahrnehmen des Feinstofflichen (siehe Abhandlung über den Rāja-Yoga).

Nun heißt es weiter: Dort im Herz-Cakra wird er auch den *Nāda* wahrnehmen, den *Anāhata-Schall,* einen feinen Klang in der Herzgegend, der sich langsam ankündigt. Die Tradition spricht von verschiedenen Klangfärbungen: Der gröbste Klangaspekt ähnelt der Trommel oder dem Donner. Dann kann man Klänge wahrnehmen, die mit verschiedenen indischen Instrumenten verglichen werden, die uns nicht vertraut sind. Vom feinsten der Klänge heißt es, daß sie den Flötentönen des Kṛṣṇa ähneln; doch nur die ganz großen „Seher" oder „Weisen" sollen sie vernommen haben. Während der *Nāda* wahrgenommen wird, ist das begriffliche Denken vollkommen ausgelöscht, und nur in diesem Zustand kann sich der individuelle Geist mit dem kosmischen Bewußtsein – dem *Caitanya* – verbinden. Dann tritt vollkommene Lautlosigkeit ein, das totale Schweigen.

2. Die Gheraṇḍa-Saṃhitā

a) Die Übersetzung aus dem Sanskrit von Boris Sacharow

Die Geraṇḍa-Saṃhitā – das klassische Lehrwerk des Ha-Ṭha-Yoga – ist in sieben Unterweisungen eingeteilt, die an den *Aṣṭāṅga-Yoga* des Patañjali erinnern. Die vier letzten Glieder sind genauso benannt, die beiden ersten Glieder sind ausgetauscht. Statt „Yama und Niyama", die sich mit psychomentaler Reinigung befassen, wird hier die körperliche Reinigung an den

Anfang gestellt. Vielleicht kann man daraus schließen, daß so mancher Yoga-Schüler durch einen gestörten Gesundheitszustand am Fortschritt behindert wurde.

Erste Unterweisung: Spülungen (Neti)
Dhauti ist Körperwaschung – von außen und von innen.
Neti ist Reinigung und Massage der Nasengänge.
Vasti entspricht einem Klistier ohne Gerät, vorgenommen im Flußwasser.

Zweite Unterweisung: Āsana – Körper-Haltungen
Āsa ist der „Sitz", *Āsana* (Durativ-Form) ein länger zu haltender Sitz, die „Sitz-Haltung". Gheraṇḍa beginnt seine Unterweisung mit der Erwähnung, daß es zwar 84000 Körper-Haltungen gäbe – oder noch mehr –, daß davon 84 hervorragend seien, aber nur 32 „Erfolg versprechend" für den Yoga. Diese zählt er nun auf:
2 Entspannungslagen: Mṛta, wörtlich die „Totenlage", ist Entspannung in der Rückenlage; auf dem Bauch liegend ausgeführt, heißt sie *Mākara,* „Delphin".
18 Sitz-Haltungen: Gorakṣa, Mukta, Siddha, Vīra, Gupta, Svastika, Yoga, Padma, Vṛṣa, Gomukha, Vajra, Bhadra, Kūrma, Siṃha, Maṇḍuka, Uttāna Maṇḍuka, Uttāna Kūrma, Ardha Kukkuṭa, Kukkuṭa.
4 Steh-Haltungen: Vṛkṣa 1-3, Samkaṭa, Garuḍa, Utkaṭa 1-2.
8 Haltungen mit Preß- und Streckwirkung: Stemmen: Mayūra; Rückwärtsbiegen: Bhūjaṅga, Uṣṭra, Dhānur, Matsya, Śalabha; Vorwärtsbiegen: Pascimottana; Drehung: Matsyendra 1-2.

Dritte Unterweisung: Mudrā und Bandha
Die Begriffe sind bereits aus der Ha-Ṭha-Yoga-Pradīpikā bekannt als „Kombinationen"; dort wurden 10 Mudrā genannt, hier 25; die 15 zusätzlichen Mudrā tragen die Bezeichnung: *Aśvinī-Mudrā, Bhūjaṅginī-Mudrā, Mātaṅginī-Mudrā, Kākī-Mudrā, Pāśinī-Mudrā, Nabho-Mudrā, Maṇḍukī-Mudrā, Yoni-Mudrā, Śāṃbhavī-Mudrā, Tādāgī-Mudrā.* Dazu fünf Dhāraṇī-Mudrā, das sind Konzentrationsübungen.

Vierte Unterweisung: Pratyāhāra
Das Wort *Pratyāhāra* heißt: Zurückziehen. Damit ist das Einstellen der Sinnestätigkeit gemeint. Wie schon im Yoga-Sūtra verlangt, „soll man die fünf Sinne von den Sinnendingen zurückziehen". Statt dessen soll man *in* sich hineinsehen. Es geht um die Gemütsberuhigung; alles Ablenkende soll ausgeschaltet werden. Diese Unterweisung erschöpft sich in der Bemerkung: „Sooft das *Manas* (der denkende Geist), das unstet ist, durch die Pforten der Sinne hinausgehen will, sollst du es zügeln und unter Kontrolle bringen."

Gegenüber dem Yoga-Sūtra ist die Reihenfolge vertauscht. Dort sollte die „Atemkontrolle“ die „Gemütsberuhigung“ herbeiführen, die „Gedankenstille“. Hier wird die „Atemkontrolle“ erst in der nächsten Unterweisung erwähnt.

Fünfte Unterweisung: Prāṇāyāma
Prāṇa-āyāma – wörtlich „Bezwingung des Atems“, heute besser als „Disziplinierung des Atems“ bezeichnet oder einfacher als „Atemkontrolle“. Vorgenommen wird diese Disziplinierung durch Atemtechniken, durch Atemlenkung mit Hilfe von Gedankenkonzentration, durch langsames Atmen bei der Entspannung, durch rhythmisches Atmen zur Anregung; in den klassischen Texten aber insbesondere durch zeitweises „Anhalten“, daher ist der Sammelbegriff hier *Kumbhaka.*

Diätvorschriften
Nach Auffassung der Yogis wirken viele Speisen „verunreinigend“ für die feinen „Prāṇa-Kanälchen“, die *Nāḍī.* Die grobe Reinigung zu Beginn der Schülerschaft erfolgte durch Spülungen, eine Reinigung in feinerer Form ist die durch Atemtechniken. Das alles hätte wenig Sinn, wenn durch grobe Speisen die Vorbereitungen wieder verdorben würden.
Was der Anfänger vermeiden soll, sind dicke Milch, Zucker, Butter, Bananen, Kokosnüsse, Weintrauben und alle anderen Früchte mit saurem Saft; alles, was schwer verdaulich ist, was über Nacht gestanden hat, was zu heiß ist, was schon in Fäulnis übergeht. Doch von totalem Fasten wird abgeraten.
Der Yogin soll leichtverdauliche Nahrung zu sich nehmen, die mild ist, aber gewürzt sein darf mit Kardamom, Muskat, Nelken und Datteln. Die Nahrung soll so zusammengestellt sein, daß sie alle Grundstoffe enthält, die den Körper aufbauen.
Svāmi Śivānanda hat eine Liste von Speisen zusammengestellt, die die Zuordnung zu den *Triguṇa* berücksichtigt: *Sattva-Nahrung* wird dem Yogin besonders empfohlen: Milch, Sahne, Butter, Käse, Quark; Äpfel, Bananen, Trauben, Orangen, Birnen, Ananas, Feigen, Mango, Pfirsiche, Mandeln, Pistazien, Rosinen, Tomaten, Gurken, Kürbis, Spinat und andere Gemüse, Erdnüsse, Weizen, Gerste, Hafer, Reis, Zuckerrohr, Zitronen, Honig, Ingwer.
Rājas-Nahrung ist für Athleten geeignet: Fleisch, Fisch, Eier, Salz und scharfe Gewürze; Senf, alles Sauere. Von Gemüsen gelten Karotten und Rüben als rājasartig; sowie heiße Getränke wie Tee, Kaffee und Kakao, auch Zucker.
Tamas-Nahrung schätzt der Träge, Schwerfällige: Fleisch, das mit Zwiebeln oder Knoblauch zubereitet ist; Wein und andere alkoholische Getränke, sowie Tabak und Drogen. In diesen Bereich fallen auch abgestandene oder aufgekochte Speisen, die als „unrein“ gelten, zumindest an Nährwert verloren haben.

Der Begriff Prāṇa

Prāṇa wird in älteren Texten einfach mit „Atem" gleichgesetzt. Dabei wird allerdings der individuelle Atem des einzelnen Lebewesens vom allgemeinen kosmischen Atem unterschieden. Da der Mensch – nach Auffassung der Tantra-Lehre – den kosmischen Prāṇa nicht direkt sondern stufenweise empfängt, können dafür Zwischenbegriffe eingeschaltet werden, die jedoch alle auf den Grundbegriff *Prāṇa* rückführbar sind. Auf diese Weise wurde „Prāṇa" zu einer *Chiffre* mit der Bedeutung: *bewegende Kraft* (Vivekānanda).

Der im Menschen wirkende individuelle Prāṇa ist sein „Lebensodem" oder sein Bio-Motor, der die Funktionen des Organismus aufrecht erhält. Da diese durch Umwelt-Einflüsse oder unzweckmäßige Lebensweise störbar sind, ist das erste Anliegen des Yoga-Schülers, den Prāṇafluß in Gang zu halten und damit den Organismus gesund zu erhalten. Schon hierbei ist Gedankenkonzentration ein Hilfsmittel, den Prāṇa bewußt zu nutzen oder Prāṇa-Stauungen aufzuheben. Dafür gilt das Stichwort: Atemlenkung, Prāṇa-Lenkung. Die Anweisungen des *Tantra* gehen weit darüber hinaus; ein leistungsfähiger Organismus ist hier nur eine günstige Voraussetzung für die weiteren extremen Ziele, die die natürliche Veranlagung eines lebenden Organismus übersteigen. Dafür setzt der *Tantrika* ganz besondere Atemtechniken ein:

Die Atem-Techniken – Kumbhaka

Alle Arten von Atemregelungen werden als „Prāṇāyāma" bezeichnet; doch die nun geschilderten „Atem-Techniken" werden unter dem Sammelbegriff *Kumbhaka* zusammengefaßt, was auf das „Anhalten der Atemluft" hinweist. Der hier besprochene Text gibt als niedrigste Stufe des Anhaltens 48 Takte oder Pulsschläge an und als höchste Stufe 80 Takte. Da wird es leicht verständlich, daß Ärzte und Psychologen von Atemtechniken abraten. Auch in Indien ist nicht jeder geeignet für eine solche gesteigerte Schulung. Wer diesen extremen Haṭha-Yoga erlernen will, übt keinen Beruf aus und übt unter ständiger Aufsicht seines Lehrers. Er wird so systematisch geschult wie heute vergleichsweise ein Weltraumfahrer.

Öffentliche Gruppenkurse sind für solche Experimente natürlich nicht geeignet, und bei der Einflußnahme auf den eigenen Lebensodem ist ganz besondere Vorsicht geboten. Nur stufenweise kann sich der Mensch besondere Leistungen abringen. Daher muß hier ergänzt werden, daß ein Anfänger seine Atemschulung mit sieben Atemzügen beginnt, die er abwechselnd durch das rechte oder durch das linke Nasenloch vornimmt, um damit zunächst die Atemgänge zu reinigen.

Daneben werden auch *kurze Atempausen ohne Luft* geübt, sie haben einen ganz anderen Sinn. Denn sie erzeugen eine erhöhte innere Aufmerksamkeit und sind daher eine Vorstufe für die Meditation, die im folgenden Abschnitt erklärt wird.

Sechste Unterweisung: Dhyāna – Meditation von dreierlei Art

Sthūla-Dhyāna – grobstoffliche Meditation

Unter „grobstofflicher Meditation" versteht man das *Betrachten eines sichtbaren Objektes.* Sehr geeignet sind dafür die indischen Götterbilder mit ihren Emblemen, die auf ihre reiche Symbolik hinweisen. Die Meditationsübung des Anfängers besteht darin, diese Symbolik zu deuten. Das kann wochenlang dauern. In der *nächsten Übungsstufe* geht es nicht mehr um das Anschauen sondern um das *Vorstellen* eines Symbols oder eines erhabenen Wesens im eigenen Herzen, also um psychisches Sehen.

Vers 9 macht einen anderen Vorschlag: Der Meditierende soll sich den „Tausendblatt-Lotos" und darin den weißen „Zwölfblatt-Lotos" vorstellen. Das wäre *Yantra*-Meditation. Sacharow bringt den „Zwölfblatt-Lotos" mit Epiphyse und Hypophyse in Verbindung, zwei Hirndrüsen, die nicht nur die Hormone produzieren. Der Yogin erwartet von ihrer Entfaltung eine Steigerung der geistigen Kapazität (man vergleiche dazu im Abschnitt *Tantra* die Ausführungen über das *Candra-Maṇḍala*).

Eine *Vorstufe* dafür ist: das *Betrachten einer Lotosblume.* Sie wächst im Schlamm, doch ihr Stengel hebt sich darüber hinaus, und die kostbare Blüte erinnert in nichts mehr an ihre Herkunft aus dem Sumpf. In gleicher Weise soll der Mensch seiner tierischen Herkunft entwachsen und die „Blüten höherer Erkenntnisse" ansetzen. Lotosblumen oder *Padma* werden im Tantra auch gewisse Zentren genannt, die gewisse Körperzonen repräsentieren. Sie haben die Aufgabe, die verschiedenen Feinstoff-Körper aufeinander abzustimmen, um so die harmonische Entwicklung des Menschen zu ermöglichen, die als Voraussetzung für seine weitere geistige Entwicklung anzusehen ist. Nach Auffassung von Sacharow befinden sich die Wurzeln dieser Lotosblumen im grobstofflichen Körper, in den innersekretorischen Drüsen. Von den Stengeln meint er, daß sie den Nervengeflechten entsprechen. Die Blüten werden sich – durch die Übung der Meditation – im Feinstoff-Körper entwickeln.

Ein anderer Vorschlag für das Meditations-Objekt lautet: Der Schüler kann in seinem Herzen das Bild seines geistigen Lehrers vorstellen – vor allem seine Augen. Dann wird er sich in ständigem geistigen Kontakt mit ihm befinden.

Jyotir-Dhyāna – Licht-Meditation

Erste Methode: Das individuelle Bewußtsein – der *Jīvātman* – soll als *Licht* oder *kalte Flamme* vorgestellt werden und zwar im Steißbein-Zentrum. Dort soll sich der Schüler seiner Schöpferkraft bewußt werden, die durch Gott *Brahmā* symbolisiert wird.

Zweite Methode: Das genannte Bewußtseinslicht soll nun inmitten des Schädels vorgestellt werden – immer heller werdend. Zusätzlich kann man dann noch die Silbe *AUṂ* darin vorstellen, umgeben von einem Flammenring. Gelingt eine der beiden Licht-Meditationen, dann setzt von selbst die *Kevalī-Atmung* ein. Wird dagegen die Atmung von vornherein zu stark beachtet, können Angstgefühle auftreten, sobald sich der Prozeß dem unwillkürlichen Atem-Stillstand nähert.

Sūkṣma-Dhyāna – Feinstoffliche Meditation

Bei der „feinstofflichen Meditation" gibt es keinen äußeren Anhaltspunkt mehr, Ablenkungen zu vermindern. Daher ist die Methode nur für den Fortgeschrittenen geeignet. Doch auch er benötigt noch eine Brücke, die überleitet von der vorangegangenen profanen Tätigkeit zur Aufmerksamkeit auf innere Ereignisse. Gheraṇḍa rät daher, mit der *Beobachtung der Atembewegung* zu beginnen, sobald der Meditations-Sitz eingenommen ist. Der Atem soll „unmerklich" werden. Das wird er nicht, wenn man ihn zu lange beobachtet. Daher übt man gleichzeitig den „blicklosen Blick". Das heißt: Der Blick soll an einer punktartig kleinen Stelle ruhen ohne die Absicht, dort etwas sehen zu wollen. So beginnen wir noch heute.

Nun aber kommt eine spezifisch indische Anweisung hinzu: die *Śāmbhavi-Mudrā*. Man soll ein Wesen aus Lichtsubstanz imaginieren, den sogenannten *„Śaṃbhu"*, eine göttliche Idealgestalt.

Wer in dieser Weise täglich regelmäßig übt, auch zur selben Zeit, der darf damit rechnen, daß er psychische Erlebnisse haben wird, innere Wahrnehmungen, sogenannte *Darśana*. Sie sind von viererlei Art:

Darśana 1: Es kommt zu schwachem Aufleuchten von Bildern aus dem Unterbewußtsein. Solche Bilder sind den Träumen verwandt. Sie zeigen wie diese die momentane Situation auf oder unverarbeitete Erlebnisse. Vergleichbar sind diese Bilder heutzutage schwach beleuchteten Diapositiven, die kurzfristig am inneren Auge vorüberziehen. Manchmal zeigen sie den Gegenstand umgekehrt oder in ungewöhnlicher Perspektive. Daran erkennt man ihre Echtheit im Unterschied zu Phantasiebildern. Schon um diese erste Stufe zu erreichen, ist es erforderlich, ganz regelmäßig und mit Ausdauer zu üben, denn erst nach 12 bis 15 Minuten kommt so ein Bild – das erste nach sechswöchiger Übungszeit, dann alle zehn Tage.

Darśana 2: Die Bilder erscheinen jetzt blitzartig schnell, gewissermaßen auf Wunsch; auch sind sie heller und tragen einen Strahlenkranz. Bei entsprechender Einstellungs-Erwartung kann die innere Struktur der Dinge sichtbar werden, das ist die Überleitung zur nächsten Stufe.

Darśana 3: Die Bilder flammen nun in leuchtenden Farben auf, dann bestehen sie überwiegend aus *Manas-Tanmātra*. Sie können sich auch unabhängig vom Wunsch fortbewegen wie auf einer Filmleinwand; dann verblassen sie langsam. Sollen sie länger bleiben, muß die Konzentration erhalten bleiben, und das wird bewirkt durch Atem-Anhalten, auch durch die Mudrā der Hände.

Darśana 4: Diese Stufe vermittelt „inneres Wissen". Nun ist der Yogin ein *Ṛṣi* oder „Seher", ein „Weiser". Das Stirn-Cakra ist jetzt aktiv. Die damit verbundenen Erkenntnisse werden zurückgeführt auf das „Öffnen des dritten Auges", gemeint ist Wahrnehmung und Wissen ohne den Gebrauch der physischen Sinnesorgane. Das ist *Samādhi.*

Das Organ Auge sieht nur, was unmittelbar vor ihm ist, das innere Auge sieht unbegrenzt.

Durch diese Darśana-Übungen wird das Willenszentrum aktiv. Der Yogin kennt dreierlei *Bewußtsein*. Das Wachbewußtsein ist im Kopf lokalisiert; das im Schlaf wirkende Traumbewußtsein versetzt in die Gefühlswelt; das instinktive Bewußtsein, das die Reflexbewegungen hervorruft, wird mit dem Steißbein-Zentrum in Verbindung gebracht.

Siebente Unterweisung: Samādhi

Samādhi ist ein Zustand jenseits von Raum und Zeit, daher auch als transzendentale Erfahrung oder Kosmisches Bewußtsein charakterisiert. Während das Körperbewußtsein Subjekt und Objekt getrennt erfährt, werden sie im Samādhi als Einheit erfahren. Die Übersetzung „Ekstase" ist ungünstig, denn der Erlebende ist nicht „außer" sich geraten, sondern ganz „er selbst" geworden, ganz *in* sich, also eher in einer Enstase.

Gheraṇḍa gibt mehrere Samādhi-Stufen an:

Bhakti-Yoga-Samādhi charakterisiert er als glückselige Empfindung der „Einswerdung mit der verehrten Gottheit" (Iṣṭa-Devatā); erreicht wird es durch *Trāṭaka*: den Blick an das Gottesbild heften und dazu das *Mantra* der betreffenden Gottheit rezitieren.

Rasānanda-Yoga-Samādhi: Der Meditierende erfährt während des Samādhi den „Geschmack der Glückseligkeit", Sat-Cit-Ānanda, wenn sich das Bewußtsein in den Bereich des *Īśvara* erhebt.

Nāda-Yoga-Samādhi: Durch beständiges Üben des Bhrāmari-Prāṇāyāma wird in der Samādhi-Phase der *Nāda*, der kosmische Urklang, gehört. Er wird angebahnt durch das AUṂ-Summen, das sein gröberer Aspekt ist, und wird im Herz-Cakra empfunden. Daher heißt er auch der *Anāhata-Schall*.

Laya-Siddhi-Yoga: „Erfolg durch Auflösung". Im Tantra bestand „Auflösung" in einem Vorstellungsakt: Die Stoffe sollten der Reihe nach aufgelöst werden, um sie anschließend in feinerer Form wieder zu erzeugen. Sacharow deutet *Laya* in diesem Zusammenhang als ein „Auflösen aller Bedürf-

nisse". Die Bedürfnisse fesseln den Menschen an das Weltliche, am stärksten an das Geschlechtsleben. Wenn im Samādhi-Zustand alles Persönliche in den Hintergrund tritt, weil nur noch das göttliche Bewußtsein wahrgenommen wird, gibt es keinerlei Körper-Bedürfnisse mehr.
Um diese vier Variationen von Samādhi zu erreichen, war es notwendig, die Einatmung dehnen zu lernen. Für die beiden nächsten Samādhi-Zustände muß die *Erweiterung der Ausatmung* geübt werden, das ist *Mūrchā-Kumbhaka.* Wie aus dem Wort hervorgeht, kann es zu Ohnmacht führen; es soll jedoch nur ein Grenzzustand erreicht werden, der sorgfältig beobachtet werden muß; der sich verändernde Bewußtseinszustand soll bewußt wahrgenommen werden, man muß seine Grenzen kennenlernen.
Rāja-Yoga-Samādhi: Gheraṇḍas schlichte Anweisung lautet: „Durch Mūrchā-Kumbhaka verbinde dein *Manas* mit dem *Ātman* und dann mit dem *Param-Ātman*, dann erreichst du Samādhi." Das ist nach einem Upaniṣaden-Zitat der *Weg* vom Unwirklichen zum Wirklichen, vom Dunkel zum Licht, vom Tode zur Unsterblichkeit.
Dhyāna-Yoga-Samādhi: Es wird erreicht durch die *Śāṃbhavī-Mudrā*, also mit Einstellung auf *Śaṃbhu*, das personifizierte höchste Bewußtsein, das man sich im *Manas-Cakra* vorstellt – zwischen Hypophyse und Epiphyse. Dann verbindet sich Ātman mit dem Absoluten Prinzip, das hier als *Kha* bezeichnet wird,
Jaḍa-Samādhi: Dieser „Stein"-Samādhi, den Gheraṇḍa noch nebenbei erwähnt, ist ein Zustand der Bewußtlosigkeit, also unter dem menschlichen Niveau. Dennoch gibt es Augenzeugen-Berichte davon. Wir würden einen solchen Yogin allerdings besser einen Fakir nennen.
Zu diesem Experiment gehört eine lange Vorschulung. *Yoga-Nidrā* und *Khecarī-Mudrā* werden kombiniert. Das bedeutet, daß nun wirklich die Zungenspitze in den Rachen gesteckt werden muß, dann wird die Körperhaltung „Yogi-Schlaf" eingenommen, die von hier ihren Namen hat. Auf dem Rücken liegend, werden die Beine gehoben und die Füße im Nacken gekreuzt. Es tritt eine Art „Winterschlaf" ein: Die Atmung und mit ihr alle anderen Körperfunktionen werden stark reduziert. Der Körper wird kalt und starr, nur an der Fontanelle ist noch ein wenig Wärme zu spüren. So wird der Experimentierende in eine Blechkiste gelegt, eingegraben und von einem Schüler bewacht, Nach drei bis sechs Wochen – wie vorher vereinbart – beginnt der Schüler mit Wiederbelebungsversuchen, mit heißen Kompressen und Massage. Langsam kehrt der Betreffende ins Tagesbewußtsein zurück. Doch da das Bewußtsein vollkommen ausgeschaltet war und auch nachher keine Bewußtseinserhöhung eintritt, dürfte der Zustand nicht erstrebenswert sein und die aufgewandte Mühe nutzlos.
Deshalb soll dieser Abschnitt mit einem Gheraṇḍa-Zitat über den *echten Samādhi* abgeschlossen werden:

„Wer der Lehre Glauben schenkt, wer seinem *Guru* vertraut, wer sich seines *Ātman* bewußt ist und dessen *Manas* sich von Tag zu Tag mehr entfaltet, der wird den herrlichen Zustand erreichen. Wird das *Manas* (Denken) vom Körperbewußtsein abgezogen und mit dem *Param-Ātman* vereint, dann ist es *Samādhi* – Befreiung des Bewußtseins von den drei Zuständen Wachen, Träumen, Schlafen. Der so Befreite fühlt: „Ich bin *Brahman* und nichts anderes. Ich bin wahrlich *Brahman*, und Leid ist niemals mehr mein Los. Meine Natur hat den Zustand *Sat-Cit-Ānanda* angenommen, ich bin für immer frei und unabhängig, mein eigenes Selbst."
Dies ist die Lehre vom Ha-Ṭha-Yoga, die sich durch ihre betont geistige Einstellung vom Haṭha-Yoga unterscheidet.

b) Die Neu-Deutung des Meditationsweges im Ha-Ṭha-Yoga

Sacharow bespricht den historischen Text „Gheraṇḍa-Saṃhitā" in seinem Buch „Das große Geheimnis" (1954). Dieses Buch ist nicht nur eine Übersetzung aus dem Sanskrit. Die klassischen Verse werden laufend unterbrochen von Kommentaren aus der heutigen Sicht und außerdem von Einschüben aus anderen Yoga-Texten, wovon im Vorwort 26 Texte angeführt werden.
Wenn Sacharow von der „richtigen Reihenfolge der Mudrā" bei Gheraṇḍa spricht, ist es schwer herauszufinden, auf welche Textstellen er sich dabei bezieht. Denn von den 25 bei Gheraṇḍa angeführten Mudrā werden von Sacharow nur 4 in die Übungs-Anweisung für Anfänger übernommen. Und diese sind ausschließlich Meditations-Mudrā. Vielleicht darf man daraus schließen, daß sowohl Gheraṇḍa als auch Sacharow den Meditations-Abschnitt für den wichtigsten hielten.
In den von Sacharow geleiteten Kursen wurden außerdem geübt: *Jalandhara-Bandha*, *Uḍḍīyāna-Bandha, Nauli*; gelegentlich die *Aśvinī-Mudrā* und die *Yoni-Mudrā.* Mudrā und Bandha mit sehr starken Pressungen wurden weggelassen, ebenso extreme Atemtechniken. Wer in den Āsana perfekt war, durfte während der Ausführung zur meditativen Vertiefung das *AUṂ* summen. Schon das war der Mehrzahl der Teilnehmer zu anstrengend.

*Übungsanweisungen von Boris Sacharow**
In dem folgenden Text stammen die Fachausdrücke aus der *Gheraṇḍa-Saṃhitā*, erläutert in dem Buch „Das große Geheimnis". Die Anweisungen wurden 1958 auf Handzetteln an persönliche Schüler ausgegeben.

* Bei den Hinweisen und Ansichten, die Sacharow in seinen Büchern gibt, ist zu beachten, daß er zunächst den Kuṇḍalinī-Weg verfolgte. In seinen letzten zehn Lebensjahren etwa stellte er dann den *Rāja-Yoga* als den für einen Abendländer geeigneteren Weg heraus und praktizierte ihn von nun an selbst. Hier ist das bevorzugte Konzentrations-Zentrum die Hypophyse, die das *Ājñā-Cakra* anregen

Vorbereitung: Sitzhaltung mit geradem Rücken einnehmen, steile Haltung bis zum Scheitelpunkt des Kopfes. Man ist innerlich zum oberen Bewußtseinspol ausgerichtet. „Freier Sitz" (*Mukta*), „Lotossitz" (*Padma*) oder Stuhl-Sitz (*Maitreya-asana*) stehen zur Auswahl. Liegen die Hände bei gestreckten Ellbogen auf den Knien, begünstigt es die Konzentration und garantiert die Kontrolle über den steilen Rücken.

Pendelatem, *Tala Yukta,* leitet die Gemütsberuhigung ein. Der Anfänger beginnt etwa mit drei ein und drei aus und versucht auf acht Takte Einatmung und acht Takte Ausatmung zu kommen, wenn es ihm keine Anstrengung verursacht.

Dann beginnen die verschiedenen Phasen der *Konzentration* mit *Nabho-Mudrā*. Das ist nicht „Nabelschau"; es soll „Zwerchfellatmung" einsetzen. Das wird erreicht durch das Anlegen der ganzen Zunge an den oberen Gaumen; doch soll dabei der Mund nicht unnatürlich verändert werden.

Trāṭaka 1 (etwa 8 Minuten)

Einstimmen: Ein Bild oder Symbol anschauen – etwa einen aufgezeichneten Kreis oder eine helle Scheibe. Um Verspannung zu vermeiden, darf das Auge innerhalb des Betrachtungs-Objektes wandern – zumindest innerhalb der ersten Tage.

Später kann man sich das *AUṂ*-Zeichen darin vorstellen, Wählt man zum Einstimmen einen *Klang*, dann kann man das *AUṂ* vor sich hin summen – zuerst laut anschwellend, dann leise verklingend, das vertreibt störende Erinnerungen.

Nur wer seine Gedanken leicht abschalten kann, darf ohne Objekt üben und kann gleich in *das Dunkel vor den geschlossenen Augen* schauen. Seine Konzentrationsfähigkeit ist bewiesen, wenn sich ein *weißer Punkt* in gewissem Abstand vor der Nasenwurzel zeigt und immer länger bleibt.

Trāṭaka 2 (etwa 6 Minuten)

Der *Atem* wird nun immer langsamer und natürlicher fließen. Man zählt nicht mehr. Man nennt ihn „ununterbrochen", wenn die Übergänge zwischen ein und aus fließend werden.

Erhöhte Konzentration wird erreicht durch einen stärkeren Druck der Zunge an den oberen Gaumen, genannt *Māṇḍukī-Mudrā*. Die Aufmerksamkeit verlagert sich vom äußeren Objekt in den Innenraum des Schädels – nahe der Hypophyse. Dort soll nun für einige Zeit der Kreis, das Symbol oder der Klang empfunden werden. Dies begünstigt feine innere Wahrnehmungen, *Rasa*, sie können den Geruch, den Geschmack, das Gehör oder das

soll. Den Weg, den die Śakti (Kraft) von hier bis zur Schädeldecke (Hirnrinde) benötigt, nennt er den „hohen Weg", weil er die unteren Bereiche nicht einbezieht. „Rāja-Yoga" ist nach Auffassung der bedeutendsten Weisen der Jahrhundertwende der „Yoga von hohem Rang". Er wurde empfohlen u.a. von *Śivānanda* und *Vivekānanda.*

Tastempfinden betreffen. Ist aber der Gesichtssinn stärker betroffen, dann sieht man Bilder, die den Traumbildern ähneln. Diese Phase entspricht der indischen *Śaṃbhavī-Mudrā*. Der im hinduistischen Weltbild aufgewachsene Yoga-Schüler sieht feinstoffliche Wesen oder „Gottheiten", die seinem Seelenleben entsprechen. Bei einem Christen könnte es das Bild Jesu sein oder eine ihm vertraute künstlerische Darstellung Gottes. In der Regel sind es nur Verbildlichungen dessen, was das Gemüt stark beschäftigt.

Khecarī 1 (etwa 4 Minuten)
Die Aufmerksamkeit richtet sich weiterhin auf die Vorgänge im Schädel. Der *Atem* ist ohne Zutun „unmerklich" geworden (*Kevalī-Atmung*). In der Gegend der Hypophyse (Hirnanhangdrüse) entsteht nach und nach ein Druckgefühl, das später – manchmal erst nach Tagen – in ein Wonnegefühl übergeht, genannt *Ānanda*.
Nun wandert das Bewußtsein im *Kha*, dem „inneren Himmel": *Khecarī* – „Wandern im Kha" beginnt. Der Meditierende hat seine Identifikation mit dem Körper aufgegeben und „wandert" jetzt in „geistigen Bereichen". Diesen Zustand nennt Sacharow die „geistige Khecarī-Mudrā", bei der ein leichter Zungendruck ausreicht anstelle des sogenannten „Zungeverschluckens", wie es von Rieker beschrieben wurde.

Khecarī 2 (etwa 2 Minuten)
Das Tagesbewußtsein hat sich vollkommen in das Meditations-Bewußtsein verwandelt. *Dhyāna* ist eingetreten. Nun weiß man nicht mehr, ob man atmet, ob man sitzt, ob man einen Körper hat. Man ist vollkommen „gelöst" – *laya* – nicht aufgelöst, wie es der historische Tantra fordert.
Jetzt kann es zu *Licht-Wahrnehmungen* kommen, die individuell variieren. Das Bewußtseinslicht zeigt sich nicht immer in der gleichen Form. Es kann ein goldgetönter Lichtregen sein oder gleißendes weißes Licht. Wer als Konzentrations-Objekt den Kreis gewählt hatte, wird in der Regel „drei vibrierende Lichtringe" sehen, die sich zu einer Lichtscheibe verdichten; diese wird immer größer, sie breitet sich aus, bis nur noch strahlendes Licht – „heller als tausend Sonnen" – wahrgenommen wird, ganz gleich, ob die Augen geschlossen oder geöffnet sind, doch daran erinnert man sich erst danach, wenn das Denken wieder einsetzt.
Diese Übung sollte täglich fortgesetzt werden, bis sich die Wahrnehmungen zeitlich verlängern und sich die Erkenntnisse ausweiten.

Hinweise zur Selbstkontrolle
Wer ohne Lehrer übt, kann leicht der Selbsttäuschung verfallen. Sehr oft werden Träumereien oder Phantasien für erfolgreiche Meditation gehalten. Jeder Mensch, der viel allein ist, neigt dazu, sein Innenleben zu verbildlichen.

Wenn ihn die inneren Bilder zu sehr faszinieren, wird er weltfremd. Davor sollten sich vor allem junge Menschen hüten.
Träumereien und Phantasien können nicht mit Meditation gleichgestellt werden, denn sie führen nicht weiter. Sacharow vermittelte daher noch einige Hinweise aus indischen Texten; man sollte sie mit der eigenen Übungs-Erfahrung vergleichen.
Zu Beginn der Übung „gehen die Gedanken ihre eigenen Wege"; dafür gilt in Indien das Stichwort *kṣipta,* „zerstreut". Richtet sich das Interesse zu sehr auf ein Detail des Betrachtungs-Objektes, heißt der Zustand *mūḍha,* „verirrt"; denn es ist nicht das Ziel der Übung. Wird dann mit Hilfe des Willens *Dhāraṇa,* „Konzentration", erreicht, hält der Außenstehende den „entrückten" Gesichtsausdruck für *vikṣipta*, einen zerstreuten Zustand.
Dhyāna, die Stufe der Meditation, ist erreicht, sobald alle Gedanken in *eine* Richtung streben – „einspitzig" werden, *ekāgra*. Dann ist das Bewußtsein von einer einzigen Empfindung beseelt, die sich nicht mehr durch Bilder ausdrückt. Dieser bildlose Zustand soll erreicht werden.
Oft wird der Zustand, der durch „mūḍha" charakterisiert wurde, bereits für die Meditation gehalten oder das „Vor-sich-hin-Träumen" für die erstrebte Harmonie. Auf diese Weise kann der höhere Bewußtseins-Zustand nicht erreicht werden; er erfordert anhaltende wache Aufmerksamkeit einzig und allein auf das Bewußtsein. Jeder Gegenstand ist in dieser Phase aus dem Bewußtsein zu entlassen.

3. Die Śiva-Saṃhitā

a) Die Herkunft

Der Verfasser des Sanskrit-Textes ist unbekannt; er legt seine Worte seinem *Īśvara Śiva* in den Mund – daher der Titel: „Śiva-Saṃhitā", die „Śiva-Sammlung". Für die Übersetzung vom Sanskrit ins Englische zeichnen: Svāmi Digambarji, Dr. Sahai und R. Candra Vasu – alle von der Lonavla-Yoga-Schule bei Bombay. Die Übertragung ins Deutsche besorgte Lore Tomalla.
Der Sanskrit-Text ist unterteilt in fünf Lehrabschnitte und beginnt mit einer Einführung in die Weltanschauung, die jedoch nicht klar durchgeführt wird. Es werden Begriffe und Auffassungen aus allen indischen Lehren verwendet. Die nahe Beziehung zum *Tantra* kommt ziemlich spät zum Vorschein, nämlich betont im 5. Lehrabschnitt.
Hier stellt sich dann heraus, daß die „Śiva-Saṃhitā" zur Überlieferung der *Kaula-Sekte* gehört oder zumindest von dieser Sekte stark beeinflußt wor-

den ist. Der Inder A. Mookerji nennt eine Kulācāra-Sekte, die sowohl vom rechtshändigen wie auch vom linkshändigen Tantra ableitbar ist.

b) Die Kaula-Sekte – eine Vāmācārī-Sekte

Wie die Kaula-Sekte einzuordnen ist, erfährt man von *Avalon* in seinem Buch „Die Schlangenkraft" (S. 176): Wie dort ausgeführt wird, sind die *Kaula* eine sogenannte „linkshändige" Sekte (Vāmācārī-Sekte). „Linkshändig" werden sie genannt, weil sie alles verwerfen, was in anderen Yoga-Schulen als günstig gilt. Es heißt, daß sie den Widerspruch absichtlich herausfordern, um von der Gesellschaft verachtet zu werden. Sie hoffen, daß es ihnen dann leichter gelingen wird, die Bindungen zur Gesellschaft zu lösen.
Die Schutzpatronin dieser Sekte ist *Tripurā-Bhairavī*, die „Dreifach-Grausige", die in den Gebieten, in denen sie verehrt wird, auch *Durgā* heißt und dann eine Halskette aus Totenschädeln trägt, weil sie den Aspekt der Vernichtung vertritt. Ihre Existenz läßt sich aus dem Vegetationskult herleiten, in dem sie den jährlichen Tod der Natur repräsentierte. Der hier besprochene Text erwähnt sie in Vers 61 und Vers 195 des V. Lehrabschnitts.
Kaula ist von *Ku* abgeleitet, das ist „Erde", „irdisch". Die Göttin repräsentiert das Irdische, während der Gott *Śiva* das Geistige vertritt. Von Śiva sagt man, daß er *„akula"* oder *„nakula"* sei, nämlich geschlechtslos, unirdisch, göttlich (IV, 152-157). Die Göttin dagegen nennt man die *Kula-Śakti*, die geschlechtsbehaftete Kraft. Ihr Sitz im Menschen wird in der untersten Region angegeben, dem Geschlechtszentrum, in IV,4-5 *Kula-Juwel* genannt.
Laut Text-Anweisung soll sich der Yogin mit *Kāmadeva*, dem Liebesgott, identifizieren, wenn er sich auf die *Yoni* konzentriert, das weibliche Geschlechtszentrum. Diese Übung wird deshalb als *Yoni-Mudrā* bezeichnet. Dafür wird ihm in Aussicht gestellt, er könne damit Liebe und Tod besiegen: *vija* (IV, 2-11). Wie man aus der Gesamtaufstellung der *Mudrā* entnehmen kann, verstand Gheraṇḍa unter der Yoni-Mudrā eine geistige Konzentrationsübung. Es ist aus tantrischen Texten oft nicht ersichtlich, ob der Geschlechtsakt nur als bildlicher Vergleich dient. Gewiß ist, daß es Sekten gab, die ihn nicht nur als Bild verstanden haben, und daher ist *Tantra* immer mehr in Verruf gekommen.
Was nun im Lehrabschnitt IV, 3 weiter gelehrt wird, ist *Kuṇḍalinī-Yoga*, wie er aus dem *Tantra-System* bereits bekannt ist, allerdings in verschlüsselte tantrische Begriffe verpackt:
Als Ort der Schöpferkraft wird die *Brahmā-Yoni* genannt; sie wird symbolisiert als ein weibliches Dreieck, mit der Spitze nach unten, der Punkt darin ist das *Liṅga*, das schöpferische Symbol.

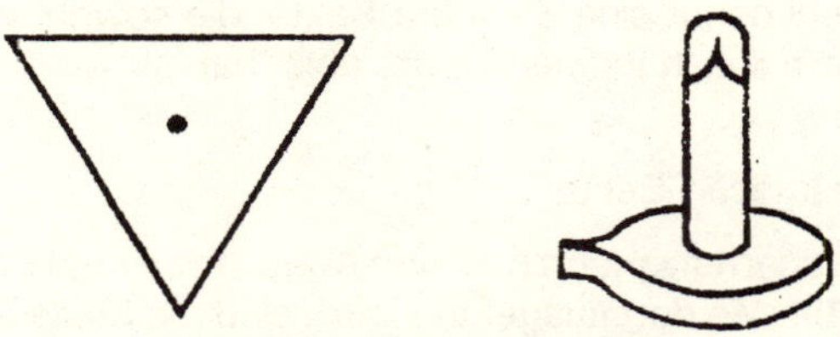

(zwei Varianten der Verbildlichung)

Mit Hilfe der Vorstellungskraft soll die *Kula-Kuṇḍalinī* nun aufsteigen aus dem „Wurzel–Cakra" hinauf zum Berg *Kailāsa*, dem Sitz des *Śiva*. Die Wonne, die dabei empfunden wird, trägt die Bezeichnung *Kulāmṛta*. Wer dies zustande bringt, wird „frei von Krankheit und Wiedergeburt", versichern die Verse 151-157.
Mit *Kailāsa** ist das geistige Zentrum über dem Scheitelpunkt des Kopfes gemeint, der Ort geistiger Entwicklungsmöglichkeiten. Als uranfängliches Kraftzentrum wird er als *Bindu* oder Punkt dargestellt

c) Die Śiva-Saṃhitā – Besprechung des Textes

Erster Lehrabschnitt: Weltanschauung
In diesem Abschnitt wird *Yoga* als die einzig wahre Lehre gepriesen, die wirklich von der Wiedergeburt befreit. Religiöse Lehren von Himmel und Hölle, Lohn und Bestrafung haben alle Wiedergeburt zur Folge und sind daher nur von untergeordneter Bedeutung, die das Leiden vorübergehend auflösen.
Was in den folgenden Versen als Yoga-Weltanschauung geschildert wird, ist eine Mischung aus: Sāṃkhya, Vedānta, Advaita-Vedānta, Tantra und Buddhismus. „Man muß sich damit auseinandersetzen, um die Unwissenheit zu überwinden" (I, 32-48). „Ist es gelungen, wird es sein wie das Erwachen aus einem Schlaf" (Buddhistisches Gleichnis: Buddha = der Erwachte).
„Unwissenheit ist es beispielsweise, wenn man ein Seil für eine Schlange hält oder ein Stück Perlmutt für Silber, weil es ebenfalls glänzt. Ebenso weiß man, daß nur eine Sonne am Himmel ist, obwohl sich in den Tautropfen oder in den Meereswellen viele Sonnen widerspiegeln." (Das sind alte Gleichnisse aus dem Vedānta.) Im Advaita-Vedānta folgert man daraus: Die Vielheit, die man in der Welt wahrnimmt, ist ebenso täuschend wie die Sonnen-Abbilder in den Tautropfen. Die Vielheit ist nicht echt; real ist nur das *Eine*, das dahinter steht und die Spiegelungen als „echt" erscheinen läßt. „Wie durch Bewegung des Windes ein Strudel im Meer entsteht, gleicherweise entsteht diese vergängliche Welt im Geist. Geist wird in

* Geographisch gesehen ist der Kailāsa der höchste Berg in Tibet.

Ewigkeit existieren, dagegen wird immer wieder vergehen, was der Zeit unterworfen ist" (Verse I,45-61, buddhistisch).
Verantwortlich für die menschliche Unwissenheit ist das Prinzip der *Māyā* (62-67, Advaita-Vedānta). Die Wirkung der *Māyā* wird während des *Samādhi*-Zustandes aufgehoben; daher verschwindet die Welt für den, der Samādhi erlebt; man muß ihn erlebt haben, um Wissen zu erlangen.
Solange der Mensch im Zustand der Unwissenheit verweilt, glaubt er, daß die stoffliche Welt durch einen physikalischen Vorgang entsteht, bei dem sich verschiedene Bereiche bilden, die alle mit Lebewesen erfüllt sind, die diesen Bereichen entsprechen. Er glaubt weiter, daß der in einen Zell-Körper gehüllte *Jīva* die Früchte des *Karman* ernten muß. *Yoga* bewirkt, daß der Jīva im Param-Brahman absorbiert wird. Dann ist das Karman getilgt und das Ende der Unwissenheit erreicht (I, 90-96).

Zweiter Lehrabschnitt: Der Körper als Mikrokosmos
Tantra betont, daß der Körper Teil des stofflichen Universums ist: ein Mikrokosmos im Makrokosmos, also ein System, das nach den gleichen Prinzipien aufgebaut ist wie das große System, das wir die Welt nennen.
Aus dieser Anschauung geht hervor, daß jede Körperzone einer kosmischen Zone zugeordnet ist. Diese Zonen heißen *Loka* oder „Bereiche". Man nennt sie auch „Ebenen" oder „Sphären", wobei der Begriff „Sphäre" zutreffender ist, wenn man das Universum als Kugel vorstellt. Im Text erwähnt sind sieben „Bereiche", die man heute auch als „Zonen" bezeichnet. Der Text nennt sie allerdings die „sieben Kontinente", die vom „Winde" – vom *Prāṇa* – umweht sind und vom „Meere" umspült werden, vom *Soma.* Innerhalb dieser Kontinente erhebt sich ein Berg – ein anderer als der schon genannte – nämlich der mythische Berg *Meru*, der als unsichtbares Zentrum der Welt gilt und der im Körper von der Wirbelsäule repräsentiert wird, die ihm Stabilität verleiht. Sie trägt in ihrem Innern den „Meru-Stab", *Merudaṇḍā.* Das ist eine andere Bezeichnung für die *Suṣumṇā*, den Aufstiegsweg der *Kuṇḍalinī* (siehe die Cakra-Lehre des Tantra).
Ganz im Sinne der schon bekannten Tantra-Lehre werden nun die *Nāḍī* „Iḍā und Piṅgalā" genannt als die „Flüsse", die das Körpersystem speisen, ähnlich wie die Wasserflüsse die äußeren Kontinente feucht halten. „Durch 350 000 haarfeine Rinnen wird dem Organismus Lebenskraft zugeführt, wie die Erde von Bächen und Flüssen bewässert wird. Zehn Feuer der inneren Verbrennung werden in Schach gehalten durch zehn kühlende Prāṇaströme."
Von den allerfeinsten „Flüssen" heißt es, daß sie eine Art von Nerven-Fluidum führen. Da sie *Citrā* oder *Citrinī* genannt werden, liegt nahe, sie als Bewußtseinsleiter aufzufassen, denn *Cit* ist Bewußtsein.

Schließlich wird noch die Frage erörtert, ob es möglich ist, daß sich der Mensch mit den sieben kosmischen Bereichen in Verbindung setzen kann. Er kann es, weil alle Substanzen dieser Bereiche auch in ihm selbst sind, in mehr oder weniger konzentrierter Form, ganz nach individueller Veranlagung. Die Bereiche, zu denen er veranlagungsgemäß weniger Zugang hat, eröffnen sich ihm durch den *Yoga*.

Dritter Lehrabschnitt: Die Yoga-Praktik
Die Lebenskraft – Prāṇa und Apāna
Dem weltanschaulichen Wissen soll jetzt ein biologisches Wissen an die Seite gestellt werden. Es wird erwartet, daß der Yogin die Grundlehren des *Āyurveda* kennt. Denn für die Ausübung des Ha-Ṭha-Yoga ist die Kenntnis der Prāṇa-Ströme wichtig, die in diesem System *Vāyu*-Ströme genannt werden.
Der Begriff *Prāṇa* wird in diesem Zusammenhang nur für den mit der Einatmung abwärts führenden Lebensstrom verwendet; der darauffolgende aufwärts gerichtete heißt *Apāna*. Ihr Gegeneinanderwirken erzeugt das Leben im Organismus. Im Sterbemoment steigen – zufolge dieser Lehre – beide in gleicher Richtung aufwärts, um durch die Körperöffnungen zu entweichen.
Wie im *Tantra* allgemein üblich, arbeitet der *Yogin* darauf hin, durch das Training der Konzentration *Prāṇa* und *Apāna* in die *Suṣumṇā* zu zwingen. Er verspricht sich davon erhöhte Vitalität und vermehrtes Wissen.

Prāṇāyāma – Atemtechniken
Die große Anzahl von Atemtechniken, die die anderen beiden Quellentexte angeben, fehlt hier. Das Ziel ist hier die sogenannte *Vāyu-Siddhi* – die Levitation (freies Schweben) – und andere besondere Fähigkeiten.
Als Vorübung für dieses „Schweben in der Luft" soll der Wechselatem geübt werden: drei Monate lang, viermal täglich. Mit 20 Atemzügen soll begonnen werden und jeweils nach der Einatmung das Anhalten – das *Kumbhaka* – geübt werden. Wer es fertig bringt, das Kumbhaka systematisch von Woche zu Woche zu steigern, dem wird versprochen, daß er diese Siddhi bestimmt erlangen wird. Wenn er außerdem noch das *Praṇāva* übt – das ist Rezitation der Silbe *AUṂ* –, „dann wird er sich wie ein junger Gott fühlen" (III,81). Daraufhin wird herausgestellt, daß sich die Schülerschaft in vier Stufen entwickelt.

Vier Stufen der Schülerschaft
Erste Stufe – Arambha-Avastha (Anfangszustand): Nāḍī-Reinigung – Wechselatem.

Zweite Stufe – Ghaṭa-Avastha (Verbindender Zustand): Der *Ahaṃkāra* arbeitet im Einklang mit dem *Jīvātman*; die „Zwei Seelen in des Menschen Brust" streben gemeinsam dem Endziel zu.
Dritte Stufe – Paricaya-Avastha (Geläufig gewordener Zustand): *Prāṇa* und *Apāna* sind vereint in der *Suṣumṇā*. Die *Kuṇḍalinī* steigt auf und belebt die *Cakra*. Karma-Wissen stellt sich ein.
Damit diese dritte Stufe erreicht werden kann, wird erwartet, daß der sich darum bemühende Yogin auf jedes der *Cakra* zweieinhalb Stunden lang konzentriert. Vers III,65 stellt ihm dafür in Aussicht: „Er stirbt nicht Hunderte von Kreisläufen des großen Brahmā hindurch."
Vierte Stufe – Niṣpatti-Avastha (Gefestigter Zustand): *die Stufe des Vollbringens:* Unter „Vollbringen" versteht man hier „Lebensverlängerung" oder gar „Unsterblichkeit", denn länger zu leben als der göttliche Brahmā, der in Vers 65 genannt wurde, ist ja aus menschlicher Sicht Unsterblichkeit.
Und wie erhält der Yogin das Leben? Er hat das „Wasser des Lebens" gefunden, *Soma* oder *Amṛta* genannt –, und es wurde schon erörtert, daß damit eine besondere Hormon–Produktion gemeint sein könnte. „Indem er ständig die Zunge an die Gaumenwurzel legt, trinkt der Yogin diesen ‚Nektar', der vom ‚Mond-Maṇḍala' herabfließt" (siehe Tantra).
Die Redewendung „Zunge an der Gaumenwurzel" bezieht sich bei Gheraṇḍa allerdings auf die Meditations-Technik. Sollte sich die „Unsterblichkeit" doch nicht auf das Körperliche beziehen? Wird vielleicht auch hier größere Bewußtwerdung als gesteigertes Lebensgefühl angesehen?
Die praktischen Ergebnisse lassen darauf schließen. Denn ein indischer Kommentator bemerkte schon damals zu den beschriebenen Techniken: „Sie geben vor, das Leben verlängern zu können, aber sie sterben doch... Befreiung gewinnen ist immerhin leichter als die Unsterblichkeit des Leibes" (Zitat aus Avalon, „Die Schlangenkraft", S. 176).

Die Āsana – vier Sitzhaltungen
Siddha – ein Sitz, bei dem die Unterschenkel aufeinander gelegt werden. Das unterste *Cakra* soll dabei mit den Fersen gedrückt werden.
Padma – das ist der klassische Lotos-Sitz, der Meditations-Sitz aller indischen Yogis. Jeder der beiden Füße wird in die gegenüberliegende Leiste gelegt. Der Ha-Ṭha-Yogin führt in dieser Haltung auch die erwähnten Atemtechniken aus und denkt dazu noch an die Silbe *AUṂ*.
Svastika – „Hakenkreuz-Sitz". Er ist etwas einfacher. Die gekreuzten Füße werden nur in den Spalt zwischen Ober- und Unterschenkel gedrückt.
Ugrāsana oder Pascimottana: Ein Sitz mit ausgestreckten Beinen. Dann wird der Oberkörper flach nach vorn gelegt – das Kreuz muß dabei in die Länge gestreckt werden, dann können die Hände die Füße fassen – Brust und Gesicht sollen die Beine berühren.

In diesem Text werden zwar 84 *Āsana* erwähnt, jedoch nur diese vier beschrieben. Vermutlich waren die anderen allgemein bekannt, wurden aber für diesen besonderen Zweck nicht für wichtig erachtet.

Vierter Lehrabschnitt: Mudrā und Bandha
Beschrieben werden: *Yoni-Mudrā, Mahā-Mudrā, Mahā-Vedha, Khecarī-Mudrā, Mūla-Bandha, Uḍḍiyāna-Bandha, Jalandhara-Bandha, Viparīta-Kāraṇī-Mudrā* und *Śakticālanī-Mudrā.*
Yoni-Mudrā: eine in den anderen Yoga-Methoden ebenfalls bekannte Konzentrations-Übung, bei der man sämtliche Kopföffnungen mit den Fingern schließt und den Atem anhält. Hier ist es eine Übung zur Erweckung der Kuṇḍalinī, die damit beginnt, daß sich der Yogin auf die *Yoni* konzentriert. Das ist an sich der weibliche Geschlechtsteil; in der Symbolik ist es das weibliche Dreieck, in dem das Liṅga ruht (siehe Abb. S. 394, Kaula-Sekte). Gemeint ist demnach eine Konzentration auf das „Wurzel-Cakra".

Fünfter Lehrabschnitt: Dhāraṇa – Konzentrationstechnik
Dieser Abschnitt umfaßt 212 Verse. Er ist deshalb so umfangreich, weil in diesem Zusammenhang die *Cakra-Lehre* besprochen wird, die hier nicht wiederholt werden muß, da sie im Tantra-Abschnitt eingehend erläutert wurde. Von der „Erweckung" der Cakra erwartet der Yogin eine allgemein günstige Wirkung: die Integration seiner Persönlichkeit. Dieser Text verbindet mit der Konzentration auf die Cakra ganz andere Erwartungen, nämlich das Erlangen der *Siddhi*, der „psychischen Kräfte". Da sogar das „Gold-Machen" mit aufgezählt wird, ist damit die Nähe des Textes zur Alchimie deutlich erwiesen. Sie war eine Zeiterscheinung, die heute nicht mehr interessiert. Der Mensch hat sich derlei Wünsche inzwischen durch die Errungenschaften der Chemie und der Technik erfüllt.
Der Vollständigkeit halber soll jedoch wiedergegeben werden, auf welche Weise hier der Enderfolg angestrebt wird.

Das Mantra: Oṃ – Aiṃ – Kliṃ – Striṃ
In den Versen V,188-190 wird in Aussicht gestellt, daß derjenige Glück und Erfolg erlangen wird, der *Japa* übt, das ist die „Rezitation der obengenannten Silben" – stundenlang. „Der alle seine Sinne auf einen Punkt ausgerichtet hat, dem ist alle Macht und alles Vergnügen gegeben – in dieser und auch in jener Welt."
Doch der Umgang mit dem „Mantra" muß von einem Dīkṣā-Guru erlernt werden. Er wird sich dazu bereit erklären, wenn ihm der Schüler sein Besitztum übereignet hat (V, 33,45).
Die Silben des Mantra bringen drei der *Cakra* in Vibration. *Aiṃ* macht den „Wurzel-Lotos" vibrieren, *Kliṃ* macht den Herz-Lotos vibrieren, *Striṃ* macht

den Stirn-Lotos vibrieren. *Oṃ* bezieht sich auf das Ganze; es verbindet den Mikrokosmos Mensch mit dem Makrokosmos Universum,

Zum Abschluß soll der Yoga-Schüler noch *Homa* rezitieren, um die Göttin *Bhairavī* gnädig zu stimmen, „dann werden ihm die Geister der anderen Welt zu Gebote stehen".

Für die heutige Beurteilung ist natürlich weder eine Geister-Beschwörung noch das Erlangen von Siddhi wünschenswert. Ein moderner Yoga-Experte wie *Aurobindo* hält die Erlernung der Siddhi zwar für möglich, doch nicht empfehlenswert. Wer nur einen geringfügigen Fehler macht bei den aufwendigen Experimenten, macht die vernichtende Erfahrung, daß sich das Experiment gegen den Stümper wendet.

Wer die *Siddhi* anstrebt, dem geht es in Wahrheit wohl nicht um Vervollkommnung seiner Persönlichkeit sondern um Geltung. Da in diesem Manuskript nur Macht und Ansehen erstrebt werden, während Erleuchtung und Befreiung überhaupt nicht erwähnt werden, darf man annehmen, daß sich hier bereits der Niedergang des Yoga bemerkbar macht.

Über die Eignung zum Yoga-Schüler

Nicht uninteressant ist es zu hören, wie ein Lehrer der damaligen Zeit die Schülerschaft einstufte. Denn es dürfte aus der Literatur bekannt sein, daß viele Interessenten fortgeschickt oder absichtlich entmutigt werden, um ihre Ausdauer zu prüfen.

Schwache Schüler: Das sind solche mit wenig Unternehmungsgeist. Zudem sind sie vergeßlich, unachtsam und zänkisch. Sie mäkeln gern an ihren Lehrern herum, und man kann beobachten, daß sie daheim hilflos ihren Frauen ausgeliefert sind. Sie sollten nur den *Mantra-Yoga* üben.

Mittelmäßige Schüler: Sie sind für alles dankbar und allgemein tugendhaft. Ihre Worte sind immer sanft, und sie neigen zu keinerlei Extremen. Sie sind für Laya-Yoga geeignet.

Interessierte Schüler: Diese sind voller Energie, mutig und treu. Sie sind allgemein sympathisch, versöhnlich, wahrhaftig und beständig im Training. Sie sind unabhängig von ihrer Umwelt und können daher den *Ha-Ṭha-Yoga* üben.

Die begeisterten Schüler verhalten sich wie echte Helden, sie sind voller Unternehmungsgeist und auf allen Gebieten erfolgreich. Sie sind nicht leicht zu verwirren und von ihren Vorsätzen abzubringen. Ihnen steht alles frei – sie können *jeden Yoga* üben.

VII. Beschreibung der übereinstimmenden Techniken

1. Beginn der Yoga-Schulung (historisch)

Die interpretierten drei Quellentexte unterscheiden sich mehr durch ihre Schwerpunkte und die allgemeine Ausrichtung, während die Übungsanweisungen weitgehend übereinstimmen. Auf Besonderheiten wurde schon hingewiesen. Es schien daher sinnvoll, die Übungsanweisungen in einer Übersicht zusammenzufassen.
Daraus ist ersichtlich, daß sich der Haṭha-Yoga betont dem Körper zuwendet. Man dürfte inzwischen die Erfahrung gemacht haben, daß ein labiler Körper jede Art der Yoga-Praktik stört. So empfiehlt man, den Körper vor der Yoga-Schulung zu entschlacken.
Das Mittel sind die Reinigungsübungen a-f: Dhauti, Neti, Vasti... Sie sind ein Bestandteil des *Āyurveda*, der indischen Naturheilkunde, und man empfiehlt, sie mindestens *sechs Wochen lang* sehr streng durchzuführen. Welche Übungen man daraufhin beibehält oder ab und zu wiederholt, ist von der individuellen körperlichen Beschaffenheit abhängig.
Nach der sechswöchigen Kur sollte die in den Texten empfohlene vegetarische Diät eingehalten werden, weil sonst sehr schnell wieder Verschlackung einsetzt. Diese Diät hat noch einen anderen Zweck, sie soll dazu beitragen, den „Diamantleib" zu entwickeln im Sinne der *Tantra-Tradition*. Im Sinne dieser Tradition müßten alle Übungen täglich 1-4 mal durchgeführt werden, sonst ist keine leibliche Umwandlung zu erwarten, es ist nicht einmal die Erhaltung der Gesundheit garantiert.
Für den Beginn der Yoga-Schulung wird in Indien ein Alter von 12-14 Jahren angegeben; denn die Gesundheit eines älteren Menschen ist schon gestört. Der Ältere hat zwar auch noch Vorteile von der Yoga–Ausübung, aber nur in gewissen Grenzen durch das Erlangen von Wohlbefinden.
Wie bei uns gibt es heute auch in Indien Yoga-Schulen, die nur stundenweise besucht werden; dort begnügen sich Berufstätige mit einem Teilerfolg: Kräftigung des Körpers und Konzentrationsfähigkeit. Darüber mehr im nächsten Kapitel!

2. Die Reinigungsübungen des Haṭha-Yoga

a) Dhauti

Dhauti bedeutet Waschung, Spülung oder Reinigung des ganzen Körpers mit Wasser, Feuer und Luft.
Vātasāra-Dhauti: Vāta, „Luft" trinken, einsaugen, dann den Bauch bewegen und herauspressen.
Vārisāra-Dhauti: Vāri, „Wasser" trinken, dann den Bauch bewegen und herauspressen.
Agnisāra-Dhauti: Agni, „Feuer", bedeutet Anregung des Verdauungsfeuers durch 100 mal *Uḍḍiyāna-Bandha* (siehe Bandha).
Bahiṣkrita ist wie Vātasāra, aber die Luft eineinhalb Stunden halten.
Danta-Mūla-Dhauti: Dantamūla, „Zahnwurzeln" reinigen, mit Wasser und einem Pflanzenstengel.
Jihvā-Sodhana: Schleimentfernung an der Zungenwurzel *Jihva*, indem man die Zunge lang herauszieht und massiert.
Karṇa-Dhauti: *Karṇa,* „Ohr" reiben und lauschen, nämlich auf den „inneren Ton", den *Nāda*.
Kapāla-Raṅdhra-Dhauti: Kapālaraṅdhra, „Kopfhöhlungen", nämlich die Schläfen massieren.
Die letzten beiden Techniken begünstigen die Meditation.

b) Hṛdaya-Dhauti

Hṛd = „Herz", Kernstück; *Hṛdaya* die inneren Organe betreffend, auch Magen und Darm.
Daṇḍa-Dhauti: den Schlund mit einem Pflanzenstengel massieren, sich zum Erbrechen reizen, Schleim entfernen.
Vāmana-Dhauti: nach erfolgter Verdauung Wasser trinken und sich zum Erbrechen reizen.
Vāso-Dhauti: einen langen Leinenstreifen schlucken – dann wieder langsam herausziehen, so Schleim entfernen.

c) Neti – Spülung

Neti verbindet Nasenreinigung mit Nasenmassage. Einen Nasen-Katheter oder Gummifaden abwechselnd in ein Nasenloch stecken und mit den Fingern durch den Mund herausziehen, dann beide Enden fassen und hin und herziehen.

Vyut–Krama: lauwarmes, leicht gesalzenes Wasser durch die Nasenlöcher einsaugen, dann durch den Mund herauslassen, jede Woche etwas kälter, verhütet Schnupfen.
Śit-Krama: durch den Mund Wasser einschlürfen, dann durch die Nase herauslassen, eine Methode mit kühlender Wirkung.

d) Vasti – Klistier

Jāla-Vasti: ein Klistier ohne Schlauch; das Wasser wird direkt aus einer Schüssel (oder im Fluß) mit dem Anus eingesaugt, benötigt Training.
Suṣka-Vasti: auch *Aśvinī-Mudrā* genannt. Mit ausgestreckten Beinen sitzen, Hände auf den Oberschenkeln. Dann den Anus rhythmisch öffnen und schließen, ähnlich wie Reiten; erhält die Elastizität des Ringmuskels bis ins hohe Alter.
Mūla-Śodhana: auch *Ganeśa-Kriyā* genannt – „Elefantenübung". Technik: Über ein Wasserbecken hocken; mit den Fingern die Afteröffnung waschen – tief hinein. Es dient dem Entfernen von Stuhlknötchen, die das Entweichen der Gase verhindern. Zwischendurch muß man *Lauliki* üben, um die Wirkung zu erhöhen. Gute Wirkung bei Blähungen und Hämorrhoiden.

e) Uḍḍīyāna-Bandha oder Agnisāra-Dhauti

Sich hinstellen mit gebeugten Knien, als wollte man sich auf einen Stuhl setzen; die Hände fest in der Mitte der Oberschenkel stützen; dann folgende *Atemtechnik:* Ausatmen – Zwerchfell stark einziehen, längere Zeit ohne Luft bleiben. Nach einer Weile, wenn die Presse aufgehoben wird, saugen die Lungen von selbst Luft an mit hörbarem Geräusch. Bis 100 mal wiederholen. Lockert den Darmtrakt, hält die Bauchmuskeln elastisch, behebt Senkungen des Magens und der Unterleibsorgane. Vorsicht bei Schilddrüsen-Überfunktion!
Man verspricht sich von dieser Übung nicht nur gesundheitliche Wirkung. Im Sinne des *Tantra* soll durch die Preß-Technik die *Kuṇḍalinī* („Energie") in Gang gesetzt werden, sie soll „auffliegen" (*uḍḍīyāna* = „Aufflug")

f) Nauli und Lauliki

Nauli setzt die Beherrschung von Uḍḍīyāna voraus; man führt es aus und ergänzt es durch abwechselndes rechts- und linksseitiges Herausdrücken des Bauchmuskels (rectus abdominis). Drückt man beide Seiten gleichzeitig heraus, entsteht ein dicker Wulst in der Mitte. Übt verstärkte Wirkung auf den Darmtrakt aus, ist sehr anstrengend.

Lauliki ist eine Steigerung. Es soll eine drehende Bewegung entstehen, im Uhrzeigersinn, zum Darmausgang hin. Man erreicht es durch schnellen Wechsel beim Herausdrücken des rechts- und linksseitigen Wulstes. Wer die Darmentleerung beschleunigen will, muß zwischendurch viel Wasser trinken.

3. Körperhaltungen

a) Die Āsana – Haltungen – Positionen

(jeweils 2-5 Minuten halten – Tiefatmung)

2 Entspannungslagen
Zuerst Muskeln entspannen, sich gelöst fühlen. Dann seelisch entspannen durch *Distanzieren* vom Körper, vom Alltag, von Erinnerungen. Mit sich und der Welt Frieden schließen. *Sich von Licht durchfluten lassen,* Eintreten in die innere Stille.

Mṛta „Leiche"

Makara „Delphin"

8 Sitz-Haltungen:

Gorakṣa	*Mukta Freier Sitz*	*Siddha vollkommener Sitz*	*Vīra Heldensitz*	*Gupta Versteck-sitz*	*Svastika Hakenkreuzsitz*	*Yoga-sitz*	*Padma Lotossitz*

Zuerst liegen die Knie sehr breit auseinander; dann rücken sie immer näher zusammen, je höher die Füße angezogen werden. Dadurch konzentriert sich der Blut-Kreislauf auf den Rumpf. Bei 7 der Sitze Rücken und Nacken steil halten – bewirkt *Konzentration. Tiefatmung* (Pendeltakt). Einstimmen in die *Meditation.*

10 Sitz-Haltungen –

Bein-Durchblutung

Vṛṣa, „Stier“, und *Gomukha*, „Kuhgesicht“, sind geeignet zum Auflockern der Beine nach der Meditation.

Vṛṣa *Gomukha*

Bei den nächsten 8 Sitzen erreicht man Bein-Durchblutung anschließend an die Pressung durch Sitzen *auf* oder *neben* den Beinen. Bei *Vajra* und *Maṇḍuka* neben den Beinen, bei *Bhadra* und *Kūrma* auf den Beinen.

Ein Hausmittel gegen Halsschmerzen ist *Siṃha*:
Auf die gekreuzten Füße setzen (*Bhadra*). Beide Hände zwischen Gesäß und Fersen schieben (*Kūrma*), Brustkorb vorgewölbt, Nackenknick, Kinn auf die Brust – jetzt *Siṃha*: Zunge sehr weit heraus, Augen groß herausquellen lassen, bewirkt starke Hals-Durchblutung.

Vajra *Bhadra* *Kūrma*
„Diamant“ *„Glück“*

Siṃha „Löwenkopf“

1. Maṇḍuka *2. Uttāna Maṇḍuka*
Frosch *Arme hoch*

Kūrma, „Schildkröte“.

Uttāna Kūrma, „Gleichgewicht“ mit Darmtrakt-Massage.

Ardha Kukkuṭa: „Halber Hahn“, Stemmübung mit Darmtrakt-Massage.

Kukkuṭa, „Hahn“ mit Padma,
Arme in die Kniekehlen zwängen.

Uttāna Kūrma *Ardha Kukkuṭa* *Kukkuṭa*

4 Steh-Haltungen mit Varianten: Āsana: 32 Geraṇḍa-Saṃhitā

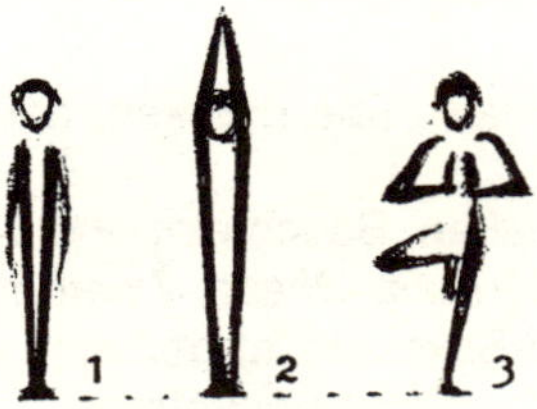

Vṛkṣa
„Baum", fördert die Ausdauer;
sich als Baum fühlen

Saṅkata Garuḍa
„geflochten" „Adler"
dient der „Phönix"
Unterleibsdurchblutung

Utkaṭa, „Übermäßig"
Beindurchblutung,
Zehenkräftigung

8 Haltungen mit Preß- und Streckwirkung:

Bhūjaṇga Uṣṭra Dhānur
„Kobra" „Kamel" „Bogen"
Rückwärtsbiegungen, Pressung der Nieren – Achtung! Dehnung von Brust und Bauch, Bein-Durchblutung

Mayūra „Pfau"
Stemmübung
Darmtrakt-Anregung

Akarśana Dhānur
„Bogenschütze"
(nur in Haṭhayoga-Pradīpikā erwähnt)

Matsya „Fisch" Matsya mit Padma
Brustwölbung (im Lotossitz)
Nackendruck – Kopf-Durchblutung,
Bein-Durchblutung

Śalabha „Libelle"
Rückenkräftigung

Pascimottana Endphase halten
Haltung mit gestrecktem Kreuz, auch Ugrāsana
Dehnung im Rücken, Pressung der Bauchorgane

(Ardha) Matsyendra
halber „König der Fische"
Durch Drehung: Pressung der Nieren – Vorsicht! Pressung der Bauchorgane

b) Bandha und Mudrā (abgeleitet von Tantra-Auffassungen)

5 Bandha

1. Jālandhara-Bandha: „Kinnpresse“, Kinn zur Halsgrube drücken, damit der „Mond-Nektar“ nicht wegfließt.
2. Mūla-Bandha: „Wurzel-Verschluß“; Anus schließen, Bauch einziehen.
3. Uḍḍiyāna-Bandha: „Aufflug-Verschluß“, wie *Agnisāra-Dhauti.* Zwerchfell einziehen, dazu Konzentration auf die Kuṇḍalinī-Śakti; sie ist gemeint mit dem „Vogel“, der auffliegen soll, nämlich in der Suṣumṇā hochsteigen.
4. Mahā-Bandha: „Großer Verschluß“; Kombination von 1 + 2.
5. Mahā-Vedha: „Großer Durchbruch“ der Kuṇḍalinī: 1 + 2 + 3 mit Konzentration auf ihre Erweckung.

15 Mudrā

1. Nabho-Mudrā: Zunge an den oberen Gaumen – Zwerchfellatmung.
2. Māṇḍukī-Mudrā: Steigerung von 1 durch Konzentration auf die Schädeldecke, Wahrnehmung von 5 *Rasa.*
3. Khecarī-Mudrā: „Wandern im Kha“ – Austreten aus dem Leib.
4. Bhūjaṅginī-Mudrā: „Schlangenmudrā“ wie Vātasāri-Dhauti.
5. Mātaṅginī-Mudrā: „Elefantenmudrā“; Vyut- und Śit-Krama.
6. Kāki-Mudrā: „Krähenmudrā“; Luft einschlürfen – reinigend.
7. Aśvinī-Mudrā: „Reitermudrā“; Anus rhythmisch bewegen.
8. Śakti-Cālanī: „Aufrütteln der Śakti“; 1 + 3 + 7 Kombination.
9. Yoni-Mudrā: eine Konzentrationsübung mit Steigerung. Zuerst mit den Fingern alle Kopföffnungen schließen, Prāṇa einsaugen und halten. Später den im Teil Tantra beschriebenen Layayoga üben, nämlich die fünf Mahābhūta in die Cakra überführen. Eine andere Variante wird nachstehend unter „geistige Mudrā“ beschrieben.
10. Śāmbhavī-Mudrā: „Blickloser Blick“, Kevalī-Atmung (siehe auch S. 386: Feinstoffliche Meditation).
11. Pāśinī-Mudrā, ist wie Yoga-Nidrā-Āsana (Nidrāsana) = Yoga-Schlaf.
12. Tāḍāgi-Mudrā, „Teichmudrā“; der „Teich“ entsteht unter dem Rippenbogen, eine Mulde, wenn in „Pascimottana“ das Uḍḍiyāna-Bandha ausgeführt wird.
13. Mahā-Mudrā: wie 12, dazu 1 und Atem anhalten (Tantra).
14. Vajrolī-Mudrā: bei Gheraṇḍa der „Handstand“.
15. Viparīta-Kāraṇī-Mudrā: Mudrā mit „umgekehrter Wirkung“, nämlich: Die „Sonne“ ist jetzt *oben,* der „Mond“ ist jetzt *unten.*

Langsamer Aufbau des Kopfstandes: Viparīta-Kāraṇī-Mudrā

Die „Sonne“ – hier das „Sonnengeflecht“ – hat anfeuernde Wirkung; sie saugt den „Mond-Nektar“ auf. Man altert; soll verhindert werden durch Umkehrung, täglich drei Stunden. Der 5-Minuten-Kopfstand ist: *Śirṣāsana.*

4. Konzentrationsübungen (geistige Mudrā)

(Übungen auf die Pañca-Bhautika / 5 Bhuta oder 5 Tattva)
1. *Pārthivī-Dhāraṇā-Mudrā*: Konzentration auf *Pṛthivī* (die Erdsubstanz). Ein gelbes Quadrat vorstellen, dabei das Bīja *Laṃ* rezitieren und an den Schöpfergott Brahmā denken. Damit soll Aufhebung der Schwerkraft erreicht werden.
2. *Āmbhasī-Dhāraṇa-Mudrā*: Konzentration auf *Āpas* (das Prinzip des Wassers und alles dem Wasser Ähnliches). Vorstellen einer glänzenden Mondsichel, die nach oben geöffnet ist wie eine Schale, dabei das Bīja *Vaṃ*, rezitieren und sich mit Viṣṇu (dem Erhalter des Lebens) gedanklich verbinden. Das soll Gemütsleiden beheben und vor einem Tod durch Ertrinken bewahren.
3. *Āgneyī-Dhāraṇa-Mudrā*: Konzentration auf *Agni* (das Prinzip des Feuers wie auch des Geist-Feuers). Ein feuerrotes Dreieck vorstellen, dabei das Bīja *Raṃ* rezitieren und an Rudra denken, den Ur-Yogin göttlicher Natur. Es soll Erfolg in außergewöhnlichen Fähigkeiten eintragen, die Konzentration benötigen. Außerdem soll es vor einem Verbrennungs-Tod bewahren und das Gehen auf glühenden Kohlen ermöglichen. Es handelt sich also um das Erlernen der aus dem Altertum schon bekannten *Siddhi*, die von den Weisen nicht geschätzt sind.
4. *Vāyavī-Dhāraṇa-Mudrā*: Konzentration auf *Vāyu* (Prinzip des Luftigen und Gasartigen). Einen rauchblauen Ring vorstellen, dabei das Bīja *Yaṃ* rezitieren und sich mit Īśvara, dem manifestierten Gott, verbinden. Man glaubt, dadurch das seelische Austreten aus dem groben Leib zu erlernen – das „Wandern im Kha". Sogar die Entmaterialisation des eigenen Leibes soll möglich sein, das Unsichtbarwerden.
5. *Ākāśī-Dhāraṇa-Mudrā*: Konzentration auf *Ākāśa* (die Substanz, die den leeren Raum erfüllt). Eine leuchtende Substanz in der Farbe reinsten Meerwassers vorstellen, dazu das Bīja *Haṃ* rezitieren und sich mit Śiva in Verbindung setzen, dem Repräsentanten des Reinen Seins. Dem konzentriert übenden *Yogin*, der täglich auf jedes der *Tanmātra* zwei Stunden lang konzentriert bleibt, wird versprochen, daß er Gewalt über die Urstoffe erlangt, sich ihrer beliebig bedienen kann und daß er selbst den Weltuntergang (Pralaya), die Zeit der Auflösung aller Stoffe, überleben kann,

Diese *Dhāraṇa* werden heute in *vereinfachter Form* geübt. Dem Schüler wird erklärt, daß es sich bei den fünf Tanmātra um die feinen Urstoffe handelt, aus denen alle Dinge und alle Wesen dieser Welt gebildet sind. Er soll sich bewußt machen, daß er ein Teil des Kosmos ist und daß zwischen dem Menschen und dem Kosmos Wechselbeziehungen bestehen. Wenn er die

genannten *Bīja* rezitiert, schwingt er sich in die fünf kosmischen Bereiche ein; fünf körpereigene Zonen entsprechen ihnen.
Die Klangvibrationen der gesummten Silben (Bīja) lockern diese Zonen auf. Die Steißbein-Zone reagiert auf *Laṃ*, die Kreuzbein-Zone reagiert auf *Vaṃ*, das Sonnengeflecht reagiert auf *Raṃ*, die Herzgegend auf *Yaṃ* und die Halsgrube auf *Haṃ*. Den Abschluß bildet das bekannte *Auṃ* für die Schädeldecke. Jedes Bīja wird nur zehnmal wiederholt (Sacharow-Methode).

5. Atemtechniken im Ha-Ṭha-Yoga – Prāṇāyāma

(eine Regulierung des Prāṇa-Haushalts im Körper) durch Rhythmisierung des Atems
Tala-Yukta: Pendelrhythmus – Ein- und Ausatmung sind gleich lang – beruhigende Wirkung – *immer geeignet,* empfohlen während der *Āsana* und zur Meditation.

Acht klassische Kumbhaka (Gheraṇḍa und Svātmārāma)
Antara Kumbhaka ist Atem-Anhalten nach der Einatmung (Pūraka). Bāhya Kumbhaka ist Atem-Anhalten nach der Ausatmung (Recaka) (verboten bei Augen- und Ohren-Leiden und Schilddrüsen-Überfunktion).
Sahita oder *Sukha-Pūrvaka:* „Wechselatem", Reinigung mit Luft und Gedanken an *Prāṇa*: *Nāḍi-Śuddhi*. Dem *Anfänger* wird empfohlen, dreimal täglich zu üben, jeweils nur sieben Atemzüge: Linkes Nasenloch einatmen – rechtes ausatmen; rechtes Nasenloch einatmen – links ausatmen.
Der *Fortgeschrittene* verbindet diese Technik mit Rhythmus: beginnen mit 1:4:2 (ein, 4 halten, 2 aus) über Wochen hinweg steigern: 2:8:4; 4:16:8 usw. – erfrischt das Gehirn – feinere Wahrnehmungen möglich: *Rasa.*
Sūryabheda aktiviert die „Sonnen-Seite" (*Ha*) des Körpers, das Herz. Hebt den Blutdruck. Technik wie oben, jedoch immer rechts einatmen, links aus.
Ujjāyī, „besiegend", die Gedanken werden besiegt, nämlich langsam zum Schweigen gebracht. Das Gehirn wird „ausgefegt", geeignet vor der Meditation und liegend ausgeführt für werdende Mütter. *Die Technik* verlangt ein leichtes Zusammenziehen der Stimmbänder (Glottis), bei sehr langsamen gleichlangen Atemzügen entsteht dann ein feines Geräusch, die Augen drehen sich von selbst leicht zur Nasenwurzel hin, und im Gehirn entsteht eine feine Vibration. Auch zur Beruhigung *immer geeignet.*
Kevalī, nicht mehr zählen, Ujjāyī beibehalten, immer feiner zwischen Ein- und Ausatmung etwas zögern, auf inneren Impuls warten; Stadium II: der Atem kommt unmerklich fast zum Stillstand, dann setzt *Dhyāna* ein, die Meditation. Nicht geeignet für Labile und Träumer.

Bhastrika, „Blasebalg", zum Aufmuntern geeignet, doch nicht während oder nach körperlichen Anstrengungen. Das Zwerchfell wird aktiviert, wenn betont stoßartig ausgeatmet wird. Jedoch nicht keuchen, das würde die Lungenbläschen erweitern und zu Lungenemphisem führen. *Kann nicht ohne Anleitung erlernt werden.*

1. Phase: Entleerung – langsam – wie niesend – Luft aus den Lungenspitzen herausstoßen, spürbar bis in den Unterleib. *2. Phase: Aufpumpen* nach dem Prinzip des Blasebalgs. Zunge am oberen Gaumen, betont ausstoßen, nur wenig einatmen (der Sog kommt von selbst). *3. Phase: Aktivierung des Zwerchfells* durch Vibration der Nasenflügel (auflockernd). *4. Phase: Atemstille* zwecks Sauerstoff-Ausgleich – Wirkung im Gehirn beobachten! *5. Phase:* 2-3 langsame Atemzüge, sobald das Bedürfnis aufkommt – weiterhin die Aufmerksamkeit zum Gehirn lenken – Gedankenstille – Meditation.

Bhrāmarī, „bienenartig" – mit den Händen die Ohrmuscheln abdecken und auf das Rauschen aufmerksam hinhören; der Atem kommt fast zum Stillstand. Nach langem Üben kann der *Nāda,* der „innere Klang", wahrgenommen werden.

Mūrchā, „Ohnmacht" (die Übung bringt der Ohnmacht nahe und ist daher nicht zu empfehlen). Der Tradition nach soll man die Atembewegung bei leeren Lungen anhalten. Es wird eine Betäubung des Denkzentrums erwartet und ein künstlicher, ein sogenannter „niederer" *Samādhi*, also ohne Bewußtsein.

Śitalī, „Kühlung", etwas für heiße Tage: die Lippen breit ziehen und hörbar Luft einschlürfen.

Śitakārī, „nach Art der Krähe" kühlen: Die Zunge zu einem Schiffchen längs rollen und damit die Luft einschlürfen (nicht erwähnt bei Gheraṇḍa).

Plāvinī: Lungen und Magen mit Luft füllen. Lotossitz einnehmen und im Wasser auf den Rücken legen – man schwimmt wie ein Blatt auf dem Wasser, solange die Luft einbehalten werden kann (nicht erwähnt bei Gheraṇḍa).

6. Stellungnahme zu den beschriebenen Techniken

a) Anwendung im heutigen Unterricht

Dhauti, Neti und *Vasti* werden in Indien noch heute durchgeführt, da diese Methoden zur indischen Naturheilkunde gehören. Hier empfehlen wir nur Neti, Vyut-Krama, Śit-Krama und Suṣka-Vasti; bei gewissen Verdauungsstörungen noch Ganeśa-Kriyā, Uḍḍiyāna, Nauli und Lauliki.

Von den skizzierten *Āsana* empfehlen wir alle, falls beim Einzelnen nicht gesundheitliche Rücksichten angezeigt sind. Zunächst hatten der Bodensitz und seine Varianten den Vorrang als Grundhaltung für die Meditation. Zum Ausgleich war dann eine stärkere Beindurchblutung erwünscht.
Im heutigen Unterricht steht eine viel größere Auswahl an Positionen zur Verfügung, vor allem die vorbereitenden Übungen für Anfänger. Dagegen können die kombinierten *Āsana* nur selten von Kurs-Teilnehmern nachvollzogen werden, da sie überdurchschnittliche Elastizität verlangen.
Von den Atemtechniken wird in erster Linie *Tala-Yukta* praktiziert, der Pendelatem während der *Āsana*, der auf Wunsch auch auf die Vorder- und Rückenpartie gelenkt werden kann. Der Anfänger findet *Sukha-Pūrvaka* recht angenehm, der Rhythmus 2:8:4 wird hier nicht überstiegen. *Ujjāyī* trägt zur Gelassenheit bei, hebt die Konzentrationsfähigkeit; man sollte jedoch darauf achten, daß es nur sehr zart ausgeführt werden darf und bei Schilddrüsen-Überfunktion besser weggelassen werden sollte. *Bhastrika* wird wegen seiner anregenden Wirkung sehr geschätzt, benötigt jedoch ein längeres Training, bis man sicher sein kann, daß nichts falsch gemacht wird. Der Übereifer mancher Kursteilnehmer verführt sie zum Keuchen, und dann könnte man sich sehr schnell ein Lungenemphisem anatmen, was schwer behoben werden kann.
Auf keinen Fall darf man mehrere Atemtechniken hintereinander ausführen, an einem Übungsabend höchstens eine bis zwei.
Die Mehrzahl der 25 *Mudrā* sind für Gruppenkurse nicht geeignet, schon deshalb, weil Kursteilnehmer unregelmäßig üben. Auch müßte man durch die einleitende Reinigungsmethode vollkommene Gesundheit erreicht haben, was in öffentlichen Kursen nicht überprüft werden kann. Da diese Techniken jedoch den Durchbruch der *Kuṇḍalinī* bezwecken und diese anspruchsvolle Prozedur auch in Indien nur unter täglicher Aufsicht durchgeführt werden darf, müssen derartige Techniken in Volkshochschulkursen unterbleiben. Ob man sie überhaupt noch durchführen sollte, nach den wenig erfreulichen Erfahrungen des *Gopi Krishn*a, wäre sorgfältig zu erwägen, zumal *Aurobindo* mit rein geistigen Methoden bessere Ergebnisse erzielte.

b) Boris Sacharow zum Kuṇḍalinī-Yoga

Boris Sacharow hat mehr als zwanzig Jahre Kuṇḍalinī-Yoga geübt. Durch sehr vorsichtig dosiertes Üben konnte er zwar die unangenehmen Begleiterscheinungen, die bei Gopi Krishna auftraten, vermeiden, doch war auch er mit dem Endergebnis nicht zufrieden. Die in den Tantra-Texten in Aussicht gestellten Erkenntnisse waren mäßig, und auf die „inneren Wahrnehmungen" über große Entfernungen hinweg hätte er auch verzichten können;

sie ergeben sich auch mittels weniger aufwendiger parapsychologischer Experimente. In den letzten sieben bis acht Jahren seines Lebens bevorzugte er den *Rāja-Yoga* und informierte die Schüler seiner Privatkurse in dieser Richtung.

In seinem Buch „Das Große Geheimnis" setzt sich Boris Sacharow noch für den Kuṇḍalinī-Yoga ein, und gewisse Textstellen von S. 190-193 lassen den Eindruck aufkommen, als wäre *Samādhi* nur auf diesem Wege zu erreichen, was sich durch das Beispiel anderer Yoga-Weiser der Jahrhundertwende widerlegen ließe. Meine Ausgabe des Buches datiert von 1954 und wird als 1. Auflage bezeichnet; Sacharow starb 1959. Man kann nur annehmen, daß das Manuskript vor seiner Umstellung auf den Rāja-Yoga in den Druck bzw. an den Verlag gegeben wurde.

Es erscheint mir wichtig, diesen Umstand zu erwähnen, denn man trifft immer wieder auf Interessierte, die gerade von der Kuṇḍalinī-Erweckung fasziniert sind; sie ahnen nicht, daß altertümliche Texte sehr oft maßlos übertreiben. Man sollte sich in dieser Hinsicht mehr auf das Urteil von *Sri Aurobindo* verlassen.

Fünfter Teil

Yoga in Ost und West

A. Yoga und indische Weltbilder aus heutiger Sicht

I. Abwandlung der Weltbilder

Die bisher dargestellten Lehren entwickelten sich im Laufe von etwa dreitausend Jahren. Was an ihnen einheitlich erscheint, ist ihr äußerer Rahmen, mit dem die Unterschiede willentlich zusammengefaßt wurden. Die zugrundeliegenden Lehren aber sind vielschichtig, denn sie führen Schritt für Schritt in die Tiefe. Es geht vom Götterkult bis zur streng abstrakten Philosophie, wenn es die Auffassungsfähigkeit des Einzelnen zuläßt.

Historisch gesehen huldigte Indien in der Frühzeit – wie andere Völker auch – einer Hierarchie von Naturgöttern. Doch bereits im ersten vorchristlichen Jahrtausend ging man zu abstrakten Vorstellungen über. Es dominierten dann mehr als tausend Jahre nicht-theistische Lehren, die ganz allmählich von den theistischen Lehren des heutigen Hinduismus abgelöst wurden. Alte, älteste und spätere Lehren sind nebeneinander lebendig geblieben und stehen zur Wahl frei.

Ein weit verbreitetes Weltbild war das vom *dreifachen Raum:* Die Erde (bhū) empfand der Mensch als den Lebensraum für Menschen und Tiere; die Lichtwelt (svarga) dachte man sich erfüllt von verschiedenen Götterklassen, und die Unterwelt (pātāla) galt als Ort der in die Tiefe gefallenen Wesen mit unerwünschten triebhaften Neigungen.

Ein differenzierteres Weltbild gab es etwa um 600 v. Chr., den in sechs Regionen unterteilten *Kāmaloka*, den in fünf Regionen unterteilten *Rūpaloka* und den in vier Regionen unterteilten *Arūpaloka*.

Der um diese Zeit wirkende *Buddha* stellte kein neues Weltbild auf, aber er deutete die Regionen als Bewußtseinsebenen. Denn sein Ziel war es, die Menschen zu bewußteren Wesen zu erziehen. Bewußtsein war für ihn ein Strom, der Diesseits und Jenseits durchzieht, wobei die Grenze zu den transzendenten Bereichen verschiebbar wird.

Um das Jahr 500 v. Chr. wirkte nicht nur *Buddha*, auch in China und Griechenland begann man zu philosophieren. Aber ein vollständig überliefertes Weltbild wurde uns nur von den Indern überliefert – das *Sāṃkhya-Darśana*, eine Naturphilosophie, die von 500 v. bis 500 n. Chr. das indische Leben durchtränkte. Auch hier steht das Bewußtsein im Mittelpunkt. Aus *Caitanya*, dem Gesamt-Bewußtsein, löst sich ein Bewußtseinsfunke, *Puruṣa*, der geistige Mensch. *Prakṛti*, das Stoffprinzip, baut stufenweise die irdische Welt und gleichzeitig die irdischen Körper auf; diese werden vom Puruṣa beseelt. Doch die Sehnsucht der damaligen Inder ging dahin,

körperfrei zu existieren als reines Bewußtsein. Das war auch schon Buddhas Anliegen: Befreiung vom Grobstofflichen mittels Yoga.
Es wird hilfreich sein, die zu den Weltbildern erstellten Graphiken zu vergleichen. Daraus ist zu ersehen, daß über Entstehung und Beschaffenheit des Irdischen nichts Neues gesagt wird, nur ältere Begriffe werden im Laufe der Jahrhunderte durch neuere ersetzt. Das metaphysische Wissen zu erweitern, war Indiens vorrangiges Anliegen. Daher läßt sich an den Abbildungen ablesen, inwieweit die geistige Welt Abwandlungen erfährt entsprechend den Zeitströmungen.
Die große Bedeutung des Sāṃkhya liegt in seiner Festlegung der Fachbegriffe, die Diskussionen erleichterten. Dieser Fachbegriffe bedient sich auch das für die Nachwelt so bedeutsame *Yoga-Sūtra*, dem eine Spätform des Sāṃkhya-Weltbildes zugrundeliegt im Sinne von *Vindhyavāsi,* der auch die geistige Entwicklung der spätbuddhistischen Schulen aufmerksam verfolgt hatte (Garbe).
Das Sāṃkhya bildete ein von Gelehrten erstelltes System. Das indische Gemüt aber war beheimatet in der brahmanischen Tradition, die etwa ab 1200 v. Chr. belegt ist. Als maßgeblich galt hier der *Veda*, ein Kult mit vielen Naturgöttern (Poly-Theismus). An der Spitze dachte man sich ein Ur-Wesen, den *Mahā-Puruṣa*, der das ganze Weltall umfaßte. Seine Natur war *Agni*, das Sonnenfeuer, später das Geistfeuer. Der Mensch, der *Puruṣa,* war ein Funke des Gesamtfeuers, befähigt zu verstehen und zu wirken.
Spätere Auffassungen werden in den *Upaniṣaden* diskutiert, die man auch *Vedānta* nennt: Ende des Veda. Man erfährt aus ihnen, daß die Naturgötter zwar immer noch genannt und verehrt werden; doch bei Versammlungen benützt man neue Begriffe, die abstrakte Prinzipien herausstellen. So wird zum Beispiel die Vorstellung vom großen Puruṣa abgelöst durch die vom *großen Brahman,* einer unsichtbar wirkenden Macht, die unwandelbar und unzerstörbar ist, ein verläßlicher Urgrund für die vergängliche Natur, die von dreifacher Beschaffenheit ist: stofflich, feinstofflich, feinststofflich. Statt eines Feuerfunkens lebt jetzt im Menschen ein Geistfunken als sein Selbst. Dieses geistige Selbst – der *Ātman* – gilt als von gleicher Qualität wie das *Brahman* und ist wie dieses unzerstörbar. Vergänglich ist nur noch der Leib, der daher erneuerungsbedürftig ist. Die Wiedergeburtslehre (unbekannter Herkunft) wird gefestigt.
Dieses Weltbild des *Vedānta* gilt als *monistisch*, weil es von einem einzigen Geistprinzip getragen wird, das aber nicht göttlicher sondern abstrakter Natur ist, und daher gilt die Lehre als *nicht-theistisch.* Das Sāṃkhya gilt in seiner klassischen Ausformung als *dualistisch;* es entwickelte sich jedoch aus monistischen Anfängen und tendierte in seiner Spätform wieder zum Monismus hin, der offensichtlich dem indischen Denken näher steht. Der monistische *Vedānta* ist für einen Inder die immer gültige Lehre (der *Sanāta-*

na-Dharma), da sie sich zeitgemäß interpretieren läßt: als der Frühe Vedānta der Upaniṣaden, als der Advaita-Vedānta des Śankara und als der Späte Vedānta, der als Hinduismus bekannt wurde. Diese drei Vedāntaformen, die zunächst von Mund zu Mund weitergegeben worden waren, bauten Gelehrte zwischen dem 8. und 10. Jahrhundert zu Systemen aus.
Der sogenannte *Frühe Vedānta* hebt die Nähe des persönlichen Ātman zum *Brahman* hervor, welches er dem Verständnis näher bringt durch die Charakterisierung *Sat-Cit-Ānanda,* worin das *Brahman* dreierlei ausdrückt: Existenz oder Leben an sich – Bewußtsein – und Ānanda, das selige Sein, das nicht vom unruhigen zweifelnden Verstandesdenken belastet ist. Der*Ātman* der Transzendenz spiegelt sich im Irdischen als der *Jīvātman*, das lebende Selbst. Sein schwacher Abglanz ist das Ich, das in der Welt handelt und sich wichtig nimmt, je nach Schule ahaṃ, ahaṃkāra oder asmitā genannt.
Als radikaler Monismus erweist sich der *Advaita-Vedānta*, weil er nur das *Brahman* als einzige Realität, die sich niemals verändert, gelten läßt. Die veränderliche Welt besitzt dagegen nur eine vom Brahman abgeleitete Realität, also eine Schein-Realität, die als *Māyā* bezeichnet und der allgemeinen Unwissenheit zugerechnet wird. Die Folge davon ist, daß des Menschen Wahrnehmungsfähigkeit getrübt ist, deshalb muß er hinter den Schleier blicken lernen.
Diese Lehre erregte zwar die Aufmerksamkeit vieler Europäer, doch in Indien wurde sie nicht populär. Da sie nur Einzelne nach Jahren des Nachdenkens verstanden, schien es nötig, eine allgemein verständliche Lehre auszuarbeiten, die die unterschiedlichen Völkerschaften Indiens miteinander verbinden konnte. Mit dieser Zielsetzung schufen Utpaladeva und Abhinavagupta im 10. Jahrhundert aus einer wirren Überlieferungsmasse heiliger Schriften ein einheitliches System, den *Späten Vedānta*, der außerhalb Indiens als *Hinduismus* bezeichnet wird (Garbe).
Das Brahman blieb oberstes Prinzip, und damit blieb der Monismus rein äußerlich erhalten. Doch von größerer Bedeutung war für die Bevölkerung die *Mahā Devi*, die Mutter Natur, die als die große Göttin der Mutterkulte noch allen bekannt war. Trotzdem ist der Hinduismus patriarchalisch eingestellt, denn die nächste Denkebene zeigt uns drei männliche Gottheiten (Trimūrti) als schaffende Kräfte: Gott *Brahmā* als Schöpfer der Welt, Gott *Śiva*, den großen Yogin, der auf die Vergänglichkeit des Irdischen hinweist, und Gott *Viṣṇu*, den Erhalter der Welt, der wie ein Fürst verehrt wird und seine Avatāra wie *Rāma* und *Kṛṣṇa* als Statthalter für sich wirken läßt. Diese werden von den Viṣṇu-Anhängern als *Īśvara* erwählt. Der Ātman, der Jīva und das Ich nehmen in diesem Weltbild den gleichen Platz ein wie in jedem Vedānta-System.
Die Vielfalt des volkstümlichen Hinduismus zeichnet sich ab in dem *Volksepos Bhagavad-Gītā,* das etwa tausend Jahre kultureller Entwicklung wider-

spiegelt. Als ein Werk, das in alle Weltsprachen übersetzt worden ist, verdient es besondere Beachtung. In den 18 Gesängen oder Kapiteln werden verschiedene Weltbilder aufgerollt, die alle im indischen Volkscharakter verankert sind. Zu den ältesten gehört die Vorstellung von der Welt als einem großen Feigenbaum (Pipal- oder Aśvattha), der seine Wurzeln in der geistigen Welt hat und der seine Zweige nach unten ausbreitet als die stoffliche Welt. Die Wurzeln oben, das bedeutet, das Irdische zieht seine Nahrung aus dem Geistigen.

Kap. II der Gītā beschreibt die schon bekannte *Ātman-Lehre* der Upaniṣaden. Es wird die Unzerstörbarkeit dieses geistigen Selbst hervorgehoben im Gegensatz zur Vergänglichkeit der Körper, die immer wieder neue Verkörperungen notwendig machen. Man findet im Text schon viele Sāṃkhya-Begriffe (wie Puruṣa, Buddhi, Indriya, Triguṇa). Kap. III hebt die allgemeine Unwissenheit (Avidyā) hervor, durch die der jenseits der Zeit befindliche, bewegungslose Puruṣa für bewegt gehalten wird, weil das Bewegungsspiel der *Triguṇa* eine solche Täuschung hervorruft. In Kap. XIV wird der Triguṇa-Einfluß auf die Charaktereigenschaften des Menschen aufgeschlüsselt, und in Kap. XVII schließlich werden die Verhaltensweisen der Menschen in Abhängigkeit von den Triguṇa erklärt. Insgesamt gesehen kann die Veranlagung eines Menschen gleich der der *Asura* sein, nämlich triebhaft, unbeherrscht und machtbesessen – oder aber, den *Deva* gleich, nämlich kultiviert, edel, göttergleich. Die Gītā legt demnach großen Wert auf Kenntnis der Triguṇa-Lehre.

Neue Vorstellungen bringen die Kap. VII-XIII, denn sie enthalten die *Bhāgavata-Religion* (Rādhakrishnan), die überliefert wurde über namentlich genannte Gewährsmänner bis hin zu *Kṛṣṇa*, der sich in diesem Epos als der letzte maßgebliche Lehrer zu erkennen gibt. Da man ihn nicht nur *Śṛī Bhāgavad* nennt sondern auch *Vasudeva,* darf angenommen werden, daß der um 400 v. Chr. bezeugte Vasudeva-Kult mit dem Bhāgavata-Kult identisch ist.

Es sind sieben Kapitel, die sich mit Gott und seinem Wirken befassen. Daran kann man ermessen, wie sehr die Autoren der Gītā bemüht waren, den durch Philosophie verdrängten Theismus aus älterer Zeit wieder zu beleben, was ihnen auch gelungen ist. In Kap. IX – *Das göttliche Geheimnis* – werden Gott zwei Naturen zugeschrieben. Er ist zugleich die Welt (für Welt stehen die Begriffe Māyā, Śakti und Prakṛti) und der Herr der Welt: *Īśvara*. Teilmanifestationen von ihm sind die *Jīva*, die Einzelseelen. Diese werden wie die Perlen auf der Schnur vom höchsten Geist zusammengehalten. Die philosophischen Schulen lehrten, daß Mensch und Welt im umfassenden *Brahman* enthalten sind, das bestätigen einige Sentenzen der Gītā. Andere Textstellen aber sagen aus, daß das *Brahman* in allen Wesen enthalten ist, da sie von ihm durchdrungen werden wie ein Tuch vom Wasser.

Eine Besonderheit der Gītā ist der Begriff *Puruṣottama* (Höchste Person), denn sein Platz ist ausnahmsweise über dem abstrakten *Brahman* zu denken, und *er* ist es, der die geistigen wie die stofflichen Prinzipien aus sich entläßt, wenn das Karma der Menschheit nach Auswirkung drängt.
Die stufenweise Entstehung der Welt beginnt dann mit der Bildung des kosmischen Eies (Brahmāṇḍa, oft abgebildet wie ein Glühwürmchen). Hier werden mythische Vorstellungen erneuert. Eiförmig umrahmt ist auch der kosmische Puruṣa, der von vielen Miniaturen her bekannt ist. Er füllt das ganze Universum aus, wenn er Weltform annimmt. So erlebte ihn *Arjuna*, der Schüler des Kṛṣṇa, in Kap. XI. An dieser Stelle wird dramatisch geschildert, wie sich der geistige Lehrer in ein Wesen von kosmischen Ausmaßen verwandelt. Eine lange gehegte Wunschvorstellung ist Wirklichkeit geworden. Nach indischem Verständnis war Māyā am Werk, die kosmische Gestaltungskraft.
Viṣṇu-Gläubige späterer Zeit scharten ebenfalls Anhänger um sich: Madhva im 13., Kabir im 15., Vallabha im 15. und Dadu im 16. Jahrhundert. Sie alle trugen dazu bei, die Unterschiede der Lehren zu verwischen, insbesondere Vijñānabhikṣu (Garbe). Vermutlich ging es ihnen darum, die Spannungen zwischen den Anhängern verschiedener Glaubensrichtungen zu entschärfen. Das war auch das Anliegen von *Guru Nānak* (1469-1538). Er gilt als geistiger Führer der *Sikh* und bemühte sich, die Gegensätze von *Islam* und *Hinduismus* auszugleichen, als die Mohammedaner im 15. Jahrhundert in sein heimatliches *Panjab* einwanderten. Man einigte sich, die Karma- und Reinkarnationslehre beizubehalten, doch die Kastentrennung abzulehnen.
Was Hindus für kosmische Gegebenheit hielten, deuteten die Mohammedaner als göttlichen Willen. Beide Gruppen üben Barmherzigkeit und Selbstbeherrschung; die einen tun es für ihr Yoga-Ziel, die anderen im Namen Gottes. Maßstab für alles Tun und Denken ist der *Adigranth*, eine Sammlung mittelalterlicher Texte. Im 17. Jahrhundert kam es zu einer Wende. *Govind Singh* machte die Sikh zu einer politisch-militanten Gruppe, deren Mitglieder Dolch und Turban tragen und als Beinamen den Titel Singh (Löwe) führen.
Was wurde inzwischen aus dem Buddhismus, der Indien Jahrhunderte lang zu geistiger Blüte verholfen hatte und dem man bedeutende Kulturdenkmäler verdankte? Seine wichtigsten Gedankengänge waren nach und nach in den Vedānta eingesickert, und so verlor er um 1300 seine Eigenständigkeit. Die Nachbarländer hatten das buddhistische Gedankengut aufgenommen, jedoch mit heimischen Traditionen vermischt, zu denen mythische Weltbilder gehörten und der Glaube an Naturgötter und Geister. Auf diese Weise hatte sich die Reine Lehre Buddhas allmählich in den *Mahāyāna-Buddhismus* mit seinen Varianten verwandelt. Im Gegensatz zum älteren Hīnayāna-Buddhismus werden hier Götterbildnisse verehrt. Das schließt jedoch nicht aus, daß um die Zeitenwende auch bedeutende Philosophen hervortraten,

wie Nāgārjuna, Āsaṅga und Vasubandhu, wie sie dem indischen Kommentator Vyāsa gut bekannt gewesen sind. Ein gelehrter Buddhist vertritt im Gegensatz zur Landbevölkerung ein abstraktes Weltbild. Für ihn bilden die irdische und die geistige Welt eine Einheit, gewissermaßen Vorder- und Rückseite derselben Medaille. Dies gilt unabhängig vom gerade gültigen physikalischen Weltbild, das sich ja nur auf die irdische Ebene bezieht, während das metaphysische Weltbild auch den geistigen Kosmos einschließt.

Durch die im Mittelalter erstarkende *Tantra*-Bewegung, die sowohl auf den Buddhismus als auch auf den Hinduismus einwirkte, erhielt das Weltgeschehen eine ganz neue Deutung als *Energie-Entfaltung,* im *Hindu-Tantra* durch die Begriffe *Śakti und Kuṇḍalinī* gekennzeichnet. Hier denkt man sich den Weltbeginn als Energie-Ausfluß und das Weltende als Rückfluß oder Sog, der vom Gesamtpotential ausgeht. Volkstümlich verbildlicht ist die Rede vom kosmischen Liebespaar *Śiva und Śakti* (ruhende und bewegte Energie). Die Śakti bringt 36 Tattva aus sich hervor (nicht 25 wie im Sāṃkhya), so entsteht die sichtbare *Welt*. Das ist zunächst *Dualismus,* doch *mit Tendenz zum Monismus,* weil die zeitweise getrennten Pole eine höhere Einheit bilden. Und so behält Vivekānanda darin recht, daß sich jeder Dualismus bei geistiger Weiterentwicklung zuerst vom Bildlichen zum Abstrakten wandeln und schließlich in den Monismus im Sinne des Advaita einmünden muß.

Seit der Tantra-Bewegung sind keine neuen Weltbilder mehr in Indien entwickelt worden, wenn man von Varianten oder Neu-Interpretationen absieht. Fragen wir jetzt also nach den Yoga-Methoden, die im Zusammenhang mit diesen Weltbildern entstanden sind.

II. Yoga-Ziele und Yoga-Wege

Der Begriff *Yoga* , der im Altertum vielschichtig war, dient heute nur noch zur Bezeichnung einer zielgerichteten Methode, die mit Disziplin verbunden ist. Da sich der Erfolg nur schrittweise einstellt, spricht man auch vom *Yoga-Weg.* Bei allen Methoden geht es in erster Linie um die Beruhigung des Gemütes. Anlässe zur Beunruhigung des Gemütes waren in der Frühzeit zahlreich: Ausgeliefertsein an die Naturmächte, auch an Despoten; Elend folgte den Naturkatastrophen und den vielen feindlichen Raubzügen; dazu kamen im persönlichen Bereich die Folgen unüberlegter Verhaltensweisen. Konnte man das alles ändern durch mehr Wissen von der Struktur der Welt oder des Menschen?

Man erhoffte sich ein besseres Leben durch Verhalten im Sinne der Weltordnung (Dharma, Ṛta). Also sollte die Weltordnung durch *Jñāna* ergründet, und durch *Dhyāna* sollte das Gemüt beruhigt werden. Beide Methoden stellten hohe Ansprüche und waren zunächst Einzelnen aus den oberen Kasten vorbehalten. Die Bevölkerung, die damals noch an Naturgötter glaubte, begnügte sich mit Ausführung von brahmanischen Riten (*Kriyā*). Auf gehobener Kulturstufe änderten sich die Gottesvorstellungen wie auch die Yoga-Ziele. Erwartete man zunächst nur eine günstige Wiedergeburt, so wünschte man etwas später die Befreiung von der Wiedergeburt und schließlich die Erfahrung einer anderen körperlosen Seinsweise. In der Neuzeit strebt man mehr nach einem umfangreicheren Bewußtsein, um verständnisvoll den Lebensereignissen begegnen zu können.

1. Frühe Yoga-Methoden

Meditation war anfänglich der Yoga schlechthin. In Vedānta-Kreisen mit *Dhyāna* bezeichnet, im Buddhismus mit *Jhāna* oder *Zen*, ist Yoga der Meditation seit der Zeit der ältesten *Upaniṣaden* belegt. Zunächst war Meditation nur tieferes Nachdenken über metaphysisches Wissen, gegen 600 v. Chr. verstand man darunter das Versenken in die eigenen Tiefen; Krönung war das Erleben des Licht-Selbsts.

Buddha baute *Jhāna* zu einer schrittweise erlernbaren Methode aus, die in den Pāli-Texten überliefert ist. Über vier Jhāna-Stufen konnte nun der Buddha-Schüler zu vollständiger Gemütsruhe gelangen, zum *Nirvāṇa*. Je nach der Erlebnisfähigkeit des Einzelnen war dann der Aufstieg frei in immer höhere Bewußtseinsstufen. Der Buddha hatte dieses Ziel mit einer gemäßigten Methode erreicht, während sein Zeitgenosse, der *Jina*, an streng

durchgeführtem Selbstverzicht (Tapas) festhielt. Als Männern aus dem Kriegeradel (Rāja) – beide an Handeln gewöhnt – erschienen ihnen die damals üblichen religiösen Riten der Brahmanenkaste unzulänglich.
Wenig später kam in den Sāṃkhya-Schulen der *Jñāna-Yoga* auf. Während der Buddha gelehrt hatte, daß man über eine Denkanregung (vitarka) zur Gedankenstille gelangen könne, beschäftigten sich die Sāṃkhya-Lehrer mit dem Denkvorgang selbst. Obwohl ihre Untersuchungen für ihre Zeit bedeutend waren, mußten sie feststellen, daß Denkergebnisse nichts Endgültiges darstellen, weil sie von Zeit zu Zeit korrigiert werden müssen. Daher wäre es von großem Nutzen, durch eine Yoga-Methode das diskursive Denken übersteigen zu lernen. Wie das zu verstehen ist, wird von Yoga-Weisen unserer Zeit erklärt. Rāmana Maharṣi, Krishnamurti und Suzuki sagen sinngemäß dasselbe: „Wenn alle Fragen gestellt sind, wenn viele Antworten gegeben wurden, tritt ein Moment der Betroffenheit ein, ein totales inneres Schweigen. Dann ist eine Gesamterfassung kosmischer Zusammenhänge möglich." Das ist Jñāna-Yoga, der Yoga unmittelbarer Erkenntnis, auch direkte Wahrnehmung genannt. Im Abendland war so ein Erlebnis ein seltener Glücksfall, eine Methode dafür wurde nicht erarbeitet; darum wohl wird heute, mehr denn je, der Blick nach Indien gerichtet.

2. Yoga-Methoden des Patañjali

(etwa zwischen 200 v. – 200 n. Chr. formuliert)
Zu Beginn unserer Zeitrechnung waren in Indien vier Yoga-Methoden bekannt, zusammengefaßt von Patañjali in dem Text *Yoga-Sūtra*, der immer wieder kommentiert und übersetzt worden ist – als *das klassische Werk über Yoga.*
Der zuletzt geschilderte *Jñāna-Yoga* scheint bei Abfassung des Werkes am bekanntesten gewesen zu sein, denn er wird in nur wenigen Stichworten wiedergegeben (Kap. I,1-22). Zu Beginn werden die üblichen Methoden, Wissen zu erwerben, als begrenzt hingestellt. Statt dessen wird empfohlen, sich von allen sinnlichen Wahrnehmungen zu distanzieren und flüchtig auftauchende Gedanken unbeachtet zu lassen. Diese Methode ist bekannt als die *Nirodha-Technik*, die über die Gedankenstille zu unmittelbarer Erkenntnis führt. Dazu wird bemerkt, daß eine einmalige Schau (hier mit dem Begriff *saṃprajñāta*, mit Weisheit erfüllt, bezeichnet), nicht ausreicht zur Tilgung aller unbewußten Eindrücke (Saṃskāra). Man soll regelmäßig weiterüben, bis alle falschen Vorstellungen ausgemerzt sind.

Kommt man aber mit der Nirodha-Technik nicht voran, weil sie einem nicht gemäß ist, dann soll man sich um geistige Führung bemühen und den *Bhakti-Mārga* (Bhakti-Weg) einschlagen. Er beginnt mit Hingabe an Īśvara, den göttlichen Herrn, oder den *Guru* als dessen Stellvertreter. Darum ist Bhakti zwar ein Weg zu einem geistigen Ziel, aber kein echter Yoga im engeren Sinn, der in eigenem zielstrebigen Tun besteht. – Gleich zu Beginn zählt der Text (Kap. I,23-52) eine Reihe von Störungen auf; daraus darf man schließen, daß nur wenige Interessenten fähig waren, Gedankenstille herzustellen. Als Mittel zur Beruhigung des Gemütes werden daraufhin folgende Techniken angegeben: OṂ-Summen, Atemtechniken, Konzentrationsübungen, der Anblick ästhetischer Objekte, Ausrichtung auf unstoffliche Objekte wie den *Ātman* oder den *Īśvara*, das erwählte Gottesbild, dem man die Hingabe (Bhakti) entgegenbringt.

Anschließend skizziert Kap. II,1-27 den *Kriyā-Yoga* der Brahmanenkaste. Das bloße Befolgen der rituellen Reinigungsübungen und die Gottesverehrung wird hier ergänzt durch die Ermahnung, ein würdiges Leben zu führen durch Studium der *Śruti* (Veda- und Vedānta-Texte). Besonders wichtig erscheint jedoch der Hinweis auf die *Kleśa*, die wir heute störende unterbewußte Regungen nennen würden. Nicht nur leiderfüllte sondern auch glückliche Gemütsbewegungen können das Eintreten der Gedankenstille verhindern. Daher kann nur die Beschäftigung mit überweltlichen Dingen das *Citta* (Psychomental) gänzlich klären und den lichtartigen *Ātman* erlebbar machen.

Als vierte Yoga-Methode wird nun ziemlich ausführlich der *acht-gliedrige Yoga* dargestellt, der heute unter der Bezeichnung *Rāja-Yoga* (Yoga der Selbstbeherrschung) bekannt ist (Kap. II, 28-55 und III, 1-55).

Schon die Einteilung in acht Glieder erinnert an den ebenfalls acht-gliedrigen Buddha-Weg wie auch viele dem buddhistischen Schrifttum entnommenen Begriffe. Deshalb darf man annehmen, daß Patañjali die Meditations-Methode des Buddha noch immer für die beste hielt. Er stellte sich daraufhin die Aufgabe, sie zeitgemäß im Sinne des Vedānta zu interpretieren (500 bis 700 Jahre nach Buddha). Dabei berücksichtigte er alles, was buddhistische und Sāṃkhya-Lehrer in der Zwischenzeit erarbeitet hatten.

Der Rāja-Yoga beginnt mit klaren *Anweisungen für die Meditation,* in 28 weiteren Aphorismen werden die acht Glieder näher beschrieben; das wurde bereits im Zweiten Teil erörtert. Zusammengefaßt heißt es da, daß bei einer festen Sitzhaltung, geregeltem Atem und Abkehr der Sinne von der äußeren Welt ein langsames Hineingleiten in den meditativen Zustand erreicht werden kann. Lange genug gehalten, ist das Ergebnis *Samādhi*.

Damit ist nicht, wie bei Bhakti- und Kriyā-Yoga, das Erlebnis des Ātman gemeint; vielmehr geht es um Konzentrationsübungen auf grobstoffliche und später auf feinstoffliche Objekte. Der Kommentator Vyāsa (um 500 n.

Chr.) erwähnt unter *Dhāraṇa,* daß die „fünf Formen" eines Gegenstandes wahrgenommen werden sollen. Das ist nur möglich, wenn die Wahrnehmung über das Kopf- oder das Herzzentrum (Cakra) erfolgt. Ist es längere Zeit möglich, spricht man von *Dhyāna*. Erlangt man dabei unmittelbares Wissen vom gewählten Konzentrationsobjekt, als wäre man das Objekt selbst, dann bezeichnet man den erreichten Zustand als *Samādhi*.
Das nächste Ziel des Rāja-Yoga ist, sich in *Saṃyama* zu üben; denn es soll Perfektion (*Siddhi*) darin erlangt werden, die Glieder Dhāraṇa-Dhyāna-Samādhi auf Wunsch und immer kurzfristiger herzustellen. Wählte der Yogin bisher sichtbare Objekte, so besteht nun die Steigerung darin, nichtsichtbare Gegenstände zu wählen, die der Reihe nach aufgezählt werden. Zum Schluß werden die feinsten Konzentrationsobjekte genannt: die *Triguṇa*, das *Citta*, der *Puruṣa*. Das Wissen um die letzteren ist das eigentliche Ziel, das in den Abschnitten über Jñāna-, Bhakti- und Kriyā-Yoga nur kurz erwähnt wurde. Das folgende Kap. IV geht ausführlich darauf ein. Zu diesem Schluß kommt man, wenn man Hauers Übersetzung (im Hauptteil wiedergegeben) für die richtige hält. Nach Vivekānandas Übersetzung, der eine Spätform des Textes aus dem Kūrma-Purāṇa zugrundelegte, werden die Siddhi als magische Fähigkeiten verstanden, und das Kap. IV spricht von einer Methode, wie ein Yogin in mehreren (aus seinem Ich geschaffenen) Körpern sein Karma schneller aufarbeiten könne, um damit die Befreiung zu beschleunigen.
Nach Hauer aber wird in Kap. IV die Funktion des Citta überzeugender erklärt:
Citta ist das feinstoffliche Organ, das die Sinneswahrnehmungen registriert; alle Lebenserfahrungen werden darin als *Saṃskāra* (Erinnerungsknoten) gespeichert. Für das tägliche Leben sind sie nützlich, für das Erreichen der Gedankenstille sind sie hinderlich, denn sie lassen nur Bekanntes zu. Daher müssen sie abgebaut und durch Dispositionen ersetzt werden, die die innere Stille fördern. Das *Citta* besteht aus *Sattva* (allerfeinster Lichtsubstanz). Da der ganz nahe *Puruṣa* ebenfalls leuchtet (man charakterisiert ihn als unstoffliches Bewußtseins-Licht), spiegeln sich beide Lichter gegenseitig, so daß sie schwer unterscheidbar sind. Die Befreiung vom Lebenskreislauf hängt aber (nach Erfahrung der vollendeten Yogis) von dieser Unterscheidungsfähigkeit, *Viveka,* ab. Die Technik des *Saṃyama* ist eine Vorbereitung darauf, denn die Konzentration auf feinstoffliche Objekte schult die innere Wahrnehmungsfähigkeit und ermöglicht Tiefenschau. Von da an handelt der Yogin im Sinne der Weltordnung (Dharma), weshalb man das Erlebnis ein Dharma-Megha-Samādhi nennt (IV,29). Stellen dann die *Triguṇa* ihr Bewegungsspiel ein, ist alle Karma-Schuld abgetragen; denn oberhalb der Raum-Zeit-Grenze ist keine Bewegung und kein Zeit-Ablauf, somit auch nicht mehr die stete Folge von Ursache und Wirkung. – Damit ist auch *Avidyā* (oder

Māyā) überwunden, die generelle Unwissenheit der Menschen, und das Interesse am Weltgeschehen hat aufgehört. Gleichzeitig ist das *Citta* (als Vermittler von Wahrnehmungen) überflüssig geworden, es steht im Begriff, sich aufzulösen. Manchmal wird innerlich wahrgenommen, daß es wie ein Wölkchen zerfließt. Dann weiß der Yogin, daß er das letzte Ziel erreicht hat. Er wird nun nie wieder einen stofflichen Körper aufbauen und als freies, alles erfassendes Bewußtsein, das keine Begrenzungen mehr kennt, weiterexistieren. Dann ist der dem *Puruṣa* einzig gemäße Zustand erreicht: das *Kaivalya*, die Unabhängigkeit von irgendeinem Faktor außerhalb des eigenen vollkommenen Seins. – Damit endet das Yoga-Sūtra.

3. Spätere Yoga-Methoden

Auch bei den späteren Yoga-Methoden (etwa ab 500 n. Chr.) bilden Gemütsberuhigung und Meditation einen wichtigen Bestandteil. Es gibt also weiter den Dhyāna- und den Jñāna-Yoga, doch die Texte sind von anderer Färbung. Die Kühle der älteren Methoden, ihre Sachlichkeit wurde abgelöst von der schwärmerischen Begeisterung theistischer Ideale. Den Übergang von den älteren zu den späteren Methoden kann man in dem weltweit bekannten Volksepos *Bhagavad-Gītā* beobachten, das nun auf seine Yoga-Methoden hin untersucht wird.

Dhyāna – die Meditation – schildert die Gītā in Kap. VI, 10-32, ähnlich wie die Kaṭha-Upaniṣad. Die konzentrative Ausrichtung gilt dem *Ātman* (Licht-Selbst), der den Körper als Vehikel benutzt, um Welterfahrung zu sammeln. Wer durch Yoga ans Ziel gelangen will, muß seine Sinne zügeln gleich einem Rosselenker. Daneben wird die Frage angeschnitten, ob es für den Fortschritt im Yoga besser ist, sein Wissen zu erweitern oder richtiges Handeln zu erlernen; beides soll man anstreben. Über den gesamten Text verteilt findet man daher das metaphysische Wissen (Jñāna) der Sāṃkhya-Lehre.

Handeln aber soll man möglichst uneigennützig; es genügt nicht mehr, einfach die brahmanischen Regeln zu befolgen, man wird zu persönlicher Entscheidung aufgerufen. Da die Welt der Schauplatz ist, auf dem sich die Auseinandersetzung zwischen Gut und Böse abspielt, ist der bewußte Mensch aufgefordert, Stellung zu beziehen. Zwar ist die menschliche Entscheidungsfreiheit begrenzt, der Heranwachsende kann lediglich wählen, ob er sich für ein ethisches oder für ein unmoralisches Leben entscheiden will. Der Yogin wählt ethisches Verhalten und fortlaufende Entwicklung, und das bedeutet Anstrengung.

Ethisches Verhalten – eine solche Forderung versetzte die Berufssoldaten in Konflikt. Sie mußten sich direkt angesprochen fühlen, da die Gītā – als ein Teilstück eines Heldengedichtes – in Kreisen des Kriegeradels* vorgetragen wurde. Wie sollte es ein Krieger vermeiden können, schuldig zu werden? *Kṛṣṇa* antwortet: Der neue Yoga für alle, die in der Welt handeln müssen, ist der *Karma-Yoga.* Wer aus Notwendigkeit handelt, innerlich unbeteiligt, handelt im Sinne der Weltordnung. Das erforderte Umdenken; denn in der Frühzeit wurde jeder Kampf mit Kriegstanz, Kriegsgeschrei und dem Versetzen in Wuthitze eingeleitet. Jetzt sollte man ohne Zorn und ohne Rachegelüste kämpfen oder Auseinandersetzungen begegnen. Dann wird Gott *Viṣṇu* ihm die Hand führen, der sich der starken Arme der Krieger bedient, weil er für die Erhaltung des Gleichgewichts im Kosmos zuständig ist. Soll Gott als der Handelnde gelten, muß der Mensch ein überzeugter *Bhakta* sein, der sein eigenes Ich ausgeschaltet hat, und dafür gibt es einen Prüfstein: Er muß allen Stolz auf eigene Leistung abgelegt haben, nur dann tragen seine Handlungen – gleich welcher Art – keine karmatischen Folgen. Daher ist der Karma-Yoga nur in Verbindung mit dem Bhakti-Weg auf rechte Weise vollziehbar.

Das XII. Kapitel der Bhagavad-Gītā stellt *Bhakti* als den befriedigendsten Weg heraus; er ist eng mit theistischer Weltanschauung verknüpft. In diesem Text wird Bhakti – Hingabe – *Kṛṣṇa* entgegengebracht, dem letzten Avatāra des Viṣṇu. Alles Edle und Schöne wird auf ihn übertragen, damit man diesem Idealbild schwärmerische Gefühle entgegenbringen kann. Wer Ehrgeiz und Egoismus aufgibt, dem wird versprochen, daß er bald inneren Frieden erlangen wird; er fühlt sich vom höchsten Herrn geleitet. Er hat nun zu lernen, zu allen freundlich und voll Mitgefühl zu sein, dann wird er eigenen Gefühlen von Lust und Schmerz ebenfalls distanziert begegnen können.

Dem Schüler, der sich noch nicht entschieden hat, ob er den Weg der Weisheit oder den Weg der Hingabe gehen will, wird empfohlen, beides zu vereinen. Weltliches Wissen soll zunächst zu metaphysischem Wissen ausgeweitet werden, dann wird man das *„Göttliche Geheimnis“,* die Doppelnatur des Höchsten erfahren (Kap. IX). Das Umkreisen dieses Geheimnisses in Gedanken nennt man *Buddhi-Yoga*. Es kann zur göttlichen Schau führen, die in Kap. XI dramatisch geschildert wird. Ein solches Erlebnis gibt die Gewißheit, daß man auf dem rechten Wege ist. Wer die Erinnerung daran bewahrt und vertrauensvoll in die Zukunft schaut, wird gewiß eines Tages belohnt werden.

Der Bhakti-Weg wird in den Kapiteln XIV-XVIII beschrieben; er beginnt mit Dienst an der Menschheit (Kap. XII,14-19), setzt sich fort in zunehmender

* Im alten Indien wurden Priester (Wissensträger) und Yogis (Weise) nicht zum Kriegsdienst verpflichtet, weil die Natur unendlich viel Zeit braucht, um Intelligenz hervorzubringen.

Lebensweisheit (Kap. XVI-XVII) und endet in wahrem Verständnis von *Karma-Yoga* (Kap. XVIII). Wer bei seinen Handlungen nicht an Eigennutz denkt, auf dem lastet kein schlechtes Gewissen, er kann beruhigt seinem Lebensende entgegensehen, er wird gewiß wesenseins (brahmabhūta) mit *Brahman*, dem höchsten geistigen Weltprinzip. – Die indische Bevölkerung ist in ihrer Mehrheit von einer solchen Grundhaltung geprägt, sie zeigt sich im würdigen Hinnehmen von Schicksalsschlägen.

Auch die *Śaiva* (Śiva-Gläubige) kennen eine Form der *Bhakti*, die durch die Śvetāśvātara Upaniṣad belegt ist. Darin wird Śiva der große Antreiber (Savitar) genannt, denn er hält das Weltgeschehen in Gang. Er ist aber auch der große Unbekannte, der als Paśupathi auf geheimnisvolle Weise die Seelen an sich fesselt. Haben sie den Kontakt mit ihm verloren, können sie sich ihm durch das OṂ-Summen wieder nähern. Sind sie dann bereit, ihre irrigen Ansichten aufzugeben, rufen sie ihn als *Hara* an, als Vernichter der kleinen Welt der falschen Vorstellungen.

Die Mehrzahl der *Śaiva* bekennen sich jedoch zur Weltanschauung des Frühen oder Advaita-Vedānta. Das erlaubt ihnen, mit dualistischen Vorstellungen zu beginnen und mit dem reinen Monismus zu enden. Sie betreiben dann eine abbauende Yoga-Form, den *Apavāda*. Hier wird während der Meditation alles Relative (nur in Abhängigkeit Bestehende) als unbedeutend beiseitegeschoben, weil es vergänglich ist. Zuletzt bleibt ein einziger Wert übrig, das *Brahman*, dem alle Aufmerksamkeit zugewandt wird.

Sind die *Śaiva* aber dem *Tantra* zugeneigt, dann bevorzugen sie entweder den Laya- oder den Kuṇḍalinī-Yoga. *Laya-Yoga* ist eine imaginative Methode mit dem Ziel, die eigene Körpersubstanz zu verfeinern, ihre *Sattva*-Anteile zu vermehren; denn in einem feinen unverweslichen Leib möchte der Tantrika nach dem physischen Tod weiter existieren. Wer den *Kuṇḍalinī-Yoga* wählt, setzt sich zum Ziel, schlummernde Kräfte in sich zu aktivieren durch verschiedene Konzentrationsmethoden. Meist bedient man sich dazu der Betrachtung von Diagrammen oder von Götterbildern, die Kraftsymbole darstellen und deren Kräfte der Meditierende auf sich übertragen möchte. Sie sollen ihm helfen, die große Kraft (*Śakti*), die auch *Kuṇḍalinī* genannt wird, zu mobilisieren. Dabei werden feinstoffliche Zentren der Wirbelsäule belebt, die als *Cakra* bezeichnet werden. Die Tantra-Texte versichern, daß der Erwerb von besonderen Fähigkeiten damit verbunden sei – leider meist in Begleitung von psychosomatischen Störungen, weshalb man niemals nach eigenem Gutdünken praktizieren sollte.

Der *Haṭha-Yoga*, dem von wissenschaftlicher Seite wenig Beachtung geschenkt worden ist, muß an dieser Stelle hervorgehoben werden, weil er sich inzwischen in den Volkshochschulen großer Beliebtheit erfreut. Es gibt davon viele Varianten. Zwei Richtungen aber unterscheiden sich erheblich von ihrer Herkunft her. Die ältere Form ist der *Haṭha-Yoga* der „Gewalt" oder der „Disziplin", der mit „gewaltiger Anstrengung" und Ausdauer geübt wird, weil er junge Männer für das Kriegshandwerk der Kriegerkaste widerstandsfähig machen sollte. Er ist verbunden mit dem *Āyurveda*, einer ganzheitlichen Gesundheitsmethode, der das Weltbild des Vaiśeṣika zugrundeliegt. Die aus jener Zeit bekannten Körperübungen, die die Leistungsfähigkeit junger Männer testen sollte, wurden zwischen dem 11. und dem 13. Jahrhundert in gemäßigter Form von den Yogis der tantrischen Richtung übernommen, wobei auch die *Āsana*-Bezeichnungen dem Tantra-Weltbild angepaßt worden sind.

Als Urheber der Veränderungen gilt ein Gorakṣa oder *Goraknāth*, der zur Unterscheidung aus dem Haṭha-Yoga einen Ha-Ṭha-Yoga machte. Ha und Ṭha weisen auf Polarität hin. Möglicherweise besteht eine direkte Beziehung zum taoistischen Yin-Yang, was ursprünglich auf Licht und Schatten hinwies. Im indischen Sprachgebrauch könnten die beiden Silben zu Sonne und Mond geworden sein, weil ja im Tantra alles Aktive der Sonne und alles Passive dem Mond zugeordnet wird. Man spricht von Weltentag und Weltennacht, vom kosmischen Rhythmus der Spannung und Entspannung. Der Mensch wird als kleiner Kosmos dem großen Kosmos gegenübergestellt; beide sollen in Einklang miteinander bleiben.

Dieser spätere Ha-Ṭha-Yoga wird von *Yesudian* vertreten und wurde in Berlin, Nürnberg und Bayreuth von *Boris Sacharow* eingeführt, der ihn als die Rishikesh-Reihe über *Śivananda* empfing. Er wird meditativ durchgeführt und ist auf die Erhaltung des Friedens ausgerichtet. Der Haṭha-Yoga älterer Prägung wird heute von *Iyengar* und seinen Schülern weitergegeben. Durch ihn will man (nach Worten von Lobo) Widerstandskraft erwerben für die Anforderungen, die das Leben in einer modernen Großstadt mit sich bringt.

4. Yoga im Mahāyāna-Buddhismus

Als der Buddhismus in die nördlichen Länder verpflanzt wurde, ging seine betont abstrakte Ausrichtung verloren. In China und Japan erfuhr er mehrfache Abwandlungen. Der indischen Grundform am nächsten blieben die japanischen *Rinzai*-Schulen, die in den letzten Jahrzehnten auch in Europa Fuß faßten. Man übt jetzt auch hier *Za-Zen,* das Sitzen in Meditation – in totalem Schweigen. Es gibt die Methode der langsamen Stillegung der Gedanken, die über Jahre geübt wird, das ist *Zengō*, sowie die Methode des plötzlichen Erwachens zur wahren Sicht der Welt, das ist *Tongō*. Ziel dieser Zen-Schulen ist, die anlagemäßig vorhandene *Buddha-Natur* im

Menschen voll zu entwickeln, nämlich durch stetige Meditation voll zum Leuchten zu bringen.

Daneben gibt es auch weniger anspruchsvolle Schulen. Ihre Anhänger erwarten eine Wiedergeburt im „Reinen Land" (Jodō), das als eine Art Paradies vorgestellt wird. Der Fortgeschrittene denkt statt dessen an eine geistige Wiedergeburt durch Meditation.

Die *Tantra*-Richtung wird vertreten durch die Shingon-Schulen, die noch heute auf dem Berge Koya wirken. Dort bedient man sich bei der Meditation geometrischer Figuren (Mandara/Kreisbilder). In *Tibet* nennt man sie *Maṇḍala*. Sie stellen gleichzeitig den äußeren und den inneren Kosmos dar. Durch tägliches meditatives Umrunden erreicht man geistige Entwicklung bis hin zum diamantartig klaren Bewußtsein. Daher nennt man diesen Yoga den Diamant-Weg, *Vajrayāna.*

Die Weiterentwicklung des Yoga im 20. Jahrhundert und seine Aufnahme im Abendland wird weiter unten dargestellt.

III. Die Erfahrung des Selbst einst und jetzt

Der gemeinsame Kern aller Yoga-Methoden ist die Erfahrung des Selbst – des transzendenten *Ātman.* Der Mensch gewinnt eine andere Sicht, auch eine neue Einstellung zum Leben, sobald die beunruhigende Distanz zwischen hier und dort aufgehoben ist.
Mehr oder weniger deutliche Schilderungen der Erfahrung des Selbst sind aus den *Upaniṣaden* ersichtlich. Bei der folgenden Schilderung der historischen Beispiele läßt sich nicht mit Sicherheit sagen, ob bereits die Krieger und Hirten das Licht-Selbst erfuhren oder das Selbst einer darunterliegenden Persönlichkeits-Schicht. Da jedoch nur wenige eine Vorstellung davon haben, woran man das Hervortreten des Selbst erkennt, sollen einige Beispiele angeführt werden (zuerst die historischen, dann auch solche aus unserer Zeit).

1. Die Erfahrung des „Selbst" bei den Kriegern

Der junge Krieger, der das erste Mal dem Schock-Erlebnis einer Schlacht – Mann gegen Mann – ausgesetzt war, erfuhr eine Erschütterung seines ganzen Wesens, wenn er plötzlich seine Existenz bedroht sah. Nach dem ersten Erzittern wäre er gern geflohen – aber wohin? Für einen Moment erkannte er die Sinnlosigkeit aller Kriege, dann aber mußte er handeln. In dem Moment, der ihn zum Handeln zwang, fielen alle Bedenken von ihm ab. Aus seinem Inneren stieg eine Kraft auf, die ihm neu war, und nun wußte er, was er zu tun hatte. Die Not verlieh ihm gewaltige Kräfte, und er vergaß Hunger und Durst, Schmerzen und Angst. Sein *„innerer Krieger"* (Begriff der Indios und Tibeter) kämpfte, das *Vital-Wesen* (Begriff von Sri Aurobindo), das seine Selbsterhaltung verteidigte. So wird es in dem bekannten Epos *Mahā-Bhārata* geschildert, besonders in dem Abschnitt „Bhagavad-Gītā".
In dem viel älteren Epos *Rāmāyaṇa* treten noch andere Aspekte hervor. Hier ist immer wieder die Rede vom Kampf gegen Dämonen mit vielen Armen, was wir gern als Märchen belächeln. Doch halten wir uns den fieberhaften Zustand des Kämpfenden vor Augen, dann liegt es nahe, daß ihm die mit den Armen um sich schlagenden Gegner wie Geister erscheinen. Wer schon ähnliche Erfahrungen gemacht hat, wird sich erinnern, daß beim Beiseitetreten des „Ich" die sonst so bekannte Welt traumhaft wirkt und ihre Wesen wie Schemen ohne echten Gehalt wirken.
Das Kämpfen mit Masken oder mit Kriegsbemalung – das früher weit verbreitet war – dürfte das Gespensterhafte erhöht haben. Das Unpersön-

liche der Situation wurde dadurch gesteigert; das Schwert wurde dann nicht gegen Menschen erhoben sondern gegen unheimliche Wesen.
Die Überlieferung meldet, daß die Schwerthand manchmal erlahmte, wenn Maske oder Helm herabfielen und das Gesicht freigaben. Ein solcher Moment wird uns geschildert bei Jeanne d'Arc (der Hl. Johanna), als sie einem jungen Engländer ins Antlitz sah, oder bei der Amazonen-Königin Penthesilea, als sie Achilles erkannte. Der Anblick war gleichbedeutend mit dem Umschalten vom „Selbst“ zum menschlich empfindenden „Ich“, das von Schwäche überfallen wurde.
Für den antiken Krieger war daher das Ergriffenwerden vom „Selbst“ eine Notwendigkeit. Beim späteren Erzählen von Kriegserlebnissen erschien das Erlebnis einerseits wunderbar erhöht, andererseits schien es als Dauerzustand wünschenswert, um die damit verbundenen verborgenen Kräfte auch anderweitig in aufbauendem Sinne verwerten zu können.

2. Die Erfahrung des „Selbst“ bei den Hirten

Die Hirten, von denen hier die Rede ist, waren keine einfältigen Knechte; es waren Brahmanen-Söhne, Söhne der obersten Kaste, die ihre „Lehrzeit“ bei einem weisen Brahmanen verbrachten. Sie wurden in die kultischen Bräuche eingewiesen, erlernten die gesamte umfangreiche religiöse Überlieferung, waren aber außerdem Gehilfen in der Landwirtschaft ihres Lehrers. Ihre Lehrzeit dauerte in der Regel zwölf Jahre.
Während dieser Zeit lebten sie viel in der freien Natur, allein mit den stummen Tieren. Aber ihre inneren Sinne mußten wach bleiben, wenn sie des nachts am Lagerfeuer auf drohende Gefahren zu achten hatten. Da wurden sie vertraut mit den Elementen Erde, Wasser, Feuer und Luft; manchmal war ihnen, als ob ihnen die Elemente ihre Geheimnisse verkündeten. Die Beobachtung der Natur vermittelte ihnen ein naturnahes Wissen, es stärkte ihr Selbstvertrauen und gab ihnen Sicherheit. Wenn sie dann eines Tages zum Herdenbesitzer zurückkehrten, konnte er ihnen ihre Erfahrungen vom Gesicht ablesen. Eine Upaniṣad (Chāndogya-Upaniṣad IV, 10-15) berichtet von den bezeichnenden Begrüßungsworten des Lehrers: „Mein Lieber, du glänzt wie einer, der das *Selbst* kennt.“ Denn innere Erfahrungen vermitteln nicht nur Kraft sondern auch eine stille Glückseligkeit, die sich über den ganzen Menschen ausbreitet wie ein Glanz auf den Gesichtszügen.

3. Die Erfahrung des „Selbst" bei den Brahmanen

Den Brahmanen – als den Priestern und Lehrern der Indo-Arier – kam es zu, Antworten zu finden auf grundlegende Fragen wie nach dem „Woher und Wohin" und nach dem „Warum". Sie hatten darüber nachzusinnen. Das ist die ursprüngliche Bedeutung des Sanskrit-Wortes *Dhyāna,* das heute mit Meditation übersetzt wird, aber in klassisch-strengem Sinne „inneres Schweigen" meint.
Von den Priestern der damaligen Zeit wurden nicht nur gemütsberuhigende Antworten erwartet sondern auch praktische Hilfen, vor allem gegen die Naturgewalten und Krankheiten. Da die physischen Kräfte und einfache Überlegungen nicht ausreichten, übte man sich im Entwickeln psychischer Kräfte. Die *Upaniṣaden*–Texte berichten, daß man sich dazu in *Tapas* zu versetzen hatte – in intensive innere Glut. In ähnliche Glut gelangt jeder, der von einer Idee besessen ist und an ihre Ausführung herangeht. Jeder schöpferische Akt – auch der Zeugungsakt, der oft als Vergleich herangezogen wird – ist begleitet von Hitze. Wer glüht, ist für eine gewisse Zeitspanne in einen Ausnahmezustand versetzt, der für feinere Wahrnehmungen hell wach macht, in dem man für Umwelteinflüsse jedoch unzugänglich bleibt.
Manch einer der alten Brahmanen gelangte dabei an Ur-Kräfte und Ur-Worte wie *Mantra.* Solch ein Mantra erwies sich als ein Schlüssel, durch den man sich sofort wieder in den gewünschten Zustand versetzen konnte. Man fühlte sich dann in Verbindung mit etwas Unvergänglichem, das Kraft verlieh. Der Upaniṣaden-Lehrer *Yajñavalkya* nannte dieses Unsterbliche den *Ātman,* wir nennen es „Selbst".

4. Die Erfahrung des „Selbst" bei den Natur-Philosophen

Die großen Erlebnisse wurden um die Zeitenwende seltener. Der Intellekt trat mehr und mehr in den Vordergrund und löste das meditative Sinnen ab. Man hielt Nachlese und begann, frühere Erkenntnisse zu sammeln und zu systematisieren. Gesammelt wurden auch die Praktiken der Yogis, die heute als *Patañjala-Yoga-Sūtra* bekannt sind.
Von nun an ist „Dhyāna" nicht mehr das „Sinnen" sondern das „Schweigen" aller Gedanken. Die mit philosophischen Überlegungen beschäftigten Denker dürften damals die Erfahrung gemacht haben, daß man nach vielem Hinterfragen an eine leere Stelle gelangen kann, an der sich der Intellekt für Augenblicke zurückzieht, währenddessen ein Wissensblitz hervortreten kann – die Intuition. Man erinnert sich später, daß man zuvor für längere Zeit

einen Punkt fixiert hat, entweder einen Fleck an der Wand, eine glänzende Stelle an einem Gefäß, oder man war versunken in die glitzernden Facetten eines geschliffenen Steines. Und solch ein Erlebnis klang innerlich nach. Daraufhin wurde es zu einer Pflichtübung für den Yogin, sich auf den „Konzentrationspunkt" einzustellen, zuerst an einem äußeren Objekt und anschließend auf einen innerlich erlebten Punkt in Höhe der Nasenwurzel. Aber woher kam der Wissensblitz? Aus einer anderen Region oder aus der Tiefe des „Selbst"? War dieses „Selbst" das aufleuchtende Licht? Und war dieses Licht identisch mit *Agni,* dem Feuerfunken, den die vedischen Texte als das Beseelende im Menschen ansahen?

5. Die Erfahrung des Buddha

Der Buddha erhob sein Bewußtsein in Sphären, die frei waren von menschlichen Regungen. Er ließ offen, ob es dort so etwas wie ein „Selbst" gäbe; sehr deutlich verneinte er aber, daß es etwas Beständiges, Unveränderliches gibt. Er war der zu einem höheren Bewußtsein „Erwachte" (Buddha), der in Aussicht stellte, daß sich Bewußtsein kontinuierlich ausdehnen läßt. Sein *Nirvāṇa*-Zustand bedeutete inneren Frieden, Erfülltsein mit Liebe, Güte, Mitgefühl und Mitfreude. Bei Buddha war das Nirvāṇa ein Dauerzustand, der ihn unabhängig machte von gemütsmäßigen Motivationen. Er war immer – ohne besondere Vorbereitungen – meditativ eingestimmt.

6. Die Erfahrungen im Mahāyāna-Buddhismus

Während die sogenannten „Hīnayāna-Buddhisten" weiterhin nachvollzogen, was sie der Buddha gelehrt hatte, bemühten sich die „Mahāyāna-Buddhisten" um die schon erwähnte Ausweitung des Bewußtseins. Das Gesamt-Bewußtsein (Ālaya-Vijñāna) wird von ihnen oft gleichgesetzt mit der objektlosen „Leere" (Śūnyatā), die sich dem Erlebenden als Lichtfülle präsentiert und zudem als Nirvāṇa verstanden wird. Im Vedānta älterer Prägung wurde das Lichterlebnis als „Erfahrung des Selbst" gedeutet, hier – im Späten Buddhismus – als Bewußtsein. Der Begriff „Selbst" wird gelegentlich verwendet, bezieht sich jedoch nicht – wie in den Upaniṣaden – auf eine zeitlos dauernde Wesenheit. Statt dessen wünscht man, die sogenannte *Buddha-Natur,* die der Mensch anlagemäßig besitzt und die als „Wahres Wesen" empfunden wird, durch meditatives Leben zum Leuchten zu bringen. Das trifft vor allem zu in Hinsicht auf die Mādhyamika- oder Śūnyatā-

vāda-Schulen in Tibet und dem alten China wie auch für die Zen-Schulen in Japan.
Die erhöhte Bewußtheit – das „Diamant-Bewußtsein" – soll sich möglichst bis in den Körper auswirken als größere Stabilität. Zu diesem Ziel hin wird der Körper abgehärtet; man erlaubt ihm nicht, müde zu werden; einige Lamas schlafen und sterben sitzend, im Lotossitz.

7. Die Erfahrungen im Bhakti-Yoga

Die bisher genannten Yoga-Formen wurden überwiegend von den oberen Kasten geübt. Dagegen wurde die Bhakti-Idee zuerst von den niederen Kasten, der nicht-arischen gemischten Bevölkerung, aufgegriffen.
Der *Bhakta* (Ausübender der Bhakti) konzentriert sich auf das „Herz" – nicht auf das Organ Herz sondern auf das „Zentrum" der Gesamt-Persönlichkeit, die Körper, Seele und Geist umfaßt. Dorthin wird die Gestalt des *Īśvara* – des persönlichen Gottes – projiziert.
Die Ich-Persönlichkeit soll diesem Gottesbild ähnlich werden, um sich mit ihm vereinigen zu können. An die Stelle des unsichtbaren – und daher schwer vorstellbaren – „Selbst" wird hier ein göttliches Urbild gesetzt, das der Gläubige mit überirdischer Schönheit und Vollkommenheit ausstattet.
Er kann es verehren, was für viele Menschen ein Bedürfnis ist, und er kann mit ihm Zwiesprache halten, wenn er sich von den Mitmenschen nicht verstanden fühlt.
Bei ausreichender Intensität des Gefühls kann es zu Visionen der göttlichen Gestalt kommen und als Höhepunkt zu der erstrebten Vereinigung mit ihr.
Es kommt zu einer gemütsmäßigen Erhebung in den Zustand *Ānanda,* einer gleichbleibenden Seligkeit, die auch bei widrigen Lebensumständen erhalten bleibt. Das Glück der Erde, das den Armen weitgehend versagt blieb, wird hier durch ein innerlich vorgestelltes Glück ersetzt. Wenn später ganz Indien von der Bhakti-Strömung ergriffen wurde, mag das mit daran liegen, daß sich die meisten Menschen leichter auf etwas Schönes konzentrieren können als auf Gedankenleere.
Zu beachten ist, daß hier das „Selbst" – ähnlich der christlichen Mystik – wie ein göttliches Wesen in der Herzens-Wiege geboren wird. Der göttliche Funke soll zu einer göttlichen Seele herangebildet werden, was einerseits durch intensive Vorstellung und andererseits durch ethische Lebensführung bewirkt werden soll.

8. Die Erfahrungen im Tibet-Tantra

Die Bedeutung des Körpers war durch die Bhakti-Strömung weitgehend in den Hintergrund gedrängt worden. Die Tantra-Bewegung räumte ihm wieder seine Rechte ein. Das zum Buddhismus gehörende Tibet-Tantra betont die Gleichwertigkeit von Körper und Geist. Seine Methoden zielen darauf ab, die „Ganzheit" der Person zu erfahren. Selbst-Bewußtsein bezieht sich hier auf das Miteinander von Körper und Geist. Die erhöhte Bewußtheit – das „Diamant-Bewußtsein" – soll sich möglichst bis in den Körper auswirken als größere Stabilität.

9. Die Erfahrungen im Hindu-Tantra

Vom Hindu-Tantra waren lange Zeit nur seine letzten Entartungserscheinungen sichtbar. So blieb es bis heute wenig erforscht. Noch ist man weitgehend auf Vermutungen angewiesen, wie die Tantra-Bewegung entstanden sein könnte.
Da das Hindu-Tantra überwiegend auf Bengalen beschränkt blieb, jenes Land, in dem die Bhakti-Bewegung bis in die höfischen Kreise drang, dürfte es zu einer Konfrontation grundlegender Auffassungen gekommen sein. Es ist offensichtlich, daß die Tantriker nicht psychisch suggeriertes sondern irdisches Glück anstrebten, zumindest als Auftakt.
Daher versetzten sie sich in Liebes-Ekstase. Sie nützten die erotische Annäherung der Geschlechter, um ihr Lebensgefühl zu intensivieren. Dabei gelang es ihnen leicht, das „Ich" und zusammen mit ihm alles Konventionelle auszuschalten. Das auf diese Weise erreichte Glücksgefühl war geeignet, schöpferische Kräfte in Gang zu setzen. Je nach Schule sollten sie für die endgültige Befreiung oder für den Aufbau eines unverweslichen Feinstoffleibes verwendet werden.

10. Die Erfahrungen im Ha-Ṭha-Yoga

In dem aus dem Tantra hervorgegangenen Ha-Ṭha-Yoga fällt die Liebes-Ekstase weg. Intensives Körper-Empfinden soll aber auch hier erlebt werden. Es wird nun auf anderem Wege erreicht, nämlich durch das Anspannen von Muskeln und Sehnen.

Als „Selbst" wird hier die „Ganzheit" des Menschen angesehen, das Ineinandergreifen von Körperlichem, Seelischem und Geistigem. Die Erfahrung lehrt, daß Wohlbefinden vom harmonischen Gleichklang der sich durchdringenden Teilbereiche abhängig ist. Es stellt sich sofort ein bei Durchführung eines sinnvoll zusammengestellten Körper-Übungs-Programms mit *Āsanas.*

Wer meditativ übt, lernt hier mühelos, seine Gedanken auszuschalten und sich vom „Ich" zu lösen. Er kann in die Stille eintauchen. Doch von dem großartigen „Selbst"-Erlebnis der älteren Systeme ist hier kaum noch die Rede. Wer auf den *Samādhi* abzielt, bedient sich – nach einer Vorbereitungszeit mit dem *Āsana*-Programm – der bewährten Methoden des Yoga-Sūtra oder Rāja-Yoga.

Vergleicht man die drei Quellentexte des Ha-Ṭha-Yoga, so sind die Schwerpunkte verschieden gesetzt. In der Gheraṇḍa-Saṃhitā sind die Vorbereitungen eindeutig auf den Höhepunkt des Samādhi ausgerichtet. Die Ha-Ṭha-Yoga-Pradīpikā betont schon mehr die außergewöhnlichen Experimente, und die Śiva-Saṃhitā beschäftigt sich fast nur noch mit dem Antrainieren der Siddhi.

Die „Selbst-Erfahrung" wird gar nicht mehr erwähnt. Die innere Kraft, die in den klassischen Yoga-Methoden durch die „Erfahrung des Selbst" zugänglich gemacht werden sollte, wurde in dieser Spätzeit abgelöst durch Praktiken, die sich auf die schwer zu bemeisternden Erdkräfte richteten, die die Yoga-Meister alten Stils zwar kannten, aber nicht nutzten.

11. Zusammenfassender Überblick

Während die Lehrer der älteren Vedānta-Schulen den Körper oft als einen „Sack voll Unrat" oder als ein „Gefängnis des Selbst" bezeichneten, hoben die Tantra-Lehrer die „Arbeit am Körper" hervor, der zu einem „Diamantleib" umgewandelt werden sollte. Für die theistisch ausgerichteten Gruppen wurde der Körper sogar zu einem „Tempel Gottes" oder zur „Wohnung für den Puruṣa".

Das dürfte mit dem veränderten Weltbild zusammenhängen. Die alten Sāṃkhya- und Vedānta-Schulen sahen das Weltgeschehen als Zeitablauf: Stoff galt als degeneriertes Endergebnis des ursprünglichen Reinen Geistes, daher mußte er dem geistigen Puruṣa fremd sein, der sich von ihm befreien wollte.

Für die Tantra-Schulen aber bestehen die geistige und die stoffliche Welt gleichzeitig, abhängig von der Sicht (nämlich vom wechselnden Bewußt-

seins-Zustand). Beide müssen demnach von gleichem Wert sein. Körper und Geist als Ganzes zu erleben, ist somit das ideale Ziel.
Daraus folgt, daß man den Körper trainiert (und nicht vernachlässigt wie manche Asketen, aber auch nicht verhätschelt wie manche Reiche). Tantrischer Yoga verlangt, den Körper zu disziplinieren. Die Yoga-Schulung betrifft Körper und Geist. Der Konflikt gefühlsmäßiger Spaltung entfällt.
Ob man nun von der erreichten *Ganzheit* oder von einem *bewußt gewordenen Selbst* spricht, bleibt vielleicht nur ein Streit um Begriffe. Schwieriger ist eine Stellungnahme zur Umwandlung des stofflichen in einen lichtdurchfluteten „Diamantleib". Nur sehr selten soll es einigen wenigen überdurchschnittlich Begabten gelungen sein, mit geheimen Riten die Umwandlung zu bewirken. In diesem Zusammenhang werden immer wieder *Mantra* erwähnt. Wir hören von vedischen Ṛṣi der Vorzeit, die über Tausende von Jahren Mantras rezitiert haben sollen, bis sie endlich die erwünschte Willensstärke und Macht erreicht hatten.
Gedanken sind für den Yogin Kräfte. Sind sie fähig, auch auf den Stoff einzuwirken? Diese Frage hat auch Sri Aurobindo maßgeblich bewegt. Aurobindo bleibt in der Zielrichtung der Tantra-Schulen, wenn auch er den Körper umwandeln, die verweslichen durch unverwesliche Bestandteile austauschen will; nur die alten Methoden erschienen ihm nicht zeitgemäß.

IV. Der Befreiungsgedanke einst und jetzt

1. Befreiungsbestrebungen in historischen Texten

Unter Befreiung versteht der indische Yogin im allgemeinen *„Befreiung vom Lebenskreislauf", Saṃsāra.* Hinter allen anderen Gedanken vom Freisein steht immer als letztes dieser Gedanke, wenn man auf dem Weg dahin auch zuerst frei werden muß von verschiedenen Zwängen, Vorurteilen und Ängsten.

Von „Befreiung vom Lebenskreislauf" hört man noch nicht in den ältesten Texten, da wünscht man sich noch Kinder und Enkel. Dann aber beklagt man sich über die Kürze des Lebens, und man beginnt zu fürchten, daß man in dem unbekannten Jenseits für Verfehlungen büßen müsse. Schließlich dehnt sich diese Furcht aus auf kommende Erdenleben; wird man sie in einer edlen oder unedlen Familie verbringen müssen. Da jeder weiß, daß er hin und wieder andere leiden gemacht hat, wird auch er immer wieder leiden müssen. Wann nimmt das ein Ende?

Durch das Erahnen eines unsterblichen geistigen Selbst in der Körperhülle ergibt sich eine Hoffnung. Wer dieses Selbst erfährt, fürchtet sich nicht mehr vor karmatischen Folgen, da sie nur den Körper betreffen, nicht aber das Licht-Selbst. Der Mensch, der nach Vergeistigung strebt, wird die irdische Grenze überschreiten und damit die Zeit. Im zeitfreien Zustand wird er frei vom Gesetz von Ursache und Wirkung. Damit ist der Lebenskreislauf beendet.

Diese Entwicklung soll nun von Etappe zu Etappe ins Gedächtnis gerufen werden:

a) Im Veda

In der Frühzeit – belegt durch den Veda – strebte man nach der *Befreiung vom Wiedertod,* vom Immer-wieder-sterben-Müssen. Der Wechsel vom Diesseits zum Jenseits und wieder zurück schien eine Zeitvergeudung zu sein im Hinblick auf das Endziel der endgültigen Befreiung am Ende eines Kalpa.

b) In den Upaniṣaden

Zwischen 900 und 600 v. Chr. diskutierte man das Problem der Befreiung weiter aus. Eine zufriedenstellende Erkenntnis war, daß es etwas gibt, das dem Wiedertod nicht unterworfen ist, den *Ātman,* das transzendente Selbst des Menschen. Die Bedrückung wich von all denen, die das *befreiende Wissen* erlangten.

c) Im Mokṣadharma

Ein epischer Text der Kriegerkaste, der Mokṣadharma, nennt als vordringlich die *Befreiung vom Schmerz.* Denkt man an die vielen möglichen Verwundungen der Krieger, so ist es verständlich, daß diese nach einer Methode suchten, die von Schmerzempfindungen befreit. Schmerzfrei ist man solange, wie sich das Ich vom Körper distanzieren und mit dem wahren Selbst identifizieren kann.

d) Im Buddhismus

Die Befreiung vom Lebenskreislauf trat im frühen Buddhismus stark in den Vordergrund. Buddha hatte sich in der „Nacht der Erleuchtung" zunächst von der „Unwissenheit" (Avidyā) befreit. Darauf lehrte er die Befreiung von den Begierden – nämlich vom Wunsch, die Welt zu erleben, in welchem Wunsch er die Ursache für die Wiedergeburt sah.
In den Mahāyāna-Schulen versteht man unter „Befreiung" ein spirituelles Erlebnis, etwa die Erfahrung des Grenzenlosen, die die Trennung zwischen Diesseits und Jenseits aufhebt. Das Bewußtsein eines Vollendeten ist in beiden Welten daheim. Nur ein solch Vollendeter ist frei von Affekten und Begierden, auch von Bindungen und Illusionen, er hat alles Leid der Welt hinter sich gelassen. *Befreit* ist, wer infolge stetiger Meditation den Bereich des Formlosen – *Śūnyatā* –erreicht hat. Das wird auch als *Nirvāṇa* bezeichnet oder als Erlebnis des Absoluten. Infolge lange geübten Gleichmuts hat man höchste Einsichten *(Vipaśyanā)* gewonnen.

e) Im Sāṃkhya

Das Sāṃkhya-System, das zu Buddhas Zeit bereits im Entstehen begriffen war, will über den Erwerb metaphysischen Wissens zur Einsicht kausaler Zusammenhänge kommen. Es sucht also zuerst die Befreiung aus der Unwissenheit (Avidyā) und erwartet daraufhin *Kaivalya,* die vollständige Unabhängigkeit von der Natur. Man ist dann vom Zwang der Naturgesetze befreit.

f) Im Yoga-Sūtra-Text

Das auf dem Sāṃkhya aufbauende Yoga-Sūtra stellt heraus, daß der individuelle psychosomatische Komplex (Citta) Ursache für die Wiedergeburten ist (eine Fortentwicklung von Buddhas Behauptung). Hier ist es Aufgabe des fortgeschrittenen Yogin, sich bewußt von diesem Persönlichkeits-Komplex – genannt *Citta* – zu befreien, sobald das innere Wissen vom bevorstehenden Tod sich meldet. Ist dieser Komplex aufgelöst, kann kein neuer Körper mehr aufgebaut werden. Der Yogin gelangt dann in eine *freie Seinsweise,* die er bewußt erlebt, ohne von einem Stoffkörper belastet zu sein. Der Übergang wird bewirkt durch das *Nirbīja-Samādhi.*

g) Im Späten Vedānta oder Hinduismus

Hier gilt bereits die Erleuchtung als Nirvāṇa und als Befreiung von der Wiedergeburt (falls diese angestrebt wird). Wer frei von weltlichen Bindungen ist, geht dann ein ins transzendente Bewußtsein (Brahma-Nirvāṇa). Das entspricht etwa dem Begriff Nirbīja-Samādhi im Yoga-Sūtra oder dem Begriff Nirvikalpa-Samādhi im Advaita-Vedānta.

h) In den Tantra-Schulen – Vajrayāna

Das Hindu-Tantra setzt sich zum Ziel, den stofflichen Leib in einen Lichtleib zu verwandeln, der dann frei ist von verweslichen Elementen und fähig, die Jenseitsphase bewußt zu erleben. Auch in Tibet hört man von Lamas, die dieses Ziel erreicht haben; die meisten erstreben aber statt eines „Diamantleibes" ein „Diamant-Bewußtsein". Die volkstümlichen Tantra-Schulen verzichten auf eine Einzelbefreiung; man wartet geduldig auf die Gesamt-Befreiung am Ende eines Kalpa.
Im *Haṭha-Yoga* wird die Befreiung vom Lebenskreislauf nur am Rande erwähnt. Yoga ist hier in erster Linie Training des Körpers, damit er die harten Anforderungen des Yoga-Weges nicht behindert. Also befreit man sich zunächst von psychosomatischer Schwäche. Nebenher wird die Person durch Tief-Entspannung entkrampft. Wer es dabei lernt, seinen Körper zu vergessen, kann fähig werden, sich vorübergehend von Schmerzen zu befreien.

i) Im Bhakti-Yoga

Heute sympathisiert ein großer Teil der indischen Bevölkerung mit dem Bhakti-Yoga, und hier bedeutet das Wort „Befreiung" etwas ganz anderes. Denn hier glaubt man an einen Weltregenten, dem man sich bedingungslos unterzuordnen hat. Daher bedeutet *Befreien: sich vom Weltlichen lösen,* das Herz nicht an die Welt hängen. Wer sich innerlich mit Gott verbindet, *fühlt sich frei* und hofft nach dem Ableben auf eine seelische Vereinigung mit Gott.

j) Im Integralen Yoga

Der sogenannte „integrale" oder richtiger der *Pūrṇa-Yoga,* kann als der Yoga unserer Zeit gelten. Mit ihm wird versucht, alle Erfahrungen früherer Yoga-Methoden zu nützen. Für den Anfänger geht es hier *zunächst* um eine *Befreiung von Vorurteilen und geistigen Einengungen.* Frei ist also, wer geistig aufgeschlossen bleibt.
Auf längere Sicht aber geht es um eine viel bedeutendere Befreiung. Aurobindo, der Verkünder des Pūrṇa-Yoga, sieht es als die Aufgabe unserer Zeit an, *den transzendenten Ātman zu befreien,* ihn aus seiner Ferne in erreichbare Nähe zu holen, damit er dem irdischen Menschen aus seinen Schwierigkeiten heraushilft. Nur wenn dies einmal weltweit gelingt, wird man auch die Probleme der Völker lösen können. Alle Menschen sind zur Mitarbeit aufgerufen.

2. Eingehen in das Brahman

In Vedānta-Kreisen wird die Befreiung als ein Eingehen der Seele in das Brahman angesehen. Diese Formulierung war immer wieder Mißverständnissen ausgesetzt. Das liegt an dem Versuch, den unübersetzbaren Begriff – brahman – zu verdeutschen und als All, Weltseele oder gar als das Unbewußte wiederzugeben.
Der Begriff brahman ist auch in Indien vieldeutig oder vielschichtig, da er von Epoche zu Epoche neu umschrieben worden ist. Das sei durch einige Zitate belegt:
Im *Veda* – also in den ältesten Texten – wird das brahman *Skambha* genannt (Weltsäule – Stütze) mit der Bedeutung: *immerseiende Grundlage* der unbeständigen Erscheinungswelt.
Zu einem kleinen Teil breitet sich das immerseiende Brahman aus: als die Erde, und in diesem Zusammenhang wird es dann als *Wirkkraft* interpretiert.
In der Chāndogya-Upaniṣad wird die immerseiende Grundlage als *Sat* bezeichnet, als das *Sein* schlechthin, im Unterschied zum vergänglichen Dasein. Demnach ist *Sein* dem Begriff Brahman gleichzusetzen.
Die Kena-Upaniṣad nennt *Satyam* als *„immerwährende Wirklichkeit"* in Gegenüberstellung zur zeitlichen Wirklichkeit. Die Aussage bezieht sich auf das Brahman, und man ist überzeugt, daß es nur in innerer Erleuchtung verstanden werden kann, woraufhin man unsterblich wäre.
Die Chāndogya-Upaniṣad spricht die Überzeugung aus: „Dieses Selbst ist das Brahman. Wenn ich von hier scheide, werde ich in es eingehen." Wohin eingehen? In *Sat,* das *Sein*, in Satyam, die „immerwährende Wirklichkeit".

Nirgendwo wird gesagt, es sei das All (Brahmāṇḍa) oder die Weltseele (Hiraṇyagarbha) oder das Unbewußte, wofür gar kein Sanskrit-Begriff zur Verfügung steht.
Vielmehr wird gesagt: *„Dieses Selbst ist das Brahman."* Das bedeutet, daß Selbst und Brahman von gleicher Qualität sind, nämlich Reiner Geist. Geist aber ist nicht teilbar; dem Menschen erscheint es nur so, deshalb sagt er: Ich werde in das Brahman eingehen. In dem Moment wird ihm *bewußt, daß er das Brahman ist,* immer gewesen ist. Es handelt sich nicht um einen Vorgang, wenn vom Eingehen in das Brahman gesprochen wird, sondern um eine *Erkenntnis.*
Und deswegen wird an den betreffenden Textstellen ein bedeutsamer Satz hinzugefügt: *„Wer immer das erkennt, wird unsterblich."* Nicht der Leib wird unsterblich; das Bewußtsein, das mit dem Leib verbunden war, erkennt: *Ich bin das unsterbliche Brahman.*
Eine andere Stelle der Chāndogya-Upaniṣad entschärft die Behauptung, Brahman könnte das Unbewußte sein. „Am Anfang war nur das Brahman, es wußte: Ich bin das Brahman." *„Ich bin"* ist die schlichte Aussage von: Bewußtsein. Die Textstelle wird fortgesetzt: „Das Brahman wurde zu der Welt, und wer immer das erkannte, wurde zur ganzen Welt."
Brahman wurde zur Welt. Das wird näher ausgeführt: „Brahman hat zwei Erscheinungsformen, eine körperhafte und eine körperlose, eine sterbliche und eine unsterbliche, eine bewegliche und eine unbewegliche, eine seiende (sat) und eine jenseitige (tyam)." Damit wird ausgesagt, daß Brahman alles in allem ist, Sichtbares und Unsichtbares.
Heißt es weiter: „Wer immer das erkannte, wurde zur ganzen Welt", so bedeutet dies doch: er hatte *Bewußtsein von der ganzen Welt.* Das Eingehen in das oder Bewußtwerden des Brahman ist demnach eine *Ausweitung des Bewußtseins* und nicht ein Zustand der Unbewußtheit. Zu dieser irrtümlichen Annahme kommt man nur, wenn man griechische Vorstellungen auf indisches Denken überträgt.
Im Abendland werden alle Belehrungen aus der Sicht des Menschen gegeben (gleichsam von unten nach oben). Indische Belehrungen werden von den Weisen gegeben, die das Brahman erfahren und ihr Bewußtsein zum Brahman ausgeweitet haben. Sie erklären aus ihrer Sicht, die ungeteilt ist und oben und unten nicht kennt. Sie wissen, daß es der menschliche Verstand ist, der teilt. Er unterscheidet oben und unten, gut und schlecht, früher und später. Für den Weisen ist immer alles gleich gegenwärtig, wenn er sich im Samādhi-Zustand befindet. Verläßt er diesen Zustand, beginnt das Bewerten, das der Intellekt vornimmt. Über dem Intellekt ist die Einheit, und diese ist voll-bewußt.

Monismus oder Advaita

Der historische Advaita-Vedānta des Śaṇkara wurde am Ende des Dritten Teils besprochen. An dieser Stelle soll unsere Darstellung ergänzt werden durch Äußerungen aus neuerer Zeit. Als kompetent gilt hier der um die Jahrhundertwende in Südindien lebende *Rāmana Mahaṛṣi,* der bereits mit 16 Jahren *sahaja nirvikalpaka-samādhi* erreichte und damit als ein *Lebend-Befreiter* gilt. Später war er bemüht, die Fragen seiner Schüler so ausführlich wie möglich zu beantworten, während historische Texte immer nur Fachbegriffe wiederholen, die unterschiedlich und oft mißverständlich ausgelegt werden.

Nach dem Zustand eines Befreiten befragt, nennt Rāmana Mahaṛṣi ihn einen ich-losen Zustand, was man jedoch nicht als Mangel verstehen darf, weil an die Stelle des Ich das weise Selbst getreten ist. Da es identisch ist mit dem allumfassenden *Brahman,* bedeutet der Zustand: *Überwindung von Avidyā,* Gesamt-Erkenntnis oder Einssein mit dem All, Erlebnis der Fülle des Seins oder Bewußtsein von allem, das nie wieder verloren gehen kann. Das Erlebnis ist jedoch gestaltlos, man nimmt nicht „etwas“ wahr, sondern man ist reines Gewahrsein.

Der so zum Weisen oder Jñānin Gewordene erlangt damit die *Gleichheit der Schau,* für ihn sind alle Lebewesen Projektionen des einen Selbst, das identisch ist mit *Brahman.* Die Unterscheidungen, die unsere relative Welt der Gestaltungen kennzeichnet, sind für den Verwirklichten belanglos. Da die relative Welt jedoch ihre eigenen Gesetze und Ordnungsprinzipien hat, muß sich auch ein Anhänger des Advaita danach richten. Nur der Verwirklichte steht außerhalb dieser Gesetze, noch nicht der, der danach strebt.

Der Körper des Verwirklichten verrichtet automatisch weiter, was er eingeübt hat, ebenso sein Geist; daher ist er fähig, Erklärungen zu geben. Doch der Weise hat keine Beziehung mehr zu der Person, die er einmal war. Er hat eine radikale Wandlung vollzogen von der Person zum allumfassenden Bewußtsein. Er ist *Sat-Cit-Ānanda* (Sein-Bewußtsein-Seligkeit), wie die Upaniṣaden es ausdrücken. Er ist Sein, insofern er existiert, er ist Bewußtsein oder Gewahrsein, und er ist selig, insofern er den Frieden erlangt hat, nach dem sich jeder sehnt. Ihn kümmern nicht mehr Lob noch Tadel oder die vielen Bewertungen, die in der Welt gelten. Er ist vollkommen unabhängig von irgend jemand oder irgend etwas. Darin besteht Ānanda, die Seligkeit.

Diesen Frieden strahlt er auf seine Umgebung aus, darum wollen die Schüler in seiner Gegenwart leben. Mahaṛṣi selbst betonte, daß physische Nähe nicht viel bedeutet. Die geistige Annäherung an den Weisen ist wesentlich, und zwischen dem einen oder anderen Weisen besteht kein Unterschied, denn in allen wirkt das eine Selbst (Ātman), das ohne ein Zweites ist.

B. Die Aufnahme östlicher Ideen im Abendland

V. Östlicher Einfluß von der Antike an

Schon in der Antike kam es zu einer Begegnung mit östlichen Ideen. Zusammen mit dem Christentum, das in seinen Ursprüngen auch eine östliche Lehre ist, gelangten die orientalischen Mysterien-Lehren nach Italien. Um 300 wurden in Rom Tempel für diese Kulte errichtet. Die großen Prozessionen, die für *Isis* und andere ägyptische Götter veranstaltet wurden, hinterließen bleibenden Eindruck. Hermetische Schriften – meist ägyptischer Herkunft – kamen in Umlauf. Die Gebildeten, bis hinauf zu den Kirchenvätern, vertieften sich in diese mit Symbolen erfüllten Lehren.
Die Christen waren zu dieser Zeit noch Verfolgte, die sich erst ab 313 offiziell zu ihrem neuen Glauben bekennen durften. Erst im Jahre 392 erklärte Kaiser Theodosius das Christentum zur Staatsreligion. Zögernd breitete sich die neue Religion aus, zunächst nur in den romanischen Ländern, ferner in den von Römern besetzten Gebieten – wie Irland und England –, in denen die Missionierung der keltischen und germanischen Völkerschaften begann. Von echtem Christlichen Geist hörte man erst im 5. Jahrhundert. In diesem Sinne lebte und wirkte der Abt Benedikt von Nursia auf dem Monte Cassino. Er gründete die Benediktiner-Klöster, denen Klosterschulen angegliedert wurden.
Die Völkerschaften der nördlichen Länder hielten noch lange an ihren Stammesreligionen fest. Karl der Große war der erste fränkische Herrscher, der sich taufen ließ – um 800. Ihm ging es sehr darum, die verfeinerte östliche Bildung, die er zusammen mit dem Christentum kennengelernt hatte, unter den Franken zu verbreiten. Doch das gelang erst später, als zwischen 1300 und 1400 Universitäten in den Hauptstädten gegründet wurden. Die Landjunker hatten damals noch ein niedriges Bildungsniveau; oft waren nicht einmal die Bischöfe christliche Vorbilder, da sie aus den Kreisen der nichterbberechtigten Landjunker kamen und meistens nicht einmal lesen und schreiben konnten.
Von ihrem Glauben erfüllt waren damals fast nur die Missionare, die auch bereit waren, dafür zu sterben. Ihr Märtyrertum wurde an den Kirchenwänden abgebildet und als beispielhaft hervorgehoben.
Man darf das ganze Mittelalter als eine Zeit großer Auseinandersetzungen ansehen, in der alte und neue Vorstellungen hart aufeinander prallten. Das Volk wurde zum Prellbock zwischen den sich auseinandersetzenden Herrschenden. In ihm lebte noch lange der alte Volksglaube mit seinen magi-

schen Praktiken; er ging eine Verbindung mit dem östlichen Mysterienglauben ein. Maßlosen Ungerechtigkeiten ausgeliefert, suchte die verzweifelte Bevölkerung Trost in Verheißungen. Das Leben hier schien nur erträglich in der Hoffnung auf ein geistiges Leben im Jenseits.

1. Alte Mysterienbünde*

a) Die orphischen Mysterien

Orpheus, der unvergessene Sänger der Frühzeit, gilt als Urbild des beseelten Menschen, der durch seinen einfühlsamen Gesang nicht nur seine Freunde sondern auch Tiere, Bäume und sogar Steine zum Mitschwingen brachte. Dazu inspiriert wurde er durch *Eurydike,* seine Frau, die sein höheres Ich oder seine Seele repräsentiert.
Es entwickelte sich später ein nach ihm benannter Kult, der seinen Höhepunkt etwa um 500 v. Chr. in Athen gehabt haben dürfte. Wer diesem Kult anhing und wie Orpheus seiner Seele Raum gab, sich zu entfalten, durfte hoffen, ins *Elysium* einzugehen, auf eine „Insel der Seligen". Wer jedoch nur dumpf dahinvegetierte, dem wurde ein Platz im Jenseits zugewiesen, das als ein Schattenreich ohne Freude galt: im unterirdischen *Hades.*

b) Die attischen Mysterien

Der in Phrygien verehrte Frühlingsgott *Attis* feierte jeden Frühling Hochzeit mit der Erdgöttin *Kybelē.* Im Herbst mußte er wieder sterben, denn er war Sinnbild der Naturkräfte, die im Herbst und Winter ruhen. Anfänglich wurde deshalb ein Jüngling geopfert, weil der frühe Mensch nur von dem überzeugt werden konnte, was mit den Sinnen zu erfassen war. Im späteren verfeinerten Kult erlebte der Jüngling einen symbolischen Tod in einer Grube, danach galt er als „Wiedergeborener".

c) Die eleusinischen Mysterien

In *Eleusis* wurde jeden Frühling ein Mysterienspiel aufgeführt, dem der Mythos von der griechischen Muttergöttin *Demeter* zugrundelag. Hier verkörpert die Tochter *Persephonē* den Frühling, die daher jeden Herbst von *Pluto* in die Unterwelt entführt wird. Auch hier war es zunächst nur ein Gleichnis für das Ruhen der Wachstumskräfte. Für die Mitwirkenden an dem Mysterienspiel war es mehr. Sie sollten durch Einfühlung an sich selbst

* Kurz referiert, überwiegend nach Glasenapp, „Die nicht-christlichen Religionen".

erleben, daß es zwei Seinsweisen gibt, neben dieser sichtbaren die unsichtbare Welt. Die *Seele* wechselt – wie Persephonē – den Aufenthaltsort, ist bald hüben, bald drüben. (Die eleusinischen Heiligtümer wurden 410 von Alarich zerstört.)

d) Die Mithras-Mysterien

Der Kult des Lichtgottes *Mithras* weist viele Ähnlichkeiten mit christlichen Bräuchen auf. Die römischen Soldaten lernten ihn im Orient kennen und verpflanzten ihn dann nach Italien, anschließend in die neu eroberten germanischen Länder, besonders in die Gebiete am Rhein. In diesem Kult hört man erstmalig etwas von Einweihungsgraden; erst der 7. Grad berechtigte dazu, am Weltende die seelische Auferstehung zu erleben. Im Christentum erwartete man eine fleischliche Auferstehung; am Sterbeplatz wird die Seele von den Elementen ihre einstigen Anteile zurückverlangen, um zum „Jüngsten Gericht" zu eilen.

e) Der Osiris-Kult

Der ägyptische *Osiris* war ursprünglich ein Frühlingsgott wie Attis. Auch er mußte nach Aberntung der Felder sterben, um von der Muttergöttin *Isis* im Frühling neu geboren zu werden. Der *Osiris-Kult* jedoch, der vollständig überliefert ist, rankt sich um eine spätere Abwandlung des Mythos. Osiris muß jetzt nicht mehr das Sterben der Vegetation nachvollziehen. Er wird dauernder Repräsentant der geistigen Welt und zeugt mit *Isis* einen *geistigen Sohn,* den geflügelten *Horus*. Er blieb Sinnbild für geistige Wiedergeburt, die die Anhänger des Kultes erreichen wollten. Auf sie ist auch der Totenkult der ägyptischen Könige ausgerichtet.

f) Die Pythagoräer

Pythagoras – bekannt durch seine mathematischen Lehrsätze – soll gleichzeitig ein Kenner der Lehren des Orpheus und des Osiris gewesen sein. Sehr beeindruckt von diesen Lehren, fügte er ihnen eigene Gedanken hinzu. Zum Beispiel glaubte er, daß sich die Weltordnung in Zahlen ausdrücken lasse. Auch in der Musik glaubte er, Zahlengesetze entdeckt zu haben; und von den Himmelskörpern nahm er an, daß sie Klänge erzeugten, die sogenannte Sphärenmusik.
Für strebsame junge Leute gründete er Eliteschulen; in ihnen konnten sie sich das gesamte Wissen ihrer Zeit aneignen. Frauen galten als gleichwertig in diesem Streben, besonders *Theano* tat sich hervor, sie schrieb Abhandlungen über aktuelle Themen: Die Tugend als goldener Mittelweg – Die

Psychologie des Kindes und seine Erziehung – Lebensfreude. In der letztgenannten Abhandlung betonte sie, daß Lebensfreude geweckt werden kann durch künstlerische Betätigung wie Musik, Tanz und Gesang, auch durch die Herstellung schöner Gewänder, die in den Trägern ein gehobenes Lebensgefühl wecken.
Die Nachwirkung der pythagoräischen Erziehung reichte bis in die ersten nachchristlichen Jahrhunderte und führte zur Gründung von weiteren Schulen in Unteritalien. Allen Mitgliedern ging es um Erneuerung des religiösen und sittlichen Lebens auf der Grundlage einer einfachen aber gesunden Lebensführung.

2. Die mittelalterliche Esoterik

Die im folgenden angeführten Gruppen hatten ihre Blütezeit etwa um die Zeitwende; ihre Keime waren lange davor entwickelt, und ihre Zweige reichten in die Jahrhunderte danach. Im Mittelalter sind sie dann populär geworden.
Ihre Vermischung konnte sich leicht vollziehen, da ihnen gewisse Grundgedanken eigen waren, zum Beispiel die Entstehung des Stofflichen aus dem Geist wie bei Plotin und seiner Neuplatonischen Schule und der Glaube an die Wiedergeburt der Seele, der dadurch eine Möglichkeit zu immer weiterer Entfaltung gegeben ist.
Das vielfältige Gedankengut östlicher Herkunft, das auf Verinnerlichung des Menschen abzielte, erhielt sich auch, als das Christentum und später der Islam zu erstarken begannen. Daneben behauptete sich der örtliche Volksglaube weiter.
So ergab sich im Laufe der Zeit ein schwer durchschaubares Labyrinth von Vorstellungen, das unter dem Begriff *Esoterik* zusammengefaßt sei. Unter ihren Vertretern gilt die Esoterik als die „innere Lehre“ neben den offiziell anerkannten Lehren. Als eine „Geheimlehre“ gelangte sie von den südlichen in die nördlichen Länder und konnte sich unterschwellig bis heute neben der anerkannten Theologie behaupten.
Ihre geheimnisumwitterten Grundgedanken flossen in das europäische Schrifttum ein, besonders in die romantische Dichtung und in den Abenteuer-Roman. Ein Abglanz fiel auch auf die Malerei und die Musik. Manchmal wirkt das esoterische Gedankengut mehr im Verborgenen, zu anderen Zeiten – wie der unseren – tritt es stärker hervor. Selten kennen die Menschen, die sich damit beschäftigen, die Herkunft, deshalb sollen hier die Gruppen charakterisiert werden, die wesentlich an der Verbreitung beteiligt waren.

a) Die Manichäer

Der Perser *Mani* hielt die Welt für eine Schöpfung satanischer Mächte, und daher sollte sie besser wieder verschwinden. Seine Lehre betont immer wieder die *krassen Gegensätze,* wie Licht und Finsternis, Gott und Materie, Gut und Böse. Alles Dunkle und Böse soll überwunden werden. Es wird angebahnt durch Riten, die die Lichtpartikel aus der sie umschließenden Materie befreien sollen.

b) Die Gnostiker

Gnosis heißt Erkenntnis, gemeint ist die innere oder esoterische Erkenntnis, jeder religiöse Mensch ringt um sie. Doch sie ist nicht dasselbe wie der *Gnostizismus*, der eine Sammlung orientalischer Weisheitslehren ist, die in der „Pistis Sophia“, dem „Lehrbuch der Weisheit“, zusammengetragen wurden. Auch die Kirchenväter – wie Augustinus, Valentinus, Clemens und Origines – waren davon beeindruckt. Die mit Mängeln behaftete Welt gilt auch hier nicht als eine Schöpfung Gottes sondern als die Konstruktion eines Demiurgen (Weltbaumeisters), der dazu einen bereits vorhandenen Weltstoff verwendete. Aus ihm gestaltete er alle Körperwesen; nur dem Menschen hauchte er eine *Seele* ein. Daraufhin verwaltete er die von ihm konstruierte vielfältige Stoffwelt (Pleroma) als ein *Archōn* oder Weltvorsteher. Die Anhänger dieser Lehre wurden dreifach klassifiziert nach ihrer vorherrschenden Einstellung: Pneumatiker gelten als „Geistmenschen“ (das Geistige überwiegt), Psychiker gelten als „Seelenmenschen“ (das Seelische überwiegt), Hyliker gelten als „Leibmenschen“ (das Leibliche überwiegt). Von letzteren nimmt man an, sie seien der Materie so sehr verfallen, daß sie nicht die Fähigkeit besitzen, bis zur Erkenntnis – *Gnosis* – vorzudringen.
Gnostische Gedanken sind zum Teil in spätere Philosophie-Systeme aufgenommen worden. Die Gnostik ist nicht einheitlich, es wird eine heidnische, eine christliche und eine jüdische Gnostik unterschieden. Die darin enthaltene Symbolik wurde für eine esoterische Bibel-Auslegung benutzt,von manchen wird sie als vertiefend angesehen.

c) Die Kabbalisten und Chassidīm*

Unter *Kabbala* versteht man die jüdische Mystik. Haupttexte sind der „Sohar“ (12. Jahrhundert) und „Sepher Jezira“ (6. Jahrhundert). Darin wird die Weltentstehung als eine Emanation aus dem *Ur-Licht,* „En Soph“, dargestellt. Als Meditationsobjekt dient der „S'phirōt-Baum“, eine graphi-

* Vgl. hierzu G. Langer, „Liebesmystik der Kabbala“, München 1956.

sche Darstellung der Schöpfungsidee.* Der Meditierende kann die geistigen Bereiche aufwärtssteigen während seiner inneren Erhebung (bildlich gedacht auf der Himmelsleiter).
Im 18. Jahrhundert erfolgte eine Erneuerung der alten Vorstellungen durch Rabbi Israel Ben Elieser, genannt der Baalschem. Die weitere Ausgestaltung übernahm der Prediger Bär, den man den großen Maggid nannte. Neu interpretiert für unsere Zeit wurde die Kabbala durch *Martin Buber*. Die Anhänger nennen sich jetzt *Chassidīm*, das ist „Fromme“; die einzelnen Gruppen unterstehen einem Zaddik (einem Gerechten), dieser ist Gemeindeführer und soll Vorbild sein.

d) Die Alchimisten**

Die Al-Chimia darf als Vorläuferin der Chemie angesehen werden, denn sie begann im Altertum als eine Naturlehre von den Grundbestandteilen der Körper, deren Mischung und Verwandlung; lange Zeit war sie ein Bestandteil der Heilkunst. Das alchimistische Weltbild ähnelt dem des Hindu-Tantra, denn auch hier wird der Kosmos als ein Netz von Kraftströmen angesehen, die Kraftfelder bilden. Der Unwissende erfährt durch sie immer wieder Störungen, der Wissende sucht sich der Kräfte zu bedienen.
In Europa experimentierten in den Alchimistenküchen Ärzte und Theologen, unterstützt von reichen Adligen oder sogar vom Landesherrn. Die eine Gruppe suchte nach materiellen Ergebnissen, nach einem Lebenselixier zur Lebensverlängerung oder nach Gold, um die leeren Staatskassen zu füllen. Auf diesem Wege wurde das Porzellan und manch brauchbare Arznei erfunden.
Die andere Gruppe suchte nach dem geistigen Gold, ihr ging es um die Wandlung des Menschen zum *Vollmenschen,* zum *Anthropos.* Zu dieser Gruppe gehörten Johannes *Rosenkreuz* und sein Interpret Johann Valentin Andreae. Die Alchimisten und die Rosenkreuzer verwenden für die sich im Menschen vollziehenden *psychischen Prozesse* die Bezeichnung *Opus* oder „Tagewerk“. Es gibt noch heute organisierte Gruppen dieser Richtungen.

e) Die Logenbrüder oder Freimaurer

Auch den Freimaurern geht es um sittliche und geistige Veredlung, und sie denken dabei keineswegs nur an die eigene Hebung, – die ganze Menschheit soll einbezogen werden. Hier ist die Wohltätigkeit das „Werk“, das dem Alchimisten-Opus gleichgestellt wird.

* Ähnlich wie im Sāṃkhya. Buchstaben und Zahlen gelten in dieser Lehre als Ausdruck kosmischer Kräfte, ähnlich wie bei den Vaiṣṇava.
** Vgl. R. Federmann, „Die königliche Kunst“, Stuttgart 1964.

Aufnahme in die Loge oder Laube ist mit geheimen Riten verbunden, die orientalischer Herkunft sind und leicht Verdacht erregen. Als „geheim" gilt auch eine bestimmte Grußform, durch die sich Logenbrüder zu erkennen geben.
Es gibt eine ältere Gruppe der *Werkmauerei,* die von den mittelalterlichen Bauhütten ableitbar ist, die die Geheimnisse um die Symbolik des Dombaues hüteten. Man wünscht, daß sich die Werktätigkeit so entfalten möge wie der Bau eines Domes: hoch hinauf zu Gott und zur Unsterblichkeit. Wie im Handwerkerstand üblich, kann man hier *drei Grade* erwerben: *Lehrling, Geselle, Meister.* Oberhaupt einer Loge ist der „Meister vom Stuhl".
Seit 1717 erstand eine neue humanistisch ausgerichtete Gruppe, der es vorwiegend um weltweite geistige Ziele geht. Man sagt, daß von ihr geistige, wirtschaftliche und politische Neuerungen ausgehen. Zu ihren Mitgliedern zählen Prominente in der ganzen Welt: Wissenschaftler, Politiker und Künstler, die sich alle als Weltbürger fühlen. In der Vergangenheit gehörte der österreichische Kaiser Franz I. und der preußische König Friedrich II. einer solchen Loge an.

f) Die Sufi – Mystiker des Islam

Die Mystiker des Islam nennen sich *Sufi*, das Sufitum ist „at-Taśawwūf"*. Die Seele des Frommen kann sich erheben. Solch mystische Erlebnisse inspirierten einige von ihnen dermaßen, daß man sie noch heute zu den unsterblichen Dichtern zählt: Saadi, Hafīs, Omar, Rumi und andere.
Das Weltbild der Sufi ist vom indischen aber auch von der Philosophie Platons beeinflußt. Dargestellt hat es *Ibn Arabi*. Er gab der persischen Mystik die philosophische Form, die über Spanien nach Frankreich gelangte. Es gibt Hinweise, daß die Troubadoure zu den Vermittlern gehörten. Die Verehrung der „Hohen Fraue" ging auf diesem Wege vom Burgfräulein auf die menschliche Seele über.
Im Ursprungsland Persien wird diese individuelle *Seele* mit einer Tafel verglichen, auf die der unerschaffene Geist ihre Schicksale eingraviert. Der irdische Geist gilt als Gottes Knecht (Abd), denn er verhält sich empfangend. Man nennt ihn auch Gottes Gesandten (Rasul), weil er zwischen dieser und jener Welt vermittelt; Gottes Weisheiten empfängt er wortlos (ummi). – Das *Weltall* wird einem großen Buch verglichen, in dem alles enthalten ist. Der Mensch ist wie eine gekürzte Abschrift davon; denn von allem, was im Kosmos enthalten ist, ist auch ein wenig in ihm.

* Taśawwūf ist der arabische Name für Sufitum, den spirituellen Weg.

g) Die christliche Mystik

Mystik ist religiöses Erleben, das sich nicht ohne weiteres mitteilen läßt. Nur die bedeutendsten Mystiker der Vergangenheit haben Worte dafür gefunden: Meister Eckhart, Seuse, Tauler, Ruysbroek, Johannes vom Kreuz, Theresa von Āvila, Mechthild von Magdeburg und Schwester Hadewych. Sie alle sahen als Höhepunkt des Christentums das Erlebnis des „Göttlichen Lichtes" an. Die Äbtissin Hildegard von Bingen sah es sogar ohne jede Vorbereitung.

Zwei der Mystiker benennen ihre meditativen Stufen: Hadewych und der Spanier Johannes vom Kreuz. Beide nennen als Höhepunkt die „Mystische Hochzeit", die als Vereinigung der Seele mit Gott erfahren wird. Jesus wird dabei zum „Seelenbräutigam".

Mystische Erlebnisse waren eine Folge der zunehmenden Verinnerlichung, wie sie sich aus der Abgeschiedenheit des Klosterlebens ergab. Der Eintritt ins Kloster konnte durch äußeren Zwang bewirkt worden sein, zum Beispiel durch Befehl von Vorgesetzten. In diesem Fall handelte es sich oft nur um Vagabunden, die zur Seßhaftigkeit erzogen werden sollten, die aber für ein Leben der Besinnlichkeit ungeeignet waren und statt dessen das Ansehen der Klöster verdarben.

Die andere Gruppe, die einem inneren Ruf gefolgt war, erhielt durch das Klosterleben eine Chance für persönliche Entfaltung, denn ein Kloster konnte ein Ort sein für intensive Bildungsmöglichkeit. Äbte und Äbtissinnen waren damals auch Forscher und Wissenschaftler; zu ihnen gehörte Hildegard von Bingen, die sich in der Heilkunde auskannte. *Meister Eckhart* war nicht nur der berühmte deutsche Prediger, er lehrte auch an der Pariser Universität und verfaßte Traktate. Darin nennt er: *drei Seelenkräfte* (Erkennen, Zürnen, Wollen); dazu *drei Tugenden* (Glaube, Liebe, Hoffnung). Das *Göttliche Fünklein* steht über ihnen und läßt sich vielleicht mit dem indischen „Ātman" vergleichen. Um mit dem Göttlichen Fünklein Kontakt aufzunehmen, muß sich die Seele über Raum und Zeit erheben. Dann wird sie von allen Bildern frei und fühlt sich *vereint mit der Göttlichen Natur.* Das ist dann die *Geburt des Sohnes in der Seele.* Wer sich oft in die *innere Abgeschiedenheit* (Zustand innerer Stille) begibt, wer frei ist von äußeren Sinneseindrücken, der wird nach und nach die Geburt des „Sohnes" in seiner Seele entwickeln.*

* Vgl. hierzu auch Eckard Wolz-Gottwald, „Meister Eckhart oder Der Weg zur Gottesgeburt im Menschen. Eine Hinführung", Gladenbach (1985).

3. Spätere Bestrebungen der Verinnerlichung

a) Die Theosophie

Theosophie bedeutet Gottes-Weisheit; seit Paulus fühlten sich alle Mystiker von ihr erfüllt. Doch als Theosophen bezeichnet man meist christliche Schriftsteller wie Böhme, Svedenborg, Oetinger, Schelling und Baader. Sie verwendeten bevorzugt Begriffe des Neuplatonismus, mischten dann diese Ideen mit solchen der persönlichen Inspiration.
Von diesen Schriftstellern und den noch älteren Theosophen zu unterscheiden ist die seit 1875 bestehende „Gesellschaft der Neuen Theosophie". Als Gründerin gilt die Deutsch-Russin Helena Petrowna Blavatzky, Annie Besant und Alice Bailey bauten das theosophische Schrifttum breit aus. Das umfangreiche Lehrgebäude faßt die Grundgedanken aller Religionen zusammen, und Begriffe verschiedener Herkunft werden nebeneinander verwendet. Da vieles aus indischen Lehren entlehnt aber umgedeutet wurde, betrachten viele Inder die theosophischen Schriften als eine Entstellung indischen Denkens.

b) Die Anthroposophie

Aus der genannten theosophischen Gesellschaft löste sich im Jahre 1913 einer ihrer bisherigen Anhänger: Rudolf *Steiner*. Durch diesen Schritt wurde er zum Begründer der Anthroposophie. Seine Zielsetzung ist eine in der Jugend beginnende Erziehung zum Vollmenschen, zum *Anthropos*. Er gründete Privatschulen, in denen der Unterricht nicht nur theoretisch sondern auch auf die Praktik angewendet erfolgt. Großer Wert wird hier auf frühzeitiges Wecken schöpferischer Kräfte gelegt. Die geistige Ausrichtung ist esoterisch-christlich. Eine besondere Note erhält der Unterricht durch die Einführung der *Eurhythmie*, einem freien Bewegungsspiel nach klassischer Musik.

c) Der Individuationsweg des C.G. Jung

Der Schweizer Psychologe *Carl Gustav Jung*, der sich allmählich von der „Psychoanalyse" seines Lehrers Freud absetzte, um sie in die „Analytische Psychologie" abzuwandeln, beobachtete an psychisch Kranken, daß nicht nur familiär bedingte Einengungen und Sexprobleme zu einer Psychose führen können sondern auch ungelöste religiöse Probleme. Die Traum-Analysen ergaben, daß bisweilen religiöse Vorstellungen der Frühzeit aus der unbewußten Psyche aufsteigen können, und die Träume bedienten sich dazu einer Bildersprache. Daraufhin begannen Jung und Kerényi die Mythen aller Kulturkreise zu sammeln; das Ergebnis war die Erstellung einer *Archetypenlehre,* in der Urbilder wie Haus und Baum, Vater und Mutter, Seele und Gott und viele andere hervorgehoben wurden, die dem Menschen von kleinauf eingeprägt werden.

Konform mit Freud blieb Jung in der Auffassung, daß Eindrücke der Kindheit fördernd oder hemmend das spätere Leben beeinflussen können. Während sich Freud damit begnügte, durch Bewußtmachen der Störung das Fehlverhalten zu mindern, sah Jung darüber hinaus eine Möglichkeit zu weiterer Persönlichkeits-Entfaltung.

Ähnlich wie die Inder spricht er von der Annäherung an ein „Selbst“; doch er meint mehr die unverfälschte Natur des Bewußtwerdenden, wenn die anerzogenen Konventionen durchschaut sind. Daher ist dieses Selbst nicht identisch mit dem „Ātman“, es entspricht mehr dem „Jīva“ der indischen Vedānta-Lehre. Wenn das Selbst bei Jung mehr und mehr die Führung der psychischen Entwicklung übernimmt – im Sinne einer *Individuation* –, dann wird erwartet, daß in der Seele das geistige Kind geboren wird. Diese Erwartung könnte der Eckhartschen Formulierung von der „Geburt des Sohnes“ entsprechen. Wenn alle Persönlichkeitsanteile integriert worden sind, dann erst kann der Mensch als ganzer: empfinden – fühlen – denken und handeln. Eine solche Auffassung ähnelt der des Zen-Buddhismus, und es sind die Meditations-Methoden des Zen, die von den Nachfolgern Jungs befürwortet werden.

VI. Östlicher Einfluß in der Neuzeit

Jahrhundertelang verstand der Europäer unter dem alten Orient Kulturländer wie Ägypten und Persien. Die ferner gelegenen Länder – von Indien bis China – galten eher als Märchenländer voll seltsamer Schönheiten und Wunder, umwoben von Legenden und Geheimnissen, die für Abenteurer anziehend wirkten. Als Marco Polo im 13. Jahrhundert während einer Handelsreise nach China an der Nordwestküste Indiens landete, gewann er nur flüchtige Eindrücke, über die er Aufsehenerregendes aber Unglaubliches zu berichten hatte. Ganz anderes fanden die Portugiesen bemerkenswert, die ebenfalls an der Westküste Handelsniederlassungen gründeten; ihnen fiel die soziale Struktur Indiens auf, und sie prägten den Begriff Kaste.
Eine gezielte Indienforschung begann erst im 18. Jahrhundert, zunächst von französischer und englischer Seite. Damals wurde in Bonn eine Übersetzung der Upaniṣaden bekannt, die aus dem Persischen ins Französische übertragen worden war. Von ihr war Schopenhauer tief beeindruckt, während Hegel dazu neigte, alles Indische abzuwerten. Nach weiteren Übersetzungen – jetzt waren es die noch älteren Texte des Veda – entstand der Eindruck, daß die indische Kultur zwar in der Vorzeit von Bedeutung gewesen sei. Jetzt aber erschien Indien als ein Land, das von schwachen abergläubischen Menschen bewohnt wird, die von anderen regiert und aufgeklärt werden müssen (Jean Filliozat).
Indien selbst hatte keine Geschichtsdaten gesammelt, weil es sich für die unbeständige irdische Welt weniger interessierte als für die viel faszinierenderen Bewußtseinswelten. So waren Indiens Erfindungen, die heute Allgemeingut geworden sind, über Arabien verbreitet worden und den Arabern gutgeschrieben, wie z.B. die arabischen Zahlen und Rechenmethoden. Herausgefordert durch die Engländer, bemühten sich ab dem 19. Jahrhundert indische Gelehrte und Politiker um eine Aufwertung der indischen Kultur, wobei sie ein wenig überzogen.
Das Allgemeinwissen über Indien war noch zu Beginn unseres Jahrhunderts dürftig. Zwar gab es inzwischen namhafte Indologen wie Paul Deussen und Max Müller, die die frühe indische Philosophie bewunderten, doch sie waren Spezialisten. Das Abendland lenkte seinen Blick erst nach Indien, als es sein Geheimwissen preisgab, den *Yoga*. Den Auftakt bildeten die Reden Vivekānandas in Amerika, von dort gelangten Übersetzungen nach Europa. Auch einige englische Regierungsbeamte vertieften sich in die religionsphilosophischen Lehren Indiens; ihre Veröffentlichungen weckten das Interesse der Daheimgebliebenen. Nun suchten immer mehr die Begegnung mit den berühmten Yoga-Weisen, die zunächst sehr zurückhaltend waren. Erst als der Flugverkehr die Fahrzeit nach Indien verkürzte, wurden in wenigen

Jahrzehnten die Kenntnisse über Indien erweitert. Es geschah jedoch nicht durch offizielle Organe sondern auf private Initiative. Besonders nach dem Zweiten Weltkrieg, als die abendländische Kultur in Trümmern lag, blickte man hinüber zu den einsamen Weisen, die von den Weltereignissen unberührt geblieben waren. Konnte man von ihnen etwas lernen?

1. Die letzten Yoga-Weisen alter Schule

Zu allen Zeiten gab es in Indien Yoga-Weise, die sich bevorzugt in einsamen Berggegenden aufhielten; viele von ihnen waren nur in ihrer näheren Umgebung bekannt. Noch heute kann man solche Einsiedler finden, doch zeigen sie sich Besuchern gegenüber oft unzugänglich oder sogar abweisend. Denn sie wollen in ihren geistigen Übungen nicht gestört werden, vielfach haben sie auch ein Schweigegelübde auf sich genommen.
Mit den „letzten Weisen alter Schule" sind nicht diese einsam lebenden Asketen gemeint sondern die repräsentanten Persönlichkeiten, die über Indien hinaus in der ganzen Welt bekannt geworden sind: Rāmakṛṣṇa, Vivekānanda, Yogānanda, Śivānanda, Rāmana Maharṣi und schließlich Aurobindo, der eine Wende einleitete, die die Ausrichtung der heute lebenden Yogis mitbestimmte, von denen Kṛṣṇamurti hervorgehoben werden soll, während andere, die großes Aufsehen erregen, dem Yoga-Gedanken mehr schaden als nützen dürften.
Durch die Biographien des Schriftstellers Romain Rolland wurden Rāmakṛṣṇa und sein Schüler Vivekānanda weltweit bekannt.
Rāmakṛṣṇa (1836-86), ein Brahmane aus Bengalen, führte das Leben der religiösen Hingabe – Bhakti –, von vielen Indern hochverehrt. Von Kindheit an widmete er sich dem Gottes-Dienst, niemals führte er ein bürgerliches Leben. Die ihm in Kinderehe zugesprochene Gattin teilte sein religiöses Leben. Gemeinsam versammelten sie um sich andere junge Menschen zwischen 14 und 21 Jahren; denn ältere Menschen gelten in Indien als Schüler weniger geeignet, da sie ihre eingefahrenen Gewohnheiten schwer aufgeben können.
Der Indologe Saher nennt Rāmakṛṣṇa eine Inkarnation der *Bhakti*. Die zahlreichen Aussprüche des Lehrers wurden von den Schülern gesammelt und aufgezeichnet. Daraus läßt sich entnehmen, daß für den „Bhakti-Weg" geeignet ist, wer sich so nach Gott sehnt wie ein Ertrinkender nach Luft. Nach den „Psychischen Kräften" – Siddhi – dürfen die Bhakta nicht verlangen. Tun sie es, so wirft man ihnen vor, Yoga als Vorwand zu nehmen, während sie in Wirklichkeit Geltung und Macht anstreben. Ganz anders als diese zeichnen sich Bhakti-Schüler durch ein kindlich reines Gemüt aus. Sie

betrachten alle Lebens-Situationen als von Gott gefügt, man dürfe sich ihnen nicht widersetzen. Gott erteilt ihnen Lehren, nicht nur durch die guten sondern auch durch die bösen Wesen; man muß diese zu verstehen suchen. Der Nachfolger von Rāmakṛṣṇa in Indien wurde *Brahmānanda*; der Meister nannte ihn seinen „geistigen Sohn“. Doch sein Nachfolger für Amerika und die übrige Welt wurde ein intellektuell veranlagter Typ: der Swami *Vivekānanda* (1863-1902). Von Hause aus ein *Jñānin*, fand er Zugang zur *Bhakti* erst durch Vermittlung des Meisters. Bei einem Kongreß der Religionen (1893) in Amerika, zu dem er entsandt wurde, fesselte er seine Hörerschaft durch feurige Reden, die später in Buchform erschienen sind. Erst durch diese Veröffentlichungen sind die verschiedenen Yoga-Methoden und philosophischen Richtungen Indiens allgemein bekannt geworden, während man vorher nur in Fachkreisen darüber las. *Nehru* sagte von Vivekānanda, daß die Inder seiner Generation viel von ihm empfangen hätten und es wünschenswert sei, wenn ihn auch die Jüngeren lesen würden; denn aus seinem Munde kämen die alten Lehren „taufrisch wie vom heutigen Morgen“.
Von ganz anderer Art war der Südinder *Rāmana Maharṣi* (1879-1950), der niemals einen Lehrer hatte. Bis zum 16. Lebensjahr besuchte er – der den Mitschülern durch seine Körperkräfte überlegen war – ein englisches Internat. Eines Tages entdeckte er bei seinem Onkel, der an Stelle des verstorbenen Vaters für ihn sorgte, ein Büchlein mit Heiligen-Legenden. Daraufhin machte er auf gut Glück ein gewagtes Experiment. Weil er herausfinden wollte, ob der Mensch nach dem Tode des Körpers noch *ist*, legte er sich auf den Boden und stellte sich tot. Das heißt: er hörte auf zu atmen und zu denken. Das üben andere Jahrzehnte lang ohne Erfolg. Doch das Bewußtsein Rāmanas erhob sich gleich beim ersten Versuch in eine geistige Welt ohne Farben und Formen. Er hatte spontan das höchste *Samādhi* erreicht, weshalb man ihn als *Inkarnation des Jñāna* einstuft.
Man kann sich vorstellen, daß ihn nach diesem Erlebnis Schule und Familie nicht mehr interessierten. So wanderte er – nach altem Brauch der Yogis – in die Heimatlosigkeit. Sein Ziel war der *Aruṇacala* – ein sagenumwobener erloschener Vulkan in der Nähe von *Tiruvanamalai* an der Ostküste von Südindien. Dort blieb er sein Leben lang und wurde der Anziehungspunkt für viele einheimische und fremde Schüler. Mit seiner Jñāna-Auffassung beeindruckte er viele Europäer, die mit ihren intellektuellen Fragen zu ihm kamen und denen er unermüdlich antwortete; denn er war überzeugt, daß das Schweigen eintritt, sobald man mit ihnen am Ende ist. Dem *Jñānin* kommt es darauf an, daß jeder, der fragt, immer wieder die Grundfrage stellt: *wer* fragt, *wer* etwas wissen will. Dem Frager soll klar werden, daß es das vordergründige *Ich* ist, das die intellektuellen Fragen stellt. Ist es befriedigt und schweigt, stößt man zum „Selbst“ vor, zum Wesenskern, wo alles Fragen aufhört, weil das existentielle Erlebnis die Antwort ist.

Etwa zur gleichen Zeit lebte im Norden – in dem kleinen Gebirgsort *Rishikesh* am *Himālaya* – ein anderer Yoga-Weiser, der ebenfalls europäische Schüler empfing oder mit ihnen im Briefwechsel stand. Es war *Śivānanda* (1887-1963), der aus der Tradition des *Āyurveda*, der altindischen Naturheilkunde, kam. Auch er hatte schon in jugendlichem Alter *Samādhi*-Erlebnisse und bezog die daraus gewonnenen Erkenntnisse in seine Heilmethoden ein. Als er die losen Blätter eines alten Ha-Ṭha-Yoga-Lehrbuches in die Hand bekam, ordnete er sie neu, besprach sich mit einem Lehrer dieser Tradition und führte die durch ihn gemäßigte Körperübungs-Methode als Hilfsmittel zu den geistigen Übungen in den Lehrplan seiner Schule ein, heute noch geschätzt als die „Rishikesh-Reihe“.

Weithin bekannt wurde durch seine vielgelesene Autobiographie der Yoga-Weise *Yogānanda* (1893-1952), dessen Lehrer der Brahmane *Yukteśvar* war. Durch beide wurde die Tradition des *Kriyā-Yoga* weitergegeben. Die Kriyā sind bekanntlich religiös gefärbte Konzentrationsübungen, wie sie im Abschnitt „Yoga-Sūtra“ bereits geschildert wurden. Yogānanda gründete etliche Yoga-Schulen in Amerika. Die Lehrbriefe, die dort herausgegeben werden, verschickt man an Interessenten in alle Welt; Beauftragte halten auf Wunsch auch Vorträge in den großen Städten.

Obwohl *Kṛṣṇamūrti* (1895-1986) zeitlich gesehen nach Aurobindo an der Reihe wäre, soll er ihm vorangestellt werden. Er hielt nicht viel von intellektuellen Auseinandersetzungen. Immerhin hielt er Vorträge – in Südamerika und in der Schweiz –, und diese Vorträge wurden gedruckt, weil man auf das Wort nicht verzichten kann, wenn neue Gedanken verbreitet werden sollen oder Fehlverhalten korrigiert werden muß.

Kṛṣṇamūrti versucht, seine Zuhörer von aktuellen Themenkreisen weg und zum stillen Beobachten und Schauen hinzuführen. Er regt dazu an, sich kindlich unbefangen zu verhalten und so die Dinge neu zu entdecken wie einstmals als Kind. Wer sich schauend in einen Gegenstand vertieft, vergißt alles Vorformulierte, erkennt es als Voreingenommenheit. Hört das innere Reden oder Schwätzen auf, kann die schweigende Meditation beginnen. Dann besteht die Möglichkeit, daß die Dinge ihre Grundgestalt preisgeben.

Seit Kriegsende kamen mehrfach fernöstliche Lehrer in das Bundesgebiet. Jeder bot seine Methode an, und überall fanden sich Zuhörer und Anhänger. Waren es immer vertrauenswürdige Lehrer? Sind ihre Anhänger ernsthafte Schüler geworden?

Bereits Rāmakṛṣṇa äußerte sich zur Schülerfrage: „Lehrer gibt es genug; doch ist es schwer, einen echten Schüler zu finden. Viele erteilen gute Ratschläge; aber nur wenige sind bereit, sie zu befolgen.“

Obwohl kein Yoga-Lehrer, sollte hier noch ein Professor der Philosophie erwähnt werden: *Sarvapalli Rādhakṛṣṇan* (1888-1975), denn er hat etwa 20 Bücher in englischer Sprache über *Vedānta* verfaßt. Darin gab er seiner

Überzeugung Ausdruck, daß die Menschen, gleich welcher Herkunft – nicht nur mit der irdischen sondern auch mit der geistigen Welt verbunden sind. Darum ist es jedem auf der Grundlage seiner Glaubensform möglich, die Transzendenz zu erfahren. Denn Religion ist eine Sache persönlicher Verwirklichung. Hat man sich von Konventionen befreit, kann man in das geistige Sein eindringen. Dann ist man von einer Fülle von Meinungen erlöst und nicht mehr durch Ansichten von Autoritäten gebunden. Duldsamkeit ist die Haltung, die sich aus der freien Meinung ergibt. Denn allen Religionen liegt ein und dieselbe Wahrheit zugrunde, die immer wieder in zeitgemäßer sprachlicher Symbolik übermittelt wird. Wir sollten versuchen, die religiösen Wahrheiten nicht nur mit Worten sondern auch durch unser Leben zum Ausdruck zu bringen. Das brauche allerdings Zeit, denn religiöses Wachstum sei ein Lebensprozeß (zitiert aus „Die Gemeinschaft des Geistes" 1939). Rādhakṛṣṇan wurde 1888 in einer Brahmanenfamilie Südindiens geboren, er studierte und lehrte indische Philosophie in Indien und ab 1936 in Oxford. 1949 wurde er als Botschafter nach Moskau berufen und ab 1952 war er Vizepräsident der neuen indischen Republik (Bhārat). Er bewies demnach, daß es möglich ist, gleichzeitig Staatsmann und Philosoph zu sein. Er erhielt 1931 eine für Inder einmalige Auszeichnung: den englischen Adelstitel „Sir".

2. Der Übergang zur Gegenwart in Indien

Bereits im vorigen Jahrhundert begann man, auch europäische Vorstellungen in den Vedānta einzugliedern. Indische Studenten, die englische Schulen besuchten, interessierten sich von nun an nicht nur für transzendente Bewußtseinsbereiche sondern auch für die im Westen erforschte physikalische Welt. Zugänglich für alles Neue zeigten sich vor allem die Bengalen; aus den dort lebenden Brahmanen-Familien kamen die geistigen Impulse.

Rāmmohan Roy gründete um 1828 den *Brāhmo-Samāj*, die „Gemeinde Brahmas". Brahmā wird von ihm als ein unsichtbarer Gott aufgefaßt, der einen Bilderkult nicht benötigt.

Als Gegengewicht gegen alles Fremde wurde 1875 von *Dayānand Sarasvati* der *Ārya-Samāj* ins Leben gerufen, die „Gemeinde der Arier". Der Indo-Arier der Frühzeit wird hier als der schöpferische Mensch schlechthin herausgestellt.

Die Anhänger des Ārya-Samāj sind überzeugt, daß alle großen Gedanken schon in den frühen *Veda*-Texten ausgesprochen worden sind. Noch die heutigen Yogis unterliegen dieser Tendenz. Sie leiten viele gängige Sans-

kritbegriffe und sogar außerindische Begriffe von vedischen Sprachwurzeln ab – entgegen den Bedenken der Sprachwissenschaftler.
Die indischen Dichter fühlten sich gedrängt, in ihren Werken religiöse und nationale Fragen anzuschneiden. „Mutter Indien" wird von ihnen mit der Muttergöttin *Durgā* gleichgesetzt, die in verschiedenen Erscheinungsformen verehrt wird. Der Gedanke wurde begeistert aufgegriffen und durch das Lied *Bande-Mātaram* verbreitet. Mutter Natur und Mutter Indien werden darin als göttlich verehrt, und in dieser Verehrung ist man sich einig über alle völkischen und religiösen Verschiedenheiten hinweg.
Im Zuge dieser religiös-nationalen Bewegung wurde auch die indische Frau wieder ein wenig aufgewertet. Man erinnerte sich an die tantrische Idee der *Śakti*, der göttlichen Kraft. Jede Frau galt nun als eine Verkörperung der Śakti, was ihr Selbstwertgefühl hob, zumindest in den gebildeten Kreisen.
Dem schon genannten *Brāhma-Samāj* gehörten seit seiner Gründung die Mitglieder der Brahmanenfamilie *Thākur* an, aus der der weltbekannte Dichter *Rabīndranāth Thākur* (engl. Tagore) hervorging. Fast alle seine Gedichte, Novellen und Schauspiele setzen sich mit der religiös-philosophischen Tradition Indiens und der Hoffnung auf Erleuchtung auseinander. Da er sich in seiner Ausdrucksweise dem europäischen Verständnis anpaßte und eine friedliche Annäherung durch geistige Verbundenheit anstrebte, erhielt er 1913 den Nobelpreis, woraufhin er Vortragsreisen durch die ganze Welt unternahm.
Um das Jahr 1900 erstarkten die nationalen Befreiungsbestrebungen in Indien. Der Brahmane *Bāl Gangādhar Tilak* (1856-1920) wurde der erste Führer des Indischen National-Kongresses. Um nicht nur Intellektuelle sondern das ganze Volk aufzurütteln, verband er die nationalen mit religiösen Ideen. Er berief sich auf die *„Bhagavad-Gītā"*. Darin werden, wie weiter oben ausführlich dargelegt, alle *Yoga*-Methoden gutgeheißen, doch besonders *Bhakti,* Hingabe. Das hatte dazu geführt, daß breite Bevölkerungsschichten schon seit geraumer Zeit glaubten, sie müßten alle äußeren Ereignisse in Schicksalsergebenheit erdulden. *Tilak* gab der Gītā eine neue Interpretation, die aktivistisch eingestellt ist. Er stellt fest, die Gītā heiße zwar alle Yoga-Methoden gut, sie hebe aber auch hervor, daß in dieser Welt gehandelt werden soll. Kṛṣṇa ermuntert in der Gītā den unschlüssigen Arjuna zum Handeln, wenn es sein muß zum Kampfe, und das bedeutet Aktivität. Daher darf man sagen, daß die Gītā den *Karma-Yoga* über alle anderen Methoden stellt.
„Denn niemand darf erwarten, daß die Vorsehung den beschützt, der mit gekreuzten Armen untätig dasitzt und die Last des Tuns anderen überläßt. Erst müßt ihr alles tun, um euch selbst in die Höhe zu bringen, dann könnt ihr erwarten, daß auch Gott euch hilft. Allerdings lehrt die Gītā, daß ihr es nicht tun sollt, um selbst die Früchte der Arbeit zu ernten; kommende

Geschlechter werden sie ernten, wie wir ernten, was unsere Vorfahren gesät haben. Daher auf zur selbstlosen Tat!" (Zitat gekürzt nach Glasenapp).
Die Tätigkeit Tilaks wurde von *Mohandas Karamchand Gandhi* (1869-1948) fortgesetzt und 1948 durch dessen gewaltsamen Tod beendet. Trotz seines Studiums in England lebte dieser revolutionäre Politiker bedürfnislos wie die indischen Asketen der Viṣṇu-Tradition, immer bemüht, das Gebot des *ahiṃsa* einzuhalten: des Nichtverletzens der Lebewesen in körperlicher und seelischer Hinsicht, ein Prinzip, das er erstmals in großem Stil und erfolgreich in die Politik einführte. „Revolutionär" durch diese innere Verbindung von Asketentum und staatsmännischem Weitblick, führte er die indische Befreiungsbewegung schließlich an ihr Ziel, das Ende des Kolonialjochs.
Der gleichen Generation gehörte *Aurobindo Ghose* an, dem es schon vor Gandhi darum ging, Indien politisch zu befreien. Aurobindo war allerdings zunächst ein Schrittmacher des bewaffneten Kampfes gegen die britische Kolonialmacht. Doch er erlebte eine Wandlung und wurde nicht zum politischen sondern zum geistigen Führer für seine Zeit.

3. Aurobindo und sein „Integraler Yoga"

Die Mehrzahl der Yoga-Weisen und Yoga-Lehrer steht in einer Tradition, die getreu vom Lehrer auf den Schüler weitergegeben wird. Die Methode, mit der sie Erfolg hatten, wird als die richtige oder beste weiterempfohlen. Dahingegen rät der in England erzogene *Aurobindo* (1872-1950, ein weiterer Brahmane aus Bengalen), sich dem vollen – dem *Pūrṇa-Yoga* – zu verschreiben, den die deutschen Übersetzer „integral" (= vollständig) nennen. Zwar könne man mit der Methode beginnen, die einem nahe steht, doch erweise es sich als notwendig, die anderen Methoden im Laufe der Entwicklung einzubeziehen, damit der ganze Mensch erfaßt wird. Dabei müssen nicht unbedingt die alten örtlichen Praktiken übernommen werden; denn der Mensch und die Welt haben sich seitdem verändert.
In einem Yoga der Weltabgewandtheit konnte er keinen Sinn sehen. Darum stellte er sich selbst die Grundfrage aller Philosophen und Religionslehrer nach dem „Sinn dieser Welt". Es kann doch nicht der Sinn ihrer Lebewesen sein zu leiden; weshalb aber brachten es weder Staaten noch religiöse Institutionen fertig, bessere Lebensbedingungen zu schaffen? Haben sie sich alle von falschen Schlußfolgerungen in die Irre leiten lassen?
Anlaß zum Nachdenken waren nicht religiöse sondern politische Überlegungen, der heiße Wunsch, das Heimatland Indien von der Fremdherrschaft zu befreien. So erfolgte Aurobindos Weg nicht über die traditionelle Yoga-Schulung.

a) Aurobindos Lebenssituation als Ausgangsposition

Das Werk jedes bedeutenden Menschen wird mitgeformt durch seine Herkunft und durch die sich ergebenden Lebensumstände. Die Jugendsituation, die einen Menschen mit labiler Psyche gewiß zerrissen hätte, bewirkte bei Aurobindo etwas anderes; sie machte ihn zu einem überzeugten Mittler zwischen Ost und West.

Seine indischen Eltern schickten ihn bereits mit sieben Jahren – zusammen mit zwei älteren Brüdern – nach England, wo auch der Vater seine medizinischen Studien begonnen hatte. Als der Sohn mit zwanzig Jahren heimkehrte, waren beide Eltern tot. Von dem Kind *Aravinada Goṣ** (anglisiert Ghose) ließe sich demnach sagen, daß es nicht nur rassisch sondern auch religiös entwurzelt war. Bis zu seiner Rückkehr nach Indien war ihm weder die indische noch die christliche Religion vertraut; seine ganze Liebe galt zunächst der europäischen Dichtung. Außerordentlich sprachbegabt, war er imstande, die Weltliteratur jeweils in der Ursprache zu lesen. Noch nach Indien ließ er sich Kisten von Büchern nachkommen, wenn er sie gerade bezahlen konnte. Denn meist war er mittellos; auch in England hatte er nicht das sorgenlose Leben eines gut situierten Ausländers führen können. Er berichtet von kalten, unfreundlichen Studierzimmern und einem schmalen Taschengeld, das es ihm kaum ermöglichte, die öffentlichen Verkehrsmittel zu bezahlen. Heimgekehrt nach Indien, blieb es noch lange so ähnlich.

Im Hinblick auf die überragende Begabung des Studenten Ghose hofften seine englischen Lehrer, er würde ein bedeutender Staatsmann werden, aufgeschlossen für die Pläne der englischen Regierung; doch er begann als Revolutionär. Mit vielen gleichgesinnten jungen Indern plante er schon in England – und nachher auch in Indien –, sein Land von der britischen Bevormundung zu befreien. Diese Bestrebungen führten ihn für ein Jahr ins Gefängnis. Dort wurde ihm mit aller Deutlichkeit klar, daß seine Lebensaufgabe auf einem anderen Gebiet lag.

Er war bereits 35 Jahre alt, als er beschloß, den *Yoga* kennenzulernen, Schon vier Jahre zuvor hatte er Atemtechniken geübt, um konzentrierter schreiben zu können. Seine offizielle kurze Einführung in den Yoga erhielt er dann durch den Yogin *Lele*. Zur beiderseitigen Überraschung hatte Aurobindo bereits nach drei Tagen das *Nirvikalpaka-Samādhi*, ein Erlebnis, das sonst am Ende jahrzehntelanger Bemühung steht.

In der Gefängniszeit vertieften sich seine geistigen Erfahrungen – es änderte sich auch ihr Charakter. Während ihn sein erstes großes Erlebnis in die Bewußtseinsleere erhob, nahmen die weiteren Erlebnisse personalen Charakter an. Westliche Theologen begannen, sich für ihn zu interessieren, so

* Sanskrit: Aravinada = Lotos; Arabinada (Hindi).

der in Indien wirkende Otto Wolff, sein deutschsprachiger Biograph, und Ernst Benz.

b) Die Revision traditioneller Auffassungen

Der Befreiungs-Gedanke

Die Weisen der alten Schulen kannten nur die „geistige Befreiung", die erreicht wurde durch das Herausziehen des Bewußtseins aus den stofflichen Körpern; die Körper aber mußten weiterhin Krankheit und Tod erleiden. Aurobindo sagte sich: Wenn dies die einzige Möglichkeit ist, sich vom Leiden zu befreien, dann war das Einhüllen des Bewußtseins in den Stoff, das Schaffen eines Bewußtseinsträgers, ein nutzloser Vorgang. Läßt sich nicht doch ein Sinn darin finden? (Dieselbe Frage stellte sich unabhängig davon auch der Jesuitenpater Teilhard de Chardin).

Das Einhüllen des Bewußtseins in den Stoff – *Involution* – mußte eine Gegenbewegung auslösen – die *Evolution.* Worin besteht sie? Ist sie nur diese langsame, Jahrmillionen dauernde Entwicklung der Natur, in der der Mensch das bisherige Endprodukt ist? Könnte nicht vielmehr der Mensch – als der höchste Bewußtseinsträger – dazu ausersehen sein, durch sein geistiges Eingreifen diese Entwicklung zu beschleunigen und in bestimmte Bahnen zu lenken?

Dann müßte „Wiedergeburt" den Sinn haben, den entwicklungsbereiten Menschen immer mehr zu vervollkommnen. Wer in der östlichen Tradition aufgewachsen ist, empfindet *Punar-Janman*, die „Wiedergeburtslehre", als natürlich und denkt nicht besonders darüber nach. Konfrontiert mit andersartigen Kulturen, die diese Lehren nicht kennen oder schon vergessen haben, kann die Stellungnahme zu diesem Problem zu einer Gewissensfrage werden. Dem westlich erzogenen Aurobindo machte sie zu schaffen, und er widmete dem Thema mehrere Abhandlungen.

Darin gelangt er zu folgendem Schluß: „Wiedergeburt kann zwar nicht wissenschaftlich bewiesen werden, aber es kommt eine Zeit, da sich die Seele ihrer Unsterblichkeit bewußt wird. Dann ist sie sich auch der Zeitalter bewußt, die hinter ihr liegen, und sieht, wie sie in einer ununterbrochenen Vergangenheit zubereitet wurde, erinnert sich an vergangene seelische Zustände und Formen und an die Aktivitäten, die ihre gegenwärtigen Aufbauelemente bedingt haben. Sie weiß auch, worauf sie sich in ihrer Entwicklung in einer ununterbrochenen Zukunft hinbewegt. Das Fragespiel des Intellekts hört auf, an seine Stelle treten Schau und Erinnerung der Seele."

Die Karma-Idee

Die Art der Wiedergeburt soll – nach der von den Brahmanen aufgestellten Karmalehre – von der Gesamtsumme des Karman abhängen. Aurobindo

lehnte es ab, die Karma-Idee einer kaufmännischen Bilanz gleichzusetzen, die für seelisches Wachstum nur wenig Spielraum läßt. Seiner Auffassung nach müßte diese Idee dynamischer behandelt werden, etwa als unterschwelliges Weiterwirken der Erfahrungen aus früheren Leben, die es erlauben, Umwege zu vermeiden. Da man annehmen darf, daß der kosmische Wille auf Vervollkommnung der Lebewesen abzielt, könnten von Leben zu Leben neue Fähigkeiten hervortreten und nach weiterer Ausbildung verlangen, bis die Menschheit das kosmische Ziel erreicht hat.
Was die Menschen Schicksalsschläge nennen oder „karmatische Schwierigkeiten“, sind sicher nicht Strafen eines kosmischen Richters. Sie rühren vielmehr von der Einstellung des Einzelnen her, wenn er dem allgemeinen Entwicklungsdrang Widerstand entgegensetzt, weil er in der Tradition erstarrt ist. Ist der Einzelne bereit, seine Persönlichkeit auszuweiten, statt sie zu begrenzen, weichen die Behinderungen zurück; dann erscheint es, als wäre die Wirksamkeit des Karmagesetzes, das ein Gesetz von Ursache und Wirkung ist, aufgehoben.

Die Gottes-Erfahrung
Nach Aurobindo empfindet der Meditierende eine „Helle“, die sich schließlich in eine Lichterscheinung verdichtet, die jeder mystischen Erfahrung eigen ist – und diese Lichtspiegelung ist eine notwendige Voraussetzung für die wachsende Fähigkeit, Wahrheiten durchzulassen. Im Abendland wird dieses Erlebnis als eine Gottes-Erfahrung gedeutet, richtiger als die Erfahrung einer göttlichen Seele in der eigenen Brust.
Wenn es bei Aurobindo heißt, daß er nach der transzendenten Erfahrung eine personelle Erfahrung machte, der er größere Bedeutung beimaß (O. Wolff), so könnte dies dahin mißverstanden werden, daß er etwa „Gott-Vater“ oder „Gott–Sohn“ begegnete. Wie aus seinen Briefen (S. 311) hervorgeht, erlebte er seinen *Caitya Puruṣa*, den geistigen Träger des lebenden Menschen, der für ihn Form angenommen hatte und als Zeichen fortgeschrittener Bewußtheit bei jedem Yoga-Schüler Form annehmen muß. In seinen Briefen (S. 292-315) führt Aurobindo aus, daß der ungeformte Seelenfunke, der alle Wesen belebt, zu einem gestalteten Seelen-Wesen entwickelt werden muß.
Dieses Seelenwesen beginnt sich auszuformen, sobald der *Jīva* Verbindung zum *Caitya Puruṣa* aufgenommen hat; nun werden die Lebensvorgänge immer bewußter wahrgenommen, und die Sicht dehnt sich aus von der Person zu einem immer größer werdenden Umfeld. Schließlich wird die supramentale Welt *(Vijñāna)* erlebt mit dem Licht-Zentrum *Ātman.* Aus dieser Perspektive erst können noch höhere Bewußtseins-Zentren wahrgenommen werden: die Dreiheit *Sat Cit Ānanda* und darüber ein Gegensatzpaar, das Statik und Dynamik zum Ausdruck bringt, benannt mit Be-

griffspaaren der jeweiligen Schule. Das Ganze aber wird gekrönt durch das überkosmische *Brahman,* das von den alten Weisen als „apersonal" erklärt wurde. Aurobindo beschreibt es als eine *eigenschaftslose Wirklichkeit,* in der beide Aspekte enthalten sind: *das Personale und das Apersonale.* Da sich aber das Personale ständig in das Apersonale zurückziehen kann, erweckt es den Eindruck, daß das Apersonale das Ursprünglichere wäre. Man darf sich allerdings das personale „Unendliche Wesen" nicht eingegrenzt vorstellen, das wäre eine Herabwürdigung nach menschlichem Verständnis. „Personal" soll gegenüber „apersonal" lediglich zum Ausdruck bringen, daß es als ein *mit Leben erfülltes Wesen* aufzufassen ist und nicht nur als ein leerer abstrakter Begriff.

c) Aurobindos geistige Experimente

Im Dezember 1907 – im Alter von 35 Jahren – begann der geistige Weg Aurobindos mit dem einzigen Experiment, zu dem er von außen angeleitet wurde; alle späteren wurden aufgrund innerer Anweisungen vollzogen. Damals war der *Yogin* Viṣṇu Bhaskar *Lele* zur Beratung herangezogen worden. Seine kurze Anweisung lautete: „Setze dich hin und beobachte, dann wirst du sehen, daß deine Gedanken von außen her in dich eintreten. Schlag sie zurück, ehe sie eintreten können!"

Diese Anweisung erhält jeder Yoga-Schüler und erreicht damit höchstens Gemütsberuhigung. Aurobindo aber schaffte in drei Tagen, wozu andere nicht in Monaten und Jahren fähig sind. Er berichtet darüber: „Ich sah die Welt als ein filmartiges Spiel leerer Formen in der unpersönlichen Universalität des Absoluten – in *Brahman.* – Das Erlebnis war raum- und zeitlos..."

Überrascht von solch einem Erfolg, erklärte Lele, daß sich eine weitere Führung erübrige. Aurobindo solle dem Führer im eigenen Inneren mit derselben vollständigen Hingabe folgen wie in drei Tagen dem irdischen Lehrer. An diesen Rat hielt sich Aurobindo sein Leben lang und gab ihn an seine späteren Schüler weiter: „Mit Zuversicht beginnen – einem inneren Müssen folgen – dann das Ich beiseite treten lassen, um Höheres empfangen zu können: kosmische Kraft und göttliche Gnade. Diese immer mehr einströmen lassen und so das Bewußtsein ausweiten!"

Mit Ausweitung der Persönlichkeit meint Aurobindo den ganzen Menschen: Seele, Geist und Leib. Die in der brahmanischen Tradition stehenden Yogis wollten nur in geistige Höhen steigen, sich dort niederlassen und in Gleichmut verharren – dem Nirvāṇa-Zustand. Aurobindo plante mehr. Von dieser anfänglichen Höhe wurde er in die Tiefe geschleudert: in tierische, pflanzliche und mineralische Bewußtseinsebenen. Dort war er psychisch allen Arten von Qualen ausgesetzt, denn sein ausgeweitetes Empfinden nahm teil an allen Leiden, die den Lebewesen dieser Evolutions-Stufen zugefügt

werden. Die Teilnahme beschränkte sich nicht auf Augenblicke, sondern dehnte sich aus über zwei Wochen.
Daraufhin warnte er: Keiner solle versuchen, in die Tiefe zu steigen, der nicht vorher in der Höhe war und von dort Licht, Gleichmut und Frieden – und vor allem die göttliche Kraft – mit hinabnehmen könne.
1910 hatte Aurobindo in wiederholten Experimenten die tiefste Stelle erreicht. Nachdem er sämtliche Schmutzschichten durchquert hatte, war er dort angekommen, wo Erinnerung und Bewußtsein ausgelöscht erscheinen. Davon berichtete er später: „Dort stößt man auf ein ‚Ur-Gestein‘ von großer Härte – im Veda der ‚unendliche Felsen‘ genannt –, auf das Unbewußte, auf den Tod.“
In der tiefsten Hoffnungslosigkeit entdeckte er schließlich ein kleines Loch am tiefsten Punkt. Durch dieses Loch wurde das Licht von oben wieder sichtbar, und die Freude darüber schleuderte ihn aus der Tiefe empor in diesen Licht-Bereich, den er später *Overmind* nannte. Der Kreis der Erfahrungen hatte sich geschlossen: Durch das Dunkel hindurch gelangt das Bewußtsein wieder ans Licht.
Von der Umwelt völlig abgeschieden, soll Aurobindo zwei Jahre lang in dieser Weise experimentiert haben. Abschließend sagte er: „Dieser *neue Yoga* wird ein Abenteuer des Bewußtseins sein.“

d) Die von Aurobindo erfahrenen Bewußtseins-Ebenen

Das universelle Bewußtsein wird – nach alter Gepflogenheit – als ein *Kreis* dargestellt. Dafür wurde in der indischen Frühzeit der Begriff *Brahman* eingeführt. Noch früher – in der Zeit des Veda – nannte man es *Agni,* „Feuer-Prinzip“. Man bezeichnet damit die Gesamtheit „geistiger Energie“. Aurobindo verwendet dafür das englische Wort *Spirit* (= Geist) oder den Begriff das *Supra-Kosmische.*
Die Gesamtheit dieser geistigen Energie ist nicht in menschlicher Reichweite, kann also nicht direkt empfangen werden. Daher ist sie in der Graphik S. 466 außerhalb des kosmischen großen Ringes angesiedelt. Sobald sie in den Kosmos eintritt, findet eine Art Teilung statt, es entsteht *Polarität,* dargestellt durch zwei *Kreise.* Die historischen Schulen hatten dafür verschiedene Bezeichnungen, einige davon sind angegeben, sie ließen sich beliebig ergänzen.
Damit der Kosmos Gestalt annehmen kann, müssen *drei Prinzipien von Bewußtsein* miteinander wirken: die Tradition nennt sie *Sat-Cit-Ānanda.* Diese „höheren Bewußtseins-Prinzipien“ befinden sich nach Aurobindo in der sogenannten *„oberen Hemisphäre“* oder Halbkugel, die der Menschheit nicht ohne weiteres erreichbar ist.

Die Bewußtseins-Ebenen nach Sri Aurobindo (um 1910)

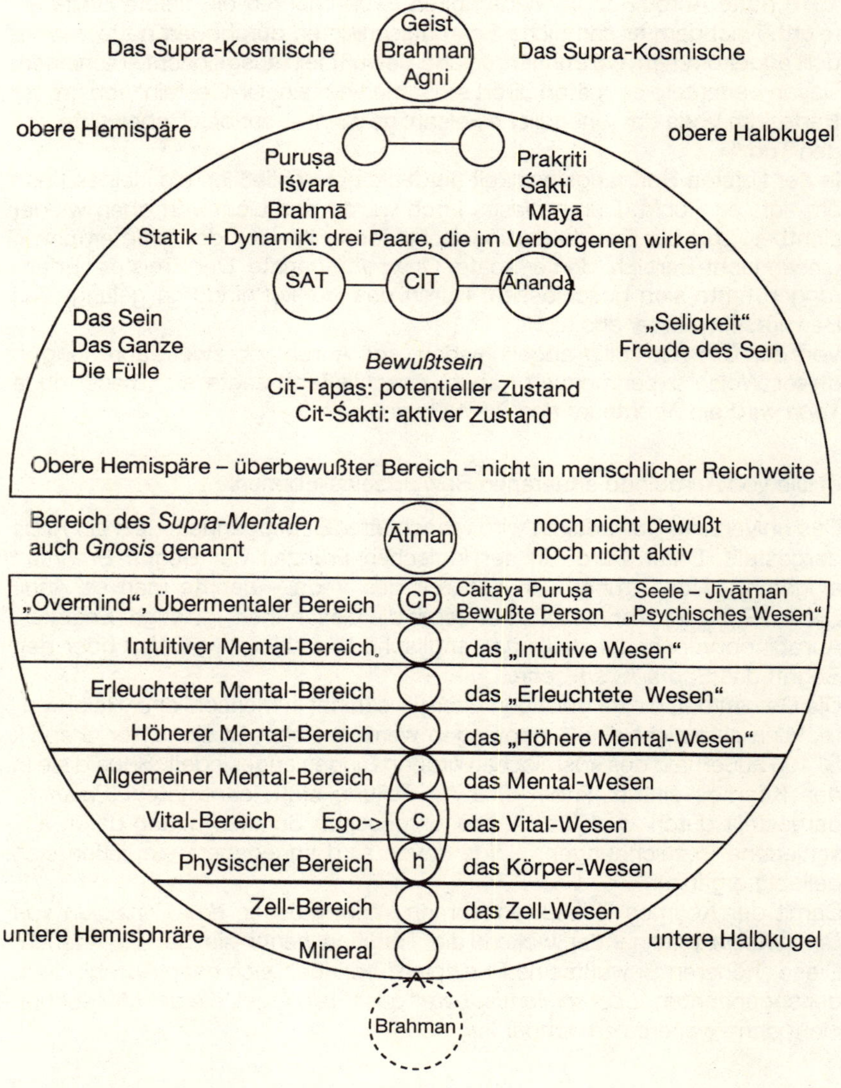

Das Supra-Kosmische
Geist
Brahman
Agni
Das Supra-Kosmische
obere Hemispäre
obere Halbkugel
Puruṣa
Iśvara
Brahmā
Prakṛiti
Śakti
Māyā
Statik + Dynamik: drei Paare, die im Verborgenen wirken
SAT
CIT
Ānanda
Das Sein
Das Ganze
Die Fülle
„Seligkeit"
Freude des Sein
Bewußtsein
Cit-Tapas: potentieller Zustand
Cit-Śakti: aktiver Zustand
Obere Hemispäre – überbewußter Bereich – nicht in menschlicher Reichweite
Bereich des Supra-Mentalen
auch Gnosis genannt
Ātman
noch nicht bewußt
noch nicht aktiv
„Overmind", Übermentaler Bereich
CP
Caitaya Puruṣa
Bewußte Person
Seele – Jīvātman
„Psychisches Wesen"
Intuitiver Mental-Bereich
das „Intuitive Wesen"
Erleuchteter Mental-Bereich
das „Erleuchtete Wesen"
Höherer Mental-Bereich
das „Höhere Mental-Wesen"
Allgemeiner Mental-Bereich
i
das Mental-Wesen
Vital-Bereich
Ego->
c
das Vital-Wesen
Physischer Bereich
h
das Körper-Wesen
Zell-Bereich
das Zell-Wesen
untere Hemisphräre
Mineral
untere Halbkugel
Brahman

Die *„untere Hemisphäre“* oder Halbkugel ist in mehrere Bereiche unterteilt, die die schrittweise Bewußtwerdung der Lebewesen andeuten. Liest man die Übersicht *von unten nach oben,* dann ergibt sich ein Hinweis auf die stofflichen Entwicklungsstufen. *Von oben nach unten gelesen* wird die sich nach unten hin verringernde Bewußtheit der Lebewesen deutlich gemacht. Aurobindo stellt nun fest, daß die unteren fünf Bereiche derzeit von allen Menschen erfaßt worden seien, die vier darüberliegenden Mental-Bereiche erst von einzelnen besonders Begabten. Um die menschliche Situation wesentlich zu verbessern, müßte ein noch höherer Bewußtseins-Bereich erfaßt werden – der *Zwischenbereich* zwischen den beiden Hemisphären, von ihm als *Supramental* bezeichnet.

Zur Charakterisierung der Bereiche
Die Übergänge von einem Bereich zum anderen sind zwar nicht streng abgegrenzt, sondern erweisen sich als fließend. Denn jeder Mensch bewegt sich in einem der Bereiche mit einer gewissen Sicherheit, während ihm die anderen nur vorübergehend zugänglich sind.
Die kleinen Kreise in der Mitte stellen *Zentren* dar, die Aurobindo „Personen“ oder „Zentrale Wesen“ nannte. Sie gelten in der Regel als „unbewußt“; es gehört daher zu den Aufgaben des Yoga-Schülers, sie bewußt zu machen.
Die Beschreibung der unteren Hemisphäre beginnt mit Aurobindos Erlebnis des *Overmind,* dem „Übermentalen Bereich“. Von ihm aus lassen sich Raum und Zeit überblicken; denn es handelt sich um das in vielen Texten erwähnte „Kosmische Bewußtsein“. Aurobindo sagt von ihm aus: „Es ist nicht dreidimensional sondern ein Kreis vollendeten Sehens, in dem alle Gesichtspunkte einbezogen sind – Myriaden von Punkten – und der Wahrnehmende sieht aus dem Mittelpunkt des Kreises in alle Richtungen.“
An der obersten Grenze des „Overmind“ leuchtet das „weiße Licht“, *Param Jyothi*; doch kann es nicht lange ertragen werden und zerlegt sich anschließend in Farben, Bilder und Klänge und in schöpferische Einfälle. Das ist charakteristisch für den „Overmind“. Hier glaubten die Religionsstifter, „das Wort Gottes zu hören“. Die seherisch veranlagten Weisen „sahen hier göttliche Gestalten“; und die frühen Yogis empfingen hier ihre *Mantra.* Es handelt sich dabei um geistige Erlebnisse, deren verstandesmäßige Verarbeitung viel später stattfindet, nämlich in den tiefer liegenden Mental-Bereichen. Aurobindo erwähnt, daß er zwei Jahre benötigte, bis er die passenden Worte dafür fand.
Den angrenzenden *Intuitiven Mental-Bereich* empfand er dem vorigen sehr ähnlich. Bilder oder Worte, die hier auftauchen, haben Symbolcharakter; versucht man sie in die Umgangssprache zu übersetzen, wird manches verfärbt, manches geht ganz verloren. Intuitionen kommen so plötzlich, daß man von „Wissensblitzen“ sprechen kann; daher nannten die alten Weisen

diesen Bereich ein „Meer von Wissensblitzen“, in dem man schöpfen lernt, sobald man die darunterliegenden Mental-Bereiche zum Schweigen gebracht hat.

Die schöpferischen Einfälle der beiden oberen Mental-Bereiche nehmen Künstler im sogenannten *Erleuchteten Mental-Bereich* auf. Je nach der Spezialbegabung eines Künstlers setzt er seine Einfälle um in Musik, Dichtung oder Bildende Kunst. Kennzeichnend für diese Ebene ist ihr Formenreichtum, gleich, ob er sich in Tönen, Worten oder Bildern ausdrückt.

Der *Höhere Mental-Bereich* ist das Wirkungsfeld des Wissenschaftlers und Systematikers. Höhere Intelligenz, gutes Gedächtnis und Konzentrationsfähigkeit befähigen zu kritischem Urteilsvermögen. Hier sucht man nach Erklärungen für die schöpferischen Einfälle aus den darüberliegenden Bereichen.

Der Allgemeine Mental-Bereich ist jene Bewußtseinsstufe, die die Mehrheit der Menschen erreicht hat. Rückblickend läßt sich sagen, daß der Verstand – als er sich in den Einzelwesen zu betätigen begann – zweckgerichtet war auf bloßes Überleben. Die sich damals entwickelnde Sprache diente lediglich der Verständigung mit den Gruppenmitgliedern. Daher ist diese Sprache wenig geeignet, seelische Vorgänge zum Ausdruck zu bringen oder über ein Wissen zu berichten, das diese Ebene weit übersteigt.

Durch Nachdenken über das eigene Wesen wurde der Mensch langsam in die Lage versetzt, seine Situation zu beurteilen, die sogenannte „höhere Vernunft“ zu entwickeln. Diese gab ihm ein, es sei gut, die triebhafte Veranlagung, den darunterliegenden Bereich, immer mehr unter Kontrolle zu bringen.

Die Kontrolle dieses *„Vital-Bereiches“* wurde durch religiöse Regeln wie auch durch weltliche Gesetze in Angriff genommen. Hier ist das Wirkungsfeld von Ärzten und Psychologen mit dem bisherigen Ergebnis, daß weder ein ungezügeltes Ausleben noch ein Verdrängen der Triebe glückliche Lösungen sind. Der moderne Yogin empfiehlt daher ein Über-Leben im Sinne dessen, wie man das *kindliche Stadium* durch Reifung über-lebt.

Das *Vitale* äußert sich in Körperempfindungen und Gefühlsregungen gegensätzlicher Art, deren Wechsel so rasch erfolgen kann wie die Traumbilder, in denen sie ihren Nachklang haben. In den Bereich des *Vitals* gehören die Nahrungssorge, die sexuelle Befriedigung, das Angsterlebnis, Ehrgeiz und alle Lebenskräfte, die nur kontrolliert, nicht aber unterdrückt werden sollen, weil sich sonst die Gefühle Liebe und Haß ihrer bemächtigen und sie irreleiten.

Der *Physische Bereich* ist der Bereich der Zell-Organismen. Das *Körper-Wesen* ist aufgerufen, für seine Erhaltung zu sorgen, für den geregelten Ablauf der Körperfunktionen. Diese Aufgabe hat es vor Millionen Jahren übernommen und eine Art Programm fürs Überleben entwickelt, das sich so eingespielt hat, daß es automatisch abläuft. Das Körper-Wesen ist von seinem bisherigen Erfolg so überzeugt, daß es nach bewährter Methode Fremdes abwehrt und Neuerungen Widerstand entgegensetzt. Für den menschlichen Willen oder die Vernunft zeigt es sich unzugänglich. Nach Auffassung von Aurobindo könnte eine andere Programmierung nur dann erfolgen, wenn sie vom *Ātman* ausgeht, der zu diesem Zweck aus der Isolation des supramentalen Bereiches befreit werden müßte. Darin sieht Aurobindo die Aufgabe des „Integralen Yoga“.

Während Sozialreformen immer nur vorübergehend die Lebensbedingungen verbessern, würde eine Veränderung der Körpersubstanz die Gesamt-Situation des Menschen verbessern, ihn von vitalen Bedürfnissen unabhängig machen. Diese Wandlung ist nach der Überlieferung einzelnen Yogis, die sich dafür anstrengenden Übungen unterziehen mußten, gelungen. Aurobindo hoffte, daß bei gleichzeitiger Wandlung einer ganzen Gruppe von Yogis die körperliche Veränderung erblich werden könnte.

f) Der Vollzug des „Integralen Yoga“

Das Programm des *Integralen* oder *Pūrṇa Yoga* sieht eine Wandlung des Menschen vor, die sich in drei Phasen vollziehen kann.

Zur *ersten Phase* gehört die „Integration“ der Impulse, die aus dem Physischen, Vitalen und Mentalen kommen. Danach hat der Mensch bereits größere Bewußtheit erreicht.

Die *zweite Phase* drückt sich aus durch den Dauerkontakt zum *Caitya Puruṣa.* Damit wird der Kontakt zur Lichtwelt hergestellt, und der Mensch könnte in Gleichmut leben, in *Brahmastiti* (dem Brahma-Zustand). Aus dieser Haltung würde er alle seine Handlungen vollziehen.

Die *dritte Phase* müßte dann in einem Dauerkontakt zum *supramentalen* Bereich bestehen. Dann wäre der *Ātman* aus seiner Isolation befreit; er könnte tätig werden und die weitere stoffliche Evolution lenken. Würde auf diese Weise der Stoff immer mehr mit Licht durchdrungen, würde er unverweslich. Erst dann wären alle menschlichen Probleme gelöst, und die Menschheit könnte ein „göttliches Leben“ auf Erden führen.

g) Evolution und Involution

Buddha scheint der erste gewesen zu sein, der Bewußtseinsstufen deutlich unterschied. Die Yogis seiner Zeit gelangten in eine 5. und 6. Stufe, er selbst später in eine 7. und 8. Stufe, die Nachfolger in eine 9. Stufe. Buddha hielt es aber auch für wichtig, sich seiner bewältigten Vergangenheit bewußt zu bleiben. Nur dürften ihn die Legendenschreiber einer späteren Zeit falsch verstanden haben, als sie nicht müde wurden, seine individuellen früheren

Lebensläufe auszumalen. Denn in den viel älteren Pāli–Texten ist einfach nur von vergangenen Zeitläufen die Rede, die einen Überblick über die Gesamtsituation der Menschheit verschaffen. Damit können nur die zurückgelegten Evolutionsstufen gemeint sein. Denn was bedeutet schon eine Serie von Einzelschicksalen gegenüber der gesamten Daseinskette!
Eine Erinnerung an die mühsam vollzogenen Bewußtseinsschritte dürfte sich in der tibetischen Lehre vom „Lebensrad", *Cakra-Bhava,* erhalten haben. Bei jeder Totenfeier eines Mönches wird die Gemeinde daran erinnert durch ein großes Schaubild, das im Mittelpunkt der Feier steht (Abb. im Ersten Teil, „Tibet-Tantra"). Das Rad ist in sechs Felder unterteilt, die auf sechs Möglichkeiten der Wiedergeburt hinweisen; davon gelten vier als rückschrittlich, weil sie unter dem gegenwärtigen menschlichen Niveau liegen, die fünfte Möglichkeit entspricht dem allgemeinen menschlichen Niveau, und die sechste gilt als übermenschlich.
Heutige Lamas machen darauf aufmerksam, daß die Felder auch Charakteristika für die gegenwärtige Situation sein können, indem sie dem Einzelnen Tendenzen seines eigenen Charakters vor Augen halten.
Denn der Mensch kommt nicht als unbeschriebenes Blatt auf die Welt, ihm steht ein Erfahrungsschatz zur Verfügung, der allerdings bei jeder Wiedergeburt neu ins Bewußtsein gerufen werden muß. Dabei können die äußern Umstände erschwerend oder erleichternd mitwirken.
Für die Anerkennung der Evolutions-Theorie spricht auch die Auffassung, daß das Niveau des nächsten Lebens vom Lerneifer in diesem Leben abhängt. Insofern bereitet man sich sein Schicksal selbst.
Wie mühevoll der evolutionäre Aufstieg bis zum derzeitigen Stand des Bewußtseins war, davon berichten *die Avatāra-Mythen* der Vaiṣṇava (Anhänger des Viṣṇu) im Teil „Später Vedānta". Immer wieder, so heißt es dort, mußte sich das Höchste Bewußtsein verkörpern, um ein Abrutschen in frühere Bewußtseinsstufen zu verhindern.
Macht man sich die Vorstellung einer gesetzmäßig verlaufenden Gegenbewegung zu eigen, so erhält der Lebensprozeß einen nachvollziehbaren Sinn. Der Geist senkt sich herab, wirkt in den Lebewesen als Bewußtsein und kehrt dann zu seinem Ursprungsort zurück. Die mythischen wie auch die philosophischen Weltbilder erwähnen diesen Prozeß; doch deutlich herausgestellt wurde er erst von *Aurobindo.* Durch seine Hinweise werden die in den alten Systemen gegebenen *Andeutungen in das heutige Verständnis gehoben.*
So sprach das Sāṃkhya-System von einem „Ausfluß aus dem Gesamt-Bewußtsein" (gleich dem Faden, den die Spinne aus sich entläßt), das entspräche hier der Involution. Die Evolution wird als ein „Sog" beschrieben, der das Verausgabte zurückholt, weil das Gesamt-Potential magnetische Anziehung ausübt.

Im Hindu-Tantra wiederum wurde der Ausfluß mit dem Überkochen eines Wasserkessels verglichen und der darauffolgenden Kondensation. Der Rückfluß entspräche dann dem Verdampfen und meint in übertragenem Sinne Vergeistigen. Es wird auch der Versuch gemacht, den Vorgang physikalisch auszudrücken als Energieprozeß. Das energiegeladene Gesamt-Bewußtsein ist dann der statische Hintergrund für den dynamischen Prozeß der Welt-Entfaltung, der durch polare Kräfte aufrechterhalten wird. Da aber das statische Gesamt-Potential von größerer Stabilität ist, wird der dynamische Prozeß nach vollzogener Kreisbewegung einmal beendet sein (Avalon, „Die Schlangenkraft", S. 178-190, Śakti).

VII. Konfrontation mit östlicher Denkungsart

1. Der Begriff Kosmos in Ost und West

Im Jahre 1968 machte der Tübinger Theologe Otto Wolff* – wie zuvor schon William Haas** – darauf aufmerksam, daß die Begegnung zwischen Ost und West immer wieder von Barrieren behindert wird, was dazu führe, daß Gespräche im Sande verlaufen. Es fehle am fundamentalen gegenseitigen Verständnis, das östliche sei kein rationales „Denkmodell" sondern mehr eine seelische Einstellung, in der es keine krassen Gegensätze gibt, in der das Anderssein eher geschwisterliches Anderssein ist. Der Abendländer, der betont auf das *Dasein* ausgerichtet sei, sehe sich mit Gegensätzen konfrontiert. Der Inder, der sich zum *Reinen Sein* hingezogen fühle, betrachte das Verschiedene als das Sich-Ergänzende.

a) Bewußtseinswelt und reales Universum

Für die frühen Menschen – hier wie dort – war die Welt der von vornherein gegebene Wohnraum. Griechen und Römer bezeichneten sie als *Kosmos* oder *Mundus,* als ein „Schmuckkästchen", vom Demiurgen in „schöner Anordnung" erschaffen. Daher galt der Gegenbegriff *Chaos* der ungestalteten, formlosen Finsternis, die als „gähnender Abgrund" empfunden wurde. Pflicht des Menschen hatte es zu sein, den Kosmos zu erhalten und weiterhin zu gestalten.
Auf Räumliches bezieht sich auch der Begriff *Universum,* der hervorhebt, daß man das Vielfältige als eine „Einheit" sehen kann, als die Umgebung der Lebewesen.
Gebräuchliche Sanskrit-Begriffe für „Erde" oder „Welt" sind: Jagat, Bhū, Viśva, Brahmāṇḍa. *Bhū* betont das Werden und Entstehen, dasselbe gilt für die aus dem Althochdeutschen ableitbaren Worte *All* oder *Welt,* mit dem Sinnbild des Weltenbaumes, den auch die indische Mythologie kennt. Die Zeit zwischen Entstehen und Vergehen wird als *Dasein* aufgefaßt.
Der Begriff *Jagat,* „Lebendes", „Bewegliches", hebt hervor, was man als charakteristisch für die Welt ansieht. Die Tantra-Lehre hält sogar den Erdball, der sich ausdehnen und zusammenziehen kann, für lebendig und für organisiert von einem höher entwickelten Wesen.

* in seinem Vortrag „Die fundamentale Wende in der west-östlichen Religionsbegegnung", abgedruckt in: „Abendländische Therapie und östliche Weisheit", Stuttgart 1968.
** „Östliches und westliches Denken", Hamburg 1967.

Der mythische Begriff *Brahmāṇḍa,* „Ei des Brahman", spielt auf eine besondere Art der Entstehung an, auf ein Hervorgehen aus einem unsichtbaren Keim. Daher war dieser Begriff dazu geeignet, in übertragenem Sinne verwendet zu werden. Es war die zu abstrakten Vorstellungen übergehende Vedānta-Philosophie, die das Stoffliche als den zunächst unsichtbaren Keim bezeichnete, der allzeit im geistigen Brahman enthalten ist. Dieses geistige *Sein* wurde von da an höher eingeschätzt als das irdische Dasein. Die buddhistischen und die Sāṃkhya-Schulen begannen, sich vorrangig mit dem Bewußtsein auseinanderzusetzen.
Die abendländischen Schulen aber, die betont auf das Dasein ausgerichtet waren, schickten sich an, die physikalisch erforschbare Welt zu untersuchen. Alle Erfindungen dienten dem Wohnraum Erde, der immer wohnlicher werden sollte. Zwar hat sich diese Erde immer mehr zum Weltraum ausgeweitet, doch ist er nicht dasselbe wie der Bewußtseinsraum, in den der Yogin vordringen will. Für diesen gilt der Begriff *Viśva,* „all das". Er ist geeignet, all das einzubeziehen, was sich vorstellen läßt, was vom Bewußtsein erfaßt werden kann. Da das Bewußtsein aber ausdehnungsfähig ist, wird es im Laufe der Entwicklung immer mehr erfassen können.

b) Indische Naturlehren und westliche Physik

Indische Lehren waren anfangs eine Mischung aus Naturlehren, Religion und Philosophie. Die Vedānta-Lehre nimmt für sich in Anspruch, eine „Ewige" allgemeingültige Lehre zu sein. Eine solche Aussage erweckt leicht den Eindruck, als ob indische Weise ohne technische Hilfsmittel ein Wissen erlangt hätten, das andernorts erst viel später mühsam erarbeitet worden ist. Tatsächlich aber gibt es nichts im Detail Vergleichbares. Denn die verschiedenen indischen Lehren geben eher einen Überblick über die Gesamtsituation des Seins zum Dasein. Die dafür verwendeten Begriffe gleichen Chiffren, die in jeder Epoche neu interpretiert wurden; das ist es, was die alten Lehren zeitlos gültig erscheinen ließ.
Lange Zeit erschien die Ausgangsposition östlichen und westlichen Denkens durchaus gegensätzlich, weil für die Physik das Stoffliche das primär Gegebene und damit das Reale ist, während Indien das Geistige als das Primäre wie auch als das Reale ansieht. Als nun um die Wende vom 19. zum 20. Jahrhundert die Forschungsergebnisse von Quanten- und Relativitätstheorie bekanntgegeben wurden, mußte man daraus den Schluß ziehen, daß Geist und Materie gar keine krassen Gegensätze sind. Das wurde mit zum Anlaß, östliche Denkmodelle näher zu untersuchen. Die Indienforschung wurde fortan intensiver betrieben und auch der Yoga allgemein diskussionsfähig. War etwa die westliche Physik auf anderem Wege zu den gleichen Ergebnissen gekommen wie schon vorher die indische Philoso-

phie? So wurden in vielen Wissenschaftsbereichen die Grundfragen neu gestellt.
In seinem Buch „Das holographische Weltbild“ (S. 160ff) warnt Ken Wilber vor einer vorzeitigen Antwort schon deshalb, weil die erforschbare Welt des Physikers nicht dieselbe Welt sein kann wie die viel umfassendere Welt der indischen Philosophie. Allerdings gibt es eine Reihe von Außenseitern der hiesigen Wissenschaft, die indische Vorstellungen in ihre Überlegungen einbeziehen. Daraus könnte sich langsam eine Annäherung in Bezug auf die Denkungsart anbahnen.

2. Der Begriff Bewußtsein in Ost und West

a) Gruppen- und individuelles Bewußtsein

Im abendländischen Denken überschneiden sich die biblische mit der griechisch-antiken Auffassung. Als Gott das Licht von der Finsternis schied, bekam das Licht den positiven Beigeschmack von Erkenntnisfähigkeit und Bewußtsein und die Finsternis den negativen von Unbewußtheit und Unordnung. Für die griechischen Philosophen war im Anfang der leere Raum und der ungestaltete Urstoff. Durch den göttlichen Geist erhielt er Struktur, und der Mensch fühlte sich beauftragt, in dem schön geordneten Kosmos weiterhin ordnend zu wirken, indem er Städte und Staaten gründete. In ihnen wurde das *Gruppen-Bewußtsein* gepflegt.
Individuelles Bewußtsein war zunächst nicht Allgemeingut. Erst nach und nach arbeitete sich die Menschheit aus dem Gruppen-Bewußtsein heraus; immer mehr erlangten das individuelle Bewußtsein, und heute ist es schon fast eine Forderung. Junge Menschen möchten sich individuell verwirklichen, und sie verstehen darunter, ihre verborgenen Fähigkeiten zu entdecken, persönlichen Neigungen zu folgen und in der Öffentlichkeit ihre Meinung zu vertreten. Wer dies nicht wagt sondern dazu neigt, unselbständig zu bleiben, sich nach Führung durch andere umzuschauen, der wird z.B. von den Vertretern der Analytischen Psychologie als *regressiv* eingestuft. Man wirft ihm vor, daß er dem *Sog vom Undifferenzierten oder Unbewußten* nachgibt, um im mütterlichen Urgrund archaischer Zeiten zu versinken. Damit gilt er als rückschrittlich, den Erfordernissen der Zeit nicht angepaßt. Spricht der Inder von einem *Sog, der vom Brahman ausgeht,* denkt er genau umgekehrt. Für ihn ist das *helle Zentrum das Gesamt-Bewußtsein*. Um volles Bewußtsein zu erlangen, will der Yogin zurück in die Nähe des Gesamt-Bewußtseins, denn *individuelles Bewußtsein gilt* als vom Stoff verdunkeltes Bewußtsein, durch den Schleier der Māyā gesehen. Die Yoga-Schulung soll

der Annäherung des individuellen an das Gesamt-Bewußtsein dienen. Der Yoga-Schüler versucht, das Ziel zu erreichen durch die im Yoga üblichen Mittel der Konzentration und Meditation, verbunden mit einer bewußten Lebensführung.

b) Gefahren auf dem Wege der Bewußtseinserweiterung

Wenn das Denken vorübergehend schweigt, können auf höheren Stufen lebende oder abstrakte Formen wahrgenommen werden. Die Alchimisten beispielsweise suchten mit den sogenannten Naturbereichen Kontakt aufzunehmen, um Macht über die Wesen von Erde, Wasser, Feuer und Luft zu erlangen. Solche Traditionen sind nicht abgerissen, lenken aber vom eigentlichen Yoga-Weg ab. Besonders der Anfänger ist gefährdet. Verstrickt er sich in die farbigen Phantasiewelten, findet er oft nicht mehr aus ihnen heraus, bleibt in der Traumphase der 2. Stufe befangen und verliert dann immer mehr den Bezug zur realen Welt.
Erfahrungsgemäß ist vor allem der Abstieg mit seelischen Erschütterungen verbunden, er darf auch in Indien und Tibet nur im Beisein des persönlichen Lehrers unternommen werden. Kennzeichen des Aufstiegs dagegen sind Wachheit, Klarheit und Frische.
Unzureichende Informationen über Möglichkeiten und Risiken von Bewußtseinserweiterungen führten in unserer Zeit zu folgenschweren Ergebnissen: sie verstärkten die Drogenwelle. Berichte über Drogen und Yoga gingen eine unheilvolle Verbindung ein. Man machte sich vor, daß die von den Yogis erreichten höheren Welten in viel müheloserer Weise auch durch Drogen erreichbar wären. So erhofften sich Jugendliche Befreiung aus der Enge des Alltags durch die künstliche Droge LSD 25, die anfänglich als ein Allheilmittel gegen psychische Störungen angesehen wurde. Später stellte sich heraus, daß man durch sie nicht in die ersehnten höheren Welten gelangte sondern nur in die eigene Innenwelt, vergleichsweise dem Traum.
Der harmonische Mensch erblickte daraufhin faszinierende Seelenbilder, der chaotische hatte beängstigende Erlebnisse. Von einer Heilwirkung konnte nicht die Rede sein. Versuche mit härteren Drogen führten schließlich zur Sucht mit ihren zerstörerischen Folgen. Selbst wenn es nicht bis zur Sucht kam, schon kurzfristige Einnahme war geeignet, bei jungen, nicht gefestigten Menschen bleibende Veränderungen hervorzurufen. Denn sind die Grenzen zu den anderen Bereichen einmal geöffnet, versagt leicht der natürliche Mechanismus, der sie wieder schließen müßte, sobald die individuelle Aufnahmefähigkeit erreicht ist.
Dies führt dann zu allgemeiner Verunsicherung oder sogar zum gefürchteten Ich- oder Persönlichkeitsverlust. Manche Betroffenen kamen so in Gefahr, den Boden unter den Füßen zu verlieren und in einen bodenlosen Abgrund

zu fallen. Handelte es sich nur um einen Traum, dann ließe es auf psychische Unsicherheit schließen. Doch im Falle der Spätwirkungen des Drogengenusses wird der Abgrund als Realität erlebt, begleitet von entsetzlichen Ängsten.
Um solche Erschütterungen zu vermeiden, wird dem Yoga-Schüler angeraten, sich nicht einfach irgendwohin gleiten zu lassen, sondern planvoll vorzugehen, damit jeder Schritt unter Kontrolle bleibt.

c) Erlebnis höherer Welten durch Meditation

Aus dem Gesagten geht hervor, daß der geistige Weg des Yogin nicht als „Rückweg" in vergangene Stufen aufgefaßt werden darf sondern als Aufstieg in die noch nicht allgemein erreichbaren Bewußtseins-Bereiche. Er ist vergleichbar dem Bergsteigen, eine anstrengende Arbeit, die einem kein anderer abnehmen kann. Den Übergang bildet das Vernunftdenken. Was aber als „Ausweitung des Bewußtseins" verstanden wird, reicht noch weit darüber hinaus.
Da diese höheren Welten nicht ohne weiteres erreichbar sind, werden sie als „Transzendenz" bezeichnet: Man muß erst seinen derzeitigen Bewußtseinszustand übersteigen können. Das ist auch ablesbar an den indischen Weltbildern. Zunächst wurde das Transzendente einfach als *Brahman* bezeichnet, man hielt es für unbeschreibbar. Später nahm man eine Differenzierung vor in die Dreiheit: *Sat Cit Ānanda* (Sein-Bewußtsein-Seligkeit). Der späte Vedānta fügte personale Aspekte hinzu wie Śiva und Śakti unter Betonung eines hinzugefügten weiblichen Aspekts, der Devī. Seitdem unterschied man statische und dynamische Aspekte des höchsten Bewußtseins. Die Transzendenz konnte also nach und nach dem Verstand begreiflich werden.
Um die Grenzen nach oben immer durchlässiger werden zu lassen, muß der Gedankenstrom vorübergehend stillgelegt werden. Dabei soll der Geist trotzdem wach und aufmerksam bleiben, damit er steigt und nicht fällt. Das ist die im Yoga gepflegte Kunst der Meditation. Um sie als die uns gestellte Aufgabe deutlich zu machen, müssen wir noch einmal den Blick zurückwerfen auf die Lehre von den Cakra und den Begriff des Selbst.

3. Die Bedeutung der Cakra

Die in den Schulen des Tantra (Vajrayāna) häufig erwähnten Cakra sind keine Organe des physischen Körpers, sie gelten vielmehr als feinstoffliche Bewußtseinszentren, die mit den Nervenzentren allerdings in Verbindung stehen sollen. Es heißt, daß sie der Prāṇastrom beim Meditieren in rotierende Bewegung versetzen kann, was innerlich spürbar ist. Ist die Anregung von Dauer, spricht man von einer Erweckung oder vom Erblühen der Lotosse (Cakra). Man verspricht sich von einer Aktivierung, in den Besitz besonderer Fähigkeiten zu kommen. Wird sie jedoch in Unkenntnis der Tradition vorgenommen, sind körperliche Überreizungen die Folge.

Ganz allgemein glaubt man, daß die Cakra zuständig sind für die Transformation des Bewußtseins auf die jeweils höhere Bewußtseinsebene, vielleicht bewahren sie in komprimierter Form das Wissen der überwundenen Evolutionsstufen, das dann in meditativem Zustand erinnert werden kann. Sind alle sechs und dazu die Kopfzentren entwickelt, beginnt der Yoga-Schüler Kraft auszustrahlen, die in der Bildsymbolik als Aureole wiedergegeben wird.

Nach Aurobindo gelten Stirn- und Scheitel-Cakra als „dynamisches Mental", in dem sich der Wille zu Entscheidung und Gestaltung bemerkbar macht. Diskursives Denken hält man für eine Fähigkeit des gut entwickelten Hals-Cakra. Die Gedankenwellen kommen nach Yoga-Auffassung aus der universalen Manas-Zone und werden durch den Gehörgang dem inneren Mental zugeführt, das sie unbeachtet lassen oder aber weiter verarbeiten kann.

Das Herz-Cakra gilt als Kardinalzentrum, und es soll mit dem Nabelzentrum in einer gewissen Wechselwirkung stehen. Dem gut entwickelten Herz-Cakra käme es zu, Kontrolle auszuüben über die drei unteren Zonen, indem es Lust- und Unlustgefühle zum Ausgleich bringt, Angst und Ärger dämpft. Eine direkte Konzentration auf ein einzelnes Cakra ist nicht zu empfehlen. Wird das Herz-Cakra unmittelbar angesprochen, wird in der Regel auch das Organ Herz beunruhigt. Bewußte Konzentration auf die drei unteren Cakra oder gar die Unterdrückung der von dort ausgehenden Triebimpulse bringt den Yoga-Schüler erfahrungsgemäß in eine Kampfsituation mit den nicht beherrschten Kräften der unteren Zonen, und es ist nicht sicher, daß er als Sieger daraus hervorgeht. Ehe man sich auf diese Vitalbereiche einläßt, sollte man sein geistiges Wachstum und die Konzentrationsfähigkeit gefördert haben.

In Indien bedient man sich der indirekten Methode, nämlich der Imagination von Bildern (Yantra) und Klängen (Mantra / Bīja), um das geistige Wachstum zu fördern. Dann regulieren sich die inneren Vorgänge der persönlichen Entwicklung gemäß. Von einer Konzentration, die mehr ein willensmäßiger Zwang ist, muß abgeraten werden.

Da der heutige Mensch – besonders der Europäer – bereits durch die schulische Erziehung zum Kopf hin ausgerichtet ist, sollte er beim Meditieren lediglich sein Scheitel-Cakra öffnen. Schweigende Meditation bedeutet dann: die gewöhnliche Tätigkeit des physischen Gehirns vorübergehend auszuschalten, um es statt dessen durchlässig zu machen für Feinströme aus den höchsten kosmischen Bewußtseins-Bereichen. Der Kopf bleibt dabei klar und kühl. Hitze oder Druck im Kopf wären dagegen Kennzeichen für Widerstand oder Angst.

4. Der Selbst-Begriff in Ost und West

Im abendländischen Sprachgebrauch bezieht sich der Begriff „Selbst" auf die äußere Person, und der Begriff „Ich" hat für gewöhnlich die gleiche Bedeutung, oder er ist einfach nur eine grammatikalische Bezeichnung.
In der Indischen Philosophie und dem mit ihr verbundenen *Yoga* wird jedoch mit dem Begriff *Ātman* (Selbst) nicht die Person sondern ihr geistiger Wesenskern bezeichnet. Das veranlaßte viele Übersetzer der älteren Zeit, „Ātman" mit „Seele" wiederzugeben. Da aber der deutsche Begriff „Seele" ähnlich wie „Selbst" vieldeutig ist, führte dies zu weiteren Mißverständnissen.
Spricht nämlich der Arzt oder der Psychologe vom „seelischen Befinden", dann meint er den Gemütszustand eines Menschen, und dieser Zustand ist wechselhaft und vielfältigen Störungen unterlegen. Der Theologe dagegen sieht in der „Seele" eine geistige Instanz, die sich aus dem irdischen Bereich hinaussehnt, um sich dem Göttlichen anzunähern. Da sie der Natur zugerechnet wird, entspricht sie dem indischen Begriff *Buddhi* oder *Jīvātman.*
Der Begriff *Ātman* bleibt in Yoga-Kreisen der Bezeichnung für das *transzendente Licht-Selbst* vorbehalten. Als eine Monade ist er völlig ohne Eigenschaften, denn er ist unvergleichlich. Daher kann er sich nicht nach etwas sehnen. Er *ist* einfach. Er ist „Reiner Geist" oder „Bewußtsein" von kosmischem Ausmaß; dafür gibt es keine adäquate Übersetzung. Auch der Parallelbegriff *Puruṣa,* „Mensch", weist daraufhin, daß für den indischen Yogin nur derjenige ein „ganzer Mensch" ist, der sich des geistigen Wesenskernes bewußt ist.
Bei dem Versuch einer Verdeutschung beider Begriffe schlage ich vor, von einem *Bewußtseinszentrum* zu sprechen. Mit dem *transzendenten Teil* dieses Bewußtseinszentrums ist *Ātman / Puruṣa* gemeint. Der *irdische Teil* dieses Zentrums wird in Indien zerlegt in die Begriffe *Jīvātman – Buddhi – Ahaṃ,* zu deutsch *Lebendes-Selbst, Vernünftiges-Selbst, Ich.* Es handelt sich dabei niemals um drei „Iche" oder „Selbste" sondern um *drei Schichten* der Persönlichkeit.

a) Zur Entwicklung des Selbst-Begriffs in Indien

Bereits in der Chāndogya-Upaniṣad (etwa 900-800 v. Chr.) werden verschiedene Schichten des Selbst genannt. Das Schmerz empfindende *Körper-Selbst,* das Gefühle demonstrierende *Traum-Selbst,* das hauchartige *Atem-Selbst,* das alle überragende *Licht-Selbst.* Vereint werden die vier durch den Ich-Gedanken – *Ahaṃ* – der die vier zusammenbindet und die vielschichtige Persönlichkeit als eine Ganzheit erscheinen läßt.
Abschließend preist der Text das *Licht-Selbst,* weil es „frei ist von Alter und Tod, frei von Leiden, frei von Hunger und Durst, frei von Wünschen und weil es Sicherheit des Urteils besitzt".
Ein solches Selbst kann nicht von dieser Welt sein, es muß ein transzendentes Selbst sein. Wer es finden will, muß den Weg in die Transzendenz finden, den Yoga-Weg gehen.
Etwa 700 Jahre nach diesem – in eine Legende eingekleideten Bericht, in der Prajāpati als Lehrer auftritt – fügt das *Sāṃkhya*-System ein *„Vernünftiges Selbst"* hinzu: die *Buddhi.* Sie gilt nun als *Zwischenglied,* das die niederen Schichten des Selbst mit dem diese überragenden Licht-Selbst verbindet.
Es war ein bedeutungsvoller Schritt, denn er sagt aus, daß der Kontakt zum Licht-Selbst durch zunehmende Bewußtheit erreicht werden kann. Das Ziel wird nun in drei Schritten erreicht:
Erster Schritt: Das Ich muß fähig sein, Körper-Selbst, Traum-Selbst und Atem-Selbst zu einen.
Zweiter Schritt: Das Ich nimmt Kontakt auf zum Vernünftigen Selbst durch Überdenken der Situation des Menschen im allgemeinen.
Dritter Schritt: Das Vernünftige Selbst versucht die Grenze zur Transzendenz zu durchbrechen durch Still-Legen des Gedankenflusses.

b) Das Selbst der analytischen Psychologie

Der Individuationsweg von C.G. Jung erstrebt – ähnlich wie viele indische Lehren – die Ganzheit der Persönlichkeit. Sie kündigt sich an durch „ganzmachende Symbole", die im Traum oder einem ähnlichen psychischen Zustand auftreten können: im Bild der Kugel, der Perle, des Diamanten oder eines golden strahlenden Kindes (Der Brahmane Śāndīlya erwähnt in der Chāndogya-Upaniṣad bescheidener ein Reiskorn, ein Hirsekorn oder eines Hirsekornes Kern). Alle diese Bilder sollen wohl aussagen, daß sich die seelische Substanz zu zentrieren beginnt, während sie bei unbewußt lebenden Menschen nur als Welle oder Wolke wahrgenommen werden kann.

c) Das Selbst bei Aurobindo

Ātman, das Licht-Selbst, steht auch bei *Aurobindo* in der Transzendenz und soll nicht nur erfahren, sondern aus seiner Ferne in die Nähe geholt und aktiviert werden. Dann nämlich könnte dieses Selbst vorausschauend bei Entscheidungen mitwirken und nicht nur als glückliches Erlebnis erinnert werden.

Dafür aber müssen die geeigneten Voraussetzungen geschaffen werden. Das Wirken der unteren Persönlichkeits-Schichten soll beobachtet und geordnet werden. Aurobindo unterscheidet mindestens zehn Schichten, die im Laufe der menschlichen Entwicklung bedeutsam waren als ein Schritt vorwärts. Diese Schichten werden als Feinstoff-Schichten aufgefaßt mit der Tendenz, ein Zentrum zu bilden. Ein Zentrum bildet sich, sobald man sich dieser Schichten und ihrer Wirkungsweise bewußt wird. Diese älteren Zentren nennt Aurobindo „Wesen“ oder Geist-Zentren. Das letzte Zentrum der irdischen Ebene – an der Grenze zur Transzendenz – nennt er *Caitya-Puruṣa* (wörtlich: „Bewußter Mensch“), im Deutschen mit „Seele“ wiedergegeben.

Diese „Seele“ hat sich bei der Mehrzahl der Menschen noch nicht zentriert, was jedoch als Aufgabe unserer Zeit angesehen wird. In diesem Zusammenhang werden Erinnerungen wach an Formulierungen der christlichen Mystiker, das Christuskind solle im Herzen geboren werden und der Einzelne müsse sich auf seinen Empfang vorbereiten.

5. Meditation in Ost und West

Die Hinführung zur Erfahrung des Selbst erfolgt im Yoga durch Meditation. So unterschiedlich Yoga-Praktiken sonst sein mögen, Meditation gehört immer dazu. Die Anfangsstufen sind von Gemeinsamkeiten gezeichnet, erst für den Fortgeschrittenen können sich wieder Abweichungen ergeben. Denn die Praktik ist dann auf das Weltbild abgestimmt, das die Schule oder der Einzelne vertritt.

Von Meditation spricht auch der westliche Gelehrte, wenn er weitläufige Gedankengänge ausformt. Ganz ähnlich dürfte man das Meditieren während der Sāṃkhya-Periode verstanden haben.

Religiöse Meditation wurde im Mittelalter geübt, doch veränderte sich ihre ursprüngliche Form, indem sie immer mehr vom Gebet abgelöst wurde; und überhand nahmen die Bitt-Gebete.

Meditari aber bedeutete *Innenschau.* Man hatte sich die Fragen zu stellen: Was geht in mir vor? Was nehme ich innerlich wahr? Kann ich mir Klarheit über innere Regungen verschaffen? Daraufhin soll es zur Sammlung kommen, zur *Kontemplation.* Diese ist gekennzeichnet von einem Ausschalten der Außenreize, entspricht also der Rāja-Yoga-Stufe *Pratyāhāra.*

a) Meditationen christlicher Kreise

Das Herzensgebet der Ostkirche
Die Anweisung lautet: Ziehe dich zurück – leite das Denken aus dem Kopf ins Herz (wie im Bhakti-Yoga), und dann sprich bei jedem Atemzuge laut oder leise die Worte: „Christe eleison – Herr Jesu Christe, erbarme dich unser!" Dazu sagt Pater Awakum vom Berge Athos: „So habe ich mich leer gemacht für Christus."
Diese Anweisungen – genannt Philokalie – gehören zu den ältesten christlichen Meditationspraktiken bei den russischen Einsiedlern, den Starez oder „Alten".

Methode des Ignatius von Loyola
Die Methode des Ignatius nennt sich: „Anwendung der Sinne". Hier geht es um ein Zurückziehen der Sinne von der Außenwelt wie im Rāja-Yoga, Pratyāhāra-Stufe. In der Praktik wendet man sich hier religiösen Vorstellungsbildern zu (wie im Bhakti-Yoga). Als Vorlage dienten die Kreuzweg-Stationen mit den Abbildungen der Leiden Christi. Das Mitleid wird hier zum Mit-Erleiden gesteigert und hat bei einigen Mönchen die Stigmata hervorgerufen.
Da eine so völlige Identifikation, die bis zum Auftreten von körperlichen Wundmalen führt, in unserer Zeit nicht erwünscht ist, ist man dazu übergegangen, die Methode zu vereinfachen. Man betrachtet ein mittelalterliches religiöses Bild, das viele symbolische Elemente aufweist; nach und nach versucht man, sie einfühlend zu erschlüsseln. Dies entspricht dem *Yantra-Yoga* der tantrischen Schulen.

Heutige Kreuz-Meditation
Das Kreuz ist nicht nur ein christliches Symbol; schon den Völkern des Altertums war es von Bedeutung, denn mit seinen nach vier Richtungen weisenden Balken galt es als die Grundform der irdischen Welt (Platon).
Ebenfalls wie ein Kreuz – nämlich wie ein aufgerichtetes Doppelkreuz – steht auf dieser in vier Richtungen ausgebreiteten Erde der Mensch. Das Aufrechtstehen macht ihn zu einem einsamen und verletzlichen Wesen. Körperlich, seelisch und geistig der Gefahr des Falles ausgesetzt, ist der Mensch unaufhörlich zu Entscheidungen genötigt. Um einen Fall zu vermeiden, trifft er Vorkehrungen, indem er Ordnungen aufstellt. Wer sich zu starr daran hält, fühlt sich bald haltlos. Die Lebenskunst besteht darin, die rechte,

die glückliche Haltung zu gewinnen (C.G. Carus, „Gestaltpsychologie", 1850).
Kirchliche wie psychotherapeutische Kreise erinnerten sich an die mittelalterliche Kreuzmeditation in Klöstern. Sie ergänzten sie durch die ersterwähnten Hinweise von Platon und Carus. So wurde die heutige Kreuz-Meditation zu einer Imaginationsübung, die dazu beitragen soll, eine psychische Fehlhaltung, die sich im Körper spiegelt, nach und nach zu korrigieren. Man soll also an ein Kreuz mit zwei Querbalken denken. Der senkrechte Kreuzesstamm wird zur eigenen Wirbelsäule in Beziehung gesetzt. Man soll nun spüren, daß die Füße fest in der Erde verwurzelt sind und daß dann die Wirbelsäule aus den Beinen herauswächst wie ein Baustamm, der in die geistige Welt hineinragt.
Dieser erste Teil der Übung erinnert an Textstellen des Hindu-Tantra, die die Wirbelsäule ebenfalls zur Weltachse in Beziehung setzen und darüber hinaus noch jeden anderen Körperteil zur Umwelt, zur Natur.
Aus dem zweiten Teil der Übung geht hervor, daß weniger weltanschauliche als psychische Motive im Vordergrund stehen. Jetzt hat man Schultergürtel und Becken zu beobachten; sie sind mit den beiden Querbalken des Kreuzes zu vergleichen. Werden Schultern und Kopf ständig nach vorn geneigt, liest der Psychologe daraus die Bereitschaft, sich vor dem Stärkeren oder Höhergestellten zu beugen. Wer sich aufrecht hält, gilt als selbstbewußt im rechten Maß. Wessen obere Körperpartie aber versteift ist, der gilt als halsstarrig.
Das Becken kann zwei mögliche Fehlhaltungen signalisieren. Ein Flachbecken soll auf Ur-Angst hinweisen und auf Schwäche gegenüber den Anforderungen der Welt. Im Steilbecken dagegen soll sich Angriffshaltung der Welt gegenüber enthüllen; denn dies ist die dem Soldaten anerzogene Haltung.
Man erwartet durch die Identifikation mit dem Kreuz eine Anbahnung zu ausgeglichener Lebenshaltung.
Beim letzten Teil der Übung werden dann die Arme in Kreuzform ausgebreitet mit der Vorstellung einer Ausweitung in den Raum hinein und der Zuwendung zu den Mitmenschen, die anteilnehmend umfangen werden.

5. Meditation in Yoga-Kreisen

Ziel der Yoga-Meditation ist Sammlung nach innen und Aufstieg in höhere Bewußtseinsbereiche. Die hinführenden Methoden bestehen in Schulung der Konzentrationsfähigkeit.

Spricht man von verschiedenen Yoga-Methoden, hat man in erster Linie an die unterschiedlichen Konzentrations-Methoden zu denken, die der schweigenden Meditation vorangehen. Hier steht jeder vor der Frage, auf welche Weise er sich am besten einstimmen kann, damit man sich nicht in Träumereien verliert, sondern voll wacher Aufmerksamkeit auf das innere Schweigen warten kann.
Das ist die klassische Form indischer Meditation, die auf Sanskrit *Dhyāna,* in Pāli *Jhāna,* in China *Ch'an* und in Japan *Zen* heißt. Das erstrebte Ziel der Gedankenstille bezieht sich auf die Zeitspanne der Übung, die bei Anfängern 20-30 Minuten dauern soll und je nach Schule auf 1-2 Stunden ausgedehnt werden kann.

a) Die Methoden verschiedener Yoga-Schulen

Da das innere Schweigen schwer zu erreichen ist, benötigt man dafür eine Brücke, indem man an etwas denkt, das mit Yoga zu tun hat.
Jñāna-Yoga bedient sich zum Einstimmen philosophischer Gedankengänge; in dem diesem Yoga nahestehenden *Zen* stimmt man sich ein durch Lesen und Erörtern der klassischen Sūtra-Texte.
Im *Sāṃkhya-Yoga* ist das Bewußtsein Konzentrations-Objekt, nämlich der Prozeß der kosmischen Involution und Evolution des Bewußtseins.
Im *Rāja-Yoga* sollen die psychomentalen Vorgänge beruhigt werden, der Übende erhält zum besseren Gelingen viele psychologisch durchdachte Vorschläge.
Die *Vedānta*-Schulen sind zum Teil religiös, zum Teil philosophisch ausgerichtet. Die philosophisch ausgerichteten Schulen unterscheiden zwei Stufen: Zunächst sucht das „Ich" Kontakt mit der „lebenden Seele" (Jīva). Sobald sie sich durch Aufleuchten zu erkennen gegeben hat, treten die egoistischen Wünsche zurück. Von nun an sucht die „Seele" Verbindung zum höheren „Selbst" (Ātman), das in der Transzendenz existiert und darauf wartet, ins Bewußtsein erhoben zu werden.
Die religiös eingestellten Vedānta-Schulen betreiben *Bhakti-Yoga.* Hier – wie auch in den *Tantra-Kreisen* beider Richtungen – übt man in erster Linie Imagination. Der Meditierende stellt sich eine Gottheit seiner eigenen Wahl so intensiv vor, bis das entsprechende Bild in ihm lebendig wird. Zusätzlich werden Silben (Bīja) rezitiert wie OṂ / AUṂ. Sie erzeugen beruhigende Schwingungen. Wer einen persönlichen Guru hat, wird dazu angehalten, Sprüche aus dem Veda zu rezitieren (Mantra), die schon von den historischen Weisen verwendet wurden und als Übermittler ihrer Kräfte gelten. Solche Kräfte bezeichnet man auch als „Psychische Energie". Man kann sich auf ihren Fluß konzentrieren und fühlt sich daraufhin mit Kraft aufgeladen.

Im *Kuṇḍalinī-Yoga* lenkt man den Strom durch sechs Bewußtseinszentren (Cakra), wobei jedoch unliebsame Begleiterscheinungen auftreten können, wenn die Natur des Meditierenden noch nicht gefestigt ist.
Daher wird im Rahmen des *Pūrṇa-Yoga* (oder Integralen Yoga) unserer Zeit empfohlen, sich nur auf die Schädeldecke zu konzentrieren, also das oberste Bewußtseinszentrum durchlässig zu machen für die Einstrahlung aus der geistigen Welt.
Im Haṭha-Yoga wird eine solche Einstrahlung angebahnt durch Vorstellung von Licht, das den Körper durchfluten soll, während man Āsanas oder Tiefentspannung übt. Die Aufmerksamkeit auf die Körperpositionen wie auch die Lichtvorstellung sind in diesem Fall das Mittel, Gedanken zu reduzieren.

b) Methoden der Buddhistischen Schulen

Buddha beschreibt die Meditation als Stille und vergleicht den meditativen Zustand mit einem Teich ohne Zufluß von außen. So versteht man Meditation noch heute im Nördlichen Buddhismus der Mahāyāna-Richtung, nämlich als *Za-Zen,* schweigendes Sitzen mit Beobachtung des Atems.
Dagegen bedient man sich im Nördlichen Buddhismus der Mahāyāna-Richtung tibetischer Prägung einer *Imaginationsmethode,* die man auch als Schöpferische Meditation bezeichnet, weil hier mit der Vorstellungskraft gearbeitet wird. Klang-Meditation wird als Unterstützung herangezogen.
Im Südlichen Buddhismus der Hīnayāna-Richtung bevorzugt man *Satipaṭṭhāna,* die Übung der Achtsamkeit. Man beobachtet und beurteilt körperliche, psychische und gedankliche Vorgänge im eigenen Inneren, ob sie für den geistigen Fortschritt heilsam oder nicht heilsam sind.

c) Bild-Meditation

Bild-Meditation kann psychologisch wie auch weltanschaulich motiviert sein, in unserer Zeit wird sie manchmal eingesetzt zur Ergründung psychischer Probleme. Die Versenkung in ein Bildmotiv kann zum Auslöser werden, um Probleme mit Mitmenschen aufzudecken oder halbbewältigte Jugendängste in Erinnerung zu rufen und dann verstandesmäßig abzubauen. Immer ist der Betrachter aufgefordert, Stellung zu nehmen, sei es mit dem Motiv, sei es mit der Malweise. Eine solche Auseinandersetzung dient jedoch lediglich der Klärung der persönlichen Situation, die zu den psychischen Voraussetzungen gehört, um später Konzentration und Stille zu erlangen.
Das Anschauen mittelalterlicher Bilder kommt den östlichen Traditionen näher, weil hier Symbolik ins Spiel kommt. Der Meditierende wird vor die

Aufgabe gestellt, die in Vergessenheit geratenen christlichen Symbole zu erschlüsseln.
Voll von Symbolik sind die *Tantra*-Methoden. Die hinduistische Tradition bedient sich zahlreicher ineinander verschachtelter geometrischer Figuren, die als *Yantra* bezeichnet werden. Im Vierten Teil wurde die Grundbedeutung von Punkt, Kreis und Dreieck erläutert; doch die aus früheren Jahrhunderten überlieferten Kombinationen können zum größten Teil nur von einem Schüler der Tantra-Tradition entschlüsselt werden. Wir wissen ganz allgemein, daß sie sich auf besondere Kräfte beziehen, die andererseits auch durch die den Göttern zugeordneten Embleme wiedergegeben werden können. Sie sollen solange imaginiert werden, bis der Schüler die Kräfte in sich spürt.
Die tibetische Tradition des *Tantra* kombiniert geometrische mit menschlich-göttlichen Formen in den sogenannten *Maṇḍalas,* denen man zunächst verständnislos gegenüber stand. Inzwischen wissen wir, daß diese kreisförmigen Schaubilder dazu anregen sollen, den geistigen Weg zu vollziehen. Der Meditierende stellt sich vor, daß er – gleich dem Buddha – eine innere Entwicklung vollzieht, zuerst nur in der Vorstellung, die aber durch stetige Wiederholung vervollkommnet werden kann.
Wenn wir hier im Westen nach Methoden suchen, die nicht streng an Weltanschauungen gebunden sind, dann ist dies eine der wenigen Methoden, die sich auf unsere Verhältnisse übertragen läßt. Man kann sich einen geistigen Führer vorstellen, der einem voranschreitet. Indem man sein Idealbild imaginiert, wünscht man sich intensiv, alle ersehnten Eigenschaften selbst zu entwickeln, die er bereits verwirklicht hat.
Ansprechend ist für uns hier auch das Bild des Seelenvogels, bekannt aus der *Vedānta*-Tradition. Der Meditierende stellt sich seine Seele als einen goldschimmernden Schwan vor, als einen Zugvogel (wilder Schwan), der zeitweise in der irdischen, zeitweise in der geistigen Welt lebt. So weitet sich der Meditierende innerlich aus, bis er das ganze Universum umfaßt.
Andere neutrale Konzentrationsobjekte wären: Kreis, Dreieck und Punkt (besonders ein Lichtpunkt). Zunächst vielleicht nur wenig faszinierend, gewinnen sie an Bedeutung, wenn man sie als Symbole der Vollkommenheit betrachtet.
Symbole seelischer Entfaltung sind die Rose und die Lotosblume, wenn man sich wieder und wieder ihr Erblühen vorstellt.

d) Musik-Meditation

Da das Auge in unserer Zeit meist zu vielen Reizen ausgesetzt wird, ziehen viele Menschen Methoden mit geschlossenen Augen vor und empfinden Musik-Meditation ausgleichend. Geeignet ist sowohl klassische europäische wie auch indische Musik oder neuere Musikformen, die an indische

Klangformen angelehnt sind. Die Musik dient allerdings nur zum Einstimmen; Meditation ist erst das darauffolgende Schweigen. Der Geübte reduziert später Melodien und Klangformen auf einen einzigen Ton. Wird ein tiefer Ton angenehm empfunden, lauscht man dem Klang eines Gongs nach; der helle Ton einer Klangschale läßt seine Klangwellen besonders um den Kopf kreisen.
Es geht also bei der Musik-Meditation nicht um gewöhnliches Hören, sondern darum, daß der Körper in Vibration versetzt wird; der Gong läßt den ganzen Körper vibrieren. Um dies zu erreichen, sind für den Beginn laute Klänge geeignet, die nach 5-10 Minuten immer leiser verklingen sollen. Man hält sich wach durch aufmerksames Horchen. Aber die Stille danach ist das eigentlich Wichtige, sie sollte von Mal zu Mal ausgedehnt werden.

e) Meditation für Fortgeschrittene

Sind die von Natur sprunghaften Gedanken durch längeres Üben diszipliniert worden, beginnt der spirituelle Teil der Meditation, das Erheben in die Zeitlosigkeit. Jetzt kann viel von der Körperhaltung abhängen: im Nacken darf kein Knick sein, Rücken und Nacken müssen in einer Linie verlaufen, steil nach oben ausgerichtet. Indem man nun die gleichmäßigen Atemzüge beobachtet (ohne sie zu stören), wird man an einen Grenzbereich kommen, der dem ähnelt zwischen Wachen und Schlafen, was nicht zugelassen werden darf. Beobachtet man nun die neutrale Empfindung des „Jetzt", so wird das Denken von reinem Wahrnehmen abgelöst. Daraufhin öffnet man sich für das Einstrahlen spiritueller Kräfte. Von nun an gilt die Konzentration dem Spüren und Aufrechterhalten des Kraftstroms, der durchfließen soll, ohne irgendwo gestaut zu werden.
Wer *Meditation* praktizieren will, kann sich nach den Anweisungen richten, die hier in allen Systemen mehr oder weniger ausführlich gegeben sind. Alle Methoden sind noch gültig. Die ausführlichste Beschreibung findet man im ersten Text, dem Buddha-Weg. Die vorangehenden Konzentrationsübungen müßten teilweise hiesigen Verhältnissen angepaßt werden, wenn es sich um rein indische Vorstellungen handelt.

Schlußbetrachtung

Yoga-Meditation und das von ihr abgeleitete Za-Zen führen zu einer Beruhigung des Gemütes. Als sie im Westen bekannt wurden, begann man, sie mit psychoanalytischen Methoden zu vergleichen und als Therapie einzustufen. Dabei dürfte man übersehen haben, daß sowohl Ausgangssituation wie auch Endziel verschieden sind. Denn psychoanalytische Therapien sind ausgerichtet auf einen verhaltensgestörten Personenkreis, der durch eine

Behandlung zur sogenannten Normalität zurückgeführt werden soll. Yoga aber geht von der Norm aus und will darüber hinausführen.

Der Anfänger – wie jeder Durchschnittsmensch – gilt zunächst als „zerstreut"; er soll sich sammeln, soll Ordnung in sich schaffen und immer bewußter werden. Daher besteht der erste Teil des Weges in der Integration der durch Zersplitterung geschwächten Energien. Der darauffolgende Zustand kann allerdings wie eine Heilung empfunden werden, denn die Klärung hat Kräfte freigesetzt. Doch sollte man nicht vergessen, daß dadurch nur die Voraussetzungen geschaffen wurden, durch die es möglich wird, den spirituellen Teil des Yoga-Weges zu beschreiten.

Zum ersten Teil des Ordnung-Schaffens, über den natürlich die Mehrheit nicht hinausgelangen wird, gehört das Suchen nach weltanschaulicher Orientierung. Da weltweit die alten Ordnungen zerbrochen sind, erstreckt sich die Suche in alle Himmelsrichtungen und auch zurück in die Vergangenheit. Die Entdeckung indischer Lehren kann in ihrer Vielseitigkeit faszinierend sein; man wird angeregt, alles Gewohnte neu zu überdenken. Hat man seine persönliche Einstellung gefestigt, kann der zweite Teil des Weges beschritten werden.

Für den ersten Teil der Wegstrecke war es nicht von Bedeutung, zu welcher Weltanschauung oder Religion man sich bekennt. Für den, der den zweiten Teil der Wegstrecke in Angriff nimmt, dürfte es unumgänglich sein, einige Grundideen indischer Lehren zu akzeptieren, wie zum Beispiel die Idee des herabsteigenden überkosmischen Bewußtseins, das während seines Wiederaufstiegs das Stoffliche durchtränken soll, wozu der Mensch, als ein Träger von Bewußtsein, aufgerufen ist.

Man erfaßt das Ziel mit der Vernunft – und das ist *Jñāna-Yoga.* Kann man dem Ziel innerlich zustimmen, beginnt man den Weg zu beschreiten, indem man bewährte Übungen praktiziert – und das ist *Kriyā-Yoga.* Mantra- und Yantra-Übungen sind eingeschlossen. Der innere Reifeprozeß wird unterstützt durch Berücksichtigung des *Aṣṭāṅga-Yoga* (das sind die acht Glieder des Rāja-Yoga). Währenddessen erkennt man, daß viele egoistische Verhärtungen einzuschmelzen sind – und das ist nur durch selbstlose Tätigkeit möglich: durch *Karma-Yoga.*

Zur konsequenten Durchführung des gesamten Übungsplanes benötigt man eine Triebfeder, den Willen. Mangelnde Willensstärke kann bisweilen durch intensives Gefühl ersetzt werden. Dann ist *Bhakti-Yoga* die geeignete Methode, die Hingabe an Gott. Denn der Bhakta möchte Ihm ähnlich werden. Um nun noch die Müdigkeit des Körpers zu überwinden, kann man die Körperübungen des *Haṭha-Yoga* einsetzen.

Die verschiedenen Yoga-Methoden sind demnach nicht gegensätzlich sondern sich ergänzende erprobte Hilfsmittel, die in den vollständigen oder *Pūrṇa-Yoga* einmünden. Ebenso mündet der erste Teil des Yoga-Weges unmerklich in den zweiten ein. Man merkt es daran, daß man Kräfte in sich aktivieren kann.

Die Yoga-Lehren wie auch ihre weltanschaulichen Grundlagen gehörten einst einer Elite, die sie geheim hielt. Als die indische Geistesgeschichte später volkstümlich dargestellt wurde, büßte sie ihre geistige Höhe ein, dafür aber wurde sie populär. Eine Mehrheit erreichte daraufhin ein mittleres geistiges Niveau, so daß die Kluft zwischen dem Aberglauben der niederen und der Geisteshöhe der oberen Kasten gemildert wurde.

Bei Übernahme einiger Grundgedanken haben wir darauf zu achten, daß wir nicht eine historische Besonderheit für das Wesentliche halten. Alle indischen Abwandlungen waren Anpassungen an zeitgemäße Bedürfnisse. Bei der Anpassung an unsere Eigenart sollten wir darauf achten, unseren Bedürfnissen Rechnung zu tragen, ohne dabei die Yoga-Idee aus den Augen zu verlieren.

Es geht während der ersten Wegstrecke um die Klärung der persönlichen Situation, während der zweiten Wegstrecke aber um spirituellen Aufstieg.

Literaturverzeichnis

Abegg, Emil: *Indische Psychologie*, Zürich, 1945
Argüelles, José und Miriam: *Das große Mandalabuch*, Freiburg, 1974
Aurobindo, Sri: *Bhagavadgita*, Gladenbach, 1981
– *Briefe über den Yoga*, Pondicherry, 1977
– *Die Synthese des Yoga*, Gladenbach, 1976
– *Stufen der Vollendung*, München, 1975
– *Vom großen Werk das Dich vollendet*, Büdingen, 1955
Avalon, Arthur: *Die Schlangenkraft*, München, 1978
Barth, Christian: *Das Kamasutram*, München, 1968
Beckh, Hermann: *Buddha und seine Lehre*, Stuttgart, 1980
Benz, Ernst: *Zen in westlicher Sicht*, Weilheim, 1962
Bernard, Theos: *Hathayoga*, Stuttgart, 1957
Bitter, Wilhelm: *Abendländische Therapie und östliche Weisheit*, Stuttgart, 1968
– *Evolution*, Stuttgart, 1970
Bohm, Werner: *Die Wurzeln der Kraft*, München, 1980
Bon, Gustave le: *Die Welt des alten Indien*, Gütersloh, 1968
Borel, Henri: *Wu-Wei / Laotse - Ein Wegweiser*, München, 1948
Boss, Medard: *Indienfahrt eines Psychiaters*, Pfullingen, 1959
– *Psychoanalyse und Daseinsanalytik*, Bern, 1957
Brahmananda, Swami: *Sri Ramakrishna - Worte des Meisters*, Zürich, 1949
Brunton, Paul: *Als Einsiedler im Himalaya*, Weilheim, 1965
– *Von Yogis, Magiern und Fakiren*, Zürich, 1967
Buber, Martin: *Reden und Gleichnisse des Tschuang-tse*, Leipzig, 1918
Burckhardt, Titus: *Vom Sufitum*, München, 1953
Büttner, Hermann: *Meister Eckeharts Schriften und Predigten*, Jena, 1923
Cappeller, Carl: *Sanskrit-Wörterbuch*, Berlin, 1955
Capra, Fritjof: *Der kosmische Reigen*, München, 1977
Carstairs, Morris: *Die zweimal Geborenen*, München, 1963
Christie, Anthony: *Chinesische Mythologie*, Wiesbaden, 1968
Collin, Rodney: *Die Schau der vier Welten*, Zürich, 1958
Coppelstone, Trewin: *Der ferne Osten*, Gütersloh, 1968
Courtois, Michel: *Die chinesische Malerei*, Lausanne, 1968
Curstance, John: *Weisheit und Wahn*, Zürich, 1954
Dahlke, Paul: *Buddha - Die Lehre des Erhabenen*, München, 1966
Dahmen-Dallapiccola, Anna: *Indische Miniaturen*, Baden-Baden, 1976
David-Neel, Alexandra: *Tibetische Texte*, München, 1955

Deussen, Paul: *Das System des Vedanta*, Leipzig, 1906
– *Die Geheimlehre des Veda*, Leipzig, 1921
– *Sechzig Upanishads des Veda*, Leipzig, 1897
– *Vedanta, Platon, Kant*, Wien, 1917
Dumoulin, Heinrich: *Buddhismus der Gegenwart*, Freiburg, 1970
Dürckheim, Karlfried von: *Hara - die Erdmitte des Menschen*, München, 1959
Eliade, Mircea: *Das Heilige und das Profane*, Hamburg, 1957
– *Mythen, Träume, Mysterien*, Salzburg, 1961
– *Schöpfungsmythen - ausgewählte Texte*, München, 1988
– *Yoga - Unsterblichkeit - Freiheit*, Zürich, 1960
Endres, Franz Carl: *Die großen Religionen Asiens*, Zürich, 1949
Enomiya-Lassalle, Hugo: *Am Morgen einer besseren Welt*, Freiburg, 1981
– *Zen - Wege zur Erleuchtung*, Wien, 1969
Evans-Wentz, W.Y.: *Das tibetanische Totenbuch*, Zürich, 1953
Filliozat, Jean: *Indien - Völker und Traditionen*, Osnabrück, o.J.
Fischer, Weltgeschichte: *Band 17: Indien*, Frankfurt, 1967
Fischle, W.H.: *Der Weg zur Mitte*, Stuttgart, 1980
Frauwallner, Erich: *Geschichte der indischen Philosophie*, Salzburg, 1953
Fromm, Erich und Suzuki: *Zen-Buddhismus und Psychoanalyse*, München, 1963
Garbe, Richard: *Samkhya und Yoga*, Straßburg, 1896
Gebser, Jean: *Asienfibel*, Berlin, 1962
Glasenapp, Helmuth von: *Die nichtchristlichen Religionen*, Frankfurt, 1957
– *Die Philosophie der Inder*, Stuttgart, 1949
– *Indische Geisteswelt*, Baden-Baden, 1958
– *Kant und die nichtchristlichen Religionen*, Kitzingen, 1954
– *Zwei philosophische Ramayanas*, Wiesbaden, 1951
Goetz, Hermann: *Band: Indien, (aus der Reihe: Kunst der Welt)*, Baden-Baden, 1958
Govinda, Lama Anagarika: *Der Weg der weißen Wolken*, München, 1975
– *Grundlagen tibetischer Mystik*, München, 1975
– *Mandala - Stufen der Meditation*, Zürich, 1961
– *Schöpferische Meditation*, München, 1977
Grimal, Pierre: *Mythen der Völker*, Frankfurt, 1967
Guenther, Herbert: *Der Buddha und seine Lehre, Überlieferung der Theravadins*, Zürich, 1956
Haas, William: *Östliches und westliches Denken*, Hamburg, 1967
Hartmann, Franz: *Das Palladium der Weisheit (Viveka-Chudanani)*, Calw, 1890
– *Die Bhagavadgita*, Würzburg, 1895
– *Tattwa Bodha - Daseinserkenntnis*, Calw, 1893

Hauer, J.W.: *Der Yoga, ein indischer Weg zum Selbst*, Stuttgart, 1958
Hillebrandt, Alfred: *Altindische Weisheit*, Düsseldorf, 1961
– *Upanishaden*, Ditzingen, 1985
Hochkeppel, Willy: *Die Antworten der Philosophie heute*, München, 1967
Hoepke, Hermann: *Zentrales und vegetatives Nervensystem*
Hohenberger, Adam: *Ramanuja, ein Philosoph der Gottesmystik*, Bonn, 1960
Hungerleider, Fritz: *Das apokryphe Sutra des Hung-lei*, Wien, 1972
Inayat-Khan, Hazrat: *Der Zweck des Lebens*, Zürich, 1944
– *Mystik von Laut und Ton*, Zürich, 1927
Ions, Veronika: *Indische Mythologie*, Wiesbaden, 1967
Isherwood, Christopher: *Vedanta und wir*, München, 1963
Ital, Gerda: *Der Meister, die Mönche und ich*, Bern, 1977
Iyengar, B.K.S.: *Light on Yoga*, London, 1965
Jacobi, Jolande: *Der Weg zur Individuation*, Zürich, 1965
– *Die Psychologie von C.G. Jung*, Frankfurt, 1977
Jacobs, Hans: *Indische Weisheit und westliche Psychotherapie*, München, 1965
Jeans, Sir James: *Physik und Philosophie*, Zürich, 1944
Judge, William: *Das Meer der Theosophie*, München, 1948
Jung, Carl Gustav: *Bewußtes und Unbewußtes*, Frankfurt, 1957
– *Das Geheimnis der goldenen Blüte*, Zürich, 1965
Kabir, Humayun: *Indisches Erbe*, Zürich, 1963
Kalidasa, Pandit: *Shakuntala, altindisches Drama*, Stuttgart, 1960
Kapleau, Philip: *Drei Pfeiler des Zen*, Weilheim, 1972
Khanna, Madhu: *Das große Yantra-Buch*, Freiburg, 1980
Khanna/Mukerji, Ajit: *Die Welt des Tantra*, München, 1978
Kortler, Fritz: *Ewiges Indien; Reise zu den Quellen des Ganges*, München, 1986
Korvin-Krasinski, Cyrill von: *Die tibetische Medizinphilosophie*, Zürich, 1953
– *Mikrokosmos und Makrokosmos in religionsgeschichtlicher Sicht*, Düsseldorf, 1960
Krishna, Gopi: *Biologische Basis der Glaubenserfahrung*, München, 1968
Krishnamurti, Jiddu: *Gespräche über das Sein*, München, 1977
Langer, Georg: *Liebesmystik der Kabbala*, München, 1956
Lauf, Detlef: *Geheimlehren tibetischer Totenbücher*, Freiburg, 1975
Lavizzari-Raeuber, Alexandra: *Thangkas, Rollbilder aus dem Himalaya*, Köln, 1984
Mangoldt, Ursula von: *Christentum und Buddhismus*, München, 1959
Mensching, Gustav: *Leben und Legende der Religionsstifter*, Baden-Baden, 1937
Meyer, Johann Jacob: *Dacakumaracaritam von Dandin*, Leipzig, 1902
Mukerji, G.S., u. Spiegelhoff, W.: *Yoga und unsere Medizin*, Stuttgart, 1963
Muralt, Rauol von: *Meditations-Sutras des Mahayana-Buddhismus*, Zürich, 1956

Nyanaponika, Thera: *Geistestraining durch Achtsamkeit*, Konstanz, 1970
Nyanatiloka, Thera: *Buddhistisches Wörterbuch*, Konstanz, 1952
– *Sutta Nipata*, Konstanz, 1955
Oldenberg, Hermann: *Buddha, sein Leben, seine Lehre und seine Gemeinde*, München, 1961
Omkarananda, Swami: *Erkenntnis und Erleuchtung*, Gelnhausen, 1965
– *Stufen zur Selbstverwirklichung*, Schopfheim, 1968
– *Vom kosmischen Bewußtsein*, Schopfheim, 1968
Orlandi, Enzo: *Buddha und seine Zeit*, Wiesbaden, 1967
Otto, Rudolf: *Siddhanta des Ramanuja*, Tübingen, 1923
Palos, Stephan: *Atem und Meditation*, München, 1968
– *Chinesische Heilkunst - Akupunktur*, München, 1963
Pandit, M.P. Swami: *Dhyana, Wege der Versenkung*, Pondicherry, 1957
Paris, Ernst Günther: *Propheten, Priester, Professoren*, Freiburg, 1957
Patanjali, Pandit: *Die Wurzeln des Yoga (mit Kommentar von Deshpande)*, München, 1982
Prabhavananda, und Isherwood: *Shankara: Das Kleinod der Unterscheidung (Viveka Chudamani)*, München, 1957
Prasada, Rama: *Der Prana und die feineren Naturkräfte*, Leipzig, 1926
Radhakrishnan, Sarvapalli: *Die Bhagavad Gita*, Baden-Baden, 1958
Raknes, Ola: *Wilhelm Reich und die Orgonomie*, Frankfurt, 1973
Ramana, Maharishi: *Die Botschaft des Maharishi*, Frankfurt, 1954
– *Gespräche*, Büdingen, 1958
Ramm-Bonwitt, Ingrid: *Mudras - Geheimsprache der Yogis*, Freiburg, 1987
Rawson, Philip: *Tantra, die indische Kunst der Ekstase*, Zürich, 1974
Rieker, Hans Ulrich: *Das klassische Yogalehrbuch Indiens: Hathayoga Pradipika*, Zürich, 1957
Rolland, Romain: *Vivekananda*, Zürich, 1965
Roy, Biren: *Das Mahabharata, ein altindisches Epos*, Frankfurt, 1964
Ruben, Walter: *Die Philosophie der Upanishaden*, Bern, 1947
Sacharow, Boris: *Das große Geheimnis (Das tantrische Werk Gheranda Samhita)*, München, 1954
– *Indische Körperertüchtigung (Hathayoga in 12 Lehrbriefen)*, Büdingen, 1958
Saher, Purvezji Jamshedji: *Evolution und Gottesidee*, Ratingen, 1967
– *Indische Weisheit und das Abendland*, Meisenheim, 1965
– *Vom Tode*, München, 1968
– *Weisheit der Inder*, München, 1968
Sarma, Lakshma: *Maha Yoga, die Lehren Sri Ramana Maharshis*, Frankfurt, 1958

Sartory, Gertrude und Thomas: *Mahatma Gandhi - Handeln aus dem Geist*, Freiburg, 1977

Satprem: *Der Mensch hinter dem Menschen*, München, 1981

– *Sri Aurobindo oder das Abenteuer des Bewußtseins*, Gladenbach, 1991

Satyamayi: *Sri Ramana Maharishi - Leben und Werk*, Büdingen, 1960

Scheer, Charlotte: *Überall ist Einheit (Die Isa-Upanisad)*, Frankfurt, 1956

Schöndorfer, Ulrich: *Philosophie und Materie*, Graz, 1954

Schulberg, Lucille: *Indien: Reiche zwischen Indus und Ganges*, Hamburg, 1971

Schumann, Hans Wolfgang: *Buddhismus*, Heitersheim, 1985

– *Buddhistische Bilderwelt*, Köln, 1980

Siddeshvarananda, Swami: *Die metaphysische Intuition*, Frankfurt, 1964

Singh, Mohan: *Botschaft eines Yogi*, Zürich, 1956

– *Mystik und Yoga der Sikh-Meister*, Zürich, 1967

Sivananda, Swami: *Kundalini*, Rishikesh, 1963

– *Stories from Yogavasishtha*, Rishikesh, 1963

Springmann, Theodor: *Bhagavad-Gita, der Gesang des Erhabenen*, Gelnhausen, 1962

Störig, Hans Joachim: *Kleine Weltgeschichte der Philosophie*, Frankfurt, 1969

– *Kleine Weltgeschichte der Wissenschaft*, Frankfurt, 1970

Suzuki, Daisetz Teitaro: *Die große Befreiung*, Zürich, 1958

Thakkur, Chandrasekkar: *Ayurveda, indische Heil- und Lebenskunst*, Freiburg, 1977

Thakura (Tagore), Ravindranatha: *Sämtliche Werke*, München, 1921

Trungpa, Chögyam: *Das Totenbuch der Tibeter*, Düsseldorf, 1977

Üxküll, Woldemar von: *Die eleusinischen Mysterien*, Büdingen, 1957

Veltheim-Ostrau, Hans-Hasso von: *Der Atem Indiens*, Hamburg, 1959

– *Götter und Menschen zwischen Indien und China*, Hamburg, 1965

Vishnudevananda, Swami: *Das große illustrierte Yogabuch*, Freiburg, 1986

Vivekananda, Swami: *Jnana-Yoga, Band I-III*, Zürich, 1949

– *Karma-Yoga und Bhakti-Yoga*, Zürich, 1953

– *Raja-Yoga*, Zürich, 1951

Walleser, Max: *Der ältere Vedanta*, Heidelberg, 1910

Watts, Alan: *Der Lauf des Wassers - Eine Einführung in den Taoismus*, München, 1976

Wilber, Ken: *Das holographische Weltbild*, München, 1986

– *Halbzeit der Evolution*, München, 1987

Wilhelm, Richard: *I Ging, Buch der Wandlungen*, Köln, 1970

Winternitz, Max: *Die Vratyas, Vorläufer der Yogis?*, Leipzig, 1922

Wolff, Otto: *Sri Aurobindo: Der integrale Yoga*, Hamburg, 1961

Yogananda, Paramahansa: *Autobiographie eines Yogi*, München, 1979
Zimmer, Heinrich: *Indische Mythen und Symbole*, Zürich, 1984
– *Maya, der indische Mythos*, Zürich, 1952
– *Vetalapantschavinsati - die 25 Erzählungen eines Dämons*, Darmstadt, 1966

Verzeichnis bedeutender Schulen und Namen der indischen Lehren

Abhi-dharma *m.*	(Abhidhamma) die philosophische und psychologische Lehre des Buddha (ältester Text in Pāli, Sanskrittext etwa 300-450 n. Chr.)
Advaita-Vedānta *m.*	Lehre von der „Nicht-Zweiheit", verfaßt um 800 von Śankara, vielleicht nach Ideen des Nāgārjuna.
Āgama *m.*	Tantra-Texte.
Ājīvika *m.*	Anhänger der fatalistischen Lehre des Gośāla um 500 v. Chr.
Ākāśa-Garbha *m.*	einer der acht Mahā-Bodhisattva (Mahāyāna-Lehre).
Anāgārika	(Pāli) „der in die Hauslosigkeit ging", Wandermönch.
Ānanda *m.*	„Glückseliger"; Buddhas engster Vertrauter.
Ānanda-maya-mā	„Glückselige Mutter" (1896-1982), Bengalen; hatte den Advaita-Vedānta verwirklicht, lehrte ihn aber nicht als System.
Apavāda *m.*	die Yogapraktik des Advaita-Vedānta.
Āraṇyaka	„Waldbücher"; Texte für Waldeinsiedler über yogamäßige Verhaltensweisen, philosophisch gefärbt.
Ardha-Nareśvara	eine Statue halb Śiva, halb Viṣṇu (ardha = halb; īśvara = Herr).
Arjuna *m.*	ein Pāṇḍa-Prinz, Held der Bhagavad-Gītā.
Artha-Śāstra *n.*	Staatslehrbuch des Kautilya; mittelalterliches Zeugnis absoluter Fürstenherrschaft.
Āruṇi *m.*	Schüler des Śāṇḍīlya, Lehrer der Chāndogya-Upaniṣad.
Arya-Mārga *m.*	„Edler Pfad", die Yoga-Methode des Buddha.
Arya-Samāj	„Edle Vereinigung", 1875 gegründet von Dayānand Sarasvati (verherrlicht Lehren und Lehrer der Frühzeit).
Asaṅga *m.*	Gründer der Yogācāra-Schule um 400; Gegner von Nāgārjunas Lehre der Substanzlosigkeit der Dinge.
Aśoka *m.*	Fürst um 250 v. Chr., erließ die buddhistischen Felsenedikte (Ermahnungen, ein edles Leben zu führen).
Aṣṭāṅga-Yoga	„Achtgliedriger Yoga", die Sūtras des Patañjali.
Aśvaghośa	Mahāyāna-Philosoph und Dichter, etwa 100-200 n. Chr.
Atharvan *m.*	erster Feuerpriester der Frühzeit.
Atharva-Veda *m.*	„Wissen des Atharvan" (Heilsprüche um 200 v. Chr.).

Atīśa *m.*	buddh. Lehrer (980-1055), betont „Leerheit der Dinge".
Ātma-Bodha	Text des Śankarācārya um 800 v. Chr.
Aurobindo	Aravināda Ghoś (1872-1950), wirkte in Pondicherry, gründete mit Mirra Alfassa die Yoga-Stadt Auroville.
Avalokiteśvara *m.*	(tib. Tschenresi) einer der acht Mahā-Bodhisattva.
Āyur-Veda *m.*	„Wissen vom Leben"; ganzheitliche Naturheilkunde, Körperlehre der Kriegerkaste (wieder aktuell).
Bala Rāma Halabhṛt	(Baladeva) der „Kraft-Rāma mit dem Pflug", ein Avatāra im Dvāpara-Yuga (myth.).
Bali *m.*	mythischer Fürst der Daitya im Treta-Yuga.
Bardo thö dol	(Bardo thös grol), tibetischer Text über Tod und Wiedergeburt, genannt „Tibetisches Totenbuch" (auch Thödol).
Bhagavad-Gītā	6. Buch des Mahābhārata, über das Erhabene.
Bhāgavata	Anhänger des Bhagavant.
Bhāgavata-Purāṇa	altertümliche Lehren des Bhagavant.
Bhīṣma *m.*	mythischer Held, Sohn der Gaṅgā.
Bodhidharma	indischer Mönch (420-528), brachte den Buddhismus nach China.
Bön	alter tibetischer Geisterkult, heute buddhistisch beeinflußt.
Brahmā *m.*	Schöpfergott des Hinduismus, einer der Trimūrti.
Brahmacārin	Brahmanen-Schüler, der das Urvertrauen besitzt.
Brahman *n.*	philosophischer Begriff für das höchste absolute Prinzip.
Brāhmaṇa	Texte der Brahmanen aus der Frühzeit.
Brahmāṇḍa- *n.*	„Ei des Brahmā"; das All, das Universum (vorgestellt mit Hüllen wie das Ei).
Brahmanismus	ältere Bezeichnung für die Lehren der Brahmanen bis 500 n. Chr. (Fachbezeichnung: Veda und Vedānta).
Bṛhad-āraṇyaka-Upaniṣad	eine der ältesten Upaniṣaden, Grundlage des Vedānta.
Buber, Martin	Autor der chassidischen Legenden; die Chassidīm sind eine jüdische Sekte der „Gerechten".
Buddha	der „Erwachte", der das Leben nicht mehr träumend ablaufen läßt, sondern ihm eine bewußte Richtung gibt zur „Befreiung" hin. Siddhārtha Gautama gilt als der 25. Buddha.
Buddha-Dharma	Grundlagenlehre des letzten Buddha.
Buddhaghośa	Kommentator buddhistischer Texte um 500 n. Chr.

Buddha-Mārga *m.*	Buddha-Weg, bestehend aus Pañña, Sīla, Samādhi (Erkenntnisse sammeln, sittliche Lebensführung und Konzentration-Meditation).
Buddhatā- *f.*	Buddha-Natur; Mahāyāna-Begriff (nicht in allen Schulen gültig) unvergängliche „wahre" Natur, die jeder anlagemäßig besitzt, die jedoch verdeckt ist und freigelegt werden muß.
Caitanya *m.*	Bhakti-Lehrer des 15. Jahrhunderts, volkstümlicher Kṛṣṇa-Kult (Hinduismus mit islamischem Einfluß).
Cārvāka *m.*	Verfasser des Lokayāta (Anhänger die Cārvākas).
Chāndogya-Upaniṣad	eine der ältesten Upaniṣaden (Vedānta).
Chuang-tzu (tse)	Lehrer des chinesischen Taoismus.
Dādū	persischer Mystiker.
Dagoba	buddhistisches Ehrenmal, Gedenkstätte.
Dakśinācāra	„Rechte-Hand-Brauch"; tantrischer Weg der spirituellen Disziplin mit Hingabe an die Devī (Göttin).
Devadatta *m.*	rivalisierender Vetter des Buddha um 500 v. Chr.
Dharmapāla *m.*	Beschützer der Lehre; Sanskrit-Bezeichnung für buddhistisch umgedeutete Bön-Götter.
Dhyāni-Buddhas	die 5 Buddha-Gestalten in einem tibetischen Maṇḍala, auf die sich der Meditierende zu konzentrieren hat. Fachbezeichnung: 5 Tathāgata (Vairocana, Akṣobhia, Ratnasambhava, Amitābha, Amogasiddhi).
Dṛg-Dṛśya-Viveka *n.*	Die Erkenntnislehre des Śankara um 800 n. Chr.
Durgā *f.*	die „Schwerverständliche" (Göttin, mit der Halskette aus Totenschädeln, die auf alles Vergängliche hinweisen) Hinduismus.
Duryodhana *m.*	mythischer König aus dem Mahābhārata-Epos.
Dyaus	„Leuchtender", Himmelsgott der Frühzeit.
Eisai	Begründer der japanischen Rinzai-Schule (1141-1215), unternahm zwei Reisen nach Kyushu, um Verständnis für die buddhistische Lehre zu erlangen.
Fa-hsiang-Schule	(jap. Hosso) chin. Schule der „Merkmale des Daseins", vertritt die buddhistischen Ansichten des Yogācāra (Die Welt ein Produkt des Bewußtseins) 7. Jahrhundert.
Ganden	Klosterstadt in Tibet.
Gandhi (Mahātmā)	(1869-1948) studierte in London Jura; lebte als Staatsmann ahiṃsa, „gewaltlosen Widerstand".
Gārgī *f.*	Brahmanentochter aus der Bṛhadāraṇyaka-Upaniṣad.
Gauḍapāda *m.*	Vedāntalehrer des Śankara.
Gautama / Gotama	Upaniṣadenlehrer; Beiname des Buddha.

Gāyatrī *f.*	Vers, der als Mantra rezitiert wird: Ṛg-Veda MX, 90 und Mahā-Nirvāṇa-Tantra XI, 10.
Gelugpa	(tib. dGe-lugs-pa) „Tugendsame"; tibetische Schule des Mādhyamika, stellt seit dem 17. Jahrhundert den Dalai Lama. Ihre Meditations-Praktik ist das ruhige Verweilen (Samātha), das Ergebnis die Einsicht (Vipaśanā).
Gheraṇḍa-Saṃhitā *f.*	Ha-Ṭha-Yoga-Lehrbuch des Gheraṇḍa (1100-1300).
Gītā-Govinda *f.*	Epos von Jayadeva (Hirtenleben Kṛṣṇas) 12. Jh.
Gömpa	(tib.) „Versteckter Ort"; die tibetischen Klöster.
Gopi Krishna	heutiger indischer Autor über Kuṇḍalinī-Yoga.
Goraknāth	Autor über Haṭha-Yoga (Anhänger Goraknāthi).
Gorakṣa-Paddhati	(Gorakṣa-Śataka) Werke des Goraknāth, nur durch Kompendien bekannt.
Gośāla	Gegner von Buddha und Jina um 500 v. Chr.
Gotama	Gründer der Nyāya-Schule; Verfasser des zwölf-bändigen Dharma-Śastra um das Jahr 0 (enthält Weltanschauungslehre und Kastenpflichten: Gṛhya-Sūtra).
Govinda (Lama)	Ernst Lothar Hoffmann (1898-1985), Gründer der buddhistischen Gemeinschaft Arya Maitreya Mandala.
Guhgasamāja-Tantra	Lehre des „linken Brauches" (Körperriten).
Guru Nanak	(1469-1538) Sikh-Meister aus einer Hindu-Familie.
Hanumānt *m.*	Affen-General aus dem Epos Rāmāyaṇa.
Hari-Hara	Skulptur/Malerei mit Emblemen von Śiva und Viṣṇu.
Haṭhayoga-Pradīpikā	Lehrbuch des Svātmārāma-Svāmin (1100-1500).
Hīnayāna	„Kleines Fahrzeug"; Fachbezeichnung: Theravāda = „Älterer Weg" oder „Südlicher Buddhismus" (Ceylon, Thailand, Burma, Kambodscha, Laos).
Hinduismus	Bezeichnung für die traditionelle religiöse und gesellschaftliche Struktur Indiens ab 500; *nicht einbezogen* sind: Buddhismus, Jainismus, Sikh und Islam.
I Ching (Ging)	„Buch der Wandlungen" (Aphorismen aus Alt-China).
Indra *m.*	höchster Gott der Lichtwelt (Frühzeit Indiens); Herr gefallener Helden.
Islam	monotheistische Religion des Propheten Mohammed.
Īśvarakṛṣṇa	Verfasser der Sāṃkhya-Kārikā.
Ithihāsa *m.*	Sammlung indischer Heldenlegenden.
Iyengar	Haṭha-Yoga-Lehrer der „harten Methode" aus Bombay.
Jaina (Pl.)	Anhänger des Jina; Zentrum in Amritsar, Nord-Bihar; Asketen; für sie ist der Veda nicht maßgeblich.
Janaka	Fürst von Videha (Bṛhadāraṇyaka-Upaniṣad).

Jayadeva	Hofdichter im 12. Jahrhundert.
Jina *m.*	„Sieger" (über Leidenschaften), auch Mahāvīra; (Der um 549 v. Chr. geborene Vardhamāna aus dem Geschlecht der Jñāta wurde Yoga-Asket, lehrte zur gleichen Zeit und in gleicher Gegend wie der Buddha).
Kabīr	persischer Mystiker (etwa 15. Jahrhundert).
Kailāsa	(heute Kailaś) Berg in Tibet; Sitz des Śiva.
Kālacakra-Lehre	(25 Verkünder) „Śaṃbhala" ihr geistiges Zentrum.
Kālidāsa	Dramatiker der Gupta-Zeit, vollendetes Sanskrit („Śakuntala", wurde bekannt durch Goethes Erwähnung).
Kāliṅga	Schlangenkönig der Buddha-Legenden; auch Bezeichnung für das heutige Orissa.
Kāliya (ka)	Schlangenkönig der Kṛṣṇa-Legenden.
Kāmadhenu *f.*	mythische Wunschkuh, ein Göttergeschenk.
Kāmasūtra *n.*	Sittengeschichte, Verfasser Vātsyāyana, um 100 n. Chr.
Kamsa	mythischer Machtasket im Satya-Yuga.
Kāpila	oft genannter Sāṃkhya-Lehrer (historisch nicht belegt).
Karma kagyü	tibetische Schule der Karmapa (16 Verkünder); Bewahrer der Vajrayāna-Lehre (erwähnt Heilkräfte) seit 12. Jh.
Kāśyapa	gelehrter Jünger des Buddha.
Kāṭha-Upaniṣad	Yama erklärt den Yoga.
Krishnamūrti	Advaita-Lehrer (1895-1986).
Kṛṣṇa	(Krishna) Avatāra des Viṣṇu im Dvāpara-Yuga.
Kulārnava-Tantra	Lehrbuch, das Geschlechtskraft für Yoga einsetzt.
Kumārila	Verfasser der „Uttara Mīmāṃsā" (Vedānta-System).
Kung-fu-tzu (tse)	Philosoph (551-479 v. Chr. in China). Realist.
Kuru	mythischer König und sein Geschlecht (Mahābhārata-Epos).
Kṣitigarbha	einer der acht Mahā-Bodhisattva (Mahāyāna-Lehre).
Lakṣmi *f.*	Göttin der Fülle, des Glücks, der Kunst (Hinduismus).
Lalitavistara *n.*	Buddha-Legenden 200 v.-200 n. Chr., später überarbeitet.
Lama	„Obere", Gebildete der Klöster in Tibet.
Lao-tzu (tse)	„Alter Meister", taoistischer Philosoph (vor 500 v. Chr.).
Liṅgayat	Für diese Tantra-Gruppe ist der Liṅga (Phallus) das Schöpfungssymbol Śivas.
Lobo, Rocque	indischer Lehrer des Āyurveda in Deutschland.
Lokāyata *m.*	materialistische Lehre, die den Veda „verneint" (nāstika).

Lotos-Sūtra *n.*	chin. buddhistischer Text der Tendai-Richtung (6. Jh.).
Lhünpo	Kloster des Pantchen-Lama in Tibet.
Mādhva *m.*	Lehrer des Dvaita-Vedānta (1199-1278); Viṣṇu gilt hier als Weltschöpfer (Dvaita = Dualismus).
Mādhyamika	„Mittl. Weg" des Nāgārjuna, maßgeblich in Tibet, ab 5. Jh. in China als San-lun, in Japan als Sanron. Die tradit. Lehre gilt als relative Wahrheit, die höchste Wahrheit jedoch ist Ziel, nämlich die Erfahrung von Śūnyatā.
Mahā-Bhārata *n.*	Heldenepos (500 v.-200 n. Chr.); 18 Bücher; 6. Buch ist die Bhagavad-Gītā, eines die Savitrī-Legende.
Mahā-Prajāpati *f.*	Pflegemutter des verwaisten Buddhakindes.
Mahā-sānghika	buddhistisch-idealistische Seinslehre (Ontologie); die Welt gilt als Vorstellung.
Mahā-Vīra	„Großer Held", Bezeichnung für den Jina.
Mahavagga	Buddha-Legenden.
Mahāyāna *n.*	„Großes Fahrzeug", abgewandelter Buddhismus (ab 100 v. Chr.) führte die Trikāya-Lehre ein und die Verehrung von Bodhisattvas. An Stelle des historischen steht ein transzendenter Buddha an der Spitze.
Mahendra (Mahinda)	Sohn des Āśoka (250 v. Chr.), Reformator Ceylons.
Maitrayāṇa (Pl.)	Sekte, die vedische und buddhistische Lehren vereint.
Maitrāyaṇa-Upaniṣad	enthält die Lehren dieser Sekte.
Maitreya *m.*	ein Bodhisattva, der noch erwartet wird.
Maitreyī *f.*	Gattin des Yajñavalkya (Bṛhadāraṇyaka-Upaniṣad).
Mānasā *f.*	Schlangengottheit der Bengalen der Frühzeit.
Manava-Dharma-Śastra *n.*	Text der Kastenregeln (etwa 500 v. Chr.).
Manjuśri *m.*	einer der acht Mahā-Bodhisattvas (Mahāyāna-Lehre).
Manu *m.*	Prototyp der denkenden Menschheit; Gesetzgeber.
Manu-Saṃhitā *f.*	alte Kastenregeln unbekannten Ursprungs.
Marut	Götter der Luft, des Windes.
Milarepa (mi-la-raspa)	tibetischer Heiliger (1040-1123).
Milindapañho *n.*	buddhistischer Text des Nāgasena (enthält Belehrung des Griechenkönigs Milinda/Menander, der um 175 v. Chr. Statthalter im Panjāb-Gebiet war).
Mīmāṃsā *f.*	„Erörterung" des Jaimini (Text gilt als Basis für die Riten der orphischen und eleusinischen Mysterien, auch als Grundlage für Lehren von Pythagoras und Platon).
Mokṣa-Dharma *m.*	„Befreiungs-Lehre", Teil des Mahā-Bhārata-Epos.
Mucilinda	Schlangenkönig der Buddha-Legende.

Naciketas *m.*	Knabe in der Kaṭha-Upaniṣad, erhält von Yama Yoga-Belehrung.
Nāgārjuna *m.*	indischer Pandit, wirkte um 200 in Nālandā und China.
Nālandā *f.*	buddhistische Universität in Nordindien.
Nāstika *m.*	„Verneiner", der die seelisch-geistigen Lehren des Veda und Vedānta nicht anerkennt.
Nātya-Śastra *n.*	Schauspiel-Lehrbuch der Gupta-Zeit.
Nāyaka/Nāyikā	Held/Heldin des Bühnenspiels.
Nikāya	„Sammlung" der 5 Teile der buddhistischen Sūtras/Sutta.
Nīla-Kaṇṭha	„Blau-Kehle" des Śiva; er sammelte darin das „Gift", das den Menschen geschadet hätte (Legende).
Nimbārka	führte um 1200 den Kṛṣṇa-Kult ein.
Nivarāṇa-Viṣkambhin	einer der 8 Mahā-Bodhisattvas.
Nyāṇaponika *m.*	Abt von Kandy.
Nyāṇaṭiloka Thera	Walter Florus Gueth (1878-1957), lebte in Ceylon und Burma; Verfasser des Pāli-Wörterbuches.
Nyāya	System der Logik (200 v. Chr. ?).
Nyingmapa	(tib.) „Schule der Alten"; im 8. Jahrhundert gegründet von Padmasambhava.
Padmasambhava	ind. Gelehrter (Paṇḍit) um 700, Yogin der Tantra-Praktik, gilt als Reformator Tibets.
Pāduka-Pañcaka	„Fünf-Fuß-Schemel"; Text des rechts-händigen Tantra.
Pañcaśikha	Urheber der Sāṃkhya-Lehre von den „25 Tattva".
Pāṇḍava	Nachkomme des Pāṇḍu (Fürst des Mahā-Bhārata-Epos).
Pantchen-Lama	Stellvertreter des Dalai-Lama.
Paraśu-Rāma	Rāma mit dem Beil; ein Avatāra im Treta-Yuga.
Pārvatī *f.*	„dem Gebirge zugehörend"; Tochter des Himālaya; Gesprächspartnerin Śivas in Hindu-Texten.
Patañjali *m.*	Verfasser des „Yoga-Sūtra" (vermutlich 2. Jahrhundert v. Chr.); auch ein berühmter Grammatiker des Sanskrit.
Potala	(tib.) „Rettender Hafen", buddhistische Klosterburg.
Prajña *f.*	„Weisheit"; im Maṇḍala 5 Prajñas als weibliche Pole der 5 Dhyāni-Buddhas (Tibet-Tantra).
Pudgala-vāda	„Person-Erwähnung". Der Begriff Person gilt in dieser Schule nur als konventionelle Ausdrucksweise. Philosophisch betrachtet, gibt es im Buddhismus keine Person, kein Ich, kein Selbst, das dauert. Kontinuität besteht nur scheinbar, vorübergehend.

Purāṇa *n.*	Sagen der Vorzeit, die die Weisheitslehren verbildlichen.
Pūrṇadvaita-Vedānta *m.*	Bezeichnung für Aurobindos Synthese des Vedānta aus älteren und jüngeren Vedānta-Lehren.
Pūrṇānanda	Autor des Hindu-Tantra.
Pūrṇa-Yoga *m.*	Aurobindos Yoga-Methode für heutige Menschen. Die Schädeldecke wird als Konzentrationszentrum bevorzugt.
Pūrva-Mīmāṃsā *f.*	alter Text, der Karma-Lehre enthält.
Puṣṭi-Mārga *m.*	„Weg des Wohlstandes"; ein Kṛṣṇa-Kult, Bhakti.
Rādhā *f.*	Seelenfreundin des Kṛṣṇa, Hirtenmädchen (Gopi).
Rādhakrishnan, Sarvapalli	(1888-1975), 1952 indischer Vizepräsident, Autor philosophischer Vedāntatexte.
Rahula *m.*	„Fessel"; Name von Buddhas Sohn, wurde Buddha-Schüler.
Raikva *m.*	(mit dem Ziehkarren) Lehrer der Chāndogya-Upaniṣad.
Rāma-(Candra)	Avatāra des Viṣṇu im Treta-Yuga; eine Rāma-Gemeinde nennt sich nach ihm.
Rāmakrishna	(1836-86) Bhakti-Weiser; praktizierte Mystik aller Religionen mit gleichem Endergebnis. Er missionierte nicht und wünschte kein falsches Mitleid (Hilfe kommt von innen als Ergebnis der Entwicklung). Gründete 20 Vedānta-Zentren, -Schulen, -Bibliotheken, viele soziale Einrichtungen.
Rāmana Maharṣi	(1879-1950) Jñānin in Tiruvanamalai (Südindien), lebte den Advaita-Vedānta. War mit 16 Jahren ein „Lebend-Befreiter".
Rāmānuja	Lehrer des Dvaita-Vedānta im 12. Jahrhundert.
Rāmaprasād	wirkte von 1723-1803 in Bengalen.
Rāmāyaṇa	Epos von Vālmīki über Rāma-Candra und Sītā.
Rathayātrā *f.*	Wagenfest (alljährlich Juni/Juli) in Pūri.
Rāvaṇa	legendärer Herrscher von Lanka im Rāmāyaṇa.
Ṛṣi *m.*	Seher, Weiser; 7 Ṛṣi = Weise der Vorzeit.
Rudra	altvedischer Sturmgott mit wilden Zügen.
Rukminī *f.*	fürstliche Gemahlin des Kṛṣṇa in der Gītā-Govindā.
Śaiva-Siddhānta	Śiva-Anhänger, die nach Vollkommenheit streben auf der Grundlage des Advaita-Vedānta.
Śakuntalā *f.*	Bühnenspiel von Kālidāsa, von Goethe bewundert.
Śākya	nordindisches Fürstengeschlecht; Familie des Buddha.
Samantabhādra	einer der 8 Mahā-Bodhisattvas (Mahāyāna-Lehre)

Śaṃbhala	(tib.) verborgenes Zentrum der Weisheit (Kālacakra-Lehre).
Saṃhitā- *f.*	verschlüsselte Tantra-Texte (Symbolsprache).
Sāṃkhya-Darśana *n.*	indische Weltanschauung von 500 v.-500 n. Chr.
Sāṃkhya-Kārikā *f.*	klassische Überarbeitung von Īśvarakṛṣṇa.
Śāṇḍīlya	Lehrer und Weiser der Chāndogya-Upaniṣad.
Śankara *m.*	„Heilbringer"; Lehrer des Advaita-Vedānta um 800; soll mit acht Jahren die Yoga-Weisheit erlangt haben.
Śāntarakṣita	Paṇḍit von Nālandā, lebte im 8. Jahrhundert, 13 Jahre in Tibet.
Sarvāstivāda	„alles-ist-Lehre" (von Vasubandhu). Hier gelten 75 Dharma als letzte unteilbare Realitäten; sie wechseln hin und her zwischen latentem und manifestem Zustand (Der Maitreya wird erwartet).
Ṣaṭ-Cakra-Nirūpaṇa	Tantra-Text des Pūrṇānanda.
Satipaṭṭhāna	„Achtsamkeit", buddhistische Meditationsmethode.
Sautrantika	Ihre Anhänger berufen sich nur auf die Sūtra, nicht auf den Abhidharma.
Sāvitrī *f.*	Legende aus dem Mahā-Bhārata, wie Liebe den Tod überwindet; Nachdichtung von Aurobindo; ein Mantra.
Siddhānta	Lehrmeinung Tibets, Kompendien zu indischen Originalen.
Siddhārtha *m.*	Rufname des Śākya-Prinzen, des späteren Buddha.
Sikh	politisch-religiöse Gruppe im Panjāb ab 15. Jahrhundert; Gründer Guru Nānak; Adi-Granth-Text lehrt Bhakti, lehnt Kasten ab, ebenso Weltentsagung. Gültig sind Karma- und Wiedergeburtslehre und geistige Evolution.
Singh	„Löwe"; nach Guru Govind Singh Beiname aller Mitglieder der Sikh.
Sītā *f.*	Gattin Rāma-Candras im Rāmāyṇa; wurde nach Lanka entführt.
Śiva *m.*	Hindu-Gott des Trimūrtī; göttlicher Yogin.
Śivānanda *m.*	(1887-1963) aus südindischer Arztfamilie; lehrte im Rishikesh-Ashram am oberen Ganges.
Shintoismus	japanische Weltanschauung (siehe Zen).
Skanda *m.*	Kriegsgott; gibt dem spirituell Strebenden Kraft.
Smṛti *f.*	„Erinnerung"; Texte traditioneller Art, die nicht in Widerspruch zu den Śruti stehen.
Śrī	Herrlicher, Erhabener. Anrede für Lehrer, Fürsten, Götter.
Śruti *f.*	Texte des Veda und der älteren Upaniṣaden.

Sthavīra/Thera	„Alte"; Anhänger der älteren Buddha-Lehre (Hīnayāna) mit realistischer Lebenseinstellung.
Sūgrīva *m.*	mythischer König der Affen im Rāmāyaṇa-Epos.
Śūnyatāvāda	Schule des Nāgārjuna um 200. Śūnyatā (die höchste Leere) entspricht der „Befreiung". Im 5. Jh. nach China als San-lun, im 8. Jh. nach Japan als Sanron. In Tibet als Mādhyamika, „Mittlerer Weg", bekannt.
Sūtra/Sutta	„Leitfaden", buddhistische Textgattung; Lehrreden Buddhas.
Suzuki, D.T.	japanischer Interpret des Zen-Buddhismus für Europäer.
Śvetaketu	Sohn des Āruṇi Uḍḍālaka in der Chāndogya-Upaniṣad.
Śvetambhara	„Weißgekleidete", Jaina; es gibt auch „Luftbekleidete".
Śvetāśvātara-Upaniṣad	ausführlichste Yoga-Upaniṣad.
Swāmi	„Herr"; Titel oder Anrede für Höhergestellte.
Tantra *n.*	Tibet-Tantra und Hindu Tantra; das Vajrayāna ist der Grundlagentext beider Schulen.
Tantrika	Anhänger einer tantrischen Richtung.
Tārā *f.*	„Heilbringerin"; im Maṇḍala die Prajñā des Nordens.
Tathāgata	der Buddha; 5 Tathāgata im Maṇḍala = 5 Dhyāni-Buddhi.
Tathāta *n.*	„Soheit" oder Buddha-Natur (Mahāyāna-Begriff).
Tenzin Gyatso	14. Dalai Lama; Friedens-Nobelpreis 1989.
Thakkur	heutiger Kommentator des Āyurveda.
Thākur, Rabīndranāth	(1861-1941) Vedānta-Dichter (engl. Tagore).
Theravāda *m.*	„Lehre der Alten", Pāli-Text 250 v. Chr.
Tilak, Bāl Gangādhar	(1856-1920) politischer Vorgänger Gandhis; interpretiert die „Gītā" als Aufruf zum Handeln in der Welt.
Trichivara	3-teilige Kleidung buddhistischer Mönche, meist ockergelb, in China blau/braun, in Japan schwarz, in Tibet rot.
Tripiṭaka/tipiṭaka	„Drei-Korb", in Körben aufbewahrte buddhistische Texte.
Tsongkhapa	tibetischer Reformer der Gelugpa-Schule (Gelbmützen) um 1400.
Tulku	„König der Verwandlung"; 8. Stufe eines Bodhisattva, der einen Nirmānakāya annehmen kann, um auf Erden zu wirken. (Einführung im 13. Jh.).
Tuṣita	„Still-Zufriedene" Wesen, die im Reinen Land (Sukhāvati) auf die letzte Wiedergeburt warten.
Umā *f.*	„Flachs", Beiname der Pārvatī (Gattin Śivas).

Upaniṣad *f.*	Religions-philosophische Texte der Vedānta-Richtung.
Uṣas *f.*	Morgenröte – Göttin.
Vācaspatimiśra	älterer Kommentator des Yoga-Sūtra.
Vaiśeṣika	„Lehre des Besonderen", Texte mit früher Atomlehre (Paramaṇu).
Vaiṣṇava	Anhänger des Viṣṇu (alle Bhakti-Gruppen).
Vajrapani *m.*	einer der 8 Mahā-Bodhisattvas (Mahāyāna).
Vajrayāna *n.*	„Diamant-Fahrzeug", Grundlagentext aller Tantra-Schulen (Diamant ist das Reine Bewußtsein).
Vallabha	(1479-1531) Seine Anhänger verehren Kṛṣṇa, dem sie allen Besitz schenken.
Vālmīki	(zwischen 400 v. und 200 n. Chr.). Dichter des Rāmāyāṇa-Epos.
Vardhamāna	Adliger aus Bihar (Jina) um 500 v. Chr. Begründer des Jainismus.
Vasubandhu	indischer Lehrer des Buddhismus in China (Fa-hsiang), gründete um 100 Vijñānavāda- und Yogācāra-Schulen.
Veda	„Wissen" der frühen Indo-Arier (Brahmanen), ältestes Kulturdokument, drei-teilig (etwa 2000-1000 v. Chr.). Atharva 200 v. Chr.
Vedānta	„Ende des Veda" (Höhepunkt des Wissens) ab 800 v. Chr., Grundlage des heutigen Hinduismus.
Vedāntasāra	„Kern-Lehre des Vedānta" um 1500.
Vijñānavāda *m.*	buddhistische Bewußtseinslehre mit Yoga-Praktik.
Vinaya-Piṭaka *m.*	buddhistische Lebensregeln, Buddhas Lebensgeschichte.
Viṣkambhin	siehe Nivarāṇa.
Viṣṇu	hinduistischer Gott in Fürstenkleidung; Erhalter der Welt.
Vivekānanda	(1863-1902) Schüler des Rāmakrishna, lehrte Sāṃkhya und Vedānta; Yoga-Schulen in Amerika.
Vṛndāvan *n.*	heiliger Wald, Aufenthaltsort des Kṛṣṇa.
Vyāsa	Weiser des Altertums, dem Texte zugeschrieben werden, gilt als ältester Übermittler des Vedānta.
Weiße-Lotos-Schule	Pai-lien-tsung (chin.) 12.-15 Jahrhundert. Verehrung des Amitābha im „Reinen Land".
Yādava	Nachkomme des Yādu (Vasudeva/Kṛṣṇa), „Gītā".
Yajñavalkya	Verkünder der Ātman-Brahman-Lehre, vergeistigte den Opfer-Ritus (Bṛhadāraṇyaka-Upaniṣad).

Yoga *m.*	Joch, Verbindung; heute Begriff für Disziplin oder Methode, die zu einem Ziel führt. Welches Ziel/Methode gemeint ist, sagt ein Beiwort wie Jñāna-Yoga, Karma-Yoga, Bhakti-Yoga, Haṭha-Yoga.
Yogabhāṣya	alter Text, dem Vyāsa zugeschrieben.
Yogācāra	„Yoga-Brauch", buddhistische Methode ab 100 n. Chr. mit Weltanschauung des Vijñānavāda. Erkenntnisvorgänge werden untersucht (Lehrer: Vasubandhu und Asaṅga).
Yoga-Mārga *m.*	Yoga-Pfad, Entwicklungsweg des Yoga-Schülers.
Yogānanda	(1893-1952) Lehrer des Kriyā-Yoga, auch in Amerika.
Yoga-Sūtra *n.*	Aphorismen von Patañjali über vier Yoga-Methoden (200 v.-200 n. Chr.).
Yoga Vasiṣṭha	Text von Vālmīki in Form einer Unterweisung des Viṣṇu an Rāma, der hier einer der 7 Ṛṣi des Ṛg-Veda ist (vasiṣṭha = trefflich).
Yudhiṣṭhira	Pāṇḍava-Prinz (Kṣatriya), genannt im Mahābhārata; zeigt Neigung zur Lebensart der Brahmanen, muß um sein Erbe kämpfen; im 12. Jahrhundert ist er dann ein Friedenskönig.
Zen-Buddhismus	eine japanische Yoga-Methode mit Sūtra-Lesungen und anschließender Meditation der Stille.

Ausführliche Inhaltsübersicht

Zweiter Teil
Klassische Yoga-Systeme (seit 200 v. bis 200 n. Chr.)
A. Die Grundlagen des Klassischen Jñāna-Yoga

Dritter Teil

Vedānta (etwa ab 1200 v. Chr.)

a) Zur graphischen Darstellung der geistigen Prinzipien als Gottheiten, 271;   b) Die Trinität Brahmā-Viṣṇu-Śiva, 272;   c) Śiva – als Schirmherr des Yoga, 275;   d) Die Abbildung des Śiva als Yoga-Asket, 275;   e) Śiva – als All-Gott, 275;   f) Śiva – als König der Tänzer, 276

Vierter Teil

Tantra (Haupt-Wirkungszeit: 900 v. Chr. – 1700 n. Chr.)

A. Das Hindu-Tantra mit der Cakra-Lehre

B. Yoga als Körper-Disziplin

Fünfter Teil

Yoga in Ost und West

A. Yoga und indische Weltbilder aus heutiger Sicht

Personen- und Sachverzeichnis

Vinoba Bhave
Gespräche über die Gita

Aus dem Hindi übertragen von Hema Anantharaman

271 Seiten, Leinen

An 18 aufeinanderfolgenden Sonntagen, vom 21. Februar bis zum 19. Juni 1932, sprach Acharya Vinoba Bhave zu seinen Mitgefangenen im Gefängnis von Dhulia, West Kandesh, Bombay, über die Bhagavad Gita. Er hielt seine Ansprachen in Marathi, seiner Muttersprache, in der sie auch niedergeschrieben und erstmals veröffentlicht wurden. Später wurden sie, nach Überprüfung durch Vinoba, in die Sprachen Hindi, Bengali, Gujarati, Tamil, Telugu, Malayalam, Oriya, Sindhi, Urdu, Kannada, Konkani und Englisch übersetzt. Mehr als eine Million Exemplare davon wurden bisher verkauft. Die vorliegende deutsche Übersetzung basiert (dem Wunsche des Verfassers gemäß) auf der Hindi- und der englischen Ausgabe der „Talks on the Gita".

Vinoba Bhave
Struktur und Technik des inneren Friedens

Aus dem Englischen übertragen von Irene Köpfer, Ellen Tessloff und Rolf Hinder

174 Seiten, Paperback

Vinoba Bhave hat in diesem Buch den inneren Frieden des einzelnen, jene wesentliche Voraussetzung des äußeren Friedens, gemäß seiner Struktur dargelegt und die Technik seiner Gewinnung entwickelt. Formal gesehen stellt das Buch ein Stück Kommentar zur Bhagavad Gita dar. Inhaltlich bietet es eine Anleitung zum Erlangen der Grundlagen von Selbstdisziplin, Gleichmut und Gelassenheit als höchster Stufen yogischer Intelligenz.

Bhagavadgita

Aus dem Sanskrit übertragen von Sri Aurobindo

160 Seiten, Leinen

Die hier vorgelegte deutsche Übersetzung (von Heinz Kappes, Rolf Hinder und Jürgen Genings) hat als Vorlage Sri Aurobindos tiefschürfende Sanskrit-Übertragung (ins Englische), die sowohl dem philosophisch anspruchsvollen als auch dem sich herantastenden Leser einen strikt am Original orientierten, aber dennoch leicht verständlichen und ausschöpfenden Text in zeitgemäßer Sprache bietet.

Eckard Wolz-Gottwald

Heilung aus der Ganzheit

Ayurveda als Philosophie in der Praxis
258 Seiten, Pb.

Philosophie wird im Westen allgemein als rein theoretisch arbeitende Disziplin des Denkens verstanden. Daß sie auch mitten in der lebendigen Praxis stehen kann, zeigen die vor über 2000 Jahren entstandenen Lehrbücher der klassischen indischen Heil- und Lebenskunde Ayurveda. Der Verfasser bemüht sich um eine grundlegende Aufarbeitung dieses Ansatzes. Therapie und Psychotherapie dringen hier durch Einbeziehung von Yoga und spirituell-philosophischer Praxis zu den Grenzen menschlicher Existenz.

Eckard Wolz-Gottwald

Meister Eckhart

oder Der Weg zur Gottesgeburt im Menschen. Eine Hinführung
106 Seiten, Pb.

Der Verfasser erweist sich als profunder Kenner des großen mittelalterlichen Theologen und Mystikers. Dabei geht es ihm in erster Linie um eine mehr praktisch orientierte Kurzfassung der Lehren des Meisters.

Karl-Ernst Bühler und Eckard Wolz-Gottwald (Herg.)

Therapie und Spiritualität

Autogenes Training – Meditation – Yoga
185 Seiten, Pb.

Alle in diesem Band beschriebenen Übungen stellen sich die Aufgabe, die Ebene des „Machens“ zu durchbrechen und „loszulassen“. Man kann den Weg zwar willentlich eröffnen. Autogenes Training, Meditation und Yoga können auch therapeutisch eingesetzt werden. Doch schon von Beginn an geht es um ein Sich-Öffnen und Wachwerden ohne Zutun.

I.H. Azad Faruqi

Sufismus und Bhakti

Maulana Rumi und Sri Ramakrishna
152 Seiten, kartoniert

Faruqis Studie porträtiert Rumi, den großen Dichter und Heiligen persisch-türkischer Provenienz, ordnet ihn in die Entwicklungsgeschichte der islamischen Mystik ein und setzt ihn in Vergleich zu Leben und Werk des indischen Mystikers und Heiligen Sri Ramakrishna. Der Leser gewinnt ein neues Verhältnis zur islamischen Religiösität und nimmt Einblick in das Werden der volkstümlichen indischen Liebesreligion (Bhakti-Kultur).